国家社会科学基金项目

本书为国家社会科学基金项目一般项目“尖端医疗科技领域的刑事立法研究”（批准号：18BFX089）的最终成果

MEDICAL TECHNOLOGY

尖端医疗科技领域的刑事立法研究

董邦俊 著

Research on Criminal Legislation in the Field of Advanced Medical Technology

法律出版社
LAW PRESS · CHINA
北京

图书在版编目（CIP）数据

尖端医疗科技领域的刑事立法研究 / 董邦俊著 .
北京 : 法律出版社 , 2025. -- ISBN 978-7-5197-9988-5

Ⅰ. D924.02

中国国家版本馆 CIP 数据核字第 20251JN448 号

尖端医疗科技领域的刑事立法研究
JIANDUAN YILIAO KEJI LINGYU DE XINGSHI LIFA YANJIU

董邦俊 著

责任编辑 朱轶佳
装帧设计 鲍龙卉

出版发行 法律出版社
编辑统筹 司法实务出版分社
责任校对 晁明慧
责任印制 胡晓雅
经　　销 新华书店

开本 710 毫米 ×1000 毫米 1/16
印张 30 **字数** 480 千
版本 2025 年 3 月第 1 版
印次 2025 年 3 月第 1 次印刷
印刷 唐山玺诚印务有限公司

地址：北京市丰台区莲花池西里 7 号（100073）
网址：www.lawpress.com.cn
投稿邮箱：info@lawpress.com.cn
举报盗版邮箱：jbwq@lawpress.com.cn

销售电话：010-83938349
客服电话：010-83938350
咨询电话：010-63939796

书号：ISBN 978-7-5197-9988-5
定价：108.00 元

凡购买本社图书，如有印装错误，我社负责退换。电话：010-83938349

目 录

一、尖端医疗领域科技发展呼唤刑法规制之完善

改革开放四十余年来，我国经济不断发展，法治建设逐步深入，在各领域所取得的成就举世瞩目。中国人在健康方面有了更多的追求，人们在享受生活的同时更加注意到养生之道，在饮食、健康等各个方面都有更多的讲究，再加上科技的加持，使得现代生活更加丰富多彩。有了健康的身体，才能享受美好的生活，享受美好的人生。

在现代社会，由于人口结构和生活方式的变化，人民群众对健康生活的需求更加多样和复杂。尖端医疗科技事关美丽和健康，其发展丰富了生命的宽度和厚度。器官移植技术作为一项重大医学技术革命，对于身体健康、生命延长具有划时代意义；辅助生殖技术（Assisted Reproductive Technology，ART）的出现、发展为治愈不孕症患者，满足其生育愿望提供了更多保障；实验性医疗作为检测新药安全性、有效性的重要手段，为新药开发和疑难杂症的治疗提供了助力；人体基因编辑技术在疾病的预防和治愈上具有广阔的应用前景，被许多国家和地区作为生物医学研究的重心；医学美容是一项提升容颜、增强自信、延缓衰老的事业，当前已经成为高利润和高风险的医疗领域。在建设"美丽中国""健康中国"的新时代，尖端医疗科技的发展面临着千载难逢的机遇。在党的二十大报告中，习近平总书记指出，要"推进健康中国建设"，"把保障人民健康放在优先发展的战略位置，完善人民健康促进政策"。高质量发展的中国面向世界科技前沿和重大需求，应当关注人民群众的生命健康，实现医疗科技的自主创新，为人民获得感、幸福感、安全感的实现提供有力的健康保障。

尖端医疗科技的发展不能脱离法治的轨道，否则将会给人类的生存与发展造成灾难性后果。从实践的情况来看，尖端医疗科技的发展与应用中已出现的各种问题亟待关注并予以解决。代孕、器官买卖、非法基因编辑等各种尖端医疗领域的危害行为时有发生，严重侵害了人民群众的健康和财产权益。上述行为与党的二十大所确定的人民健康政策格格不入，背道而驰。因此，在中国式现代化建设的新征程中，我们应当思考针对尖端医疗领域的严重违法行为如何进行及时有效的治理，如何科学有效地发挥刑事法律的作用，积极回应人民群众的关切，维护人民群众的身体健康和财产权益，促进社会和谐有序。

尖端医疗科技源于人民的健康需要，繁荣于经济发展时期。在国家"十四五"

规划和党的二十大确定的发展目标中，落实人民健康的战略部署将是一个重大任务，而尖端医疗科技对人民健康战略的落实应起到积极支持作用。在现代国家，法治是社会治理的重要方式。面对尖端医疗科技领域的各种违法犯罪现象，我们需要立足现实并以前瞻的眼光去观察、去思考。以人民的健康衡量尖端医疗科技的应用，以刑事法律的“利剑”守护人民的健康，让科技更先进，让人民更健康。

首先，我们应该深刻认识到尖端医疗科技领域的严重违法行为类型及已有的调控手段。结合对尖端医疗科技领域已有的危害行为的分析，可以看出，目前我国尽管已经有了一些规制措施，如制定了《器官移植条例》等法律法规以及其他规范性文件，但是，这些法律规范仍然不足以惩治尖端医疗科技领域的严重违法行为。

其次，刑事立法介入尖端医疗科技领域确有必要，并且已经在两个刑法立法修正案中规定了具体的犯罪行为，包括组织出卖人体器官罪和非法植入基因编辑、克隆胚胎罪。刑事立法对严重危害社会行为的调控具有更大的强制性、严厉性等特点，刑事法律的实施对相关方能够起到更好的行为规制功能、法益保护功能和自由保障功能。

最后，刑事法律的适用不是目的，而是为了预防犯罪。在尖端医疗科技领域，一方面，我们要积极创造条件扶植医疗科技的发展；另一方面，我们要对严重违法违规使用尖端医疗科技的行为划定严格的界限，在坚守刑法基本价值的基础上适度犯罪化，将严重违法行为纳入行为调控的“红线”之内。这就要求我们对尖端医疗科技领域立法时要充分考虑到法益的侵害性以及违背医学事实和对人的尊严的侵犯情况，结合已有立法，坚持刑法公正、谦抑和人道的基本价值观，不断完善尖端医疗科技领域的刑事立法，为新时代确定的“健康中国”“美丽中国”的目标而贡献法治力量。

尖端医疗科技领域的刑事立法需要考虑前述诸多问题和因素。就具体的立法而言，需要明确刑事法益、医学事实的界限，以及对人类尊严的侵犯问题。

第一，明确的刑事法益侵害。刑法的任务与目的是保护法益。宾丁将“法益”归结于“实在法”，所有的犯罪都会对法益造成侵害。人的生命权利、健康权利、财产权利，以及“依法行使权利的行为”“实在法所肯定的妥当的状态”等，都是法益。[①] 李斯特认为，法益是由法律所保护的利益，是合法的利益。无论个人的还是

① 参见牛忠志：《德日“法益说”适应中国的“四维”改良》，载《政治与法律》2022年第9期。

社会的利益都是生活利益，是法律的保护将生活利益上升为法益。[①] 此外，罗克辛对法益进一步拓展，认为对秩序的违反也会侵害法益。法益具有可变性，当某种新的危害行为出现而没有刑法的调控时，就需要通过刑事立法将这种行为予以犯罪化。“犯罪的本质应该理解为违反社会伦理规范的法益侵害行为，违法性、责任而且连刑罚也是要立足于这个社会伦理规范的。”[②]

在尖端医疗技术的应用中，法益保护的范围很广泛。生命权、健康权、身体权等都是其基本的法益，必须得到保护。但是，随着科技的不断发展，除了这些基本的法益，与患者的尊严相关的知情权、自我决定权等也属于刑法应当深入保护的领域，如在器官移植、医疗美容等领域需要考虑多项保护法益。在实践中，尖端医疗技术的应用也可能会对生命、健康等传统法益造成侵害或存在造成侵害的危险，有的尖端医疗技术的应用甚至会带来不同程度的社会恐慌，造成社会秩序的混乱，而社会秩序的有序运行也应当是刑法所保护的重要法益。例如，生殖性克隆不仅会对克隆者与被克隆者带来人身权上的伤害，也会混淆亲子关系，导致亲属关系无法定位，每个克隆人都有可能涉及三个对象：一个是体细胞核的供体，一个是去核的供体，还有一个是受精卵的供体。但是很明显，他们都不能满足传统的父性和母性，也不能确定他们之间的生理联系。克隆人和细胞核的捐献者（原型人）之间并不是亲生的，也不是兄弟姐妹，而是“一卵多胞胎”，但两者之间的年龄差距却是巨大的，这就不可避免地导致了道德上的不确定。如果在已经有孩子的家庭里增加一个克隆人，情况就更加复杂了，因为对克隆技术不合理的应用可能会导致家庭关系中出现长幼无序的状态，破坏基于正常的血缘、人伦关系而形成的家庭秩序。

第二，违背医学事实的合法界限。医疗行为的正当化是医疗行为作为一种侵入式治疗方式合法化的核心依据。医疗行为对患者的健康具有重要意义，但是，我们知道，医疗行为往往具有双面性，其在发挥医疗技术、治疗措施的积极作用的同时，也可能给患者造成各种难以预测的伤害。例如，外科手术时采取的侵入性检查、药剂的干预性治疗以及其他特殊的治疗措施等，可能给患者造成身体的直接伤害，如机能的损害、残疾，患者可能因此出现后遗症或死亡等严重后果。当然，在理论界或实务界，医疗行为本身在性质上被认为是正当业务行为，因而该种

---

① 参见马克昌主编：《近代西方刑法学说史》，中国人民公安大学出版社 2016 年版，第 276 页。

② ［日］大谷实：《刑法讲义总论》，黎宏译，中国人民大学出版社 2008 年版，第 84 页。

行为具有违法阻却功能(正当性)。[①]理论界对医疗行为正当性有业务权说、患者同意说、优越利益原理和危险接受理论等学说。其中业务权说具有重要影响,其倡导者是德国学者胡戈·迈尔(Hugo Meyer),该学说认为,某种行为具有合法性的理由在于其是基于国家、个体国民的利益或法律所承认的作用而实施的,而医生的行为就是基于其职务并依照法律为患者减轻痛苦或者达到治愈的目的。德国刑法理论对日本学者产生了重要影响,20世纪初的一些日本学者,如花井卓藏、冈田庄作、市村光惠等将医疗行为的性质界定为正当业务行为,认为其符合《日本刑法典》第35条规定的"法令或正当业务行为不处罚"原则。这些学者认为,治疗行为是为了实施有效治疗而作出伤害的行为,并且该行为得到了患者的同意,因而医生的业务行为既不违法也不构成犯罪。[②]

结合理论研究和实践的情况,医疗行为正当化应符合以下几个条件:一是该行为具有医学的适应性,即为了维持、增进患者的生命、健康而实施。二是医术的正当性,即按照医学上所承认的适当性的规则而实施。三是最佳利益衡量,即该行为是为了维护患者的最大利益,以更好地增进患者的身体健康福祉而实施。但是在医疗业务发展中,最佳利益原则的内涵发生了一定的变化,加入了对患者自主决定权的考量,也即最佳利益中不仅存在利益衡量还有患者的自主决定权。所以,笔者将其单列,即医疗行为正当化条件。四是患者自主决定和支配。依据这个条件,治疗行为不能违背患者意愿,即使为了患者的生命、健康也应考虑患者的意思。[③]

尖端医疗行为入罪化的前提是该行为需要被行业认定为非科学行为。如果某一种药的使用被列入一份科学的毒药名单,而该药物的使用已超过科学定义的"可接受程度",则刑法应将其列为一项罪行。如果所排放的物质已被科学地认定为污染物,并且超过了科学定义的"排放标准",那么刑法就应将某些排污行为认定为一项罪行。[④]随着尖端医疗技术的发展,越来越多新的生命技术出现,面对可

① 参见钱叶六:《医疗行为的正当化根据与紧急治疗、专断治疗的刑法评价》,载《政法论坛》2019年第1期。

② 参见曹菲:《治疗行为正当化根据研究——德日的经验与我国的借鉴》,载陈兴良主编:《刑事法评论》第29卷,北京大学出版社2011年版,第223页。

③ 参见钱叶六:《医疗行为的正当化根据与紧急治疗、专断治疗的刑法评价》,载《政法论坛》2019年第1期。

④ 参见南连伟:《风险刑法理论的批判与反思》,载《法学研究》2012年第4期。

以改变或改善人类生命来源或者生命质量的医疗技术，不同专业的专家看到了其中存在的风险。因此，我们要构建一种规范，明确何种涉生命的尖端医疗技术是不被允许的。根据我国目前的相关法律规定，基因编辑技术是被我国刑法明文禁止的。基因安全具有非常重要的意义，非法基因编辑行为会给人类的存续造成不可预知、不可逆转的风险，刑法及时介入是为了人类安全利益。① 随着尖端医疗科技的发展，会有越来越多的对人类尊严有所侵犯的技术超越现有的法律规范，这就需要我们在制定法律的过程中具有前瞻性的视野，紧跟尖端医疗技术的发展状况和趋势，为尖端医疗技术制定出合法与非法的明确界限。合法的技术我们应当支持与鼓励，而非法的尖端生命技术则突破了医学事实的合法界限，具备了入刑的基本要求之一。不仅开展我国不允许的尖端生命医疗技术属于违反医学事实，对基本医疗操作的违反等也是违反医学事实，因此，需要我们加以限制，以保障医疗科技的正常发展和应用。

第三，人类尊严的侵犯。人的尊严是人文社会科学的基本概念，也是人的最高价值和基本权利。② 康德将“人的尊严”定位为“人的内在价值”，这种观点受到广泛的认可。随着认识的不断深化，“人的尊严”被普遍认为是“人的最高价值”。基于其蕴含的重大价值意义，“人的尊严”作为全人类共同的价值观，不仅为哲学、社会学、法学等人文社会科学所共同关注，也被医学、生物学等自然科学所广泛关注。根据康德关于人的尊严的重要论述，人的尊严具有至高的价值，人的尊严是人之所以为人的本质属性和内在价值，因而人本身应以目的而存在，而不是作为达到目的的手段而存在。与其他动物不同，人是理性的、有尊严的，并且这种至高的价值不可替代、不可让渡。

在联合国相关文件中，“人的尊严”被进一步阐释为“人的基本权利”“人权的基本原则”。《联合国宪章》和《世界人权宣言》正式引入“人的尊严”这一概念，如在《联合国宪章》序言中确立了人类对“基本人权，人格尊严与价值，以及男女与大小各国平等权利之信念”。在联合国大会通过的《世界人权宣言》的序言和第 1 条中明确规定，“人类家庭所有成员的固有尊严及其平等的和不移的权利”“乃是世界自由、正义与和平的基础”；“人人生而自由，在尊严和权利上一律平等”。由此可见，在上述两个文件中，人的尊严处于核心地位得到突出强调。联

① 参见盛豪杰：《非法植入基因编辑、克隆胚胎罪的解读》，载《医学与哲学》2021 年第 20 期。

② 参见俞可平：《论人的尊严：一种政治学的分析》，载《北大政治学评论》2018 年第 1 期。

合国后续又通过了一系列重要文件，特别是在关于人权保障方面的法律文件中再次凸显了人的尊严价值，如在《经济、社会及文化权利国际公约》《公民权利及政治权利国际公约》《公民权利及政治权利国际公约任择议定书》这三个最重要的国际人权公约中，人的尊严被界定为政治、经济、社会、文化等方面的权利。而作为国际性的人权文件中"人的尊严"不能是一种口号，它需要各国制定、修改国内法，包括各自的宪法和法律来落实和维护。

虽然全球化的发展已经推动了世界各国在各个方面的协同发展，但是各个国家的发展情况存在差异。不同的国家在人权保障方面存在不同，因而在人的尊严维护方面也是千差万别的。不仅欠发达国家和发达国家的人们在享有的尊严权利、待遇方面存在差异，同一国家的不同阶层的人们也享有不同的待遇。此外，在社会中存在男女性别差异，以及在宗教、种族、语言、文化方面的差异等。在全球范围内，要保障人的尊严的落实需要不断地提升政治、经济、社会、文化发展水平。在落实联合国相关文件的核心任务中，尤其应践行"人类命运共同体"和"一带一路"倡议，促进共商、共建、共享的全球发展理念的落实，实现人类社会的共同繁荣与发展，从而更好地保障人权，维护"人的尊严"。

科技的发展经历了多个阶段，特别是在信息社会阶段，科学技术的发展呈倍速提升。这种突破体现在各个方面，军事技术、农业技术、医疗技术等各种技术不断被研发，在改善人们的生产、生活的同时，也会带来一些新的问题，如新技术、新产品使用本身可能出现的安全风险，如质量安全、信息与隐私的安全。最终，这些新技术存在的各种安全隐患会造成对"人的尊严"的侵害。在尖端医疗科技领域更是如此，器官移植、变性与美容、辅助生殖、基因工程等技术的应用可能给患者及相关方的隐私等权益造成侵害，进而使"人的尊严"受损。

因此，在科技飞速发展的背景下，我们要充分考虑如何在有效发挥科技作用的同时，有效地维护"人的尊严"。面对科技发展带来的挑战，我们也需要重新审视和定义人类尊严的概念。在传统上，人类尊严常常与人类的能力、尊重和自由等价联系。然而，随着科技的进步，我们需要考虑将尊严与科技的伦理和人性关怀相结合。正如前文所述，"人的尊严"是人之所以为人的基本的内在的核心价值，是至高无上的价值。既然如此，在科技发展过程中需要充分考虑"人的尊严"如何在设计、生产、使用中能够得到有效的维护。这就要求每一项医疗科技的发展必须遵守科技伦理的指引，如器官移植、辅助生殖等都需要充分考虑到安全性、有益性等基本伦理、基本原则的要求。当然，在尖端医疗科技领域，需要医疗机构、科技企业、生产企业以及广大的社会参与者共同努力，围绕医疗科技发展与“人的尊严”保护的平衡开展工作，使尖端医疗科技能够在有序发展的基础上，为人民群众的医疗服务提供强有力的科技支持，更好地服务“健康中国”“幸福中国”的新时代发展目标。

从宪法学角度来看，“人的尊严”无疑是联合国相关文件所确定的重要价值目标，而且需要在宪法中得到落实。那么宪法中关于人的基本权利，如自我决定权、生命权、健康权、隐私权等都应得到有效保护。其中人的生命是人格尊严得以存续的前提和基础，健康、完整的身体是人格尊严的支撑和载体，自由与自治是人格尊严的核心。但是，冒进的尖端医疗研究和实践行为可能侵犯人类的隐私权、人格权、生命权等。对这些基本权利的侵犯已经超越了行政法、民法可以调整的范围，这些被侵犯的法益作为人的基本权利，无不是刑法所保护的法益。行政法与民法的惩治措施的惩罚力度是十分有限的，对于那些为了商业利益或者为了生殖试验，而罔顾生命、漠视法律的科学家等而言，行政法与民法的轻度治理可能难以打消其蠢蠢欲动的阴暗想法，反而会使其屡次在试验线徘徊，试图实现自己的巨额利润追求。因此，对此类非法行为不入刑难以实现罪刑相适应。刑法是众法之盾，是第二位阶的法律，当一个行为超越行政法与民法的处置范围时，刑法理应承担起最后一道防线的作用。例如，生殖性克隆侵犯了人的独特性、自决性，有将人“物化”的嫌疑，是对被克隆人的“复制”，甚至会成为灰色商业交易的助推剂。生殖性克隆安全率极低，将这样一种技术用于人类身上，每一个参与者都是这项高危技术的试验者，相关技术对于母体的伤害尚不明确，克隆出来的儿童也可能面临身体残疾、早衰、夭折等各种生命危害。生殖性克隆入刑是维持人类秩序必不可少的一道防线。辅助生殖技术虽然能够在一定程度上解决不孕不育问题，但是如果人人都依靠这一技术来生产后代，那么就很容易造成社会秩序的混乱。“只有当其人权得到满足的时候，才能过一种有尊严的生活。”① 因此，在尖端医疗科技领域，需要对这些具体的基本权利加强保护，才能更好地维护人的尊严。

---

① ［美］托马斯·博格：《阐明尊严：发展一种最低限度的全球正义观念》，李石译，载《马克思主义与现实》2011 年第 2 期。

二、我国尖端医疗科技领域刑事规制研究之进展

我国学者对医疗科技的挑战及其刑法规制问题的研究呈现以下特点。

第一，目前对此类问题进行研究的著作、报告并不算多。笔者经过对已出版的相关著作进行收集整理，将其中具有代表性的列举如下：刘长秋的著作《器官移植法研究》（法律出版社2005年出版）、《生命科技犯罪及其刑法应对策略研究》（法律出版社2006年出版）、《生命科技犯罪与现代刑事责任理论与制度研究》（上海人民出版社2011年出版）分别对具体的器官移植犯罪、生命科技犯罪的刑事责任等法律问题进行全面分析。还有学者对该问题进行开拓式的研究，例如，熊永明的著作《现代生命科技犯罪及其刑法规制》（法律出版社2012年出版）探讨了现代生命科技发展对我国刑法的冲击、刑法规制生命科技犯罪的必要性和可行性、生命科技刑事立法的原则、刑法应对生命科技犯罪的策略，并具体分析了生命科技发展相关问题。刘明祥、曹菲、侯艳芳的著作《医学进步带来的刑法学问题思考》（北京大学出版社2013年出版）对医学进步的正当化根据、安乐死、医生的专断治疗、器官移植、小组医疗、传染病防治、人体试验等问题进行了研究，通过比较研究，提出规制对策。杨丹的著作《尖端医疗领域刑法理论及立法对策研究》（法律出版社2016年出版）对生命伦理、刑法基本原理进行了分析，在此基础上对克隆技术、辅助生殖技术、器官移植技术、变性手术等问题的刑法规制进行探讨。黄小茹的著作《生命科学领域前沿伦理问题及治理》（北京大学出版社2020年出版）对生命伦理的相关理念和法律治理问题进行了思考。刘建利主编的《医事刑法重点问题研究》（东南大学出版社2017年出版）对医事刑法的基础理论、患者的知情同意与违法、医疗事故的刑事责任、安乐死、器官移植的刑事立法等问题进行考察，提出了相关完善对策。此外，也有学者对医事刑法中过失犯罪问题进行了探讨，如李颖峰的著作《医事刑法视域中的医疗过失研究》（法律出版社2020年出版）。

第二，已经立项的关于尖端医疗科技与刑法的项目不少还在研究之中，有待深入推进。笔者通过搜索发现，至少还有7项与尖端医疗相关的国家级课题已经获得科研立项，相关问题亟待深入研究。

第三，已经发表的尖端医疗科技领域犯罪相关学术论文从数量上已呈一定规模，但研究成果分布不均，涉及器官移植、非法代孕、基因编辑、克隆技术等多个

主题。研究成果对尖端医疗科技的法律规制的必要性、可行性以及定罪量刑等问题进行了探讨。笔者于2024年2月7日～15日在中国知网进行了检索，共收集到尖端医疗科技领域犯罪相关的学术论文70余篇，下面根据论文主题逐一进行分析：

1. 关于器官移植及其相关问题的研究所占比例较大。共检索到相关期刊论文16篇，主要如下：刘明祥的论文《器官移植涉及的刑法问题》（2001年），安翱、涂文的论文《论活体器官移植中的被害人承诺——从刑法的视角》（2003年），张明楷的论文《组织出卖人体器官罪的基本问题》（2011年），薛培、彭涛的论文《人体器官移植及其刑法学分析》（2011年），黄立、危塈的论文《人体器官买卖的国际刑法规制》（2011年），董桂文的论文《人体器官犯罪的刑法规制——对〈刑法修正案（八）〉第37条的分析解读》（2013年），封欣蔚、杨小丽、杨咪等的论文《我国人体器官买卖屡禁不止的原因及对策探析》（2016年），邓勇胜的论文《人体器官移植的刑法规制》（2018年），等等。这些论文主要从构成要件的角度，结合国内刑法和国际刑法探讨了人类器官移植的定罪量刑问题，少数论文对器官移植犯罪的立法完善进行探讨。

2. 关于非法代孕行为的刑法规制的研究近年来逐步引起学者关注。通过检索，近十年来共发表相关期刊论文13篇。主要对代孕问题是否应当受到刑法规制进行探讨，包括李茜、付玉明的论文《代孕行为的类型分析与其中的刑事治理》（2022年），李永升、蔡鹏程的论文《商业代孕犯罪化理论探究——以犯罪基本特征为视角》（2021年），刘长秋的论文《论我国立法规制代孕的价值及其方向》（2021年），李芬静的论文《代孕相关行为的刑法规制研究》（2021年），侯艳芳的论文《非法超量移植胚胎行为的刑法规制》（2016年），党小学的论文《打击代孕，谨防其从地上转战地下》（2015年），肖丽的论文《代孕行为刑法规制界限探讨》（2016年）等。这些论文探讨了代孕行为的严重社会危害性，认为应当积极通过刑事立法规制非法代孕行为。关于人类精卵能否商品化问题，即买卖人类精卵行为是否构成犯罪，学术界历来存在不同的观点。黄姝的论文《代孕过程中涉及的刑法适用问题研究》（2013年）、鲁谙文的论文《代孕涉及的刑法问题研究》（2012年）等主张通过刑事立法禁止精卵买卖和商业性代孕行为。关于辅助生殖相关行为的刑法规制问题，我国已经颁布了《人类辅助生殖技术管理办法》《人类辅助生殖技术规范》等规范性文件，但是随着辅助生殖技术（ART）的推广应用，各类法律纠纷大量增加，给司法造成困难。武健的论文《人类辅助生殖技术的刑法规制》（2010年）通过比较研究，分析辅助生殖技术实施中的相关行为与故意杀人罪、故意伤害罪的关系，然后提出专门立法的建议。

3. 关于实验性医疗的法律规制，研究成果很少。其中关于法律规制的有3篇，其他有7篇。郑薇霖的论文《实验性医疗行为的法律规制研究》（2010年）通过比较研究，分析了如何构建伦理审查等实验性医疗实施的程序，对刑事规制问题着墨不多。随着时间的推移和研究的深入，有学者对实验性医疗刑法规制的合理性进行了分析，为实验性医疗刑法规制提供了理论基础。杨丹的论文《论人格尊严的刑法保护——以尖端医疗为视角》（2016年）认为，非法实验性医疗亵渎了人格尊严，人格尊严作为宪法的最高价值，是法益赖以建立的基础。刑法介入尖端医疗是对其所带来的利益和引起的风险进行权衡取舍的结果，其权衡取舍的标准即是否贬损了人格尊严。刘建利的论文《药物临床试验容许性的刑法逻辑及限度》（2022年）认为，刑法在面对实验性医疗问题时，正确的做法是既不能因噎废食地用刑法禁止一切临床试验，亦不可盲目崇拜科研自由，完全不加以限制地开放临床试验，应该审慎地衡量刑法适用的必要性及适用后果。董邦俊、燕永辉的论文《我国实验性医疗的刑法规制研究》（2023年）认为，我国既有的刑法规范难以有效打击非法实验性医疗行为，前置法规范与刑法规范衔接不畅。应当制定人体实验法以完善前置法规范，在《刑法》中增设非法人体实验罪，并坚持刑法谦抑性认定非法实验性医疗犯罪行为，妥善处理医学伦理与刑事法律的关系，从而完善我国实验性医疗刑法规制路径。

4. 关于变性手术（性别重置）及整容的法律规制，学者们的研究成果有待深入，对刑法规制问题的研究尤显不足。共检索到相关论文7篇，其中，任慧、李敏在论文《变性手术的法律分析》（2009年）中认为，我国变性手术处于无序状态，从刑法角度肯定了作为易性症治疗手段的变性手术具有合法性，而其他的变性手术是非法的，不能认定为刑法上的“被害人承诺”和“医疗行为”。有学者对变性人的身份确认进行分析，提出了身份确认的建议。张迎秀的论文《变性人性别的法律确认》（2010年）认为，对变性人性别的确认，我国目前采用的是生理学方法，而生理学方法与户籍登记法相结合是确认变性人性别的科学方法。

5. 关于医疗美容问题的法律规制，研究成果亦较少。共检索到论文6篇。其中，韩俊、凡振峰、胡思远的论文《医疗整容纠纷的疏导与化解——基于医疗整容纠纷样本的实证分析》(2016 年)基于医疗整容纠纷样本的考察,分析整容中易发生的问题、取证与诉讼等。熊永明的论文《美容整形的刑法规制》(2012 年)主张通过刑法解释解决整形美容中的问题,并适度增加广告类的罪名。吴金艳、刘芷函、羊海燕的论文《法经济学视角下医疗美容行业的规制》(2019 年)认为,法律制度的供给不足导致医疗美容行业野蛮生长,应从经济学角度出发,加大法律制裁成本。科学规划相关整体规制,加强监管,完善信息揭示制度,以有效规制该行业。

6. 关于人类基因编辑的刑法规制问题,在《刑法修正案(十一)》发布之后,学者们逐步发力。共检索到相关期刊发表的论文 16 篇。在《刑法修正案(十一)》发布之前,对该问题的研究重在入罪的必要性问题,如张如、魏汉涛的论文《人类基因编辑技术发展的刑法应对——以现代风险治理为视角》(2020 年)提出,刑法应在保持谦抑性的同时,基于风险社会理念,扩大犯罪规制圈。在当前技术条件下,刑法应禁止基因编辑技术的应用,即使技术条件成熟后,刑法也应禁止以增强为目的的基因编辑和其他突破伦理底线的基因编辑。2020 年 12 月《刑法修正案(十一)》发布之后,一部分学者开始关注非法植入基因编辑、克隆胚胎罪的解释运用。如石经海、林需需的论文《非法植入基因编辑罪中"情节严重"的司法认定研究》(2023 年)认为,异种基因编辑胚胎互植行为、造成被编辑胚胎及其所发育婴儿重伤或死亡的行为均属于"情节严重"。叶良芳的论文《非法植入基因编辑、克隆胚胎罪的保护法益:基于生命伦理的视角》(2022 年)认为,立足于目前的生命伦理规范,非法植入基因编辑、克隆胚胎罪的保护法益应是公共卫生秩序,而非人类基因库安全。因此,本罪是行政犯,以行为违反行政法规、行业规范等前置性规范为必要要件。还有部分学者认为应进一步完善基因编辑的相关刑事立法,如刘长秋的论文《转基因生物技术的刑法规制研究》(2022 年)指出,应继续修改和完善现行《刑法》,增加有关非人体基因科技方面的犯罪及其刑事责任的规定,以应对转基因生物技术尤其是转基因食品技术带来的挑战。姜涛的论文《基因编辑之刑法规制及其限度》(2021 年)认为,结合当前社会面临的实际风险,刑法应前瞻性地增设滥用科技罪这一类型性罪名,并从刑法的谦抑性出发对该罪设置行政前置性要件。董邦俊、袁淑娟的论文《人类胚胎基因编辑的刑法规制》(2023 年)提出,针对人类胚胎基因编辑法律规范不足的现状,需要完善涉及基因编辑的相关条款,增设妨害基因管理秩序罪。

7. 关于克隆行为的刑法规制研究成果也不多见。共检索到各类文献总数为

10项。陈智元的论文《克隆人刑事立法问题初探》(2003年)主张将克隆作为单行刑法规定予以禁止，要求禁止一切克隆行为，包括克隆行为和相关帮助行为。刘建利的论文《刑法视野下克隆技术规制的根据与方法》(2015年)认为，克隆在全球都是一个敏感的话题，对于社会秩序、安全、人类尊严构成威胁。主张构建以刑法为主，以行政法为补充的混合规制模式禁止克隆生殖。最近几年，有学者表达出对克隆技术发展的担忧，如刘宪权、林雨佳的论文《人工智能时代技术风险的刑法应对》(2018年)认为，人类复制技术造成的风险就是一场有形的风暴；盛豪杰的论文《非法植入基因编辑、克隆胚胎罪的解读》(2021年)认为，面对潜在的风险，刑法必须预防风险。由于对遗传物质等的法律属性还没有形成定论，邱仁宗在论文《人的克隆：支持和反对的论证》(2005年)中提出，“人类胚胎就是人”，郑平安主编的《卫生法学》中指出，“对胚胎的伤害应该同对人一样，适用伤害罪或过失致人死亡罪”。对这些问题的研究直接影响到法律规制。孟凡壮在论文《全球视野下克隆人技术的法律规制》(2019年)中提出，要对克隆人技术予以法律规制，主要包括刑法规制与行政法规制两种模式。基于保护“生命与人的尊严”这一国际价值共识，强化对克隆人技术立法的合宪性调控是值得提倡的做法。

第四，对尖端医疗科技的研究虽然能够突出法律规制问题，但对规制的背景和行为类型缺乏实证研究。从相关论文和网络文献来看，医疗刑法方面的论文通常以构成要件为中心进行探讨，很少具体分析某些医疗科技在某一地区被非法使用的情况、具体的行为类型等。因此，这些方面的研究要更加结合实际情况，才能够有针对性地解决实践问题。

第五，对尖端医疗科技领域的调查取证问题的研究关注不够。已有部分学者关注到普通案件的取证问题，如何家弘、刘品新的著作《证据法学》(法律出版社2022年出版)对各种证据及相关法律法规和提取方法进行了探讨。但对医疗科技领域的取证问题的研究亟待加强和深化。刘志勤的论文《医疗机构如何应对司法鉴定》(2008年)对医院在司法鉴定问题上应当如何应对的问题展开了探讨，认为与患者相关联的文字可以作为书证使用，并提出了一些可操作性的建议。常林在论文《医疗行为与证据及相关法律问题探讨》(1996年)中表示，医学文献可以作为法律诉讼证据。范稷、卢中南、张帆在论文《医政执法中医疗文书调查取证初探》(2012年)中提出，病史病历、检查检验单据、医学证明表格等医学文件可作为证据文件使用。杨连波的论文《组织出卖人体器官犯罪的认定与侦查》(2012年)

分析了虚假陈述的原因,并提出了取证对策。高鹏志的论文《医疗纠纷证据保管链制度研究》(2018 年)认为,在医疗领域,证据的真实性问题仍然十分突出。因此,医疗科技领域的调查取证问题亟待深入研究。

总体而言,我国关于尖端医疗科技领域刑事立法的研究文献资料还比较有限。部分论文和著作关注生命科技对社会的影响及伦理问题,虽然从刑事法律的角度系统思考如何构架尖端医疗科技领域的刑法规制措施,但深度与广度不足;对尖端医疗领域的非法行为的调查与取证问题缺乏探讨;没有从一体化的角度来思考尖端医疗科技所带来的挑战和应对。在不断推进"健康中国""幸福中国"建设的当下,对该问题的研究亟待加强。

三、域外尖端医疗科技领域刑事规制研究之动态

德国当代哲学家阿图尔·考夫曼指出,科技的目的是尽可能穷尽人们可以做到的。对于尖端医疗科技,法学、伦理学要解决的问题是哪些是可以被允许做到的。面对技术的发展,西方学者更关注对生命伦理的研究,美国华盛顿乔治大学肯尼迪伦理学研究所于 1978 年出版了《生命伦理学百科全书》。尖端医疗科技的不断发展,在使医学不断进步的同时,也使人类具有了操纵生殖、操纵基因的能力,未来甚至可能控制人类意识。这已经引起了人类的警觉和关注。

在国外,一些学者对尖端医疗科技的法律规制进行了研究,形成了有影响力的学说、成果。英国著名学者布伦丹·格瑞尼著有《医疗法基础》,对滥用生命医疗技术行为的规制进行探讨,并提出针对医疗技术滥用的立法建议。日本学者虫明满在其著作《人的生命与法》中对利用生命科技实施的犯罪进行系统论述。通过阅读比较,总结来看,国际上关于医疗尖端科技领域的刑事法律问题的思考主要集中在以下几个方面。

第一,关于代孕的法律规制问题。《失败的代孕概念:印度商业代孕期间孕前干扰的社会和伦理方面》① 一文对印度商业代孕中产生的伦理问题进行了分析,指出了代孕行为产生的负面后果。诸如此类的研究还有很多,不同学者也有不同的观点。有的主张完全禁止代孕,并将这种行为按照犯罪进行处罚;有的主张禁止

---

① Sayani Mitra, Silke Schicktanz, *Failed Surrogate Conceptions: Social and Ethical Aspects of Preconception Disruptions during Commercial Surrogacy in India*, 11 Philosophy Ethics and Humanities in Medicines 9,(2016).

商业代孕，对无偿的代孕行为不做调控。纵观外国关于代孕的立法，有的是完全禁止代孕，如德国、法国，同时对于有严重社会危害性的行为处以相当刑罚；有的规定代孕行为合法，并对相关行为进行调控，如英国、以色列；美国原则上认为代孕合法，但不同地区（州）的规定不一样，有的地区认为无偿代孕和妊娠代孕是合法的，但对基因代孕和商业代孕则完全禁止。

第二，关于器官移植的法律规制问题。《器官移植支付系统的伦理含义和宗教意义》[①]一文对器官移植的伦理问题进行了分析研究。《执行欧洲打击贩运人体器官公约的挑战》[②]一文对贩卖人体器官行为的规制进行了研究，认为贩卖人体器官正是由于器官移植技术的发展成熟而引发的违法行为。《基因技术的可能应用、立法和伦理方面》[③]一文对基因技术的伦理问题进行了探讨和分析。《器官公开募捐中的伦理争议》[④]一文则对公众征集器官，导致器官移植的伦理争议进行了深入探讨。《器官捐献活动的伦理方面》[⑤]一文对器官捐献、移植的伦理与法律问题进行了思考，强调要重视人的生命价值、人格尊严。日本学者中山研一的专著《器官移植与脑死亡》对脑死亡的鉴定以及器官移植的标准及其立法进行了研究。

第三，关于人体遗传物质与辅助生殖相关的法律规制问题。精子、卵子、受精卵和胚胎作为生命之初的物质，具有不同的学术地位，国外学者对遗传物质有主体说，如根据德国刑法学界的主流观点，胚胎是人，应当受到刑法的保护；德国《刑法典》明确规定了“终止妊娠罪”，德国《胚胎保护法》也肯定了这一观点。客体说，亦称“物说”，持这一观点的学者如日本的石原明，认为损坏试管从而损坏受精卵的行为最多构成损坏器物罪。折中说认为，胚胎是介于人与物之间的权利主体或客体。美国有学者认为，受精卵和胚胎既不是社会人也不是物，而是看其是否正常发育来赋予其特殊的法律保护，纽约州的刑法典规定了孕妇本人和他人

---

① Hunter Jackson Smith, *The Ethical Implications and Religious Significance of Organ Transplantation Payment Systems,* 19 Medicine, Health Care and Philosophy 33, (2016).

② Alessandra Pietrobon, *Challenges in Implementing the European Convention against Trafficking in Human Organs*, 29 Leiden Journal of International Law 485, (2016).

③ Agnes Szabára, Gyula Kasza, Zoltan Lakner, László Ózsvári, *Possible Applications, the Legislation and Ethical Aspects of Gene Technology. Literature Review*, 2 Magyar Allatorvosi Szemle 117, (2011).

④ Linda Wright, *Ethical Controversies in Public Solicitations for Organs*, 3 Transplantation Reviews 184, (2008).

⑤ Antoine Stephan, Antoine Barbari, Farida Younan, *Ethical Aspects of Organ Donation Activities*, 5 Experimental & Clinical Transplantation 633, (2007).

对自己实施的堕胎为犯罪。

第四，关于实验性医疗行为的法律规制问题。医疗科技的进步带给人类健康福祉和荣耀，但实验性医疗是一把“双刃剑”。实验性医疗实为医疗发展的必经之路，也会对受试者的合法权益造成侵害，大量违规、非法的实验性医疗行为已经引起社会的关注和热议。1865 年，法国著名医学家克洛德·贝尔纳的著作《实验医学研究导论》的出版，标志着实验医学成为推动医学发展的引擎。有学者认为治疗型实验属于一般医疗行为和人体实验的中间地带，日本学者金泽文雄在《刑法与道德》一书中提出，“治疗的试验与治疗行为不同，与人体实验也不同，它是由独立的概念所构成的学说。”大谷实教授将医疗行为区分为医学上的医疗行为与行政法上的医疗行为。1966 年，联合国大会通过了《公民权利及政治权利国际公约》，明确规定了禁止非法人体实验。1964 年，第十八届世界医学大会通过的《世界医学大会赫尔辛基宣言》最早对人体实验做出了分类。《世界医学大会赫尔辛基宣言》将人体实验划分为“针对患者进行必要治疗的人体实验”（clinical research in which the aim is essentially therapeutic for a patient）和“纯粹为了科学研究而进行的人体实验”（clinical research, the essential object of which is purely scientific and without therapeutic value to the person subjected to the research）。1979 年，美国国家生物医学和行为研究受害人保护委员会发布的《贝尔蒙报告》提出了关于受试者保护的伦理原则。《临床和实验医学》（*Clinical and Experimental Medicine*）杂志在德国创办并由施普林格出版公司出版至今。学者们发表文章关注实验性医疗行为的伦理规范，探讨其被非法滥用的法律规制。目前世界各国普遍通过法律规制实验性医疗行为，具体而言，可以区分为两种模式：第一种是专门立法规范，即专门制定有关人体实验的立法，代表性国家有荷兰、法国等，德国虽然没有专门立法，但是其有关药品和其他药品管理的立法对人体实验作出了较为具体的规范，也可以归为此类；第二种是以行政部门的规章为主对人体实验进行规范，代表国家如美国。德国成文法中关于实验性医疗的刑法规范主要见于德国《刑法典》。德国刑法对于医疗行为的刑法规制主要集中在过失犯罪。“医疗技术的发展对德国刑法产生了重大影响，不断为刑法理论提出新的课题，医疗和刑法的结合愈来愈紧密。”[①]2006 年，时任美国总统布什颁布了一个行政备忘录，旨在为接受常规治疗

① 杨丹:《刑法如何应对尖端医疗技术》，载中国社会科学网，https://www.cssn.cn/skgz/bwyc/202302/t20230215_5588186.shtml。

和参与人体实验而导致并发症的受试者提供医疗保险给付（medicare payments），强化了人体实验的补偿。

第五，关于变性手术（性别重置）及整容问题的法律规制问题。在古希腊和古罗马时代的文献中就有变性的记载。1949年，科学家古德韦尔首次提出"易性癖"（transsexualism）的概念，并探讨其必要性。1931年，一位美国士兵在丹麦接受了世界上首例变性手术。关于变性手术，外国学者观点不一，有罪说、无罪说各有支持者。近年来，一些学者发表文章对变性手术的合法化进行论证，但是并未形成一致的意见。亚洲一些国家规定，对器官的破坏是犯罪行为，应定残害器官的罪名；阿根廷、葡萄牙等国家禁止实施变性手术，即使医生于患者同意之下实施该种行为也将被判人身伤害罪。也有的国家认为，应具体情况具体分析，荷兰、丹麦、瑞典、意大利、比利时、加拿大、英国、新加坡等国家认为如果实施外科手术有利于健康医疗，则对这种行为不可责难。关于整容问题，需要探讨其行为的性质，有的国家如德国将整容行为纳入"医疗"技术的范畴。

第六，关于非法基因编辑的法律规制问题。随着科技化、全球化的发展，与之相伴而生的技术的风险作为全球人类所面临的风险，日益突出。基因编辑技术的发展历程可以追溯到1953年，沃森和克里克两位科学家发现了脱氧核糖核酸（Deoxyribo Nucleic Acid，DNA）的双螺旋结构。但将基因编辑技术运用于人体胚胎干细胞是近几年才发生的事情，2017年7月7日，《细胞研究》（*Cell Research*）期刊在线发表了中国科学院生物物理研究所刘光慧课题组、北京大学汤富酬课题组和中科院动物研究所曲静课题组的联合研究成果，首次将基因编辑技术用于干细胞的遗传增强。基因技术作为一种新型的生命科学技术在全球成为各行业关注的焦点，基于对风险刑法的反思，对基因编辑的规制问题引起各界的深思。一些科学家已经认识到基因编辑存在的多种风险。首先，存在基因编辑对基因库的污染风险。《自然·生物技术》（*Nature Biotechnology*）杂志上一篇文章显示，科学家利用CRISPR-Cas9基因编辑技术对蚊子进行了基因编辑，使其在8代以后留下的都是雄性。这是一种很恐怖的现象，如果以此种方法来编辑人类，几代之后将会有基因异常的人类后代，并出现生育上的隔阂。若不能很好地控制基因编辑行为，无疑会成为人类社会的一场重大灾难。英国著名小说家玛丽·雪莱在其代表作《弗兰肯斯坦》中就曾发出这样的疑问：科学家是否能够承受无法弥补的生命技术的危险，从而导致人类的灾难？其次，科学家也关注到了基因编辑的生命安全风险。基因编辑对人体基因的改动会产生基因组突变、疾病敏感性增强等危险，CRISPR-Cas9 系统进入人体，会因免疫效应的改变而危及被编辑者的生命和健康。1999 年在美国参与基因治疗实验的杰西·基辛格即因严重的免疫反应而死亡。此外，基因编辑还面临着严峻的伦理风险、社会安全风险。

关于基因编辑的试验，学者们总结了三种不同的模式。第一种是宽容管制模式，这种模式认为，科技与风险相伴而行，有技术必有风险，但对技术风险可以采取严格的把控措施来防止危害结果的发生。因此，对该项技术持鼓励的态度，代表性的国家是英国。在英国，只要向特定的机构提出基因编辑临床试验的申请，通过审核批准即可以进行试验，如此可以规避风险以促进科技进步。但是该种模式也存在一定问题，因为审核标准具有不确定性和风险性。第二种是严管模式，认为应当禁止一切有关基因编辑的临床试验，只要与基因编辑相关的应用都应当被禁止，该模式的代表性国家是德国。德国《进口与应用胚胎干细胞之胚胎保护法》采取了禁止一切基因编辑及试验的规定，《基因诊断法》和《胚胎植入前诊断法》稍稍放宽了对人体细胞的基因编辑研究试验的要求，但对生殖细胞的基因编辑试验依旧保持谨慎态度并加以严格禁止。但是严管模式的过分限制会阻碍基因科技的发展。第三种模式是适度管制模式，该模式是对前述两种模式的折中，认为应赋予基因编辑科学以较大的科研自由，但对利用基因编辑技术进行临床试验的行为进行严格的限制。日本对基因编辑试验即采取了相对中立的态度，但 2018 年后日本政府转为较为积极的态度，即有限允许在人类胚胎中适当地运用基因编辑技术。

学者和相关机构对基因编辑技术的研究与应用持谨慎态度。美国学者乔治·戴利认为，应当禁止基因编辑和植入技术的应用；美国学者费奥多·乌尔诺夫认为，应当禁止针对婴儿的基因编辑行为，因为该技术违背了人类的伦理，应禁止将该技术应用于人类生殖的目的；美国国家科学院成立的基因编辑委员会也认为，基于安全性方面的原因，应当暂停对人类生殖细胞的基因编辑技术的应用。但是，域外学者多数赞成将该技术应用于治疗疾病以及不针对人类生殖基因编辑的科研领域。2015 年，欧洲委员会（Council of Europe）生物伦理委员会［Committee on Bioethics（DH-BIO）］发布了关于基因编辑技术的声明，肯定了基因科技在医学领域的前景。同年 12 月，第一届国际人类基因组编辑峰会在美国首都华盛顿举行，美国、英国等多国专家学者参加，并联合发表了一篇声明，指出不应将对人类胚胎和生殖细胞进行基因编辑的技术在人类妊娠中使用。但该声明同时指出,科技在不断提升,科学界应当在固定期限内重新考虑使用生殖系编辑的安全性和可行性。

包括法国、德国、英国、澳大利亚、日本、加拿大、西班牙、匈牙利在内的许多国家已经在各自的刑法中对基因编辑、克隆行为加以规制。其中法国在人类基因编辑方面设置了最重的刑事处罚措施。法国1994年出台的《生命伦理法》明确规定不允许对未受精的卵子的卵核进行基因编辑,再将其体细胞取出之后移植到人体内分娩,违法者将被判处20年监禁。美国虽然对于基因编辑行为没有刑法上的规制,但是在1997年颁布了一项法令,禁止使用联邦基金进行基因改造。美国对人类基因编辑的法律规制主体为美国食品药品监督管理局(Food and Drug Administration,FDA),这意味着任何人在使用人类细胞编辑之前,即使是用于实验研究也必须向FDA提交申请。如果申请未通过而仍继续进行研究,将被取消研究资格,以及罚款最高10万美元并被判处一年监禁。[①] 在基因编辑技术犯罪化的过程中,部分国家的刑法规定不够完善,甚至缺乏规定;对于基因编辑技术,有很多国家仅在行政法规甚至是协定的层面进行规范,缺乏刑事责任方面的规定。俄罗斯的刑法缺乏约束人类基因编辑相关行为的罪名[②]。当然,在"贺某奎基因编辑婴儿案"发生时,中国也缺乏相应的刑事法律予以规制。不过该次基因编辑事件过后,我国刑法设置了非法植入基因编辑、克隆胚胎罪。

第七,关于非法克隆的法律规制问题。1993年在加拿大蒙特利尔举办的一次北美洲的生殖学术会议上公布的一篇论文引起了轩然大波。美国乔治·华盛顿大学的教授宣布他们的团队成功将人体胚胎进行了无性繁殖,这一成果预示着"克隆人"的诞生似乎并不遥远了。法国有专家表示了反对,德国更是反应迅速,将人体胚胎无性繁殖实验视为违法行为。美国《时代》周刊和美国有线电视新闻网(Cable News Network,CNN)在此后做了一个民意调查,有近3/4的受访观众认为这样的实验有悖人类道德,应该尽快终止实验,甚至是取缔这些实验室的资格,并定性为犯罪。1997年2月,英国罗斯林研究所(Roslin Institute)的威尔姆特(Ian

---

① See Josephine Johnston, *Budgets versus Bans: How U.S. Law Restricts Germline Gene Editing*, 50 Hastings Center Report 10(2020).

② See Danil Sergeev, *The First Case Of Human Genome Editing: Criminal Law Perspective*, 3 BRICS Law Journal, 125(2019).

Wilmut）研究小组在《自然》（*Nature*）上发表论文，提出了克隆技术，在经过 270 多次试验之后，成功克隆出世界上第一只体细胞克隆动物——克隆羊多利。自此之后，世界各国的科学家开始从不同的学科研究克隆问题。1997 年，时任美国总统克林顿宣布对“克隆人”说不，社会各界担心人类将因此而受到巨大的道德和伦理挑战。2005 年 3 月 8 日，第 59 届联合国大会以 84 票赞成、34 票反对、37 票弃权的表决结果通过了《联合国关于人的克隆的宣言》。①

美国科学家在 2013 年发表文章宣布已经扫清克隆人的技术障碍，这引起不少国家和世界组织的快速反应。英国等国家开始冻结研究经费，欧洲委员会通过了《〈欧洲人权与生物医学公约〉关于生物医学研究的附加议定书》（Additional Protocol to the Convention on Human Rights and Biomedicine, concerning Biomedical Research）（19 个国家加入），禁止以克隆同一个人为目的的所有技术。

德国、奥地利、挪威、爱尔兰等国的法律仍然明文禁止对克隆人的研究。但世界各国对克隆人的态度多有“暧昧”。基于将“治疗性克隆”用于生产移植器官和攻克疾病等方面的巨大诱惑，2000 年，英国下议院以超过 2/3 的多数票通过了允许克隆人类早期胚胎的法案；在美国、德国、澳大利亚，也逐渐听到了要求放松对治疗性克隆相关技术的限制的声音。美国众议院分别于 1998 年、2001 年、2004 年和 2007 年进行关于是否禁止所有形式（包括生殖性和治疗性的）人类克隆的投票，但每次众议院与参议院的分歧都导致两个对立的提议（“完全禁止克隆人”与“禁止生殖性克隆人”）同时搁浅。2009 年 3 月 9 日，时任美国总统奥巴马打破了 2001 年时任美国总统布什的禁令，解除用联邦政府资金支持胚胎干细胞的研究限制。“生殖性克隆”被大多数国家所反对，全世界有 20 多个国家明令禁止生殖性克隆，近 30 个国家通过刑事立法对生殖性克隆行为予以禁止。对克隆规制的立法包括普通刑法、胚胎保护的立法、人工辅助生殖技术立法、医学研究立法、克隆人技术专门法、生物伦理等其他立法以及相关专门行政法等。对生殖性克隆的刑罚处罚一般以有期徒刑为主，刑期在 3 个月至 30 年，单处或并处罚金。有的国家还规定了资格刑。大部分国家仅通过行政法规制生殖性克隆。

---

① 参见《世界生物技术格局面临重新洗牌》，载中国科学院网 2005 年 3 月 2 日，https://www.cas.cn/xw/kjsm/gjdt/200906/t20090608_630978.shtml。

四、尖端医疗科技领域刑事规制研究之框架体系

本书以尖端医疗科技在医疗领域运用的规制现状考察为基础，分析其中存在的问题；考证国内外的立法与司法情况，探讨其中值得借鉴之处；构建符合我国国情的尖端医疗科技使用规制措施，完善我国的刑事法律以及相关对策。整个研究坚持“提出问题—考察现状—反思实践—机理分析—问题剖析—对策构建”的研究思路。本书主要包括九章，框架内容布局如下。

第一章对尖端医疗科技领域刑事立法进行概述。主要探讨尖端医疗科技的发展与刑法介入之必要性、可行性、立法原则与模式等。对尖端医疗科技之内涵进行解读，对生命科学（科技）、生物科技（技术）、尖端医疗科技之间的关系进行界分。回溯古代峻法治医的历史，对我国以《周礼》为代表的奴隶社会对医事活动法律规制的萌芽，以及秦汉及唐宋以降的医事活动的刑法调控进行全面分析；并对域外《汉穆拉比法典》和优士丁尼《国法大全》两部著名法典中的医事法律调控措施进行考察。然后，深入分析现代社会刑法介入尖端医疗科技之必要性及其可行性。

第二章对非法代孕的刑法规制进行思考。代孕技术是尖端医疗科学技术的最新成果，但同时代孕技术也是一把“双刃剑”，一方面，其给不孕不育患者带来希望；另一方面，其对伦理道德和法律制度造成严重冲击，尤其是围绕代孕技术发生的一系列附带性行为更是诱发了大量违法犯罪行为。我国于 2001 年制定了《人类辅助生殖技术管理办法》，态度鲜明地禁止所有形式的代孕，并在此后组织开展了多次全国范围的专项打击行动。但由于我国立法者及社会公众并未对代孕问题形成广泛一致的共识，二十多年来始终未能从法律层面对代孕进行明确规定，各种形式的代孕行为也在法律监管的灰色地带滋生蔓延，最终成为引发大量关注的社会问题。代孕基础行为因其犯罪化条件有所欠缺，不应予以犯罪化处理。但是，对于危害性更加严重的代孕附随行为则应根据不同情况区别对待，建议增设非法组织代孕罪、强迫代孕罪和非法组织出卖人类配子罪三种罪名，并设置相应法定刑，以提升刑法规制的针对性和打击力度。

第三章对非法器官移植的刑法规制问题进行深入分析。我国人体器官移植始于 1977 年，虽然至今已有四十多年发展，但由于器官供体的不足和器官移植费用高昂等，该技术的应用尚不广泛。针对器官移植违法行为，我国陆续制定了《人体

器官移植条例》等规定对该技术予以规范，并通过《刑法修正案（八）》对此类犯罪予以规制。2023年发布《人体器官捐献和移植条例》[①]，是对《人体器官移植条例》的修订和完善。但是，随着社会的发展和科学技术的进步，目前的法律规范仍落后于犯罪的实施。其中，在宏观方面，我国未对走私人体器官犯罪进行规定，未规定单位作为人体器官犯罪的主体，未对精神病人的器官移植作出明确规定，未对与人体细胞及其组织有关的犯罪进行规定；在微观方面，我国法律在被害人承诺问题上，对“组织”“出卖”“情节严重”等概念没有科学的界定。因此，可借鉴国外相关立法，重新对我国人体器官犯罪的相关概念进行科学认定，扩大我国法律目前对人体器官的界限，采用阶梯式立法，现阶段可以将人体器官界定为所有的人体器官和人体组织，可以在条件成熟时再将人体细胞列入刑法人体器官犯罪规制的范围内。

第四章对实验性医疗的刑法规制问题进行考察。实验性医疗是指为了治愈疾病，使用危险和疗效均属未知的新药物、新器械或新技术进行人体实验的行为，实验性医疗的主要目的是探索科学新知，诊疗居于次要地位。实验性医疗活动的发起、过程和结果都对刑法保护的法益产生了巨大影响，其本身具有的实验特性表明医学活动面临不可预知、不可掌控的巨大风险，为了有效管控风险，刑法必须介入对实验性医疗的行为规制。我国实验性医疗的刑法规制存在现实弊病，急需解决。一是现有刑法规范难以打击非法实验性医疗行为；二是前置法规范与刑法规范衔接不畅，符合刑事违法性的非法实验性医疗行为在前置法规范中并无相关责任后果的规定，刑事法规范由于缺失对应罪名而导致前置法规范中“构成犯罪的”规定难以操作。域外各国家和地区普遍通过专门法律或者规范性文件对人体实验进行了全面详细的规定。笔者认为，应当从四个方面完善实验性医疗的刑法规制：第一，制定人体实验法以完善前置法规范。第二，应当在刑法中增设非法人体实验罪。第三，认定非法实验性医疗犯罪行为时坚持刑法谦抑性。第四，妥善处理医学伦理与刑事法律的关系。

第五章对非法医疗美容的刑法规制问题进行探讨。医疗美容作为一项“靓丽”的事业在我国发展迅速，但医疗美容业中存在的各类违法犯罪行为却给该行业带来恶劣的负面影响。医疗美容行业乱象凸显，单纯依靠传统行政、民事法律

---

① 此条例已于2024年5月因《人体器官捐献和移植条例》施行而废止。

法规进行约束的成效似乎并不显著，非法医疗美容发生致死致残等严重社会危害性的后果，使得刑事法律介入医疗美容行业成为可能，理论界和实务界主张运用刑法规制非法医疗美容的呼声也越来越高。为此，有必要对之展开深入研究。笔者建议增设单位为非法行医罪主体，并对相关刑法条文进行解释，以激活刑法条款，使其在应对非法医疗美容中发挥积极的调控作用。

第六章对非法性别重置的刑法规制问题进行研讨。性别重置手术作为国家限制类医疗技术，属尖端医疗范畴，在推动人类发展的同时，对生命伦理、性别管理秩序、传统犯罪构成理论、刑事司法实践等带来了挑战。性别重置手术被称为“性别工程”，一方面，在医学问题的本体领域，因其表现为一系列相关手术的序列治疗（多个手术的组合）而具有更高的精细度、复杂性要求；另一方面，在与性别相关的权利基础的法律领域，因手术的目的、内容与人类尊严、身体健康、婚姻家庭、生活就业等密切相关，涉及手术者在公法、私法领域的法律地位确定及一系列权利保障和行为规制，决定了性别重置手术法律规范体系的复杂性和必要性。因此，笔者首先立足医学的自然科学领域，对性别重置手术及相关问题进行梳理、厘清；然后立足法学领域的规范视角，重点分析性别重置手术带来的一系列刑法问题；最后针对当前问题，提出刑法应对建议。

第七章对非法人体基因编辑刑法规制问题进行检讨。基因编辑技术经过三代更新发展，技术越来越成熟，现阶段 CRISPR-Cas9 技术是最简单、最高效的基因编辑手段，被广泛应用于农业、生物学和医学。法律存在的意义是确立秩序，为人们提供行为准则，使得人们对自己的行为有预期评估，从而避免遭受未知的惩罚。人类胚胎基因编辑技术作为一项不断更新的生物技术，法律应当明确立场，对其合法性与违法性作出明确规定，划清合法边界，规定违法的惩处后果。在这一章里，笔者试图解决的问题是人类胚胎基因编辑技术是否应该合法化，尝试划清胚胎基因编辑技术合法与非法的界限，阐明合法或非法的具体理由，针对非法的部分尝试提出规制手段，以期对人类胚胎基因编辑技术的适用提出法律规制的可参考意见。笔者对《刑法修正案（十一）》中规定的基因犯罪进行了反思，提出了完善意见。

第八章对克隆人的刑法规制问题进行思辨。在这一部分，笔者首先对克隆的相关概念进行界分；然后比较我国与域外国家对克隆问题的法律规定；接着剖析克隆人的伦理争议，对肯定说与否定说的诸多观点进行分析；最后探讨了生殖性克隆的入刑必要性，并提出了完善生殖性克隆的刑法规范的具体对策建议。

第九章对尖端医疗领域犯罪的证据调查及运用问题进行探究。随着我国以审判为中心的刑事诉讼改革方向不断深入，证据已然是案件定性、侦诉的重要依据，是刑事诉讼的核心内容、办案的基础，更是案件办理的灵魂，因此对于此类案件的侦查取证的研究是必要且急迫的。尖端医疗科技领域犯罪案件的侦查取证脱离不了整体查办案件进行取证的程式共性，但也具备其他案件所不具有的特殊性。笔者对尖端医疗科技犯罪案件的取证过程中可能存在的影响取证质量的因素进行了细致分析，为解决这类案件的取证难题提出了一些建设性的方法、措施。笔者认为，应分别通过立法、立规、协作、取证主体、取证环节以及取证保障等方面来突破此类案件的取证难点。同时，深入研究了新时期针对这些犯罪行为的侦查取证方法，包括数字取证、生物信息取证、医疗设备取证等。

五、尖端医疗科技领域刑事规制研究之时代价值

尖端医疗科技的规范发展关系人民的健康福祉和生物安全等多种权益的保护，关系以人民为中心的理念的落实。在实现第二个百年奋斗目标和中华民族伟大复兴的新征程上，我们一方面要鼓励、支持尖端医疗科技的发展，另一方面要为尖端医疗科技的发展提供法治保障。党的二十大报告明确指出：“加强重点领域、新兴领域、涉外领域立法。”尖端医疗科技作为现代科技高度发展的产物，在给人类生命健康带来巨大福祉的同时，也隐含巨大风险，亟须通过法治手段进行有效规制。

从理论意义上讲，包括两个方面：一是有助于完善医疗刑法理论体系。尖端医疗行为的法律问题是一个涉及医学、伦理学、法学等多学科的复杂问题，就法学学科内部而言，学界的研究多集中在前置法（民法、行政法）规制，较少从刑法角度对尖端医疗行为展开系统研究。本书的研究聚焦尖端医疗行为的刑法规制问题，选取尖端医疗行为的主要手段进行深入分析，将刑法的一般领域运用于尖端医疗领域，推动医事刑法体系纵深发展。二是有助于加强生命科技时代对于人权的刑法保障的研究。刑法的目的是保护法益，尖端医疗科技的发展对人权造成了巨大挑战，刑法必须以一种明确的姿态对公民权利进行保护。面对尖端医疗科技对人之尊严和人之生存价值带来的冲击与挑战，刑法应当与时俱进地跟进相应研究，在保护公民权益的基础上保障尖端医疗科技有序发展。

从现实意义上看,包括以下三个方面:一是有助于对尖端医疗领域的刑事责任分配进行准确界定。开展尖端医疗行为面临许多实践问题亟须解决。本书通过对器官移植、辅助生殖、医疗美容、性别重置等难点问题进行刑法学思考,有助于区分各种尖端医疗行为是否构成犯罪,最终有效划分构成犯罪时各方应当承担的刑事责任。二是有助于强化尖端医疗科技行为的法治化水平。目前,我国对于尖端医疗科技行为并没有从刑事法角度进行体系化规制。本书对于域外各国家和地区的尖端医疗科技行为的刑事规制进行了分析,在此基础上对我国尖端医疗科技行为的刑事规制尚存在的问题进行考察,为我国完善相关领域的立法提供了可行的方案。三是为尖端医疗科技行为开展国际交流和国际合作提供法治保障。面对全球生物科技的飞速发展,急需在国际层面采取广泛合作的监管方式规制尖端医疗科技的发展。本书的研究立足中国的实际情况,借鉴世界主要国家和地区的经验,为国际伦理准则的制定提供中国智慧;坚持全球化的视野,为人类命运共同体的建设贡献力量。

第一章 / 尖端医疗科技领域的刑事立法概论

20世纪以来，医疗科技的飞速进步使许多曾经的疑难杂症得到了有效治疗，对人类社会的进步具有重要意义。进入21世纪，各种尖端医疗技术更是围绕人类的健康、幸福生活而加速发展，如器官移植、医疗美容、辅助生殖、基因改造等医疗科技迭代更新，突飞猛进，相关尖端医疗技术需求也折射出我国经济社会发展中人民更高层次的追求。但这些尖端医疗技术在造福人类的同时，也带给人们无尽的困惑。受巨额利润的驱使，代孕生殖①、美容毁容②、人体器官黑市交易、基因编辑③等新技术被滥用产生的问题频频见诸报端，尖端医疗科技的非法利用对人类的伦理、社会秩序、人身权益等造成了无法估量的破坏。科学技术是一把“双刃剑”，其开发与运用离不开规范的保障，在速度、多变与危机共存的21世纪，尖端医疗科技对刑法的挑战理应成为理论界和实务界深入研究的重要课题。

第一节　尖端医疗科技之内涵解读

医疗科技与法律虽然属于不同的领域，但却具有天然和谐的使命。习近平总书记指出：“人民健康是社会文明进步的基础，是民族昌盛和国家富强的重要标

---

① 李白白：《郑爽陷“代孕弃养门”：不能以精致的自私踩踏人伦底线》，载微信公众号“新京报”2021年1月19日，https://mp.weixin.qq.com/s/CEEczJpqZRWDNAP0CN_BcQ。

② 参见宋霞、焦晓琼：《美容不成却“毁容”　揭秘医美乱象》，载光明网2021年3月16日，https://m.gmw.cn/baijia/2021-03/16/ 1302167634.html。

③ 参见陈雪宁：《“基因编辑婴儿事件”背后的人》，载《民主与法制时报》2018年12月27日，第6版。

志，也是广大人民群众的共同追求。”①医疗技术的发展有助于实现医务工作者救死扶伤的宗旨，能够增进人的健康与幸福感，饱含着人文关怀。柏拉图认为，每个立法者制定每项法律的目的是获得最大的善。②法律制度的订立能够为人们提供可供遵守的准则，规范社会秩序：通过对行为评价确定责任，以强制力对违法犯罪行为进行规制，践行公平正义，教育人民群众遵守法度并同违法犯罪行为积极开展斗争，促进社会和谐。总之，法律的目的是使人们生活得更好。③因此，二者具有共性，都具有服务人民的幸福和发展的宗旨，以人为本，体现人道，共同促进社会的文明与进步。医疗科技的发展随着科学技术的整体发展而加速，不断拓展医疗项目的广度与深度。但是，与尖端医疗科技发展伴生的调控“真空地带”和“美中不足”，却可能对人民群众的生命健康权益、稳定和谐的社会秩序造成严重侵害。“世易时移，变法宜矣。”④刑法以严厉制裁为保障，正逐步介入尖端医疗科技的发展，并将不断面临新的挑战。

尖端医疗科技作为本书研究的重要内容，笔者需要首先对其进行界定。通观学术界医疗刑法的相关著述，与“尖端医疗科技”⑤相关的还有其他几个术语，包括“生命科技”“生物技术”“生物科学”等表述。⑥为了厘清尖端医疗科技的内涵，下文笔者先对相关表述进行剖析。

一、生命科学（科技）

生命科学（life science）是研究自然界各种生命现象及其生理活动规律的综合性学科，与医学关系极为密切，⑦包括不同生命形态的生命活动及其相互作用，以及赖以生存的环境。对生命科学的理解目前并不统一，例如，有的哲学领域的学者认为，生命科学包括自然科学和人文社会科学，自然科学是关于人的生命物质

---

① 习近平：《在教育文化卫生体育领域专家代表座谈会上的讲话》，人民出版社 2020 年版，第 12 页。

② ［古希腊］柏拉图：《法律篇》，张智仁、何勤华译，上海人民出版社 2001 年版，第 6 页。

③ 北京大学哲学系外国哲学史教研室编译：《西方哲学原著选读》，商务印书馆 1981 年版，第 54 页。

④ 《吕氏春秋·察今》。

⑤ 杨丹：《尖端医疗领域刑法理论及立法对策研究》，法律出版社 2016 年版，第 1～8 页。

⑥ 如刘长秋研究员在《生命科技犯罪及其刑法应对策略研究》一书中便采取“生命科技”的表述，而郭自力教授在其著作《生物医学的法律和伦理问题》中使用了“生物医学”的表述。参见熊永明：《现代生命科技犯罪及其刑法规制》，法律出版社 2012 年版，第 1～2 页。

⑦ 参见崔天国、崔晓丽主编：《全科医师手册》（第 7 版），河南科学技术出版社 2018 年版，第 173～174 页。

存在的科学，人文社会科学是关于人的生命社会存在的科学。还有的学者从整体的视角来解读生命科学，认为生命科学是生命世界（living world）的一个科学分支，研究活着的生物（living organisms）及其生命过程（life processes），包括生物科学（biological science）——生物学（biology）及其分支，即医药学、农林牧渔业、人类学、社会学等。当前研究较为一致的观点认为，生命科学包括很多学科，基础学科有遗传学、细胞生物学、神经生物学、发育生物学、生理学、植物学、动物学、微生物学；[①] 此外，还包括其他交叉、边缘学科。

生命科学是一门古老而又年轻的学科。说它古老，是因为在人类文明的初期，人类就已经开始积累相关知识和经验。早在大约 1 万年前，人类便通过农业生产和养殖业过上相对稳定的生活，医药的发展在促进人类健康的同时又使得人类社会文明进步多了一道保障。古希腊的先哲亚里士多德不仅在哲学、政治学方面有丰硕的成果，其通过对动植物的观察与思考，撰写了《动物自然史》《动物的组成部分》《动物的繁殖》等书籍。中国古代的《诗经》《山海经》《禹贡》《周礼》等文献中也包含着许多植物、动物和生态分布方面的知识。说它年轻，是因为生物学一词在 19 世纪才被创造出来，生命科学在 20 世纪中叶才出现并得到广泛的使用。[②] 伴随 18 世纪工业革命以来的技术发展，生命科学不断积累，生命理论之光普照世界。18 世纪，瑞典科学家卡尔·冯·林奈在其著作《自然系统》中建立了系统分类学；19 世纪，德国科学家施莱登和施旺在《关于动植物的结构和生长一致性的显微研究》一文中提出了细胞学说，英国科学家达尔文出版了倡导“生物进化论”的《物种的起源》；20 世纪初，美国科学家摩尔根在《基因论》中提出染色体和基因学说；1945 年，奥地利物理学家薛定谔在《什么是生命？——生物细胞的物理学见解》一书中预言生命科学研究新纪元即将来临；1953 年，美国的沃森和英国的克里克在《自然》杂志上发文提出了 DNA 的双螺旋结构模型，分子生物学自此诞生。

量子生物学、分子生物学等现代生命科学突破传统科学，从微观到宏观维度对生命科学的内在规律进行创新性研究。在学科研究方面出现了边缘学科和交叉学科，产生了应用生物学科，这些学科与人工智能、工程控制理论相互渗透、影响，为人类的生产、生活提供了重要支持。现代生命科学的发展呈现新的样态，科技

① 参见谭信主编：《生命科学原理》，北京理工大学出版社 2017 年版，第 1～3 页。

② 参见谭信主编：《生命科学原理》，北京理工大学出版社 2017 年版，第 1～3 页。

发展的核心是分子生物学和基因工程。从生命科学的发展趋势来看，人造器官和基因技术等科技将在人类疾病治疗方面产生重大突破。

二、生物科技（技术）

一般认为，生物科技是生命科技与生物技术的总称。[①] 据 1992 年 6 月 11 日在里约热内卢举办的联合国环境与发展大会上签署的《生物多样性公约》第 2 条“用语”规定，“生物技术”是指使用生物系统、生物体或其衍生物的任何技术应用，以制作或改变产品或过程以供特定用途。[②] 生物科技是生物技术与科学技术的结合，也就是利用“生物体（含动物，植物及微生物）”来生产或改进制成有用的物质，改良生物的特性，以降低成本及创新物种的科学技术。在实践中，生物科技是一个相对模糊的概念，往往与生命科学、生物学、医学、药学等产生交叉。

生命科学是生物技术的基础，而生物技术是生命科学的运用。我国古人在生产劳动中已经孕育了基本的生物科技，如酿酒、制醋、腌肉等都是基本的、原始的生物技术，也是一种作坊式的生物技术。随后，在以微生物发酵而产生抗生素为代表的工业化生物技术发展阶段，代表性的事件是英国科学家弗雷明发明了青霉素。自 20 世纪后半期起，现代生物技术发展迅猛。生物科技的研究热点包括克隆技术、基因组计划、转基因技术、生物芯片、干细胞和组织工程等多个领域。同时，现代生物科技在农业、军事、环保、医学等领域也迅速发展，对人类的思维方式和价值观念都产生了重要影响。

美国是全球生物科技研发的代表之一，涉及领域较广。美国于 1992 年推动了“生物技术国家战略”，1995 年克林顿政府发布《21 世纪生物技术：新视野》战略报告，2012 年奥巴马政府发布了《国家生物经济蓝图》，2021 年拜登宣誓就任美国总统之前就任命生物医学家兰德出任新一届总统科学顾问兼白宫科学技术政策办公室主任，使生物科技在整个美国科技体系中的地位大幅提升。美国由此削减军费开支，增加生物科技和信息领域的投入。在美国，生物科技已经向医学、农学、信息学、材料学等领域渗透。美国在全球掌握较多生物科技的人才资源，并在境外设置了大量的生物科技公司。据统计，截至 2021 年，全球生物安全四级实

---

① 参见上海市浦东新区科学技术协会编：《生物科技在 21 世纪的应用》，上海科学普及出版社 2002 年，第 2～3 页。

② 参见《生物多样性公约》，载联合国网，https://www.un.org/zh/documents/treaty/cbd。

验室（P4 实验室）共有 59 家，仅美国就有 13~14 家，且美国在全球有 336 个实验室。① 美国于 1972 年推动达成了《禁止生物武器公约》，但 2001 年反对设置该公约的核查机制。特别是近年来，美国公然违反该公约，从事生物军事活动，引起了全球爱好和平国家的高度关注和国际社会的广泛担忧。

三、尖端医疗科技

根据唯物主义哲学原理，人类的认识具有至上性和非至上性。科技的发展逐步推进，才使人类可以依靠技术手段更进一步地探索宇宙的奥秘。医疗科技的发展也同样经历了漫长历程，从我国最早发明的距今已有两千多年历史的针灸技术到器官移植、变性和美容、辅助生殖技术、基因组编辑等先进医疗科技的使用，医疗科技逐步走向尖端，并将不断取得新的突破。

从学者的相关著述可以看出，尖端医疗科技是在不断创新中向前发展的。最早使用“尖端医疗”这一表述出现在 20 世纪 80 年代德国阿尔宾·埃塞尔博士（Albin Eser）的《尖端医疗和刑法》一书中。② 该书虽然是一本论文集，但在日本被再版，并对日本的医疗与刑法学界产生了重要影响。在日本刑法学界，也有一些学者选择“生命医学（科技）”“生物科技（技术）”为主题展开研究，不过日本学者更倾向于使用“尖端医疗”的概念。

四、三个概念的区别

尖端医疗科技从内涵到外延都与前二者存在重要的差异。首先，从研究的内容上来看，前两者的研究范围很广泛，各类动物、植物、微生物都可以纳入研究的视野。而尖端医疗不同，其研究的主体和对象以人为中心（所以本书研究的问题主要是器官移植、辅助生殖等医疗技术的刑法规制）。其次，尖端医疗科技之尖端发展遵循相对性原理，具有时代性，并非仅指现今已经通用的几种先进的医疗技术。特别是在信息化时代，信息技术的发展将会推动各类科学技术的变革，催生新技术。所以，尖端医疗科技是一个发展的系统，在一定时期具有相对的集合性、层次性、目的性、环境适应性。同时，系统具有动态性、相对开放性，尖端医疗科技在发展中必然会产生法律调控的不足和空白地带，并且这种发展必然会造成新

---

① 参见张家栋：《美国在生物科技领域的霸权思维》，载《人民论坛》2022 年版第 15 期。

② 参见［日］甲斐克则：《医事刑法的基础理论》，刘建利译，载《法律科学》2012 年第 2 期。

型技术实施与医疗伦理的悖论。因此，当尖端医疗科技的使用侵犯人的生命健康权益、人格尊严，或者有其他破坏社会管理秩序的情况发生时，就需要法律的介入，通过刑事立法对危害严重的行为予以规制。

刘明祥等著有《医学进步带来的刑法问题思考》(北京大学出版社 2014 年出版)；杨丹著有《医疗刑法研究》(中国人民大学出版社 2010 年出版)、《尖端医疗领域刑法理论及立法对策研究》(法律出版社 2016 年出版)；龙敏著有《风险社会下医疗安全的刑法保护》(上海人民出版社 2014 年出版)；刘建利著有《医事行为的刑法规制》(东南大学出版社 2019 年出版)，并主编了《医学进步的法律挑战及应对》(东南大学出版社 2021 年出版)；熊永明著《现代生命科技犯罪及其刑法规制》(法律出版社 2012 年出版)、《器官移植的刑法问题研究》(法律出版社 2019 年出版)；等等。除刑法学领域的相关研究外，还有一些学者对医疗伦理与法律进行了探讨，如黄丁全著有《法律与生命伦理》(法律出版社 2004 年出版)，邱仁宗编有《对医学的本质和价值的探索》(知识出版社 1986 年出版)，徐浪静、魏自太主编了《医学伦理与法规》(浙江大学出版社 2022 年出版)，等等。此外还有一些关于尖端医疗科技领域立法方面的论文发表，但尖端医疗科技研究的重点在器官移植、辅助生殖技术、基因编辑技术、整容与变性等方面。

第二节　尖端医疗科技领域之刑法介入

一、峻法治医——古代刑法开创介入医疗之先河

医学与法学都是历史渊源深厚的学科，既是理论学科也是应用型学科，研究的对象不仅关注相关理论，更加关注实践的动态。[①] 因此，二者之间的交融古已有之。

(一) 中国古代法对医疗行为的规制

作为中国史的一部分，中国古代医学的发展历史源远流长。自上古部落联盟首领尝百草而开创中医文化以来，中国的传统医学日积月累，不断发展，泽被后

① 参见[德]埃里克·希尔根多夫:《医疗刑法导论》，王芳凯译，北京大学出版社 2021 年版，第 1~2 页。

人。根据考古发现的夏商时期的甲骨文的记载，古人对人体的认识已十分深刻；而阜阳汉简《万物》和马王堆帛书《五十二病方》中都记载了大量的药物，随后，《山海经》、《吕氏春秋》，甚至《离骚》、《尔雅》中都可见更多关于药物的记载。伴随药物记载的增加，中国古代医学也不断地发展起来。《黄帝内经》为我国最早的医学著作，对我国古代医学家的宝贵经验进行总结，内容丰富，涉及人体组织结构、生理、病理及临床诊治，该巨著在国际上产生了重大影响，被译为英、德、法、日等国文字，为世界医学的发展作出了重要贡献。随后，中国古代医学发展不断加速，为现代中华医学的发展奠定了坚实基础。医学关涉人的生命健康，与古代医学发展相适应，中国古代医学发展中的医事法规也经历从萌芽到成熟的漫长阶段，使中华医学的发展不断走向规范化。

1. 我国奴隶制时期医事法规的缘起

《周礼》中便已出现关于古代医学的记载，虽然尚不系统。河南殷墟遗址出土的甲骨文中，涉及疾病的有 323 片，415 辞，20 余种病名。受制于特定的经济、科技条件，商代的医疗活动中巫医不分、神医结合，在这种背景下很难说有医疗法规的存在。但在《周礼》中已出现了医事法规的萌芽，其中“巫祝”被划入春官大宗伯中，而“医师”被划归天官大冢宰管辖，医疗活动的专业化有助于其法制化的推进。这一阶段的医疗规范化是通过制度建设来体现的，主要有以下三个方面。

一是建立了一个相对完整的医疗体系。《周礼·天官》记载，“医师”为众医之长，“掌医之政令，聚毒药以共医事”。以“医师”为核心，设有负责诊治病情的医士、负责文书记载的医史、负责器械与会计的医府，还有负责供役使、看护等辅助性工作的医徒。通过对周朝官制的推考，医师相当于现在的卫生部部长，掌管医治疾病的政令；此外还有食医（负责帝王饮食）、疾医（内科医生，通常给普通人看病）、疡医（外科医生）[①] 等划分较细，以更好地规范医生的执业范围，突出医疗的专业化水平。在这个医疗体系中，人员的数量也经过测算，相对固定，职责明确。

二是建立了世界上最早的死亡记录报告和病案书写制度。《周礼·天官》记载，“凡民之有疾病者，分而治之。死终，则各书其所以，而入于医师”。民众患病后要区分情况进行治疗，死亡之后，要进行记录，然后要汇报给“医师”。古代尽天年自然死亡者为“终”，因特殊原因而夭折为“死”。如此一来，一方面，对死亡

① 参见《盛世危言》卷二《礼政·医术》。

的病因记录清晰，管理有序；另一方面，通过长期规范记录，临床资料日积月累，为中华传统医疗水平的提升提供了良好的基础。

三是建立了对医士进行年度考核的稽查制度。《周礼·天官》记载："岁终，则稽其医事，以制其食。十全为上，十失一次之，十失二次之，十失三次之，十失四为下。"也就是说，年末"医师"对医事活动进行考核，以确定医士的俸禄。凡是能够对疾病进行准确诊断的，被确定为上等；十次中有一次、二次、三次不能准确诊断以此减等；如果十次诊断中有四次不准确，要确定为下等。

从总体上看，我国奴隶制时期的医疗还处于初级阶段水平，经过萌芽之后，虽有巫医分离，但是医疗与神话经常混为一谈。医学理论虽逐年积累，医学理论体系尚不完善。此外，对医疗的外部因素要求较高，允许医生对治疗行为进行选择。根据《史记·扁鹊仓公列传》，春秋战国时期名医扁鹊（原名秦越人）提出"病有六不治"之说："人之所病，病疾多；而医之所病，病道少。故病有六不治：骄恣不论于理，一不治也；轻身重财，二不治也；衣食不能适，三不治也；阴阳并，脏气不定，四不治也；形羸不能服药，五不治也，信巫不信医，六不治也。有此一者，则重难治也。"

从上面的文字可以看出扁鹊的治疗要求。扁鹊的"六不治"其实是对医疗对象条件的要求，一是胡搅蛮缠，不讲道理的不治；二是该花钱治疗，不愿意花钱的不治；三是穿衣不适时，作息不规律，暴饮暴食，生活方式不健康的不治；四是气血紊乱，脏器不稳的不治；五是身体健康状态特别差，过于虚弱，连药水都不能饮用的不治；六是相信巫术、迷信，不相信医生，不配合医生的不治。扁鹊的"六不治"一方面要求医患双方在治疗上配合协调，才具有治疗疾病的条件，才能更好地方便医生辨证施治。另一方面也是告诫人们注意身体健康，不要使自己陷入前述六种状态。

2. 我国封建社会时期医事法规的发展与成熟

中国经历了漫长的封建社会时期，时间长达近 2400 年，不仅形成了重要思想，包括儒家思想、道家思想、法家思想等，也在法制建设方面具有长期的积累，这些传统文化成就不仅对我国，也对世界产生了重要影响。因此，有必要梳理中国优秀传统法律文化，厘清优秀传统法律文化中关于医疗行为的规制措施。

（1）秦汉时期

秦王朝是我国第一个统一的封建王朝。秦王朝统一中国，统一文字、度量衡和货币，统一驿道，统一行政管理，这些措施对于统一的秦王朝的形成具有重要意义。在国家治理上，秦王朝还统一思想，采取了“焚书坑儒”的措施。公元前213年，秦始皇下令“收天下书，不中用者尽去之”（见《史记·秦始皇本纪》），中国文化因此遭到巨大损失。不过明文法定“医药卜筮种树之书”（见《史记·秦始皇本纪》），不予焚烧。因此，医学、占卜及种植类的书籍免于炬火。此外，秦王朝推行法制，严刑峻法。秦王朝统治时间虽然不长，但是在政权建设中善于总结历史经验和教训，制定具有大秦特色的医事制度。

在秦朝国家机构中设丞相、御史大夫、太尉“三公”，“三公”之下设有“九卿”。其中“少府”作为“九卿”之一，下设“六承”。《通典·职官七》记载：“秦有太医令、丞，亦主医药，属少府。”太医令丞为医药领域的总管，不仅负责中央官员的医疗服务，还要负责地方郡县的医疗管理。除此之外，秦始皇上朝时有“侍医”捧着药囊随行，以备不时之需。各地方医疗系统中还设有医长管理当地医疗事务；设专门的医疗管理机构药府，储存药物，药长负责药物的管理。

汉代的医疗管理发扬了秦王朝医事管理的优势，不断完善，医师的最高官职是太医令丞。中央医疗职务管理有少府和太常，两套系统各设太医令（见《汉书·百宫公卿表》第七上）。少府系统主要为宫廷提供医疗服务，有太医监、侍医、女医（又称乳医），还有负责御用药的尚方和本草待诏；太常太医负责疾病诊治及药物方剂。太医既要负责中央官吏的医疗服务，还要负责地方郡县的医疗事务。东汉时期废除了太常太医，其相关管理业务划归少府，由少府太医令丞负责。

秦汉以来的医事工作因国力的强大、医疗机构人员的完善设置而得到了有效发展，医学水平不断提高。在这种背景下，《黄帝内经》《伤寒杂病论》等中医经典著作相继问世，医学理论体系逐渐完备，医学的影响力日趋增加。伴随着医疗发展的古代医事法规也逐步发展起来。

根据《史记》的记载，秦律中规定了“不得兼方”的罪名。根据这个规定，不得容纳方士、术士，禁止方士、术士。与此相对应，秦律还规定“不验，辄死”罪名，就是说如果方术不灵验，就要被立即处死。关于死亡的判断，根据《睡虎地秦墓竹简》记载，如果死者非因病而死，则要进行检验，并将检验结果报告给官府。汉代《史记·扁鹊仓公列传》中记载了一个“缇萦上书”的法律事件，缇萦的父亲淳于意是远近闻名的名医，想找他看病的人众多，他却经常不在家，久而久之，求医者“多怨之”，汉文帝四年，有人上书告发淳于意，按照拒绝诊治的罪名，淳于意将被施以肉刑，足见拒绝诊治罪刑的严重。因此，缇萦上书呼吁废除肉刑。此外，汉代给予医生较高的地位，朝廷可以召见民间医生为帝王治病并重金奖赏。例如，《汉书·外戚传下》记载："（汉）武帝时，医修氏刺治武帝，得二千万耳。"再如，《汉书·高帝纪下》记载："上（刘邦）击布时，为流矢所中，行道疾，疾甚，吕后迎良医，……遂不使治疾，赐黄金五十斤，罢之。"这也表明官府对民间医生持开放、支持的态度，医生以救死扶伤为宗旨。

（2）唐宋以降

《唐律》是我国封建社会最早、最完备的一部法典。关于医疗问题，《唐律》及其疏议都有所涉及，主要体现在具体的个罪之中。

据《唐律疏议·杂律》（卷二十六）记载，对于"合御药有误"，规定为"诸医为人合药及题疏、针刺，误不如本方，杀人者徒二年半。"对于"医师违方而致人死伤"，规定为"其故不如本方，杀伤人者，以故杀伤论；虽不伤人，杖六十。"对于"卖药方违方致人死伤"，规定为"卖药不如本方，杀伤人者，亦如之。"

按照上述规定，区分故意犯罪与过失犯罪。过失犯该罪，受处罚应具备两个条件：第一，"误不如本方"，也就是说基于过失没有按照药方进行操作；第二，造成了"杀人者"，即使人死亡的结果，并且二者具有因果关系才可以进行处罚。如果是基于故意，分别按照故意杀人罪、故意伤害罪论处。如果医师故意违背医方，致人死伤的，以故意杀人罪或者故意伤害罪论处；即便没有造成伤害，也要判处杖刑（六十杖）。除对医师违方行为进行处罚外，对卖药方违方致死伤的行为，做相同处理。

据《唐律疏议·斗讼》（卷二十一）记载，对于"故杀伤的处罚"，规定在"斗殴杀人"条，"故杀人者，斩"，"故殴伤人者，加斗殴伤罪一等"。

也就是说，行为构成故意杀人罪的，判处死刑（斩刑）；行为构成故意伤害罪的，处罚要比斗殴伤害的处罚加重一等，根据行为的具体情节及造成的结果处以笞、杖、徒、流等刑罚。

对于"医师违方而诈取财物"，《唐律》中规定："诸医违方诈疗病，而取财物者，以盗论。"

根据该规定，如果医师不按照配药处方进行配药，在疾病治疗中弄虚作假，实施了欺诈治疗行为，随意增减药物或其剂量，以达到窃取、骗取财物的目的，要按照实际情况，累计计算，按照盗窃罪进行论处。由于唐代对盗窃罪也有具体规定，参照盗窃罪的条文规定就可以对该罪进行处罚。

据《唐律疏议·诈伪》(卷二十五)记载，对于“盗窃罪的处罚”的规定为“诸窃盗，不得财笞五十；一尺杖六十，一疋加一等；五疋徒一年，五疋加一等；五十疋加役流”。

唐代对主管官吏的责任作出了明确规定，如《唐律疏议·诈伪》(卷二十五)记载“监临之与凡人，各依本法”，《唐律疏议·贼盗》(卷十九)记载“诸监临主守自盗及盗所监临财物者，加凡盗二等，三十疋绞”。

也就是说，负有监临主守之职的机构官员，在行医违方、诈取财物等情况下，应当承担比普通人犯盗窃罪加重二等的处罚——实际上，涉及从笞、杖到徒、流等不同的刑罚；同时，如果赃物或者赃款达到法律规定的上限标准——绢三十疋[①]，即被视为突破了法律所能容忍的底线，那么，该涉案的主管官员要被处以死刑(绞)。

除具体的医事犯罪的规定外，唐代著名医学家、“药王”孙思邈在《大医精诚》一文中对医生的职业道德进行了细致阐述，其对医生治病救人、业务精湛、医乃仁术、医者仁心、平等友善、廉洁正直等品格都作出了具体要求，对当代医学发展和医疗事业进步仍然具有重要的指导意义：

凡大医治病，必当安神定志，无欲无求，先发大慈恻隐之心，誓愿普救含灵之苦。若有疾厄来求救者，不得问其贵贱贫富，长幼妍蚩，怨亲善友，华夷愚智，普同一等，皆如至亲之想。亦不得瞻前顾后，自虑吉凶，护惜身命。见彼苦恼，若己有之，深心凄怆。勿避险巇、昼夜、寒暑、饥渴、疲劳，一心赴救，无作功夫形迹之心。如此可为苍生大医，反此则是含灵巨贼。自古名贤治病，多用生命以济危急，虽曰贱畜贵人，至于爱命，人畜一也，损彼益己，物情同患，况于人乎。夫杀生求生，去生更远。吾今此方，所以不用生命为药者，良由此也。

翻译如下：凡是大医治病，一定要安定神志，无欲无求，首先要对病人产生大慈大悲的同情之心，立誓愿意普遍地解救百姓疾苦。如果有患者前来求治，不得打听病人贵贱与贫富，不要在意病人的长幼美丑，不要关注病人与自己的亲疏恩怨，不要区分病人来自何处，无论其愚笨还是聪明，都要把他们当作自己的至亲，一视同仁地对待。给病人诊治时也不能瞻前顾后，过多考虑自己的利弊得失。看

① 唐代对违法财物以绢为计量单位。《唐律疏议·名例》(卷四)记载，“诸平赃者，皆据犯处当时物价及上绢估”。也就是说，犯罪所得按照当地、当时的物价进行折算，以上等绢的单位进行累计计算。

到病人的苦恼，感同身受。对于病人的疾苦深感悲痛，遇到病人求救，应当一心前去救助，不要因为路途艰险、时间早晚、天气寒热而有所犹豫，不要因为自己饥渴和疲劳而有所迟缓，也不要装模作样，推诿塞责。像这样才能成为拯救苍生的大医。如果违反这些原则，就是危害百姓的巨贼。

唐、宋、元、明、清各代对医事工作的法规虽有繁简差异，但在对医事活动的规范化方面皆以《唐律》为蓝本，全面地沿袭《唐律》中的立法内容规定，同时存在少量差异。

第一，在对“合和御药有误”犯罪行为的规定方面，《唐律》《明律》虽然都将其作为“大不敬”——“十恶”重罪之一，体现了对皇室医疗的特殊关切，但是，在过失造成危害结果的处罚上二者存在明显的差异。唐代法律对“误不如本方及封题误者”处“医绞”，即处以绞刑；而明代法律规定，对此种行为的处罚是“医人杖一百”。法定刑设置上的差异反映出唐代以降的统治者认识到《唐律》中此过失犯罪的刑罚过于严苛，对服务皇室的医者的积极性产生了严重的挫伤，所以做出适当调整，这种改变不仅符合刑法的人性原则，也有利于提升刑罚适用的社会效果。

第二，关于庸医杀人，唐代和清代存在不同，清代法律对庸医杀人作出了具体规定，使得该种犯罪的构成要件规定更加明确，便于实践操作。具体情况如下：

据《大清律例》（卷二十六）记载，“凡庸医为人用药、针刺，误不如本方，因而致死者，责令别医辨验药饵、穴道，如无故之情者过失杀人论”。意思是：凡是医术平庸的医生在为他人使用药物或进行针刺治疗时，如果未能按照正确的药方或方法操作，并因此导致患者死亡，官府将责令其他医生对其所使用的药物和治疗穴位进行检验。如果经过检验确认，该医生的治疗行为确实没有合理的依据或理由，那么其行为将被视为过失杀人，并依法论处。

据《大清律例》（会通新纂卷二十五）记载，“庸医杀人必其病本不致死，而死由误治显明确凿者，方可坐罪。”意思是：庸医导致患者死亡的情况，必须满足以下条件才可定罪：一是患者原本的疾病并不致命；二是患者的死亡是由于庸医的误治行为导致的，且这一误治行为必须明确无误，有充分的证据支持。只有同时满足这两个条件，庸医才会被定罪。

“如攻下之误而死，无虚脱之形；滋补之误而死，无涨满之迹。不使归咎于医者。”“其病先经他医，断以不治，嗣被别医误治致死，形迹确凿，虽禁行医不治其罪，以其病属必死也。”意思是：如果因为攻下（指使用峻猛的泻下药或攻伐疗法）治疗不当而导致病人死亡，但病人身上没有表现出虚弱脱力的症状；如果因为滋补（指过度或使用不当的补养药物）治疗不当而导致病人死亡，但病人身上也没有出现胀满不适的迹象。这样一来，就不会让过错归咎于医生。如果病患之前已经经过其他医生的诊治，并被判定为无法治愈，随后又被另一位医生误治导致死亡，且这一误治的情形确凿无疑，那么尽管该医生被禁止行医，但也不会因此被治罪，因为病患的病情原本就是致命的。

根据上述法律条文的规定，是否追究医生的责任需要经过医疗事故的检验鉴定。对于虽有医治方面的错误，但是没有明显而严重的危害后果的情况，就不能追究医生的刑事责任。而且如果经过别的医生诊断认为患者治愈困难，治疗价值甚微，即使医生存在误治且有明显而严重的危害后果，对医生不能判定有罪。但是，可以对医生作出禁止行医的处罚。

第三，颁布系统的医政法律。据《宋史》《宋会要辑稿》《宋刑统》等文献记载，仅北宋时期颁布的医药卫生诏令就有 200 多条，开创了医政系统立法的先河，其中派遣医生防治疾病的规定最多。宋代的立法涉及中央和地方医政管理、药政管理、医学教育等，还有大量医学著作出版。对于医生的职业道德，宋代通过法律规范予以明确。如果医生利用职务大发横财，将被视作盗匪而受到法律的惩处；上司如果不能体恤下属生病的情况，也将受到处罚。

第四，注重医生的选拔和培养。在唐代，医师资格由高到低分为生徒、贡举、制举、待诏四个层级，考试科目基本固定，包括《脉经》《黄帝内经》《伤寒杂病论》等六科。除了理论考试还有实践操作的考核，主要考查实际治疗的效果和治愈人数。宋代开设医学署，培养医生。学生要通过年度及月度考试，医学署注重学生的学业成绩，培养优秀的医科学生为朝廷服务。

3. 我国古代医事法规之启示

我国古代医事法规与医疗事业的发展相向而行，不断积累，不断发展。自奴隶社会时期就出现了医事法规的萌芽，根据《周礼》的记载，我国奴隶社会时期已对医疗卫生体系、病案积累、医生的考核等问题作出了规定。但在当时由于科技发展局限，巫医不分，医疗纠纷基本不会发生。同时受制于医疗科技，对医疗失误的稽核也较为宽松，除了会影响俸禄，“十失四为下”就不能再当医生了，这与现代医疗事业和医疗科技的发展有着巨大的差异。

在漫长的封建社会时期，我国的医疗事业在不同的朝代里不断向前发展，医事法律规制逐步走向成熟。秦汉时期，医疗系统不断完善，巫医逐步分流，并确立了对死亡要有记录并报送官府的制度。医疗科技图书在“焚书坑儒”事件中得以幸存。唐宋以降，立法不断完善，各代法典中都以《唐律》为范本，并适度细化相关医事违法犯罪行为的规定及其处罚。特别是注意到区分医生的故意和过失及其责任，对医生、卖药方不按照药方进行配药人的责任以及业务主管的失职行为的责任都作出了规定。例如，对医师配错药、故意欺诈、故意杀人等都有具体的犯罪构成要件（或者说罪状）的描述以及法定刑的设置。

从总体上看，受制于科技发展和儒家“和合”文化的影响，我国古代医事法规存在以下明显的特点：一是注意到医疗行为的特殊性，区分故意和过失，并对医生设置了可以从轻处罚的规定。二是对医生的诊疗水平并没有过度苛责。根据“误不如本方”的规定可知，法律所关注的是是否按方进行抓药。三是对医疗失误行为的处罚随着朝代的更迭而呈现逐渐减轻的趋势。法律规定考虑到了医生在诊断、治疗中可能出现的失误，适度容错，更有利于激发医生治疗的积极性。

“德润人心，法安天下。”中国历代王朝注重道德教化，充分发挥医生职业道德的作用。唐代“药王”孙思邈所写的《大医精诚》如江水滔滔，流过漫长的历史长河。虽穿越千年的文明时空，至今依然砥砺着不断迈向现代化的医疗行业，激励着一代代医务工作者矢志悬壶济世者，妙手仁心，救死扶伤。中华传统医学与优秀传统法律文化有机圆融，共生共长，将为中国现代医学及医疗科技的发展提供不竭的动力。

（二）域外著名古代法典对医疗行为的规制

1.《汉穆拉比法典》

古巴比伦国王汉穆拉比（约公元前 1792 年—公元前 1750 年在位）组织编纂的《汉穆拉比法典》中较早地对医患关系进行了规定。该法典规定了医生造成富人死亡和奴隶死亡的刑事责任，但是这种规定存在明显的不公平之处。如果造成了富人的死亡，就要砍掉医生的手；而如果造成了奴隶的死亡，医生只需要进行经济赔偿。《汉穆拉比法典》对医患关系的主要条文规定如下所述。

215. 如果内科医生用刀进行大切割手术，治愈其病者，或者利用手术刀开肿瘤，治愈其眼者，医生应得银子十舍客勒。

217. 病者为自由民的奴隶，则奴隶的主人应给医生银子二舍客勒。

218. 如果内科医生用刀进行大切割手术，使病人因此致死，或者用手术刀开肿瘤，他就要被挖眼睛，或被砍断手。

219. 如果内科医生在自由人所属奴隶身体里切割手术，并致其死亡，他要承担赔偿责任，要用另一个奴隶代替这一个奴隶。

221. 医生为自由民治疗折骨，或医治肿胀，治疗成功，病人要给医生银子五舍客勒。

222. 病者为穆什钦努之子，则给医生银子三舍客勒。[①]

2.《国法大全》

公元527年，优士丁尼继任拜占庭帝国的皇帝，开启了一个新的时代。他在武力征战的同时，加强法制建设，于继位次年即公元528年开始编撰帝国法典，铸就罗马帝国的法制辉煌。这部法典规模宏大，由《优士丁尼法典》《学说汇纂》《法学阶梯》《新律》四个部分组成。[②] 优士丁尼对法制在社会治理中的作用认识深刻，他认为，“皇帝的威严光荣不但依靠兵器，而且需用法律来巩固。这样，无论在战场或平时，总是可以将国家治理得很好；皇帝不但能在战场上取得胜利，而且能采取法律手段排除违法分子的非法行径，皇帝既是虔诚的法纪伸张者，又是征服敌人的胜利者”[③]。《国法大全》虽然是古罗马奴隶制社会的法律制度体系，倡导君主专制思想，以巩固奴隶主专政的政权为依归，但是其继承了古希腊、古罗马的自然法中的平等、公正价值观念，超越了国家、世俗与宗教的藩篱，为现代资本主义国家立法与司法提供了典范。马克思、恩格斯对《国法大全》给予了很高的评价，认为其是私有制社会最完备的法律形式，是商品生产者社会的第一个世界性法律。[④] 德国著名法学家耶林认为，古罗马曾经三次统一世界，但方式是不同的，其先后采取的三种手段分别是武力、宗教和法律。相比而言，法律手段是最为持久和有效的，对其他国家的法律制度完善产生了重要影响，《国法大全》至今仍然是散发着璀璨光芒的优秀法制文化。

---

① 参见徐爱国：《〈汉谟拉比法典〉与医患关系》，载《人民法院报》2018年7月6日，第6版。

② 参见蓝晓蓉：《域外民法典特点概览》，载《人民法院报》2020年6月19日，第8版。

③ [古罗马]查斯丁尼：《法学总论——法学阶梯》，张企泰译，商务印书馆2009年版，第1页。

④ 中共中央马克思恩格斯列宁斯大林著作编译局译：《马克思恩格斯选集》（第3卷），人民出版社1972年版，第395页。

《国法大全》和古罗马法学家关于医疗行为的规制主要涉及对医生的主观方面的评价，根据具体情况确定过错。根据法律条文和法学家的学说，医生在医疗中要对过失行为承担责任。如《国法大全》第 J4.3.6 条规定了如果医生努力动手术，但结果因为疏忽而导致奴隶死亡，医生就要承担过失责任；第 J4.3.7 条规定了医生因医术低劣而用错药致奴隶死亡，应承担过错责任。

除立法之外，法学家对法律的解答如果被认为是合理的，将具有法律效力，在古罗马，有五位法学家对法律的阐释以及相关学说具有法律效力，[①] 分别为盖尤斯、J. 保罗、D. 乌尔比安、A. 帕皮尼安和 H. 莫德斯蒂努斯，该五位法学家的解答在遇到法律空白地带时起到“造法”的作用，能够对社会生活中的相关事项进行调控。如果遇到五位法学家的观点存在争议的情况，则按照少数服从多数的原则进行处理。如盖尤斯指出，医生虽然医术良好却疏于治疗，如用错药等行为，则同样要承担过失责任。乌尔比安明确，两个以上的医生共同实施治疗行为，尽责者与失职者区别对待，尽职者无责而失职者（粗心护理者）要承担过失责任。乌尔比安区分自然死亡和过失造成的死亡，认为对于患者的自然死亡医生无须担责，但是如果系因医生缺乏经验就要承担过失责任。[②] 乌尔比安还认为，如果医生对奴隶所做的手术是不适当的，就要承担过失责任。

二、依法治理——现代刑法介入尖端医疗科技之必要性

经济社会的快速发展推动着社会治理方式和手段的进步，法治是现代社会的重要治理方式。20 世纪以来，各国刑法典中陆续设置有与医疗相关的条文，并且在相关领域展开了热烈的讨论。在 20 世纪初，医学界与法学界对医疗干预行为、穿孔（perforation）的容许性、堕胎自由化、人工授精等问题展开了研究。[③]20 世纪 70 年代，医疗伦理学和生物伦理学逐步对世界产生影响，对相关问题的研究更加深化。20 世纪 80 年代以来，现代辅助生殖、基因技术与人类胚胎技术以及器官移植等技术一方面给人类的健康和幸福带来机遇，另一方面造成了人格尊严、生命伦理的冲突以及刑法立法、司法、理论上的挑战。[④] 医学技术的加速发展产生了很

① 参见邹瑜、顾明主编：《法学大辞典》，中国政法大学出版社 1991 年版，第 12 页。

② 参见徐爱国：《〈汉谟拉比法典〉与医患关系》，载《人民法院报》2018 年 7 月 6 日，第 6 版。

③ 参见［德］埃里克·希尔根多夫：《医疗刑法导论》，王芳凯译，北京大学出版社 2021 年版，第 3～4 页。

④ 参见熊永明：《现代生命科技犯罪及其刑法规制》，法律出版社 2012 年版，第 13～29 页。

多令人惊愕的哲学、政治伦理和法律问题，这就导致我们被迫改变当前的思维方式和对待患者的方式。① 与医疗科技的进步相伴而来的对生命伦理的挑战、对法律的挑战将会不断加剧，刑法作为保障法必将日益发挥更加重要的作用。

1. 刑法介入尖端医疗科技有助于维护患者权益

截至2023年年末，全国人口为140,967万人，“人口总量有所减少，城镇化率持续提高。”② 自中华人民共和国成立以来，我国居民健康水平持续提升。人均预期寿命从成立初期的35岁提升到2023年的78.6岁，孕产妇死亡率由1991年的80.0/10万人降至2023年的15.1/10万人，全国65岁及以上老年人中有1.4亿人在基层医疗卫生机构接受健康管理，占比为62.5%。③

但是，我们也应该看到，在经济社会快速发展的同时，健康中国的建设仍然面临重大挑战。一是重大疾病的困扰。重大疾病包括重大非传染病（如恶性肿瘤、心脑血管、糖尿病、代谢疾病、神经退行性疾病等）和重大传染性疾病。二是药物和设备方面“卡脖子”问题的困扰。人类的各种疾病的治疗离不开科学技术的发展，只有科技发展了才能攻克更多的疾病，为人民群众的健康带来福音。

包括器官移植、辅助生殖等在内的新技术的运用给人体健康、生育健康提供了重要的技术支持，但是，任何技术的使用都应当受到法律制度的制约，才能保证其在法治的轨道上运行。实践中，新技术的非法运用问题及其诱发的相关违法犯罪问题频频发生，具有严重社会危害性，非法器官移植、器官买卖、代孕等行为严重侵害了相关方的身体健康及财产方面权益，对人格尊严也造成了严重侵害。

基于人体器官市场需求和供给的严重失衡，通过欺骗、绑架、强制摘取等手段非法获取人体器官，并使其流入人体器官黑市交易的非法手术操作也是时有发生。马克思在《资本论》中引用邓宁格的话：“只要有10%的利润，它就会到处被人使用……有300%的利润，就会使人不怕犯罪，甚至不怕绞首的危险。”④ 在国际上，这种情况也不同程度存在，不少非洲的贫民选择在埃及停留，经过器官交易黑市出售器官，然后偷渡到欧洲，在这个过程中他们承受着非人的折磨。在我国，器

① See Alvin Toffler, *Future Shock*, Bantam Books, 1970, p.205.

② 参见赵丽梅、张均斌：《2023年年末全国人口超14亿人》，载中青在线，https://news.cyol.com/gb/articles/2024-01/17/content_ZvJ4GAC2qe.html。

③ 参见《75年来我国人民健康水平稳步提高》，载中央人民政府网2024年9月15日，https://www.gov.cn/lianbo/bumen/202409/content_6976437.htm?lb=true。

④ 郭大力、王亚南译：《马克思资本论》（第1卷），人民出版社1958年版，第839页。

官黑市虽然经历了严厉的打击，但是由于暴利的驱使，其仍然在一定范围内存在，甚至有医生、医院参与其中。2014 年，由北京市第一中级人民法院审理了一起非法买卖人体器官案件，涉案人员多达 15 人，该犯罪集团组织严密，其中有组织者、介绍者，还有 4 名医护人员，涉案医院为北京 304 医院泌尿外科。该组织贩卖人体肾脏 51 个，涉案金额高达 1034 万元。① 在这些案件中，无论是买方还是卖方都付出了沉重的代价，而且有的医疗手术在黑诊所里面进行，手术的卫生消毒措施无法保障，难以实现患者希望得到的健康医疗效果。

近几年来，由于商业代孕需求增加，关于代孕问题的明星八卦和民间传说频现于各种媒体，代孕问题已经成为人们关注的焦点问题。非法代孕劳务中代孕母亲冒着生命的危险为他人生育孩子，而代孕中介总是采用欺骗的方法掩盖代孕问题的风险。有的代孕母亲在自己不能生育时，投诉无门；也有的代孕母亲遭遇了费用和抚养等方面的诉讼；还有的女性在代孕后因为身体不适而不幸死亡。因此，代孕在我国一直处于被禁止的状态。瑞典、加拿大、法国和德国等国家也都通过立法禁止商业代孕。

随着经济和科技的发展，变性和整容医疗手术也逐渐增多。但是，变性与整容手术本身有很多的危害性，有些从事变性整容的“小作坊”非法运营，牟取暴利。其中涉及的生殖系统的切除与再造、乳房的整形、面部的切割等手术带给患者的除了疼痛，还有术后分泌功能的恶化与伤口感染、相关功能的消失等问题。对于希望通过这些手术满足自己追求“鲜花效应”心理的患者而言，虽然其实施手术的目的无可厚非，但是因此造成的身体的、心理的伤痛和经济上的损失已无法弥补。

基于上述各种医疗技术在实施中存在的问题，在全面依法治国的当下，我们应该深入探讨法律制度如何介入以保护患者的合法权益。刑法手段对社会关系的调控具有最后保障的特点，当其他手段无法实现有序调控时，刑法应当积极发挥其应有的作用。刑法具有调控范围的广泛性和制裁手段的严厉性的特点，通过刑法的适用，可为尖端医疗技术的适用架起一道“防火墙”，能够更好地维护患者的权益。

2. 刑法介入尖端医疗科技有助于维护医学伦理

伦理学是一种道德哲学，其以道德现象为研究对象。医学伦理是医学实践

---

① 参见帅才、刘良恒：《起底猖獗的“人体器官黑市”》，载半月谈网 2018 年 9 月 7 日，http://www.banyuetan.org/jk/detail/20180907/1000200033136241536304210963865689_1.html。

和医学发展中应当遵守的道德原则、道德操守。医学伦理调整的对象包括医患关系、医生与医生的关系、医生与社会的关系、医生与医疗技术的关系。我国古代医术中已包含医学伦理的要求,《黄帝内经》《伤寒杂病论》《千金要方》等书籍对医学伦理均有类似的表述,概括起来,主要包括以下几个方面:一是高尚的医疗品德;二是丰富的医学知识;三是广博的医疗经验;四是敏锐的知觉和深深的同情心。古希腊《希波克拉底誓言》也对医学伦理进行了阐述,如尊师重道,分享知识;救死扶伤,医德高尚;严守职业秘密等,虽然山川异域,但精神相通。随着医学的不断发展,生命伦理由宣言逐步发展成一门专门学科。生命伦理学作为一门新学科,在20世纪60年代首先在美国产生,随后在欧洲得到发展,是迄今为止世界上发展最为迅速、最有生命力的交叉学科。《生命伦理学宣言》在2000年召开的世界生命伦理大会上正式发布,标志着生命伦理学的形成,关于现代生命伦理的原则已经达成了共识,主要包括以下几个方面:尊重原则、不伤害原则、最优化原则、公正原则。

尖端医疗科技领域的医疗技术运用应当在科学的制度规范内运行,才能更好地维护患者的权益,落实医学伦理的原则要求。但是,在前述尖端医疗技术的应用中,各种违背伦理原则的案件时有发生。例如,在器官移植领域,有的医生参与了器官的买卖与非法移植活动。2018年在安徽发生了11起非法买卖人体器官案件,有4名医生参与其中,有3名医生来自大型三甲医院,还有1名医生竟然是事发医院的重症监护病房(Intensive Care Unit, ICU)主任。而在另外6名涉案人员中,有2名是事发医院的器官获取组织(Organ Procurement Organizations, OPO)的工作人员,还有1名是该组织的联络人员。[①] 最终,多名医生因涉嫌侮辱尸体罪而被捕。这些本应救死扶伤的医生,竟然操着“罪恶的手术刀”进行非法器官移植,为器官买卖犯罪提供技术支持,令人难以想象。他们的犯罪行为已经践踏了医学伦理的基本原则和基本规范,司法机关对上述人员依法实施了强制措施,并通过检察机关的公诉使之依法受审,受到应有的刑事处罚。再如,在变性与美容、代孕等医疗技术方面也存在各种违法犯罪现象,对医学理论造成了严重挑战。医学伦理和刑事法律从属于不同的规则体系,但是二者之间相互渗透、相互支持。道德的法律化与法律的道德化在人类社会中总是不断演进的,伦理道德无法调控的行

① 参见《怀远非法摘取器官案判决:涉及11名死者,4医生被判毁尸罪》,载百家号“澎湃新闻”2020年11月25日,https://baijiahao.baidu.com/s?id=1684335600440898800&wfr=spider&for=pc。

为，必须借助法律的力量，使伦理道德得到遵守。因此，对于尖端医疗技术的非法运用必须借助刑法的力量，以维护医学伦理。从刑法适用效果来看，也能够发挥刑罚的规制、教育、鼓励等方面的功能，起到积极维护医学伦理的作用。

3. 刑法介入尖端医疗科技有助于防范医疗风险

现代科学技术与经济的飞速发展可谓日新月异，但是这种发展并没有能够避免我们的社会进入风险社会的窘境。于是，应对风险成为当代各国特别关注的问题，并从各自的需要出发构建应对各种风险的公共政策。按照社会学家卢曼的观点，风险是 20 世纪晚期基于人类所面临的全新问题而对危险产生的一种全新的认知和理解的形式。① 德国社会学家贝克认为，风险是系统化地处理现代化自身所引致的危险和不安全感的方式。风险是与早期社会的危险相对的概念，是与现代化的威胁力量以及现代化引致的怀疑的全球化相关的一些后果，风险具有反思性。② 英国社会学家吉登斯认为，风险社会中的风险包括外部风险和内部风险。外部的风险是源于自然的、传统的风险，而内部的风险是由不断发展的世界所造成的风险。在现代社会中，人为风险逐步取代了外部风险的主导地位。③ 前述几位著名的社会学家的观点虽有一些表述的差异，但是，总体上存在一些共性：一是当代社会与传统社会都存在风险。二是传统社会的风险多是自然的风险（传统的风险），而当代社会中的风险多是人为的风险（发展的风险）。三是人类生活在社会中必须勇敢地面对风险，需要构建科学有效的公共政策对风险加以防控。

当代社会，人们正面临各种风险，既有传统的风险，也有现代的风险。台风、海啸、地震等传统的风险仍在继续困扰着人类，而环境污染、资源枯竭、核武器、生化危机等对人类的冲击也是前所未有的，人们不得不面临这些严峻的考验。例如，在日本的水俣病事件中，日本氮肥公司在日本水俣湾建厂开展合成醋酸业务，其在生产中使用了重金属汞，并把生产废水未经处理直接排泄至河流中，渔业因此受到影响，居民食用水产品后患上慢性汞中毒。此外，日本富山骨痛病事件、日本米糠油事件、日本福岛核泄漏事件等因工业发展引发的环境污染事件均直接威胁到居民的生命、健康。又如，1986 年 4 月 26 日凌晨，乌克兰境内发生切尔诺贝

---

① 参见杨雪冬等：《风险社会与秩序重建》，社会科学文献出版社 2006 年版，第 14 页。

② 参见［德］乌尔里希·贝克：《风险社会》，何博闻译，译林出版社 2004 年版，第 19 页。

③ 参见［英］安东尼·吉登斯：《失控的世界：全球化如何重塑我们的生活》，周红云译，江西人民出版社 2001 年版，第 22 页。

利核事故，导致大量超铀元素外泄，以切尔诺贝利核电站周围30千米为半径的区域内人员被疏散，所有农林用地荒废，危及俄罗斯、白俄罗斯及乌克兰三国农业、林业、水生态及居民健康。而事故主要原因便是技术人员操作失误。[①] 美国历史学家杰弗里·凯在2021年证实了美国军方在朝鲜战争中使用过生物武器，而在越南战争中，美国军方为了在丛林战中处于优势地位，实施了“牧场之手行动”(Operation Ranch Hand)，使用剧毒除草剂“橙剂”(Orange agent)去掉树叶。[②] 美国在越战中使用生化武器的行为给人类和自然环境造成了长久的灾难，有31,000平方公里的热带雨林受到永久性的破坏，许多人因为“橙剂”的使用而致癌、死亡、畸形。

随着经济与科技的发展，各种竞争的加剧，未来人类仍将面临众多的风险。除了前述风险，人工智能的风险、基因技术的风险等科学技术领域的风险将会给人类的生存带来新的挑战，这些新的风险主要是由科技的无序发展和人为因素引起的。所以，现代社会的风险具有以下特点：一是风险的人为性。因为这些风险源于人的决策，并且这种风险与自然风险相比范围更广，影响更深。二是风险的难以预测性。现代风险基于科技的发展而具有高度复杂性的特点，人类对其开发应用中可能造成危害结果的种类和严重程度处于或然或者未知状态，因而难以采取有效的措施对可能发生的危害结果加以防控。三是风险的灾难性与潜伏性。现代风险具有高科技的特点，其对自然和人类的破坏可能是一场浩劫，如生化武器的使用、核能的失控与滥用、生化制剂的开发、基因技术的失控，等等。四是风险的蔓延性。现代风险作为高科技的风险，可能从一国延展至他国乃至全球，呈现世界性的破坏力。五是风险的不可避免性。国与国之间的竞争是综合国力的竞争，是科技的竞争。特别是进入21世纪以来，国际竞争的局势加剧，竞争出现了无序化，经济制裁、货币战争、代理人战争等严重破坏了公平竞争的国际环境。一些企业单位为了获得超额利润，放弃了良知，将未经过严格的质量验证的产品推向市场。这些产品给消费者造成了严重的经济损失和人身伤害，但因为相关管理部门存在技术落差无法监管，即使消费者提出诉讼，结果也往往是不了了之。

---

① 参见梁红刚：《切尔诺贝利核事故的危害及其治理困境——以俄罗斯、白俄罗斯和乌克兰政府报告为中心》，载《吉林大学社会科学学报》2023年第3期。

② See Fred Wilcox, *Scorched Earth: Legacies of Chemical Warfare in Vietnam*, Seven Stories Press, 2011, p.240.

在风险社会，更需要有安全保障的刑法。风险社会理论虽然源于西方国家，但它不应该仅对西方国家有用，而且也不是一种“现代化的焦虑症”。经过经济的快速发展，现代社会已经不再局限于物资匮乏问题，而是面临着前所未有的多样性的风险问题。对这种风险变化的形象表达是：从“我饿”到“我怕”的转变，可以说现代社会已经转变成“自反性社会”。①生命科技进步带来的不是单纯的健康问题，而是具有深层次的人格尊严保护方面的考量。回眸人类社会的转型，从古典工业社会到现代风险社会，历经千年变迁，人类生存面临着各种风险的严重考验，已经从以各种自然风险为核心的风险过渡到了具有“异质性”“不可控性”的现代风险。在国外，针对“风险社会”，有学者提出“安全刑法”的理念，德国著名刑事法学家乌尔斯·金德霍伊泽尔认为，今天的刑法不仅是对侵害的反应，而且负有保障社会安全的基本条件得到遵循的任务。从社会安全的角度来观察，立法者应将刑法的防卫线向前推移，这是历史发展的必然性。②我国有学者认为“风险刑法”的理论引入社会实践具有重要意义。有学者认为，随着当代社会的风险不断增加，刑法在管理与控制方面也发挥着越来越重要的作用，风险对刑法的规范与理论的形塑作用与日俱增，而公共政策的作用逐步体现于刑法的体系构造之中。③也有学者对传统的罪责观念进行分析，认为在风险社会背景下应与时俱进地予以调整。④还有的学者进一步提出了革新刑法体系，创新刑法理论的构想。⑤

我国是发展中国家，同样面临着现代风险，并且这种风险是我们需要谨慎面对的。在我国，风险的滋生受内外因素的影响。在内生风险方面，⑥一是社会转型期国家对社会的调控存在一定的制度“真空”，存在调控失灵问题。二是科技高速发展，伴随着企业的生产污染等问题，这些问题对社会、对广大人民群众造成严重危害。三是产业结构调整带来的就业困难、人口流动以及贫富差距，上述问题对社会稳定和谐造成了严重威胁。在外生风险方面，主要是全球化的风险，包括经济制裁、污染的蔓延、疫情的扩散、恐怖袭击的发生等。面对各种风险，刑法应

---

① 参见叶良芳：《为风险刑法理论辩护》，载《四川大学学报（哲学社会科学版）》2022年第4期。

② 参见［德］乌尔斯·金德霍伊泽尔：《安全刑法：风险社会的刑法危险》，刘国良译，载《马克思主义与现实》2005年第3期。

③ 参见劳东燕：《公共政策与风险社会的刑法》，载《中国社会科学》2007年第3期。

④ 参见郝艳兵：《风险社会下的刑法价值观念及其立法实践》，载《中国刑事法杂志》2009年第7期。

⑤ 参见陈晓明：《风险社会之刑法应对》，载《法学研究》2009年第6期。

⑥ 参见龙敏：《风险社会下医疗安全的刑法保护》，上海人民出版社2014年版，第14～15页。

当有所作为，应该关注社会安全，其预防功能应当得到凸显。“在这个变动不居的社会里，刑法应该有理由随之变动，但这种变动不能采取猛烈的兴废方式进行，而应以一种悄无声息的渐渐的方式进行。”[①] 我国刑法在宽严相济的刑事政策的指引下，逐步走向关注风险社会的刑事治理与刑法谦抑价值的平衡。自 2021 年 3 月 1 日起实施的《刑法修正案（十一）》增设了妨害安全驾驶罪、危险作业罪、妨害药品管理罪、高空抛物罪等危险犯罪名。应该说，刑法对上述行为以危险犯加以调控是必要的。刑法的修订也是稳步推进，并非剧烈的变化，符合法的稳定性要求。

当然，刑法中罪名的设置也不是一蹴而就的，它应当与经济社会发展相匹配，与权益保障和风险的防控相对应。医疗领域的犯罪是一种特殊的犯罪现象，关系“人民中心”的价值理念的落实，因此刑法应当积极介入。在医疗犯罪中，不当医疗行为不仅会侵害公民的人身健康、财产权益，也会对社会秩序造成严重的破坏。在尖端医疗领域，由于技术要求高、费用高、风险高，这种侵害就会更加明显。虽然，我国在器官移植、辅助生殖技术、变性与美容、基因技术等方面都取得了重大进步，但从实际情况看，尖端医疗科技与传统的医疗技术相比，具有专业性、侵袭性、风险性、协同性的特点；[②] 尖端医疗科技的使用还关系人格尊严、医学伦理、种族安全、物种完整等多个方面，风险性很大。对于患者而言，其往往支付了高额的费用，并且往往情况紧急，因而其对医疗的安全性有很高的要求。在风险社会，有更多的患者需要通过这些尖端的医疗技术救治自己，或者改变自己，以提升生活品质，因而在这一领域发生的违法犯罪行为涉及面广，影响深远。

当今，伴随科学技术和生物医学的飞速发展，现代医学同步取得了重大突破，尤其是在人体基因工程、辅助生殖、器官移植等尖端医疗领域。这些技术的进步，既迎合了当前社会的进步发展需求，解决了一些实际问题，也引发了一系列多样性的风险，如技术风险、伦理风险、制度风险等新的风险，可以说尖端医疗科技领域是多重风险交叉。毫无疑问，尖端医疗科技领域的发展所引发的风险就目前已经出现的案例（如贺某奎基因编辑婴儿事件）来说已经成为一种看得到的风险，并且这种风险的不可逆性所带来的未知后果已引发医学界、社会学界、法学界等多个领域的担忧。

---

① ［德］乌尔斯·金德霍伊泽尔：《安全刑法：风险社会的刑法危险》刘国良译，载《马克思主义与现实》2005 年第 3 期。

② 参见龙敏：《风险社会下医疗安全的刑法保护》，上海人民出版社 2014 年版，第 46 页。

从我国已有尖端医疗技术手段来看，如果其被非法利用，便已蕴含着各种难以防控的风险。例如，对胚胎、配子和合子的非法买卖会对优生优育以及人类的种族安全造成严重威胁；代孕的实施有危及妇女身心健康，甚至生命安全的风险；非法克隆人类将会危及人格尊严、物种安全；非法人体器官移植将会危及供受人双方的人身健康和生命安全；非法变性与医疗美容手术将会危及患者的身心健康、生命安全。从制度供给方面来看，除了一些行政条例规定，只有少数罪名配置，如组织出卖人体器官罪，非法植入基因编辑、克隆胚胎罪等。在这种情况下，就需要仔细审视新型医疗科技可能给人类带来的风险，并积极通过完善立法的方式，将相关危害行为纳入刑法调控的范围，以尽可能最大限度地控制尖端医疗发展及使用中带来的各类风险。

4. 刑法介入尖端医疗科技有助于促进社会和谐

医疗技术随着科技的发展突飞猛进，助力人类的健康事业，为人类社会发展留下浓墨重彩的一笔。但我们知道，科技的发展也应有助于社会的和谐。和谐的社会环境是人类孜孜以求的美好目标和价值追求。和谐社会内含着民主法治、公平正义、诚信友爱、充满活力、安定有序、人与自然和谐等要义。和谐社会建设的理念应统一于经济建设、政治建设、文化建设与社会建设之中，要把民主法治建设和思想道德建设结合起来。社会和谐是社会治理的目标，其核心在人，治理体系的完善离不开法治的保障。因此，需要加强法治治理，打击各类违法犯罪行为，在一个安定有序的社会里，人民群众才能拥有更多的获得感、幸福感、安全感。有学者指出，和谐社会应采取的社会政策就是构建宽严相济的刑事政策。[①] 宽严相济的刑事政策已经适时形成并不断影响我国刑事司法和社会治理的方方面面，面对尖端医疗科技对和谐秩序的挑战，科学的刑事立法和有效的刑事司法必然会促进社会治理的和谐。

器官移植、辅助生殖以及人体基因技术等科技在服务人类健康福祉的同时，也对社会理论、规范体系与社会秩序体系造成了严重挑战。各种尖端医疗技术的非法使用将对人民群众的生命健康权益和财产安全造成危害。随着科技与经济的发展，对于健康医疗的需求大幅度增长，各种尖端医疗技术的使用不断扩展。在 2022 年 12 月 9 日召开的第六届中国—国际器官捐献大会暨“一带一路”器官

---

① 参见郭自力：《生物医学的法律和伦理问题》，北京大学出版社 2002 年版，第 266 页。

捐献与移植国际合作发展论坛上，国家卫生健康委员会医疗应急司司长郭燕江报告了我国2022年1～10月器官移植的数据情况。据郭燕江司长介绍，2022年前十个月我国完成了器官移植手术17,141例，较前一年增幅达9.18%。截至2022年10月底，我国已累计完成公民逝世后器官捐献4.25万例，捐献大器官突破了12.63万个。

通过有针对性的器官移植手术，患者某些器官的功能可基本得到恢复或者完全恢复，患者因此而获得了新生。但是，器官移植中出现的违法犯罪行为令人触目惊心。面对器官移植的巨大需求市场，不仅存在大量黑中介、黑医院，甚至有一些正规医疗机构的医务人员非法参与器官移植，有的协助器官买卖，有的直接实施非法器官移植手术，使得对此类犯罪行为的惩治更加复杂。在北京警方曾破获的一起特大非法器官移植案件中，北京304医院的泌尿科主任叶某参与了非法器官买卖和移植犯罪行为，在短短3个月里实施非法手术达22例之多，在被捕前其还在黑医院实施了6台手术，共参与买卖肾脏51颗，涉案金额高达1034余万元。① 此外，没有资质者实施非法器官移植，未经供体或受体同意而实施非法器官移植手术，非法摘取器官或者贩卖自己的器官等问题不断出现，这些都对社会的和谐造成极大的破坏。

除了器官移植领域的违法犯罪行为，各种代孕违法犯罪行为不仅对妇女的人身健康权益造成了严重危害，也对相关病人及其家属的财产权益造成了严重的侵害。从已经查办的跨境案件中可以看出，非法代孕组织者往往涉黑涉恶。如泰国警方查办的一起跨境代孕案件中，警方逮捕的团伙核心人物泰籍华裔娜瓦芃不仅从事代孕等多种违法犯罪行为，还与在泰国的"中国灰产"来往密切。因此，在建设和谐社会的新征程中，充分发挥刑法的惩治和预防作用意义重大。

此外，尖端医疗技术的复杂性、科学性以及不稳定性的特点使得人们在进行新技术医疗的同时面临着各种不确定性的事故。这些不确定性的事故会给患者的生命、健康带来各种风险，有的新技术医疗甚至造成了患者重伤、死亡等难以预测的后果。正是因为这些后果与患者及其家属的医疗期待严重背离，由此而生的各种诉讼、纠纷逐步出现，有的甚至演化为群体性事件、暴力事件，最终对社会和谐造成严重破坏。而现代生命科技所带来的问题可能会超出法律设定的调控范围，

---

① 参见孔德婧：《中国特大贩卖人体器官案终审宣判 非法买卖51枚肾脏》，载央视网2014年8月23日，https://news.cntv.cn/2014/08/23/ARTI1408752996910352.shtml。

如克隆技术、基因技术、代孕技术的非法运用不仅会造成患者的伤亡、财产的损失，还会引发情感纠纷、血缘纠纷、亲属纠纷，并因此构成对已有法律政策的挑战。因此，我们不能对尖端医疗科技在使用中可能出现的问题存在任何侥幸心理，而应以前瞻的眼光，预测其对社会和谐可能造成的破坏，并通过积极的、科学的刑事立法将危及社会和谐稳定的因素予以适当的调控，以更好地契合人民群众对社会安定和谐的美好期待。刑法作为极为重要的保障法，对于严重危害社会稳定和谐的行为予以惩治和预防是必要的。在以法律作为调控的重要手段的社会里，如果不能够科学、有效地发挥刑法的作用，和谐有序的社会建设虽不能说是空中楼阁，但至少是显得有些力不从心。因此，在尖端医疗科技领域前瞻性地、预测性地展开刑事立法，再加上理性地适用刑法，即便由此产生了处罚的“早期化”问题，也是符合刑法法益保护和人权保障的基本精神的。

5. 刑法介入尖端医疗科技有助于完善医疗法律治理体系

（1）尖端医疗科技领域的法律规范亟待完善

在尖端医疗科技迅猛发展的态势下，医疗技术突破传统的医疗卫生犯罪立法所能涵盖的范围是一种必然。刑法中与医疗相关犯罪的立法滞后性，势必导致刑法可能面临无法解释尖端医疗科技犯罪的违法性的窘境。高新技术的发展对医疗卫生技术必将起到重要的推动作用，但科技是把“双刃剑”。医疗科技在带给人类健康、幸福福祉的同时，也必将导致新型犯罪的滋生。在器官移植、医学实验、变性与美容等多个领域已出现了传统的刑事立法所不能调控的新型的、亟待刑法规制的严重危害社会的行为，这些行为是对传统生命科技法律关系的突破，又形成了尚未能够有效调整的新型法律关系。可以说，相对于传统的相对低级的医疗犯罪而言，现代生命科技犯罪是新型的、高级的医疗犯罪。①

2020 年《生物安全法》出台之前，我国已经在生命科技立法方面进行了可喜的探索，虽然还处于初级阶段，但也有了初步的积累，先后颁布并实施了《农业转基因生物安全管理条例》《病原微生物实验室生物安全管理条例》《人体器官移植条例》《中华人民共和国人类遗传资源管理条例》等行政法规，以及《人类辅助生殖技术管理办法》《人类精子库管理办法》《干细胞临床研究管理办法（试行）》《医疗技术临床应用管理办法》《涉及人的生物医学研究伦理审查办法》等多项部门规

① 参见刘长秋：《生命科技犯罪及其刑法应对策略研究》，法律出版社 2006 年版，第 20～21 页。

章，以及《人类辅助生殖技术应用规划指导原则》《人的体细胞治疗及基因治疗临床研究质控要点》《免疫细胞治疗产品药学研究与评价技术指导原则（试行）》等技术规程、标准与规范性文件。2016 年，原国家卫计委颁布的《涉及人的生物医学研究伦理审查办法》中明确表明，违规开展人体生物医学，且逾期不改的，要接受相关行政处罚。① 该规章虽然提到法律责任，但仅以一句话带过，并未交代可能的后果具体指什么，对于合法与违法的界限规定得不清楚，没有实际可使用空间。此外，国家知识产权局 2010 年发布的《专利审查指南》第 3.1.2 条中明确规定，“发明创造与社会公德相违背的，不能被授予专利权”，所列举的违反社会公德的发明创造包括克隆的人或克隆人的方法、人胚胎的工业或商业目的的应用等。该指南后经历了多次修订，但此规定始终未做修改。

通过对上述我国已经颁布、实施的涉及尖端医疗科技领域的相关法律文件可以看出，我国在该领域的立法具有以下特点。

第一，生命科技领域中的部门立法现象明显和突出，立法的效力层次整体偏低，不仅没有能够涵盖所有生命科技领域，而且立法质量不高。此外，上述文件对责任及处罚的规定比较空泛，而且处罚力度有限，这就使得这些文件的效力大打折扣。例如，人类基因技术是一种对人类伦理可能具有颠覆性风险的技术，虽然我国《刑法修正案（十一）》对与之相关的非法植入基因编辑、克隆胚胎罪作出了规定，但是仍然有很多需要进一步细化之处，对技术发展所造成的可能危害及监管漏洞仍然存在立法的不周延，值得我们进一步深入思考。

第二，与人体基因工程、辅助生殖、器官移植等尖端医疗领域直接相关的法案总是被包含在其他法案中，法律的专门性、统一性、核心性没有得到有效的贯彻，如此一来，不成体系且无统一理念的法律很难形成制度的合力。② 鉴于对尖端医疗技术的研究及临床活动涉及人的生命权、健康权、人身权、知情权以及隐私权等，这些权利都属于公民基本权利的范畴，根据立法保留的原则，对基本权利的限制均须通过立法机关为之。当然，在尖端医疗科技领域采用专门化立法的国家也逐

---

① 2016 年，原国家卫计委颁布的《涉及人的生物医学研究伦理审查办法》第 45 条规定：“医疗卫生机构未按照规定设立伦理委员会擅自开展涉及人的生物医学研究的，由县级以上地方卫生计生行政部门责令限期整改；逾期不改的，由县级以上地方卫生计生行政部门予以警告，并可处以 3 万元以下罚款；对机构主要负责人和其他责任人员，依法给予处分。”第 49 条规定：“违反本办法规定的机构和个人，给他人人身、财产造成损害的，应当依法承担民事责任；构成犯罪的，依法追究刑事责任。”

② 参见刘长秋：《“基因编辑婴儿事件”的生命法学思考》，载《东南法学》2021 年第 1 期。

渐增多，1990年德国制定了《基因技术规制法》，是世界首部基因技术立法，随后《胚胎保护法》应运而生；1994年法国制定了《生命伦理法》，确定了该国生命伦理及其相关的制度；1990年英国制定了《人类受精和胚胎学法案》，对该国人类受精及胚胎保护相关问题作出规定。进入21世纪，新的法律也不断颁布实施，2002年日本通过的《规范基因技术法》对基因技术的使用作出了规定，澳大利亚制定了《禁止克隆人法案》，2004年加拿大制定了《辅助性人类生殖法》……以专门立法来规范医疗科技应用已经成为一个明显的趋势。

第三，现存法律规定前瞻性不足，无法跟上迅速发展的尖端医疗科技。非法植入基因编辑、克隆胚胎罪两个罪名虽然在我国《刑法修正案（十一）》中得到确立，但是面对生命科技领域的新情况、新问题，两个罪名的规定远远不能跟上医疗科技发展的步伐。此外，从两个罪名的构成要件的设计来看，适用的范围有限。例如，根据《刑法》第336条之一的规定，"非法植入基因编辑、克隆胚胎罪"客观行为方面的表现为将基因编辑、克隆的人类胚胎植入人体或者动物体内，或者将基因编辑、克隆的动物胚胎植入人体内，情节严重。但问题是，除了这种情况，如果行为人很好地应用现代医疗科技在体内进行生殖细胞基因编辑，那么这个行为就无法以已有罪名进行规制，于是对这种行为就不能以犯罪进行处罚。[①]技术本身是中立的，但是一旦植入人体，就有可能对植入者以及被植入者产生直接的伤害，对社会产生间接的风险。根据现有技术发展，生殖性克隆很可能会突破植入人体这一过程。随着研究的推进，郑州大学第一附属医院在2020年12月12日成功实施国内首次人造子宫胎羊体外培育实验，[②]这种生命科技具有很大的技术开创性。一旦"人造子宫"技术成熟起来，将人类胚胎植入"人造子宫"的行为则会突破非法植入基因编辑、克隆胚胎罪的行为方式。生物技术的发展前景广阔且新技术更迭频繁，形式多样。除了令人惊叹的基因编辑、生殖性克隆技术，各种与此相关的衍生的新技术必将不断增加，从而突破刑法已经确定的疆界，造成刑法治理的困境。目前我国在生命医疗方面的立法具有滞后性，对于尖端医疗的支持与投入使尖端医疗技术飞速发展，我们应当预设到这一医疗技术迅速发展的可能性，适时对尖端医疗犯罪事件进行立法，来预防恶性犯罪事件的发生。

---

① 参见刘长秋：《"基因编辑婴儿事件"的生命法学思考》，载《东南法学》2021年第1期。

② 参见《郑州大学第一附属医院成功实施国内首次人造子宫胎羊体外培育实验》，载郑州大学官网2020年12月30日，.http://www.zzu.edu.cn/ info/1218/75721.htm。

（2）引导各医疗参与者行为的正确模式

法是调整社会关系的重要规范，法具有秩序、正义、安全等方面的价值，并以规范、指引、教育等功能促进法的价值的落实。法学理论界的通说认为，法的作用有五种，分别是法的指引作用、法的评价作用、法的预测作用、法的强制作用以及法的教育作用。

尖端医疗科技领域的刑事立法可以起到良好的指引医学研究以及医疗实践方向的作用，划定医学研究及实践框定的伦理以及法律底线，指引尖端医疗研究人员朝着法律支持的方向为我国尖端医疗事业作出贡献。尖端医疗科技领域的刑事立法也对尖端医疗研究及实践行为作出评价，尤其针对违反伦理突破法律底线的行为予以否定性的评价，这种否定性的评价本身也会发挥法的强制作用，并以国家强制力为后盾，让实施违法犯罪的行为人付出相应代价。尖端医疗科技领域的刑事立法具有较好的教育作用，通过典型的案例来引发人们的思考，预防潜在的犯罪人以及行为人的再次犯罪。尖端医疗科技领域所发生的违法犯罪总能引发同行的深度思考，甚至引起学界的广泛探讨，这也给尖端医疗科技领域的研究及实践者敲响了警钟。科技就是生产力，我国始终坚定支持科学技术的发展，但对于那些为一己私利而罔顾人类伦理以及法律底线的研究及实践行为依法予以惩治。在法治国家，法律必须在特定时点作出一个确定的抉择。因为法律作为秩序和正义的综合体，必须具有决断性和正当性。① 立法者必须在权衡各种伦理观点的基础上将相关伦理原则予以法律化，这样才能更好地厘清尖端医疗行为的界限，并用法律来促进伦理的共识。② 符合新时代精神内涵的价值观念的形成和提出，能够使医疗行业、医疗参与者在尖端医疗科技的应用中形成法治思维和伦理意识，促进正确行为模式的形成。

6. 刑法介入尖端医疗科技有助于保护人格尊严法益

刑法法益是一个复合概念，结合了作为社会实在的"利益"要素和作为法律评价的"法的要保护性"要素，是现实生活的各种利益中需要由刑法保护的存在。③ 尖端医疗科技作为一种发展速度极快且和人体健康密切相关的医疗技术，

---

① 参见［美］E. 博登海默：《法理学：法律哲学与法律方法》，邓正来译，中国政法大学出版社 1999 年版，第 318～320、379 页。

② 参见杨丹：《尖端医疗的伦理基础及其对医疗刑法发展的影响》，载《社会科学家》2016 年第 2 期。

③ 参见［日］関哲夫：《法益概念与多元的保护法益论》，王充译，载《吉林大学社会科学学报》2006 年第 3 期。

从不同角度反映了"人的尊严"的具体内涵，产生了应当由刑法保护的新型法益。人的尊严本身并不是法益，而是法益赖以建立的基础。①"人的尊严"是生命伦理的根基，各类尖端医疗技术从不同角度展现其具体内涵，扩大了医疗刑法乃至刑法所保护的法益的范围。②有学者提出了"医事刑法法益"学说，认为医事刑法法益具有复合性，包括人格尊严与医疗秩序。人格尊严是法益确立的根本，而法益必须由个人尊严转换为特定的权利，方能得到刑事法律的保障。尖端医疗的本来目的是延长寿命和改善生活质量，然而其采用与传统医学截然不同的方式侵入人体，甚至改变了人类的生育模式，给人类秩序带来了极大的恐慌。人格尊严是新型法益的价值之基，是利益冲突解决的重要抓手，是将行为类型化纳入犯罪的最高标准。刑事法律把个人尊严作为介入尖端医学的本质依据，而对尖端医疗刑事法律的保护则以人格尊严为最高价值。以生殖性克隆为例，将生殖性克隆用在人类身上是对人格尊严、人类伦理的一次不正当冲击，即使生殖性克隆在某些方面对部分人具有有利的一面，但是就综合而言，生殖性克隆人对人类秩序的冲击已经远远超过其带来的有益的一面。而从人类克隆技术的发展史来看，一直以来都有一种道德上的偏离，克隆技术给人类的传统伦理和道德带来了极大的冲击，甚至是颠覆。因此，必须尽快采取政策、法规对其进行管制，并予以取缔。克隆人类所带来的好处是非常有限的，克隆技术的发展存在的潜在危险是可以预料到的。我们可以说，人类复制技术的危险就像一场有形的风暴。③

结合尖端医疗技术，除了最根本的生命和健康权，人的独特性、主体性、自我决定权等也是"人的尊严"的权利基础。人的尊严以生命为始，其核心是自由与自治，这些权利都应当得到维护。例如，生殖性克隆的不安全性不仅侵犯了受试人的生命健康权，同时生殖性克隆作为一种 DNA 复制技术，能够以其独特的技术设计出"人"来，这也出现了另一个让人不愿意见到的结果，人所固有的独特性、唯一性、偶然性受到了严重的侵害。此外，人体器官的买卖与非法移植是将人工具化、物化的违法行为，人的主体性受到侵害；辅助生殖技术应用中因胚胎等组织的侵害而损害生命的健康发展；基因技术与信息的滥用会对基因安全、物种多样

---

① 参见王晖：《人之尊严的理念与制度化》，载《中国法学》2014 年第 4 期。

② 参见杨丹：《尖端医疗的伦理基础及其对医疗刑法发展的影响》，载《社会科学家》2016 年第 2 期。

③ 参见刘宪权、林雨佳：《人工智能时代技术风险的刑法应对》，载《华东政法大学学报》2018 年第 5 期。

以及隐私信息造成严重侵害；而根据动物克隆方面的技术，要获得去核的空卵且要借助妇女的子宫进行孕育，由此也可以看出，生殖性克隆存在将人体器官（女性子宫）工具化的嫌疑。①

当然，在刑法保护被尖端医疗技术侵害的法益的过程中一定要注意刑法保护的平衡性，以避免干涉正常的医疗技术的发展。从客观上看，在尖端医疗技术的应用中存在侵犯人的尊严、破坏社会存续发展的基础，而因此产生了相当紧张的伦理冲突，并对较大范围公众形成了影响；从手段上看，医学伦理的自律和行政管制手段效果有限，如此，才需要更加强有力的手段进行调控，刑法手段的介入才成为必要。

三、经验积累——尖端医疗科技领域刑事立法的可行性

（一）罪刑法定原则为尖端医疗科技之刑法介入提供了指引

我国刑法中明确规定了罪刑法定原则，某种行为只有在相关法律规定的情况下，才能被称为犯罪，除此之外的其他未被相关法律规定的行为，不能被称为犯罪。如今，尖端医疗科技所引发的种种行为已经构成了刑法中规定的多种犯罪行为，如非法行医罪、组织出卖人体器官罪、故意伤害罪等。但这些罪名是针对其中的某一部分行为来进行定性的，对于尖端医疗科技带来的整体的严重危害而言，惩罚的严厉性还远远不够。与尖端医疗科技相关的违法犯罪行为已经涉及多个领域和类别，如基因信息的泄露和滥用、组织商业代孕行为、人体器官的非法摘取和移植、地下人体器官市场的泛滥、人类生殖细胞的滥用等一系列的行为衍生了各式各样的犯罪。② 虽然司法机关能够通过认定以上行为所衍生的犯罪行为提高打击的可能性，但是在罪刑法定原则的指引下，有必要对此类行为予以犯罪化。

一段时间以来，因受社会舆论、伦理等多方面的影响，相关尖端医疗科技犯罪行为比较难以被察觉，并且无论哪种犯罪形式，犯罪分子都会在私下里实施违法犯罪行为而避免让他人知道，人们也难以去了解这种违法犯罪所采取的工具和手段等。因此，在我国只有极少数人能够认识到尖端医疗科技犯罪的具体情况。在

① 参见刘科：《克隆人技术与其社会现象背后的华而不实性——对克隆人技术与社会的另类解读》，载《自然辩证法研究》2002 年第 10 期。

② 参见刘建利：《尖端医疗行为的刑法挑战及应对》，载《法学论坛》2019 年第 6 期。

法律未对其进行明确规定的情况下，对此类行为只能用道德手段进行约束，从而使尖端医疗科技危害行为隐藏得更深。基于科技日新月异的发展，与尖端医疗科技所伴随的危害行为逐渐从幕后走向了台前，相关违法犯罪行为频发。例如，在器官移植方面，我国每年约 30 万人等待器官移植，仅约 2 万人能获移植机会，[①]器官捐献者相对于需要的患者少之又少，于是器官买卖这个黑色的产业链便诞生了，又如，在人体实验方面，涉及国外新生产的药品有几百种，跨国药品企业在我国进行的药品临床试验也有近百个，成千上万人参与其中，难免会掺杂非法的人体实验。由于没有明确的可以规制这些行为的法律，尖端医疗科技的非法使用越演越烈。

依据罪刑法定原则，犯罪确定的标准是该行为已经达到了对社会具有严重危害性的程度，这种行为的社会危害性是随着社会的不断发展变化而不断改变的。为了更好地应对这种变化，法律制定者应当迅速反应并将法律的修改完善及时向前推进。法律调整包括立、改、废三种手段，当某种行为以前具有社会危害性，现在几乎没有社会危害性且不需要用刑法规制时，相关法律就应当予以废除；当某种行为以前具有较小的社会危害性，但随着社会生活的变化发展，其社会危害性逐渐增大，则要对其重新评价，并对法律作出一定的修改；当某种行为在一定时期不具有社会危害性，但在新时期具有社会危害性，则应根据罪刑法定原则的要求，积极进行刑事立法，对具有严重社会危害性的行为予以规制。在社会转型的过程中，社会价值观、生产生活秩序、人类文明都存在一个更替和重构的过程，刑法的立、改、废活动必须要和时代的步伐相一致。随着时代的发展，类似尖端医疗科技的无序发展和应用引发的严重问题必须纳入刑法调控的轨道。

总而言之，在尖端医疗科技所引发的严重社会危害问题的调控方面，我国刑事立法仍然存在滞后性、片面性和不明确性。虽然我国刑法中有传统的医疗卫生类犯罪的规定，但远远不能囊括尖端医疗科技领域的相关严重危害行为，在对基因信息的泄露和滥用、组织商业代孕行为、人体器官的非法摘取和移植、地下人体器官市场的泛滥、人类生殖细胞的滥用等一系列行为的规制上存在需要明确及完善之处。我国《刑法》第二编“分则”第四章和第六章中规定了侵犯生命和身体健康以及医疗相关的犯罪，但相关罪名分散到了两个不同的章节中而缺乏

---

① 参见郑晶晶等:《我国每年约 30 万人等待器官移植，仅约 2 万人能获移植机会，同济医院专家这样说……》，载极目新闻网 2023 年 6 月 11 日，https://www.ctdsb.net/c1476_202306/1786656.html。

系统性，并且对一些专门医疗技术范畴的用语不能够很好地涵盖。随着尖端医疗科技的发展，在该领域发生的诸多与治疗相关的行为对人们的价值和尊严带来了极大的挑战，社会生活秩序也随之被打破，社会危害性逐渐增加。根据罪刑法定原则的指引，对于因尖端医疗科技所引发的对社会造成严重危害的行为应当介入刑法。

（二）经济社会发展为尖端医疗科技之刑法介入奠定了基础

对于人类社会发展而言，科技进步带来的影响是超乎想象的。在18～19世纪的蒸汽时代，科技进步所带来的影响主要体现在使社会制度产生了变革，加快了资产阶级的改革和革命进程；相比于蒸汽时代，电气时代的科技进步所带来的影响侧重于资本主义经济的自由竞争转向垄断。① 在20世纪的信息时代，无论在政治、经济还是科学文化方面，信息技术都给社会带来了天翻地覆的变化。而自21世纪以来，随着尖端医疗科技的不断发展，基因工程技术、人体器官移植以及人类辅助生殖技术等具有尖端医疗性质的技术逐渐走进了人类的视野。不同于以往的医疗技术，人类辅助生殖技术的采用不仅能够延续人的生命，还会打破传统的生殖方式。② 相比于以往的自然生殖，人类辅助生殖技术颠覆了传统的生殖过程，一定程度上克服了传统生殖方式所存在的缺陷，解决了困扰不孕不育患者家庭的问题。自世界上第一例试管婴儿成功诞生算起，人类辅助生殖技术已历经四十多年的发展和提高，并被公认为是安全的技术。③ 在尖端医疗科技领域中，人体基因工程作为基因工程的核心技术之一，是传统医学技术向现代医学技术转变的分水岭，可以说我们已经进入了一个前所未有的基因时代。④ 正是因为对基因工程的研究越来越深入，才有了基因时代的发展。作为基因工程的一个分支，由于人体基因工程本身的特殊性，学界一直关注它的产生和发展。在基因时代来临后，对于人类来讲，科技不单单是认识世界和改造世界的工具，而是人类开始认识自身和改造自身的手段。对于整个人类社会来讲，人类传统的社会实践方式、宗

---

① See Eric Hobsbawm ed., *The Age of Revolution*: *Europe 1789–1848*, New American Library, 1962, p.27.

② 参见杨丹：《论尖端医疗领域的刑法立法原则》，载《暨南学报（哲学社会科学版）》2015年第7期。

③ See J. A. Land1 & J. L. H. Evers, *Risks and Complications in Assisted Reproduction Techniques*: *Report of an ESHRE Consensus Meeting*, 2 Human Reproduction 455 (2003).

④ 参见谈大正：《关于生命法的定义、调整对象及法域定位的再探讨》，载《东方法学》2008年第6期。

教信仰以及现有的知识体系都有可能被基因时代所颠覆。除了人类辅助生殖技术和人体基因工程，人类器官移植技术也是尖端医疗科技的重要一环。和以往的对疾病采取药物治疗的方法不同，它直接对病变的器官进行治疗，使患者的存活率和治疗的成功率大大提高。相对于以往的药物治疗，人体器官移植技术之所以成为治疗患者器官病变、挽救病人生命的重要手段，是因为它能够更好地利用医疗资源，避免浪费。

随着我国宽松的生育政策的实施，作为尖端医疗科技之一的人类辅助生殖技术得到迅速发展。但与生育政策调整相伴而行的是，产子的需求衍生了巨大的商业代孕市场，如对人类生殖细胞的交易、人工制造多胞胎等，生殖繁衍本来是人类按照自然规律进行的过程，如今却可能变成市场交易的过程，不仅是对正常的社会秩序的扰乱，也是对人类伦理的严重破坏。如果任由代孕行为泛滥下去，父母子女关系便演变成了代孕母亲、代孕子女、委托父母之间的关系，将严重冲击传统的家庭伦理观念。代孕行为在我国是被禁止的，但目前只限于行政处罚的层面，刑法的缺失将会大大放任人类辅助生殖技术对人类的危害。自人体基因工程开展以来，此种尖端医疗科技使人类能够更明确地了解自己，无论是治疗疾病还是延续生命，人类都可以利用此技术抱着希望去面对。但我们很难评估这种过于前沿和充满未知的技术会怎样影响人类社会，也无法判断若完全禁止发展人类基因工程甚至停止就其对社会伦理和社会价值的影响的研究，又将会对整体的人类发展造成什么影响。因此，无论是法学界还是医学界，以及跨学科的学者都在关心如何处理好科技发展创新与规制人类基因工程的冲突。从整体上来说，虽然在立法中已经出现了涉及人体基因工程相关方面的文件，但是其中也出现了如法律层次太低、效力不高以及规制力不足的问题。特别是在人体基因工程最受瞩目的基因克隆问题上，虽然关于基因治疗、动物克隆以及转基因植物方面的规范已经出台，我国《刑法修正案（十一）》已经将非法基因编辑、克隆胚胎行为予以犯罪化，但是关于该行为刑事规制的指导原则仍然有进一步研究的必要，相关条文仅对有限的法益进行保护，对犯罪构成客观方面的规定前瞻性不足，未考虑到医疗科技发展的迅速性以及突破非医学行业专家可预料的想象性，如“人造子宫”这一技术的诞生即是对立法专家在尖端医疗方面想象力的突破，这反映出我国尖端医疗科技领域刑事立法的滞后。人体器官移植让器官衰竭的病人产生了生的希望，也是医疗科技发生重大变革和人类智慧提高的体现。纵然人体器官移植可以挽救人的生命，但是我们应该认识到此项技术还关系到供体和受体的生命健康。作为尖端医疗科技，器官移植手术本身存在一定的风险，而且供体必须拥有完整健康的器官，这会使器官移植手术的费用不断增加。不法分子利用供体器官短缺的局面，为了牟取暴利而实施一些违背生命和社会伦理道德的地下器官移植行为，而且在人体疾病不断多样化的背景下，地下器官交易衍生了许多针对人体器官和尸体器官的犯罪行为。器官移植的商品化引发了一系列严重危害社会的行为，而对该行为的规制，仅在组织出卖人体器官罪中有所体现，远远达不到对此种严重危害社会行为的惩治力度。

正是由于经济社会的发展才有了类似基因工程、人体器官移植以及辅助生殖等尖端医疗技术的产生，而尖端医疗科技的发展面临种种严重危害社会的危险，已经达到了迫切需要用刑法规制的程度，即经济社会发展为尖端医疗科技的刑法介入奠定了基础。尖端医疗科技的进步在延长人类生命的长度和提高生命的质量的同时，也带来了新的生命社会价值观。越来越多的尖端医疗技术不断挑战与突破人类对于生命的认知，甚至某些尖端生命技术的出现给小部分人带来利益的同时可能会侵犯大部分人的合法权益。我们鼓励生命技术发展，但也要随时警惕生命技术可能滋生的风险。有些风险是我们现在可以认知的，还有一些风险是我们尚未认知、联想到的，但随着时代的发展，这种风险可能给人类造成无法挽回的损失。就目前而言，基因编辑技术、生殖性克隆技术已经出现在我们的社会中，而这些技术在改变一些人的生命来源的同时附加给整个人类社会的伦理风险是不可控的，可能会导致人类世界的秩序失衡。尤其是基因加强型的基因编辑技术可能裹挟严重的优生学隐患，可能导致人生而不平等，在未来导致人类世界的贫富差距进一步加大，世界的两极化会随着生命技术的进一步发展而失去控制。因此，入罪化需要考量尖端医疗科技涉及的相关的宗教信仰、伦理观念和历史文化传统，这是刑事立法中应当凸显的刑事政策因素。正是立法对这些因素的充分关注，才能更好地界定罪与非罪的界限，更好地发挥刑法的作用。我国有着深厚的文化底蕴，尤其对生命的探索不仅是科学技术发展的不断追求，也是我国从古至今未变的探索，尖端医疗科技的快速发展在契合绝大多数人摆脱疾病和提高生命质量的目标的同时，也让人们产生隐忧，担心过分的生命科技可能导致自己成为生命科技时代的“牺牲品”，在众多越来越“高级”的“人造人”中成为这个世界透明的存在——如果人类的价值完全依靠可以被量化的贡献来排序的话，正常的人类可能会被“完美”的“人造人”所排斥。大多数人能感受到尖端生命科技滥用所带来的隐忧，因此对于尖端生命科技在人类世界中的运用应当有所取舍。社会价值观的发展是“以人为本”的体现，在尖端医疗发展的过程中，只有真正的“以人为本”才是符合我国社会价值需求的，而追名逐利的“极端”的生命科技和滥用生命科技的行为应当被我国法律所禁止，法律应为整个人类社会的秩序提供刚性保障。

（三）域外刑事立法为尖端医疗科技之刑法介入提供了参考

域外国家对尖端医疗技术的发展与应用持谨慎态度，在刑事立法中也体现了这一态度，只是在立法模式上存在不同，以下具体展开介绍。

1. 基因技术方面

英国并非采取完全禁止模式，而是规定可以限制性地对基因技术进行研究。与之相关的立法出现在英国上议院 2001 年通过的《人类无性生殖法》中，在该法中只有两条具体的条文：第 1 条规定非受精过程在女性体内植入胚胎的行为，构成犯罪；第 2 条规定如果实施了违反第 1 条的行为，将受到刑罚处罚，最高可判处 10 年有期徒刑，并处罚金。① 此项法案以法律的形式明确禁止用基因复制技术对人类个体进行复制，并将非受精过程在女性体内植入胚胎的行为定性为犯罪行为。在基因技术的利用问题上，由于英国持相对谨慎的态度，某些行为即使在法律中被严格禁止，也有可能未将其定性为犯罪行为。例如，2016 年 2 月 1 日，英国人类授精与胚胎学管理局为了寻找哪些基因在人类早期生育中起关键作用，批准了一项人类胚胎基因编辑实验，② 但该机构强调该实验不能将编辑后的人类胚胎植入女性体内，只能以研究为目的。除研究之外，还有典型的克隆技术，此种很有可能会导致基因技术滥用的行为在如此宽松的背景下也不能被有效规制，不将其认定为犯罪行为。而这些行为一旦造成某种严重的后果，法庭在进行判定时只能引用其他法律来处理，这种处理方式是否能做到“罪刑相适应”还是一个值得思考的问题。在基因信息方面，英国则采取了相关部门法和刑法规制相结合的方式，在民法中规定了信息保护的相关标准，在刑法中又将违反保密原则的行为定性为犯罪行为。此种较为系统且人性化的规制方法，能够对基因信息所有人进行

---

① 参见黄丁全：《医疗法律与生命伦理》（修订版），法律出版社 2007 年版，第 255 页。

② See *HFEA approves licence application to use gene editing in research*, HFEA, https://www.hfea.gov.uk/about-us/news-and-press-releases/2016/hfea-approves-licence-application-to-use-gene-editing-in-research/.

有效的保护,也能够避免刑法的过度干涉。

美国在对基因技术的规制方面比英国要严格得多,为了对基因技术进行规制,美国出台了专门的成文法,即美国众议院通过的《禁止克隆人法案》。当与基因技术相关的行为超出法律规定的范围可能构成犯罪时,将会用案例的形式对其进行审判,即采取案例法和成文法相结合的方式进行规制。不仅如此,美国还侧重强调对基因遗传信息进行管控。20 世纪 90 年代,《人类基因组隐私法》率先在美国国会讨论通过,该法律的出台使公民个人的遗传隐私受到了保护,相关机构和个人被禁止获得基因隐私,否则会承担民事责任甚至刑事责任。总的来说,在基因技术犯罪的规制问题上,美国基于单独立法,再结合法官对具体情况和法律条款的判断进行具体的解释,以判例的形式对基因技术的滥用行为进行规制。因此,虽然美国的立法中并没有为基因技术犯罪设立专门的罪名或者在刑法中将基因技术犯罪规定为特殊的犯罪类型,但是刑法中已经明确了在什么情况下、达到何种程度构成犯罪。美国刑法将基因技术的滥用视为犯罪行为的情形主要集中在基因信息保护和克隆人方面。① 因此,这对我国刑法应对基因技术滥用问题具有一定参考意义。

2. 人类器官移植技术方面

2006 年英国修订的《人体组织法》明确规定器官买卖是被禁止的行为,除此之外还规定了以下几种行为属于犯罪:一是发布出售或者购买人体器官广告的行为;二是将法律规定予以公开的移植手术资料进行隐瞒的行为;三是在死者身上取得器官用作移植的行为。但是指甲和毛发等被视为废弃组织,并不在管制的范围内。从立法情况可知,英国已经将移植器官相关行为规定为犯罪并写入独立的部门法之中,这种立法规制方法也受到了许多国家的认可,其优点在于对器官移植技术的管理更加全面,但同时存在一些不足,如在规制此类行为时容易造成部门法和刑法的重叠,也造成法律规范之间的冲突。对于实施了器官移植方面的犯罪的行为人,具体应当援引何种法律、承担何种责任以及达到何种程度,如果没有具体的法律规定,就会将自由裁量空间交到法官手上,这很容易损害相关方的权益。截至 2022 年,美国已经有超过 50 个州制定了与器官移植相关的法律。2006 年美国修订的《人体器官捐献法》规定,任何人在明知的情况下以获取利益为目

① 刘长秋:《生命科技犯罪及其刑事责任制度比较研究》,载《甘肃政法学院学报》2009 年第 6 期。

的取得或者转让人体器官进行器官移植，即属于犯罪行为。虽然美国作为判例法国家，一般通过判例来判定某种行为是否构成犯罪，但无论是地方各州法院还是联邦法院，必须以宪法为根本准则来解释刑法，因此法官所作出的判决还必须合乎宪法的规定。由于宪法解释必须在宪法的规定下进行，美国宪法修正案规定要想将某种行为认定为犯罪行为处以刑罚，必须有非常明确的条件。① 在这样的情形下，部门法只是抽象地规定了滥用器官移植技术是犯罪，使器官移植技术的罪名无法确定，法庭上对于器官移植方面的犯罪行为的定性也容易发生分歧。因此，为了避免此种情况的发生，我国对于滥用器官移植方面的犯罪行为应当在刑法中予以明确的规定，即明确何种行为、达到何种程度才能构成滥用器官移植方面的犯罪。

3. 人类辅助生殖技术方面

英国是世界上最先采取立法规制代孕行为的国家，也是适用法律对代孕行为规制最全面的国家，但英国对于代孕的态度却经历了从完全禁止到相对放开的转变。1982 年，英国成立人类受精和胚胎学调查委员会，其主要成员由不同领域的专家组成，主要讨论并综合评价由人工生殖技术所引发的一连串的问题，并就如何通过立法解决这些问题提出相应的策略，最终专家们达成一致通过了著名的《沃诺克报告书》。此报告认为，代孕行为是弊大于利的，应当从国家层面否认代孕合同的效力，严厉打击此种行为。但在 1985 年，英国“卡顿案”（一次跨国组织的商业代孕案例）引起了社会公众对代孕的高度关注。通过此案件，委员会认为代孕不能从根本上杜绝，它是一种现实存在的现象，此后便提出了从完全禁止向相对禁止的转变。1985 年，《代孕协议法》在英国制定，该部法律明确了代孕者以及代孕合同的概念，明令禁止商业代孕，放开非商业代孕。相关个人和机构以谋取利益为目的积极介绍他人代孕、组织委托方和代孕母亲实施代孕以及促进代孕合同成立的，统统构成犯罪，适用刑法追究其刑事责任。也就是说，刑法对商业代孕惩罚的主体包括代孕机构、委托方和代孕母亲。《代孕协议法》未对非商业代孕行为作出过多的限制，对商业代孕也没有具有可操作性的监管措施，特别是在委托方和代孕母亲以及代孕子女的父母子女关系上没有作出明确的解释，导致无法达到应有效果。1986 年，英国专门针对代孕行为制定了《人工生殖技术与法律》，

① 参见杨宇冠：《美国长臂管辖的起源、扩张和应对》，载《法学杂志》2022 年第 4 期。

明确规定了代孕协议无效,代孕合同对委托方和代孕母亲不具有法律约束力,从而有力地遏制了代孕行为引发的一连串问题。该法明确了代孕子女在委托方和代孕母亲之间的父母子女关系,亲权应当由委托方获取,还明确了代孕母亲只要将代孕子女娩出即享有法律上的父母子女关系,无论卵子是否由代孕母亲提供。委托方亲权的取得只能在代孕子女满 6 个月后才能向法院申请确认,而不是当然地取得与代孕子女的亲权。1990 年,《人类受精与胚胎法》在英国通过,全面规制了代孕子女的地位问题。[①] 此部法律还具体规定了代孕行为须具备的条件:一是委托方须为不孕不育患者;二是代孕母亲必须达到法定年龄(18 周岁);三是应征得国家有关机关的批准;四是禁止商业代孕行为。该法规定代孕不能收取酬金,但基于人道主义可收取合理费用。代孕母亲一旦要求委托方支付酬金将会受到刑法的惩罚。

4. 人类生殖克隆方面

多个国家对生殖性克隆采取了禁止的态度。2001 年,英国国会颁布了《人类生殖性克隆法案》,对生殖性克隆犯罪将处以高达 10 年的监禁。英国关于代孕的立法经过不断地修正,越来越完善,较好地保障了代孕活动中相关人应享有的合法权益,对其他国家代孕方面的立法具有重要的借鉴意义。

以日本为代表的医事刑法已经辐射到如何应对尖端医疗技术领域。在生殖辅助医疗、脑死亡和器官移植、克隆技术领域积累了一系列的原则与规则。日本于 2001 年 4 月开始实施的《克隆技术限制法》全面禁止制造有损于人类尊严的克隆人,违者将被处 10 年以下劳役或 1000 万日元以下罚款。

加拿大议会于 2004 年 3 月 29 日通过的《辅助性人类生殖法》第 5(1)条规定:“任何人不得故意:(a)运用任何技术生产克隆体或将克隆体转移到人体、非人类生命体或人工装置之中……(c)基于产生一个人为目的,通过从胚胎、胎儿提取的一个细胞或细胞的一部分创造胚胎,或将此类胚胎转移到人体内……”第 60 条规定:“任何人违反本法第 5 条至第 7 条或违反第 9 条构成犯罪并且(1)依公诉程序定罪,可被判不超过 50 万美元罚金或被判不超过 10 年有期徒刑,或并罚。”

2001 年,美国国会通过了《禁止一切克隆法案》,这一法案不仅禁止克隆人,也禁止进口胚胎干细胞等源于克隆胚胎的产品,如果违反该规定,违法者将被处

① 参见田宏杰:《代孕治理的时代之问与应然选择》,载《中国应用法学》2021 年第 6 期。

以 10 年监禁和 100 万美元罚款。由于美国采取联邦制的国家架构，由各州自行决定是否采纳这一规定。所以，新型技术是否被许可在各州并不相同，采纳新技术的州通过制定规制尖端医疗的成文法或者判例予以确认。

在德国，因受到深厚的基督教传统、道德自治精神的影响，以及对“二战”期间纳粹滥用生物科技残害人性尊严的历史的反思，伦理的障碍尤其深重，因此，胚胎在德国受到严格的法律保护。1990 年，德国颁布的《胚胎保护法》第 6 节第 1 条规定：“人为干预下致人类胚胎发展其他胚胎、胎儿、人类个体或与已经去世之人具有相同 DNA，最高可判处 5 年有期徒刑或罚金。”第 2 条规定：“将人为干预下的胚胎植入妇女体内，受同等处罚。”第 7 条作出了禁止性规定：“（1）将胚胎与其他不同的基因物质进行结合以产生细胞团，其中至少运用了一个人类胚胎；（2）运用该胚胎细胞之外的细胞的基因信息以产生一个胚胎细胞；违反者可判处最高 5 年有期徒刑或罚金。”

通过对上述各国关于尖端医疗科技领域的刑事立法情况的介绍可以看出，虽然不同国家的刑事立法采用的立法模式存在差异，但是对于尖端医疗科技领域的发展风险都采取了稳健的刑事立法，并且配备了明确的刑罚指引。可见，尖端医疗科技领域的刑法规制在国际上已经逐步成为一种趋势，越来越多的国家意识到尖端医疗科技领域的发展机遇以及无法回避的风险。在应对尖端医疗科技领域的刑事立法上，各国已有经验为我国尖端医疗科技领域的刑事立法提供了诸多可以借鉴与参考的可行性法律依据。除此之外，尖端医疗具有自身发展的未知性，风险与机遇并存，在针对尖端医疗科技领域制定相应法律法规的过程中必须考虑国际化的因素。尖端医疗科技领域的发展不是闭塞的通道，而是面向世界的医疗技术，因此要吸收已有可供借鉴的立法和司法经验。加之尖端医疗科技可以改变人的产生方式，是对整个人类世界伦理的一次严重挑战，是对整个人类世界的一次强烈震慑。因此，对于这项技术，我们也有必要形成国际共识，否则即使一个国家禁止了某项违反伦理技术，该技术可能在另一个国度肆意发展。最终，通过自然科技制造（或者影响）的人类将会走向整个人类的“基因池”，它所造成的风险就不是针对特定某个国家，在全球化的世界中，这种风险是面向全世界的。

（四）司法实践经验为尖端医疗科技之刑法介入开辟了路径

基因技术的应用在我国成为热点始于 20 世纪 90 年代，作为新兴的前沿科学，基因技术在研究和运用的过程中必然存在很多的问题，为此，我国陆续出台了一系列有关基因技术的法律规范：在刑法规制方面，仅在《刑法修正案（十一）》中确立了非法植入基因编辑、克隆胚胎罪两个罪名。除此之外的有关尖端医疗科技的相关问题多规制于行政法规中，如国务院于2001年发布了《农业转基因生物安全管理条例》（于2011年、2017年修订）；原农业部配套发布了《农业转基因生物安全评价管理办法》《农业转基因生物进口安全管理办法》《农业转基因生物标识管理办法》；海关总署于2023年3月修正了《进出境转基因产品检验检疫管理办法》等文件。目前，与人体基因技术有关的法律规范有两个，即《基因工程安全管理办法》和《人类遗传资源管理暂行办法》，二者中均有关于刑事责任的规定，如《基因工程安全管理办法》第27条和第28条，《人类遗传资源管理暂行办法》第21条、第22条和第23条。

从以上规定可以看出，我国现行法律法规对基因相关犯罪的规定存在需要调整完善之处，具体来说体现在以下几个方面：第一，内容涵盖面狭窄。我国的基因技术立法对于刑事责任的规定内容局限在违反准入制度的犯罪、基因资源犯罪、危害公众健康犯罪以及破坏生态环境犯罪等几个方面，其他如非法制造基因武器、危害公共安全等方面的犯罪都未作规定。第二，犯罪行为的规定过于笼统，大多以危害结果的出现为犯罪成立的要件，对危险犯，如“严重污染环境的”“损害健康的”“破坏生态平衡的”等未作规定，但结果犯显然起不到抑制基因犯罪的作用，况且基因犯罪危害巨大，危害结果一旦出现，可能会造成难以估量的灾难，刑法介入的时机应该提前，对于某些抽象的危险犯，也应该纳入刑法规制的范围。第三，在法律效力上，我国相关规定的立法层次整体较低，现行《刑法》虽然对基因犯罪行为作出了规定，但仅局限于《刑法修正案（十一）》中的非法植入基因编辑、克隆胚胎罪。除此之外的诸多有关基因方面的犯罪行为认为并未体现，依据“罪刑法定原则”，不得定罪处罚，这会导致有些严重的基因犯罪行为得不到应有的处罚，刑罚的一般预防功能不能实现。

在人体器官移植方面，随着人体器官移植技术在我国逐渐成熟，如今我国各大中型医院均有开展，相关法律纠纷以及社会道德和伦理方面的问题也随之产生。司法实践中，不少器官移植刑事案件都是疑难案件，其原因主要在于，我国在立法方面对人体器官移植规制得不够完善，特别是在刑事立法方面，仅在《刑法》分则中规定了组织出卖人体器官罪，而对于人体器官移植过程中的诸多违法行为没有具体的规定。关于人体器官移植的规定多出现在法规和规章中，如《深圳经济特区人体器官捐献移植条例》《人体器官捐献和移植条例》等，但对部分内容存在规定不明确的问题。因此，用刑法介入人体器官移植具有极其重要的意义，对于人体器官移植过程中产生的违法犯罪行为的准确认定具有帮助作用，也有利于针对现有的立法缺陷制定更加合理的刑事立法对策。

在人类辅助生殖技术方面，早在 1988 年 3 月，在辅助生殖技术专家张丽珠教授的指导下，我国首例试管婴儿在北京大学第三医院诞生，[①] 这是辅助生殖技术在我国发展的标志性事件。经过十多年的发展，2001 年，原卫生部出台了两部行政法规对该行为进行规制，即《人类精子库管理办法》以及《人类辅助生殖技术管理办法》。其中规定较为详细的是《人类辅助生殖技术管理办法》，该办法第 3 条规定了实施辅助生殖技术必须符合伦理原则和我国的计划生育政策，医务人员和医疗机构在以医疗为目的的前提下可以实施代孕行为，此外的任何目的和任何形式都不得实施，也不得将胚胎、配子和合子作为交易的对象，涉及刑事犯罪的则会追究相应的责任。该办法第 22 条规定了医疗机构违法实施人类辅助生殖行为将会受到省级政府卫生行政部门的警告和 30,000 元以下的罚款，医务人员作为负责人违法实施人类辅助生殖行为将会受到行政处罚，涉及刑事犯罪追究相应的责任。[②]

根据我国关于人类辅助生殖技术的现行法律规范，通过分析可以得出以下结论：一是现行立法对人类辅助生殖技术的管控不精细，将普通辅助生殖和商业型辅助生殖混为一谈。人类辅助生殖的种类繁多，但从我国现行的两部行政法规来看，对此不加区分地持禁止的态度。在现实生活中，对于那些不孕不育患者来说，只有人类辅助生殖技术才能让他们看到一线希望。因此，不应将所有种类的人类辅助生殖行为混为一谈，统统禁止。二是现行立法处罚对象范围太窄，只限制了医务人员和医疗机构。人类辅助生殖是一个极为烦琐的过程，当事人除医务人员和医疗机构之外还包括中介机构、委托方、代孕母亲以及相关的辅助人员，其中每一环节都有可能出现违法犯罪行为，相关当事人都应当属于法律规范规制的对象。而现行的《人类辅助生殖技术管理办法》第 3 条只对医务人员和医疗机构从事代孕行为进行限制，是明显不合理的，也无法实现当初的立法目的。因此，有必要将刑法介入人类辅助生殖技术的应用中。

---

① 参见李恒：《试论生物技术对传统法律体系的挑战》，载《法律与医学杂志》2005 年第 1 期。

② 参见邢鸿飞、潘俊成：《论代孕的行政法规制缺失及其完善》，载《医学与哲学》2021 年第 23 期。

综上所述，在尖端医疗科技方面，无论是基因技术的应用、人体器官移植的应用还是人类辅助生殖技术的应用，在司法实践中均已出现了诸多矛盾和纠纷，而现存的法律规定难以有效地解决这些冲突。尖端医疗科技相关违法行为的司法实践为刑法介入提供了可行的经验。

第三节　尖端医疗科技领域的立法原则

一、关于立法原则的学说

尖端医疗技术的发展应当有需要遵循的基本原则作为行为指引。比彻姆、奇尔德雷斯提出的生命伦理四大原则堪称医疗行业经典原则：第一，尊重自主原则，个人是一个具有自主精神的行为体，有权选择自己的生活方式；第二，不伤害原则，人们要尽可能地避免做一些危害别人的行为；第三，行善原则，人应该尽最大努力做出有益的行为；第四，公正原则。①《纽伦堡法典》不仅完成了对战争罪犯的刑罚量定，而且通过审判形成了一系列通行的伦理原则，包括知情同意原则、有益性原则、最小损害原则、风险最低原则等。知情同意原则要求必须是在受试者对人体实验知情的基础上，同意实施；有益性原则要求人体实验结果对社会有益，目的具有向善性；最小损害原则要求实验过程中实验者要尽到注意义务，不对受试者造成身心伤害，不能肆意损害受试者的身心健康；风险最低原则要求实验风险小于预期且不违背公序良俗。

古希腊医学家希波克拉底于公元前 4 世纪撰写的《希波克拉底誓言》被认为是将医学从宗教与哲学中分离出来的里程碑，其中确立了一些具有核心影响力的伦理原则，如“行善原则”“避免损害原则”。②《日内瓦宣言》将关注的重点放在具体事项的伦理上，而不以医学伦理的名义规范整个医疗行为。当前普遍认可的生命伦理原则主要包括以下几个方面：尊重个人自主原则（respect for personal autonomy）、有利无害原则［non-maleficence（not inflicting harm on others）］、行善

① See Tom L. Beauchamp & James F., *Childress*, *Principles of Biomedical Ethics*, Oxford University Press, 2013, p.106-108, 150, 202, 249-250.

② 参见李长兵：《医疗技术革命对刑法的挑战及其应对》，知识产权出版社 2012 年版，第 4 页。

原则[beneficence(acting for the benefit of others)]、公正原则[justice(distributive and social)]。[①] 恩格尔哈特认为,当下伦理多元化发展,导致道德共识难以达成,传统的"四原则说"也难以解决生命伦理学困境。因此,应构建以允许原则为前提和基础、以行善原则为导向和补充的形式化程序性原则(procedure principle),以在处理伦理分歧上摆脱传统"四原则说"的不确定性运用。作为程序性伦理原则的核心,允许原则是指在一个多元化社会中,关乎他人的行为必须得到他人的允许。[②] 允许下的行善原则是指在允许的前提下,个人有义务去做对他人有利的事。这是对道德共同体的共同要求,承诺行善是道德生活的应有之义。

针对尖端医疗科技的发展,我国学者对尖端医疗科技的立法原则问题进行了广泛讨论,形成了不同的学说。各位专家学者各抒己见,在尖端医疗应遵循原则分类上分歧较大,目前存在的观点可以分为三原则说、四原则说、五原则说、六原则说以及混合原则说。

"三原则说"又有如下几种不同分类:有学者从刑事立法视角出发,将生命科学技术立法原则概括为科学立法、超前立法和审慎立法。[③] 也有学者从医疗技术的风险与权益视角出发,认为"应当秉持人类利益至上原则、社会公平原则、全面保障人权原则"[④]。

"四原则说"也有不同分类:有学者认为,遵循的四个原则应为目的正当性原则、知情同意原则、有利无害原则,以及对弱势群体的保护原则。[⑤] 也有学者从科技创新的角度提出四个基本原则,即尊重生命健康、尊重自然环境、尊重社会关系、有利于人类社会福祉。[⑥] 有学者单从人体实验角度出发,认为人体实验技术应该遵循自主原则、善行原则、有利无伤原则、公平原则。[⑦] 也有学者认为,我国在医

---

① See Devlin B. & Magill G., *The Process of Ethical Decision Making*, 20 Best Practiee & Research Clinical Anesthesiology 493(2006).

② 参见[美]H.T. 恩格尔哈特:《生命伦理学基础》,范瑞平译,北京大学出版社 2006 年版,第 29 页。

③ 参见刘长秋:《论生命科技立法的理念与原则》,载《法商研究》2007 年第 4 版。

④ 汤晓江:《高新生命科技应用的法律规制研究》,华东政法大学 2017 年博士学位论文,第 122 页。

⑤ 参见刘长秋:《生命科技犯罪及其刑法应对策略研究》法律出版社 2006 年版,第 159 页。

⑥ 参见张亚平、宋利璞:《努力实现科技伦理与科技创新的良性互动》,载中国科学院官网 2022 年 5 月 16 日,https://www.cas.cn/zjs/ 202205/ t20220516_4834729.shtml。

⑦ 参见黄丁全:《医疗法律与生命伦理》,法律出版社 2007 年版,第 368～371 页。

疗刑事立法上应突出“衔接”“动态”“包容”“超前”等特性。[①]

“五原则说”同样存在不同的分类，有学者从社会法视角出发，认为生命法立法的原则应当为：(1)全面协调平衡多方主体利益的原则；(2)人权保障与科研自由同时保护的原则；(3)加强对弱势群体的有效保护，政府和社会应当承担更多义务的原则；(4)受试者知情同意和相关人利益共享的原则；(5)充分尊重科学规律、谨慎周到的原则。[②]也有学者从尖端医疗的刑事立法角度出发，认为应当遵循事实确定化原则、类型化原则、和谐化原则、国际化原则、前瞻化原则。[③]还有学者在四原则的原有基础上提出了“五原则说”，即“目的正当性原则”“知情同意原则”“最小损害原则”“保护弱势群体原则”“保密原则”。[④]

“六原则说”，即必要性原则、协调性原则、严密性原则、民主性原则、前瞻性原则和国际性原则。[⑤]也有学者站在“谦抑主义”的理论视角，认为在医疗刑法中应从“体现超前性”“突出严谨性”“注重有机性与简约性”“体现‘国际化’与‘本土化’的双重趋势”“刑罚的科学性与精确性”“引进刑事和解”六个方面进行论述。[⑥]

除此之外，还有学者单从器官移植的角度出发，认为该项医疗措施的原则应当是基本立法原则与特殊立法原则相结合的混合原则说，基本立法原则为坚持立足于本国实际并借鉴国外有益经验的原则和法治统一、原则性与灵活性相结合的原则以及总结经验与科学预见相结合；除应当遵循基本立法原则之外，还应当坚持几项特殊原则，即立法经济性原则、超前立法原则、科学立法原则。[⑦]

通过对我国现存尖端医疗基本原则的分类总结不难发现，不同学者在制定该原则的视角上是存在差异的。有学者从伦理实质化视角出发，指出尖端医疗科技应当遵循的基本伦理准则；有学者从立法技术视角出发，指出尖端医疗刑事立法应当遵循的基本原则。但这些基本原则对于立法技术而言虽具有普适性，却缺乏针对尖端医疗科技调控的独适性。也有学者从尖端医疗科技对于人类的治疗理念

---

① 参见莫洪宪、刘维新：《医事刑法研究论纲》，载《现代法学》，2011 年第 6 期。

② 参见谈大正：《生命法的价值取向和立法原则》，载《法治论丛(上海政法学院学报)》2008 年第 1 期。

③ 参见杨丹：《论尖端医疗领域的刑法立法原则》，载《暨南学报(哲学社会科学版)》2015 年第 7 期。

④ 参见刘维新：《医事刑法初论》，中国人民公安大学出版社 2009 年版，第 129～134 页。

⑤ 参见熊永明：《现代生命科技犯罪及其刑法规制》，法律出版社 2012 年版，第 45～46 页。

⑥ 参见刘维新：《医事刑法初论》，中国人民公安大学出版社 2009 年版，第 92 页。

⑦ 参见刘长秋、陈占彪：《论我国器官移植立法过程中应坚持的基本原则》，载《法律与医学杂志》2005 年第 1 期。

出发，框定尖端医疗科技的准入原则。可见，不同学者结合不同学科、站在不同立场上得出尖端医疗科技应当遵循的基本原则，但是尖端医疗科技是一个复杂的综合性问题，涉及伦理学、社会学、人口学、医学、法学等多门学科。因此，在判定尖端医疗科技所应遵循的基本原则时，应当厘清立场与视角。

尖端医疗技术的实施原则涉及多个方面，既需要医疗原则为其提供专业化引导，也需要法律原则与社会公共秩序等原则进行干预，以应对尖端医疗技术面临的现实风险，高举保护和管制这两把"利剑"，以保障尖端医疗技术的健康发展与理性应用。尖端医疗科技领域刑法介入原则的确立应从刑事法学的视角出发，重在权益保障与风险防范，既要突出尖端医疗科技应当遵循的实体性法律原则，又应涵盖作为法学视角基本的程序性原则，力求通过实体与程序相结合的方式规制尖端医疗的实施所应遵守的基本原则，限制尖端生命科技的肆意发展，保障真正有利于人类生命、健康的尖端医疗技术在合法的框架内充分发挥价值。法律对尖端医疗活动的介入，绝不仅为了保护它，更多的是为了对相关活动进行引导，甚至管制它，以此来预防在尖端医疗技术的发展和应用过程中可能会造成的风险或实际损害，用制度理性来保证尖端医疗技术朝着有利于人类利益的方向发展。

二、知情同意原则

世界医学会第八届常务理事会于 1954 年通过了一组关于人体实验的"给参与研究及实验人员的原则"。后经过多次修正，于 1964 年以《世界医学大会赫尔辛基宣言》的形式面世。知情同意原则是该宣言中最重要的原则，是受试者权益保护的基石。患者必须在了解实验的风险之后才能同意，尊重患者的自决权，只有这样，医疗行为才有存在的正当化依据。[①]2013 年版《世界医学大会赫尔辛基宣言》将知情同意原则独立出来以强化其法律地位，重点关注知情同意能力、同意主体法律地位、研究结果告知义务等。为保证该原则的执行，2013 年版《世界医学大会赫尔辛基宣言》第 30 条将"应当"(should)修改为"必须"(must)，医生必须知情同意，才能提高患者知情同意权的保护水平。知情同意包括四个方面的要件：信息的完全披露、信息的真实理解、自愿的同意、同意能力的具备，四个条件缺一不可。知情同意的例外内容必须具有正当性，违反知情同意原则会影响被害

---

① 参见杨丹、冯军:《医疗刑法研究》，载《法学家》2009 年第 6 期。

人承诺的效力，会影响刑事责任的判断。我国《民法典》第1008条规定的知情同意规则由“知情+同意”两个部分构成，即受试者被告知可能影响其作出参加临床试验决定的各方面情况后，其须书面同意自愿参加临床试验的过程。知情同意主要保证人的自主性，在自主状态下的知情同意应当包含如下构成要件。

（一）信息的完全披露

信息的完全披露又被称为全面的知情同意。有学者认为，知情同意包含了两个必不可少、互相关联的环节：知情同意书和知情同意的教育过程。还有人提出，知情同意应当是一个双向沟通的过程，如果研究者只是单方面地提供信息，或者受试者只是被动地接受，都不能获得有效的知情同意。[①] 笔者认为，全面的知情同意应当包括知情主体的全面与知情内容的全面。知情主体的全面指在尖端医疗技术实施过程中可能会涉及多方主体，包含受试者、实验者（医疗团队）、监管方、其他参与者等。知情主体的全面，要求各个主体在自己的职权范围内做到自己应当知情的内容，各方主体作为尖端医疗技术实施过程中参与的一环，均应当对该技术具有相应的知情权。知情内容的全面，指知情同意的范围不仅包含对医疗行为与手段的同意，还应当包含对医疗风险与结果的同意。知情的内容包括受试者所接受试验的目的、完整真实的试验手段、可能引发的风险、参与试验的时间、试验效果、可得的利益以及随时退出及保密的要求。2013年版《世界医学大会赫尔辛基宣言》第25条对受试者自愿了解参与的试验作出明确规定，第26条[②] 详细规定了受试者应当了解的内容，包括研究目的、方法、资金来源、任何可能的利益冲突、研究人员的机构隶属关系、研究预期的获益和潜在的风险、研究可能造成的不适，试验结束后的条款，以及任何与研究有关的其他信息，并明确了知情同意的形式要件。在治疗过程中，医生如果要选择使用具有危险性的诊疗方式，应该首先

---

① 参见姜萍、殷正坤：《人体研究中的知情同意问题研究综述》，载《哲学动态》2002年第12期。

② 2013年版《世界医学大会赫尔辛基宣言》第26条规定：“涉及有知情同意能力受试者的医学研究，每位潜在受试者必须被充分告知：研究目的、方法、资金来源、任何可能的利益冲突、研究人员的机构隶属关系、研究预期的获益和潜在的风险、研究可能造成的不适，试验结束后的条款，以及任何与研究有关的其他信息。潜在受试者必须被告知有拒绝参加研究或随时撤回同意参加研究的意见而不会因此受到不当影响的权利。应特别关注个体潜在受试者对于特定信息的需求，以及传递信息所用的方式。在确保潜在研究受试者理解了告知信息后，医生或其他适当的有资格的人员必须寻求其自主的知情同意，最好是书面形式。如果不能以书面形式表达同意，非书面同意必须被正式记录并有见证。所有医学研究的受试者有权选择是否被告知研究的一般性结局和结果。”

向受试者告知其期望的目标和可能产生的后果，之后再询问受试者的看法，并尊重受试者的选择，其中包含受试者表达观点、作出选择以及以个人价值和信仰为依据的权利。基于自我决定权的核心地位，应将自决权提升至刑事司法保护的层面，以实现对生命法益自决权的保护。①

（二）信息的真实理解

信息的真实理解，是指在尖端医疗科技项目之中，参与者必须真正客观地理解试验过程及结果等项目相关信息。理解即从信息载体中获得信息的实质概念，信息理解的程度始终是建立在用户已经拥有的知识结构之上的，当用户的知识结构大致上与该信息所体现的知识水平相一致的时候，他们才能够真正地了解该信息的本质。人脑要接收并使用这些信息，就必须先了解这些信息，也就是将这些信息加以解读、表达。在解释的过程中，人们对所感知到的信息刺激进行了筛选和组织，并在自身的经验、假设、文化背景、动机、情绪和态度等多种心理因素的作用下，在对所感知到的信息进行综合的基础上，构建出自己的认知图式。信息的真实理解在不同专业背景下极大概率会产生信息理解偏差，由于医疗专业的壁垒限制，在医学治疗的过程中，疗法、用药背后的机理无法向诊疗人加以明确；而且信息的真实理解具有无法规避的困难性，对医生信赖的盲目性、对医疗手段的非理性分析、对自身健康现状的未知等都有可能导致对信息的错误理解。正如贝克所说："那些损害健康、破坏自然的东西是不为人的眼睛和感觉所认识的，甚至那些表面上明确无误的观点，仍旧需要有资格的专家来评判其客观性。很多这些新近出现的风险（核或者化学污染，食物污染，文明病），完全逃脱了人的直接感知能力。"② 这也正是患者和医护人员对医疗风险的感知和预估存在较大的差异的原因。一般情况下，患者对医疗风险的认识是没有专业知识支撑的直观感知，多数情形下甚至是无法感知。"在临床领域，由于基因组检测往往涉及海量基因和疾病信息，病人实现充分知情十分困难。"③ 有观点认为，考虑到人的自主能力的有限性，更多的选择不能等价于更多的自主。基于自主的知情同意在实践中看似保障了人的自主选择权，实则在专业壁垒较高的医疗行业，医学技术受试人或者患者

① 参见熊永明：《论现代生命科技发展对我国刑法基础理论的冲击》，载《河南财经政法大学学报》2012年第1期。

② ［德］乌尔里希·贝克：《风险社会》，何博闻译，译林出版社2004年版，第26页。

③ 庞聪：《基因组学时代的知情同意：远离自主，走向信任？》，载《自然辩证法通讯》2023年第1期。

并不具有完全的自主性，将这种完全的自主性给予其并不能很好地起到保障其知情同意的作用，例如，患者难以发现医生是否真的值得信任、患者可能不理解专业医理等。[①] 因此，专业信息在传递过程中具有被误解的高度可能性，这也要求医疗机构在开展相关研究时必须提高自身同患者沟通交流的能力，如何转化专业性较强的话术并能被患者或者受试者所真正理解，增加医生的值得信任性进而保护和促进个人利益，主要依赖良好的治理体系而非个人的独立判断。

（三）自愿的知情同意

知情同意原则包含对个人自主权的充分保护与尊重。作为尖端医疗科学领域的一项基本原则，知情同意经过了不同的时代而深入发展，其核心就在于维护患者的自决权。正如康德所指出的，尊重一个人的自主性是基于所有人都具有绝对的价值和每个人都有权决定自己命运的能力认可[②]。密尔认为，在公民未伤害他人且遵守法律的情况下，应支持公民在不干涉他人自由时按照个人的信念去发展、完善自己。[③] 自主原则是对宪法性文件中关于自由权利的规定的尊重，允许个人按照自己的想法进行选择，实施自己的行为。《纽伦堡法典》第1条[④] 对受试者的自愿同意即作出了明确规定，指出受试者的同意应建立在自愿不受强制的基础上。从医学伦理学的角度来看，自主性原则是对受试者自主性的基本要求，是指尊重患者的人格和尊严，获得其自主的知情同意或选择，不能欺骗、胁迫或利诱，其核心内容是尊重人权，包括知情同意、保密和隐私等内容。自主的知情同意在表现形式上应当具有如下要件：（1）事前的知情同意。进行医疗手段之前应当将所有可能发生的以及未知的风险可能性告知，而非在医疗行为的过程中分阶段告知。（2）意愿自由状态下的知情同意。真正意义上的知情同意应当是受试者自愿给出的，在医疗行为的参与过程中，应当充分保障受试人的选择自主权。在参与某个试验后出现了自身不适反应，允许受试者随时退出试验，并且应当保证受试者的安全退出，不能以只有继续试验才能缓解不适症状为由变相强迫受试者继续接受

---

① 参见庞聪：《基因组学时代的知情同意：远离自主，走向信任？》，载《自然辩证法通讯》2023年第1期。

② See Kant, *Foundations of the Meterphysics of Morals*, Pennsylvanis University Press, 1977, p.127.

③ 参见徐宗良等：《生命伦理学：理论与实践探索》，上海人民出版社2002年第3期。

④ 《纽伦堡法典》第1条规定："受试者的自愿同意绝对必要。这意味着接受试验的人有同意的合法权利；应该处于有选择自由的地位，不受任何势力的干涉、欺瞒、蒙蔽、挟持，哄骗或者其他某种隐蔽形式的压制或强迫……"

试验。(3)应当告知真实医疗过程以及风险结果。在受试者作出同意的决定之前应当全面准确告知受试者所有的医疗行为与医疗风险。(4)理性的知情同意。应当确保受试者的知情同意是在理性的前提下作出的，而非基于某种刺激或者诱惑之下作出。

（四）同意能力的具备

尖端医疗科技项目的受试者必须具有同意能力，同意能力是自主选择的基础要件，判定受试者是否具备同意能力应当从以下几个方面入手：(1)同意的主体必须具有同意权。患者是对医疗行为享有同意权的当然主体，不具有同意能力的患者可以由其监护人代为行使同意权。“学界普遍认同在普通医疗活动中患者应该作为行使知情同意权的第一权利主体，在患者因特殊原因无法履行或无法正确履行知情同意时，可由患者家属或其关系人作为代理主体。”①2013 年版《世界医学大会赫尔辛基宣言》将原第 25 条和第 26 条中的“适格”(competent)修订为“具有知情同意能力”(capable of giving informed consent)，将原第 28 条和第 29 条中的“不适格”(incompetent)修订为“不具有知情同意能力”(incapable of giving informed consent)，进一步强调有知情同意能力受试者的自主抉择权。(2)特定试验中需要本人及其家属的知情同意。我国《民法典》第 1008 条并未就受试者不具有完全民事行为能力时的权利行使问题作出具体规定，这就须遵从《疫苗管理法》《医疗器械临床试验质量管理规范》《药物临床试验质量管理规范》等特别法或部门规范性文件的规定。这些规定重视对受试者自主权的保护，如《医疗器械临床试验质量管理规范》第 28 条第 3 款规定，受试者为无民事行为能力人或者限制民事行为能力人的，应当依法获得其监护人的书面知情同意；受试者缺乏阅读能力的，应当有一位公正见证人见证整个知情同意过程并在知情同意书上签字并注明日期。(3)具有法律意义的形式要件。首先，应以签订专门的书面协议为优先。2013 年版《世界医学大会赫尔辛基宣言》在第 27 条②规定了知情同意书获取的回避制度，即知情同意书由一个适当的，有资格的，且受试者与其不存在依赖关系或可能因其受有压力而被迫同意的人来取得。可见，知情同意书是体现知情同意原

---

① 鲁旭、刘俊荣：《基因研究中的知情同意之惑》，载《医学与哲学(A)》2013 年第 8 期。

② 2013 年版《世界医学大会赫尔辛基宣言》第 27 条规定：“在寻求参与研究项目的知情同意时，如果潜在受试者与医生有依赖关系，或存在可能会受有压力而被迫表示同意的情况，医生应特别谨慎。在这些情况下，必须由一个适当的有资格且完全独立于这种关系之外的人来寻求知情同意。”

则的必备形式要件。同样，知情同意书的取得方法也是判定受试者是否具备知情同意的关键。

三、有益性原则

有益性原则，是指尖端医疗科技的实施必须是对人体存在益处或者利大于弊的，使人受益是有益性原则的根基，利大于弊是有益性原则的可容忍模式之一。医疗行为具有风险伴随性，一些手术患者治愈疾病的代价是需要承受来自医生对自己身体实施的不同程度的物理性伤害，但这种伤害的目的是使患者拥有更长远的健康与舒适，这种利大于弊的伤害行为属于医疗手段中的可容忍模式，应当判定其具有有益性。有观点认为，有益性原则在生命伦理学或医学伦理学中应该居于首要地位，有益性原则是一种有关道德义务的规范性陈述，即人有义务做使他人受益的行动，帮助他人促进其重要和正当的利益，不仅需要防止或消除可能的损害，而且要求积极为其提供帮助或援助。有益性原则要求医务人员的行为对病人确有助益，必须符合以下条件：病人的确患有疾病；医务人员的行动与解除病人的疾苦有关；医务人员的行动可能解除病人的痛苦；病人受益不会给别人带来太大的损害。[①] 美国著名的医学伦理学家彼莱格利诺认为，有益是医学伦理学的唯一基本原则。[②] 古希腊哲学家亚里士多德在《尼各马可伦理学》中开宗明义地谈道："每种技艺与研究，同样地，人的每种实践与选择，都以某种善为目的。"[③]2013 年版《世界医学大会赫尔辛基宣言》一般原则指出，医药卫生人员以维护人民健康为光荣使命。《国际医学道德标准》规定为人们更大的健康利益着想，一些导致人们身体机能或精神状况有损的医疗行为是允许使用的。并在有益性方面进行了更为详细的阐述：(1)医学研究的合理性体现在参与者有可能从研究结果中受益；(2)对于新的医疗方法可能带来的潜在风险与预期利益，应当从当前最佳治疗方案所带来的风险与利益进行对比，而这并不能排除，在不存在的已证明有效的预防、诊断或治疗方法的研究中，使用安慰剂或不予治疗；(3)应确保参与研究的受

---

① 参见雷瑞鹏、白超、邱仁宗：《论有益原则》，载《医学与哲学》2022 年第 5 期。

② See Pellegrino E. D. & Thomasma D. C., *For the Patient's Good*: *The Restoration of Beneficence in Health Care*, Oxford University Press, 1988, p.33–58.

③ [古希腊]亚里士多德：《尼各马可伦理学》，廖申白译注，商务印书馆 2003 年版，第 3 页。

试者在研究结束后得到被研究所证明的最佳治疗方案。[①]

在生命医学领域，美国引用《纽伦堡法典》中无害（nonmaleficence）、行善（beneficence）、自主（autonomy）、公正（justice）等理念作为生命医学的基本伦理原则。无害原则在尖端医疗科技实践中指不允许将带有明显危害后果或者不正当医疗目的的医疗行为纳入尖端医疗科技的合法框架之中；行善原则在尖端医疗科技实践中指该医疗技术成果应当有利于受试者或者社会公共利益；在普适性的伦理原则框架下，行善原则的适用是以无害原则的落实为基础的。[②]无害原则与行善原则共同构成有益性原则，即有益性正向要求有利于社会公共利益，反向要求必须使用无危害技术成果。也有学者认为，有益性原则是医生应尽的义务，不能将其看成“善行”。因此，有益性原则与行善原则是两个不同的概念范畴。[③]尖端医疗不能一味地为了提高医学改变世界的技术而忽略其根本的以人为本的意义和社会影响，否则其发展的合理性便会被质疑。如果尖端医疗的研究中包含商业犯罪或诱导偏见的内容，那么相关研究反会变成助长严重之后果的负面因素。因此，尖端医疗的发展只能是在有益性原则的指导下进行提升。

尖端医疗的发展过程必须遵循有益性原则，有益性原则要求人体实验的结果必须是对社会有益的，也即尖端医疗行为的医疗目的必须符合善的标准。[④]有益性必须是明确的、真实的、具体的。举例来说，在抗肿瘤方面取得的进步通常对公众健康有利，但这一总体上的好处并不适合于那些采用不利于癌症研究方法的机构。此外，也不是每一项特定的利益都能被测量。例如，对于受天灾影响的民众的心理安慰，以及对自然景观的保护，这些利益的真正价值是无法估算的。每一个前沿医学的研究小组都有其应遵循的医学宗旨，有益性也必须与尖端医疗科技的医学宗旨相吻合。尖端医学研究的有益性，一定要为“正值”，一定要大于其本身所带来的负面影响。一项新的生命技术的研发与应用必须真正地对最广大人民群众具有益处，而非仅为满足某个个人的特殊需要。在高新生命科技的研发与应用中，我们应该坚持人类利益至上原则，这是科学技术发展中应该遵循的首要原

① 参见李恩昌、张茜：《论医学期刊编辑进行伦理审查的必备素养》，中国高等学校自然科学学报研究会第13次年会论文，2009年11月于东莞。

② 参见杨建兵、王传中主编：《生物医学伦理学导论》，武汉大学出版社2007年版，第66页。

③ 参见雷瑞鹏、白超、邱仁宗：《论有益原则》，载《医学与哲学》2022年第5期。

④ 参见叶萍、李长兵：《论“非法人体试验罪”的设立》，载《山东大学学报（哲学社会科学版）》2016年第3期。

则。有益性原则应当满足以下要求:(1)该医疗技术的使用符合无害原则;(2)所涵盖的对象为全人类或者对一部分特殊患病群体有益;(3)有益的标准是确定有益而非预测有益。换言之,一项新的尖端医疗技术的研发与应用必须是真实确定有益的,是有明确的适用对象以及预期达成的有益性目标的。法律上需要将尖端医疗科技所给予公民的利益予以确认和维护,使公民在有序的法治环境中将预期的利益扩展至最大化。

四、安全性原则

安全性原则,是指尖端医疗科技的实施过程是安全的。安全是人类生存最基本的需要,绝对意义上的安全指没有危险和没有损害。“在生命科技领域,人类没有犯错误的本钱,因为该技术一旦被错用或滥用,所造成的影响往往不是人们有望失而复得的财产,而是只有一条单行线的生命或受损后即难以再复原如初的健康。”① 医学行为必然存在某种侵入性、风险性,因此,医学上的安全性只能是一种相对的安全,也就是在医疗活动中,可以将危险、损失降低到可承受的范围内。医疗刑事立法要建立在对医疗行为所构成的危险和所造成的危害进行严格规定的基础上,才能保证医疗安全。在医疗刑法中,对于危险和损害的可接受度越低,对于医疗安全保障的力量越大;对于危险和损害的可接受度越高,对于安全保障的力度越小。纯粹从实现医学安全的观点来看,对于危险或损伤的可接受程度的要求越严格,对于保证医学安全来说就越有利。无论是在传统医学还是现代医学的背景下,人类对于医疗安全的要求由来已久。在医疗活动中,医疗工作者的一切行为都应当以安全性原则为最根本的道德依据,并将该原则转化为医疗工作者自觉的行动。医疗风险伴随医疗行为的出现而产生,是一种客观风险、人为风险、未知风险。随着现代自然科技的发展,尖端医疗技术面临的风险更加多样,如技术风险、伦理风险、制度风险、应对风险而生发的新的风险。医疗行为的风险是客观存在的,面对该种不可避免的风险,安全性原则需要为尖端医疗的准入与开展设置更多的安全性标准,以保障整个医疗试验过程的顺利与风险的可控性。

医疗安全是指患者在接受治疗时,不发生允许范围之外的精神或身体结构或机能方面的异常、缺陷或死亡。患者在医院接受治疗时,如果医疗系统的失衡或

① 刘长秋:《“基因编辑婴儿事件”的生命法学思考》,载《东南法学》2021年第1期。

医疗管理的失误导致患者的生理、机体或结构功能障碍、缺陷或死亡，都属于不安全。不安全和安全是相对而言的，在不同的时期，不同的主观和客观条件下，其有不同的标准。医疗安全标准的确定应随着时代容许的限度而变化。

其一，当代尖端医疗技术不仅包括医疗技术行为本身的尖端，也包括医疗数据的智能管理。随着我国医院数据管理水平的不断提高，医院信息化建设使得患者及其家属可以通过移动终端、第三方医疗服务平台以及相关网站接受医院的线上服务。但是，医院作为一个传统行业，基于认识等多方面原因，在信息技术、专业人才队伍建设方面还有差距，不少医疗机构的信息化系统安全性较低，并且有的数据未进行脱敏、加密处理，第三方平台也存在漏洞多、敏感端口开放多等问题，给黑客入侵和未授权访问带来了空间。① 可见，当代医疗安全原则的内容应当包括医疗数据的管理安全。患者信息属于个人隐私，医疗数据小则关系个人隐私，大则可能泄露种族基因图谱等涉及国家生物安全的重要信息。因此，尖端医疗技术应当配合尖端管理技术，为医疗数据的管理加上“安全阀”是安全性原则的重要体现，制定医疗数据管理的安全标准为严防数据泄密提供有力保障。

其二，尖端医疗技术的安全准入标准。是否符合尖端医疗的准入标准是判定尖端医疗科技项目能否如期展开的重要依据，只有经过安全准入标准判定的尖端医疗项目才具备研究的可行性与合规性。安全准入标准需要医疗行业联合多部门共同制定，审查尖端医疗行为开展的安全性是否符合行业标准、不可避免的风险性是否在可控制范围之内，在涉及人体实验的尖端医疗项目中尤其要重点审核安全性问题，以期在尖端医疗的准入阶段提供更完备的安全性保障。

其三，涉及人体实验项目的安全性标准。尖端医疗项目是为人类的健康利益而展开的，不少项目涉及人体实验环节，对于人体实验过程中的参与人，必须严格界定其安全性，以谨慎理性的态度看待任何可能导致受试人生命健康有损的实验行为，以保证受试人生命健康权为首位，同时兼顾有益性原则。

其四，智能医疗安全监管标准。智能医疗必须有安全的监管，不仅要有硬件的安全、系统软件的安全，还要有相关安全管理的制度，才能够对医疗临床起到风险防控的作用。目前在医疗领域，我国尚缺乏统一的安全监管国家标准，这对规范医疗管理是不利的。从现阶段国家战略长远布局来看，要推动智能医疗的临床

① 参见刘伶俐、王端、王力钢:《医疗人工智能应用中的伦理问题及应对》，载《医学与哲学》2020 年第 14 期。

应用，理应保障这种“新技术”的安全性和可靠性。[①] 尖端医疗技术本身存在一定的风险性，它可能对患者的人身、健康存在一定侵害风险。因此，科学的技术标准必不可少。这就需要政府主管部门、医疗行业以前瞻性眼光加紧制定尖端医疗技术的技术标准、行业标准、安全标准以及相关的应用规范，构建科学的评估机制，为尖端医疗科技有效、安全地应用提供良好的制度环境。

五、平衡性原则

平衡性原则，是指在尖端医疗科技的发展过程中，人权保护与科学的自由发展应当呈现均衡状态，既不能仅以潜在的人权风险作为理由来制止所有的尖端医疗发展，又不能一味地放纵尖端医疗的飞速发展，罔顾所涉及的人权风险。平衡性原则源于正义的要求，它对个人利益与公共利益进行仔细考量取舍以达到保护与平衡的目的，预防过分的立法干预。[②] 有学者认为，平衡性原则有广义与狭义之分，广义的平衡性原则包括适当性、必要性以及狭义的平衡性。[③] 适当性原则要求尖端医疗技术在研究与试验的过程中所运用的技术以及造成的影响必须适当；必要性原则要求尖端医疗技术在研究与试验的过程中面对多种试验方法与手段必须选择不良效果最少的；狭义的平衡性原则要求尖端医疗技术产生的可能风险与获得的利益呈现利大于弊的状态。1998 年 12 月联合国大会通过的《关于人类基因组与人权问题的世界宣言》明确规定在维护和尊重人权的同时，保证科研活动的基本自由。这是生命立法所应遵守的基本原则。这意味着，当尖端医疗科技的发展与医疗伦理产生冲突时，必须找到一个平衡区。[④] 如何探寻平衡区以及如何控制平衡区，则是我们要面临的问题。

根据尖端医疗发展的平衡性原则要求，立法必须考虑两个重要方面：一方面，要采取各种制度措施严防尖端医疗科技的滥用。“科技是发展的利器，也可能成为风险的源头。”[⑤] 面对层出不穷、技术手段频繁迭代的生物医学新兴科技，进行良性引导，有效控制风险，维持科技创新的稳健发展，以避免科技的野蛮发展对人

---

① 参见衡敬之等：《我国智能医疗的发展困境与对策研究》，载《医学与法学》2020 年第 6 期。

② 参见郭志远：《平衡原则与我国刑事法律程序正当性的完善》，载《清华法学》2003 年第 2 期。

③ 参见郭志远：《平衡原则与我国刑事法律程序正当性的完善》，载《清华法学》2003 年第 2 期。

④ 参见谈大正：《生命法的价值取向和立法原则》，载《法治论丛（上海政法学院学报）》2008 年第 1 期。

⑤ 张亚平、宋利璞：《努力实现科技伦理与科技创新的良性互动》，载中国科学院官网 2022 年 5 月 16 日，https://www.cas.cn/zjs/ 202205/t20220516_4834729.shtml。

类、自然和社会造成危害,是有必要的。通过刑法对医疗行为的规制来维持良好的医疗秩序,为社会医疗事业的发展提供良好的发展环境,从而促进医疗事业的发展。尖端医疗技术的发展速度快得惊人,使我们必须关注其中涉及的法律与伦理问题,尤其在涉及"人"的主体性层面的问题上,尖端医疗技术还缺乏程序明确的引导与监督制度,这也造成了一系列尖端医疗事故的发生,如 2018 年我国发生的基因编辑婴儿事件。当然,尖端医疗技术的过度发展涉及社会学、人口学、医学、伦理学、法学等多方面的问题,可以说是一个极其复杂的综合性的世界性问题,尖端医疗技术中涉及"人"的主体性的研究,任何一道大门的打开都如同打开"潘多拉的魔盒",带来的短期与长期后果均是未知数,我们选择的每一步都要保持谨慎,既要符合本国国情,又要达成世界共识。另一方面,也要保障生命科学技术的理性运用和健康发展。发展是人类社会永远追求的目标,而作为人类社会存在和发展不可或缺的医疗行为,更是与发展息息相关。尖端医疗科技领域刑事立法的核心是风险调控与安全保护,允许容忍范围之内的风险。在医学领域中,所谓允许的风险,指的是一种医疗行为所引起的风险和它所期望的回报之间的关系,这种行为引起的风险是被法律允许的,而不是被法律所禁止的。我国台湾地区有学者认为,医学的发展以错误的累积为铺垫,所以如果没有过去的医疗错误,就不会有今天的医学发展。从这一点来看,无论是加重医生的医疗责任,还是加大对医生犯罪的起诉力度,都会阻碍医学的发展,社会的进步。[①] 对尖端医疗技术的过多干涉势必造成相当程度的科研延误,难免陷入过度保护主义,遏制正常的医疗技术发展。两者并驾齐驱很可能会导致尖端医疗技术立法陷入矛盾的窘境。但是我们仍需要对前沿医疗活动的正面和负面效应进行仔细权衡,这样才能通过建立最科学的制度、采用最合适的方法和手段,来达到规范和保障生命科技发展的目的,从而确保将生命科技的发展和应用所带来的或者可能带来的负面影响降低到最小。刑法学是一门规范科学,它是一门价值选择的科学,一门在价值冲突中作出公正的价值选择的科学,从某种意义上来说,刑法原理的创立及其嬗变的目的就是研究如何才能作出公正的价值选择。[②] 当这两种价值变成了一对无法化解的矛盾,让人们在两者之间无法作出非此即彼的选择时,最重要的就是要在这两种价值之间找到一种平衡,也就是医疗刑法应该在医疗安全的保障与医疗技术

① 参见蔡墩铭:《医疗行为与犯罪》,载《法令月刊》第 9 期(1994)。

② 参见许发民:《风险社会的价值选择与客观归责论》,载《甘肃政法学院学报》2008 年第 5 期。

的发展之间寻找一种平衡，既要保证医疗安全这一最基本要求的实现，也不能不惜使用一切手段，或者不惜一切代价来达到医疗安全的目的，否则会导致医疗水平停滞不前的不利结果。

在探寻尖端医疗技术的发展与风险控制的平衡区时应当关注以下问题。

第一，科技伦理在一定范围内具有可变性，正视科技伦理的可变性是我们正确看待尖端医疗技术发展的重要前提。随着医疗技术的进步，世界上许多国家的生命科技立法涵盖了疾病控制、心理健康、生育和人口、环境保护、辐射安全、器官移植、安乐死、性传播疾病、代孕、克隆、基因编辑等多个方面的问题。而法律的肯定推动了伦理观念的转变，法律的支持加速了医学技术的快速发展，法律的推行也进一步加快了全民伦理观念的更迭，同时公民伦理观念的转变又反作用于法律的推行，法律的推行使医学科技的发展更加畅通。新兴技术的产生难免给公众带来未知的恐慌，随着时代的变迁，医疗技术安全性的提升以及人类伦理观念潜移默化的转变，曾经颇具争议的医疗手段逐渐走进大众视野，被广泛接受与运用，试管婴儿就是一个典型例子。在尖端医疗发展的过程中，应当运用前瞻性的视野来进行风险控制，在维护以自然人为中心的世界里，最大限度地运用医疗科技造福于人类。

第二，刑法的谦抑性要求为医疗科学发展预留空间。刑事法律在尖端医学领域设定界限，是为了保持一种平衡：一方面，是为了保护高科技领域医学科研的自由和医学发展的利益；另一方面，是为了保护个人、社会、国家和整个人类的基本法益。① 谦抑性则要求在尖端医疗给人类带来明确的风险与危害时具备介入的条件。立法本身必须给尖端医疗科技发展留下一定的自由发展空间，这部分自由发展的空间受科技伦理限制，致力于成就有益于人类生命健康的医疗行为。在尖端医疗领域，需要建立健全完整的伦理和法律规范体系，只有在用尽个人自律、行业自律、行政主管部门监管等手段还不能对相关行为进行惩罚和预防的时候，才会考虑使用刑罚的手段。也就是说，只有当现行刑法条文仍然无法对该行为予以追究时，才有必要对其重新犯罪化，以达到刑法谦抑性的要求。②

第三，坚决捍卫“人”的尊严。尖端医疗的飞速发展在突破人类的物质构成上攻克技术难关不成问题，但是其中涉及的自然人的真实性、主体性、人类基因池

---

① 参见刘建利：《尖端医疗行为的刑法挑战及应对》，载《法学论坛》2019年第6期。

② 参见杨丹：《刑法如何应对尖端医疗技术》，载《中国社会科学报》2023年2月15日，第4版。

的纯净性却成为无法逾越的伦理困境。在技术不成问题的背景下，我们要谨慎考量技术使用的正当性与必要性以及可能带来的无法挽回的风险性的问题。例如，克隆技术随着技术的发展走向成熟，成功克隆可长久存活的动物已经不再是稀罕事，克隆人类器官在不同国家也面临不同选择，克隆器官对于某些器官病变者具有良好的治疗效果，是提高人类健康的医疗手段。但是，克隆人类却直接侵犯了人的来源与构成，克隆人与自然人的相似性注定给社会秩序带来新的混乱，自然人的尊严问题是尖端医疗技术发展的过程中必须正面回应的问题。

六、程序性原则

程序的本质是对于某种事情在空间范围、时间次序上具有规范性要求，以确保事情具有有序性、规范性、稳定性以及合法性。“程序的本质是以交涉性为特点的过程，程序的重点不在于结果，而在于按照何种方法产生结果。”[①] 就其本质来说，程序本身就是一种形式化的规范，即一种形式化的正义。然而，“形式”自身具有相对独立的特点，“形式”的适当与否对“实质”的内容具有正面影响。程序法与程序原则，是实现程序法治的先决条件。即便有了良法，也需要法律的实施。正如孟子所言：“徒善不足以为政，徒法不能以自行。”法律中所规定的权利和义务只是一种静态的、应然的权利和义务，而要将其化为实然的权利与义务必须经过一定的程序。只有这样，才能将各种静态的法律体系和原理应用到社会生活中去，让它们变成一个动态的法律。[②] 在尖端医疗科技领域规定程序性原则，对充分保障全人类整体利益的实现，是一个必不可少的环节，是一种达到某种医疗目的所必需的保障机制。高新生命科技应用相关法律制度中应当确立程序公平优先的原则，只有最大限度地确保程序公平原则的落实，才能为大多数人所接受。通过程序公平使最大多数的公民享受到高新生命科技发展的成果，维护民众的生命健康权益，维持社会的稳定。程序性原则要求在尖端医疗技术的实施过程中必须遵循相关的技术规范，包括技术本身的操作规范、审批规范、监督规范、应用规范等，避免违背生命科技伦理以及不当操作的情况出现。程序性原则应该对透明性、公开性和规范性进行强化，为了保证尖端医疗技术风险议题设置的科学性和合法

---

① 参见郑雅方：《论我国行政法上的成本收益分析原则：理论证成与适用展开》，载《中国法学》2020年第2期。

② 参见王永杰：《从实体法治到程序法治：我国依法治国的新进程》，上海市社会科学界联合会、社会主义与中国现代化政治·法律与社会：上海市社会科学界第七届（2009）学术年会论文，2009年11月于上海。

性，法律应为尖端医疗风险议题设置权的运作提供新的规则和程序，程序的要求就是要强化尖端医疗风险议题设置的透明性和公开性，防止内部决断的发生。在尖端医疗的开展过程中应当将程序性原则一以贯之，通过规范化的程序规则判定尖端医疗项目是否具备开展的条件，强化科技伦理审议与监督在尖端医疗开展过程中的重要作用。在具体的程序性设定上应当注意如下几方面。

（一）明确的准入与退出机制

在我国鼓励社会资本举办医疗机构的政策鼓励下，社会资本为了谋取更多的商业利益往往会加大对尖端医疗行业资助力度，但存在资本逐利性和市场退出制度缺失等问题。因此，应完善尖端医疗项目的准入和退出机制，该机制不仅关涉项目本身，项目参与人员也应当遵守完善规范的准入与退出程序，明确伦理审查、涉人体实验中的知情同意、参与人员资质审查、机构建设标准、项目经费管理等多种相关的程序性规定。

（二）规范的监督流程

当判定某项尖端医疗项目符合开展要求后，在具体的实施过程中，应当全过程监督是否存在操作失当的行为，尤其是涉及人体实验的部分，必须严格遵循相关的操作规范，以保障尖端医疗技术的开展所携带的风险始终处于可控范围。合法的项目需要监督，非法的项目更需要查处与打击。尖端医疗项目的参与者不乏社会导向，在这一趋势下，更要关注对尖端医疗行业的监督与管理问题，谨防一些社会资本在尖端医疗科技领域浑水摸鱼。社会资本站在行业的视角，为谋取更长远的利益与发展空间，跻身生命健康医疗行业之中招揽技术与人才，加大对涉及基因、细胞、疾病治疗、健康管理等新机制、新靶点核心产业的投入，以期研究成果的商业转化，在这一过程中存在被地下黑灰产业链侵袭的风险。对于尖端医疗科技的应用必须从源头加强监督，从伦理委员会的构成与伦理审批标准的确定到加强对未经过伦理审查的尖端医疗项目的巡查力度，严密法网，制定有效的监管机制，杜绝任何未经批准的尖端医疗项目的展开。

（三）高效的管理方案

高效的管理方案是对尖端医疗技术平衡性原则的具体体现，在坚持宽严相济、保障科研自由的同时保护人类尊严不被侵犯，确保医疗风险的可控性。原国家卫计委于2016年发布的《涉及人的生物医学研究伦理审查办法》为该领域制定了一套比较完整的伦理审查体系，规定了该领域的伦理审查原则，确定了不同级别的伦理委员会的资格、组成和职责，明确了伦理审查的程序、方法和原则，以及该领域的伦理审查工作。高效的管理方案不仅有利于尖端医疗项目的有序开展，明确管理上的程序要求可以预防尖端医疗项目在开展过程中的“越轨”现象，以有效防范和控制风险。

（四）严密违法处理法网体系

在尖端医疗领域，鉴于该行业自身的发展特点，要持续对尖端医疗科技的伦理和法律规范体系进行完善。利用个人自律、行业自律、行政主管部门监管等软性治理手段，以及将民法、行政法甚至刑法相结合的模式，织密法网，对相关的行为进行惩罚和预防。我国于2003年发布了《人胚胎干细胞研究伦理指导原则》，2007年颁布了《人体器官移植条例》（2023年在此条例基础上进行完善，颁布了《人体器官捐献和移植条例》），2016年颁布了《涉及人的生物医学研究伦理审查办法》，2018年颁布了《医疗技术临床应用管理办法》《医疗纠纷预防和处理条例》，2019年颁布了《生物医学新技术临床应用管理条例（征求意见稿）》，上述政策法规对于建立相应的尖端医疗科技道德约束机制，并在一定程度上禁止违反道德准则的科学研究与临床实践具有重要意义。近些年来，《基本医疗卫生与健康促进法》《民法典》《生物安全法》《刑法》等法律规定逐渐增设关于尖端医疗科技领域的责任，特别是《刑法修正案（十一）》增设“非法植入基因编辑、克隆胚胎罪”，表明国家对涉及人类基因相关医疗行为的重点监管态度。2023年2月，国家卫健委与相关部门共同颁布了《涉及人的生命科学和医学研究伦理审查办法》，革新法律基础，突出人的尊严，保护隐私权，加强知情同意；并将重点放在对公众利益的保护上。这些法律条款在总体国家安全观下，为尖端医疗生命科技的伦理监管与治理提供了重要指导与规范，为生物技术研究、开发与应用活动，生物医学临床研究设定了伦理规范标准，即不得危害人体健康、不得违背伦理道德、不得损害公众利益。通过上述条例与法律法规可以看出，我国目前对尖端医疗科技涉及的伦理问题已经予以重视，但对于尖端医疗科技的刑法调控的范围还十分有限，有待于通过完善刑事法律体系来对尖端医疗科技领域的严重危害行为定罪量刑，更好地贯彻罪刑法定原则的要求。

第四节　尖端医疗科技领域的刑事立法模式

一、尖端医疗科技领域的域外立法考察

世界各国管制尖端医疗的法规文献数量繁多，笔者就各国具有代表性的一些重要法规进行了考察。由于各国的政治、经济、文化传统存在差异，关于生命科技的立法也因此而不同。纵览世界尖端医疗科技领域的刑事立法，具有代表性的模式主要表现为三种，即刑法模式、行政法模式、混合模式。

（一）刑法模式

在尖端医疗科技领域立法中，德国是刑法模式的代表。由于受基督教传统、道德自治精神影响，以及对纳粹滥用生物科技残害人性尊严的历史的反思，德国法律严格保护胚胎的安全。德国于 1990 年制定的《胚胎保护法》作为特别刑法对克隆技术的规制提供了依据，既禁止了生殖性克隆，也几乎禁止了医疗性克隆。在德国模式中，刑法的作用得到了凸显，但一度对科学家的研究造成了一定的限制。

德国《胚胎保护法》第六节第 1 条规定："人为干预下致人类胚胎发展其他胚胎、胎儿、人类个体或与已经去世之人具有相同 DNA，最高可判处 5 年有期徒刑或罚金。"第 2 条规定，"将人为干预下的胚胎植入妇女体内，受同等处罚"。第 7 条规定了应当禁止的行为："（1）将胚胎与其他不同的基因物质进行结合以产生细胞团，其中至少运用了一个人类胚胎；（2）运用该胚胎细胞之外的细胞的基因信息以产生一个胚胎细胞；违反者可判处最高 5 年有期徒刑或罚金。"

由此可见，德国刑法禁止人类胚胎的克隆。该法明确了生殖技术研究禁止犯罪，对克隆人的项目设计、制作、移植、试验、试验未遂的处罚都有明确的规定。禁止人工改变的项目包括：使用人工改变的生殖细胞制作胚胎，制作克隆人、嵌合体和复制人，向人和动物的胚胎内进行移植试验。根据德国《胚胎保护法》的规定，无论是治疗性的还是生殖性的人类克隆都被认为是犯罪行为，而且为了研究目的使用人类胚胎也是不被允许的。[①]

---

① 参见周燕：《我国干细胞研究中的伦理危机与法律困惑及其国家管理的研究》，第三军医大学 2009 年博士学位论文，第 113 页。

德国除了在1990年颁布了《胚胎保护法》，同年还颁布了《基因技术规制法》；在2002年颁布了《进口与应用胚胎干细胞之胚胎保护法》；在2009年颁布了《人体基因研究法》等。上述法律的颁布旨在对尖端医疗导致的违反人类世界生育伦理观念的克隆人类行为予以规范性禁止。德国对于体外胚胎的保护有自己的原则，对于通过辅助生殖技术产生的体外胚胎采取民法与单行法规并行的立法保护模式，在司法审判中认为人类体外胚胎是具有人格利益的特殊物。对于体外胚胎的特殊保护基于其限制性权利使得其能够被拟制为腹中胎儿，并由此类推适用相关法律规定以填补法律漏洞。①

（二）行政法模式

英国是行政法模式的主要代表。无论是生殖医疗还是人体器官移植，英国通过行政立法（该法类似于我国的行政法）设置认可机关，规定认可程序和认可要件，仅对较为严重的违反行为规定了刑事处罚。英国是比较典型的对治疗性克隆采取允许态度并通过行政法对其加以规制的国家。1990年英国通过的《人类受精和胚胎学法案》允许治疗性克隆，但克隆胚胎与其他胚胎的生产和研究一样，都要接受严格监管，主要体现在以下两个方面。

第一，胚胎的制造、使用需要经过许可。根据《人类受精和胚胎学法案》第3条的规定，任何人未获得许可证不得制造、保存和使用胚胎。胚胎原条出现以后，不得授权保留或使用胚胎。不得将胚胎植入动物体内。

第二，胚胎的研究需要符合法定的目的。根据《人类受精和胚胎学法案》附录2的“研究许可证”一节的第三部分的规定，英国相关管理局只有认为胚胎研究是基于如下必要、可取的目的才会授予许可：（1）推进对不孕的治疗；（2）增长先天疾病产生原因的知识；（3）增长流产产生原因的知识；（4）发展更有效的避孕方法；（5）发展检测着床前胚胎中基因和染色体出现异常的方法；（6）条例规定的其他此类目的，并且授权许可的研究项目能增长关于胚胎与疾病的产生与发展的知识，或能推进此类知识的运用。

（三）混合模式

日本为混合模式的代表。在日本尖端医疗领域的立法中，既有特别刑法规

---

① 参见吴桂德：《德国法上人类体外胚胎的法律保护及其借鉴》，载《交大法学》2020年第3期。

定，又有相关医疗事项的指针。日本科学技术会议生命伦理委员会于1999年年底公布了《以克隆技术产生人类个体之基本见解报告书》，在该报告中，日本政府重申了反克隆技术造人的基本立场；又在同年12月发布的《有关克隆人个体之申明》中明确表示：为使人类免于走向物种化、工具化，并遵从宪法保障人权、维护家族社会之意旨，基于卫生安全性考量，对于利用成人体细胞核移植技术制造克隆人的研究，应制定刑法规范予以处罚禁止。此外，日本禁止将人类与动物的精子或卵子进行杂交而产生胚胎的行为，因为这种行为会混乱物种与人种，严重侵犯人格尊严，并对此种行为进行刑事责任的追究。但是对于非个人目的的研究，如胚胎干细胞的研究则另当别论。① 由此可见，日本对于克隆和杂交胚胎持禁止态度。

特别需要关注的是，日本对上述行为的禁止进一步体现在立法之中。第一，2000年日本通过了《关于规制与人有关的克隆技术等的法律》，该法明确禁止克隆人，禁止制作人和动物杂交胚胎，如果将人类胚胎移植于人或动物体内将被处以10年以下有期徒刑或者1000万日元罚款。第二，根据2001年4月日本开始实施的《克隆技术限制法》，日本全面禁止制造有损于人类尊严的克隆人，违者将被处10年以下劳役或1000万日元以下罚款。除了这两部法律对人体器官买卖和生殖性克隆采取严格禁止，日本还采用制定指针的方式对新兴尖端医疗技术进行规范。指针在日本作为“软法”，一般是由政府或相关学会制定出来的自主行为规范。这种规范有助于发挥科研工作者的自由和热情，并且制定与修改程序相对简化。当然，指针也存在不足之处，作为“软法”，其强制性不足，需要研究者高度自律，自觉遵守。

二、我国尖端医疗科技领域的刑事立法模式

（一）尖端医疗领域立法模式的现状

正如前文所述，我国尖端医疗的规制主要靠制定部门行政法律、规范来发挥作用，从上述与生殖性克隆相关的规定我们可以看出：其一，我国相关法律文件对生殖性克隆持否定态度。其二，与生殖性克隆直接相关的规定总是隐藏在其他规定中，缺乏专门性。鉴于透过克隆技术开展的研究及临床活动涉及生命权、健

① 参见黄丁全：《医疗法律与生命伦理》，法律出版社2007年版，第526页。

康权、人身权、知情权以及隐私权等，这些权利都属于基本权利的范畴，根据立法保留的原则，对基本权利的限制均须透过立法机关为之。诸多国家透过专门立法予以保护，如德国不仅于 1990 年制定世界首部《基因技术规制法》，而且随后制定了《胚胎保护法》；英国于 1990 年制定了《人类受精和胚胎学法案》；法国于 1994 年制定了《生命伦理法》；日本于 2002 年通过了《规范基因技术法》；澳大利亚于 2002 年制定了《禁止克隆人法案》；加拿大于 2004 年制定了《人类辅助生殖法》……透过专门立法规范尖端科技医疗已成为一种趋势。其三，我国现有的针对尖端生物研究以及胚胎干细胞的相关规定为我国卫健委（前身为原卫生部、原国家卫计委）发布的部门规章为主，规范性文件位阶低。我国法律效力最高的是由全国人大及其常委会制定颁布的法律，而通过上述规范，发现现有的在尖端医疗科技领域效力层级最高的则是行政法规，而且有且仅有一部，即《人体器官捐献和移植条例》。其余的则是由行政部门颁布的规定、管理办法等，这些属于行政规章，在我国法律效力等级的排序中处于效力较低的层级。随着科学技术和生物学研究的不断进步，尖端医疗技术领域的范围也越来越广，各项生物医疗技术应运而生，并走进大众视野。而目前仅有的规范性条款皆散见于不同的法律文件中，同一技术在不同领域由不同法律规范，尚未有统一的尖端医疗科技领域体系化的法律规范。“目前我国刑事立法仍采取的是现象型立法，仅关注科技犯罪行为的表象，陷入现象型科技风险的白描和叙述之窠臼，致使技术性立法方法论难以在科技刑法立法进程中寻求一席之地”。[①] 尖端医疗科技领域作为一种对人类伦理具有高度风险的技术，我国法律并未对其进行适当的规制，现有的部门规章并未对尖端医疗技术的具体应用进行详细规定，缺乏明确的贯穿事前审查、事中跟踪、事后监管的一体化机制与责任机构。

（二）尖端医疗领域刑事立法的模式选择

当前，我国刑法的立法渊源主要有三种：刑法修正案、单行刑法和附属刑法。刑法修正案是中国特色社会主义刑事立法的一项重要内容，与我国现行刑法具有同等法律效力。

1. 刑法修正案。自 1999 年我国颁布第一个《刑法修正案》，到 2020 年颁布《刑法修正案（十一）》、2023 年颁布《刑法修正案（十二）》，采用修正案方式修正

① 参见熊波：《科技刑法技术性立法方法的缺失与技术归化》，载《刑法论丛》2019 年第 2 期。

《刑法》是我国一以贯之的做法。采用刑法修正案模式，对修改、补充、完善刑法典有很大的优势，集中统一的单轨制立法有利于将刑法规范归纳到刑法典之中。一方面，有助于刑法典整体框架的稳定，充分发挥刑法典的指引作用；另一方面，也方便一定时期公众的了解学习，有助于开展全民普法教育宣传。某种程度上来说，刑法修正案在刑法立法上有着不可忽视的重要意义。

2. 单行刑法。单行刑法是指立法机关以决定、规定、补充规定、条例等名称颁布的、规定某一类或者某一种犯罪及其刑罚或者刑法特殊事项的法律。其既是对《刑法》的补充，又起到了维持《刑法》与其他法律之间的衔接功能。1979 年《刑法》颁布后，全国人大先后颁布了 23 个单行刑法，其中 15 个被 1997 年《刑法》吸纳而废止，8 个单行刑法中有关刑事责任的规定已纳入 1997 年《刑法》而不再有效。1998 年颁布的《关于惩治骗购外汇、逃汇和非法买卖外汇犯罪的决定》是我国现行唯一的单行刑法，除个别内容被刑法典吸收外，其他条款内容在实务中实际使用少之又少，但在特定时期颁布并存在至今也有其历史合理性。自从采取刑法修正案这一刑事立法的修改模式之后，相当于直接在刑法典上进行刑事立法的修改，对于保持我国刑法典的统一、稳定具有更好的效果，所以立法上逐渐放弃了单行刑法模式。

3. 附属刑法，附属刑法是从立法体例上对刑法所作的一种分类，是对民商、经济、行政等非刑事法律法规中规定的刑法规范的总称。除法律有特别规定的外，附属刑法适用《刑法》总则规定的一般原则。附属刑法具有较强的体系性、专业性和适应性，有利于保障权利的行使和义务的实现。附属刑法的主要目的在于保障相关行政法规的有效执行，并对违反行政法规的行为进行刑事处罚，通常以“罚则”的形式出现在各类行政法规的最后，被称为“行政刑法”。[①] 从 1981 年开始，到 1997 年《刑法》颁布之前，全国共有 25 部单行刑法。另外，特别值得注意的是，有 107 部涉及经济、民事、行政和军事的法律，如《计量法》《海关法》《产品质量法》《烟草专卖法》等，有 130 余条规定了罪与刑的特别条款，可见当时附属刑法看起来更受立法者的青睐。在 1997 年《刑法》颁布的时候，立法者已经意识到这种“附属刑法”的立法模式存在一些缺陷，例如，某些罪刑条款的设置过于随意，没有经过充分的论证；某些辅助刑事法律规范与刑事法律制度不和谐，导致法律

---

① 参见[日]西田典之：《日本刑法总论》(第 2 版)，王昭武、刘明祥译，法律出版社 2013 年版，第 5 页。

条文的关系较为复杂，刑罚的轻重不平衡；很多附属刑事法律条文规定得过于笼统，不利于实现社会管理的目的；我国的刑事立法缺乏统筹兼顾，难以把握，使整体的刑法规范呈现一种杂乱无章的状态。① 有法学家指出，我国附属刑法从本质意义上不属于刑事法律范畴，因为没有实质意义上的刑法内容，没有具体的刑法罪名、法定刑、量刑幅度等刑罚的规定。对于附属在非刑事法律条文之下的刑事条款，没有给予一定程度的约束力和强制性，因为“情节严重的，依法追究刑事责任”这一类似条款，无法准确给予被处罚人客观的刑罚惩戒。根据罪刑法定原则，刑事法律条款需清晰明确地体现出何种行为构成犯罪、达到什么情节该量什么刑，否则将无法真实地对类似犯罪行为定罪处罚。故而，附属刑法模式如不能明确细化具体的定罪量刑处罚结果，将无法彰显刑法的惩戒作用。

目前，关于我国刑法的唯一来源是《刑法》，而《刑法》的唯一修法方式是刑法修正案。正因如此，刑法修正案与统一的成文法典的立法需要相一致。故可以通过对《刑法》条文进行补充和替代，将其有关条款直接纳入《刑法》。刑法修正案以其特有的灵活性，更好地适应了社会的发展与犯罪形势的变化，更好地实现了《刑法》赋予的使命。但是，单行刑法和附属刑法却与法典化的本质要求相抵触，这对维护法治的统一是不利的，也不能很好地做好与《刑法》的衔接工作。立法者认为，这将使刑法体系从统一走向零散，法条关系变得越加复杂，同时零散的刑事法律规范也不利于形成统一的法律思维方式。

对于我国尖端医疗犯罪刑事立法模式的选择，有学者建议采取典型与非典型分开认定的模式，在《刑法》中规定典型的生命技术犯罪，将不典型的或变化大的犯罪，分散到与生命技术有关的法律和法规中。② 有学者提倡采用“法典立法与单行立法相结合”的模式，在刑法中对部分生命科技犯罪及其刑事责任进行规定，在各个单行医疗法中规定更多的生命科技犯罪刑事责任。③ 另有学者认为，尖端医疗的刑法规制模式，应当坚持统一的刑法典模式，我国刑法应当从加强解释和完善立法两个层面针对与尖端医疗相关的违法犯罪行为进行体系化规制。部分尖端医疗犯罪可以通过刑法解释予以规制，但仍然需要增加新的罪名。④ 依然从统

---

① 参见周光权：《我国应当坚持统一刑法典立法模式》，载《比较法研究》2022 年第 4 期。

② 参见熊永明：《现代生命科技犯罪及其刑法规制》，法律出版社 2012 年版，第 68 页。

③ 参见刘长秋：《生命科技犯罪与现代刑事责任理论与制度研究》，上海人民出版社 2011 年版，第 120 页。

④ 参见刘建利：《尖端医疗行为的刑法挑战及应对》，载《法学论坛》2019 年第 6 期。

一刑法典的视角出发，有学者认为，用非典型性、非专门性的关联罪来规范生命技术犯罪不能与其所侵害的法益涵盖性相匹配，应融入技术性立法理念，针对嫁接技术的滥用导致的这类生命技术犯罪，设立有针对性的罪名，并将其纳入预防性刑事立法的路径中。[①] 还有学者基于个案研究的视角提出某项具体应当增加的罪名，如基于贺某奎基因编辑案提出增加非法胚胎试验罪。[②] 这一观点意在通过刑法修正案的模式来应对超越刑法可解释空间的犯罪行为，仍然属于统一刑法典模式。

笔者认为，通过《刑法修正案（十一）》增设的非法植入基因编辑、克隆胚胎罪可以看出，当前我国在尖端医疗领域选择了刑法修正案的增补立法模式。在我国的刑法发展史上，刑法修正案无疑是我们用到至今最习惯、最方便的刑法立法模式，刑法修正案属于刑法典的一部分，将尖端医疗领域的刑事立法统一纳入刑法典中，对于解读相关刑法条文、查找刑事立法依据无疑是最方便的。但尖端医疗科技发展速度快，带来的隐忧具有不可预见性、未知性。因此，在将生命科技相关医疗技术纳入刑法的过程中一定要有前瞻性的视野，在发挥已有立法优势的基础上，借鉴国外对于尖端医疗科技的法律规制措施，充分考虑尖端医疗技术的发展速度，对尖端医疗科技领域给予一个整体的立法规制。因此，我国刑法应以法益保护为目的，适时、科学立法，及时对尖端医疗科技领域的相关严重危害行为予以有效规制，而非事后立法。

第五节　尖端医疗领域非法行为的主要类型

无行为即无犯罪和刑罚。所以，对某种行为予以犯罪化的前提是有危害社会行为的发生。对发生在尖端医疗科技领域的危害行为应结合其社会危害性的严重程度，然后通过类型化，纳入刑法调控的视野。当前需予以规制的主要有以下几种行为。

---

① 参见熊波：《科技刑法技术性立法方法的缺失与技术归化》，载《刑法论丛》2019年第2期。

② 参见李芬静：《人类胚胎基因犯罪刑法规制的检讨与探索——以〈刑法修正案（十一）〉为基础》，载《南京航空航天大学学报（社会科学版）》2022年第2期。

一、非法代孕及相关行为

代孕技术是解决生育困难的重要尖端医疗技术。在代孕实施中，代孕女性接受请托，通过人工授精、体外受精—胚胎移植（in vitro fertilization-embryo transfer，IVF-ET，又称试管婴儿技术）技术实现生育，并将出生的孩子交给委托方。代孕是辅助生殖技术的衍生技术之一，对于人类生育具有重要意义，但非法代孕行为的频频发生给社会造成了严重的危害。代孕行为颠覆传统家庭伦理，引发对代孕母亲尊严的贬抑和剥削，侵害代孕子女的合法权益，诱发关联性违法犯罪行为。此外，非法代孕不仅会侵害女性的身体健康权益，而且因地下黑市交易等会滋生其他严重扰乱社会秩序的行为。我国刑法中对非法代孕行为尚无专门罪名，已有罪名亦无法规制代孕行为，因此，对非法代孕行为需要进行科学的罪名设计，以对此种行为进行有效的调整。

二、非法器官移植及相关行为

器官移植是将个体的某一器官整体或部分地转移到另一个体（或本体的另一位置，如自体皮肤移植）的过程。其目的是用来自供体的完好、健全的器官替代受体损坏的或功能丧失的器官。但是，非法器官移植现象对患者权益造成严重侵害。我国《刑法修正案（八）》已经将器官买卖、非法摘取活体器官、非法摘取尸体器官等行为予以犯罪化，并且在实践中取得了明显的成效。但是，实践表明，对走私人体器官的行为、单位是否可以作为犯罪主体、对精神病人的器官移植问题等还需要立法进一步明确，为惩治此类犯罪提供坚实的法律依据。

三、非法人体实验及相关行为

人体实验，是指以人体为研究对象的生物医学实验，指在生物学、医学领域内以自然人作为实验的对象，以验证科学推理或者假定为方法，进行新药物、新医疗设备、新治疗方法实验研究的行为。我国《药物临床试验质量管理规范》第 11 条第 1 项对临床试验这一概念进行了界定："临床试验，指以人体（患者或健康受试者）为对象的试验，意在发现或验证某种试验药物的临床医学、药理学以及其他药效学作用、不良反应，或者试验药物的吸收、分布、代谢和排泄，以确定药物的疗效与安全性的系统性试验。"本条规定侧重于对药物临床试验进行界定，尚未对新器材、新技术类型的人体实验作出明确的定义，不过我们可以参照这一定义界定人体实验。现实中，非法实验性医疗对刑法保护法益产生了现实或紧迫的威胁。具体而言，非法实验性医疗直接对受试者身体健康造成了影响，亵渎了患者的人格尊严，而且非法实验性医疗有危害全体国民身体健康的巨大风险。将非法实验性医疗行为纳入刑法调控的范围不仅有助于发挥刑法一般预防的作用，震慑非法实验性医疗行为，而且有助于保护在人体实验中处于弱势地位的受试者的权利。

四、非法医疗美容及相关行为

医疗美容是运用医疗技术和医疗器械对人体各部位进行的具有创伤性或侵入性的医疗修复和再塑行为。在经济社会发展形势良好的中国，医疗美容业发展迅速。医疗美容具有项目多，费用高，需求市场大的特点，不法分子利用法律规制手段的漏洞实施非法医疗美容行为而引发的纠纷近年来呈增长之势。非法医疗美容行为具有以下几个特点：一是从业主体缺乏行医资质；二是假药、不合格医疗器械泛滥；三是虚假宣传屡禁不止；四是医疗美容医托垄断客源。此外，非法医疗美容行为还有其他一些关联非法行为，这些行为也应引起相关方面足够的重视。因此，需要对具有严重社会危害性的非法医疗美容行为进行刑法规制，为维护健康有序的医疗美容环境贡献刑法治理智慧。

五、非法变性手术及相关行为

易性症（Transsexualism），旧称易性癖，[①] 是指渴望以与自己的指派性别（或称生理性别）不同的另一种性别生活并为人所接受的心理现象。易性症患者通常对自己的指派性别感到不适或不恰当，希望接受手术和跨性别激素治疗，以使自己的身体尽可能与自己的性别认同一致。变性（性别重置）手术的英文是“sex reassignment surgery”或“sex reconstruction surgery”，是指为使手术对象的生理性别与心理性别相符，通过外科手段切除原有性器官并重建新性别的体表性器官和与之相匹配的第二性征的医疗技术，表现为一系列手术的组合。在古希腊和古罗马时代的文献中就有变性的记载。1931 年，一位美国士兵在丹麦接受了全球首例

---

① 随着科学的进步和人们对于性别问题认识的不断加深，目前易性症已被世界卫生组织从精神疾病中除名，实现了去病化。参见《国际疾病分类第十一版》（ICD-11 for Mortality and Morbidity Statistics,https://icd.who.int/browse/2024-01/mms/en）。

变性手术。关于变性手术,外国学者有不同观点,有罪说、无罪说难分高下。近年来一些学者论证了变性手术的合法化,如 ASHLEY LOVE, Why not "Legalize Transsexualism?"(Washington Blade, June 28, 2012)。亚洲一些国家规定,对器官的破坏是犯罪行为,要定残害器官的罪名。阿根廷、葡萄牙等国家也禁止实施变性手术,即使医生与患者同意之下实施该种行为也将被判人身伤害罪。也有的国家认为,应具体情况具体分析,荷兰、丹麦、瑞典、意大利、比利时、加拿大、英国、新加坡等国家认为如果实施外科手术有利于健康医疗,则这种行为不可责难。性别重置需要有效的法律保障。但是,从当前的实际情况来看,我国性别重置法律层级不够,系统性不足,协调性不畅。对于性别重置过程中的医事刑法与生命科技刑法以及传统刑法的关系问题,以及具体设计的罪名及其完善等问题都需要进行深入研究,以为性别重置的健康发展提供有力的刑事法律保障。

六、非法人体基因编辑及相关行为

人体基因编辑技术,是指对含有遗传信息的基因序列进行插入、删除、替换等修改的一种技术。基因序列改变有可能对蛋白质的表达造成影响,并且蛋白质的一个重要功能是调节生命活动,所以基因序列的改变甚至会影响整个生命体的生理生化活动,如用于治疗镰刀型细胞贫血症、唐氏综合征、白化病、色盲、血友病和巨脑症等。人体基因编辑技术在疾病的预防和治愈上具有广阔的应用前景,被许多国家和地区作为生物医学研究的重心。

2015 年 12 月,由美国国家科学院、美国医学科学院、中国科学院、英国皇家学会联合组织的首届国际人类基因组编辑峰会在美国华盛顿召开,就该技术的科学性与其运用展开了多方面讨论。我国学者、中国科学院广州生物医药与健康研究院研究员裴端卿全程参与了人类基因编辑研究委员会成立以来 14 个月的研究与讨论工作。2017 年 2 月发布的《人类基因编辑报告》就是对这一问题达成的国际共识,该报告将基因编辑分为基础研究、体细胞和生殖(可遗传)细胞基因编辑三类,分别对这三类基因编辑的科学、伦理以及监管问题进行了讨论并提出了相关原则。对于基因编辑的基础研究,报告认为可以在现有的管理条例框架下进行,包括在实验室对体细胞、干细胞系、人体胚胎的基因组编辑进行基础科学研究试验。对于体细胞基因编辑,要遵循以下四个方面的原则:(1)利用现有的监管体系来管理人类体细胞基因编辑研究和应用;(2)限制其仅在疾病与残疾的诊疗与预防范围内进行临床试验与治疗;(3)从其应用的风险和益处来评价安全性与有效性;(4)在应用前需要广泛征求大众意见。对生殖(可遗传)基因编辑也进行了极为严格的限制,需要满足以下两个方面的条件:(1)必须有令人信服的治疗或者预防严重疾病或严重残疾的目标,并在严格的监管体系下使其应用局限于特殊规范内,允许临床研究试验;(2)任何可遗传生殖基因编辑均应该在充分的持续反复评估和公众参与条件下进行。

2018年,南方科技大学原副教授贺某奎利用基因编辑技术进行人类胚胎基因编辑研究,引发全球高度关注。贺某奎通过伪造伦理审查书等手段,在2017年3月至2018年11月,招募志愿者孕育胚胎,利用基因编辑技术将一对双胞胎的一个基因(CCR5)进行修改,使得她们出生后能够天然抵抗艾滋病病毒(human immunnodeficiency virus, HIV)。最终,贺某奎等三人行为被定性为非法行医罪,理由是他们三人非法实施基因编辑人类胚胎和生殖医疗性质的活动,并且三人不具有相应资格。

此次事件之后,我国《刑法修正案(十一)》第39条明确规定,"将基因编辑、克隆的人类胚胎植入人体或者动物体内,或者将基因编辑、克隆的动物胚胎植入人体内,情节严重"的行为属于犯罪,从而填补了我国刑法对于基因编辑行为规制的空白。尽管刑法修正已经有了很大突破,但是关于非法基因编辑的刑法调控仍然存在较大的空间。在犯罪主体、犯罪行为类型、法定刑幅度等方面都还存在立法不足的问题。笔者认为,面对人类胚胎基因编辑广泛而巨大的风险以及法律规制的不足,显然还需要学理上进一步的探讨和立法上的完善。

七、生殖性克隆及相关行为

生殖性克隆,即通常所说的克隆人。由于它在总体上违背了生命伦理原则,主流意见是坚决反对的。联合国教科文组织、世界卫生组织和国际人类基因组伦理委员会及各国政府都明确表示反对克隆人。英国、德国、日本等国家对克隆技术的法律规制进行了专题研究,我国也已将克隆技术的研究纳入法治化轨道,可见这是一个全人类的问题。2005年3月8日,在第59届联合国大会上,《联合国关于人的克隆的宣言》以84票赞成、34票反对、37票弃权的结果获得通过,该宣言呼吁成员国禁止一切形式的人类克隆,包括为研究胚胎干细胞而进行的治疗性克隆。中国、英国、比利时、法国、印度、日本、新加坡等赞成治疗性克隆的国家投了反对票。反对国表示不会束缚本国医生为研究胚胎干细胞而进行的治疗性克隆行为。中国代表苏伟在解释原因时表示：中国政府积极支持制定一项国际公约，禁止生殖性克隆人。尽管各国观点不同，但需要以全球眼光并考察中国国情制定符合我国自身特点的法律制度。生殖性克隆人研究会对全人类造成无法估量的风险，但同时该项技术亦能够带来巨大的经济利益。因此，有些不法分子不惜铤而走险，实施非法克隆行为。只有采取严格的刑事法律措施，才能有效地遏制和防止此类危险行为。

第二章 / 非法代孕行为之刑法规制

代孕技术是解决生育困难的重要尖端医疗技术，在代孕实施中，代孕女性接受请托，通过人工授精、体外受精－胚胎移植技术实现受孕并完成生育，之后将出生的婴儿交给委托方扶养。代孕是辅助生殖技术的衍生技术之一，对于人类生育具有重要意义，但非法代孕行为的频频发生给社会造成了严重的危害。2021年1月，国内媒体突然爆出著名女星郑某涉及“代孕弃养”事件，再一次将代孕这个既敏感又陌生的词汇带到全国公众面前。随着相关事件不断发酵和社会公众持续关注，与代孕有关的内容遂成舆论焦点，而代孕行为所引起的风险争议、法律规制等也成为法学理论界关注的热点议题。其实早在2001年，我国原卫生部就制定了《人类辅助生殖技术管理办法》，明确禁止医疗机构和医务人员实施任何形式的代孕技术。然而，时至今日，代孕现象不但没有从我们的社会中彻底消失，反而在法律监管的灰色地带快速滋生蔓延，不断冲击着社会道德与法律的底线。因此，如何有效应对长期存在的地下代孕市场；刑法作为其他部门法律的保障法，是否应当介入对代孕行为的规制以及如何规制，是学者们持续争论的焦点。因此，笔者将从现实和法律层面对相关问题进行梳理和分析，并提出完善路径。

第一节 代孕行为概述

一、作为人类辅助生殖技术的代孕

代孕一词源于拉丁语的代替（surrogatus），《布莱克法律词典》将其解释为“为他人代替怀孕并生育的过程”，即借助女性配偶之外的其他女性的身体生育后代。

代孕现象，古已有之。在基督教《圣经》的《创世纪》一文中，就记载了先知亚伯拉罕因其妻子莎拉不能生育，就与莎拉的侍女夏甲同房并生下孩子的故事。我国历史上各种“借腹生子”的民间故事同样层出不穷。然而，这些故事中所提到的代孕是依靠自然方式实施的，即男方通过与其配偶之外的女性发生性关系完成受孕生子。这种“自然代孕”（又被称为传统代孕或部分代孕）是封建男权主义思想的产物，其严重违背公序良俗，为现代人类文明所不容。

现代意义上的代孕，是作为人类辅助生殖技术[①]的衍生技术出现的，是现代医学治疗不孕不育症的一种新兴手段。人类辅助生殖技术起源于19世纪末，在欧洲首次成功实施的人工授精手术。1978年7月25日，英国伦敦诞生了世界首例通过体外受精－胚胎移植技术获得妊娠成功的试管婴儿，这标志着人类迈入辅助生殖技术的新纪元。随着以人工授精和体外受精－胚胎移植技术为代表的人类辅助生殖技术的不断成熟和发展，人类终于可以摆脱自然规律的束缚，完全不依赖性接触也可以完成整个受孕妊娠过程。

概念明确是人们正确进行逻辑思维的必要条件，是作出恰当判断和进行合乎逻辑的推理的基础，是建立逻辑严密的理论体系的起点。然而通过对已有研究成果的梳理，笔者发现学者们尚未对于代孕概念的界定达成基本的共识。此外，我国国家卫健委（前身为原卫生部、原国家卫计委）发布的部门规章中虽引入“代孕技术”一词，但其中并未对这一概念进行明确界定。这使得目前已经或正在开展的相关研究中对于代孕概念的观点异常混乱。在对代孕的概念进行明确界定前，首先应当说明几个问题。

第一，现代意义上的代孕首先是一个医学概念，是指人类辅助生殖技术中的一项衍生技术及实施过程。对于代孕概念的定位，学者们基于不同的立场和角度给出了许多不同观点，主要包括现象说、行为说、过程说、技术说等。持现象说的学者把代孕作为一种在人类辅助生殖技术基础上出现的，全新的社会现象进行研

① 我国原卫生部于2001年发布的《人类辅助生殖技术管理办法》第24条规定：“本办法所称人类辅助生殖技术是指运用医学技术和方法对配子、合子、胚胎进行人工操作，以达到受孕目的的技术，分为人工授精和体外受精－胚胎移植技术及其各种衍生技术。人工授精是指用人工方式将精液注入女性体内以取代性交途径使其妊娠的一种方法。根据精液来源不同，分为丈夫精液人工授精和供精人工授精。体外受精－胚胎移植技术及其各种衍生技术是指从女性体内取出卵子，在器皿内培养后，加入经技术处理的精子，待卵子受精后，继续培养，到形成早早期胚胎时，再转移到子宫内着床，发育成胎儿直至分娩的技术。”

究。[①] 持行为说的学者认为，代孕是指借用辅助生殖技术将多种原因导致不能怀孕的妻子借用其他孕龄女性的子宫生育的行为；[②] 还有学者指出，代孕属于一种特殊的亲属法律行为，即代孕导致代孕子女不与直接完成生育的代孕母亲形成传统的亲属关系，而是与发起代孕的委托方形成类似于收养的亲属关系。[③] 持过程说的学者重点强调代孕是一个过程，即通过医学手段将人类配子或胚胎植入代孕母亲的子宫，由其代替他人完成受孕妊娠，生育子女的整个过程。[④] 持技术说的学者则着重突出代孕的医学技术特征，即代孕是通过人工授精、体外受精 - 胚胎移植技术等人类辅助生殖技术使代孕母亲受孕生育，之后将子女交由委托方抚养。[⑤]

分析上述观点，现象说实质是把代孕作为一种社会现象进行研究，这种观点忽略了现代意义上的代孕产生的医学技术基础，难以将人类历史上一直存在的“自然代孕”与现代意义上的代孕区分开来，前者是一种违背现代社会伦理准则的陋习，后者则是人类医学技术进步的产物。行为说着重强调的是具体实施代孕技术的行为，但这种观点无法涵盖在实施代孕过程中还可能产生的具有附随性、衍生性的其他行为，如非法提供代孕技术服务、组织代孕、强迫代孕、强制堕胎等行为，而将代孕定义为亲属法律行为更是忽视了代孕过程中所蕴含的潜在风险及违法犯罪行为，因而将代孕定义为法律行为并不可取，最好是另觅他途。过程说与《布莱克法律词典》对于代孕的解释类似，关注的是受孕、妊娠、分娩的全过程，但这种观点同样忽视了代孕的医学技术基础，缺乏对代孕所涉及的关键技术路径的描述，进而容易模糊代孕概念的外延。技术说则重点描述了代孕可能涉及的辅助生殖技术路径，同时兼顾了从授精、受孕到生育、抚养的全部过程，这种观点兼顾了代孕的医学技术基础与实施代孕的全部过程，因而是一种比较合理的观点，即代孕指的是“这个技术和这个过程”[⑥]。

第二，现代意义上的代孕不应包括自然代孕。由于受传统社会观念的影响，再加上相近概念的边界模糊，许多人甚至部分学者会把代孕与人类历史上屡见不

---

① 参见杨丹：《尖端医疗领域刑法理论及立法对策研究》法律出版社 2016 年版，第 132 页。

② 参见张燕玲：《论代孕母的合法化基础》，载《河北法学》2006 年第 4 期。

③ 参见杨立新：《适当放开代孕禁止与满足合法代孕正当要求——对“全国首例人体冷冻胚胎权属纠纷案”后续法律问题的探讨》，载《法律适用》2016 年第 7 期。

④ 参见王贵松：《中国代孕规制的模式选择》，载《法制与社会发展》2009 年第 4 期。

⑤ 参见陈明侠：《亲子法基本问题研究》，载《民商法论丛》(第 6 卷)，法律出版社 1997 年版，第 6 页。

⑥ 杨立新：《适当放开代孕禁止与满足合法代孕正当要求——对“全国首例人体冷冻胚胎权属纠纷案”后续法律问题的探讨》，载《法律适用》2016 年第 7 期。

鲜的“借腹生子”(自然代孕)相混淆。例如,有学者认为,委托方提供的精子与代孕母亲提供的卵子无论是通过自然方式还是人工授精方式完成受孕生育,都应属于代孕的范畴。[①]但正如上文论及,这种“自然代孕”,因其与现代伦理观念格格不入而为现代人类文明所不容,并且其与现代意义上的代孕存在本质上的区别,因而不应被纳入本文所界定的代孕概念之内。

首先,二者形成的观念基础不同。自然代孕是封建男权主义社会中基于宗法等级制度及传宗接代等传统观念的产物,而且天然带有重男轻女的性别倾向,“借腹生子”中的“子”一般特指男孩。这种体现等级、歧视、忽视人权的社会现象与现代伦理观念格格不入,为现代社会所摒弃。而现代意义的代孕是人类医学技术,尤其是辅助生殖技术发展的产物,其初衷在于帮助因自身原因无法孕育子女的不孕不育患者拥有与自己有血缘关系的子女,免除他们因生理缺陷而遭受的痛苦,是对不孕不育患者的生育权等基本权利的尊重保障,一般不带有性别歧视的色彩。

其次,二者实现的方法途径不同。“自然代孕”是男方通过直接与其配偶之外的女性发生性关系,以人类在长期自然进化过程中形成的繁衍方式使其受孕生育。而现代意义的代孕则突破了自然法则的限制,通过人类辅助生殖技术这一人类医学科技的最新成果,在排除直接性交行为的前提下,实现受孕分娩。在这个过程中供精方与代孕母亲没有发生任何性接触,甚至不用见面。这一点是二者之间最本质的区别。

最后,二者引起的法律后果不同。“自然代孕”是通过自然受孕的方式实现的,因而所谓的代孕母亲在基因、医学、伦理、法律等层面就是子女完全意义上的母亲,而其放弃对非婚生未成年子女的抚养义务,直接将子女交由他人抚养的行为是违反《民法典》的违法行为,甚至有可能构成犯罪。[②]现代意义的代孕则是通过人类辅助生殖技术,将他人的精卵结合之后植入代孕母亲的子宫中,完成受孕分娩过程,进而造成生物学母亲、分娩母亲与抚养母亲的分离,出现“一子多母”的现象,导致生育行为的伦理关系和法律关系复杂化。

---

① 参见肖永平、张弛:《比较法视野下代孕案件的处理》,载《法学杂志》2016年第4期。

② 《民法典》第1071条规定:“非婚生子女享有与婚生子女同等的权利,任何组织或者个人不得加以危害和歧视。不直接抚养非婚生子女的生父或者生母,应当负担未成年子女或者不能独立生活的成年子女的抚养费。”

第三，现代意义上的代孕应当包括基因代孕。根据《布莱克法律词典》的解释，基因代孕是“一位女性提供自己的卵子并经人工授精，为他人孕育并生产胎儿”。基因代孕与自然代孕同样都是由代孕母亲提供卵子，代孕母亲与代孕子女之间存在基因层面的血缘关系，代孕母亲非常接近完全意义上的母亲。有学者据此主张这种“借腹又借卵”的基因型代孕并不是严格法律意义上的代孕。[①] 还有学者认为，代孕应当排除基因代孕而仅指完全代孕，其理由是基因代孕不具有代替属性，应认定为行为人通过合意后的自行怀孕，即自然代孕。[②] 但应注意的是，基因代孕与自然代孕之间存在本质不同，即受孕方式不同。前者是通过人类辅助生殖技术在排除性关系的前提下受孕，后者则是通过直接发生性关系的自然方式受孕。由于排除了自然性交行为的介入，基因代孕对家庭、社会以及法律秩序所造成的冲击明显低于自然代孕。故不能将基因代孕与自然代孕混为一谈，将基因代孕纳入代孕概念之内更显合理。此外，在社会实践层面，特别是在代孕被严格禁止的国家中，代孕通常是在地下或非法状态下实施的，与直接使用代孕母亲的卵子相比，获得代孕母亲之外的其他女性卵子的难度更大，成本更高，因而基因代孕非常普遍。从增强法律规制效果的角度考量，也应把基因代孕纳入代孕概念之中。

二、代孕的分类

对代孕进行分类，一方面可以深化人们对于代孕的认识，另一方面也可以为之后的法律规制提供依据。学者们虽然对于代孕的概念存在很多争议，但对于代孕分类的观点却基本一致，主要包括以下几种。

（一）妊娠代孕与基因代孕

以代孕母亲是否提供卵子作为划分标准，可分为妊娠代孕与基因代孕。

代孕是基于人类辅助生殖技术由人工实施的，因而形成胚胎所需的精子和卵子可以基于医学需要以及委托父母的意愿，在委托父母、代孕母亲、第三方捐赠者之间选择。从医学技术的角度，具体包括六种情况，而根据卵子来源的不同，这六

---

① 参见杨立新：《适当放开代孕禁止与满足合法代孕正当要求——对“全国首例人体冷冻胚胎权属纠纷案”后续法律问题的探讨》，载《法律适用》2016 年第 7 期。

② 参见李芬静：《代孕相关行为的刑法规制研究》，载《医学与哲学》2021 年第 1 期。

种情况又可分为妊娠代孕和基因代孕两类(见表2-1)。

表2-1　妊娠代孕与基因代孕

精子来源	卵子来源		
	委托母亲	捐赠者	代孕母亲
委托父亲	妊娠代孕	妊娠代孕	基因代孕
捐赠者	妊娠代孕	妊娠代孕	基因代孕

妊娠代孕(又称完全代孕),是指代孕母亲只提供孕育孩子的子宫而不提供自己的卵子,由委托父母或第三方捐赠者提供精子或卵子,通过体外受精技术形成受精卵,并植入代孕母亲子宫形成胎儿的代孕方式,具体包括四种情况。由于代孕子女是由代孕母亲之外的其他女性所提供的卵子发育而成的,其与代孕母亲之间并不存在任何基因层面的联系。若形成受精卵的精子和卵子均来自委托父母和代孕母亲之外的捐赠者,这种妊娠代孕又被称为"捐胚代孕"[①],即代孕子女与委托父母和代孕母亲均不存在基因联系,委托父母完全可以通过收养孩子来满足自己的愿望与期待,因而此种情况在实践中并不多见。

基因代孕(又称部分代孕),是指代孕母亲需要同时提供自己的子宫和卵子,通过人工授精技术将来自代孕父亲或捐赠者的精子注入代孕母亲体内形成受精卵,或是通过体外受精技术形成受精卵后植入代孕母亲子宫的代孕方式,具体包括两种情况。与妊娠代孕不同,该种代孕方式中的代孕子女是由代孕母亲自己提供的卵子发育而成的,其与代孕母亲之间就存在明确的基因联系。在基因代孕中,由代孕母亲提供卵子、捐赠者提供精子的情况,因代孕子女与委托父母没有任何基因联系,在实践中也很少被选择。

(二)有偿代孕与无偿代孕

以委托父母是否需支付费用作为划分标准,可分为有偿代孕与无偿代孕。

有偿代孕,顾名思义,即委托父母需要向代孕母亲支付费用的代孕方式。这里所支付的费用又可分为两种情况:第一种是仅限于合理补偿,即只包括医疗费、生活费、交通费等怀孕及分娩期间所产生各项费用,但不包括支付给代孕母亲的

---

① 张燕玲:《人工生殖法律问题研究》,法律出版社2006年版,第24页。

额外报酬；[1] 第二种则是除支付合理补偿外，还要向代孕母亲支付额外的报酬，这种报酬的数额可能远远超过合理补偿。

无偿代孕，是指代孕母亲出于人道主义为委托父母代孕，委托父母无须向代孕母亲支付任何费用的代孕方式。无偿代孕具有明确的利他性和人道主义性质，因而可以排除物质利益对代孕母亲作出决定的干扰，能够在一定程度减少来自道德和法律层面对于代孕的非难。

（三）非商业代孕与商业代孕

以是否以营利为目的作为划分标准，可分为非商业代孕与商业代孕。

非商业代孕，是指代孕母亲接受委托父母的委托实施代孕而不以营利为目的的代孕方式。在非商业代孕中，代孕母亲通常是出于亲情、友情、善良等动机，为帮助他人而实施代孕，因而也被称为“利他型代孕”。需要注意的是，非商业代孕不一定都是无偿代孕，代孕母亲也可以收取合理补偿范围内的费用，甚至收取超出合理补偿范围的费用以作为对代孕母亲所遭受的身体和精神上的痛苦的补偿。

商业代孕，则是指代孕母亲以营利为目的实施代孕，并向委托父母收取报酬的代孕方式。该种代孕方式以追求经济利益，赚取利润为最终目的，并且代孕母亲与委托父母之间通常签署代孕协议，因而本质上属于一种经营行为。在商业代孕中，代孕母亲与委托父母之间的信息并不对称，往往无法直接达成“交易”，这时就需要以营利为目的的代孕中介机构参与其中，起到组织撮合的作用。

此外，部分学者在研究中直接将商业代孕等同于有偿代孕，非商业代孕等同于无偿代孕，这种观点并不妥当。区别商业代孕和非商业代孕的关键在于是否以营利为目的，如果代孕母亲不是为了赚取利润而实施代孕，即便其向委托父母收取一定数额的补偿，也不应认定为商业代孕。换个角度分析，代孕母亲因代孕获得的经济利益，既可能属于基于非商业性施惠行为的合理补偿，又可能属于基于商业性交易行为的报酬。可见有偿代孕也可能属于非商业代孕，故将商业代孕直接等同于有偿代孕并不合理。

---

① See Ailis L. Burpee, *Momma Drama: A Study of How Canada's National Regulation of Surrogacy Compares to Australia's Independent State Regulation of Surrogacy*, 37 Georgia Journal of International and Comparative Law 309(2009).

（四）非亲属代孕与亲属间代孕

以是否存在亲属关系作为划分标准，可分为非亲属代孕与亲属间代孕。

非亲属代孕，是指代孕母亲与委托父母之间并不存在亲属关系的代孕方式。这种代孕方式对于家庭伦理关系的冲击相对较小，但往往属于商业代孕，难度较高，代价较大。

亲属间代孕，是指代孕母亲与委托父母之间存在亲属关系的代孕方式。亲属间代孕通常是非商业代孕，往往也是无偿的，被认为附带的社会危害较少。但亲属间代孕也可能导致亲属关系、家庭关系、继承关系、抚养关系更加混乱，进而引起一些不可预知的后果。

（五）非医学代孕与医学代孕

以寻求代孕的不同原因作为划分标准，可分为非医学代孕与医学代孕。

非医学代孕，指委托父母自身并没有医学上的疾病或缺陷，具有正常的生育能力，但出于医学原因之外的种种考虑，不愿意自然生育而寻求代孕的代孕方式。这种医学之外的原因主要包括害怕分娩痛苦、担心影响工作、害怕身材走样、繁衍超量后代等。非医学代孕是因人类辅助生殖技术被滥用而产生的，故其面对的道德非难和社会争议相对较多。

医学代孕，是指委托父母因医学上的疾病或缺陷导致没有生育能力或不宜生育而寻求代孕的代孕方式。这里的医学原因主要包括因无子宫、子宫切除、子宫破裂、子宫严重粘连破坏等无法生育，或是身体患有其他重大疾病不宜生育等。包括代孕在内的各种人类辅助生殖技术产生和发展的初衷就是解决医学代孕问题，因此社会公众的接受度相对较高。

三、具有法律评价价值的代孕行为

如前所述，代孕一词更多强调的是一种源自人类辅助生殖技术的衍生技术，以及操作这个技术的全部过程。在这个过程中，即便涉及部分相关主体的行为，这些行为也主要是围绕这种技术开展的，涵盖范围较小。从对代孕分类的研究可知，所有代孕方式虽然都是以代孕相关技术及其实施过程为基础的，但不同分类的代孕方式可能牵涉到许多围绕代孕技术及过程开展的，但又与代孕技术没有直接关系的其他相关行为，如中介服务行为、签订协议行为、支付补偿行为等。法律评价的主要对象是人们的行为，而不应是某种抽象的科学技术。因而本章重点关注的是有关主体以代孕技术及整个操作过程为核心而实施的，具有法律评价意义的所有相关行为，统称为代孕行为。可见代孕行为与实施代孕技术的行为二者不是同一概念，前者的范围要比后者大得多。为了使相关概念更加明确以避免混淆，可以对代孕行为进行进一步区分，即分为代孕基础行为和代孕附随行为。

1. 代孕基础行为。是指代孕技术参与主体实施的，以操作代孕技术为核心内容的行为，其本质上属于一种医疗技术行为。代孕基础作为具体包括委托父母与代孕母亲之间的合意行为、辅助生殖医疗服务提供方实施的医技操作行为、代孕母亲实施的妊娠分娩行为、将代孕子女交付委托父母的行为等，即整个代孕技术流程环节中所涉及的全部行为。代孕基础行为是所有类型的代孕方式都必须具备的，是代孕行为的基础和前提。代孕基础行为一般不涉及行为人主观思想方面的内容。针对代孕基础行为所产生的争议主要涉及医学伦理层面的问题，背后反映的是特定时期特定社会对于代孕技术的态度倾向和接受程度。

2. 代孕附随行为。是指代孕相关主体在实施代孕基础行为的过程中所发生的带有附随性、连带性、衍生性的行为。代孕附随行为的产生以代孕基础行为为前提，但不同类型的代孕方式所涉及的代孕附随行为形式多样且不尽相同，如无偿代孕行为中不存在金钱支付行为，非商业代孕行为中不涉及经营行为等。同时，代孕附随行为通常是行为人主观思想内容的体现，涉及代孕的动机、目的等，故对于代孕附随行为进行法律评价的复杂性和意义要明显高于代孕基础行为。代孕附随行为中那些具有严重社会危害性的行为，如非法医疗、组织代孕、强迫代孕、买卖配子、故意堕胎、弃养子女等，自然也应成为刑法规制研究的重点对象。

区分代孕基础行为和代孕附随行为的主要价值在于，可以针对不同的代孕行为具体分析其社会危害性并提出相应的刑法规制对策。代孕基础行为和代孕附随行为的内容不同，特点有别，性质相异，故不宜一概论之。例如，不能把代孕附随行为所具有的社会危害性等同于代孕基础行为的社会危害性；不能把部分代孕附随行为的严重社会危害性等同于其他代孕附随行为的社会危害性；更不能以此作为对所有代孕基础行为与代孕附随行为进行犯罪化的依据。代孕基础行为和代孕附随行为的社会危害性存在差异决定了二者在刑法规制方面也应区别对待。代孕基础行为刑法规制的核心为是否应从刑法层面严格禁止代孕技术的应用，即是否应将操作代孕技术的行为纳入刑法规制的范围。与之相对应,代孕附随行为刑法规制更加关注对代孕过程中出现的各类非技术行为如何给予准确、适当的刑法应对。

第二节 非法代孕行为刑法规制的现实困境

由于代孕能够帮助人类摆脱自然规律的束缚,掌握繁衍后代的自由,对于那些不能正常生育的人有着巨大的吸引力,因而代孕技术从20世纪80年代出现之后便迅速风行全球,尤其在英美国家,代孕技术的运用相当普遍且增长迅速。受此风潮影响,我国代孕活动的发展也非常迅猛,并逐渐催生出一个规模巨大、繁荣异常的地下市场。据不完全统计,截至2021年年初,我国的代孕中介机构已超过500家,[①] 全国通过代孕出生的婴儿数量将更加惊人。以深圳一家名为“泰德国际”的代孕机构为例,其号称成立十年来已诞生1万多名宝宝,年均“生产”宝宝上千名。[②] 与之不相称的则是我国关于代孕的法律规制体系,尤其是其中的刑法内容很不完善,进而引发监管缺失、运行无序、商业色彩浓厚等诸多问题,甚至成为一些违法犯罪行为的诱因。

一、我国代孕现状考察

(一)我国代孕的特点

1996年9月22日,被誉为“中国试管婴儿之母”的张丽珠教授在北京大学第三医院主持完成了我国第一例医学代孕手术,一位先天无子宫的已婚妇女在其表嫂提供的代孕帮助下,成功实现了做妈妈的梦想。[③] 这被视为我国医学领域的重大突破,也是我国代孕技术应用的开端。但几年之后,迫于社会观念和医学伦理

① 参见《郑爽风波背后的隐秘海外代孕市场:包成功起步价近百万 中介或赚走多半利润》,载百家号“每日经济新闻”2021年1月20日,https://baijiahao.baidu.com/s?id=1689417331170757794&wfr=spider&for=pc。

② 参见徐观:《代孕产业:清华女售卵40万,包生男孩90万》,载百家号“南风窗”2020年12月25日,https://baijiahao.baidu.com/s?id=1687031713057055562&wfr=spider&for=pc。

③ 参见谭嘉:《“代孕”不再被“禁止”,意味着什么》,载《健康报》2016年1月5日,第5版。

的压力，有关部门发布了一系列部门规章，[①] 明确禁止代孕技术的实施，使代孕成为我国医学领域的禁区。然而，二十多年过去了，代孕不但没有从我国社会中彻底消失，反而在法律监管的灰色地带催生出一个异常繁荣的"地下代孕市场"，并逐步形成了一条以代孕中介为组织核心，各类医疗机构暗中配合，众多青年女性为获取报酬积极参与，囊括供精供卵、代母寻找、辅助受孕、妊娠照料、分娩护理等全部环节，甚至包括跨国代孕的完整"黑色产业链"。我国目前的"地下代孕市场"主要呈现以下几个特点。

第一，以商业代孕为主要形式。在我国目前的代孕实践中，除少数出于亲情、同情等动机实施的"利他型代孕"外，绝大部分是以营利为目的，为赚取高额利润而实施的商业代孕。这种以高效商业化模式运作的代孕方式主要包括代孕中介、医疗机构、代孕母亲等参与方，其主要模式为代孕中介一方面通过各种渠道发布代孕广告，招揽有潜在需求的委托父母，与之签订代孕协议并收取高昂费用，另一方面则以高额报酬诱使青年女性提供子宫充作代孕母亲，待"供需双方"确定后再安排各类医疗机构完成辅助代孕，并为之后的妊娠分娩提供保障条件。代孕中介还会根据不同的代孕需求和条件报价，明码标价且费用不菲。据调查，代孕中介会根据是否保证成功，精卵提供者的状况，代孕子女的数量、性别等不同条件确定不同的费用，具体价格从几十万元到上百万元不等。[②] 代孕机构还会为委托人进行非常详细的服务介绍，并依据供卵母亲和代孕母亲的不同状况提供不同报价，在这个过程中，"供卵女孩和代孕妈妈，就像摆放在货架上的商品一样被人随意打量和挑选"[③]。

第二，代孕中介占主导地位。大部分情况下，委托父母与代孕母亲之间信息不对称，通常并不认识，无法自行接触并达成合意。而医疗机构作为代孕过程的关键参与者，以及相关技术程序的主要实施者，理应成为各种代孕方式的主导方，但由于受到相关部门规章禁止性规定的限制，医疗机构无法以公开身份堂而皇之地提供代孕服务，否则一旦被发现就可能面临严厉处罚。例如，2014 年武汉市 672 医院就因出租科室给中介机构进行代孕而遭查处，并被相关部门吊销诊疗科

---

① 这些部门规章包括《人类辅助生殖技术管理办法》《人类辅助生殖技术规范》《人类精子库管理办法》《人类精子库与人类辅助生殖技术伦理指导原则》等。

② 参见王阳:《代孕黑色产业链调查》，载《法制日报》2019 年 7 月 16 日，第 4 版。

③ 参见王阳:《代孕黑色产业链调查》，载《法制日报》2019 年 7 月 16 日，第 4 版。

目，没收非法所得 38 万元，吊销 2 名医务人员执业证书。① 虽在巨额经济利益驱使下依然有部分医疗机构铤而走险，但大多是通过所谓"暗箱操作"方式以非法状态完成技术操作的。在目前我国相关法律制度不够健全，对代孕中介的法律责任规定得比较模糊，法律监管存在许多漏洞的大背景下，为谋取高额利润，代孕中介逐渐加入代孕市场，并成长为整个"地下代孕产业链"的主要运作者，充当联系委托父母、代孕母亲、精卵提供者、医疗机构及其他参与各方的纽带，一方面大力"开拓市场"发掘特定的代孕需求方，同时广泛招募代孕供给方即代孕母亲和精卵提供者，另一方面积极联络医疗服务提供方，即各类医疗机构，在事实上成为代孕市场的主导者。近年来，随着代孕中介力量的不断增长，许多代孕中介直接投资建立"黑诊所"，并通过高薪聘请或自行培训的方式组织医务人员实施代孕，从而进一步增强其在代孕市场的主导作用，这种趋势值得关注。

第三，大量青年女性积极参与商业代孕。要想成功实施一次完整的代孕过程，除了需要具备"需求方"，即委托父母，还必须招募到合适的"供给方"，即代孕母亲。相对于"需求方"，"供给方"即代孕母亲需要承受相当大的生理、心理方面的痛苦和风险，很少有合适的女性会为了帮助他人而自愿选择参与代孕，这也是非商业代孕案例相对较少的根本原因。而在商业代孕中，代孕中介为了实现利润最大化则会不择手段，诱使、欺骗甚至强迫适龄女性充当代孕母亲，使之成为他们牟利的工具。其中，代孕中介最常采用且最有效果的手段就是给出高额报酬，这对许多来自低收入群体的女性具有巨大的诱惑力。她们往往忽略其中的潜在风险，视代孕为一种低门槛、高回报的创收渠道，不仅自己积极充当代孕母亲，甚至形成示范效应，拉拢更多亲朋好友参与其中。以致某些地区参加代孕之风盛行并逐渐形成所谓"代孕村"，当地大部分年轻女性愿意通过代孕获得高额报酬，甚至达到"过完年后在当地的村庄几乎找不到年轻妇女"的程度。② 此外，在部分代孕案例中，代孕机构还需要为委托父母提供合适的精子和卵子才能实现成功受孕，但我国同样严格禁止精子或卵子的买卖，代孕中介只能把非法买卖作为主要的获取渠道。相对于精子，非法获取合适卵子的难度要大得多，因此在我国"地下代孕

---

① 参见张毓茜、曹旭峰：《湖北通报 3 起典型代孕案件 官方称打击代孕将常态化》，载中国新闻网，https://www.chinanews.com.cn/sh/2015/12-14/7670616.shtml。

② 参见《"代孕村"产业链暗访调查：40 岁妇女冒险代孕 中介找一个代妈赚三四万》，载齐鲁网·闪电新闻，https://news.iqilu.com/shandong/yuanchuang/2021/0119/4758291.shtml。

市场”发展的过程中还形成了专门买卖卵子的“卵子黑市”。代孕中介往往根据年龄、学历、外貌等因素为“卖卵”标出不同价格以诱骗年轻女性，同时为了获得更高质量的卵子，他们甚至在许多高校中撒布广告，将黑手伸向数量众多的女大学生。① 以上种种行为使得大量青年女性积极充当商业代孕的“供给方”，促进了我国代孕市场的畸形繁荣，但同时也给广大青年女性的身心健康造成极大的伤害和威胁。

（二）代孕存在的基础

各种类型的代孕之所以在我国屡禁不止，甚至不断野蛮生长，愈演愈烈，其背后存在多方面原因，对此应当清醒认识。一方面，诸多因素导致大量育龄夫妇无法正常生育，对于包括代孕在内的辅助生殖技术形成巨大的潜在需求；另一方面，合法合规的辅助生殖项目因条件多、管控严、门槛高等，远远无法满足需求，同时大量社会资本在高额经济利益的驱使下纷纷进入代孕市场，通过高效的商业化运作推动代孕市场快速发展。

首先，多重因素催生巨大的代孕需求。受环境污染、电磁波辐射、化学品影响、生育年龄推迟、生活压力增大等诸多因素影响，人类整体生育能力的下降已经成为日趋严重的全球性问题。相关数据显示，中国育龄夫妇的不孕不育率从20年前的2.5%～3%攀升至近年的12.5%～15%。根据中国人口协会和国家卫生健康委员会联合发布的《中国不孕不育现状调研报告》，中国的不孕不育患者人数已超5000万，平均每8对夫妇中就有1对面临不孕不育。② 随着经济社会的快速发展，相关数据还在快速增长，这就构成了包括代孕在内的各种人类辅助生殖技术存在发展最主要的现实基础。同时，执行了多年的计划生育政策使得我国存在大量的独生子女家庭，如果由于各种原因，如疾病、意外等导致该独生子女先于父母去世，会出现相当数量的“失独家庭”，这些失独父母出于情感原因就可能会产生再次生育的需要。在2013年“中国胚胎诉讼第一案”中，当事人要求继

---

① 参见《专骗少女的赌命交易！揭开捐卵黑中介的阴谋》，载百家号“丁香医生”2018年8月28日，https://baijiahao.baidu.com/s?id=1610020107696400801&wfr=spider&for=pc。

② 参见李子吉：《我国不孕不育患者超5000万 辅助生殖将释放生育潜能》，载百家号“中国战略新兴产业”2023年11月22日，https://baijiahao.baidu.com/s?id=1783226171548364782&wfr=spider&for=pc。

承自己意外去世子女的胚胎，实质上就是出于类似目的。[①]2015年后我国逐步放松计划生育政策，很多原来的独生子女家庭也希望再增加一个孩子。但相关医学研究发现，人类的生育能力随着年龄增长呈明显下降趋势，如女性最后一次怀孕的年龄平均在40岁，近90%的女性在45岁以后则完全丧失生育能力。[②]上述这些家庭中的父母许多已经错过最后的生育年龄，自身很难再次正常生育，代孕则成为他们实现愿望唯一的希望。此外，部分改变生育观念的“丁克”群体、希望拥有孩子的同性恋群体、不愿亲自生育的群体等进一步扩大了对于代孕的潜在需求。

其次，合法辅助生殖技术服务无法满足需求。我国目前合法的辅助生殖医疗资源相对有限，而且由于管控严格、条件限制等，远远无法满足整个社会日益膨胀的生育需求，这种供需之间严重失衡的矛盾导致大量有生育需求的父母进入地下代孕市场。在合法医疗机构方面，根据国家卫健委公布的数据，截至2022年12月31日，我国经过批准可以开展人类辅助生殖技术的医疗机构一共有559家。[③]虽然数据看似庞大，但与动辄以千万计的潜在需求相比依然是杯水车薪。在技术监管层面，合法医疗机构会对申请人身份、年龄、身体状况、胚胎数量、婴儿性别、伦理审查等诸多条件和程序进行严格限制和审查，这也将众多潜在需求者排除在合法途径之外。在技术操作层面，我国现有规定允许的辅助生殖技术主要包括人工授精和试管婴儿（体外受精－胚胎移植技术），但这两种技术都要求委托方女性能够成功受孕并利用自己的子宫完成生育，但对于那些由于女方原因无法生育的情况，现有合法途径基本无法解决。

最后，高额利润催生各类代孕中介。代孕蕴藏着巨大的市场空间，开展代孕业务可以带来高额利润，因而各类代孕中介机构不断涌现，甚至有许多社会资本也通过各种形式积极参与代孕市场，这也是我国代孕行业野蛮生长，代孕现象屡禁不止的重要原因。根据相关调查，代孕机构开展一次代孕业务收取的费用高达

---

① 该案中，江苏宜兴一对“双独”年轻夫妻，通过人体生殖辅助技术在医院冷冻了4枚胚胎，术前双双死于车祸。成为不幸“失独”者的双方父母，为争夺4枚胚胎的处置权对簿公堂，并将拒绝交出胚胎的医院追加起诉为第三人。这4位老人争夺胚胎的最终目的还是希望通过胚胎培育后代，繁衍子嗣。参见刘士国：《中国胚胎诉讼第一案评析及立法建议》，载《当代法学》2016年第2期。

② 参见王君平：《生不出二孩真烦恼》，载《人民日报》2017年2月3日，第19版。

③ 参见《经批准开展人类辅助生殖技术和设置人类精子库的医疗机构名单》，载国家卫生健康委员会妇幼健康国官网2023年7月3日，http://www.nhc.gov.cn/fys/s3582/202307/0cf528f318f84eafaf19b6e18ac2c44f.shtml。

几十万元甚至上百万元，如果是跨国代孕费用还会更高，而支付给代孕母亲的报酬通常只有十几万元，代孕机构从中赚取的巨额利润可想而知。[①]同时，我国的代孕市场潜在规模巨大，根据相关数据，目前我国辅助生殖市场规模约 250 亿元，潜在市场规模超过千亿元，[②]并且随着辅助生殖治疗渗透率的提高，市场空间还会进一步增长。这种超过毒品贸易的高额利润刺激大量代孕机构在法律监管的灰色地带不断滋生，野蛮生长。与此同时，辅助生殖还被各路社会资本视为“投资蓝海”，不断通过各种途径积极介入，例如，在我国香港证券交易所上市的锦欣生殖、在美国纳斯达克上市的蓝城兄弟等大型企业都是利用各国政策差异和政府监管漏洞，把代孕作为主要业务。[③]地下代孕中介、大型上市公司争相分食代孕市场份额的同时，会进一步刺激我国代孕市场的畸形繁荣，并对我国相关法律监管体制形成更加巨大的冲击和破坏。

二、非法代孕行为刑法规制的现状

20 世纪八九十年代，试管婴儿、代孕等一系列人工辅助生殖技术陆续在我国成功实施。[④]这一原本为广大不孕患者解除痛苦的尖端医疗技术却迅速受到来自舆论、道德等多个层面的疑问和非难，尤其是代孕，因严重冲击人们的认知和道德底线，一时之间要求严厉禁止代孕的呼声占据绝对主流。在此背景下，原卫生部作为国家医疗行政管理部门迅速出台一系列部门规章和规范性文件，明确规定禁止代孕，并初步制定了相关的法律责任。

原卫生部于 2001 年发布了《人类辅助生殖技术管理办法》，其中第 3 条明确规定，“医疗机构和医务人员不得实施任何形式的代孕技术”。该办法的出台意味着我国首次以部门规章的形式明确禁止所有代孕。此外，该办法的第 21 条、第 22

---

① 参见《代孕黑色产业链调查：地下交易代孕费最高可达 150 万》，载青年网 2019 年 7 月 16 日，http://finance.youth.cn/finance_cyxfrdjj/201907/t20190716_12010472.htm。

② 参见乔雨萌：《5000 亿辅助生育产业：罪恶「代孕」与良善「助孕」共存》，载新浪财经头条号“36 氪”2021 年 1 月 24 日，https://cj.sina.com.cn/articles/view/1750070171/684ff39b01900wh3x。

③ 参见张敏：《代孕事件牵出辅助生殖蓝海市场预计三年内规模接近 500 亿元》，载证券日报网 2021 年 1 月 20 日，http://www.zqrb.cn/finance/hangyedongtai/2021-01-20/A1611110337486.html。

④ 1988 年 3 月 10 日，我国首例“试管婴儿”诞生。1996 年 9 月 22 日，我国首例代孕婴儿诞生。

条还对非医疗机构、医疗机构实施的相关违法行为制定了相应罚则。① 尤其是第22条,不但明确规定了违法实施代孕基础行为的法律责任,还对部分代孕附随行为进行了规制,而且其中不但规定有具体的行政处罚,还规定有相应的刑事责任,这成为我国运用刑法手段规制代孕行为的开端。

之后国家卫生行政部门又相继发布了《人类辅助生殖技术规范》《人类辅助生殖技术和人类精子库伦理原则》等一系列规范性文件,明确规定人类辅助生殖技术实施人员和医务人员均严格禁止实施代孕技术,基本是对原卫生部禁止代孕立场的重申。此外,1995年司法部公证司《关于公证处不宜办理借腹生育协议公证的复函》、1998年司法部公证司《关于不宜为代母生育子女办理有关亲子关系公证的复函》等其他部委文件也从不同的侧面表明了禁止代孕的基本立场。

然而,从之后的实施效果看,这些规定未能达到禁止代孕的目的,代孕问题在我国不但没有销声匿迹,反而在多重因素的综合作用下日益突出。为此,以国家卫生健康部门为核心的多个部门曾多次在全国范围内联合部署专项打击行动,并发布了一系列的指导文件。2015年4月3日,原国家卫计委联合中宣部、中央综治办、中央网信办、工信部、民政部、公安部、原国家工商总局等11个相关部门成立专门组织机构——全国打击代孕专项行动领导小组及办公室,并同时发布了《开展打击代孕专项行动工作方案》,决定于当年4月至12月开展全国范围打击代孕的专项行动。该方案第2条规定的主要查处对象是开展代孕行为的医疗机构、医护人员、社会中介机构,以及开展代孕宣传和服务的互联网络、电视广播、报纸杂志等,将打击代孕的范围从代孕基础行为扩展至代孕附随行为。第3条规定,不但要成立全国打击代孕专项行动领导小组及办公室,还要求全国各地方也相应成立专门负责打击代孕的工作组织机构,许多省市据此成立了打击代孕专项行动工作领导小组,直到现在依然还在运行,这成为我国政府打击代孕的组织保障。第5条进一步明确了公安部门在打击代孕中职责,即配合相关部门进行联合

① 《人类辅助生殖技术管理办法》第21条规定:"违反本办法规定,未经批准擅自开展人类辅助生殖技术的非医疗机构,按照《医疗机构管理条例》第四十四条规定处罚;对有上述违法行为的医疗机构,按照《医疗机构管理条例》第四十七条和《医疗机构管理条例实施细则》第八十条的规定处罚。"第22条规定:"开展人类辅助生殖技术的医疗机构违反本办法,有下列行为之一的,由省、自治区、直辖市人民政府卫生行政部门给予警告、3万元以下罚款,并给予有关责任人行政处分;构成犯罪的,依法追究刑事责任:(一)买卖配子、合子、胚胎的;(二)实施代孕技术的;(三)使用不具有《人类精子库批准证书》机构提供的精子的;(四)擅自进行性别选择的;(五)实施人类辅助生殖技术档案不健全的;(六)经指定技术评估机构检查技术质量不合格的;(七)其他违反本办法规定的行为。"

执法，依法打击查处各类违法犯罪活动。2015 年的打击代孕专项行动取得比较丰硕的成果，全国各地尤其是湖北、上海、山东等重点省份陆续查处一批代孕案件，但由于法律缺失与认识不足，最后的处理结果多以行政处罚为主，鲜有追究刑事责任的报道。2017 年，原国家卫计委联合 11 个部门制定了《开展查处违法违规应用人类辅助生殖技术专项行动工作方案》，决定自 2017 年 6 月至 10 月再次在全国范围内开展查处违法违规应用人类辅助生殖技术专项行动，查处的范围相比 2015 年更加扩大，将更多的代孕附随行为纳入其中。此次专项行动还有一个亮点，就是首次将最高人民法院、最高人民检察院纳入行动协调机制，以便为案件查处提供法律指导，同时要求卫生健康部门同公、检、法机关建立重大案件会商研判机制，依法严厉打击违法犯罪活动。2021 年 6 月，国家卫健委联合中央网信办、最高人民法院、最高人民检察院、教育部、工信部、公安部等 11 个部门印发《关于进一步依法严厉打击非法应用人类辅助生殖技术等违法犯罪行为的通知》，再次强调任何机构和个人不得实施或参与任何形式的买卖精子、买卖卵子、代孕等违法行为，不得出具虚假出生医学证明，不得买卖出生医学证明，并且进一步明确要求依法严厉打击非法行医、伪造和买卖出生医学证明等违法犯罪行为。2023 年 6 月，国家卫健委发等 14 个部门联合布了《关于印发开展严厉打击非法应用人类辅助生殖技术专项活动工作方案的通知》。该通知强调，要充分认识严厉打击非法应用人类辅助生殖技术的重要性，强化与人类辅助生殖技术应用相关的全链条管理，健全分工合作的工作机制；要求分阶段推进专项活动，做好专项活动的组织保障。

与国家卫健委等部门要求严格禁止所有形式代孕的坚定立场不同，我国的立法者对于代孕问题的态度更加谨慎。2015 年年底，为贯彻落实党的十八届五中全会提出的“全面实施两孩政策”，我国立法机关决定对 2001 年制定的《人口与计划生育法》进行修正。由于之前的《人类辅助生殖技术管理办法》是由原卫生部发布的，从法律渊源看属于部门规章，效力等级相对较低，因此当时的国家卫计委决定利用此次契机，将“禁止以任何形式实施代孕”的内容加入其向全国人大常委会提出的修正草案中，希望通过国家法律的形式来强化禁止代孕的力度，改变在以往打击代孕行动中法律法规缺位的尴尬局面。然而在将该草案于 2015 年 12 月 21 日提交全国人大常委会审议后，却引起不小的争论，委员们争论的焦点集中在是否应当完全禁止任何形式的代孕，有许多委员明确反对将完全禁止代孕列入草案，主要理由是时机不成熟，并且可能对生育权构成侵犯。[①] 同时在会场之外，各类社会媒体和舆论也是一片反对之声。最终，全国人大常委会并未审议通过该草案，而是删除了其中关于“完全禁止代孕”的内容。事后有学者总结到，之所以出现这样“闯关不过”的结果，主要是两个原因，一是时机不宜，二是争议过大。[②] 从此次我国立法者的谨慎态度中可以看出，代孕问题涉及利益面较广，缺乏社会共识，匆忙禁止所有形式的代孕不符合立法者和社会公众的期待，因而对于代孕行为的法律规制尤其是刑法规制问题也应慎重考虑，区别应对。

三、代孕行为刑法规制的不足之处

通过前文梳理可知，出于对禁止代孕问题的谨慎态度，我国立法机关一直未能在法律层面制定专门规制代孕行为的法律文件。我国针对代孕行为进行法律规制的依据仍是2001年出台的《人类辅助生殖技术管理办法》及其他有关部门规章、规范性文件。从法律渊源来看，《人类辅助生殖技术管理办法》属于国务院所属部委制定的部门规章，效力等级较低，效力范围较窄，尤其是只能对医疗相关主体形成一定约束，而对代孕产业链条中的其他重要主体，如委托方、代孕母亲、代孕中介、广告商等均无法有效约束。此外，《人类辅助生殖技术管理办法》规定的罚则虽提及对于违法实施代孕技术，“构成犯罪的，依法追究刑事责任”，之后发布的规范性文件中也有类似表述，但缺少相应法律尤其是刑法规范的配套规定，因而在实践中很难真正发挥作用。现有的刑法规范中虽有部分罪名可以用来规制部分代孕行为，但其规制范围较小，无法涵括所有代孕行为。由于在对代孕行为规制的刑事立法层面存在缺失，在相关的刑事司法层面也存在不足。

（一）刑法中没有专门规制代孕行为的罪名

我国相关行政部门与立法者对于是否应当“一刀切”式的完全禁止代孕存在不同立场，这背后体现出目前我国社会中的各种利益群体对于如何处理代孕问题尚未形成广泛一致的共识。这种认识上的差异是导致我国代孕行为刑法规制面临种种困境的主要根源，同时也是当前代孕乱象层出不穷的重要推手。我国的立法

---

① 参见王逸吟、殷泓：《代孕该不该一禁了之？——人大常委会组成人员热议人口计生法修改》，载《光明日报》2015年12月26日，第2版。

② 参见刘长秋：《代孕立法规制的基点与路径——兼论〈人口与计划生育法〉为何删除“禁止代孕条款”》，载《浙江学刊》2020年第3期。

者出于多重考虑，最终选择对代孕问题采取模糊、搁置的态度，因而未能从制定法律的层面对代孕进行明确定性。这种现状反映在刑事立法领域就体现为我国现行《刑法》至今虽已经过 12 次修改，许多社会发展过程中出现的热点问题，尤其是涉及尖端医疗技术的犯罪行为，如器官移植、基因编辑等，已陆续被纳入《刑法》规制的范围，[①] 但对于代孕中可能涉及的犯罪行为，《刑法》却始终没有给予正式回应，目前《刑法》中并未设置任何专门规制代孕行为的罪名。这就意味着，按照罪刑法定原则的要求，即便部分代孕行为对法益造成严重侵犯，具有严重的社会危害性，司法机关也无法直接予以规制，或是在某些特定情形选择适用其他罪名进行替代规制。这也是国家卫生健康部门在后来组织的三次专项打击行动中把最高人民法院、最高人民检察院纳入行动协调机制，建立重大案件会商研判机制的主要动机。

刑事立法的滞后性是法律天然具有局限性的一种体现，对此我们应当理性认识。此外，刑法具有最强的强制力，一旦适用可能会对公民的各项基本权利造成严重影响，有些影响甚至无法恢复。因此，基于保障人权和刑法谦抑性的考虑，我国立法者对于通过刑事立法规制代孕这样一个目前仍存争议的问题保持谨慎态度，这一点无可厚非。但还应该看到，代孕行为所引发的犯罪问题不仅是一种潜在的风险，其已经对公民的人身权利、财产权利以及社会的经济秩序、公共秩序、卫生管理秩序等诸多法益造成了现实、严重的侵犯，刑法如果不能及时有效应对，将有违我国刑法的目的和任务，与一般社会公众的合理期待与建设社会主义法治国家的总体要求不符。同时，刑法是其他部门法的保障法，当其他部门法无法充分保护法益时就需要刑法作为最后的保障手段介入。从之前二十多年的法律规制实践看，受制于效力等级和打击力度，以行政手段为核心的规制方式显然无法有效应对代孕行为带来的挑战和对法益的侵犯，刑事立法的介入则成为必然和最终的选择。这也是积极刑法观的要求和体现，即"只有采取积极刑法观，利用刑法有效地保护法益，才能满足法益保护的合理需求"[②]。

（二）现有罪名无法全面规制代孕行为

我国现行刑法中没有专门针对代孕行为设置的相关罪名，因而司法机关无

---

① 2011 年《刑法修正案（八）》增设"组织出卖人体器官罪"，2021 年《刑法修正案（十一）》增设"非法植入基因编辑、克隆胚胎罪"。

② 张明楷：《增设新罪的观念——对积极刑法观的支持》，载《现代法学》2020 年第 5 期。

法对所有具有严重社会危害性的代孕行为进行准确、有效的惩治。只有当其中部分代孕行为符合现有罪名所要求具备的犯罪构成要件时，司法机关才可以依据刑法追究相应刑事责任。这虽是现有刑事立法大前提下的无奈之举，但也体现了罪刑法定原则的基本要求和刑法保障人权的根本目的。但这种“打补丁”式的刑法规制方式存在明显的缺陷。一方面，代孕行为尤其是代孕附随行为的表现形式多样、涉及主体较多，现有罪名只能涵盖其中部分行为，对于其他严重危害社会却又找不到入罪依据的代孕行为则最多是给予行政处罚了事；另一方面，现有罪名没有根据规制代孕行为的需要进行改造或是出台相关法律解释，这就导致针对某一具体代孕行为，在罪与非罪、此罪与彼罪的认定上容易出现含混不清的情形。这些情况最终导致的结果就是仅依靠刑法中的现有罪名无法全面涵盖所有实质上应当入罪的代孕行为，只能将少部分符合条件的代孕行为纳入刑法规制的范围，而大部分涉罪代孕行为依然活跃在刑法规制的空白地带。这种“抓小放大”的刑法规制现状必然无法有效遏制代孕行为蔓延泛滥的势头，在一定程度上使我国代孕问题屡禁不止、野蛮生长。代孕行为的具体表现形式复杂多样，可能涉及的现有罪名主要包括非法经营罪，故意伤害罪，组织出卖人体器官罪，非法拘禁罪，拐卖妇女、儿童罪，遗弃罪，伪造、变造、买卖国家机关公文、证件、印章罪，医疗事故罪，非法行医罪，非法植入基因编辑、克隆胚胎罪等。本节只对其中几种比较具有代表性的罪名作简要分析。

1. 非法经营罪

实践中，大部分代孕手术是通过正规设立的医疗机构及其医疗人员实施的，相关规定又明确禁止这些医疗机构和医疗人员实施代孕技术。因此，这类代孕行为就与非法经营罪产生一定程度的相似性，但若依据非法经营罪规制所有代孕行为则存在明显障碍。非法经营罪所保护的客体是市场管理秩序，其客观方面也主要表现为违法进行经营活动，扰乱市场秩序的行为。这里的市场秩序，具体是指我国对特殊商品经营、特殊许可证制度、特定行业准入制度或者一些特殊的市场经营领域方面的正规管理秩序。可见与非法经营相对应的必有所谓合法经营，与扰乱市场秩序相对应的必有所谓正常市场秩序。然而，对于代孕行为目前虽然没有法律法规明确规定禁止，只有部门规章层面的法律文件予以完全禁止，但也没有任何法律允许进行代孕或是以代孕为核心的经营活动，也就不存在合法经营的空间，更不可能存在所谓正常的“代孕市场”秩序。从刑法对非法经营罪规定的四种具体情形分析：第一种涉及限制买卖的物品，第二种涉及经营许可证或批准文件，第三种涉及与金融相关的资金支付结算业务，这三种情况明显无法涵盖代孕行为；至于最后一种兜底性质的“其他”规定，根据目前已经发布的与之相关的司法解释，[①] 同样要求是对已有正常的市场秩序破坏的行为。因此，今后最高人民法院通过扩大解释的方式将代孕行为纳入非法经营罪的可能性极小。当然，如果大胆假设的话，若未来某一时期我国允许实施商业代孕行为，那么相对应地就可能会出现把违法实施的代孕行为纳入非法经营罪的可能。但是，在我国目前的社会认知、伦理观念和法律环境下，以非法经营罪的兜底条款规制代孕行为特别是代孕中介行为或商业代孕行为并不妥当。此外，基于严格的罪刑法定原则，在我国法律或司法解释明确把代孕行为纳入非法经营罪的规范范围之前，利用该罪规制代孕行为明显缺乏法律依据。当然，在代孕行为特别是代孕附随行为中如果有部分符合非法经营罪构成要件的行为，如经营与代孕有关的非法出版物、经营限制买卖的物品等，就按本罪定罪处罚。但从总体来说，非法经营罪无法完全评价代孕行为。

2. 故意伤害罪

在实施代孕行为的过程中，行为人出于多种目的，可能会对供卵母亲、代孕母亲的身体健康造成一定程度的损害，这就与故意伤害罪的规制范围形成了交叉，因而可能会涉及故意伤害罪的适用问题。然而根据目前的通说，已满 18 周岁的公民对自己的身体健康拥有处分权，如果是被害人同意的伤害行为则不成立故意伤害罪。需要强调的是，这种同意不是绝对的、无条件的，而必须是在完全了解真实情况的前提下作出的意思表示，如果被害人是在受到欺骗、胁迫的情况下作出同意的意思表示，该同意自然违背其真实意志，应当认定为无效。此外，如果被害人是未成年人，即不具有处分自己身体健康的权利，其同意同样无效。实践中，大部分的代孕行为是在得到供卵母亲或代孕母亲同意的前提下实施的，如果取卵过程、妊娠生产过程顺利完成，一般也不会对身体健康造成严重伤害，因而大部分代孕行为无法依靠故意伤害罪进行规制。

但是，如果取卵或妊娠等操作过程对供卵母亲或代孕母亲造成严重伤害的后果，如连续取卵导致卵巢糜烂、反复流产导致子宫切除等，这时虽然代孕行为得

---

① 《刑法学》编写组编：《刑法学》（下册·各论），高等教育出版社 2019 年版，第 106 页。

到了被害人的同意，但被害人对于代孕行为的真实情况及危害后果通常是不知情的，是在“无痛”“零风险”等口号的欺骗下同意的，因此该同意无效，不能用作阻却违法性事由进行抗辩。而且这些非法取卵行为、胚胎移植等代孕行为本身并不是合法的、有利于患者健康权益的医疗行为，因而也不属于阻却违法性的合法化事由。因此，这种情况下，就可以援引故意伤害罪追究刑事责任。当然也有学者认为，可以援引非法行医罪追究刑事责任。[①] 笔者认为，适用故意伤害罪更合适，主要理由同样是实施代孕行为不属于卫生健康部门认可的有利于患者权益的医疗活动，因而不属于“行医”的范畴，故适用非法行医罪并不适当。此外，如果行为人是强迫、欺骗他人实施取卵、代孕等行为致使被害人的身体健康受到严重损害的，适用故意伤害罪定罪量刑就不应存在争议了，其背后的法理与《刑法》第 234 条之一第 2 款的规定相似，[②] 这里不再赘述。

综上所述，故意伤害罪只能对部分对供卵母亲、代孕母亲的身体健康造成严重损害后果的代孕行为进行规制，而这种情况仅占全部代孕行为的少数，因而故意伤害罪无法覆盖全部代孕行为。

3. 非法拘禁罪

一般情况下，无论是在商业代孕还是非商业代孕中都很难存在非法拘禁罪适用的空间。这是由代孕行为自身的技术属性所决定的。代孕在本质上是“借用”第三人的子宫完成从受孕、妊娠到生产的全部过程。与人类自然生育方式相比，代孕技术发挥辅助生殖作用的核心是在受孕环节，即通过人工授精技术或试管婴儿技术，利用第三人功能正常的子宫完成受孕，但之后的妊娠、生产等环节依然要受到人类在千百万年进化过程中形成的自然规律的约束。所谓“十月怀胎，一朝分娩”，人类目前的医学技术依然无法超越这个时间限制。这就意味着代孕行为所涉及的时间周期比较长，至少需要近 1 年时间，因此如果没有得到代孕母亲在时间、行动方面的同意及配合，代孕行为很难顺利完成。此外，每一次受孕、妊娠、生产的过程都是对代孕母亲身体和精神的双重考验，如果没有基本的物质条件和相对宽松的生活环境，整个过程中的每一个环节都可能出现意外，如流产、难产

---

① 相关案例可参见邓某甲非法行医案，广东省广州市白云区人民法院刑事判决书，(2017) 粤 0111 刑初 568 号。

② 《刑法》第 234 条之一第 2 款规定：“未经本人同意摘取其器官，或者摘取不满十八周岁的人的器官，或者强迫、欺骗他人捐献器官的，依照本法第二百三十四条、第二百三十二条的规定定罪处罚。”

等，这样的风险对于委托方、代孕方、中介方或组织者等都是不可接受的。而且糟糕的环境、紧张的情绪最终也可能对最终的“代孕结果”——代孕婴儿产生不可预测的负面影响，这同样不符合所有代孕行为参与方的利益。因此，为保证代孕的顺利完成，在大部分情况下，代孕母亲的行动自由都不会遭到剥夺。

随着国家有关部门对代孕问题打击力度的不断加大，出于逃避处罚、方便管理等目的，部分代孕中介或组织者会安排代孕母亲在某个固定场所集中生活居住，并对其日常活动进行一定限制，但这种情况并不构成非法拘禁。根据刑法理论通说，非法拘禁罪中剥夺他人的“行动自由”，指的是行为人按照自己的意志停留或离开一定空间的权利。而在上述情况中，代孕母亲的行动自由虽然受到一定限制，但这种限制是符合其个人意志的，本质上并不属于非法行为，而是一种自我约束。构成非法拘禁罪还要求行为人实施强行剥夺他人行动自由的具体行为，如威胁、捆绑等，但该类行为在上述情况中一般很少发生，也就无法满足非法拘禁罪客观方面的要求。

虽然大部分情况下，非法拘禁罪无法用来规制代孕行为。但在特定情形中，如强制取卵、强制代孕等，仍然存在适用非法拘禁罪的可能。在 2019 年湖南衡阳警方破获的一起涉及跨国代孕案件中，代孕组织者以招工或代孕为名在菲律宾、越南等国家高薪招募外籍女性，待组织她们偷渡入境之后，就在其同意代孕的前提下对其实施胚胎移植手术。受孕之后便将其安置在广州从化、湖南衡阳等地的公寓居住，并严格限制其人身自由直至孩子出生为止。全案中，行为人利用被害人怀有身孕、言语不通、行动不便的心理，并以非法入境的违法身份进行威胁，采取安装监控探头、锁门、罚款、看守等方式先后对 38 名被害人非法拘禁长达四五个月。[①] 这种情况就已符合非法拘禁罪的所有构成要件，最后当地法院也是以非法拘禁罪判决，追究相关人员的刑事责任的。

4. 非法行医罪

在我国司法实践中，最可能被用来对代孕行为进行刑法规制的罪名就是非法行医罪，[②] 各地媒体已报道过多起最终以非法行医罪追究刑事责任的代孕案件，如

---

① 参见陈雷柱：《非法拘禁 38 名外籍女性从事代孕活动，“助孕中心”多人获刑》，载澎湃新闻网 2021 年 1 月 19 日，https://www.thepaper.cn/newsDetail_forward_10848632。

② 依据《刑法》第 336 条的规定，非法行医罪，是指未取得医生执业资格的人非法行医，情节严重的行为。

2017 年的“全国首例代孕刑案”[①]、2020 年的“上海首例代孕刑案”[②]等。在某种程度上，非法行医罪是目前我国司法机关打击代孕行为最重要的“武器”。但《刑法》对非法行医罪的规定以及相关的司法解释并不是针对代孕行为制定的，非法行医罪的主体、客观方面等要求相对比较严格，因此非法行医罪只能规制那些符合本罪构成要件的代孕行为，无法有效涵盖所有代孕行为。

从主体看，非法行医罪的主体范围较小。该罪的主体主要是未取得医生执业资格的自然人，有关司法解释还对其具体范围进行了明确规定。[③]代孕行为的主体则比较复杂，上述案例中的行为人都符合非法拘禁罪的要求，但对于组织实施代孕行为的医疗机构、中介组织或其他商业机构如何追究责任则是一个难题。根据我国《刑法》的规定，只有法律明确规定为单位犯罪的，才能追究其刑事责任。而在非法行医罪中没有关于单位犯罪的规定，因而无法对行为人背后的医疗机构、中介组织等主体进行规制，而这些主体在代孕行为中的危害性更大，组织性更强，如果不能彻底打击，很容易导致相关行为死灰复燃，也不符合罪责刑相适应原则的要求。此外，如果是已经取得医生执业资格的医务人员擅自实施代孕技术，也不符合非法行医罪的主体要求，同样无法追究刑事责任。这种情况在实践中也比较常见，湖北省 2015 年通报的典型代孕案件中就存在这种情况，最终只能处以吊销执业证书的行政处罚。[④]综上所述，非法行医罪的主体范围要明显小于代孕行为，自然无法依靠该罪规制所有代孕行为。

从客观方面看，非法行医罪入罪门槛较高。非法行医罪属于情节犯，即只有当非法行医行为达到“情节严重”的标准才能定罪量刑。根据最高人民法院《关于审理非法行医刑事案件具体应用法律若干问题的解释》，这里的“情节严重”具

---

① 参见《17 岁少女 1.5 万元卖 21 颗卵子险丧命 黑中介被查》，载百家号“环球网”2017 年 7 月 26 日，https://baijiahao.baidu.com/s?id=1573938562687997&wfr=spider&for=pc。

② 参见《上海首例，组织地下代孕并造成人身伤害被追刑！多部门联合出手》，载光明网 2022 年 7 月 5 日，https：//m.gmw.cn/2022-07/05/content_1303029296.htm；上海市松江区人民法院刑事判决书，(2020)沪 0117 刑初 697 号。

③ 最高人民法院《关于审理非法行医刑事案件具体应用法律若干问题的解释》第 1 条规定：“具有下列情形之一的，应认定为刑法第三百三十六条第一款规定的‘未取得医生执业资格的人非法行医’：(一)未取得或者以非法手段取得医师资格从事医疗活动的；(二)被依法吊销医师执业证书期间从事医疗活动的；(三)未取得乡村医生执业证书，从事乡村医疗活动的；(四)家庭接生员实施家庭接生以外的医疗行为的。”

④ 参见张毓茜、曹旭峰：《湖北通报 3 起典型代孕案件 官方称打击代孕将常态化》，载中国新闻网，https://www.chinanews.com.cn/sh/2015/12-14/7670616.shtml。

体包括五种情形，情节更加严重的“严重损害就诊人身体健康”包括两种情形。[①]目前已经依据非法行医罪定罪量刑的案例中要么是对被害人的身体健康造成严重损害，要么是因非法行医被行政处罚过两次。[②]然而大部分代孕行为因为没有造成严重损害被害人健康的危害后果，或是没有被卫生行政部门行政处罚过等原因，无法达到非法行医罪的入罪门槛，也就无法按照非法行医罪定罪量刑。可见非法行医罪的规制范围远远小于应当被纳入刑法规制的代孕行为范围。

此外，根据上述司法解释第 6 条的规定，非法行医罪中的“医疗活动”参照《医疗机构管理条例实施细则》中“诊疗活动”的概念。[③]而实施代孕行为是卫生行政部门明确禁止的非法行为，并且其本质是通过向第三人“转嫁”痛苦和风险的方式来帮助消除委托人的病痛，因此其是否应当被列入非法行医罪中的“医疗活动”仍然存在争议。笔者认为，作为在一定程度上弥补刑法漏洞的无奈之举，在现阶段把代孕纳入医疗行为的范畴有其必要性和合理性，但也应当承认代孕行为与医疗活动之间存在差异，在之后的代孕刑事立法中应予考量。

5. 非法植入基因编辑、克隆胚胎罪

在我国现行《刑法》中，另一个与代孕行为具有较强关联性的罪名是非法植入基因编辑、克隆胚胎罪。该罪是 2021 年开始实施的《刑法修正案（十一）》新增的罪名，设置该罪的初衷是回应 2018 年贺某奎基因编辑婴儿案[④]所引起的社会公众对于国家安全和生物安全的担忧，这与主要导致道德伦理冲突的代孕行为存在明显差异。但非法植入基因编辑、克隆胚胎罪中所涉及的核心医学技术之一即体外受精－胚胎移植技术与代孕行为中所涉及的人工辅助生殖技术完全一致，因此

---

① 最高人民法院《关于审理非法行医刑事案件具体应用法律若干问题的解释》第 2 条规定：“具有下列情形之一的，应认定为刑法第三百三十六条第一款规定的‘情节严重’：（一）造成就诊人轻度残疾、器官组织损伤导致一般功能障碍的；（二）造成甲类传染病传播、流行或者有传播、流行危险的；（三）使用假药、劣药或不符合国家规定标准的卫生材料、医疗器械，足以严重危害人体健康的；（四）非法行医被卫生行政部门行政处罚两次以后，再次非法行医的；（五）其他情节严重的情形。”第 3 条规定：“具有下列情形之一的，应认定为刑法第三百三十六条第一款规定的‘严重损害就诊人身体健康’：（一）造成就诊人中度以上残疾、器官组织损伤导致严重功能障碍的；（二）造成三名以上就诊人轻度残疾、器官组织损伤导致一般功能障碍的。”

② 参见松江卫监：《【打击非法行医】组织代孕被罚 450 余万，并追究刑事责任》，载“松江卫监”公众号 2022 年 7 月 22 日，https://mp.weixin.qq.com/s/lrCFupc397NMoQceZnVi6w。

③ 《医疗机构管理条例实施细则》第 88 条规定，“诊疗活动：是指通过各种检查，使用药物、器械及手术等方法，对疾病作出判断和消除疾病、缓解病情、减轻痛苦、改善功能、延长生命、帮助患者恢复健康的活动。”

④ 参见王攀、肖思思、周颖：《科研幌子难掩非法行医事实 名利动机驱使恶意逃避监管——聚焦“基因编辑婴儿”案件》，载《人民日报》2019 年 12 月 31 日，第 11 版。

二者之间存在相当程度的关联性和交叉性。对该罪的构成要件分析可知，本罪的规制范围依然无法完全覆盖所有代孕行为，故不能作为对代孕行为进行刑法规制的替代罪名。此外，基于非法植入基因编辑、克隆胚胎行为与代孕行为具有高度关联性，并且现行《刑法》已将前者入罪化，对比分析二者的共性与差异，对研究代孕行为刑法规制问题具有重要的借鉴意义。

从主体方面看，根据《刑法》条文的描述，非法植入基因编辑、克隆胚胎罪的主体与上述四个罪名相同，也是一般主体，单位不能构成本罪。因而该罪的主体范围依然较小，无法规制医疗机构、中介组织、商业公司等实施代孕行为的主体。但对于单位是否应当成为该罪的主体，学界存在不同认识。有学者就指出，单个自然人通常很难具备实施该犯罪所需的各项技术条件，往往是通过医疗机构、科研机构等单位实施的，故该罪的主体应当包括单位，而不应只局限于自然人。① 如果未来通过司法解释等方式把单位纳入该罪的主体，其与代孕行为之间的关联将更加紧密。

从刑法条文的具体表述看，非法植入基因编辑、克隆胚胎罪的客观方面包括三种表现形式。② 其中与代孕行为存在一定程度关联性的是第一种表现形式，即将经过基因编辑或是克隆的人类胚胎植入人类身体之内。但二者之间的差异也比较明显，该罪中行为人植入人体的人类胚胎必须是经过基因编辑或是克隆的，代孕行为中则无此要求。目前代孕技术中最先进的是在体外受精 - 胚胎移植技术基础上发展而来的第三代试管婴儿技术（胚胎植入前遗传学诊断 / 筛查，Preimplantation genetic diagnosis/screening，PGD/PGS），其核心改进是在进行胚胎移植之前，由技术人员对胚胎的染色体或基因进行分析，进而筛选出健康的胚胎进行移植，以提前避免一些遗传性疾病的发生。③ 即便是在这种技术中，也只是对胚胎的遗传物质进行检测，并不改变其基因序列，其他类型的代孕技术则更不会对胚胎的基因进行干预。此外，非法植入基因编辑、克隆胚胎罪中只要求将胚胎植入人体，并没有要求植入胚胎原有的母体还是第三者的母体，这一点与代孕行为类似，即代孕母亲可能是供卵母亲，也可能不是。非法植入基因编辑、克隆胚胎

---

① 参见孙谦：《刑法修正案（十一）的理解与适用》，载《人民检察》2021 年第 8 期。

② 该罪的客观方面包括三种表现形式：一是将基因编辑、克隆的人类胚胎植入人体内；二是将基因编辑、克隆的人类胚胎植入动物体内；三是将基因编辑、克隆的动物胚胎植入人体内。

③ 参见习艳霞：《做试管婴儿能选择男女吗？》，载人民网 2019 年 9 月 27 日，http://kpzg.people.com.cn/n1/2019/0927/c404214-31376907.html。

行为入刑的立法本意与保护法益与代孕行为不同，二者在客观方面表现也存在差异，因而在现阶段无法通过该罪名实现对代孕行为的全面规制。但随着基因技术的快速发展，未来如果行为人在实施试管婴儿技术时，采取人工干预的方式修正胚胎中存在的异常或缺陷基因，之后再进行胚胎移植，则可依照非法植入基因编辑、克隆胚胎罪定罪量刑。

第三节　代孕行为刑法规制的必要性

刑法的稳定性与社会的不断发展是刑法发展过程中一对永恒的矛盾。由于刑法涉及人的生命、自由等基本人权，因此必须严格坚持“罪刑法定原则”，要真正保障“罪刑法定原则”的实现，则必须要保持刑法的稳定性。但经济社会的不断发展，以及由此带来的社会价值观念的变化，又要求刑法不能固守绝对的稳定性，而是要不断修正自己的规制范围，以顺应发展潮流，回应公众关切。自 1997 年《刑法》颁布至今，其已历经 12 次修正，删除和增设了许多罪名，正是这一矛盾的生动体现。同时，刑法在整个法律体系中具有保障法性质，只有在其他前置法无法有效保护法益时，刑法才应作为法益保护的“最后一道防线”介入，以体现其保障法地位。换言之，只有当某一类行为具有相当程度的法益侵害性，并且前置法无法有效保护法益时，刑法的介入才成为一种必要。否则，将其纳入刑法的调整范围就缺乏实质的合理性和必要性。对代孕行为进行刑法规制的必要性同样源自这两方面原因。只有刑法及时将代孕行为纳入其规制范围，才能够对代孕行为所引起的社会冲突尤其是具有严重社会危害性的犯罪行为进行有效的评价、处置和预防，以弥补相关前置法惩治无力的缺陷，从而真正起到“最后一道防线”的作用。这一点，从我国《刑法》对“组织出卖人体器官罪”“非法植入基因编辑、克隆胚胎罪”等罪名的立法实践中都不难得到印证。关于代孕行为前置法作用的有限性上文已经论及，这里着重讨论代孕行为所具有的社会危害性。

一、代孕行为颠覆传统家庭伦理

代孕行为的社会危害性首先表现为对传统家庭伦理的冲击和颠覆。代孕作为一种人工介入的、非自然的生育方式，必然会对社会传统的人伦观、家庭观造成冲击，并引起委托父母与代孕子女、代孕母亲与代孕子女、代孕子女之间等社会关系难题，因而具有无可否认的伦理非难性。这也成为要求严格禁止代孕，并对代孕行为进行全面刑法规制的最主要理由。从伦理学的角度看，代孕行为作为代孕母亲利用自己的子宫为他人生育子女的行为，无论其基于商业目的还是利他目的，都是一种明显违背生命伦理，违背人类自然生殖规律的行为，此种行为在客观上会为人类带来一系列以现有伦理观念所无法解释和接受的重大难题。

从社会学的角度看，代孕行为还会带来各主体之间的社会关系问题。尽管从基因的角度，代孕母亲与代孕子女之间不一定有直接的基因联系，这种联系只有在基因代孕中才存在。但代孕母亲与代孕子女之间的生物学联系是不容抹杀的，毕竟代孕子女在代孕母亲的子宫中孕育成长，并通过脐带实现生物学意义上的联结。这样在客观上就会出现一个孩子拥有两个母亲的情况，如果形成胚胎的卵子是由第三方提供的，那还会出现一个孩子拥有三个母亲的情况，即供卵母亲、代孕母亲、委托母亲。这会对人类社会中原本相对稳固、明确的婚姻家庭关系形成重大干扰。此外，代孕母亲在整个受孕分娩的过程中，不但与代孕子女之间形成生物学上的联系，同时也产生了事实上的情感关系，而当孩子出生后送给他人抚养时，亦会对代孕母亲的感情造成巨大打击。即便有些代孕母亲出于对金钱利益的渴望而忽视这些感情伤害，但这种伤害依然是客观存在的，而且会随着时间的流逝而增长。

更为严重的是，代孕行为还会给人伦关系带来混乱，进而给人类生命伦理秩序的稳定造成威胁。这在亲属之间相互代孕时最为突出，英国媒体曾报道过一则新闻，一名英国女子使用自己的卵子和其继父的精子，为其生母和继父代孕并产下一名女婴。如果最终其母亲和继父取得该女婴的亲权，那么从法律上讲，该女子就是女婴的姐姐，而从基因和生物学的角度看则是女婴母亲。同时代孕行为大部分是匿名的，而且存在同一男性为多人提供精子的情况，这时将出现同父异母、同母异父的兄弟姐妹，并且互不认识，这不仅会带来隐私权问题，还可能埋下近亲结婚的隐患。

凡此种种可见，无论何种形式的代孕行为，都会危害到人类社会赖以维持稳定的生命伦理秩序，其所具有的社会危害性显而易见。尤其在我国极为重视家庭、亲情的传统文化背景下，传统伦理观念早已深入人心，而代孕行为所带来的混乱和冲击必然会对我国传统的婚姻家庭关系形成更加严重的威胁，也会对整个社会关系的稳定造成更大程度的破坏。

二、代孕行为引发对代孕母亲尊严的贬抑和剥削

代孕行为，尤其是以营利为目的的商业代孕行为，在一定程度上就是对代孕母亲的尊严的贬抑，而且极易导致对弱势女性的剥削。欧盟议会在2015年的年度报告会议上指出，“代孕侵害了代孕母亲的尊严，是对其身体和生育功能的商品化利用，妊娠代孕行为尤其是包含对发展中国家弱势女性的剥削和对人体的商业性利用亟须人权保护规范加以禁止”[①]。

人的尊严是一个使用极为普遍，内涵又极为复杂的概念。德国哲学家康德曾说过：“你的行动，要把你自己人身中的人性和其他人身中的人性，在任何时候都同样的看做是目的，永远不能只是看做手段。”[②]这表明人不能仅被当作实现目的的手段，而是要存在于目的之中，按照自己的意愿作出理性的抉择，也就是“把人当作目的”，否则就是对尊严的侵害和贬抑。首先，人们不能把自己作为纯粹的物或是实现目的的手段看待，否则就违背了每个人应当保持自尊的义务，进而构成对尊严的侵害。无论在何种代孕行为中，代孕母亲都是把自己的子宫和身体当作实现生育目的的手段与工具，这种把自己当作实现目的的手段而不是目的本身的行为，就属于代孕母亲对自身价值的否定和对自我尊重的放弃。其次，任何人都不能将他人当作实现目的的工具，否则就违背了对他人保持尊重的义务，构成对他人尊严的侵犯。但在代孕机构或代孕组织者的眼中，提供子宫的代孕母亲就是他们牟取巨额利润的工具和商品，甚至会直接剥夺其基本的身体自由和精神自由。在我国的地下代孕市场中，非法代孕中介大量招募女性作为赚钱工具，并按照学历、年龄、外貌等标准将代孕母亲区分为不同等级，确定不同收费标准，这就是把代孕母亲物化为工具的表现，是对其尊严的严重侵犯。最后，在商业代孕中，追求金钱利益成为代孕的最终目的，代孕母亲的生殖能力则成为实现这一目的的工具。然而康德曾明确指出，“一个有价值的东西能被其他东西所替代，这是等价；与之相反，超越一切价值之上，没有任何等价物可替代，才是尊严”，[③]即人的

---

① 顾菲：《跨国代孕的国际私法问题研究》，东南大学2016年硕士学位论文。
② ［德］康德：《道德形而上学原理》，苗力田译，上海人民出版社2002年版，第88页。
③ ［德］康德：《道德形而上学原理》，苗力田译，上海人民出版社2002年版，第87页。

尊严是不可替代的，更不可以被置于金钱衡量体系之中，任何将尊严商品化的行为都是对于尊严的贬抑。一旦将人的尊严当作一般商品置于市场之上随意售卖，那么各种违背道德、侵犯尊严的罪恶事情都可能会发生。

在商业代孕中，代孕母亲往往来自社会中经济地位相对弱势的群体，她们参与代孕的主要目的就是赚取金钱。为了实现这一目的，她们在放弃自尊的同时，还不得不在代孕过程中沦为被控制、被欺压的一方，不但要承受代孕所带来的各种精神、身体方面的痛苦，还要遭受来自代孕组织者的各种压榨和剥削。一方面，代孕母亲获得的收益远低于代孕组织者，另一方面，其还要服从后者的安排、控制甚至强迫，例如，对代孕母亲进行集中管理、限制生活条件、限制人身自由、控制对外联系等。此外，为满足委托父母的特定要求，代孕母亲还可能会面临被迫生育多胞胎、进行剖宫产或堕胎等严重损害身体健康的情形。这些行为都构成了对代孕母亲健康权和人格尊严的严重剥削，也成为许多学者反对代孕的重要理由之一。

三、代孕行为侵害代孕子女的合法权益

代孕行为不但会直接侵害代孕母亲的身心健康和尊严，还可能对代孕生产婴儿的合法权益造成多种侵害。首先，代孕行为会贬抑代孕子女的尊严。众所周知，在代孕行为开始实施的时候代孕子女并不实际存在。因此，代孕行为有别于买卖儿童行为，并没有直接把已经存在的婴儿作为交易的对象。但代孕行为同样以委托父母与代孕母亲之间形成合意为前提，尽管这种合意可能是有偿的也可能是无偿的，可能基于商业目的，也可能出于利他目的，但这种合意最终的目的都是向委托父母提供一名儿童，本质上都是为了满足成年人对于孩子的需求，而从根本上忽视了儿童的尊严。此外，提供精子、卵子的各方虽然对自己的精子或卵子拥有绝对的自主权，但对二者结合产生的生命却并不拥有绝对的自主权。婴儿自诞生起就是独立的生命个体，不能任由委托父母或代孕母亲随意支配。代孕行为是通过双方合意来决定婴儿的命运，本质上也是把婴儿物化为协议的对象，同样违背了“把人当作目的”的观念，在商业代孕中更是赤裸裸地用金钱利益来衡量婴儿生命的价值，从而侵害代孕子女的尊严。

其次，代孕行为可能会损害代孕子女的身体健康。代孕与自然生育方式不同，从胚胎形成到孕育、生产的全过程都会受到医疗技术以及各种药物激素的干预，再加上代孕母亲的心理压力较大、生活条件不佳等多种不利因素，都会对代孕

生产婴儿的身体健康产生负面影响，进而可能导致早产、畸形、疾病等结果。此外，在代孕子女出生之后，委托父母顺利“收货”之前的这段时间，婴儿需要精心地护理和照顾，但出于降低成本、逃避打击、“协议”纠纷等会导致婴儿疏于照料，进而威胁其身体健康，甚至生命安全。

最后，代孕行为还可能导致代孕子女被遗弃或出卖。在大量的代孕案例中出现相当比例的婴儿患有先天畸形或其他严重疾病，在自然生育的家庭中，这些婴儿通常由其亲生父母继续照顾抚养，而对代孕行为中的委托父母来说，这些婴儿则属于不符合约定的“残次品”，因而会直接要求弃养、退货。2014 年就曾有一对澳大利亚夫妇委托一名泰国妇女代孕产下一对双胞胎婴儿，但该夫妇发现其中一个孩子患有唐氏综合征，最终只带走了另一名健康的女婴。① 还有些委托父母由于个人原因而反悔，不愿接受代孕子女，2021 年引起国内舆论哗然的“郑某代孕事件”即属此类情况。此外，为了提高受孕概率和代孕成功率，医疗机构通常会选择向代孕母亲子宫内同时植入多个胚胎，最终出生的超出预订数量的婴儿也会遭到委托父母的拒收。以上种种原因所导致的无法被委托父母顺利接收的代孕婴儿通常将面临非常凄惨的命运，或是被遗弃，或是被出卖，甚至是作为“失败的产品”被直接“清除”掉。

四、代孕行为诱发关联性违法犯罪行为

由于整个代孕行为涉及的环节众多，不仅包括代孕基本行为，还包括许多围绕代孕基础行为开展的代孕附随行为，尤其是巨大经济利益刺激下快速发展的商业代孕的加入，使得代孕行为的形式日益复杂，组织日趋严密，规模日渐庞大。随之而来的是代孕行为诱发的一系列与之具有关联性的违法犯罪行为，从而进一步增强代孕行为的社会危害性。这些具有关联性的违法犯罪行为一直是我国相关行政部门专项打击行动的重要目标，同时也构成了对代孕行为进行刑法规制的重要理由。具体来说，主要包括以下几种情况。

第一，非法组织境外人员入境代孕。目前我国存在的代孕行为以商业代孕为主，而商业代孕最终的目的就是获取尽可能多的利润。近年来，随着我国经济社会条件的快速发展，包括人力在内的各项成本快速增加，招募代孕母亲的费用也

---

① 参见于景浩、冯国川:《澳大利亚夫妇将病婴狠心抛弃“扔给”代孕妈妈》，载搜狐网 2014 年 8 月 4 日，http://world.huanqiu.com/article/9CakrnJFnew。

在不断增长。为了尽可能降低成本，许多代孕中介将目光转向了人力资源丰富、人力成本较低且与我国毗邻的东南亚国家。这些机构以高薪为诱饵在境外大量招募年轻女性作为代孕母亲，并组织她们非法入境中国后实施代孕。尤其是在东南沿海地区，跨国实施代孕或卖卵行为频发。例如，在广东省广州市花都区人民法院2020年判决的一起组织他人偷越国境案中，被告人石某等人从2019年6月开始，以承诺高额报酬为手段，先后从越南招揽了8名当地女性充当代孕母亲，并组织她们非法进入中国境内实施代孕，直至被公安机关抓获。[①]此类行为不仅对我国的国（边）境管理秩序造成严重妨害，而且在部分案件中还存在诈骗、非法拘禁、故意伤害等其他严重的犯罪行为，其所造成的社会危害性不容小觑。

第二，非法买卖人类配子。由于委托父母的身体条件和预期需求各不相同，许多代孕行为需要借助第三方提供的精子或卵子才能成功完成。然而我国目前只有27家正规的精子库，并且管理非常严格，而正规设立的卵子库则连一家都没有。如果代孕中需要使用精子须按照规定向精子库排队申请、等待审核，如果需要使用卵子则只能等待符合条件的女性捐献卵子。因此，正规渠道远远无法满足代孕对于人类配子（精子和卵子）的巨大需求。同时我国法律明确禁止人类配子的买卖，[②]所以许多代孕所需的精子和卵子只能转向地下市场，通过非法买卖的方式来满足需求。人类的生理原因导致精子和卵子的获取难度差别很大，而且对捐献者身体造成的影响存在明显差异，因此在非法买卖人类配子交易中非法买卖卵子是数量最多且危害最大的一种类型。通常正规医院的取卵手术对环境要求很高，需要无菌、恒温，并由经验丰富的医务人员操作，然而非法卵子交易通常是在小诊所操作取卵手术的，由于手术条件不达标和缺乏监督，很容易出现过度刺激或感染，进而威胁供卵者的身体健康甚至生命安全。此外，许多非法中介还打着“微创采卵”“无痛无害”的幌子，通过高额回报诱骗年轻女性出卖卵子，甚至把目光盯上大量正在高校读书的女大学生。更有甚者，如果有女性同意出卖卵子并配合取卵手术，许多中介机构和黑诊所还会在被害人不知情的情况下，偷偷向其注射过量的促排卵药物，目的是在一次手术中尽可能多地采集卵子，[③]从而进一步增

① 参见石某组织他人偷越国边境案，广东省广州市花都区人民法院刑事判决书，(2020)粤0114刑初429号。

② 《人类辅助生殖技术管理办法》第3条规定，“禁止以任何形式买卖配子、合子、胚胎”。

③ 参见黄莜、毛一竹、帅才:《触目惊心“取卵黑手”伸向女大学生》，载经济参考报2021年2月24日，http://www.jjckb.cn/2021-02/24/c_139762914.htm。

加对被害人身体健康所造成的伤害。实践中还出现过行为人通过“套路贷”诈骗等方式，采取威胁、恐吓等手段迫使被害人“卖卵”偿还债务的情况，这种强迫取卵行为所具有的社会危害性自然更加严重。

第三，伪造、出具虚假出生医学证明。出生医学证明号称中国人的“人生第一证”，是依据《母婴保健法》出具，由国家卫生健康委员会统一印制，由经过批准且依法取得母婴保健技术服务许可证的医疗保健机构签发的，以证明在我国境内出生婴儿的出生状态、血亲关系等重要信息的法定医学证明。出生医学证明是新生儿申报国籍、户籍，取得居民身份证号的重要依据。然而一直以来我国的卫生行政部门都严格禁止代孕，并且代孕委托母亲与代孕母亲的身份信息并不一致，因此通过代孕出生的婴儿无法通过正常渠道获得医疗保健机构签发的出生医学证明。这时委托父母只有两种选择，要么无法正常申报代孕子女户籍，使之被迫成为黑户；要么通过提供虚假孕妇信息办理产检、入院、剖宫产手术等事项，隐瞒代孕事实，之后再贿赂医务人员，以委托父母的身份信息为代孕子女办理出生医学证明。后者不但违反《母婴保健法》等法律法规，同时涉嫌构成《刑法》第280条规定的伪造国家机关证件罪。实践中，伪造、出具虚假出生医学证明的行为主要是由代孕中介组织、策划的，具体的操作方式主要有三种。第一种情况是代孕中介先安排委托客户与另一名女子假结婚，代孕母亲前往医院生产时登记的身份信息则是该假结婚女子的信息。代孕中介通常会事先打点、贿赂相关的医务工作人员，这些工作人员也就不会对代孕母亲的身份登记信息进行严格核对。待委托客户凭借医院出具的出生医学证明成功申报户籍后，再去办理离婚手续。第二种情况是代孕母亲使用伪造的假身份证登记产妇信息，待婴儿出生之后，在有关医务人员的协助下，直接以委托父母的身份信息获得出生医学证明，之后再申报户口。湖南省益阳市赫山区人民法院2019年发布的一份刑事判决书中就显示，有3名医务人员收受贿赂之后，在明知产妇信息造假的前提下，仍然帮助其办理虚假的出生医学证明，最终三人被以伪造国家机关证件罪追究刑事责任。[①]第三种则是由提供精子的委托父亲，在婴儿出生后与之进行司法亲子鉴定，再到户籍所在地谎称“未婚先孕，母亲失联”，最终利用户籍政策的漏洞直接为婴儿办理入户。有些代孕机构为了方便办理出生医学证明，还会提前与医院，特别是私立医院建立关

① 参见汤某慧、戴某敏伪造、变造、买卖国家机关公文、证件、印章案，湖南省益阳市赫山区人民法院刑事判决书，(2019)湘0903刑初771号。

系，专门开展长期合作。[①] 上述乱象对我国的公共卫生管理秩序和户籍管理秩序都带来严重危害。

第四，倒卖医学信息。随着地下代孕产业的快速发展，与代孕相关的黑色产业链也日趋成熟。例如，有人负责招募年轻女性充当代孕母亲，有人负责代孕母亲妊娠期间的生活起居，有人负责联系医院办理体检和手术等。但整个灰色产业链存在的前提是要寻找到数量足够多且具有相当支付能力的代孕需求者。由于代孕产业在我国没有得到法律认可，很难通过正规的媒体渠道发布广告，代孕中介机构往往通过互联网平台、招贴小广告等方式进行宣传，这种方式虽然能够有效逃避行政部门的打击，但也存在宣传面不大、针对性不强的不足。为增强宣传的针对性，提高市场开拓的效率，代孕中介机构就把目光盯上了直接接触不孕不育患者的医务人员。这些医务人员在日常诊疗活动中会得到大量不孕不育患者的详细个人信息，对患者的具体情况也非常了解，而且很容易得到这些患者的信任。部分唯利是图的医务人员就会向代孕中介机构出售这些不孕不育患者的相关信息，以换取金钱利益，更有甚者则在下班时间做“兼职”，直接操刀代孕手术以赚取高额“手术费”。根据我国《刑法》及相关司法解释的规定，[②] 如果这种出卖患者信息的行为达到一定的严重程度，就可能涉嫌构成侵犯公民个人信息罪。

第四节 代孕行为刑法规制的界限

代孕行为所具有的社会危害性证成在对代孕行为进行法律规制的过程中刑法介入的必要性。在此前提之下，刑法介入的范围具体如何，换言之，到底哪些代孕行为应当予以犯罪化则是一个存在广泛争议的问题。刑法在法律体系中的地位

---

① 参见秦山:《地下代孕市场调查① | 疫期订单增加，88 万“包成功包性别”》，载澎湃新闻网 2020 年 9 月 9 日，https://www.thepaper.cn/newsDetail_forward_9080115。

② 《刑法》第 253 条之一第 2 款规定:“违反国家有关规定，将在履行职责或者提供服务过程中获得的公民个人信息，出售或者提供给他人的，依照前款的规定从重处罚。”最高人民法院、最高人民检察院《关于办理侵犯公民个人信息刑事案件适用法律若干问题的解释》第 5 条第 1 款规定:“非法获取、出售或者提供公民个人信息，具有下列情形之一的，应当认定为刑法第二百五十三条之一规定的‘情节严重’:……（八）将在履行职责或者提供服务过程中获得的公民个人信息出售或者提供给他人，数量或者数额达到第三项至第七项规定标准一半以上的……”

以及刑罚的严厉性，决定了刑法作为一种规制手段应当符合谦抑主义的要求，即刑法对社会生活的介入应当控制在维护理性共同体生存发展所必需的最低限度之内。张明楷教授指出，虽然刑法的目的与任务是保护法益，但是，这并不意味着对任何侵犯法益的行为都必须规定或者认定为犯罪，应从法益侵害的严重性、其他制裁方法不足、不会禁止有利社会行为、能够客观认定和公平处理、具有预防或抑制效果五个方面考虑对侵犯法益的行为进行犯罪化的条件。[①] 因此，代孕行为虽具有社会危害性，但并不是所有的代孕行为都需要纳入刑法规制范围而予以犯罪化处理。

在普通的生活领域，社会规范的制定大体上应当遵循一种递进式的过滤过程，即从社会伦理到一般法律再到刑事法律。只有当现有的社会伦理和一般法律无法有效规制某一行为时，刑法才能作为“最后手段”将其予以犯罪化处理。[②] 对于代孕行为的犯罪化问题也应当遵循这一路径，即代孕行为犯罪化应当受到道德、民法、行政法的限制，只有在无法通过其他方式实现对宪法权利的保护时，才应当制定刑法。反之，如果通过道德、民法、行政法等前置方式足以保护相应法益，则应排除犯罪化的选择。

同时，由于代孕行为的外延较大、表现多样，每一具体代孕行为的主体、目的、方式、后果等都存在巨大差异。因此，很难一概而论，得出一个一致性对策。最为理性的选择就是对代孕行为进行类型化处理，将代孕行为分为不同种类，再依据各自的社会危害性大小、规制方式如何、是否有利社会、预防效果如何等因素得出是否犯罪化的结论。如前文所述，依据行为性质的不同，代孕行为可以分为代孕基础行为和代孕附随行为两大类，二者所具备的犯罪化条件各不相同，在是否犯罪化问题上所面对的争议也有区别。

一、代孕基础行为的非犯罪化

从本质上看，代孕基础行为其实是一项以人工辅助生殖为目的的医疗技术行为，主要涉及三方主体，即委托父母（代孕需求）、代孕母亲（提供子宫）、医疗服务方（操作手术）。与其他辅助生殖技术相比，代孕不但改变了人类在漫长进化过程中形成的自然生育模式，同时突破了人类社会基于血缘关系所形成的对于亲子、婚姻、家庭的认知，从而严重挑战人们原有的家庭伦理观念和道德尊严观念。因

① 参见张明楷：《刑法学》（第 5 版），法律出版社 2016 年版，第 62～66 页。

② 参见梁根林：《刑事法网：扩张与限缩》，法律出版社 2005 年版，第 34 页。

此，代孕技术从应用之日起就面对着巨大的社会与理论争议。有人视之为颠覆人伦的洪水猛兽，有人则把它当作解除病患的希望寄托。基于各自立场、关注重点、社会文化特点等因素，不同国家的立法者和学者对于代孕行为，尤其是代孕基础行为是否应当犯罪化的问题所持态度也各不相同。

纵观各主要国家的法律，大陆法系国家对于代孕行为多持否定态度，主张通过包括刑事立法在内的手段完全禁止所有代孕行为；英美法系国家的态度则较为宽容，不主张通过刑事立法禁止包括代孕基础行为在内的所有代孕行为，而是允许在不同范围内有条件地开放代孕。具体来讲，相关刑事立法可以分为三种情况。第一种是完全禁止代孕，如德国 1990 年制定的《胚胎保护法》明确禁止代孕，并规定为代孕母亲实施人工授精或试管婴儿手术的，将被判处 3 年以下有期徒刑及罚金；[①] 法国《刑法典》同样禁止所有违法实施的代孕行为，并为此规定了 5 年监禁及巨额罚金的严厉刑罚。[②] 第二种是只禁止商业代孕，典型代表是英国、加拿大、荷兰、泰国等，如英国的《代孕协议法》允许以利他性的非商业代孕作为治疗不孕症的合法手段，但将商业代孕以及与其相关的各种附带性行为规定为犯罪；[③] 又如，荷兰《刑法典》第 151b 条规定有偿代孕行为构成犯罪，但无偿代孕不包含在内。[④] 第三种则是完全开放代孕，主要包括美国、印度、俄罗斯以及被称为“欧洲子宫”的乌克兰。由于美国实行联邦制，其情况相对比较复杂，但从总体上看，多数州承认有偿代孕的合法性，只是在程度上存在差别，其中内华达州、新泽西州、加利福尼亚州等 11 个州最为宽松，极少数州则明确禁止商业代孕，如路易斯安那州、密歇根州和内布拉斯加州，其他州的态度则比较暧昧。[⑤]

与各国立法者相比，学者们的争议则更加尖锐，也更具批判精神。其中我国学者对于代孕基础行为是否犯罪化的态度大致分为两大阵营。代孕基础行为犯罪化的支持者主要是从代孕基础行为所具有的社会危害性方面寻找依据。例如，有学者认为任何代孕行为都破坏了传统的亲子关系，既是对社会家庭伦理观念的

---

① 参见肖永平、张弛：《比较法视野下代孕案件的处理》，载《法学杂志》2016 年第 4 期。

② 参见陈鹤文：《域外代孕亲子关系确认规则研究》，载《医学与法学》2020 年第 4 期。

③ 参见潘荣华、杨芳：《英国“代孕”合法化二十年历史回顾》，载《医学与哲学（人文社会医学版）》2016 年第 11 期。

④ 参见王萍：《代孕法律的比较考察与技术分析》，载《法治研究》2014 年第 6 期。

⑤ 参见席欣然、张金钟：《美、英、法代孕法律规制的伦理思考》，载《医学与哲学（人文社会医学版）》2017 年第 7 期。

颠覆，也是对公序良俗和公共利益的严重违背，[①] 故应通过严厉的刑事手段予以禁止。还有学者从生命伦理的角度分析，认为所有形式的代孕行为都存在将女性子宫“工具化”“机器化”的倾向，从而形成对女性尊严的贬抑和人格权益的侵害，是“严重违背人性，侵害生育正义的行为”[②]，应当将其犯罪化。此外，还有学者是从代孕子女权益保护的角度论证将代孕基础行为犯罪化的正当性，认为代孕行为不但会引起对代孕子女尊严的侵犯，还可能诱发遗弃、买卖、虐待儿童的行为，因而具有相当的社会危害性，应当通过将其犯罪化的方式予以禁止和预防。

代孕基础行为犯罪化的反对者则更多是从代孕技术存在的合理性的角度论证其观点，也就是代孕技术能够解除不孕不育夫妇的痛苦，帮助他人实现生育权。首先，代孕技术可以帮助不孕不育夫妇实现生育权。生存和繁衍是人类最重要的需求，也是构成人权的最基本内容，因此生育的权利自然属于基本人权的范畴，而赋予人们选择生育方式的权利则是保障生育权实现的应有之义。不孕不育夫妇应当享有同样的生育权，自然也应享有选择生育方式的权利，即当其不能通过自然方式正常生育时，则应为其提供替代选择以实现这一基本人权。因而代孕是对不孕不育夫妇生育权的尊重，如果通过法律手段完全禁止代孕则是对其获得子女权利的剥夺。这也是 2015 年全国人大常委会修订《人口与计划生育法》时，未能将“禁止以任何形式实施代孕”的内容写入修正案的重要原因之一。[③] 曾经审理“婴儿 M”案的美国法官就直接指出，“如果一个人有权以性交方式生育，那么他就有权以人工方式生育。如果生育是受到保护的，那么生育的方式也应受到保护，本法庭认为这种受保护的方式可以扩展到用代孕生孩子。”[④]

其次，社会对代孕技术的巨大需求不容忽视。前文曾论述过，代孕行为之所以在我国屡禁不止，野蛮生长，一个很重要的原因就是存在数量巨大的潜在代孕需求。在环境原因、社会原因以及丁克家庭、单亲家庭、失独家庭、婚外生育、同性恋群体等诸多因素的共同作用下，日益增长的代孕需求已成为我国社会中一个无法回避、不能忽视的现实问题。有学者指出，“代孕终究将在人类繁衍的方式中

---

① 参见梁慧星：《民法学说判例与立法研究》（二），国家行政学院出版社 1999 年版，第 16 页。

② 刘长秋：《论我国立法规制代孕的价值及其方向》，载《南通大学学报（社会科学版）》2021 年第 3 期。

③ 参见王逸吟、殷泓：《代孕该不该一禁了之？——人大常委会组成人员热议人口计生法修改》，载《光明日报》2015 年 12 月 26 日，第 2 版。

④ 周平：《有限开放代孕之法理分析与制度构建》，载《甘肃社会科学》2011 年第 3 期。

扮演何种角色，尚难定论，但需求不断增多是不争的事实”[①]。然而正规渠道提供的辅助生殖服务，要么在数量上远远无法满足实际需求，要么在技术上无法彻底解决生育难题。如果只是简单地通过将代孕基础行为犯罪化的方式来完全禁止代孕行为，大量无法通过正规途径解决生育需求的人群只会转向地下代孕市场，进一步推动“代孕黑市”的畸形繁荣。所谓“青山遮不住，毕竟东流去”，搞“一刀切”式的完全禁止代孕而忽视客观存在的实际需求，并非“治世之良方”。

最后，代孕可解决有需求群体的家庭矛盾，促进社会稳定。繁衍后代是人类的一种本能和基本需求，尤其是在中国人的传统观念中，“传宗接代，延续香火”等思想依旧影响深远。此外，孩子作为婚姻的“稳定器”，对许多家庭来说具有不可替代的重要作用。如果为那些无法正常生育的家庭彻底关闭希望之门，可能会导致许多感情失和、婚姻破裂等情况发生，进而增加社会的不稳定因素。如果能合理利用代孕技术帮助这些有需求群体实现其繁衍后代的愿望，解除其对“无后”的恐惧和痛苦，则有利于巩固婚姻关系，缓和家庭矛盾。

笔者认为，代孕行为所具有的社会危害性不容否认，但对于代孕行为的犯罪化问题则应慎重考虑，区别对待。特别是代孕基础行为与代孕附随行为所具有的社会危害性存在明显差异，各自的犯罪化条件也有不同，其法律规制途径理应相对有所区别。单就代孕基础行为而言，简单将其犯罪化的做法并不可取。主要理由在于其犯罪化条件有所欠缺。

第一，代孕基础行为对法益的侵犯性并不严重。根据刑法基本理论，犯罪的本质是对法益（法所保护的利益）的侵犯，但并非所有侵犯法益的行为都必须予以犯罪化处理。只有那些对法益的侵犯非常严重，或是侵犯重大法益的行为，刑法才有必要将其规定为犯罪。不可否认，代孕基础行为对亲子关系、家庭伦理造成了冲击，同时也侵犯了代孕母亲的尊严，因而具有一定的法益侵害性。但这种侵害性是否达到严重的程度，而必须予以犯罪化？首先，基于代孕技术的代孕基础行为是为了追求治愈疾病、缓解痛苦的“善”。从“两害相权取其轻”的医学伦理出发，虽然实施代孕基础行为会带来一些附带的负面影响，但总体上负面影响要明显小于其所带来的收益，符合“有利于患者”原则，也无改其“向善”的初衷。这与其他严重侵害法益的犯罪行为是有明显区别的。其次，代孕基础行为虽然客

① 田宏杰：《代孕治理的时代之问与应然选择》，载《中国应用法学》2021 年第 6 期。

观上侵犯了代孕母亲的尊严，但属于代孕母亲对其自尊的放弃。除去少数的强迫代孕外，大部分代孕是在委托父母与代孕母亲达成合意的前提下实施的，不管其出于利他目的还是为了获取报酬，都是代孕母亲自愿支配自己身体的行为。虽然从哲学、伦理学的角度看，每个尊严主体都有保持自尊的义务，对于违背保持自尊义务的行为都应当给予否定性评价，但其严重程度明显低于第三人对于尊严主体的侵犯。最后，代孕基础行为也会造成对代孕子女尊严的贬损，但仍达不到严重的程度。虽然在代孕行为中代孕子女被当作协议的对象，存在将其物化的倾向，但代孕行为的目的和结构都是赋予其生命，这对代孕子女来说就是最大的“善”。此外，代孕行为可能对代孕子女身体健康等合法权益造成的伤害，要么是来自不可预知的医疗风险，要么是由代孕附随行为造成的，因而都不能成为加重代孕基础行为侵害性的依据。

第二，其他制裁方式并未用尽。受到刑法谦抑性的约束，加之刑法本身具有补充性、保障性的特点，对于代孕基础行为的规制同样需要遵循从社会伦理到一般法律再到刑事法律的收缩过滤路径。具体而言，只有当医学伦理和其他部门法不足以规制代孕基础行为以保护相应法益时，才有动用刑法予以制裁的必要。目前我国对于代孕基础行为只有部门规章层面的规定，虽然也规定了相应的行政处罚措施，但规范效力明显偏低，强制力不足。至于法律层面的规定，自 2015 年修正《人口与计划生育法》时未能将“禁止代孕”写入之后，至今没有实现突破。这就意味着，对于代孕基础行为而言，相关的部门法，尤其是医疗行政法的制裁方式并未用尽，仍然存在很大的完善空间。这种情况下，应当优先通过完善其他部门法的途径予以规制，而不是直接将其犯罪化。此外，假使需要将代孕基础行为犯罪化，该罪也属典型的行政犯，必然需要以其他医疗法律法规为前提和基础，即需要医疗行政法等法律法规明确代孕的范围、监管、条件和程序等内容，显然目前这一条件并不成熟。

第三，代孕基础行为犯罪化会导致对社会有利行为的禁止。将某一侵犯法益的行为规定为犯罪还需要具备的一个条件是“运用刑罚处罚这种行为不会导致禁止对社会有利的行为，不会使国民的自由受到不合理的限制”[①]。如前所述，生育权是一项基本人权，对于不孕不育的夫妇来说，代孕是他们实现这一权利的重要途

① 张明楷:《刑法学》(第 5 版)，法律出版社 2016 年版，第 62～66 页。

径，有时甚至是唯一选择。代孕实际上是对不孕不育夫妇生育权的尊重，总体上是一项有利于社会的行为。如果将代孕基础行为规定为犯罪，意味着这部分弱势人群将彻底失去通过代孕获得孩子的机会，对他们生育权的实现将造成不合理的限制。同时，代孕基础行为的核心是代孕技术，其作为一项尖端的医疗科学技术，是人类探索自然、完善自我的科技成果之一，其本身是中性的。爱因斯坦曾说过，科学技术只是一种工具，本身并无善恶之分，最终结果的好坏取决于人们如何利用它。[①] 不能因为对代孕技术不当利用可能会产生诸多负面影响，就将该项技术彻底否定，甚至“妖魔化”，从而对人类的科技探索步伐造成阻碍。代孕行为带来的问题可以通过合理的技术控制、法律规制、社会政策等多种途径予以避免，而不应寄希望于封禁该项技术本身。

第四，代孕基础行为犯罪化无法获得抑制、预防代孕行为的效果。刑法的目的是保护法益，具体手段则是运用刑罚与犯罪行为作斗争，进而抑制犯罪行为和预防犯罪，最终实现保护法益的目的。因此，某一行为犯罪化的条件还应包括运用刑罚处罚该行为能否取得抑制、预防该行为的效果。代孕行为快速发展的根本原因在于客观存在的巨大代孕需求与有限的正规医疗技术服务之间的矛盾。许多夫妇需要经过漫长的等待、满足严格的审核条件才能获得正规辅助生殖服务的机会，有些夫妇则由于身体原因，代孕成为他们唯一的选择。这些需求不可能因为代孕基础行为的犯罪化而完全消失。严厉的刑法反而只会将他们推入“地下代孕黑市”，置之于不可控的风险之中，沦为犯罪学统计中抽象的“黑数”。因此，要想解决这一矛盾，刑法手段绝非最优选择。李斯特曾说过，“最好的社会政策就是最好的刑事政策”[②]，即在抑制、预防犯罪方面，发挥更重要作用的是社会环境，而不是刑法。应当摒弃传统的“重刑主义”思想，更多通过社会综合手段，包括提高人们的思想认识、改进医疗技术水平和服务、完善相关管理制度和规范体系等，来实现抑制、预防代孕行为的目的。

二、代孕附随行为的犯罪化

根据行为与代孕技术的关联程度，本章将代孕行为分为代孕基础行为和代孕

① 参见许良英等编译:《爱因斯坦文集》(第 3 卷)，商务印书馆 1979 年版，第 56 页。

② 姜瀛、李娜:《“最好的社会政策就是最好的刑事政策”出处及原语考略——兼及李斯特刑法思想研究的反思》，载《法治社会》2020 年第 4 期。

附随行为两大类。代孕基础行为以代孕技术的实施过程为核心，与代孕技术具有直接关系。代孕附随行为则是围绕代孕基础行为发生的，带有附随性、连带性、衍生性的行为，这些行为与代孕技术没有直接关系。此外，二者还在其他方面存在诸多差异。从主体看，代孕基础行为的主体主要涉及三方，即需求方、代孕母亲和技术操作者；代孕附随行为的主体除去这三方外，还可能包括中介方、组织者、供卵供精者、采集配子者、广告提供者、伪造文件者等。从时间看，代孕基础行为始于委托父母与代孕母亲之间达成合意，止于代孕子女成功分娩；代孕附随行为涉及的时间范围要大于代孕基础行为，如代孕基础行为之前的广告招募、配子采集、身体检查等；代孕基础行为之中的协议签订、费用支付、安排手术、妊娠护理等；代孕基础行为之后的婴儿交付、伪造证明、“售后服务”、买卖遗弃婴儿等。从表现形式看，代孕基础行为主要表现为实施代孕技术的行为；代孕附随行为的表现则相对复杂。从目的看，代孕基础行为的主要目的是成功分娩婴儿；代孕附随行为的目的则各不相同，如帮助他人、获取报酬、谋取利润、遗弃婴儿等。从危害结果看，代孕基础行为主要是对代孕母亲的身心健康造成伤害；代孕附随行为的危害结果则比较复杂，可能对供卵者、代孕母亲、代孕子女甚至委托父母的人身、财产权利都造成伤害。基于代孕基础行为与代孕附随行为的差异，对于代孕附随行为犯罪化问题的讨论也应当明显有别于前者。

代孕附随行为是一个外延比较广泛的概念，其中涉及许多表现形式各异、危害程度不同的具体行为。虽然这些伴随代孕基础行为出现的不法行为具有一定程度的社会危害性，但并不意味着所有的代孕附随行为都需要纳入刑法规制的范畴。此外，许多代孕附随行为并未超出现有刑法的规制范围，无须再进行犯罪化处理。因此，对于代孕附随行为的刑法规制问题可以分为三种情况区别对待。

第一，对于法益侵害性轻微，运用民事、行政等制裁方法足以应对的代孕附随行为，不应作为犯罪处理。出于对刑法谦抑原则的坚守和刑法最后手段性的体现，不能对所有具有社会危害性的代孕附随行为一律予以刑法制裁。如果行为的法益侵害性并不严重也并不紧迫，应当优先通过完善前置立法，运用民事或行政的手段进行应对。例如，可以通过民法规范明确代孕协议的法律效力和代孕行为的法律后果，规范代孕子女的亲权关系，确立“子女利益最大化”的纠纷处理原则等；通过完善行政法律法规严格限定代孕的方式、主体范围、审批监管程序，并加大对违法代孕行为的行政处罚力度等。

第二，对于可以在现有刑法框架内寻找规制依据的代孕附随行为，可以依据现有罪名定罪处罚。代孕虽是一种人类社会的新兴事物，但大部分代孕附随行为并不鲜见。许多代孕附随行为本身就是现行刑法规定的犯罪行为，并有具体的罪名与之对应，只是这些行为与代孕发生关联，从而具有了讨论的意义。对于这些行为，应当充分利用现有刑法规范以及刑法解释进行定罪量刑，无须设置新的罪名。这是刑法稳定性的基本要求，也是对宝贵刑事资源的节约。例如，组织境外妇女偷渡入境进行跨国代孕的，可依据组织他人偷越国(边)境罪定罪处罚；在代孕过程中限制人身自由的，可依据非法拘禁罪定罪处罚；出于非医学目的强迫堕胎、强迫取卵等，造成严重伤害后果的，可依据故意伤害罪定罪处罚；为保证代孕顺利进行，向有关人员行贿的，可依据行贿罪、对非国家工作人员行贿罪定罪处罚；伪造身份证、出生医学证明等证件的，可依据伪造、变造、买卖身份证件罪和伪造、买卖国家机关证件罪定罪处罚；等等。

第三，对于那些刑法现有罪名无法涵盖，而又确实符合行为犯罪化条件的代孕附随行为，可以通过设置独立罪名的方式予以犯罪化处理。由于我国刑法现有罪名无法涵盖所有代孕附随行为，对于确有犯罪化必要的部分代孕附随行为只能通过修改刑法、设置新罪名的方式进行刑法规制。这类代孕附随行为的数量不多，具体范围存在一定争议。

根据目前的社会实践和理论研究，笔者认为，非法组织代孕、强迫代孕、非法组织出卖人类配子等行为符合犯罪化条件，应当通过设置新罪予以犯罪化。对于这部分行为犯罪化的理由主要有：首先，这部分行为对法益的侵害性严重，不但严重破坏公共卫生秩序，严重侵犯代孕母亲、供卵母亲的尊严，还可能对被害人的身体健康甚至生命安全造成损害，如果不通过刑法手段予以严惩，无法实现刑法保护法益的目的。其次，这些行为通过民事、行政制裁方法无法充分应对。这些行为往往不是出于解除患者痛苦的“善”的目的，而是为了谋取利益以满足行为人的私欲，因而以财产手段为核心的民事赔偿、行政罚款等制裁方式明显无法有效应对。再次，与代孕基础行为不同，对这部分行为犯罪化处理不会引起完全禁止代孕的效果，仍然会给有代孕需求的人群留下合法代孕的希望，同时也不会对包括代孕在内的尖端医疗技术发展形成阻碍。最后，运用刑罚处罚对这部分行为能够实现抑制预防的效果。我国地下代孕市场野蛮生长背后有一个非常重要的推手就是各种中介、商业机构甚至社会资本的积极组织与参与，其目的是利用法律漏洞牟取暴利，行政部门组织的历次专项打击行动之下相关现象仍然屡禁不止，关键就在于打击对象不明确，打击手段不严厉，难以起到威慑和预防的作用，这时具有强制力的刑法手段就成为必要选择。应当特别注意的是，在《刑法》没有通过修正案的方式将这些行为规定为犯罪之前，应严格恪守罪刑法定原则，不得以任何理由、任何方式对这些行为施以刑事制裁。

第五节　代孕附随行为入罪的类型化立法建议

与其他一般法律一样，刑法也具有滞后于社会发展的局限性。这一固有特性在代孕行为刑法规制过程中就表现为，仅依靠现有罪名无法全面、有效地应对代孕行为所带来的挑战，而如果选择通过刑法解释的方式扩大现有罪名的适用范围，又受到"文义射程"和刑法规范内在逻辑的限制，规制效果也难尽如人意。这时扩大刑法规定的犯罪圈就成为必然选择，这也符合刑法不断进步发展的历史规律。尤其是在科技社会快速变革的今天，我国传统刑法正面临风险社会所带来的巨大挑战，适当扩大现有犯罪圈即成为必要的应对之策。[①] 但同时受到稳定性和谦抑性要求的制约，犯罪圈的扩张必须控制在必要、适度的范围内。基于前文分析可知，代孕基础行为以及大部分法益侵害性不强的代孕附随行为不应被纳入刑法规制的范围，部分能够依据现有罪名规制的代孕附随行为也不应成为犯罪圈扩张的对象。最终需要设置新罪名予以应对的就是那些现有罪名无法涵盖而又符合行为犯罪化条件的代孕附随行为。

需要予以犯罪化的代孕附随行为数量不多，但具体范围仍有待确定。笔者认为，具体应包括非法组织代孕行为、强迫代孕行为、非法组织出卖人类配子行为三种。之所以选定这些行为，除其符合行为犯罪化条件外，最重要的原因是这些行为具有严重的社会危害性。

首先，这些行为的主体并非实施代孕技术所必需的参与方。代孕技术顺利完成依赖于需求方、代孕母亲和技术操作者三方参与，而以上行为的主体是这三方

---

① 参见王志祥、韩雪：《我国刑法典的轻罪化改造》，载《苏州大学学报（哲学社会科学版）》2015 年第 1 期。

之外的主体，如代孕中介、非法机构等。他们一方面大肆招募年轻女性充作代孕母亲，同时通过各种渠道开拓市场，另一方面则联系、组织医疗力量操作手术，发挥着联络各方的枢纽作用，实际上是“地下代孕产业”野蛮生长的罪魁祸首，其社会危害性要远大于其他代孕行为参与方。

其次，这些行为的目的是牟取利益。代孕中介等主体组织实施代孕的初衷绝不是解除患者的痛苦，而是牟取高额利润，因此他们不会考虑代孕的技术风险和伦理冲突，也不把代孕母亲的尊严和健康置于优先地位，更不会考虑代孕子女的最大利益。在他们眼中只有经济利益，并为此不惜一切手段，甚至进行违法犯罪。

最后，这些行为人不择手段实施代孕会带来严重的损害后果。他们一方面向委托父母索取远超成本的高额费用，甚至直接进行欺诈，严重侵犯被害人的财产权益；另一方面则尽可能压榨代孕母亲、供卵者，不但在经济利益上进行剥削，还使被害人的身体健康面临威胁，例如，代孕母亲可能遭受多次流产、堕胎、妊娠高血压、静脉栓塞等病痛，供卵者则会被注射超量激素、被超量取卵等，这些行为都可能对被害人的身体健康造成严重损害，甚至危及生命安全。行为人为顺利实施代孕、分娩手术，还会想方设法组织、联络医疗资源，这对正规医疗机构的诊疗工作，对卫生行政部门的管理秩序都会造成严重侵害。

在明确具体的犯罪化范围之后，如何完善刑事立法，将这些具有严重社会危害性的代孕附随行为予以入罪，是一个相当复杂的立法技术问题。有的学者建议通过新设立一个罪名来规制非法组织代孕、强迫代孕、非法组织出卖人类配子三种行为。[①] 笔者认为，这三种行为侵犯的法益、行为的表现形式、危害的严重程度都存在明显不同，将之简单整合在一个罪名之下并不科学。最好的选择是对这类行为进行类型化处理，在抽象概括相关行为特点的基础上，参考组织出卖人体器官罪和非法植入基因编辑、克隆胚胎罪等罪名的立法经验，分别设立罪名及相应的法定刑，即具体设置非法组织代孕罪、强迫代孕罪和非法组织出卖人类配子罪。

一、非法组织代孕罪

在代孕附随行为中，首先应当受到刑法规制的就是非法组织代孕行为。与其他代孕行为不同，非法组织代孕行为由于有非法组织者的参与，极大提高了行为

---

① 参见田宏杰:《代孕治理的时代之问与应然选择》，载《中国应用法学》2021 年第 6 期。

发生的概率，放大了代孕技术可能带来的负面影响，同时大部分组织者的目的是最大程度谋取经济利益，往往不会把代孕母亲、代孕子女的合法权益置于优先地位，更容易导致其身体健康、生命安全受到损害。这种行为不仅扰乱了国家的公共卫生秩序，还会对公民的身体健康造成侵害，建议增设“非法组织代孕罪”，具体可以设置在《刑法》分则第六章第五节“危害公共卫生罪”中。

（一）非法组织代孕罪的概念与构成

非法组织代孕罪的概念可以归纳为，违反国家关于代孕的法律法规，组织他人提供代孕且情节严重的行为。本罪的客体为复杂客体，即公共卫生秩序与公民身体健康。本罪的对象是女性，但不区分国籍，可以是有代孕意愿的人，也可以是原本没有代孕意愿的人，但不应包括组织者本人。行为人如果自愿为自己的亲友或他人提供代孕服务，属于其对自己身体处分权的表现，这种行为的社会危害性显著轻微，不应作为犯罪处理。

本罪的客观方面表现为，行为人违反相关法律法规，组织开展代孕活动且达到情节严重程度的行为。这里的非法，具体是指违反国家关于代孕的各项法律法规。组织，是指通过招募、欺骗等方式，组织、指挥、领导、安排他人充当代孕母亲，提供代孕服务的行为。此外，单纯的居间介绍行为不应按照犯罪论处。居间介绍，是指在代孕需求方和意愿代孕母亲之间相互联系、牵线搭桥，促使代孕得以成功实施，介绍的方式通常是双向的，如将代孕母亲介绍给需求方，或向需求方推荐代孕母亲。单纯的居间行为并不涉及关键的代孕技术的实施，需求方与代孕母亲协商一致后，可以由他们自行选择实施代孕手术的渠道和方式，因此居间介绍行为的社会危害性不大，不宜作为犯罪依照本罪追究刑事责任。虽然提供代孕服务会对代孕母亲的心理和身体健康造成一定程度损害，但在多数情况下这些损害后果相对较轻且是可逆的，并不会对代孕母亲的身体健康造成严重或是无法恢复的伤害，因此本罪的入罪门槛不应过低，只有行为人非法组织代孕的行为达到“情节严重”的程度，才能构成本罪。关于“情节严重”的标准，可以包括组织代孕三人次以上的；组织代孕非法获利 20 万元以上的；组织未成年人代孕的；等等。如果行为人实施组织代孕行为的过程中由于代孕技术本身造成代孕母亲轻伤、重伤等严重后果，如生殖器官损伤、生育能力降低或丧失，甚至导致代孕母亲死亡，就不应属于本罪基本犯的规制范畴，可以通过设置本罪的加重犯予以处理。关于本罪加重情节的设置，具体应当从组织代孕的次数、非法获利的金额、给代孕母亲造成的损害后果等方面进行考虑。

本罪的主体为一般主体。单位是否应当成为本罪的主体则是一个值得讨论的问题。据统计，目前我国《刑法》分则中涉及组织行为的罪名共有23个，除组织传销活动罪外，其他罪名均不能以单位作为主体。① 之所以出现这种现象，根本原因在于这些犯罪（组织传销活动罪除外）所涉及的主要活动本身并不合法，如出卖人体器官、考试作弊、卖血、卖淫、淫秽表演等，根据有关司法解释，为实施这些违法活动所成立的单位也不具有相应的合法性，不作为单位犯罪论处，因此单位一般不能成为组织型犯罪的主体。② 然而在本罪中，除了那些为实施与代孕相关的违法犯罪活动而专门成立的所谓中介、公司，部分合法成立的医院、诊所、精子库等医疗机构也可能实施非法组织代孕的行为，将这些具有合法性却实施违法犯罪行为的单位排除在本罪之外并不妥当，也违背相关司法解释的基本精神。此外，单位所具有的社会支配力明显高于独立的自然人。各种类型的单位基于周密的计划、先进的设备、专业的人员、良好的协作、雄厚的财力等先天优势，可以充分发挥其在整个代孕产业链中的纽带中枢作用，势必极大地提高非法组织代孕的效率和规模，其造成的危害后果、社会影响也将远超自然人犯罪。实际上，我国的代孕乱象之所以屡禁不止、愈演愈烈，各类组织体、单位为牟取暴利积极参与其中是一个重要原因。因此，单位应当作为本罪的主体。

本罪的主观方面为直接故意，以组织他人提供代孕服务为内容。虽然大部分行为人具有牟利的目的，但"以牟利为目的"不应成为构成本罪的必要条件，只要行为违反法律法规关于代孕技术的管理规定，无论行为人是出于商业目的，还是非商业目的，都不影响本罪的成立。

（二）非法组织代孕罪的认定

1. 本罪与代孕基础行为的界限

如前文所述，代孕基础行为在本质上是一项以人工辅助生殖为目的的医疗技术行为，主要涉及委托父母、代孕母亲、医疗服务方三方。其中代孕母亲无论出于

---

① 参见唐稷尧：《论我国刑法分则中的组织行为》，载《中外法学》2022年第6期。

② 最高人民法院《关于审理单位犯罪案件具体应用法律有关问题的解释》第2条规定："个人为进行违法犯罪活动而设立的公司、企业、事业单位实施犯罪的，或者公司、企业、事业单位设立后，以实施犯罪为主要活动的，不以单位犯罪论处。"

商业目的，还是利他目的而实施代孕行为，都不应按照犯罪处理。代孕母亲在选择自愿为他人实施代孕时，就应该认识到该行为会对自身的身体健康造成损害或危险，其仍然决定实施代孕，就视为对其自身权利和尊严的放弃，该行为虽然具有一定的社会危害性，但并没有对他人权利造成侵害，因而其法益侵害性显著轻微，不宜按照犯罪论处。实践中大部分充当代孕母亲的女性来自社会中相对弱势的群体，多是希望通过代孕改善自身的经济条件，在某种程度上她们也是非法代孕行为的受害者，被迫沦为生育工具和剥削对象，对于她们可以从道德层面予以谴责和引导，但通过刑法进行处罚则明显有失公正。对于医疗服务方，如果其不是在非法代孕行为中起组织者的作用，而只是单纯地擅自操作代孕手术的行为，也不应按照本罪处理，可以由卫生行政机关等依法进行处罚。如果相关医疗机构或医疗人员的行为构成其他犯罪，可以按照其他罪名追究相应责任。

2. 本罪与拐卖儿童罪的界限

两罪在客观方面都存在将婴儿交付给他人的行为，因而具有一定的相似性，但二者之间存在明显的区别。首先，客体不同。本罪客体是复杂客体，其中主要是国家的公共卫生秩序，而拐卖儿童罪是单一客体，即人身不受买卖的权利。其次，客观方面不同。本罪以实施代孕技术为必要前提，并且在行为时代孕婴儿并不实际存在，而只是一种期待；但拐卖儿童罪与代孕技术没有关联，而且在行为时作为拐卖对象的儿童是实际存在的。最后，主观目的不同。本罪可以以获取经济利益为目的，也可以有其他目的，没有具体要求；而拐卖儿童罪则强调以出卖为目的。

3. 本罪的罪数问题

如果行为人在实施非法组织代孕行为的过程中，同时实施了非法拘禁、故意伤害、故意杀人、强奸等其他犯罪，不应按照本罪论处，应当以非法拘禁罪、故意伤害罪、故意杀人罪、强奸罪与非法组织代孕罪实行数罪并罚。原因在于，行为人实施的非法拘禁、故意伤害、故意杀人、强奸等行为并不是非法组织代孕行为所必需的行为，其已超出了非法组织代孕罪的规制范围，同时这些行为所侵犯的法益与本罪存在差异，非法组织代孕罪无法吸收这些行为并进行包容性评价，因此依法进行数罪并罚更为合理。

（三）非法组织代孕罪的刑事责任

根据罪刑均衡原则的要求，本罪法定刑的设置不但应当与其社会危害性相适应，同时应当考虑其设置章节以及类似犯罪的法定刑情况，如非法组织卖血罪、组织卖淫罪、组织出卖人体器官罪等。非法组织代孕的行为人大部分系为了获取高额利益，从刑罚的功能和目的考虑，应当在本罪法定刑中附加罚金刑。因此，笔者建议犯非法组织代孕罪的，处5年以下有期徒刑，并处罚金；对于情节特别严重的加重犯，处5年以上10年以下有期徒刑，并处罚金。

二、强迫代孕罪

在非法组织代孕的过程中，为了获取更多的非法收益，或是为了保证非法代孕顺利进行，有些行为人会通过暴力或威胁的方法，强迫女性为他人代孕。这种行为与非法组织代孕的行为存在明显差异，其犯罪手段、社会危害、人身危险等方面相比后者要严重得多。因此，不能将强迫代孕行为纳入非法组织代孕罪的规制范围，建议在非法组织代孕罪之后单独设立强迫代孕罪，或将强迫代孕罪与非法组织代孕罪规定在同一法条之中。

（一）强迫代孕罪概念与构成

强迫代孕罪，是指以暴力、威胁等方法，违背他人意志，强迫其提供代孕的行为。本罪的客体与非法组织代孕罪相同，都是复杂客体。本罪对象的范围也与非法组织代孕罪相同。本罪的客观方面表现为行为人通过暴力、威胁等手段，强迫他人违背自身意志进行代孕的行为。这里的暴力，主要指殴打、捆绑、禁闭等强制手段。威胁，是指以毁损他人的身体或财产、损害他人及近亲属的身体或是揭露他人隐私相要挟。① 与非法组织代孕罪相比，本罪中充当代孕母亲的女性并不是基于自愿的前提而为他人提供代孕服务，而是在违背其自由意志的前提下，迫于暴力、威胁等行为所产生的压力，被迫提供代孕服务。此外，成立本罪不要求行为达到“情节严重”的程度，即对于行为次数、涉及金额等情节没有要求，只要实施强迫他人提供代孕服务的行为就可构成本罪。本罪的主体为一般主体，单位不能成为本罪的主体。本罪的主观方面为故意，以强迫他人代孕为内容，行为人是否出于营利的目的，不影响本罪的成立。

---

① 参见高铭暄、马克昌:《刑法学》(第8版)，北京大学出版社、高等教育出版社2017年版，第577页。

（二）强迫代孕罪的认定

1. 本罪与非法组织代孕罪的界限

本罪与非法组织代孕罪客体、主体等方面相同，在客观方面表现和主观方面也存在类似之处，并且实践中二者很可能还会出现交叉联系。但二者之间也存在明确区别。首先，二者客观方面表现存在重大差别。虽然二者都会组织、安排代孕母亲接受代孕手术，但本罪是在违背代孕母亲意志的前提下进行的，而非法组织代孕罪则是通过高薪诱惑、积极劝说等方式，在取得代孕母亲同意之后实施的，这是二者最本质的不同。本罪以暴力、威胁方法为必要手段，非法组织代孕罪则无此要求。此外，非法组织代孕罪属情节犯，要求到达“情节严重”的标准才能构罪，本罪则无此要求。其次，二者主观方面的内容存在差异。本罪以强迫他人代孕为内容，非法组织代孕罪则以组织他人提供代孕服务为内容。

2. 本罪与故意伤害罪的界限

本罪中的暴力、威胁等行为也可能会导致被害人的身体健康受到一定程度的损害，甚至导致被害人死亡，这与故意伤害罪有相似之处。但二者在犯罪构成上存在本质差异。首先，二者的客体不同。与本罪不同，故意伤害罪是单一客体，即他人的身体健康权，与公共卫生秩序无关。其次，二者的客观方面不同。本罪中行为人的暴力行为是强迫受害人提供代孕服务的手段之一，但不是唯一手段，行为人也可以通过暴露隐私等威胁的手段迫使受害人就范。故意伤害罪则必须具有损害他人身体健康的行为。最后，二者的目的不同。本罪中行为人实施暴力行为的目的不是故意伤害他人身体健康，而是迫使被害人提供代孕服务。但如果在非强迫的前提下，代孕自愿实施代孕手术并成功受孕后，代孕组织者出于对胎儿“质量”不满意、委托客户“毁约”等原因，强迫代孕母亲堕胎，最终对代孕母亲的身体健康造成轻伤以上损害结果，应当以故意伤害罪论处。

3. 本罪的罪数问题

如果行为人在强迫他人提供代孕服务的过程中，又实施了故意伤害、故意杀人、强奸、绑架等其他犯罪行为，应当以故意伤害罪、故意杀人罪、强奸罪、绑架罪与本罪实行数罪并罚。此外，由于从实施代孕手术到成功受孕，再到顺利生产婴儿是一个相对长期的过程，在这个过程中行为人为保证强迫代孕行为顺利完成，也会具有限制被害人人身自由的行为和故意，因此该行为同时符合非法拘禁罪的构成要件。笔者认为，这种情况属于强迫代孕罪与非法拘禁罪的想象竞合犯，即一个行为同时触犯数个罪名，故应当按照“从一重处断原则”处理，即依照其中法定刑较重的犯罪定罪处刑。

（三）强迫代孕罪的刑事责任

强迫代孕行为与非法组织代孕行为的社会危害程度不同，决定了二罪的法定刑设置也应存在差别。强迫代孕行为不但侵犯公共卫生管理秩序，危害公民身体健康，更重要的是侵犯了被害人生育自主权和身体支配权，同时还大大增加了被害人遭受的身心痛苦。而非法组织代孕罪的危害性则主要在其组织行为，都带有组织性的共同犯罪会大大提高违法犯罪行为发生的规模和效率，快速放大代孕行为带来的负面影响，其整体社会危害性不容小觑。在衡量二者的社会危害性孰轻孰重时，可以参考《刑法》中相似罪名的法定刑设置。同样规定在《刑法》分则第六章“妨害社会管理秩序罪”第五节“危害公共卫生罪”第333条的非法组织卖血罪和强迫卖血罪，后者的法定刑明显比前者高出一档，可见立法者认为强迫行为对法益的侵害性要显著重于相关的组织行为，这也同样符合社会一般成员对于这两类行为的感受。因此，我们也可以得出强迫代孕行为的社会危害性总体上重于非法组织代孕行为的结论，在设置强迫代孕罪的法定刑时应当充分考虑与非法组织代孕罪的协调和平衡。综上所述，建议参照非法组织代孕罪情节加重犯的规定，将本罪的法定刑规定为“处五年以上十年以下有期徒刑，并处罚金”。

三、非法组织出卖人类配子罪

配子是指生物进行有性生殖时由生殖系统所产生的成熟性细胞，简称生殖细胞。人类配子则是指人类的生殖细胞，包括卵子和精子。目前关于人类配子的法律地位问题缺乏明确的法律规定，理论上也存在很多争议。[①]笔者认为，人类配子是形成人类生命的必备物质，是介于人和物之间的一种特殊人格体，并不是一种单纯的物，不能作为交易的商品。同时人类配子还包含了人类的遗传信息，一旦被不当利用，会对人类尊严、社会伦理、遗传安全等法益造成严重威胁。因此，我

① 有观点认为，人类配子是形成人类生命不可缺少的物质，具有等同于人的法律地位；另有观点认为，人类配子尽管是形成人类生命必不可少的物质，但毕竟不是生命本身，因而是一种物，是所有权的客体；还有观点认为，人类配子是身体的一部分时，不能成立物权，但与身体分离后则成为物。

国卫生行政部门等对于人类配子的采集、保存、提供、使用等环节都进行了明确规定，同时针对人类配子确立了“严防商业化的原则”①。然而在社会实践中这一原则却面临严重挑战。一方面，代孕催生了对于高质量人类配子的需求，另一方面，我国目前尚无正规的卵子库，而精子库虽有一定数量但管理严格，二者之间的矛盾就使得以人类卵子为主要对象的人类配子地下交易市场慢慢滋生泛滥。在非法的人类配子交易中，组织者起到了推波助澜的关键作用，其非法组织出卖人类配子的行为具有严重社会危害性，有必要纳入刑法规制的范畴。虽然非法组织出卖人类配子的行为与非法组织代孕行为具有非常密切的关系，在许多情况下前者甚至是后者实施的前置行为，但并非所有的代孕行为都需要买卖人类配子，而且出卖人类配子的组织者与非法代孕的组织者也并非总是同一人。因此，非法组织代孕罪无法包含非法组织出卖人类配子的行为。建议在非法组织代孕罪之后单独设立非法组织出卖人类配子罪，以实现刑法保护法益的目的。

（一）非法组织出卖人类配子罪的概念和构成

非法组织出卖人类配子罪，是指违反国家相关法律规定，组织他人出卖卵子、精子两种人类配子，情节严重的行为。本罪的客体也属于复杂客体，具体内容与前两个罪名相同。本罪的对象可以是男性，也可以是女性，但在实践中组织年轻女性出卖卵子是最经常发生的情形。本罪的对象不包括组织者本人，出卖自己的精子或卵子的行为，虽然违反了相关法律法规，但其危害性显著轻微，不应纳入刑法规制范围。本罪的客观方面表现为行为人实施了非法组织他人出卖人类配子，情节严重的行为。这里“组织”的具体表现形式与非法组织代孕罪类似，这里不再赘述。人类配子，是指精子、卵子这两种人类生殖细胞，不但包括存在于人体内作为身体一部分的精子或卵子，还包括与人体分离后，通过医学技术手段依旧保持活性的精子或卵子。但已经采集的精子和卵子经人工技术手段结合后形成的合子或胚胎不应包括在内，因为在人体外人工形成合子、胚胎的行为已经属于人工辅助生殖技术的一部分，而不属于本罪的调整对象。此外，本罪也应从次数、金额、对象等方面规定“情节严重”的入罪标准。本罪处罚的是非法人类配子买卖中起枢纽作用的组织行为，这类行为的社会危害性主要在于其专业性、辐射性，如

---

① 参见原卫生部《人类辅助生殖技术和人类精子库伦理原则》。此外，原卫生部《人类辅助生殖技术管理办法》第3条也明确规定，“禁止以任何形式买卖配子、合子、胚胎”。

果只是偶尔的居间介绍行为，不宜按照犯罪处理。如果非法组织出卖人类配子的行为导致被害人身体健康受到严重损害甚至死亡，或者以暴力、威胁等手段强迫他人出卖精子或卵子，可以作为本罪的加重情节予以处罚。本罪的主体是一般主体，单位不应作为本罪的主体。如果是医疗机构等单位违反相关法律法规，组织出卖人类配子，应当由行政机关进行处罚，或是构成非法经营罪等其他犯罪。本罪的主观方面是直接故意。

（二）非法组织出卖人类配子罪的认定

1. 本罪与组织出卖人器官罪的界限

二者都表现为组织他人出卖自己身体一部分生物组织的行为，因而具有一定的相似性。但二者最主要的区别在于出卖的对象不同。根据《辞海》的解释，器官是指在多细胞生物体内，由多种组织构成能够行使一定生理功能的结构单位，如心脏、肾、肺等。而精子、卵子并不符合器官的定义，因而不属于人体器官的范畴。此外，人体器官一般不会再生，一旦失去会对人的身体健康造成严重的、不可恢复的伤害，而精子、卵子是人体中可再生的生殖细胞，取出这些细胞一般不会对人体造成严重影响。同时二者的客体也存在差别，本罪不但侵犯公民的身体健康，还妨害了国家相关的公共卫生管理秩序。

2. 医务人员出卖人类配子的行为

从医学的角度来讲，人类辅助生殖技术中对于受精卵的培养和生成需要足够数量的精子和卵子，这些精子和卵子可能来自委托父母、代孕母亲或是第三人的捐献。在辅助生殖技术操作完成后，必然出现医务人员如何处理剩余部分精子和卵子的问题。如果医务人员为获取经济利益出卖这些剩余的配子细胞，这种行为明显不符合本罪的构成条件，因而不能依据本罪定罪处刑，但可以通过民事侵权或行政处罚的方式予以规制。

3. 本罪与故意伤害罪的界限

如前所述，本罪的加重处罚情节包括非法组织出卖人类配子行为导致被害人重伤甚至死亡的情形，以及强迫他人出卖人类配子的情形。但如果强迫他人出卖精子或卵子的行为最终出现被害人重伤或死亡的结果，这种行为在主观方面、客观方面等与本罪就存在明显区别，应当按照故意伤害罪、故意杀人罪定罪处罚。

4. 本罪的罪数问题

如果非法组织代孕的行为人为了满足委托父母的需求，顺利实施代孕，在组织代孕的过程中又实施了组织他人出卖精子或卵子的行为，对于这种情况是否需要实行数罪并罚？笔者认为，在这种情况中，行为人组织他人出卖精子或卵子的行为是其组织代孕行为的手段行为，是行为人基于同一个犯罪目的而实施的两个犯罪行为，两个行为之间具有牵连关系。因此，这种情况不应实行数罪并罚，应以牵连犯作处断的一罪处理。通说认为，如果刑法没有明确规定，对于牵连犯的处断原则为“从一重从重处罚”，即按照非法组织代孕罪和本罪中较重的罪名从重处罚。

（三）非法组织出卖人类配子罪的刑事责任

从组织行为的复杂程度、涉及资金的规模大小、对道德法律的冲击程度等多个角度考量，非法组织出卖配子与非法组织代孕相比，前者的社会危害性明显小于后者，因此本罪法定刑的设置应当在参考非法组织代孕罪法定刑的基础上，予以适当减轻。笔者建议，犯本罪的，处 3 年以下有期徒刑，并处罚金；对于情节特别严重的加重犯，处 3 年以上 7 年以下有期徒刑，并处罚金。

第三章 / 非法人体器官移植之刑法规制

器官移植被认为是现代医学最伟大的成就之一，被称为“21 世纪医学之巅”。没有捐献，就没有器官移植，器官捐献者通过捐献让患者生命得以延续，使生命的价值得以升华；器官移植的最大价值就在于挽救患者的生命，给患者的健康带来福音。1977 年 12 月，同济医院夏穗生教授为患者成功进行了肝移植手术，这是国内最早一例有关器官移植方面的手术。随着器官移植相关技术的不断发展与完善，目前我国每年在器官移植方面的手术数量超过 2 万例。器官移植行业的规范也被提上日程。2007 年，《人体器官移植条例》（已失效）发布并实施，其中对器官移植的组织、实施、法律责任等问题作出了规定。在对前述条例进行修订的基础上，2023 年 12 月颁布了《人体器官捐献和移植条例》，对器官移植与捐献及相关法律责任作出了更加细致的规定。《刑法修正案（八）》设置了组织出卖人体器官罪，严厉打击非法组织出卖人体器官的行为。

器官移植在我国发展迅速。2019 年，我国的人体器官捐献和移植数量居于亚洲首位、世界第二。[①]2021 年，中国完成公民逝世后器官捐献 5272 例、器官移植手术 19,326 例；每百万人口器官捐献率（PMP）从 2015 年的 2.01 上升至 2021 年的 3.73。2023 年，我国共完成器官捐献 10,778 例，其中遗体器官捐献 6454 例，较 2022 年上升 14.7%，PMP 达到 4.58。但与我们的人口总数相比，仍有很大的提升空间。研究显示，PMP 达到 10% 左右才能基本与我国移植需求相平衡。[②] 正是由于器官供体不足和器官移植费用高昂等，摘取人体器官、买卖人体器官、非法器官移植等各种违法犯罪行为频频发生，器官黑市交易屡禁不止。因此，需要不断完

---

① 参见江文诗、Maria Paula Gomez，Gloria Paez 等：《数据之美——聚焦全球器官捐献发展趋势》，载《中华移植杂志》2019 年第 1 期。

② 参见《世界医学会重修决议，肯定中国器官捐献改革成就》，载中国器官移植发展基金会网，https://www.cotdf.org.cn/article/1631。

善刑事立法，以打击和预防器官移植相关的各种犯罪行为，为人民群众的生命、健康权益增强更加有力的法律保障。

第一节　人体器官移植之发展与立法

一、人体器官移植发展历史

（一）人体器官及移植之界定

人体器官在不同的语境下有不同的概念，概念是开展研究的前提和基础，如果概念无法厘清，也就谈不上对相关的问题进行研究。因此，研究人体器官移植犯罪首要的便是厘清人体器官的概念。只有对人体器官的概念进行科学的界定，才能进一步研究人体器官移植犯罪的刑法规制。

在医学领域，人体器官的概念一般被定义为人体内由多种组织所构成的，能够发挥一定功能的结构单位。它包括八大系统：骨骼系统、肌肉系统、消化系统、韧带系统、呼吸系统、泌尿系统、循环系统、淋巴系统。这些系统一起构成了整个人体，任何一个系统出现问题都会影响人体的健康甚至生命。再具体而言，在这些系统之下存在若干具体的器官，例如，呼吸系统中的鼻腔、咽、喉、气管、支气管、肺、横膈膜等，当咽喉出现问题就会影响人体的呼吸系统的正常运转，日常生活中的感冒很多是由咽喉病变进而发生感染引起的；再如，循环系统中的心血管系统，心脏跳动过缓或者过快都会影响人体正常的运转。虽然我们日常生活中接触到的人体器官移植主要是心脏、骨髓、肺等，但是其他器官也是可以移植的，关键在于是否需要，是否必须通过移植来解决病理问题。因此，医学上的人体器官包含人体内的任何器官、组织和细胞。

法律上关于人体器官的规定，在每个国家都不尽相同。德国《器官移植法》第1章第1条就对移植的对象进行明确界定：本法律中涉及的器官是心脏、肺脏、肝脏、肾脏、胰腺和肠。组织是指由细胞组成的人体部位的所有组成部分，包括单一的人体细胞。[①] 可以说德国《器官移植法》已经将人体内所有组织包含在内。日

① 高媛、张世胜、吕毅等：《中国与德国器官移植现状比较》，载《器官移植》2016年第2期。

本《器官移植法》第 5 条规定：本法中所说的“器官”是指人的心脏、肺脏、肝脏、肾脏以及其他厚生劳动省令所规定的内脏以及眼球。可见其所规定的器官具有特定性，并不包括一些可再生组织等。英国将人体器官界定为一旦完全切除则不可再生的任何由有结构组织构成的部分，至于何为组织并未明确规定。[①] 美国则将人体器官界定为心脏、肝脏、肺脏、肾脏、胰脏，同时对人体细胞组织也做了详细的界定。[②]

我国在修订《人体器官移植条例》的基础上，于 2023 年颁布了《人体器官捐献和移植条例》，包括总则、人体器官捐献和移植、法律责任等内容。该条例第 2 条规定：“在中华人民共和国境内从事人体器官捐献和移植，适用本条例；从事人体细胞和角膜、骨髓等人体组织捐献和移植，不适用本条例。本条例所称人体器官捐献，是指自愿、无偿提供具有特定生理功能的心脏、肺脏、肝脏、肾脏、胰腺或者小肠等人体器官的全部或者部分用于移植的活动。本条例所称人体器官移植，是指将捐献的人体器官植入接受人身体以代替其病损器官的活动。”按照该规定，在我国，狭义的器官移植仅指具有特定生理功能的心脏、肺脏、肝脏、肾脏、胰腺或小肠等人体器官的全部或者部分移植活动。

通过对人体器官概念的梳理，可以明确心脏、肝脏、肾脏、肺脏的移植一致受到各个国家的法律保护，甚至刑法的保护，任何对心脏、肝脏、肾脏和肺脏的非法移植行为都要受到法律的制裁。对人体其他器官的移植，则存在不同的规定。在我国法律的规定之中，心脏、肺脏、肝脏、肾脏或者胰腺在刑法中得到特殊保护，除此之外的器官不在刑法的单独保护之列；不过，对上述任何部分的严重侵害行为，都可能构成故意伤害罪。在具体实践中，可通过司法鉴定确定被害人伤残等级，按照人体伤残鉴定等级的规定确定对罪犯的刑事责任的追究。

针对美国近年来实施的异种器官移植带来的伦理争议问题，2022 年 3 月中共中央办公厅、国务院办公厅印发《关于加强科技伦理治理的意见》。根据该意见，器官移植工作要坚持增进人类福祉、尊重生命权利、坚持公平公正、合理控制风险、保持公开透明等原则，并从健全科技伦理治理体制、加强科技伦理治理制度保

---

① See Anne MF: *Adding Value? EU Governance of Organ Donation and Transplantation*, 17 Euro Health Law 51（2010）.

② 参见高桂云、郭琦：《生命与社会：生命技术的伦理和法律视角》，中国社会科学出版社 2009 年版，第 233 页。

障等各个方面落实器官移植中的科技伦理。我国禁止异体移植，主要是考虑到异体移植会导致不确定性的免疫排斥、跨物种之间的生物安全风险、诱发异种之间的不明疾病传播的风险，以及可能面临的人格尊严冲突等科技伦理风险。①

（二）人体器官移植的发展历史

人体器官机能的正常发挥是人类能够健康生活于世的保障。然而，人体器官机能的病变或者先天性的不足总会给人类的生活造成巨大的痛苦和折磨。对人体器官进行移植，满足人类生命的延续，是人类共同的理想和愿望。无论是在过去的欧洲国家，还是在古代的中国，都有关于人体器官移植的神奇传说。那些神话故事，折射出人类与病痛勇敢作斗争的伟大精神和对健康幸福生活的美好向往。古希腊传说中，英雄俄狄浦斯因为解开了吃人怪兽的谜底而被人将头部移植，成为至今埃及有名的狮身人面像，傲然屹立，昭示着人类探索自身、攻坚克难的不屈精神。在我国也流传着神医扁鹊将两个病人的心脏进行互换，消除二人的病痛折磨，延续生命的古老传说，激励着后人为实现健康与幸福而不懈努力。虽然这些故事或者传说难以考证，但是至少表明古时人类就有了器官移植思想的种子，等待一个新的时代。当经济、科技发展到一定的阶段时，这颗种子就会生根发芽，焕发出勃勃的生机。

进入 20 世纪，人体器官移植由想象变为现实，成为人类医学史上的伟大科学进展。法国著名医学家卡雷尔在 1902 年发现了一种缝合血管的方法，并在人体组织的培养上作出了巨大贡献，这两项成就成为人体器官移植的先决条件。1936 年，苏联科学家沃罗诺伊为一位尿毒症患者进行了最早的同种肾移植手术，但由于对免疫排斥机理一无所知而未采取任何免疫抑制措施，病人在术后仅存活了 48 小时即死去。之后，先后又有多位科学家进行了包括肾移植、皮肤移植等在内的多起器官移植，但均因免疫排斥问题而未能获得成功，“移植外科学因此而步入了黑暗的缓慢发展时期”②。之后经过多年的医学实践，医学家才发现人体器官移植失败的原因是人体免疫系统出现了排斥反应。1954 年，美国科学家莫里成功对一对同卵双胞胎姐妹进行了肾脏移植手术，并且没有采用免疫系统药物，移植的肾脏存活了 8 年，这标志着人类第一次人体器官移植手术的成功。之后在 1959 年，

---

① 参见谷业凯：《进一步加强科技伦理治理（创新谈）》，载《人民日报》2022 年 4 月 18 日，第 19 版。

② 冯建妹：《现代医学与法律研究》，南京大学出版社 1994 年版，第 262 页。

莫里成功对一位患者进行了非亲属间的肾脏移植手术并且该名患者在术后存活半年以上。随着肾脏移植手术的不断推进，人类开始将人体器官移植扩展到肝脏、心脏等器官。1967 年，第一例肝脏和心脏移植手术分别在美国和南非获得成功，随着医学技术不断更新发展，免疫抑制药物更新换代，人类在器官移植方面取得巨大进步，器官移植无论是在存活率方面，还是在单位数量上都实现了大幅的增长。如今，人体器官移植手术已经成为一种常规性手术，甚至可以开展多器官同时移植。

我国的人体器官移植起步相对比较晚，直到 20 世纪 60 年代才开始。1974 年，我国第一例肾脏移植手术成功开展；1977 年，第一例肝脏移植手术获得成功；1978 年，第一例心脏移植手术成功完成。其后，我国人体器官移植飞速发展，无论是在人体器官移植技术、设备方面还是移植器官数目以及成功率方面都迈入全球先进国家行列。根据国家卫健委发布的数据，截至 2023 年 11 月，我国具有人体器官移植执业资格的医疗机构有 188 家；[①]2023 年我国共完成器官捐献 10，778 例，完成器官移植手术 23，905 例。[②] 从 2016 年起，器官捐献、移植数量仅次于美国，位居世界第二位。同时，我国器官移植医疗质量水平在显著提升，术后存活率已经达到世界先进水平。

二、我国人体器官移植立法概况

人体器官移植技术的使用为更多患者带来了健康，使之延续了生命，但是，人体器官移植也面临着无法回避的伦理道德与法律问题。由于人是自己的主体存在，他可以决定自己实施何种行为，并承担由此带来的结果和责任。而人体器官移植中的器官的取得以及移植面临着权利如何行使及其限度问题，器官移植的对象包括哪些，由什么主体来实施摘取行为，移植的程序如何，供体和受体的权责关系是怎样的……种种问题在现代文明社会都需要通过法律予以规定，并受到法律的保障。

我国关于人体器官的立法可以追溯到 1984 年。1984 年 10 月 9 日，最高人民

---

① 参见《具有人体器官移植执业资格的医疗机构名单》，载国家卫健委网站 2023 年 11 月 15 日，http://www.nhc.gov.cn/wjw/qgyzjg/202010/452dcb0bb3604f86b10de4d0d5a5a8ed.shtml。

② 参见刘璇、张翼飞、范晓礼：《创历史新高！2023 年我国器官捐献与移植实现“量质双升”》，载百家号“长江日报”2024 年 3 月 24 日，https://baijiahao.baidu.com/s?id=1794998246132570626。

法院、最高人民检察院、公安部、司法部、原卫生部、民政部联合发布《关于利用死刑罪犯尸体或尸体器官的暂行规定》，该规定第一段即说明：为了满足一些医疗、医学教育、医学科研单位提出利用死刑罪犯尸体或尸体器官进行科学研究或做器官移植手术的要求，特作此规定。这是我国首次通过规章的立法形式允许对尸体器官进行移植，由于敏感性等问题，该规章在当时并未公开，但是不影响其是我国关于人体器官移植的最早法律规定。该规定明确了 3 种死刑罪犯尸体或尸体器官可供利用：无人收殓或家属拒绝收殓的；自愿将尸体交医疗卫生单位利用的；经家属同意利用的。此外，还规定了利用死刑罪犯尸体或尸体器官的使用程序，以及在汉族地区原则上不利用少数民族死刑罪犯的尸体或尸体器官，该规定对我国器官移植事业的发展具有较大的推动作用。一段时间以来，死囚器官是我国人体器官移植的重要来源。但是随着国际公认禁用死囚器官，以及我国人权保障事业和法治国家建设的不断推进，司法部门“少用、慎用”死刑，死刑判决逐年减少，[①]2015 年 1 月 1 日开始，我国在全国范围内全面停止使用死刑罪犯的器官。

为了规范和加强人体器官移植技术的临床应用管理，2006 年，原卫生部发布《人体器官移植技术临床应用管理暂行规定》。其中明确了人体器官的种类、人体器官移植的主管机关、人体器官移植诊疗科目等级、临床应用管理、监督管理等，这是我国首部公开颁布并实行的与人体器官移植有关的部门规章。其对人体器官的界定、人体器官的使用与管理等方面的规定，奠定了我国人体器官移植工作的基础。虽然该规定仍然存在诸多不尽如人意之处，如将人体器官仅限定为心脏、肺脏、肝脏、肾脏等器官，其中的“等”字并不具体，在实行的过程中难免遇到界定不明的问题。另外，人体器官的主体也并未具体分析，对未成年人、精神病人的器官捐献移植，已经取出的人体器官如何使用等方面缺乏必要的管理程序规定，但是这一规定开启了我国人体器官移植法律公开规定的先河，对之后我国人体器官移植方面法律的制定具有重大的借鉴意义，对于推动我国人体器官移植事业的发展与进步具有重要作用。

为了保证医疗质量，保障人体健康，维护公民的合法权益，从整体上规范我国人体器官移植的工作，2007 年 3 月 31 日，国务院颁布了《人体器官移植条例》。在我国人体器官移植技术和人体器官需求量同步提升的历史背景下，我国以行政

---

① 白剑锋:《不吐不快：停用死囚器官彰显生命尊严》，载《人民日报》2015 年 1 月 30 日，第 19 版。

法规的形式在全国范围内规范人体器官移植工作。该条例共 5 章 32 条，首章总则部分规定了该条例制定的目的、人体器官的界定、禁止人体器官买卖活动、人体器官移植的监督管理工作、举报处理程序、建立人体器官移植工作体系，第二章对人体器官的捐献进行规定，第三章是对人体器官移植的规定，第四章规定了人体器官移植方面的法律责任，最后一章对该条例的时间效力作出了明确规定。该条例作为全国范围通行的规范人体器官移植的行政法规，积极意义自不必言说，但是仍存在一些问题，例如，单独规定任何组织和个人不得摘取未满 18 周岁公民的活体器官用于移植，而对是否可以移植精神病人的器官并没有单独作出保护性的规定；又如，对违反此条例构成犯罪的依法追究刑事责任，但是刑事责任的主体没有明确，刑事责任的种类以及大小也未规定，缺乏一定的强制力，在具体落实责任进行定罪量刑之时，难免会导致罪责刑不一致。法律责任的规定仅限于一定的警示作用，具体操作性欠佳。

《人体器官移植条例》颁布并实施之后，在实施过程中暴露出了一些不足之处。为了更好地贯彻《人体器官移植条例》，进一步规范我国活体器官的移植工作，原卫生部在 2009 年颁布《关于规范活体器官移植的若干规定》，从活体器官捐献人与接受人的关系、从事活体器官移植的医疗机构及其医务人员的职责、伦理委员会的审核、对医疗机构及其医务人员的惩处等方面作出规定，相较《人体器官移植条例》具有明显的进步，特别是规定了对活体器官捐献人的身份反复审核，以确保捐献人的身份符合国家法律法规的要求；在活体器官捐献人与接受人存在配偶关系可以进行器官移植时明确要求配偶仅限于结婚 3 年以上或者婚后已育有子女的，因为当时人体器官的移植存在为了器官移植而“假结婚”，以便满足《人体器官移植条例》中关于配偶要求的情况。这是国家认识到已有法规的局限性而作出的针对性规定。总之，《关于规范活体器官移植的若干规定》是对《人体器官移植条例》的补充，能够保障我国《人体器官移植条例》的进一步发展和完善。但是存在的缺憾仍有很多，例如，捐献人体器官的公民应当年满 18 周岁且具有完全民事行为能力，年满 18 周岁但不完全具有民事行为能力的公民是否一定不能捐献器官？外国人是否就不能为中国人捐献人体器官？诸如此类的问题，仍然需要探讨。

1984 年发布的最高人民法院、最高人民检察院、公安部、司法部、原卫生部、民政部《关于利用死刑罪犯尸体或尸体器官的暂行规定》是针对死刑罪犯尸体或尸体器官利用的规定;《人体器官移植技术临床应用管理暂行规定》和《人体器官移植条例》是对人体器官移植的全面规定，不仅包含死刑罪犯尸体或尸体器官，还包括除此之外的其他尸体或尸体器官的利用，同时包括活体器官移植的规定。《关于规范活体器官移植的若干规定》则专门针对活体器官的捐献与移植的问题。这四个文件分别属于联合规章、部门规章、行政法规、部门规章的性质，并未上升到刑事法律的层次。但是在人体器官供需严重紧张的情况下，人体器官买卖、非法摘除等犯罪问题已经严重影响公民的健康权与生命权，严重影响社会的安全与秩序的稳定。2011 年 2 月 25 日，全国人大常委会通过《刑法修正案(八)》，在《刑法》第 234 条之后增加 1 条作为组织出卖人体器官罪的定罪量刑规定。该条第 1 款为“组织他人出卖人体器官的，处五年以下有期徒刑，并处罚金；情节严重的，处五年以上有期徒刑，并处罚金或者没收财产”，这是对组织他人出卖人体器官犯罪的定罪量刑。第 2 款为“未经本人同意摘取其器官，或者摘取不满十八周岁的人的器官，或者强迫、欺骗他人捐献器官的，依照本法第二百三十四条、第二百三十二条的规定定罪处罚”，即上述三种与器官有关的犯罪按照故意伤害或者故意杀人犯罪定罪量刑。第 3 款为“违背本人生前意愿摘取其尸体器官，或者本人生前未表示同意，违反国家规定，违背其近亲属意愿摘取其尸体器官的，依照本法第三百零二条的规定定罪处罚”，该款是针对尸体器官犯罪的规定，符合此款规定的，按照盗窃、侮辱、故意毁坏尸体、尸骨、骨灰罪定罪量刑。这是我国首次将人体器官移植犯罪纳入《刑法》规定，对于打击人体器官犯罪，维护人体器官移植的正常秩序具有重大意义。当然，该条规定也存在一些问题，后文会进行深入探讨。

2023 年 12 月，国务院颁布了《人体器官捐献和移植条例》，并于 2024 年 5 月 1 日起实施。新的条例颁布实施后，原来的《人体器官移植条例》及其相关解释文件均已失去效力。此处修改，对于强化器官移植的管理和器官移植相关方的合法权益以及规范医疗卫生秩序具有重要意义。该条例主要有以下几个亮点：一是器官移植前将审查“有无买卖或者变相买卖”情形；二是配偶、直系血亲等曾捐献遗体器官的，同等条件下优先获分配；三是实施人体器官移植手术的执业医师要经省、自治区、直辖市人民政府卫生健康部门认定；四是医务人员违规获取活体器官被追刑责的，将终身禁止从业。此外，该条例对非法器官捐献和移植相关行为加大了处罚力度。对组织他人出卖人体器官、未经本人同意获取其活体器官、获取未满 18 周岁公民的活体器官，强迫、欺骗他人捐献活体器官、违背本人生前意愿获取其遗体器官，或者本人生前未表示同意捐献其遗体器官以及违反国家规定，违背其配偶、成年子女、父母意愿获取其遗体器官等行为，构成犯罪的，依法追究刑事责任。对医生实施上述行为被追究刑事责任的，由原执业注册部门吊销其执业证书，终身禁止其从事医疗卫生服务。

2024 年国家卫健委发布《人体器官移植技术临床应用管理规定》，以进一步规范人体器官移植技术临床应用。该管理规定自 2024 年 5 月 1 日起施行，在临床应用管理、移植医师培训与认定、监督管理等方面提出详细要求，代替了《人体器官移植技术临床应用管理暂行规定》《关于规范活体器官移植若干规定》《人体器官移植医师培训与认定管理办法》。

第二节　我国人体器官移植犯罪之特点及原因

一、我国人体器官移植犯罪的特点

（一）组织化程度高

人体器官移植犯罪一般需要三方参与：组织出卖者、医院、受买者。人体器官移植犯罪需要具备较高的医疗技术水平，否则难以进行器官移植犯罪，所以组织出卖者需要与医院和受买者具备一定联系和交际。在非法摘取人体器官犯罪中虽然表面看来只有组织出卖者和医院二者参与其中，受买者并没有参与，但是摘除的人体器官是有一定保存时间的，过了一定的“保质期”，摘除的人体器官就会死亡，无法再用于人体器官移植。一般意义上，组织出卖者在与医院进行合作非法摘取、买卖人体器官的活动中都会事先联系受买者，这样才能够达到人体器官移植犯罪的目的。而实现组织出卖者、医院和受买者之间的关联不会一蹴而就，特别是人体器官的组织出卖者需要通过网络、中介、熟人等发布出售人体器官的消息，取得与受买者之间的联系；组织出卖者获取人体器官需要准备工具、制造条件，寻找可以摘取人体器官的人群，这并非一个人可以完成的；同时，人体器官摘取必须要有专业技术人员操作才能够实施完成，这就需要犯罪分子与医院和医务人员取得联系，争取医院和医务人员的同意。上述操作需要多名犯罪分子分工协作，从招募、介绍、联络等多个环节实现协同，共同参与人体器官移植犯罪活动中。例如，在2018年11月28日湖南湘潭的“卖肾案”中，黄某患尿毒症，通过多方打听，向李某强提出了肾移植需求。李某强同意后联系薛某东商讨关于移植手术的事宜，薛某东进而联系冯某启，让他提供肾脏供体，并负责安排人体器官的检查、人体移植手术的器材和场所等；冯某启联系到了人体器官移植中介李某；李某负责组织相关手术的医生及医护人员；周某顺负责提供手术场所、安排护士、照顾术后供体。在薛某东、冯某启、李某、李某强的组织下，手术主刀医生黄某柱、麻醉师张某永、手术助手伍某、买肾者黄某、肾脏供体张某先后抵达湘潭市华侨中医医院三楼手术室进行换肾手术。[①] 该案中，犯罪成员分工极其明确，各负其责，从手术前的人体器官准备和手术场所、医疗器械等配备，到主刀医生的联系、手术的护理，再到各个医生的准备工作等，一应俱全，组织化程度极高。

（二）隐蔽性比较强

人体器官犯罪普遍具有隐蔽性的特点，而且其隐蔽性相对较强。在组织出卖人体器官犯罪中，买卖双方都是基于自愿原则，由于我国人体器官移植供小于求，受买者是为了使病人身体健康或者赚取金钱利益（中介收买人是为了赚取差价），出卖人是为了获取金钱利益，二者并无矛盾冲突，属于各取所需，同时买卖人体器官是我国法律所禁止的行为，只能采用地下交易的方式，所以很难被发现。即使被发现也是因为出卖人体器官造成人体健康严重受损的情况，当事人才向公安机关报案。曾受到媒体广泛关注的卖肾买苹果手机事件就是因为王某出卖肾脏造成自身健康出现重大隐患，才被公安机关掌握。非法摘取活体器官这种行为本就是犯罪行为，只不过在我国刑法没有明确规定人体器官犯罪之前，一直以故意伤害的罪名对该行为定罪量刑。由于本就是犯罪行为，犯罪分子一般会采用不为人所知的途径对受害人进行器官摘除，案件发生之后一般难以查找到作案线索和作案证据。对于非法摘取尸体器官的行为，由于本人已经死亡，其本人生前是否同意捐献器官难以查证，其亲属为了金钱利益等可能会将尸体器官摘取进行出卖，这种情况下的摘取工作可能是在亲属可控范围之内进行的，难以被人发现，而且

---

① 参见刘倩：《湖南8人涉嫌组织出卖人体器官 尿毒症患者46万买肾》，载中国新闻网，https://www.chinanews.com.cn/m/sh/2018/07-27/8582134.shtml。

本人死亡并摘取尸体器官后进行埋葬，他人更难以发现。另外，在本人去世之后，尸体会保存在医院或者殡仪馆，这两个地方的工作人员有可能出于个人利益的考虑，配合他人或者本人将尸体器官进行摘取，然后缝合完毕，他人亦难以发现。

（三）地域跨度很大

人体器官移植犯罪的对象是人体器官，而人体器官在各个国家和地区都存在，这就必然在理论上和实践中导致人体器官犯罪的全球化。特别是在目前全球化不断推进的过程中，人体器官移植技术不断发展，并成为惠及全球民众的先进医疗技术，而各个国家和地区都对人体器官移植作出了必要的限制，人体器官供求失衡，供小于求是一个全球性的难题。只要存在需求就存在一定的犯罪行为，人体器官移植犯罪就是在这样的背景下产生的。对于患者而言，为了能够延续生命，其不会在意所移植的人体器官的地域属性，这就催生了人体器官在省际、国家之间的流动，合法的流动当然不属于犯罪行为，但是更多的是非法的人体器官流动。将其他省份的人体器官通过非法途径运输到本省或者第三省份进行人体器官移植，或将其他国家的人体器官通过走私的途径运输到本国或者第三国进行人体器官移植，这样不仅能够达到犯罪的目的，还能够规避一些国家和地区的法律制度，逃避犯罪的侦查打击。还有一些经济相对落后国家和地区的人们为了获得高额的利益，甚至不惜出卖自己的人体器官，全球经济发展的不平衡使这种人体器官移植扩大到全世界，形成一定的产业链。全球范围内器官走私呈现愈演愈烈之势，并走向组织化、规模化。其中的连接体——中介组织，让发达国家和地区与落后国家和地区的供求在此得以实现。由于地域跨度方面的原因，此类黑色交易难以被禁止，在一定程度上加剧了人体器官走私犯罪的国际化，对人体器官走私犯罪的惩治难度也随之增大。①

（四）技术难度较大

人体器官移植作为医学领域的尖端技术，犯罪分子必须掌握这项技术才能实施此类犯罪，否则难以成功。人体器官移植犯罪的最终目的是将人体器官移植到患者的身体之中，延缓患者的生命。而将人体器官从活体或者尸体中摘取出来并

① 参见马铭：《论我国刑法对人体器官移植犯罪惩治的完善》，广东外语外贸大学2018年硕士学位论文。

进行出卖，必须要保证人体器官的活性和使用性，否则犯罪的目的就难以达到。人体器官移植手术的正常进行必须具备三个条件：一是人体细胞的缝合技术，否则移植到患者体内的人体器官难以存活；二是人体器官的保存技术，人体器官摘取之后必须在特定的温度下才能够保证其活性，否则人体器官就会死亡，没有移植的价值，也就不能够具备使用价值；三是人体器官的抗免疫药物，人体进行器官移植之后必须服用抗免疫药物解决人体器官自身的抵触问题。而前两个条件要求犯罪人员具备一定的医学知识，具备外科移植手术的技术，能够正常将人体器官从人体中摘取出来并保存在适当的医疗设备中。这与一般的医疗犯罪、故意杀人等犯罪行为具有非常大的区别，普通的医生一般难以完成这样的犯罪行为，必须要有专业性的医务人员才能实施这样复杂的医疗犯罪。所以，人体器官移植犯罪具有技术难度高的专业性特点。

（五）网络化趋势明显

网络的发展给人类的生产和生活带来了便利性、科学性和高效性，但网络也在很多方面被犯罪分子利用，成为实施犯罪，逃避法律制裁的工具。例如，电信网络诈骗、利用互联网泄露国家机密等犯罪活动，都是将网络作为实施犯罪的工具。由于网络具有隐蔽性、交流性和非接触性等特征，犯罪分子能够利用网络交流犯罪心得，隐秘实施犯罪行为，而且彼此之间不需要见面，能够降低甚至杜绝被抓获的风险，不少传统的线下违法犯罪活动开始通过网络实施，网络化犯罪成为犯罪的趋势。人体器官移植犯罪同样如此。2014 年，江西警方侦破了一起多领域、跨区域的重大器官移植犯罪案件，反映了当前我国人体器官移植犯罪的操作路径特点。该案的犯罪团伙以贩卖海鲜的名义，在网上招募器官供体，甚至将供体带到犯罪窝点进行圈养，继而进行器官摘取、异地空运、植入受体等一系列的活动，从表面上看人们完全不会想到空运的“海鲜”竟然是人体器官。该案大多数活动是通过网络实施的，例如，在网上招募器官供体，只要有人愿意提供器官，仅需按照犯罪分子的地址邮寄过来或者将供体引到犯罪窝点，犯罪分子与器官提供者可以全程网络交流并实施犯罪；又如，异地空运，都是在网络上下单，当时国家对物流业的管理规范尚不完善，大部分承运方并不会仔细查看托运物，谁也想不到人体器官会被伪装成海鲜，通过网络邮寄的方式进行传递。此外，警方从犯罪成员的过往经历中发现，多数参与犯罪的成员曾经是器官移植的供体或受体，是经历过器官移植手术的。从该案例可见，我国器官移植犯罪基本上都会形成严密的犯罪链，各器官移植过程有不知其数的人参与，最为触目惊心的是各种公共交通的安检、网络的监管都无法有效发现，甚至可能也参与犯罪活动之中，为犯罪活动提供便利。

（六）国际化特征显著

器官移植的国际化，是全球化发展的趋势，也是生物科技发展的必然要求。全球化增强了不同国家和地区之间的联系，而人体器官具有共用性，只要达到一定的器官移植要求，就可以在不同国家、不同种族、不同肤色的个人之间进行移植。同时生物科技的快速发展使器官移植技术能够在全球范围内得到普遍应用。但是由于国家、地区经济的发展和法律制度的完善程度存在差异，器官移植被犯罪分子所利用，呈现国际化的犯罪趋势。发达国家的人体器官资源比较短缺，而且价格高昂，而一些落后、贫困国家的民众迫于生计愿意将自己的人体器官以较为低廉的价格出卖，再加上器官走私者从中引导，作为中介者收取费用，使人体器官走私国际化泛滥。基于目前全球贫富差异仍较为显著，人体器官的供求严重失衡，虽然一些国家严厉杜绝人体器官的买卖行为，但是相当数量的国家对人体器官移植方面的规范仍然比较落后，在一定程度上纵容了人体器官移植的犯罪行为，跨国性的器官移植犯罪正是钻了此漏洞。发达国家和地区的人们急需人体器官进行更换，本国市场又难以满足其需求，就会千方百计到贫困落后的国家和地区寻找合适的人体器官，这就出现了人体器官的走私，催生了器官走私犯罪行为。犯罪嫌疑人为了达到犯罪目的，在不同的国家之间，利用网络等各种各样的手段逃避相应国家的打击，实现人体器官移植犯罪的目的。尽管现今国际社会对于人体器官犯罪行为的打击力度显著增强，但是由于人体器官移植的高收益性，仍然有不少的冒险者加入其中。

（七）伴随衍生性犯罪

我国法律法规对人体器官移植程序有非常明确的法律规定，不仅体现在伦理上的审查，如肾脏移植必须在三代以内亲属间进行，还体现在医院及其医务人员在进行人体器官移植时必须进行报备和审批，任何一项不能够满足需求，都属于人体器官移植的非法行为，都有可能构成犯罪。而人体器官移植犯罪不可能真正按照国家法律法规的要求履行相应的必经程序，并且犯罪人员在实施犯罪时往往还会采取其他的犯罪行为。如在北京某法院审理的蔡某华、蔡某侠一案中，被告人蔡某华为患者办理假手续，刻假印章、办假身份证、伪造证明、伪造公证书等，法院最终以非法经营罪、伪造国家机关印章罪、伪造事业单位印章罪对其进行了数罪并罚。① 犯罪分子为了达到国家规定的人体器官移植的程序要求，只能通过造假的途径，而造假行为本身仍然属于违法犯罪行为，在犯罪分子最终被抓获后就会按照数罪并罚惩处。此外，犯罪分子为了将人体器官摘取、买卖，还有可能实施非法拘禁、绑架、故意伤害等犯罪行为，为了达到犯罪目的不择手段；同时，为了保证人体器官摘除和移植行为的顺利实施，还会向医务人员进行贿赂等行为。

二、人体器官移植犯罪的原因

（一）供求方面的原因

如前所述，截至 2023 年，我国每百万人口器官捐献率已达到 4.58，但与我们的人口总数相比，仍有很大的提升空间。研究显示，PMP 到达 10% 左右才能基本与我国移植需求相平衡。② 而美国的供需比例为 1∶5，英国为 1∶3，③ 其中除了受体需求量大，供体的严重短缺已经成为不可忽视的问题。2003～2011 年的统计资料显示，在法国，每年每百万人中有 49.3 人捐献器官；在美国，每年每百万人中有 62 人捐献器官；在奥地利，每年每百万人中有 69 人捐献器官；在西班牙，每年每百万人中有 81.3 人捐献器官；英国的比例更高，每年每 4 个人中就有 1 人愿意捐献自己的器官；但在中国，从 2003～2011 年，总共仅有 163 人捐献器官，即每年每百万人中仅有 0.03 人愿意捐献器官。④ 自 2010 年原卫生部与中国红十字会启动人体器官捐献试点之后，情况有所改变。截至 2024 年 7 月 25 日，我国已登记器官捐献志愿者的数量接近 700 万人，成功实现 5 万余例的捐献人数，捐献器官数量达到 16 万余个。⑤ 但是与我国巨大的人口基数、庞大的人体器官需求的现实相比，

---

① 参见马冬梅：《组织出卖人体器官罪司法实务问题研究》，载中国法院网 2014 年 5 月 20 日，https://www.chinacourt.org/article/ detail/2014/05/id/1298725.shtml.

② 参见《世界医学会重修决议，肯定中国器官捐献改革成就》，载中国器官移植发展基金会网，https://www.cotdf.org.cn/article/1631。

③ 参见余成普：《器官捐赠的文化敏感性与中国实践》，载《中山大学学报（社会科学版）》2014 年第 1 期。

④ 参见封欣蔚、杨小丽、杨咪等：《我国人体器官买卖屡禁不止的原因及对策探析》，载《医学争鸣》2016 年第 3 期。

⑤ 数据参见中国人体器官捐献管理中心网站，https://www.codac.org.cn/。

器官捐献数量仍然远远不够。人们不愿意捐献器官的原因主要在于三个方面。

第一,中国传统观念影响。伴随中华民族五千年悠久历史的是人们思想观念的根深蒂固,不容易改变。传统儒家思想中"身体发肤,受之父母,不敢毁伤,孝之始也"的观念影响了一代又一代中国人。作为人体重要组成部分的器官,更是被视为生命,岂肯随意捐献。加上民间一直有死后要"留全尸"的思想,在传统观念中,不论是活人捐献器官,还是死者及其家属捐献遗体器官,都很难被接受。另外,道家思想认为人体器官各行其是,任何缺漏都会影响人的得道;释家思想认为灵魂与肉体不可分离,否则影响人的轮回。在这些传统思想潜移默化的影响下,人体器官捐献在我国难以被广泛接受,影响了供求关系的平衡。

第二,器官捐献与移植的保密性影响捐赠者的数量。人体器官移植过程的保密性是民众不愿意捐赠个人人体器官的原因之一。民众有其自身的考量,捐赠出去的人体器官是否被卖了?捐出去的人体器官是否按照申请者的先后顺序进行移植?接受者是否值得被移植?……产生这些问题,一部分原因是器官移植相关的政府、事业单位宣传不到位,还有一部分原因是器官移植过程确实过于隐秘,无法取得捐赠者或捐赠意愿者的认可。我国《人体器官捐献和移植条例》第 20 条规定,遗体器官的分配要遵循公平、公正和公开的原则;但是第 45 条又规定从事人体移植的医务人员应当对人体器官捐赠人、接受人和申请人体器官移植手术的患者的个人信息予以保密。这种刚性规定会削弱器官捐赠人的意愿,增加器官捐赠人对个人捐赠的器官价值的担忧。

第三,民众对人体器官移植常识及相关制度缺乏了解。人体器官移植是现代医学的尖端领域,对其认知需要门槛,若相关政府机关和事业单位对人体器官移植的基础常识宣传不足,民众在不了解人体器官移植技术及其相应制度的情况下,不清楚捐献人体器官是否会对捐献者的身体健康造成重大危害,不清楚捐献之后对于捐献者个人和家属是否有医疗福利或者奖励性措施,以至不敢捐献器官,不愿意捐献器官。

在我国人体器官捐献数量严重短缺的情况下,一些不法分子在其中看到了"商机",希望通过买卖人体器官获取巨额收益;一些需要器官移植的病人或者其家属通过各种途径甚至是非法途径,希望购买到所需器官;少数医疗机构及其医务人员可能在高额利益的驱使下铤而走险,滥用手中职权在对人体器官进行分配、使用时暗箱操作。同时我国人体器官移植法律法规尚不完善,给人体器官移植犯罪提供了可乘之机。总之，人体器官短缺是我国人体器官移植犯罪的根本原因，其他原因都是在此基础上演变而来的。

（二）器官移植费用高昂

近些年我国医疗保障改革不断推进，政府也在极力解决民众看病难、看病贵的问题，人民群众的医疗问题有了很大的保障，各地根据经济发展情况不断提高医疗费用报销的范围和比例。但是，人体器官移植虽然属于无偿提供，除此之外的其他医疗费用仍然惊人。根据我国《人体器官捐献和移植条例》第 32 条的规定，人体器官移植接受人应当支付以下医疗费用：获取活体器官、切除病损器官、植入人体器官所发生的手术费、检查费、检验费等医疗服务费以及药费、医用耗材费；向从事遗体器官获取的医疗机构支付的遗体器官获取成本费用。遗体器官获取成本费用，包括为获取遗体器官而发生的评估、维护、获取、保存、修复和运送等成本。另外，我国器官移植费用标准有待规范。2024 年国家医保局编制发布了 17 批立项指南，其中就包括器官移植。[①] 立项指南意在规范医疗服务价格，但从项目对接落地、试行到修订完善并推出价格项目规范目录，整个项目周期并非一朝一夕可以完成。以肾移植为例，有研究者以某三甲医院为样本，统计了 2019～2022 年 475 例肾移植患者住院费用数据，分析后发现，总住院费用整体呈下降趋势，这可能与肾移植手术水平的提高、疾病诊断相关分组（DRGs）等医保支付手段有关。尽管如此，该样本医院的肾移植患者住院总费用中位数为 12.16 万元，72.21% 患者住院天数在 21 天以下。[②] 而对许多患者而言，移植手术只是一个开始，后期的治疗费用往往"深不见底"。2018 年曾有学者统计终末期肾病患者在开始透析或完成移植手术后连续治疗 8 年的累计支出，其中肾移植治疗费用为 87.24 万元。[③]

（三）器官移植犯罪暴利化

据《中国器官移植发展报告（2020）》的数据，我国每年至少有 30 万人需要进行器官移植手术，但是由于人体器官的短缺，每年能够进行的器官移植手术非

---

① 参见《器官移植类医疗服务价格项目立项指南（试行）》，载国家医疗保障局网，https://www.nhsa.gov.cn/art/2024/11/18/art_201_14705.html。

② 参见吴国斌、吴纪贞、林越等：《海南省某三甲医院 2019—2022 年肾移植住院患者费用比较分析研究》，载《中国病案》2024 年第 3 期。

③ 参见王文仪、梁鸿、芦炜：《终末期肾病患者治疗费用负担分析与政策建议》，载《中国卫生资源》2018 年第 2 期。

常有限。自2015年1月1日起，中国全面停止使用司法来源的器官，公民自愿器官捐献为唯一合法来源，建立起符合世卫组织伦理准则的器官捐献和移植工作体系，推动我国器官捐献和移植事业蓬勃发展。2023年数据显示我国共完成遗体器官捐献6454例，较2022年上升14.7%；完成器官移植手术（包括亲属活体移植）共23,905例，较2022年上升18.1%，无论器官捐献数量还是器官移植数量均居世界第二位。具体数据如图3-1所示。

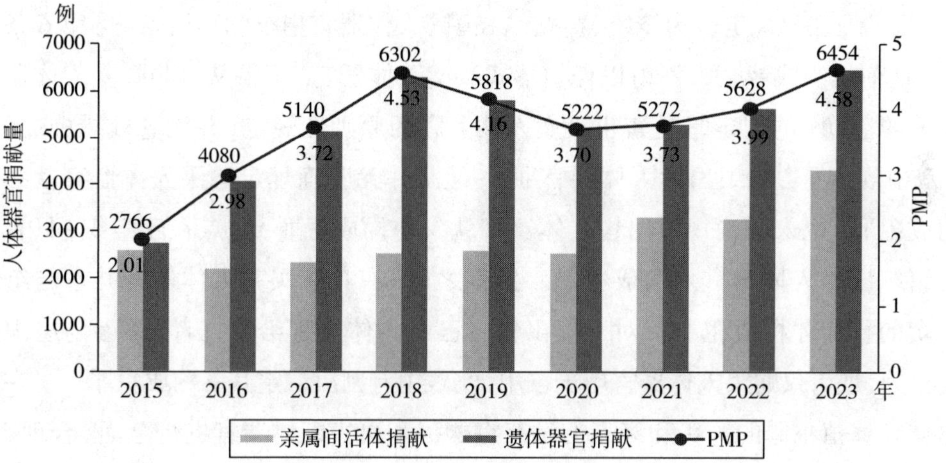

图3-1　2015~2023年我国器官捐献和移植情况

基于我国人体器官移植供求严重失衡，需求数量严重大于供应数量，而人体器官移植对于延续病患的生命长度具有重要意义，在某种程度上催生了人体器官的商品化交易。包括我国在内的国际社会严厉打击人体器官的买卖、非法摘除等行为，一些不法分子就开始利用病患及其家属对人体器官的迫切需求，和一些人为了获取金钱而出售人体器官的想法，甚至为了获取他人的人体器官而实施故意伤害、故意杀人、侮辱尸体等犯罪行为，进而将人体器官进行买卖，赚取巨额收益。

高昂的价格"激励"着犯罪分子为了获取高收益，甘愿冒被法律制裁的高风险，甚至一些犯罪分子为了获得更高的收益，不再仅限于作为中介将人体器官买卖，而是从事故意伤害、故意杀人等严重暴力犯罪，非法摘取人体器官，个人独占人体器官出售所得。2009年6月，某省曾发生一起杀人摘取人体器官案件，犯罪分子赵某和王某为了获取他人的人体器官进行出售，而将在垃圾堆旁居住的一名乞丐杀害。①

（四）法律法规不完善

人体器官移植犯罪涉及多方利益主体，在实施犯罪的过程中，主要有买受者、出卖者、中介者、运输者、医疗机构、医生等。因此，对于人体器官移植犯罪应当从这些利益主体及与其相关的环节入手，进行全面规范。然而，我国目前的法律法规对此尚有欠缺。

第一，法律规定较为笼统、简略。我国《人体器官捐献和移植条例》第 6 条关于“任何组织或者个人不得以任何形式买卖人体器官，不得从事与买卖人体器官有关的活动”的规定只是禁止买卖人体器官的原则性规定，并无惩戒措施。《刑法》中规定了“组织出卖人体器官罪”，但是并无明确规定购买人体器官就必然构成犯罪，也未明确规定出售人体器官就一定构成犯罪，重点在于组织，只有参与组织出卖人体器官才构成犯罪。换言之，只有具有买卖人体器官并参与组织出卖的行为才构成犯罪。对于仅出售自己的人体器官给第三者，不参与组织出卖行为，或者仅购买人体器官用于自用，实践中有判决认定其不构成犯罪。② 在人体器官移植犯罪的源头和终点上没有将购买和出售人体器官进行全面、合理、有效规制，人体器官移植犯罪就有空隙可钻，不利于对人体器官移植犯罪的打击和规制。

第二，我国法律对医疗机构从事人体器官移植规定了必要的审查义务，但是有一些医疗机构将这些审查义务流于形式，特别是在活体器官移植中，不顾《人体器官捐献和移植条例》第 11 条 ③ 的规定，只要有书面的符合规定的文件证明就予以认定，而忽视甚至是对这些人体器官的真实来源毫不关心。对于这些行为，我国刑法并没有制定相应的制裁条款。法律法规对人体器官移植犯罪规定得不完善，在一定程度上对人体器官移植犯罪缺少法律管制。

---

① 参见罗亚妮、余怡:《杀人摘取器官案尸检分析》，载《云南警官学院学报》2014 年第 1 期。

② 在“李某组织出卖人体器官案”[（2019）湘 03 刑终 81 号]中，购买肾脏自用的黄某及出售自己肾脏的张某都是作为证人存在的，不受刑事惩罚；在“李某伟等组织出卖人体器官案”[（2014）漳刑终字第 86 号]中，所有的供体和受体都未因买卖人体器官而受到刑事制裁，仅是组织者被追究刑事责任；在“邹某等组织出卖人体器官案”[（2018）豫 0104 刑初 157 号]中，被招募出卖人体器官的胡某、许某、张某三人同样仅是证人，不承担刑事责任。

③ 《人体器官捐献和移植条例》第 11 条规定：“活体器官的接受人限于活体器官捐献人的配偶、直系血亲或者三代以内旁系血亲。”

第三节　我国人体器官移植犯罪的刑事立法

一、我国器官移植犯罪之立法现状

在我国刑法中，2011 年通过的《刑法修正案（八）》第 37 条是对人体器官移植犯罪的规定，该条共有三款，涉及四个罪名，分别是组织出卖人体器官罪、故意伤害罪、故意杀人罪和盗窃、侮辱、故意毁坏尸体、尸骨、骨灰罪。其犯罪对象是人体器官，但又细分为三类，分别是活体人体器官、未成年人的人体器官和尸体器官。尸体器官属于我国人体器官移植的重要来源，但是社会实践中对尸体器官的管理、适用均存在问题，为了保障尸体器官应用的规范化，将针对尸体器官的犯罪行为列入刑法非常必要。同时将对未成年人的人体器官犯罪列入刑法，强调对未成年人的保护和对侵犯未成年人人体器官犯罪的专门治理。

《刑法修正案（八）》第 37 条第 1 款是对“组织出卖人体器官罪”的规定。该规定既有针对组织出卖人体器官犯罪定罪的一般量刑，又有加重量刑情形。该款规定的重点，主要在于对“组织”“人体器官”“情节严重”这些立法词语的理解。该罪属于实行犯，只要犯罪嫌疑人实施了组织出卖人体器官的行为，就构成犯罪，无论犯罪是否实行完毕，是否出现犯罪结果。“组织”是指以招募、雇佣、领导、指挥、强迫、引诱、容留等手段，纠集、控制多人从事出卖人体器官的行为。[①]“组织他人”不仅包括组织团伙成员出卖人体器官，还包括组织受害人出卖人体器官，即使有些组织者并不从中获取任何利益，但是根据该罪的规定，仍然构成犯罪，需要承担刑事责任。同时，出卖人体器官的犯罪一般而言属于共同犯罪，其他成员可能并非组织者，却是“组织出卖人体器官罪”的帮助者或者协助者，那么依据《刑法》总则的规定，根据帮助者或者协助者在“组织出卖人体器官罪”中的犯罪作用大小按照从犯予以惩处。虽然我国《刑法》对“人体器官”并未界定范围，但是根据《人体器官捐献和移植条例》第 2 条的规定，人体器官是指具有特定生理功能的心脏、肺脏、肝脏、肾脏、胰腺或者小肠等人体器官的全部或者部分，并明确人体细

---

① 参见赵秉志：《略论我国〈刑法〉新增设的人体器官犯罪》，载《法学杂志》2011 年第 9 期。

胞、角膜、骨髓等人体组织不包括在内。所以“组织出卖人体器官罪”的对象只能是心脏、肺脏、肝脏、肾脏或者胰腺等器官的全部或者部分，对其他包括角膜等人体组织和人体细胞的出卖不构成犯罪，人造器官也不属于该款犯罪的对象。虽然张明楷教授、赵秉志教授等学者认为组织出卖人体组织和人体细胞的行为也具有相当的社会危害性，但是《刑法》规定使然，根据罪刑法定原则，此类行为尚不能以人体器官犯罪论处，可以依照《刑法》的其他规定进行定罪量刑。例如，组织出卖血液、骨髓的行为，可以按照非法经营罪进行定罪量刑。当然，该款的“人体器官”并非只针对活体器官，尸体器官也包含在内。“情节严重”属于该款犯罪的法定从重情节，可以判处 5 年以上有期徒刑，并处罚金或者没收财产。究竟何为“情节严重”并未可知。

《刑法修正案（八）》第 37 条第 2 款是对非法摘取活体器官犯罪的规定，该规定分为三种情形：未经本人同意摘取其器官；摘取不满 18 周岁的人的器官；强迫、欺骗他人捐献器官。构成这三种犯罪情形的，按照故意伤害罪、故意杀人罪进行定罪量刑。在这三种情形下，非法摘取活体器官都会对人体造成伤害甚至死亡的结果，所以《刑法》明确规定按照故意伤害罪或故意杀人罪处罚。第一种情形是基于成年人具有民事权利能力和民事行为能力，在医学和伦理学允许的情况下可以对自身的器官进行支配，这属于被害人承诺，即本人同意摘除其器官就不构成犯罪。国际社会普遍认同被害人承诺理论，我国也不例外。未经本人同意摘取其器官，侵犯本人的健康权甚至生命权，属于犯罪行为。而且根据《人体器官捐献和移植条例》第 9 条的规定，具有完全民事行为能力的公民有权依法自主决定捐献其人体器官。公民表示捐献其人体器官的意愿，应当采用书面形式，也可以订立遗嘱。公民对已经表示捐献其人体器官的意愿，有权予以撤销。因此，捐献者本人同意必须是书面、明示的，口头或者默认不能成为本人同意的依据。即使事后追认，已然对人体造成难以弥补的伤害，仍然属于犯罪行为。第二种情形则不考虑被害人的承诺，不论未满 18 周岁的人是否同意摘取其器官都构成非法摘取活体器官犯罪，属于对未成年的特殊保护。因为未成年人心智尚未成熟，并不一定能够认识到摘取人体器官对自身健康和生命的危害，故刑法条文明确予以限制，保护未成年人的身心健康。第三种情形相较前两种情形而言，属于本人同意捐献器官，但是本人同意是在被强迫或欺骗的情形下做出的承诺，而由于捐献人体器官本就会对人体造成不同程度的损伤，强迫、欺骗他人捐献人体器官属于间接故意伤害或故意杀人，应当按照故意伤害罪、故意杀人罪进行惩处。

《刑法修正案（八）》第 37 条第 3 款是对非法摘取尸体器官犯罪的规定，分为两种情形：违背本人生前意愿摘取其尸体器官或者本人生前未表示同意，违反国家规定，违背其近亲属意愿摘取其尸体器官，按照盗窃、侮辱、故意毁坏尸体、尸骨、骨灰罪进行定罪量刑。该款之所以单列而没有直接按照盗窃、侮辱、故意毁坏尸体、尸骨、骨灰罪进行定罪量刑，是因为尸体器官本身在一定时间内是可以通过移植进行使用的，具有使用价值，另外非法摘取尸体器官犯罪属于人体器官犯罪的一种。第一种情形包括本人生前同意摘取其尸体器官和本人生前不同意摘取其尸体器官，本人生前同意的必须以书面、明示的方式表明意愿，否则应当按照第二种情形处理；本人生前不同意的也必须以书面、明示的方式告知，否则本人死亡后其意愿难以被认定，很有可能侵犯死者生前对尸体的处分意愿，此种情况就属于违背本人生前意愿摘取其尸体器官。第二种情形下本人生前意愿难以掌握，可能同意，也可能不同意或者放任不管，但是没有以书面、明示的方式告知，此种情形应当在符合国家规定的前提下，寻求其近亲属的同意，否则构成非法摘取尸体器官犯罪。

二、我国器官移植犯罪之立法检视

（一）宏观层面

1. 未对走私人体器官犯罪进行规定

目前我国《刑法》仅对组织出卖人体器官犯罪、非法摘取人体器官犯罪和非法摘取尸体器官犯罪进行了相应的定罪量刑规定，并未对人体器官的走私行为进行相应规定。根据我国《刑法》分则第三章“破坏社会主义市场经济秩序罪”下第二节关于走私行为的犯罪，走私普通货物、物品罪、走私文物罪、走私淫秽物品罪、走私珍贵动物、珍贵动物制品罪等犯罪行为主要是破坏社会主义市场经济秩序，从而将此类行为归结为犯罪行为。

而走私人体器官侵犯的不仅是国际贸易秩序，更是对人体健康和生命的严重侵犯，应当是包括我国在内的国际社会的重要治理领域。首先，进行移植的器官来源并非仅局限于国内，所以，从器官来源方面就可能存在由境外向境内走私的可能性。其次，我国人体器官供求关系较为紧张，供不应求是我国目前人体器官移植的突出问题，这就催生了人体器官买卖问题。而国内人体器官买卖和摘除行为受到国家的严密监控和刑法惩治，从境外走私人体器官进入境内，不仅可以避免上述麻烦，还能满足一些需要移植器官的病人及其家属的愿望，获得大笔酬劳。最后，我国刑法对走私人体器官犯罪的行为尚未进行规制，无法按照走私人体器官犯罪进行定罪量刑，犯罪嫌疑人可以逃避我国刑法的惩处或者按照其他较轻的犯罪进行惩罚。

早在2010年，据时任世界卫生组织器官移植顾问的弗朗西斯·德尔莫尼克透露，全球每年约有5000人在黑市进行人体器官交易，这些器官大多呈现器官自发展中国家向发达国家流入的趋势。欧洲调查员里奇德表示，胎儿人体器官的走私成为近些年的热点，从事人体器官移植犯罪的集团、团伙等将贫困国家和地区的妇女骗到域外国家和地区，强迫这些妇女怀孕，在其分娩后将婴儿的器官进行拍卖，将产妇杀死。[①] 基于此类"移植旅游"，我国原卫生部办公厅已于2007年6月26日下发了《关于境外人员申请人体器官移植有关问题的通知》，制定了为本国人民服务的自给自足原则，但《刑法》并未明文规定对走私人体器官的行为如何进行惩罚。国内有学者认为，"刑法规范之所以需要解释，主要是因为：一方面，刑法条文与现实生活之间是一种抽象与具体的关系，并且现实生活又是具有多变性的，解释可以增加刑法条文的可操作性。另一方面，刑法条文的稳定性与司法实践的易变性存在一定的矛盾性，为了不断适应司法实践惩治犯罪与保障人权的目的，应当允许在条件允许的情况下，赋予刑法条文以某种含义"[②]。据此，可以通过扩大司法解释，将人体器官的走私犯罪行为以"走私国家禁止进出口的货物、物品罪"定罪处罚，但由于人体器官的非物属性，以该罪定罪论处显得不太适宜。以"走私普通货物、物品罪"亦然。同时，由于走私人体器官的行为并非都具有组织性，也不便按照组织出卖人体器官罪定罪量刑。为更好地保护妇女儿童等弱势群体的权益，我国刑法关于走私人体器官犯罪的空白亟待完善。

2. 没有规定单位作为人体器官犯罪的主体

《人体器官捐献和移植条例》第37条第1款规定："违反本条例规定，买卖人体器官或者从事与买卖人体器官有关活动的，由县级以上地方人民政府卫生健康

① 参见《多名受害人讲述经历 揭露国际人体器官走私黑幕》，载海口网，http://www.hkwb.net/news/content/2011-12/01/content_538284.htm?node=268。

② 陈兴良：《本体刑法学》(第2版)，中国人民大学出版社2011年版，第19页。

部门没收违法所得，并处交易额10倍以上20倍以下的罚款；医疗机构参与上述活动的，还应当由原登记部门吊销该医疗机构的人体器官移植诊疗科目，禁止其10年内从事人体器官获取或者申请从事人体器官移植，并对负有责任的领导人员和直接责任人员依法给予处分，情节严重的，由原执业登记部门吊销该医疗机构的执业许可证或者由原备案部门责令其停止执业活动；医务人员参与上述活动的，还应当由原执业注册部门吊销其执业证书，终身禁止其从事医疗卫生服务；构成犯罪的，依法追究刑事责任。”据此可知，医疗机构参与人体器官的非法买卖、摘取行为，单位、主管人员和其他直接责任人员都将受到行政处分，但是尚无刑事处分的规定。《刑法修正案（八）》也未对单位承担刑事责任进行规定，所以人体器官犯罪的主体只能是自然人，单位不承担刑事责任。即使单位实施了《刑法修正案（八）》中的组织出卖人体器官、非法摘取人体器官等犯罪行为，也不承担刑事责任，不受刑法的规制。

而在司法实践过程中，作为人体器官移植犯罪的中间环节，一些医疗机构也参与了人体器官犯罪的过程。例如，在2014年北京第一中级人民法院审结的一起以郑某为组织者的人体器官犯罪案件中，郑某与北京市某三甲医院勾结，共卖出59颗人体肾脏器官，既包括活体肾脏又包括尸体肾脏，创下我国被提请公诉的人体器官买卖犯罪案件之最。① 医疗机构本应层层把关人体器官移植，但是在利益的驱动下，却与犯罪人员相互勾结，各取所需，视人命如儿戏，严重践踏人的尊严，挑战法律权威，破坏正常的社会管理秩序。还有个别医疗机构及其医务人员在明知所移植的人体器官为买卖器官，或者知晓供体为不符合法律规定的人体器官仍然进行器官移植手术，应被认为是人体器官犯罪的变相共犯。但是，在司法实践活动中尚无对涉人体器官犯罪单位的刑法规制，这是我国人体器官犯罪刑事规制的缺憾。

3. 未对人体细胞及其组织的犯罪进行规定

人体细胞、组织和人体器官共同构成人体结构，侵犯其中的任何一种，都是对人体的侵犯，都会对人体的健康、生命造成危害，都会对社会秩序造成威胁。《人体器官捐献和移植条例》第2条第1款规定，从事人体细胞和角膜、骨髓等人体组织捐献和移植，不适用本条例。我国《刑法》也只对人体器官犯罪进行了必要的

① 参见《全国最大贩肾案细节曝光：租房建黑医院摘肾脏 北京三甲医院成移植点》，载观察者网2014年8月22日，https://www.guancha.cn/society/2014_08_22_259196.shtml。

规定，而未对人体细胞及其组织犯罪进行规制。世界卫生组织在《人体细胞、组织和器官移植指导原则》中非常明确地把出卖人体器官、人体组织和人体细胞并列规定为原则性的禁止行为，而我国刑法和行政法规目前仅将人体器官纳入法律保护的范围之中，这在一定程度上不利于实现对公民权益的充分保护。①同时我国在司法实践过程中已经存在非法摘取、买卖人体组织的案件，如福建福清融强医院死者眼角膜失窃案、河南郑州王某盗窃眼角膜案等，由于没有关于人体组织犯罪案件的刑法规定，最终只能按照刑法中的广义犯罪进行立案或提起公诉，不能针对性惩处人体细胞、组织犯罪案件，亦不能起到应有的震慑和警示教育。

（二）微观层面

1. 被害人承诺问题

被害人承诺，又被称为被害人同意，指的是法益主体对他人侵害自己能够支配利益表示允诺或者同意。②被害人承诺作为排除犯罪性事由，得到世界各国刑法学界的认可。我国刑法学界一般认为："公民依法自由处分自己的合法权益应该受到法律的保护，法律不能禁止，更不能制裁。行为人在征得被害人同意的条件下实行损害被害人利益的行为，在客观上不具有社会危害性，在主观上也不具有反社会的恶性，被害人承诺的行为排除社会危害性，不负刑事责任。"③被害人是否享有对自己健康权甚至生命权的处分，这是在人体器官移植中需要注意的核心问题，因为人体器官的移植需要经过本人的同意，特别是活体器官的移植，关乎人体的健康和生命。如果被害人同意被伤害或者被杀害，那么在人体器官移植时只需要本人同意即可，其他都不需要考虑，但是这样就会对社会秩序造成冲击，公序良俗就会被破坏，试想若一个人允许他人对自己造成伤害或者杀害，那么仇杀或者利益交换杀人就会肆无忌惮，社会秩序的稳定和民众安全的保障都将崩塌。如果被害人承诺没有法律效力，那么公民对自身利益的处分就属于空中楼阁，不利于调动民众生产、生活、学习、工作的积极性，也与世界法治和人权保障的发展背道而驰。毫无疑问，目前而言，我国法律并不允许同意伤害或者同意杀人。例如，安乐死能够减轻病人的病痛折磨，但是我国至今仍未承认其合法性。在人体器官移

① 参见王志祥、张伟珂：《论〈刑法修正案（八）〉中的人体器官犯罪》，载《山东警察学院学报》2011年第3期。

② 参见黎宏：《被害人承诺问题研究》，载《法学研究》2007年第1期。

③ 高铭暄：《刑法学原理》（第2卷），中国人民大学出版社1993年版，第255页。

植方面，我国又表明经本人书面明示同意就可以进行人体器官移植，这明显与我国法治发展的基本理念不符。这说明我国在人体器官移植犯罪相关规定中对于被害人承诺尚需完善。

2．“组织”的规定

组织出卖人体器官构成犯罪，但是何为出卖人体器官犯罪中的组织行为，我国刑法并无规定。组织行为，是指组织者采用招募、雇佣、教唆、引诱、欺骗、强迫等手段将多人聚集起来，领导、策划、指挥被组织者有目的地从事某种犯罪活动并对团伙成员或者被组织者产生控制和约束作用。① 有学者认为，在人体器官犯罪中的欺骗、引诱因在该条犯罪第二款中单独规定，不再作为组织出卖人体器官犯罪的“组织”内容，② 这种观点是否正确？组织出卖人体器官构成犯罪毫无疑问，但组织出卖人体器官是否包括买卖人体器官？组织出卖人体器官可以分为三种：组织出卖自己的人体器官、组织出卖他人的人体器官和撮合双方进行器官买卖。③ 第一种组织出卖自己的人体器官，“自己”指的是组织者及其组织成员，将自己的人体器官进行出卖，如自己缺钱用，就将自己的人体器官以组织的形式出卖是否构成犯罪？第三种撮合双方进行器官买卖，撮合者可能并不存在营利或者其他意图的意愿，这种情况下是否构成犯罪？同时，组织收买人体器官是否构成犯罪？这些都是需要慎重考虑的问题，而目前我国刑法对之均缺乏明确的规定。

3.“出卖”的规定

“出卖”后跟名词，一般上可以理解为出售的意思。在刑法条文中经常出现“出卖”的表述，除了“组织他人出卖人体器官”，还有《刑法》第 439 条规定的“非法出卖武器装备罪”；以及其他与“出卖”有关的词语，如第 171 条的“出售假币罪”、第 280 条的“买卖身份证件罪”、第 347 条的“贩卖毒品罪”等。既然我国立法机关在制定该款罪名时采用的是“出卖”二字，而非“贩卖”“出售”“买卖”，肯定有立法机关的立法意图，但是在司法实践中该如何定义“出卖”尚无明确的界定，在学界存在一定的争论。有学者认为，应当按照“出卖”的字面意思进行理解，只能够理解为出售，就是将东西卖给别人，而不能够将其扩张解释为“贩卖”

① 参见秋山：《新〈刑法修正案（八）〉诠释器官移植中的伦理与法律困惑》，载《中国卫生法制》2011 年第 4 期。

② 参见高翼飞、高爽：《买卖人体器官犯罪的司法认定》，载《人民检察官》2012 年第 1 期。

③ 参见岳黎春：《组织出卖人体器官罪中组织行为的认定》，载《江西警察学院学报》2015 年第 6 期。

或者"买卖"。[①] 也有学者认为，对该条款中的"出卖"应当进行扩张解释，不能仅将"出卖"理解为出售，而应当将人体器官买卖中每一个人每一个环节的帮助、教唆等都认为是"出卖"行为。[②] 这两种解释站在不同的解释角度都是具有一定道理的，但是法律条文不能仅是民众认为有道理即可，而应当具有明确的标准。司法审判关乎民众的人身自由和财产归属，法律条文的不确定性或者模糊性增加了法律的风险，也增加了民众的危险，应当视情况对"出卖"作出合理的界定。[③]

4."情节严重"的规定

"组织出卖人体器官罪"有两个法定情节：一般意义上，组织他人出卖人体器官处5年以下有期徒刑，并处罚金；从重情况下，情节严重的，处5年以上有期徒刑，并处罚金或者没收财产。"情节严重"成为二者的重要区别，在人身自由刑方面差别很大，"情节严重"下的"组织出卖人体器官罪"可能判处最高15年的有期徒刑；在财产刑方面差别也很大，前者为罚金，后者可以是罚金，也可以是没收财产。因此，如何定性"情节严重"才能使该款犯罪"罚当其罪，罪责刑相一致"，成为学界和实务界关注的重点问题。有学者认为，可以从以下四个方面进行考虑：一是多次组织他人出卖人体器官或者组织他人出卖人体器官人数众多的；二是造成被组织者重伤、死亡的；三是违法所得数额巨大的；四是其他特别严重情节。[④] 这是从组织的次数及人数、对被组织者的伤害情况、犯罪收益所得三个方面进行的考量。也有学者认为，应当从以下五方面考虑：一是多次组织他人出卖人体器官；二是组织多人出卖人体器官；三是组织出卖人体器官过失致人重伤、死亡；四是跨国贩运人体器官；五是出卖人体器官获取非法收益，数额较大。[⑤] 这种考量将组织出卖人体器官致人重伤、死亡的主观方面界定为过失，因为一般组织者并没有故意伤害被组织者的主观意志，同时将跨国贩运人体器官认定为"情节严重"。这些观点都有可取之处，但是认定"情节严重"的依据并没有阐释，似乎只是简单

---

① 参见陈家林：《〈刑法修正案（八）〉器官犯罪规定之解析》，载《法学论坛》2011年第3期。

② 参见周光权主编：《刑法历次修正案权威解读》，中国人民大学出版社2011年版，第5页。

③ 法律条文的不确定性或者模糊性，会导致司法实践出现"同案不同判"的情况，严重践踏法律的权威，扭曲立法的意图，使法律不能发挥该有的规范作用，特别是刑法。因一般民众对法律的明确性往往缺乏了解，在法律规定不明的情况下，会导致其的人身自由遭受侵犯，财产安全遭受损失。

④ 参见程杰、李强：《对组织出卖人体器官罪的几点思考》，载《上海公安高等专科学校学报》2017年第5期。

⑤ 参见王志祥、张伟珂：《论〈刑法修正案（八）〉中的人体器官犯罪》，载《山东警察学院学报》2011年第3期。

列举。当然，我国刑法中也有一些罪名涉及“情节严重”，如对于行贿罪，我国通过司法解释的形式将行贿罪中的“情节严重”进行界定，便于刑事司法审判活动的开展和对民众的警示教育。而组织出卖人体器官罪尚无对此“情节严重”的界定，不利于该罪的合理定罪量刑，在司法实践中无法认定审判是否合法、合理。例如，在魏某锋、张某洋组织出卖人体器官案①中，二人组织出卖肾脏，已经完成摘肾手术7人，还有3人等待被摘取，最终判处有期徒刑2年，罚金2万元。而在邹某组织出卖人体器官案②中，邹某被抓获之日已经出卖肾脏2例，最终被判处有期徒刑2年，罚金5万元。同样是组织出卖人体器官罪，但是不同的案件判处的刑罚存在较大差异，存在同案不同判的情况，值得思考。

第四节　域外人体器官移植犯罪之立法模式考察

一、英美法系国家人体器官移植犯罪之立法

（一）英国对人体器官移植犯罪之规制

英国作为世界上较早进行人体器官移植的国家之一，早在1952年就制定了《角膜移植法》用来规范角膜移植活动，其后又通过判例和司法解释将器官移植的范围扩大到心脏、肺脏、肾脏等器官。1961年制定的《人体组织法》对遗体器官的捐献进行规制，1989年又制定了《人体器官移植法案》，其中第1条规定：“在英国的行为人：(a)为提供已经或者将要于英国或者其他的任何地方之去世或者在生的人身上摘取并将被移植于其他人体的器官或者为意图提供这样的器官的要约从而做出或者接受付款，(b)找寻意图为获取付款而提供该器官的人或者为获取付款而承诺提供该器官，(c)提供或者商榷的内容有关于为该器官的人提供或者提供该器官的承诺而作出付款的各种安排，(d)参与管控的事务中涵盖提出或者商榷作出各种安排的法人及非法人社团，将构成犯罪。”③

① 参见河北省廊坊市中级人民法院刑事判决书，(2018)冀10刑终72号。
② 参见河南省郑州市管城回族区人民法院刑事判决书，(2018)豫0104刑初157号。
③ 刘哲汐：《论人体器官买卖的国际刑法规制》，载《山东行政学院学报》2014年第1期。

由此可知，英国《人体器官移植法案》主要惩治以下几种人体器官犯罪行为：（1）非法人体器官移植。人体器官移植必须符合英国《人体器官移植法案》的规定，必须要在有基因关系的个体之间进行。（2）人体器官买卖。不管是出售者，还是购买者，一律是英国《人体器官移植法案》所禁止的，都是犯罪行为。（3）帮助、支持人体器官犯罪者。任何为人体器官犯罪提供交通、资金、庇护等帮助、支持人体器官犯罪者的人，都属于犯罪。（4）非法披露人体器官信息。任何违反人体器官信息管理制度，擅自违法披露人体器官信息的行为，都构成犯罪。另外，英国不仅明确禁止人体器官商业化，还将走私人体器官列入犯罪之中，人死后器官可以捐献，但必须填写相应的器官捐献协议。除此之外，其还规定除有基因关系的供受体外，其他非法摘取活体人体器官的行为都属于犯罪。这些都表明，英国惩治器官移植违法犯罪行为的范围较为广泛，同时对走私人体器官从犯罪的高度进行规范，这种做法具有一定的借鉴价值。

（二）美国对人体器官移植犯罪之规制

美国由于属于英美法系，并没有制定成文法典的惯例，所以美国对于人体器官移植犯罪的法律规定散见于单行条例、司法判例中。作为最早开始人体器官移植的国家，美国在器官移植手术出现之时就伴随着相应的人体器官犯罪行为，对人体器官犯罪行为的规制也因应出现。1968 年，美国《统一组织捐献法》颁布，首次在世界范围内将人体器官买卖行为确定为犯罪，并设置了犯罪者的刑事责任，同时也明确了人体器官移植方面的犯罪行为。1984 年，为了更好规范人体器官移植，美国制定了《国家器官移植法》，继承了 1968 年的美国《统一组织捐献法》，在其第 301 章（a）条规定，“任何故意以获利为目的地获取、接受或其他转让人体器官用于器官移植的行为都是违法的”，“触犯（a）款规定的，处 5 年以下有期徒刑，单处或并处 50,000 美元以下罚金”。这是对人体器官买卖犯罪的进一步规定，包括获取、接受和转让行为，但是仅限于以获利为目的。2006 年《美国法典》进一步对人体器官犯罪进行规定，在第 43 章规定：“a. 明知是器官，以金钱为代价来移植、转运、获得、接受的，而且其行为涉及洲际贸易额，这是违法的；b. 任何人违反 a，罚款不超过 25 万美元，监禁不超过 5 年，或者两者兼有；c. 人体器官包括：（1）心脏、肺、眼角膜、骨髓、眼睛，或者被卫生局列为人体一部分的器官；（2）接受的金钱不包括手术费、运输费、移植费、拥有费、保存费、物资保管费、储藏费或者差旅费或自然损耗的费用;(3)洲际贸易在第21章321b款中已有说明。”① 该章明确了美国人体器官犯罪的对象除包括心脏、肺等人体器官外,还包括眼角膜、骨髓等人体组织;同时将人体器官犯罪的行为不再局限于买卖和摘取,还包括转运、接受等,但是这些犯罪行为仍然必须以牟利为前提。美国《统一组织捐献法(2006年修正案)》将泄露移植器官信息的行为规定为犯罪,行为人以牟利为目的,故意伪造、变造、隐匿、破坏或摧毁捐献文档、修改声明、拒绝声明的,可以判处5年以下监禁或并处50,000美元以下罚金。这就将人体器官信息的犯罪也纳入法律规制的范围之内,在一定程度上有利于打击人体器官犯罪行为。但是,美国《国家器官移植法》认为,人体器官移植是一项伟大的公益事业,不能或者不应该以牟利为目的,禁止通过销售人体器官来牟取暴利;同时还规定允许非营利性的公益机构(如人体组织储备库)及中间经营机构接受和处理无偿捐献的身体器官,并收取合理的费用。因此,美国在这方面的规定也尚存在一定的漏洞,中介机构在此过程中到底是牟利行为,还是符合法律规定的合法行为,难以进行有效区分,给人体器官移植的正常工作造成了一定的障碍。

二、大陆法系国家人体器官移植犯罪之立法

(一)德国对人体器官移植犯罪之规制

德国从立法层面对人体器官移植进行规制始于1975年。最早的立法是原民主德国颁布的《器官移植法令》,它标志着德国器官移植进入法治框架。该法令规定:“器官供给一方不得因提供其器官而索要物质报酬,接受器官一方也不得因接受其器官而主动提供报酬或同意给予其物质补偿。”德国否定人体器官的商品化属性,认为人体器官买卖既背离了人道主义的原则,也是对人类人格尊严的侵犯。

德国于1997年发布的《器官移植法》允许具有完全民事行为能力的成年人捐献活体器官,但是要求捐献者应当具备满足医学标准的条件,同时还不能对捐献者的个人健康造成不可预知的危害性。在2012年,德国通过了一项鼓励公民捐献器官的法案。该法案要求医疗保险机构采用定期询问的方式,对年满16周岁的德国公民进行询问,掌握该公民对个人死亡后捐献人体器官的意愿,并且将该

① 殷来:《我在美国坐牢:揭密美国联邦监狱》,法律出版社2008年版,第96页。

意愿写入该公民的个人身份证件中，如身份证、医保卡或者驾驶证。这样就能够避免家属因不了解死者关于人体器官捐献的意愿而难以或无法作出是否予以捐献的抉择。此种当事人“明示同意”的模式，赋予了医疗机构在人体器官捐献方面的积极主动性，有利于推动人体器官移植工作的开展。

德国没有在其刑法典中对人体器官移植设立专门的章节或罪名，而是用原有的罪名对人体器官移植犯罪行为进行规制。例如，德国对非法摘取人体器官犯罪行为的规制，就适用《德国刑法典》第223条的规定：“行为人不法伤害他人身体或损害其健康的，处5年以下自由刑或罚金；犯本罪未遂的，也应处罚。”此外，德国、日本等大陆法系国家的刑法理论还认为，为了移植而摘取活体的器官不构成犯罪需具备三个条件：第一，必须向器官提供者进行充分详细的说明，告知摘取其器官可能对其身体健康带来的危险；第二，必须是基于器官提供者真实的意思表示；第三，必须考虑器官提供者自身的健康状况，只有在摘取其器官不会造成生命危险时才能实行。①

（二）法国对人体器官移植犯罪之规制

法国对器官移植问题并没有单独立法，但是在《法国刑法典》中对器官移植系列犯罪进行了系统规定。《法国刑法典》将人体器官移植犯罪规定在第五卷“其他重罪与轻罪”之“公共卫生领域的犯罪”中，其中涉及的罪名有买卖人体器官罪，非法摘取人体器官罪，买卖人体组织、细胞或所生之物罪，非法摘取人体组织、细胞或所生之物罪，非法摘取尸体器官罪，走私人体器官罪等，《法国刑法典》对人体器官犯罪规定得非常细致，② 下文具体说明。

1. 人体器官买卖犯罪的规定

《法国刑法典》第511–2条③是对买卖人体器官犯罪的规定，第511–4条④是对买卖人体组织、细胞或所生之物犯罪的规定，二者共同构成了法国对买卖人体

---

① 参见冯军：《比较刑法研究》，中国人民大学出版社2007年版，第407～419页。

② 参见朱琳：《最新法国刑法典》，法律出版社2016年版，第257～260页。

③ 《法国刑法典》第511–2条规定：“付款从某人身上取得某器官之行为，无论形式如何，处7年监禁并科100,000欧元罚金。充当中介，为付款取得人之器官提供便利条件，或者有偿转让他人人体器官的，处相同刑罚。第一款规定之条件下取得的器官如来自国外，仍适用相同刑罚。”

④ 《法国刑法典》第511–4条规定：“付款从他人身上摘取组织、细胞或人体所生之物的，无论形式如何，处5年监禁并科75,000欧元罚金。充当中介，无论以何种形式，为付款取得人之组织、细胞或人体所生之物提供便利条件，或者有偿转让他人人体组织、细胞或者人体所生之物的，处相同刑罚。”

器官犯罪的刑法规制措施。第一,《法国刑法典》对人体器官的保护属于广义层面,不仅包括器官本身,还包括人体组织、细胞及人体所生之物。第二,买卖人体器官、组织、细胞及人体所生之物不需要组织行为,只要购买人有购买行为或者中介提供便利或中介有偿出卖他人人体器官、组织、细胞及人体所生之物就构成犯罪,将被判处监禁并科处罚金。第三,中介为付款人取得人体器官、组织、细胞或所生之物提供便利就构成犯罪,并不需要有偿提供。"充当中介,为付款取得人之器官提供方便条件"表明中介是帮助犯,与买方同罪并受到相同的处罚。第四,购买人体器官犯罪中的器官来源包括国外,而购买人体细胞、组织或所生之物的来源并不包括国外;同时中介对从国外取得的器官不构成犯罪,不需要承担刑事责任。第五,对人体器官买卖的犯罪在量刑和科处罚金方面明显比买卖人体细胞、组织或所生之物犯罪要重,说明对人体器官的刑法保护力度强于对人体细胞、组织或所生之物的保护力度。第六,对买卖人体器官、人体组织、细胞或所生之物的犯罪行为,无论主从犯,一律按照相同的标准定罪量刑,体现对人体器官、组织等犯罪的严厉打击。

2. 非法摘取人体器官犯罪的规定

《法国刑法典》第511-3条①和第511-5条②是对非法摘取人体器官、细胞、组织或人体所生之物的犯罪规定。第一,这两条明确规定了对未成年人和受到法定保护措施的成年活人(如精神病人、植物人等)的人体器官、组织、细胞或收集人体用于捐献之物、骨髓造血组织的刑法保护,不仅将未成年人和法定保护措施的成年活人以单独条款规定,同时对这两类人的骨髓造血组织也予以特别规定,还对这两类人的器官与组织、细胞或所生之物予以同等重要的保护。第二,不管是买卖还是摘取人体器官、组织、细胞或所生之物,只要针对未成年人和受到法定

---

① 《法国刑法典》第511-3条规定:"未依据《公共卫生法典》第L1231-1条第4款规定之条件征得当事人的同意,或者未获得该条款第2款和第6款规定之许可,便在成年活人身上摘取器官的,即便是以治疗为目的,处7年监禁并科100,000欧元罚金。在《公共卫生法典》第L1241-4条规定的情形之外,从未成年人身上或者从受到法定措施保护的成年活人身上摘取器官、一块组织、一些细胞或收集人体用于捐献之物的,处相同刑罚。"

② 《法国刑法典》第511-5条规定:"在成年活人身上摘取组织、细胞或收集人体所生之物,然而当事人并未在《公共卫生法典》第L1241-1条最后3款规定之条件下表示同意的,处5年监禁并科75,000欧元罚金。在不同情况下,不遵守《公共卫生法典》第L1241-3条或第L1241-4条规定之条件,从未成年活人身上或者从受到法定保护措施保护的成年活人身上摘取骨髓造血组织,无论从骨头还是周身血液中摘取,处7年监禁并科100,000欧元罚金。"

保护措施的成年活人，都应受到同等严重的刑事惩罚，即 7 年监禁和 100,000 欧元罚金。而非法摘取成年活人的人体器官则比组织、细胞或所生之物的刑事惩罚较重。

3. 非法摘取尸体器官的规定

《法国刑法典》第 511-5-1 条[①]是对非法摘取尸体器官的规定，对尸体器官进行摘取必须满足已经移交尸检记录，并且尸检记录并未被研究部长暂停或禁止两个条件。这两个条件缺一不可，否则应当承担相同的刑事责任。

4. 对单位犯罪的规定

《法国刑法典》第 511-7 条[②]是对人体器官移植单位犯罪的规定，该条规定人体器官、组织、细胞等的移植工作必须在国家法律批准的机构内进行，在这些机构被暂停或取消之后，不能进行人体器官移植工作，否则就应当受到刑法的处罚。这是基于医疗机构在人体器官移植工作中的关键地位，在不合法的医疗机构内进行人体器官移植会带来极大的不良后果，所以法国严厉打击医疗机构在人体器官移植方面的犯罪行为。此外，《法国刑法典》第 131-39 条[③]对于单位犯罪的规定，进一步限制了实施非法器官移植的单位再实施相关犯罪的可能性，使其在一定期限内丧失再犯能力，从而达到特殊预防的目的。同时，在一定程度上对潜在的犯罪主体也有较强的威慑能力，起到一般预防的作用。

5. 对走私人体器官的规定

《法国刑法典》第 511-8-2 条是对人体器官、组织、细胞等进出口进行的规

---

① 《法国刑法典》第 511-5-1 条规定："为了科学目的，在未移交《公共卫生法典》第 L1232-3 条规定之尸检记录的情况下，在死人身上进行摘取的，处 2 年监禁并科 30000 欧元罚金。执行已经被研究部长暂停或禁止的尸检记录的，处相同刑罚。"

② 《法国刑法典》第 511-7 条规定："在未获得《公共卫生法典》第 L1233-1 条、第 L1234-2 条、第 L1242-1 条、第 L1243-2 条或者第 L1243-6 条批准的机构内，或者在上述批准被撤销或暂停后，开展摘取、移植器官，摘取组织或细胞，移植组织，配制组织疗法标本切片，保存或改变组织或者组织疗法标本切片的，处 2 年监禁并科 30000 欧元罚金。"

③ 《法国刑法典》第 131-39 条规定："在法律有规定时，法人犯重罪或轻罪得处下列一种或几种刑罚：(1) 如法人之设立是为了实施犯罪行为，或者法人被转移了经营目标而实施犯罪行为，其所犯重罪或轻罪对自然人可处 5 年以上监禁刑时，法人予以解散；(2) 永久性或最长 5 年期间，禁止直接或间接从事一种或几种职业性或社会性活动；(3) 永久性或最长 5 年期间，关闭用于实施犯罪行为的企业机构或一家或数家机构；(4) 永久性或最长 5 年期间，置于司法监督之下；(5) 永久性或最长 5 年期间，排除参与公共工程；(6) 永久性或最长 5 年期间，禁止公开募集资金；(7) 最长 5 年时间，禁止签发支票以及使用信用卡付款，但出票人在受票人处提取资金或者经鉴证确认之支票除外；(8) 没收用于或旨在用于实施犯罪之物或犯罪所生之物；(9) 张贴所宣判的决定或者通过新闻报刊或任何视听传播手段公布该决定。"

定，该规定指出："违反为适用《公共卫生法典》第 L1235-1 条和第 L1245-5 条出台的法律之规定，进口或出口器官、组织、细胞和治疗用细胞产品的，处 5 年监禁并科 75,000 欧元罚金。"走私人体器官，无论是进口还是出口，都应当按照该条进行定罪量刑。

（三）日本对人体器官移植犯罪之规制

日本在 1958 年制定了有关人体器官移植的《角膜移植法》，该法规定在进行角膜移植时只需要家属同意即可。在"同意"方面主要参考本人意愿，选择死亡的方式和是否愿意捐献器官，即使家属不同意，也不影响器官的捐献。同时，将买卖人体器官的行为、为买卖人体器官提供中介服务的行为，以及明知供体不合法仍然进行摘取并进行移植的行为界定为犯罪行为。

1979 年，日本在原有的《眼角膜移植法》的基础上，增加了有关肾脏移植的规定，进一步制定了《角膜肾脏移植法》。虽然有所进步，但仍然禁止对活体器官进行移植，只允许对尸体器官进行移植。

随着医学技术的不断发展，世界范围内的器官移植逐渐增加，原有仅允许移植角膜和肾脏的法律规定已经无法满足社会生活的需要，于是日本在 1997 年颁布了更为完备的《器官移植法》。该法第 1 条规定了包括禁止买卖人体器官、禁止从死体中摘取器官等在内的器官移植基本原则。该法还规定了禁止器官移植的中介行为，包括要求、约定以及提供等中介行为都是法律禁止的。根据该法，任何违法行为将被处以 5 年以下有期徒刑或者 500 万日元以下罚金的刑罚处罚。

2009 年，日本通过了《器官移植修正案》，首次取消了在脑死亡后对人体器官移植的年龄限制，表明了未满 15 周岁的人也可以提供器官用来移植。同时规定，包括儿童在内的任何当事人只要不明确拒绝人体器官捐献，在其死亡后，只要其家属同意进行器官捐献，就可以对其器官实施移植，而且此种情形下，其父母、子女和配偶享有优先使用权。此外，为了防止滥用脑死亡的情况，日本《器官移植修正案》对脑死亡实行严格的鉴定标准，并由第三方监督检查。医院伦理机构也被要求参加相应的脑死亡鉴定工作，负责脑死亡的最终鉴定结果，保证捐献器官的合法使用。

综上所述，日本器官移植的立法进程是从单一立法逐渐过渡到统一立法。1958 年仅是对眼角膜移植进行规定，此时适用《角膜移植法》；随着医学技术的发展，肾脏移植成为可能并逐渐成熟，1979 年《角膜肾脏移植法》顺势而生；紧接着医学技术达到了肝脏、心脏等移植手术的需求，日本社会也不再满足于角膜和肾脏的移植，对肝脏、心脏等器官移植提出了相应的需求，日本群众呼唤更为全面和规范的器官移植法，于是在 1997 年《器官移植法》予以通过。2009 年通过的《脏器移植法修正案》并不是新的人体器官移植法律，而是对 1997 年《器官移植法》的进一步增减，与我国的刑法修正案有异曲同工之妙。

（四）俄罗斯对人体器官移植犯罪之规制

俄罗斯虽然没有制定专门的规范人体器官移植的法律，但是在其《俄罗斯联邦刑法典》中明确规定了人体器官移植行为的相关犯罪情况，主要体现在 1997 年《俄罗斯联邦刑法典》的三个条文中。第一个条文是将有关器官移植行为归结为故意伤害罪，并规定了相应的刑罚处罚，即该法典第 1 条的规定，故意严重损害他人健康而危及生命，或者使他人丧失视觉、说话能力、听力或丧失身体器官或者使器官丧失功能，造成他人流产，发生精神失常，使人染上毒瘾、药瘾，使他人永久性毁容，或者引起他人丧失职业劳动能力的，处 2 年以上 8 年以下的有期徒刑；为了利用被害人身体器官或组织而实施的犯罪行为，处 3 年以上 10 年以下有期徒刑。第二个条文是对暴力或软暴力强制摘取人体器官犯罪的规定，即该法典第 120 条的规定，使用暴力或暴力威胁，强制摘取他人人体器官或组织进行移植，处 4 年以下有期徒刑，可以并处 3 年以下剥夺一定职务或从事特定活动的权利；明知被害人孤立无援，或者物质等方面对犯罪人有依赖而对其实施器官摘取并移植的，处 2 年以上 5 年以下有期徒刑，可以并处 3 年以下剥夺一定职务或从事特定活动的权利。第三个条文对禁止从事特定职业的刑法规定，即法典第 47 条的规定，剥夺担任一定职务或从事特定活动的权利，是禁止担任国家公职或地方自治机关任职，或从事某种职业活动等。[①]

俄罗斯对人体器官犯罪的规定比较宽泛，表现为处罚的犯罪行为宽泛、犯罪形式宽泛、犯罪目的宽泛、处罚形式宽泛。[②] 同时其罪名比较明确，对人体器官移植犯罪打击的力度较大，处罚严厉，震慑力大。

---

① 参见黄道秀译：《俄罗斯联邦刑法典》，北京大学出版社 2008 年版，第 51～56 页。

② 参见李宇辉：《中俄处罚人体器官移植犯罪法规比较与思考》，载《医学与哲学（A）》2014 年第 9 期。

三、域外国家人体器官移植犯罪立法经验评析

英国、美国、日本等国家大部分是通过制定专门的器官移植法以规制人体器官移植犯罪行为，对人体器官移植犯罪行为的规范较为广泛，具体的行为也规定得比较明确，包含人体器官买卖、走私、非法摘取、非法实施手术，甚至将人体器官移植的相关非法广告及中介都规范在内；同时，其刑事处罚也较为严格，对此类犯罪的未遂犯也要求进行处罚。从这一方面来说，英国、日本等国家对人体器官移植犯罪惩治较为严格，对于打击此类犯罪行为具有较强的力度，对我国的人体器官移植法律规范具有一定借鉴价值。但英国仅允许存在基因关系的人体器官进行移植，否则视为犯罪，这明显与我国的基本国情和需求不相适应；其对走私人体器官犯罪的规定，对我国具有借鉴价值。日本对非法进行人体器官移植中介行为定罪量刑的规定，对我国有借鉴价值。与此相对，美国人体器官移植犯罪行为的范围狭窄，仅规制人体器官买卖行为，具有较大的法律漏洞，不利于对人体器官移植行为的规范，甚至可能会引发更为广泛的犯罪行为，也值得我们在立法和司法过程中予以注意。

法国、俄罗斯等国家很少制定专门的人体器官移植法律，大多通过本国的刑法典予以规范。法国对于人体器官移植犯罪行为规定得较为详细，具有较强的操作性，应该说是系统地规定了人体器官移植相关犯罪行为，在世界范围内都具有较大的借鉴意义。其将摘取未成年人、精神病人的人体器官及医疗机构非法开展人体器官移植手术进行定罪处罚，我国可以予以借鉴。但是其在人体器官移植犯罪中，将从犯与主犯、未遂犯与既遂犯处以相同的刑罚，实施较为严厉的立法模式，对于惩治人体器官移植犯罪具有重大的作用，却并不一定适应其他国家的刑罚模式，在这一点上与我国的罪责刑相适应原则和宽严相济的刑事政策具有较大的差异性，难以在我国得到有效适用，我国需要对此进行改进并结合我国实践情况，完善我国的人体器官移植立法。俄罗斯法律对人体器官移植犯罪的规定采用补充原则，在刑法典中明确规定为在有专门规定的情形下按照人体器官移植犯罪处理，在没有专门规定的情况下采用刑法其他罪名处理。例如，在强制摘取人体器官进行移植的犯罪中，只有以移植为目的才构成此项专门性犯罪，否则按照其他罪名处理；同时，此罪名具有强制性，必须是采用暴力手段（包括软暴力），否则也不构成此罪名，需按照其他罪名予以处理。应当说，俄罗斯在此类犯罪的规定

方面限缩了其适用，不利于全面从严惩治人体器官移植犯罪。但是，俄罗斯在人体器官移植犯罪中规定了资格刑和职业刑，我国可以予以借鉴。西班牙、德国和瑞士等国关于器官移植犯罪的规定同俄罗斯的规定相似，也没有专门的法律予以规定，同样以现有的刑法典作为惩罚的依据。我国在制定人体器官移植法律的时候，应当对此情况予以注意，尽可能从严、全面、具体规范人体器官移植行为，才有可能减少甚至杜绝人体器官移植犯罪情况的发生。

第五节　我国人体器官移植犯罪之刑法规制完善

一、关于人体器官移植犯罪的立法模式

关于人体器官移植犯罪的研究存在多样化的学说，特别是就立法而言，存在罪名设置及章节顺序安排方面的不同观点。这些不同学说反映了器官移植问题在我国的重要性，也说明我国学者对器官移植相关刑事立法的密切关注以及对人民生命健康权益保护的高度责任感。

（一）关于罪名的增设模型

1. 系统设置罪名

这一模型是在刑法中设置器官移植专节，节名是人体器官移植犯罪，在这一节下进行罪名设计。根据相关性确定增设非法买卖人体器官罪、非法摘取人体器官罪、非法人体实验罪等罪名。有学者对人体器官移植进行了更加细致的罪名设置构想，对于人体器官的强制摘取、走私、中介服务、买卖、偷取、采摘器官事故、强迫出卖、走私、非法移植等各类行为进行单独规定，设计具体的罪名。[①] 这种罪名设计较为复杂，罪名比较多。也有学者采取了简化设计方案，建议将对人体器官的买卖、强制摘取和非法使用行为进行规制，并将这些行为打包纳入《刑法》分则第四章“侵害公民人身权利、民主权利罪”中。当然，也有学者持有差异性的观点，认为应将其中非法使用人体器官的行为单独入罪并放置于《刑法》分则第六章“妨害社会管理秩序罪”之中。

① 参见刘建利主编:《医事刑法重点问题研究》，东南大学出版社 2017 年版，第 286～287 页。

2. 独立设置罪名

这一种模型中主要有两种情形：第一种观点认为，应该设置独立的罪名，如对非法摘取、买卖人体器官，进行人体实验等行为分别单独入罪，并没有考虑到具体罪名体系归属。第二种观点认为，应对买卖人体器官以及协助买卖人体器官的行为进行单独入罪，由于这种行为会造成对社会秩序的违反和对健康权、生命权的破坏，应视情况放入《刑法》分则的有关章节之中。

（二）关于罪名体系归属

通过梳理诸说可以看出，对于人体器官移植类犯罪，其罪名体系归属主要包括侵犯公民人身权利与民主权利罪说、妨害社会管理秩序罪说和分别放置说。

第一种观点认为，人体器官移植类犯罪应当置于《刑法》分则第四章“侵害公民人身权利、民主权利罪”中。持这种观点的学者认为，人体器官移植犯罪中的相关行为已经侵犯了公民的人身权利，无论是非法采摘人体器官、买卖人体器官还是非法移植人体器官，上述各种犯罪行为都会侵害到被害人的人身健康权利，乃至于生命权，因此危害严重，放置于《刑法》分则第四章能够体现对该类行为严厉的否定性评价，并通过相适应的刑罚措施，预防此类犯罪的发生。

第二种观点认为，应当将人体器官移植类犯罪纳入《刑法》分则第六章“妨害社会管理秩序罪”中。持此种观点的学者认为，人体器官移植类犯罪罪名多，行为种类多样，包括采摘行为、买卖行为、非法移植行为等，不仅涉及对人体的伤害，还有黑市交易造成的对社会秩序的破坏。从很大程度上讲，黑市交易、非法买卖等器官移植类犯罪行为更重要的危害是对法治背景下的社会秩序的严重破坏。因此，其应当归属于妨害社会秩序罪中，并且根据其对人身和健康的侵害情况，可以放置于“危害公共安全罪”这一节中，[①] 如此既突出其对社会管理秩序的破坏，同时也突出其对公民人身权利的侵害，二者兼顾。

第三种观点是分别放置说，或者称区别说。根据此种观点，对人体器官移植类犯罪不能一概而论，而应当具体情况具体分析，结合具体的犯罪行为及其侵害的法益进行划分。例如，将买卖人体器官、异种器官移植、非法摘取人体器官的行为纳入《刑法》分则第四章“侵害公民人身权利、民主权利罪”中，因为这些行为

---

① 参加刘长秋：《器官移植法研究》，法律出版社 2005 年版，第 89 页。

侵害了公民身体健康、生命方面的法益。[①]对于非法使用尸体罪应当细致分析，它更重要的是破坏了对尸体的管理秩序，侵犯了死者家属的感情。因此，将这种犯罪归入妨害社会管理秩序罪中更为妥当。

(三)立法模式学说评析

前述关于人体器官移植犯罪的增设模式和罪名归属的诸种学说观点存在一定的差异，主要是由对罪名的数量和罪名体系所侵犯的具体法益的不同理解所引起的。各位学者对于器官移植犯罪的刑事立法的观点存在以下共识：一是从诸种学说可以看出，人体器官移植犯罪具有严重的社会危害性，从侵害的法益情况来看，具有复杂性。无论是非法采摘、买卖还是非法移植，都具有严重的社会危害性，会对公民的人身健康和生命权、正常的社会管理秩序等方面造成侵害。二是严厉惩治器官移植犯罪有助于保护合法器官移植行为，使得该项先进的医疗技术能够服务于人民群众的生命、健康权益保护，能够让科技服务于人民的生活，落实人民群众的“幸福感”“获得感”的目标追求。三是通过对器官移植犯罪的体系化立法可以更好地维护生命伦理和善良风俗。在科学的立法保障之下，器官移植的相关行为、措施都能够在科学的轨道上运行，使得器官移植的每一个环节、每一个过程都能够体现对伦理的遵从和对生命的敬畏。

因此，人体器官移植犯罪作为一种尖端医疗技术领域的犯罪，对其立法完善尤为必要。但是，立法完善要在充分结合司法实践的情况下，稳步推进。既要增加相关的罪名，将相关行为纳入刑法调控范围，也要考虑罪名本身的涵盖性和逻辑性；既要紧扣中国器官移植领域的犯罪行为样态，也要参考其他国家和地区在应对器官移植犯罪方面的立法经验。如此一来，我们的器官移植犯罪的立法才能更好地服务于人民生命健康权益的保护，促进社会的和谐和稳定。

二、科学认定人体器官犯罪的相关规定

(一)重新界定“人体器官”

根据我国《人体器官捐献和移植条例》第2条的规定，人体器官仅限于心脏、

---

① 参加刘青一、彭辅顺：《人体器官移植犯罪的立法思考》，载《湖南医科大学学报(社会科学版)》2009年第2期。

肝脏、肺脏、肾脏和胰腺，不包括其他诸如角膜、血液、骨髓等人体组织和人体细胞，这说明我国法律法规采用的是狭义上的人体器官定义，这不利于打击人体器官犯罪。

首先，人体器官移植犯罪并不仅包括对人体脏器的犯罪，还包括对角膜、骨髓等在内的其他人体细胞和人体组织的犯罪，对人体脏器的犯罪行为会对人体健康、生命造成危害，对社会秩序造成威胁，对角膜、骨髓等人体组织和人体细胞的违法行为同样也会产生相同的法律后果和社会影响。

其次，将人体器官移植犯罪纳入刑法的规制范围是我国刑法“惩罚犯罪，保护人权”的要求，人体组织和细胞同样是人体不可分割的一部分，对人体组织和细胞的犯罪行为视而不见，有违我国刑法的基本目的。①

再次，社会中不仅存在对人体脏器的犯罪行为，也存在人体组织和人体细胞的买卖、摘取等非法行为，这对社会一般伦理造成一定的冲击，具有严重的社会危害性，有必要将人体组织和人体细胞的违法行为纳入刑法规制范围。

最后，由于我国法律法规规定，人体器官的犯罪对象只能是心脏、肝脏、肺脏、肾脏和胰腺，对脏器器官的犯罪可以适用刑法进行打击，而对其他人体细胞和组织的犯罪行为却无法进行有效惩治，会放纵此类犯罪行为。所谓器官移植犯罪，就是与器官移植有关的各种严重危害社会的行为的总称。具体而言，是指有关单位与个人所实施的各种涉及器官移植的、具有严重社会危害性的、产生或可能产生重大严重危害生命科技社会关系等重大后果的一系列行为及与此相关的某些行为的总称。② 因此，有必要扩大我国法律目前对人体器官的界限。笔者认为，可以采用阶梯式立法，现阶段可以将人体器官界定为所有的人体器官和人体组织，在条件成熟时再将人体细胞纳入人体器官犯罪的刑法规制范围内。

（二）正确认定“组织”和“出卖”

“组织”和“出卖”在人体器官移植犯罪中规定在“组织出卖人体器官罪”中，所以二者是相互联系的。组织出卖人体器官罪重在打击组织者，出卖只是组织者的一种目的或者意图，上文提到有学者认为应当将“出卖”进行扩张解释，包括帮助、教唆等行为，这种观点实际上在共同犯罪中有所体现。《刑法》分则将组织犯

---

① 参见薛培、彭涛:《人体器官移植及其刑法学分析》，载《东方法学》2011 年第 1 期。

② 参见刘长秋:《生命科技犯罪及其刑法应对策略研究》，载《经济刑法》2006 年第 0 期。

罪分为有组织犯罪和组织型犯罪,[①] 有组织犯罪是必要共同犯罪,指的是由三人或多人组成的、在一定时期内存在的、为了实施一项或多项严重犯罪或根据联合国《打击跨国有组织犯罪公约》确立的犯罪,一般表现为集团型犯罪。组织型犯罪包括必要共同犯罪和任意共同犯罪,必要共同犯罪中的组织犯是指在《刑法》分则规定的只能以二人以上的共同行为作为犯罪构成要件的案件中,组织、领导、策划、指挥他人实施犯罪的行为人,对首要分子直接按照《刑法》分则的规定定罪量刑。必要共同犯罪案件中,被组织的行为包括帮助、教唆等可以单独认定为犯罪行为。而任意共同犯罪案件中的组织犯是指《刑法》分则规定的可由一个主体单独构成而由数人共同实行的犯罪案件中,组织、领导、策划、指挥他人实施犯罪的行为人,对首要分子需要按照《刑法》总则规定的其在共同犯罪中的作用进行定罪量刑。任意共同犯罪中,被组织的行为一般不认为是犯罪。将“出卖”扩张到帮助、教唆等行为明显是任意共同犯罪中的范畴,但是仍然需要明确“出卖”是在“组织”下的出卖,为了更好打击人体器官犯罪,笔者认为可以将“出卖”进行扩张解释,将帮助、教唆等行为包含在内,这也符合“组织”的特性和要求。

组织行为是指组织者采用招募、雇佣、教唆、引诱、欺骗、强迫等手段将多人聚集起来,领导、策划、指挥被组织者有目的地从事某种犯罪活动并对团伙成员或者被组织者产生控制和约束作用的行为。但是在人体器官犯罪中的“组织”并不包括欺骗和引诱,如果存在欺骗、引诱行为则应视情况按照故意伤害罪或故意杀人罪处理。所以组织出卖人体器官,是指以领导、编制、管理、介绍、安排等方式教唆他人出卖自己的人体器官,或者招募、雇佣他人帮助自己出卖他人的人体器官。换言之,“组织”是指从事唆使他人出卖人体器官的活动。[②] 如果本人本来就具有出卖人体器官的意愿,或者既有意愿也有行为,应当认定为组织出卖人体器官罪。本人没有意愿出卖人体器官,在他人的教唆下同意出卖人体器官,或者招募一个人进行“精心照顾”以便于出卖其人体器官,这些当然属于组织出卖人体器官罪。

“组织出卖人体器官罪”的组织人数在学界尚有争议。有学者认为,该罪属于有组织犯罪,被组织的人数应当是 3 人以上,否则不构成犯罪;[③] 也有学者认为,该罪不同于传统意义上的“有组织犯罪”“集团犯罪”,属于共同犯罪中组织犯实

① 参见岳黎春:《组织出卖人体器官罪中组织行为的认定》,载《江西警察学院学报》2015 年第 6 期。

② 参见高翼飞、高爽:《买卖人体器官犯罪的司法认定》,载《中国检察官》2012 年第 2 期。

③ 参见[日]西田典之:《日本刑法总论》,王绍武、刘明祥译,法律出版社 2013 年版,第 337 页。

行行为化的表现，即使一人、一次也会对人体健康、生命造成危害，应当像故意伤害罪一样不受人数、次数的限制。[①] 笔者认为，组织本身是在犯罪行为上的组织，并非在次数或人数上的组织，如组织卖淫罪在主观方面具有安排妇女卖淫的故意，在客观方面实施了招募、雇佣、引诱、欺骗等行为，即使安排一个妇女进行卖淫，或者安排一个妇女卖淫一次，仍然成立组织卖淫罪，并不会因为安排妇女卖淫的人数和次数只有一人、一次而判定不构成组织卖淫罪。另外，在司法实践过程中，也并非组织出卖人体器官一人、一次就不构成犯罪，如魏某鑫、门某科组织出卖人体器官犯罪案[②]，李某、黄某柱组织出卖人体器官犯罪案[③]等，法院的判决并未提到罪犯对多人或者多次实施组织出卖人体器官。故笔者认为，组织出卖人体器官犯罪不因被组织的人数、次数而影响定罪。

在组织方式上，我国采用的是广义的犯罪模式，即只要参与组织出卖人体器官都构成犯罪，包括招募、发布信息、对人体器官的运送、手术场所的提供等。例如，在前述李某、黄某柱组织出卖人体器官犯罪案中，2017 年 5 月，黄某因患尿毒症而向被告人李某强提出非法肾移植需求，被告人李某强答应后，联系被告人薛某东商定手术事宜，薛某东继而联系被告人冯某启要求其提供肾脏供体。之后由被告人薛某东负责安排配型检查、联系手术场所、购置手术医疗用品及相关器械；被告人冯某启负责提供肾脏供体、联系手术中介即被告人李某；被告人李某负责组织手术医生；被告人周某顺负责提供手术场所、安排护士、照顾术后供体。前期准备工作就绪后，2017 年 6 月 8 日 20 时许，在被告人薛某东、冯某启、李某、李某强的组织下，手术主刀医生即被告人黄某柱、麻醉师即被告人张某永、手术助手即被告人伍某、黄某、肾脏供体张某先后抵达湘潭市华侨中医医院三楼手术室进行换肾手术。八人分工明确，最终都被判定构成组织出卖人体器官罪，并非只有组织、策划者才被判定构成组织出卖人体器官罪。所以，国外人体器官犯罪中对运输人体器官犯罪、散布人体器官买卖信息犯罪等规定，在我国都按照组织出卖人体器官罪进行定罪量刑。

我国法律虽然禁止买卖人体器官，但是对购买人体器官的违法行为并无刑法上的规制措施，即使是患者购买人体器官进行移植自救也是违法行为，也应当属

① 参见傅翔宇：《组织出卖人体器官罪探析》，载《江苏警官学院学报》2012 年第 6 期。

② 参见河南省郑州市中级人民法院刑事判决书，(2019) 豫 01 刑终 330 号。

③ 参见湖南省湘潭市中级人民法院刑事判决书，(2019) 湘 03 刑终 81 号。

于犯罪行为，因为其主观上属于故意，客观方面实施了购买人体器官的行为，会对他人的人身健康、生命造成危害。基于其他目的购买或者组织购买人体器官，更应当属于犯罪行为，国外很多国家对此进行刑法规制，值得我国借鉴。同样，出售人体器官也应当属于犯罪，即使是出售自己的人体器官但不参与组织出卖人体器官的人，因为人体器官不应当属于民法上"物"的范畴，出售人体器官是对伦理道德的一种冲击，也是对正常医疗秩序的破坏，会间接纵容组织出卖人体器官犯罪的行为。试想，若法律允许出售人体器官，受到供求关系的影响，为了保证人体器官得到有效利用，自然需要有组织出卖的行为，那么打击组织出卖人体器官的犯罪行为就会与有效利用人体器官出现矛盾，不利于对人体器官移植犯罪的惩治。因此，对于出售人体器官的行为，无论是出售自己的人体器官还是他人的人体器官，都应当属于犯罪行为，应当受到刑法的制裁。

（三）科学界定"情节严重"

组织出卖人体器官罪中的"情节严重"是判定犯罪嫌疑人罪轻罪重的唯一衡量标准，情节严重者将被予以重判，情节不严重的予以轻判。但是目前法律没有规定何为"情节严重"，学界各行其是，司法实务界在定罪量刑时也尚未形成统一标准，不仅不利于我国司法的公平公正，不利于对法律权威的保障，也有损于司法秩序的正常维护。因此，非常有必要科学界定"情节严重"。笔者认为，可以从犯罪的主体、主观方面、客体、客观方面四个方面将"情节严重"分为六种情形进行分析。

1. 组织未成年人出卖人体器官

组织未成年人出卖人体器官是在犯罪主体方面对"情节严重"的认定。包括我国在内的世界各国刑法都对未成年人进行重点保护，未成年人的认识能力、辨认能力和控制能力尚未成熟，极易受到不法分子的教唆，实施一些非法行为甚至犯罪行为，同时未成年人是国家和民族的未来，应当保证他们的健康成长，所以应当对未成年人进行特别保护，其典型表现就是教唆未成年人犯罪予以从重处罚。组织未成年人出卖人体器官既包括组织这些未成年人出卖本人的人体器官，也包括组织未成年人出卖他人的人体器官。根据《刑法》第 234 条之一第 2 款的规定，摘取不满 18 周岁的人的器官按照故意伤害罪或者故意杀人罪进行定罪量刑，所以组织未成年人出卖本人的人体器官触犯两个罪名，属于法定竞合犯，按照其中的重罪进行惩罚，即按照故意伤害罪或故意杀人罪进行定罪量刑（即使未成年人同意摘除自己的人体器官）。组织未成年人出卖他人的人体器官，因其构成对未成年人的教唆，根据《刑法》第 29 条的规定，应当对组织者从重处罚，属于法律规定的从重处罚情节，理所当然应当在组织出卖人体器官罪中认定为“情节严重”。同样，精神病人等限制民事行为能力人或者无民事行为能力人与未成年人属于相同的情况，在组织此类人出卖人体器官时，也应当理解为“情节严重”。

2. 多次组织他人出卖人体器官

多次组织他人出卖人体器官，主要是根据犯罪的主观方面认定“情节严重”。犯罪的主观方面要件是认定罪与非罪、此罪与彼罪、罪轻与罪重的重要依据，主观方面无故意，除非法律规定为过失犯罪，否则不构成犯罪；主观方面存在故意，还应当考虑犯罪嫌疑人的主观故意程度，一次犯罪与多次犯罪在定罪量刑时具有非常明显的区别，我国《刑法》总则中规定的“累犯”就是针对此类情形，犯罪嫌疑人屡教不改，主观恶性较大，刑罚较轻不足以矫正其主观恶意，所以应当从重处罚。多次组织他人出卖人体器官，说明犯罪嫌疑人在主观方面不仅属于故意，而且主观恶性较大，应当予以从重处罚，给予其更多时间纠正其不良思想，达到刑罚的目的。

3. 组织他人多次出卖人体器官

组织他人多次出卖人体器官，主要是根据犯罪的客体方面认定“情节严重”。犯罪的客体是犯罪行为所侵害的法益，如对他人、国家、法人和非法人团体的财产权益的侵犯、对他人人身权益的侵犯、对社会秩序的妨害等。组织他人多次出卖人体器官，能够表明犯罪主体的主观恶性较大，更重要的是多次出卖人体器官会对多人的人身权益造成侵犯，“安乐死”在我国尚未合法化，经过本人同意出卖自己的人体器官更是对人身权益的侵犯。因此，应当将组织他人多次出卖人体器官认定为“情节严重”。

4. 跨国组织他人出卖人体器官

跨国组织他人出卖人体器官，主要是根据犯罪的客观方面认定“情节严重”。普遍来说，大多数国家都将人体器官买卖认定为犯罪行为，并且予以严厉打击，我国亦不例外。人体器官是人体非常重要的组成部分，缺少任何一个都会对人体造成伤害，甚至失去生命的后果，可以说，对人体器官犯罪的规制是人权保障的一个重要方面，也是我国人权保障成效的重要体现。跨国组织他人出卖人体器官，不仅损害了人体的正常运转，更是会将该犯罪行为放大化，不利于我国良好国际形象的构建与发展。跨国组织他人出卖人体器官会对我国的国际影响力，造成重大损害，具有重大的社会危害性，应当被认定为“情节严重”。

5. 造成他人重伤或者死亡

组织他人出卖人体器官造成他人重伤或者死亡也是从犯罪的客观方面对“情节严重”进行认定。组织他人出卖人体器官是经过供体同意实施的犯罪行为，犯罪嫌疑人并无致使供体重伤或者死亡的故意，但是很有可能因为医疗设备等过失导致供体重伤或者死亡。根据我国《刑法》第 235 条①和第 233 条②的规定，过失致人重伤处 3 年以下有期徒刑或者拘役，过失致人死亡处 3 年以上 7 年以下有期徒刑，若组织他人出卖人体器官过程中出现这些情况，以过失致人重伤罪或者过失致人死亡罪进行定罪量刑还没有组织出卖人体器官罪的惩处力度大，不能够体现制定组织出卖人体器官罪的意义。另外，根据《刑法》中其他一些罪名的规定，例如，拐卖妇女、儿童罪，在拐卖妇女、儿童的过程中，造成被拐卖的妇女、儿童重伤、死亡或者其他严重后果的，属于“情节严重”的情形；又如，组织他人偷越国（边）境罪，在组织他人偷越国（边）境的过程中，造成被组织人重伤、死亡的属于该罪的从重处罚情节。一般而言，刑法条文都将致人重伤或者死亡视为“情节严重”，应当从重处罚。所以，也应当将造成他人重伤或者死亡认定为组织出卖人体器官罪的“情节严重”，符合《刑法》制定的一般规律。

6. 其他情形

将其他情形单列一类，作为组织出卖人体器官罪“情节严重”的一种，是基于刑法立法技术中的兜底条款。因为立法者的知识水平存在一定的局限，不可能穷尽组织出卖人体器官罪“情节严重”的一切可能，而且社会发展日新月异，犯罪手段也会日益更新、不断变化，将人类认知有限的情形之外以兜底条款进行规定，既能够穷尽人类尚未认知的情形，也有助于司法人员在无明文规定的情形下作出合理、合法、有效的自由裁量，将打击组织出卖人体器官犯罪落实到位。

---

① 《刑法》第 235 条规定：“过失伤害他人致人重伤的，处三年以下有期徒刑或者拘役。本法另有规定的，依照规定。”

② 《刑法》第 233 条规定：“过失致人死亡的，处三年以上七年以下有期徒刑；情节较轻的，处三年以下有期徒刑。本法另有规定的，依照规定。”

（四）明确被害人承诺

在世界范围内，进行人体器官移植必须坚持自愿和无偿原则，这是进行人体器官移植的基本原则。自愿属于被害人的承诺，我国人体器官移植的相关法律法规对活体器官移植或者对尸体器官移植都坚持“同意”原则，这表明我国人体器官移植坚守被害人承诺理论。根据《人体器官捐献和移植条例》第 9 条和《刑法》第 234 条之一的规定，我国人体器官移植应当符合以下条件：（1）器官的捐献人只能为成年人，即年满 18 周岁；（2）必须采用书面方式明示同意进行捐献；（3）人体器官捐献人要有真实意思表示行为；（4）不得进行人体器官买卖。另外还应满足以下条件：（1）具备成熟的医疗条件。器官移植手术必须具备成熟的医疗条件，保证供受体之间器官移植的可行性，医疗人员需符合相应的医疗资质等。（2）符合医学伦理。供受体要符合法定伦理关系，一般应在基因关系人之间进行器官移植。（3）符合知情权原则。供受体都要对器官移植的情况，如移植器官、产生后果、移植程序等有清晰的认识。（4）符合法定的程序。器官移植需要符合法定的程序，该程序既包括法定的医疗程序也包括相应的法律程序。这些都是对被害人承诺广义上的理解，针对不同的器官移植主体，应当分情况针对性地规定。

1. 针对活体器官移植的被害人承诺

活体器官移植的被害人承诺，指的是具备完全民事行为能力的人在人体器官移植时作出“同意”的回应。根据我国《刑法》的规定，未经本人同意摘取本人人体器官构成犯罪；同时本人同意必须是以书面、明示的方式作出，并且不是被强迫和欺骗捐献人体器官，也就是人体器官捐献必须是本人书面作出的真实意思表示，否则属于犯罪行为。活体器官捐献人在之前不同意捐献人体器官，但之后自愿同意捐献人体器官并签订书面人体器官捐献协议书，应当认定为活体器官捐献人的“同意”。反之，活体器官捐献人在之前同意捐献人体器官并签订书面人体器官捐献协议，但是之后却不同意捐献人体器官，应当视为活体器官捐献人的反悔，我国《人体器官捐献和移植条例》第 9 条第 1 款规定，“公民对已经表示捐献其人体器官的意愿，有权予以撤销”。但是这种撤销权仅限于在人体器官移植之前。

2. 针对未成年人等特定人员活体器官移植的被害人承诺

我国《人体器官捐献和移植条例》《刑法》均对未成年人人体器官移植作出特

别规定，严禁摘除未成年人人体器官，这是基于对未成年人的健康成长的保护，以及其辨认和控制能力较弱，无法作出有效的真实意思表示的客观现实。精神病人等特定人员在辨认和控制能力方面与未成年人具有同样的缺陷，在人体器官移植方面应当受到与未成年人同样的保护。我国《人体器官捐献和移植条例》第10条规定："任何组织或者个人不得获取未满18周岁公民的活体器官用于移植。"未成年人等特定人员即使作出承诺，也因法律的明文规定而被视为没有承诺。国际刑法学有决议指出，非在紧急情况下需要抢救器官供体亲友的，不允许未成年人、无行为能力人、限制行为能为人捐献自己的器官，即使具备捐赠条件也要符合医学标准在适宜捐赠时才允许捐赠。通过上述决议可看出，国际刑法学界虽然对于未成年人作为供体进行器官移植的规定并非绝对禁止，但是必须符合捐赠给亲友和医学上严格的条件时才能成立。[①] 我国《人体器官捐献和移植条例》第9条第2款规定："公民生前表示不同意捐献其遗体器官的，任何组织或者个人不得捐献、获取该公民的遗体器官；公民生前未表示不同意捐献其遗体器官的，该公民死亡后，其配偶、成年子女、父母可以共同决定捐献，决定捐献应当采用书面形式。"所以，结合前述条例的两条规定，未成年人不能捐献活体器官，但是可以在死亡后捐献器官。如果未成年人生前没有反对捐献器官，则其死亡后其父母可以以书面形式决定捐献。

笔者认为，只要未成年人等特定人员或其监护人有一方不同意死亡后捐献人体器官，那么摘除人体器官的行为就构成犯罪。对未成年人活体器官的捐献是绝对禁止的，其对活体器官捐献的承诺不能构成法律上的有效意思表示。即使将器官捐献给亲友，也应当由其监护人经未成年人等特定人员同意，并签订协议，于未成年人死亡之后才可以捐献，这种情况下的捐献才具有法律上意义，才是合法的捐献行为。

3. 针对摘取尸体器官移植的被害人承诺

我国人体器官移植受供求关系的影响较大，目前属于供小于求，无法满足人体器官移植的需要。虽然我国一直鼓励人体器官捐献，并且捐献数量较之前有明显的增加，但是仍然远远不够，活体器官捐献只是很少的一部分，更多的还是由尸体提供人体器官。活体捐献具有一定的风险，不少捐献者在认识到割取部分器

① 参见韩大元、于文豪：《论人体器官移植中的自我决定权与国家义务》，载《法学评论》2011年第3期。

官可能会对人体的健康造成不良影响，而且这种影响难以被评估时，会打消继续进行人体器官捐献的意愿，对器官移植量的需求导致了对尸体器官移植的高度关注。[①] 相对于活体器官移植来说，尸体器官的移植较为便利，尸体作为供体所能移植的器官比较全面，在低风险的情况下，尸体可以进行肾脏等一些重要器官的移植，而且不会对供体造成伤害。[②] 我国《人体器官捐献和移植条例》《刑法》对尸体器官移植的被害人承诺亦作了相关规定。

第一种情况，违背本人生前意愿摘取尸体器官构成犯罪。我国在人体器官移植时采用“同意”理论，并且这种“同意”必须是书面、明示的，如《人体器官捐献和移植条例》第 36 条规定，违背意愿即为犯罪，但对这种意愿的表达方式、认定方式、认定程度均无明确的规定。一般而言，某人的意愿可以通过用言语讲述给别人的方式表达出来，也可以用录音或者录像的方式进行表达，还可以通过监控视频的方式探知，这与我国“同意”的表达方式并不一样。如果某人生前并未以书面的方式表达愿意捐献人体器官的意愿，而是采用上述三种方式，能否认定为符合本人生前的意愿？笔者认为，只能按照法律目前规定的书面、明示的方式表明本人意愿。理由如下：其一，我国法律规定“同意”必须是书面、明示的方式，那么将其他途径的表达视为本人生前同意，是不符合法律规定的。其二，本人生前未以书面、明示形式表明本人生前的意愿，说明本人生前没有捐献人体器官的意愿或者意愿不强烈，如果将其他途径的表达视为本人的生前同意，是对本人意愿的践踏，肆意破坏他人尸体应当属于犯罪行为。其三，在本人生前未以书面、明示形式表明捐献意愿，而采用他人言辞、录音录像或者监控视频的方式认定“同意”，很有可能被亲属、医生滥用，扭曲本人生前的意愿，破坏正常的人体器官移植秩序。因为本人已经死亡，其意愿通过他人的表述、录音录像或者监控视频的方式予以“认定”很有可能与本人意愿不符，甚至是相违背的，本人在去世前还有可能变更之前的捐赠意愿。其四，我国法律规定了本人生前未作出表示的人体器官捐赠的情况，本人生前未以书面、明示的方式表达捐赠意愿，可以按照本人生前未表示同意的情况予以认定。

---

① 参见梅象华、文晓鹏、刘鉴：《被害人承诺有效性之研究——以组织出卖人体器官罪为例》，载《重庆广播电视大学学报》2013 年第 5 期。

② 参见谢坦坦：《组织出卖人体器官罪中的被害人承诺研究》，兰州大学 2015 年硕士学位论文，第 22 页。

第二种情况，本人生前未表示同意，违反国家规定，违背其近亲属意愿摘取其尸体器官构成犯罪。此种情况下的犯罪应当符合三个条件：第一，本人生前未表示同意。通过对第一种情况的分析，本人生前以书面、明示的方式表示自己的意愿才可以认定为是“同意”与否的依据。本人生前以书面、明示的方式同意器官捐献的，自然不属于犯罪行为；本人生前以书面、明示的方式拒绝捐献人体器官的，当然属于犯罪行为；只有本人生前不是以书面、明示的方式表达捐献器官意愿的，才能认定为本人生前未表示同意。第二，违反国家规定。这里的国家规定，既可以是行政法规，也可以是刑法条文的规定，还可以是部门规章、地方性法规、地方规章等，总之只要是国家规范性文件，都应当遵守，否则就属于违反国家规定的情形。第三，违背近亲属意愿摘取其尸体器官。《人体器官捐献和移植条例》《刑事诉讼法》对近亲属的范围界定存在差异，前者将近亲属界定为配偶、成年子女、父母，而后者规定近亲属包括夫、妻、父、母、子、女、同胞兄弟姐妹，后者范围要宽于前者，包括了前者所不包含的同胞兄弟姐妹和未成年子女。而《刑法修正案（八）》的规定以“违反国家规定”为前提，这就意味着器官移植要依照《人体器官捐献和移植条例》的规定，尸体器官移植也要依照此法加以认定，所以捐献尸体器官中所指的近亲属意愿就不包括征得同胞兄弟姐妹和未成年子女的同意。而近亲属意愿的表达同样必须是书面、明示的，否则可能会对尸体造成侮辱，对其近亲属的情感造成重大伤害。

另外，我国《刑法》并未对尸体器官犯罪的对象作出区分，即没有区分属于成年人的尸体器官还是未成年人的尸体器官。笔者认为，此处的尸体器官犯罪包括一切尸体器官，不分是否属于未成年人的尸体器官。原因有三：一是我国《刑法》单独将非法摘取未成年人的人体器官规定在第 234 条之一第 2 款，而第 2 款是对活体器官的非法摘取，默认非法摘取未成年人的人体器官属于活体器官；二是我国单独对未成年人的人体器官进行刑法保护，旨在保护未成年人的身心健康，未成年人去世后其原有的立法意图已经没有了；三是未成年人的尸体器官在一定的条件下可以进行移植，挽救很多人的生命，与成年人的尸体器官具有同样的价值，况且我国人体器官本就短缺，禁止对未成年人的尸体器官进行移植毫无意义。所以，应当将未成年人的尸体器官按照尸体器官犯罪予以同样认定。其本人生前意愿以书面、明示的方式表达，应当认定为“同意”器官捐赠。

三、关于器官移植犯罪的刑事立法完善

（一）强化对医疗机构的刑事监管

我国2007年颁布实施的《人体器官移植条例》已经注意到医疗机构在人体器官移植方面的作用，其中第26~30条都是对医疗机构和医务人员在人体器官移植方面应承担的法律责任的规定，包括行政责任和民事责任，唯独没有规定刑事责任，这不利于我国打击和惩处医疗机构在人体器官买卖中的犯罪行为，迫切需要加强对医疗机构的刑事监管。2023年颁布的《人体器官捐献和移植条例》第四章专门规定了法律责任。在法律责任部分，《人体器官捐献和移植条例》强调了国家健全行政执法与刑事司法衔接机制，对组织出卖人体器官、违背意愿获取人体器官、获取未成年人活体器官等行为构成犯罪的追究刑事责任。此外，《人体器官捐献和移植条例》还规定，医务人员参与上述活动的，应当由原执业注册部门吊销其执业证书，终身禁止其从事医疗卫生服务；构成犯罪的，依法追究刑事责任。但是，医疗机构在人体器官移植中可能扮演着两种负面角色：一是组织人体器官买卖；二是非法摘除人体器官，包括尸体器官。《人体器官捐献和移植条例》虽然明确了其一系列的行政责任，但并无刑事责任方面的规定。考虑到医疗机构近年来在器官移植中存在的问题，结合学者们的调研情况，笔者认为，对医疗机构在人体器官移植方面的刑事调控主要从两方面开展：增设“医疗机构买卖人体器官罪”和“人体器官移植审查失职罪”。①

1. 增设“医疗机构买卖人体器官罪”

如前文所述，司法实践过程中已经出现医疗机构为了单位利益进行人体器官买卖犯罪的情况，对人体健康、生命造成严重危害，对社会秩序造成严重破坏，但是由于刑法的现有规定缺失，只能对医疗机构进行行政处分和民事惩罚，无法对其进行刑事规制。这不利于我国人体器官移植的健康发展，不利于对人民群众生命、健康权益的维护。所以，有必要将现有的人体器官买卖犯罪的主体进行扩展，不再规定只有自然人可以进行人体器官犯罪，单位也可以实施人体器官犯罪，特别是医疗机构，在人体器官移植中发挥着不可替代的作用。由于人体器官移植属

---

①　参见潘扬扬、严桂平、赵蕾：《非法器官移植中医疗机构法律责任研究》，载《医学与法学》2018年第5期。

于专业性比较高的手术，医疗机构在其中扮演着核心角色，犯罪分子会联合医疗机构进行人体器官买卖，亦存在医疗机构为了自身的利益积极主动进行人体器官买卖的案件，这些情况中医疗机构就是人体器官买卖犯罪的参与主体和实施主体，应当认定为买卖人体器官犯罪的主体。其他方面可以参考组织出卖人体器官罪的规定。为了更好地打击人体器官买卖的犯罪行为，保障人体健康和生命安全，此罪亦应当属于行为犯，只要实施了买卖人体器官犯罪的行为，无论是否造成严重危害，都属于犯罪行为。基于刑法的全面性规制要求，惩治医疗机构在人体器官方面的犯罪行为确有必要。

2. 增设“人体器官移植审查失职罪”

《人体器官捐献和移植条例》第 18 条规定：“人体器官移植伦理委员会由医学、法学、伦理学等方面专家组成，委员会中从事人体器官移植的医学专家不超过委员人数的四分之一。人体器官移植伦理委员会的组成和工作规则，由国务院卫生健康部门制定。人体器官移植伦理委员会收到获取遗体器官审查申请后，应当及时对下列事项进行审查：（一）遗体器官捐献意愿是否真实；（二）有无买卖或者变相买卖遗体器官的情形。经三分之二以上委员同意，人体器官移植伦理委员会方可出具同意获取遗体器官的书面意见。人体器官移植伦理委员会同意获取的，医疗机构方可获取遗体器官。”医疗机构在进行人体器官移植前，应当履行上述审查义务，并且经委员会多数同意方可进行人体器官移植。这是我国人体器官移植的关键环节，只有经过审查，完全符合我国法律的规定，才可以进行人体器官移植，否则即使存在人体器官，也不能进行人体器官移植，犯罪分子实施买卖人体器官、非法摘取人体器官等犯罪行为就做了无用之功，人体器官犯罪自然就会减少甚至是杜绝。这一过程的关键就在于，医疗机构是否能够依法依规进行人体器官移植审查。所以，对医疗机构在人体器官移植时的审查进行刑法规制，既属于必要行为，也属于必需行为。因为这既能够保障人体器官移植依法合规地进行，又能够从关键环节上遏制人体器官犯罪行为。《人体器官捐献和移植条例》第 19 条规定了器官捐献见证员制度，据此，“获取遗体器官，应当在依法判定遗体器官捐献人死亡后进行。从事人体器官获取、移植的医务人员不得参与遗体器官捐献人的死亡判定。获取遗体器官，应当经人体器官捐献协调员见证。获取遗体器官前，从事遗体器官获取的医疗机构应当通知所在地省、自治区、直辖市红十字会。接到通知的红十字会应当及时指派 2 名以上人体器官捐献协调员对遗体器官获取

导 论

20世纪以来，医疗科技的飞速进步使许多医学上的疑难杂症得到了治疗，对人类社会的进步具有重要的意义。而医疗科技的发展也会不可避免地带来一些新的问题，如代孕问题、器官移植问题、变性问题、易容问题、克隆问题等。在医疗科技日新月异地发展而造福人类的同时，也会给人们带来无尽的困惑。对先进的医疗科技的非法使用将会对人类的伦理、社会秩序、人身权益等造成无法估量的破坏。作为“保障法”，刑法在社会经济发展中发挥着重要的保障作用，在新时期的社会治理中，刑事立法积极作为，是社会治理的重要手段之一。在尖端医疗科技领域，我国刑法的积极作用体现在立法修正之中。针对人体器官买卖行为，2011年，《刑法修正案（八）》确立了组织出卖人体器官罪的罪名，这一罪名的设置对惩治器官移植犯罪，维护公民人身健康权利具有重要意义。党的十八届四中全会以来，国家治理面临着新的形势，要实现国家治理体系和治理能力的现代化离不开科学的立法工作，在社会和谐、人民幸福的追求中需要发挥刑法的积极作用。近二十年来，生物技术发展突飞猛进，然而生物技术的发展也因“多利羊”“基因编辑”等重大事件的出现而存在诸多争议。生物技术的发展不仅涉及脱靶的风险，伦理风险与生物安全等问题也正考验着人们的良知和道德的底线。因此，科学的道德离不开法治的保障。《刑法修正案（十一）》中设置了非法植入基因编辑、克隆胚胎罪的罪名，该罪名的设置对于强化底线思维，维护生物安全意义重大。其实，尖端医疗科技领域还有很多亟待立法解决的问题。尖端医疗科技对人民群众的健康具有重要的促进作用，但是任何滥用尖端医疗科技的行为都会给人民健康、社会和谐造成严重危害。因此，在速度、多变、危机共存的21世纪，尖端医疗科技对刑法的挑战理应成为理论界和实务界深入研究的重要课题。

进行见证。从事遗体器官获取的医疗机构及其医务人员应当维护遗体器官捐献人的尊严；获取器官后，应当对遗体进行符合伦理原则的医学处理，除用于移植的器官以外，应当恢复遗体外观”。

在司法实践过程中，一部分医疗机构并未能合法、合理、有效地进行人体器官移植审查。个别医疗机构明知某人体器官是在买卖情况下获取的仍然进行人体器官移植，甚至还积极主动“帮助”病人及其家属推介人体器官获取方法。毫无疑问，这些医疗机构是不称职的，是违法的。但是这并不能够表明该医疗机构的行为都是违法的，只能表明一些医疗机构的医务人员在对人体器官移植进行审查时存在违法违规行为。然而我国刑法却并未对医疗机构及其医务人员的审查行为进行规制，所以应当对医疗机构及其医务人员的人体器官移植审查行为进行刑法规制，以保障人体器官移植的依法、有效推进。

（二）完善对精神病人的特殊保护

我国《人体器官捐献和移植条例》和《刑法修正案（八）》都对未成年人人体器官移植进行了特别规定，严禁对未成年人进行人体器官摘取，否则就是犯罪行为，应当受到刑法的惩处。这是因为未成年人尚不具备完全民事行为能力，缺乏一定的辨认能力和控制能力。虽然民法规定年满 16 周岁并且以自我收入为主要生活来源的视为完全民事行为能力人，但是为了更好地保护未成年人的健康、生命等根本权益，我国法律仍然从严规定未成年人人体器官摘取，任何买卖、摘取未成年人人体器官的行为都是犯罪行为，都应受到刑法的惩处，即使监护人同意摘取未成年人的人体器官仍属于犯罪行为。

《人体器官捐献和移植条例》第 10 条规定：“任何组织或者个人不得获取未满 18 周岁公民的活体器官用于移植。”因此，对未满 18 周岁的未成年人而言，要获取其器官是绝对禁止的。同理，未成年的精神病人也属于未成年人，其人体器官的摘取自然受到刑法的保护。而成年的精神病人基于与未成年人同样的民事行为能力，其人体器官的摘取也应受到刑法的特别保护。

《人体器官捐献和移植条例》第 9 条第 1 款规定，“具有完全民事行为能力的公民有权依法自主决定捐献其人体器官”。无民事行为能力的精神病人属于完全没有辨认和控制能力的人，在人体器官移植方面的认知能力低于绝大部分未成年人，他们不能够认识到将人体器官进行捐献对个人造成的负面影响，即使向其告知其仍然不能全面了解，这种情况下的本人同意毫无意义，不能产生法律上的效力。而其监护人或者近亲属虽然能够了解将人体器官进行捐赠会对精神病人造成一定损伤，但是基于伦理和人权保障等要求，其监护人或者近亲属不能够处理精神病人的器官移植工作。当然，法律也不承认这种许可能够产生法律效力。所以，刑法应当规定禁止对无民事行为能力的精神病人进行人体器官摘取，否则构成犯罪。

限制民事行为能力的精神病人具备一定的辨认和控制能力，但是不能确定他们能否认识到人体器官捐赠对本人造成的危害，所以此时本人同意以及监护人或其近亲属的同意也不能够产生法律效力，而应当通过设置法律法规的途径对此进行规定，严禁限制民事行为能力的精神病人参与器官移植工作之中。

间歇性精神病人的器官移植工作应当属于人体器官犯罪立法的重点领域。由于间歇性精神病人在精神正常的情况下具备完全民事行为能力，具备辨认和控制能力，能够认识到人体器官移植对本人造成的危害，特别是在医疗机构及其医务人员告知的情况下。对于精神正常时的间歇性精神病人，应当将其与完全民事行为能力的成年人等同，可以在本人同意的情况下对其进行器官移植工作；而对于精神处于非正常状态下的精神病人，则不能对其进行人体器官移植，因为此种情形下的间歇性精神病人属于限制民事行为能力人，享有与限制民事行为能力人相同的权利和刑法保护。此时的间歇性精神病人应当在其精神状况正常下对其进行询问，征求其是否同意人体器官捐献。当间歇性精神病人同意进行器官移植时，应当由专业性医务人员对其精神状况进行有效鉴定，以便于明晰其当时的精神状况。当间歇性精神病人非处于正常精神状况下应当禁止对其进行器官移植，因为虽然该精神病人在精神正常的情况下已经书面、明示同意进行器官移植，但是我国《人体器官捐献和移植条例》授权公民在人体器官移植前享有撤销的权利，不可以剥夺间歇性精神病人的撤销权利，否则，就属于非法摘取精神病人人体器官，属于犯罪行为。所以，间歇性精神病人只有在精神正常的情况下才可以进行人体器官移植的一切工作。

（三）惩治走私人体器官犯罪

走私罪在我国已经有刑法的明文规定，但是我国并未将人体器官作为走私犯罪的对象，这不利于我国人体器官移植秩序的维护，也不利于刑法的完善，更不利于世界范围内的人权保障。联合国《打击跨国有组织犯罪公约》中已经将贩卖人体器官的犯罪确定为跨国犯罪予以严厉打击。因此，有必要在我国刑法中增加走私人体器官罪。

走私人体器官犯罪从进出口上可以分为进口人体器官犯罪和出口人体器官犯罪。进口人体器官犯罪，是指将境外的人体器官通过非法途径带入我国境内的行为。这种行为可以缓解我国人体器官移植供求紧张的现状，但是从世界人权保护和我国海关管理秩序方面而言，是对其他国家安全及其公民人身健康的侵犯，更是对我国海关管理秩序的违背，应当受到我国刑法的打击。出口人体器官犯罪，指的是将我国境内的人体器官通过非法途径带出我国境内的行为。这种行为是对我国公民人体健康和生命的侵犯，也是对我国海关管理秩序的破坏。二者都是对人体器官移植秩序和海关管理活动的违反，其主体不分国籍，主观方面应当是故意，即明知走私人体器官会对人体健康、生命造成侵犯，还会对国家的海关管理活动造成破坏，但仍然实施的一种走私行为。其客观方面应表现为实施走私人体器官的行为，该犯应当属于行为犯，只要实施了走私人体器官的行为就属于犯罪，这是我国人体器官犯罪的整体性要求。其侵犯的客体属于复杂客体，既包括对人身权利的侵犯，又包括对海关管理秩序的侵犯，但主要还是对人身权利的侵犯。虽然我国大多数学者认为走私罪的主要侵犯客体是国家对外贸易管理制度，① 当然还有一些学者认为走私罪侵犯的客体是国家的海关管理 ②、海关对货物物品的进出境监管制度 ③，这些观点虽然采用的词汇各不相同，但归根到底是指对海关管理活动和秩序的破坏。走私人体器官罪虽然也会对海关管理活动和秩序造成违背，但相比较而言，其对人身权利的侵犯明显比对海关管理活动和秩序的违背更为严重。这也是要将走私人体器官罪列入人体器官犯罪之下，而没有将走私人体器官罪列入走私罪之下的原因。无论这种人身权利是本国公民的人身权利，还是他国公民的人身权利，在国际人权保障的范围之下，都应当受到国际社会的保护。这是我国履行加入《公民权利及政治权利国际公约》等国际人权保障条约的应然之义，有利于推进我国人权保障事业，提升我国在国际人权保障中的影响力。

---

① 参见马克昌主编：《经济犯罪新论：破坏社会主义经济秩序罪研究》，武汉大学出版社 1998 年版，第 110 页；陈兴良主编：《刑事审判实务研究》，中国方正出版社 1997 年版，第 261 页。他们都持此种观点。

② 参见王作富主编：《经济活动中的罪与非罪的界限》（增订本），中国政法大学出版社 1996 年版，第 74 页。

③ 参见赵秉志：《刑法争议问题研究》（下卷），河南人民出版社 1996 年版，第 140～141 页。

走私人体器官犯罪从对象上可以分为成年人的活体器官、未成年人等特定人群的活体器官和尸体器官。走私人体器官犯罪的规定应当与我国人体器官犯罪的原有规定保持一致，针对不同的对象规定应当有所不同。在世界范围内，未成年人等特殊人群的活体器官都受到明显保护，如法国在对未成年人等特殊人群的人体器官犯罪的刑罚惩处上明显大于成年人的活体器官犯罪和尸体器官的范围。我国在对走私人体器官犯罪的刑罚方面，可以借鉴国外的规定，采用未成年人等特定人群的活体器官走私犯罪最重，成年人的活体器官走私犯罪次之，尸体器官的走私犯罪最轻的规定，这样既能够与国际社会的器官犯罪的刑罚相接轨，又能体现我国宽严相济的刑事政策，体现我国对于走私人体器官犯罪不同对象的不同打击力度，彰显我国刑法的人文关怀。

此外，对走私人体器官犯罪行为的定罪量刑应当严于一般的走私犯罪行为。一般的走私犯罪仅是对海关管理活动和秩序的侵犯，而走私人体器官犯罪侵犯双重法益，更主要的是对人身权利的侵犯，世界各国包括我国在内都把侵犯人身权利的犯罪放在极其重要的位置，相比海关管理活动和秩序而言，人身权利的地位要明显高于海关管理活动和秩序。同时，走私人体器官犯罪如果惩处较轻，在一定程度上不仅不利于我国打击人体器官犯罪，也不利于境外国家和地区打击人体器官犯罪。所以，走私人体器官犯罪应当在一般走私犯罪的刑罚处罚之上，按照不同的犯罪对象、不同的层次进行定罪量刑。笔者认为，可以按照走私尸体器官、走私成年人的活体器官、走私未成年人等特定人群的活体器官这三个层次呈递进式量刑，重点保护活体器官，特别是未成年人等特定人群的活体器官。

(四)增设"买卖人体器官罪"

我国《人体器官捐献和移植条例》明确禁止人体器官的买卖及与之有关的活动，并规定了相应的处罚。但是该处罚属于行政处罚，我国刑事法律法规目前并没有与之相应的配套制度，无法从根本上遏制人体器官的买卖行为。如果用其他罪名进行相应的规制，有可能违背我国罪刑法定的基本原则，也无法做到罪责刑相适应，难以对人体器官的买卖达到较好的惩治效果。同时，社会实践中存在购买他人人体器官，但是并没有组织出卖的行为，因而不能以组织出卖人体器官罪定罪量刑。但购买他人的人体器官会催生人体器官的犯罪行为，会导致供体的身体健康和生命安全受到威胁，也会对国家卫生健康管理秩序造成一定的冲击。因此，有必要在我国刑法中增设“买卖人体器官罪”。如果在刑法中确立了这样一个罪名，也可以删除组织出卖人体器官罪，规定对组织行为的从重处罚措施。

买卖人体器官罪，是以牟利、非法占有人体器官为目的，违背人体器官捐献无偿性的原则，购买、出售人体器官的行为。笔者认为，这里的人体器官应包括活体器官和尸体器官。活体器官包含在内毫无问题，而尸体器官也是人体的一部分。虽然当事人已经死去，但是保持尸体完整是中国的传统风俗，也是死者亲属的情感寄托，将尸体器官剔除，不仅违背公序良俗，也会变相“鼓励”一些犯罪分子为了获得人体器官而实施杀人行为，更不利于社会的安全、稳定。

第四章 / 非法实验性医疗的刑法规制研究

2022年8月,《自然医学》(*Nature Medicine*)在线发表了由两个来自中国的团队协作完成的论著——《CRISPR/Cas9介导的BCL11A增强子基因编辑治疗儿童β0/β0输注依赖性 β-地中海贫血》,该项研究成为世界首个成功通过基因编辑技术治疗 β0/β0型重度地中海贫血儿童的项目。[①] 基因治疗作为现代生物医学技术"桂冠上的明珠",改变了无数疑难病症患者的命运。这一技术对于治愈疾病具有重要作用,但是在临床运用的过程中,前进的每一步都面临着各种各样的风险。从人类与疾病漫长斗争的过程来看,新医疗技术和新药品的诞生往往要经历复杂的临床试验才能被广泛应用。而针对某些罹患难以治愈疾病的病人,当现有获批的医疗技术和药品并不能够起到预期的治疗效果时,有时会通过临床试验进行最后的尝试,这一试验过程被称为实验性医疗。实验性医疗中涉及医疗机构、医务人员、伦理委员会和受试者(患者)等多方主体的法律关系。与一般的人体实验不同,参与实验性医疗的受试者是在患有难以治愈的疾病的紧迫状况下参与实验的,更容易遭受伤害,需要从法律层面给予其特殊保护。现阶段,我国对于实验性医疗的法律规制体系还存在一定的短板。在实验性医疗中如何保护处于弱势地位的受试者权利?在医疗技术进步和公民权利保护之间如何取得平衡?是法学理论和实务均需要面对的重要课题。

---

① 参见魏倩:《中国首例基因编辑治疗成功,科幻终于照进现实了吗?》,载微信公众号"三联生活周刊"2022年9月18日,https://www.lifeweek.com.cn/h5/article/detail.do?artId=175848。

第一节　实验性医疗的概念界定及其主要手段

一、实验性医疗的概念界定

根据人体实验是否能够治疗受试者疾病，可以将人体实验分为政策性人体实验、纯研究性人体实验和治疗性人体实验。[①] 政策性人体实验，一般是出于政治、军事目的开展的严重违背伦理道德而构成犯罪的实验。纯研究性人体实验不是为了治疗患者自身的疾病，而是纯粹为了开展科学研究而进行的人体实验。治疗性人体实验是指受试者通过测试新药品、新技术等获取治愈疾病希望的人体实验，即本书所称的实验性医疗。这种实验具有双重属性：一方面，能够通过新的医学方法给患者带来治愈疾病的希望，实验过程和结果能够促进医疗技术的进步。另一方面，我国法律对于实验性医疗安全的防范和责任追究不够，存在监管空白，可能产生风险，影响受试者权益。

我国的医疗法律法规没有明确规定“实验性医疗”的概念，对于实验性医疗概念的界定要考察人体实验的有关概念。理论上对于实验性医疗是否属于人体实验存在不同观点。有的学者认为，实验性医疗仅是正常的医疗活动，“这是征得特定患者同意而实施的基于治疗目的行为，属于法律意义上‘医疗行为’的延长线上，不属于人体实验的范畴”[②]。有的学者认为，治疗型实验属于一般医疗行为和人体实验的中间地带，“治疗的实验与治疗行为不同，与人体实验也不同，它是由独立的概念所构成的学说”[③]。日本学者大谷实教授将医疗行为划分为医学上和行政法上两类。医学上的医疗行为指的是具备医学适应性和医疗技术正当性，并具有客观治愈效果的行为。医学适应性表示医疗行为的手段和方法在专业上是适宜的，而医疗技术正当性则指医疗行为人在医学上的行为是正确的。医学上的医疗行为包括出于医疗目的对患者进行的人体实验。[④] 而行政法上的医疗行为关注

① 参见程红：《人体实验的刑法学分析》，载《中外法学》2010 年第 6 期。

② 加藤久雄『医事刑法入門』(日本東京法令出版，2005 年) 164 頁。

③ 金沢文雄『刑法とモラル』(一粒社，1984 年) 77 頁。

④ 参见臧冬斌：《医疗犯罪比较研究》，中国人民公安大学出版社 2005 年版，第 44～45 页。

实施医疗行为的主体医生是否具有执业资格。例如，具有行医资格的人进行的医疗活动属于行政法上的医疗行为，基于医学正当性进行实验性医疗行为属于医学上的医疗行为。这些观点产生差异的原因在于对实验性医疗的主要目的的认识不同。倘若认为实验性医疗的本质属于医疗行为，搜集实验数据等行为仅是附加目的，则可认为这种行为属于正常的医疗活动。如果认为实验性医疗的本质属于科学研究，实施治愈患者的医疗行为只是达成这一目的的必要手段，将实验性医疗行为和正常的医疗活动进行区分就是合理的。

笔者认为，实验性医疗属于人体实验的一种，不属于人们通常意义上理解的医疗行为。首先，实验性医疗与一般医疗行为的目的存在差异。实验性医疗的主要目的是搜集相关的科学实验数据探求科学新知，对患者进行医疗行为是实验的必要手段。其次，实验性医疗与一般医疗行为的理论依据存在差异。一般的医疗行为是在长期自然科学与经验法则累积之下的相对客观稳定的诊疗手段，是一种对于人类已知知识的重复上演。而实验性医疗则是在现有科学技术手段之下对人类疾病状况进行预判和尝试治愈的行为，是人类对于未知的探索和尝试。再次，实验性医疗与一般医疗行为的风险不能等同，其客观上更接近于人体实验的风险。实验性医疗的收益与潜在不可控的风险同在，与人体实验的风险具有相似性，而一般医疗行为的风险相对稳定可控。最后，实验性医疗所要遵循的程序步骤与一般医疗行为存在差异，与人体实验相类似。为了更好地保障受试者的合法权益，应当将实验性医疗归入人体实验的范畴。

因此，本章倾向于采纳一种相对广义的概念定义，即实验性医疗是指为了治愈疾病，使用危险和疗效均属未知的新药物、新器械或新技术进行人体实验的行为，实验性医疗的主要目的是探索科学新知，诊疗居于次要地位。例如，为了挽救罹患不治之症的患者，常见的医疗手段和药物无法起到治愈疾病的效果，医生在符合程序规定的前提下采用新技术、药品进行尝试的过程就是实验性医疗。

二、实验性医疗的主要手段

1964 年第 18 届世界医学会大会通过的《世界医学大会赫尔辛基宣言》最早对于人体实验做出了分类。《世界医学大会赫尔辛基宣言》将人体实验划分为“针对患者进行必要治疗的人体实验”（clinical research in which the aim is essentially therapeutic for a patient）和“纯粹为了科学研究而进行的人体实验”（clinical research, the essential object of which is purely scientific and without therapeutic value to the person subjected to the research)。[①] 参照宣言的分类方法,有学者根据实验对象的不同,认为人体实验的手段主要可以分为四类,分别是新药品类型、新医疗器材类型、新医疗技术类型和新医疗技术方法类型。[②] 实验性医疗也可以参照这一分类方法进行划分,医疗技术和医疗方法在医学实践中不易区分,基于此,本书将实验性医疗的手段分为新药品、新医疗器材和新医疗技术方法三种类型。

（一）新药品类型的实验性医疗

我国新药上市的流程一般要经历四个步骤。分别是新药的研发阶段、新药的人体实验阶段、新药的申请审批阶段和批准上市后的定期监测阶段。其中,新药的人体实验阶段共分为三期临床试验(见表 4-1),Ⅰ期临床试验针对正常人进行,目的是进行新药物的安全性评价工作,这属于纯研究性人体实验,而Ⅱ期和Ⅲ期临床试验主要是针对病人开展的有效性评价,属于本书所讨论的实验性医疗。例如,2020 年新冠疫情肆虐全球,研制和使用新冠疫苗对新冠肺炎进行预防和控制成为当务之急。仅 2020 年,“全球就有基于灭活疫苗、核酸疫苗(包括 DNA 疫苗和 mRNA 疫苗)、载体疫苗、蛋白亚单位疫苗、减毒活疫苗、病毒样颗粒疫苗等 6 种不同技术路线的 60 个候选疫苗被批准进入临床试验阶段”[③]。在新冠疫苗试验Ⅱ期和Ⅲ期临床阶段进行的就是实验性医疗。实验性医疗作为检测新药安全性、有效性的重要手段,在为疾病的治愈带来希望的同时,也隐含了新药试验中不可防范和控制的风险。按照一般新药上市流程进行严谨复杂的临床试验,可能延误患者救治时机从而丧失救治可能;如果提前让患者使用具有治愈希望的新药品,则可能隐含巨大风险。通过法律对实验性医疗进行风险规制,在救治患者和控制实验性医疗的风险之间取得平衡,是促进我国实验性医疗行为高质量发展的必要手段。

---

① See Declaration of Helsinki, *Recommendations guiding doctors in clinical research*, Adopted by the 18th World Medical Assembly, Helsinki, Finland, June 1964.

② 参见黄丁全:《医疗法律与生命伦理》,法律出版社 2004 年版,第 235 页。

③ 朱瑶等:《新型冠状病毒肺炎疫苗研究进展》,载《预防医学》2021 年第 2 期。

表 4-1 新药品研发三期临床试验情况

临床试验阶段	数量 / 例	对象	作用	性质
Ⅰ期临床	20～100	正常人	主要进行安全性评价	纯研究性人体实验
Ⅱ期临床	100～300	病人	主要进行有效性评价	实验性医疗
Ⅲ期临床	300～5000	病人	扩大样本量，进一步评价	

（二）新医疗器材类型的实验性医疗

通过新医疗器材进行实验性医疗活动的典型例子就是人工心脏医疗器材的运用。“1982 年，De Vries 等人首次进行了人类永久性全人工心脏（total artificial heart，TAH）植入术，最终使患者存活 112d，开创了 TAH 的新里程碑。”① 随着人工智能技术的进一步发展，近年来许多医疗机器人出现在手术台上。截至 2022 年 8 月，哈尔滨医科大学附属第二医院胸外科由达芬奇机器人进行的医疗手术已经破千例。② 据介绍，第四代达芬奇机器人外科手术系统是人类将高科技技术和临床手术相结合的最尖端形式。人工智能和医务人员的合作是时代大势，不可逆转，但我们也要清醒地看到人工智能在医疗领域可能存在的刑事风险。面对人工智能时代法律产品供给的缺陷，刑法应当因时因势主动作为，在预防风险、加强监管、提升技术理性、建立完善风险防控机制等方面合理应对，积极规划。

（三）新医疗技术方法类型的实验性医疗

新医疗技术类型的实验性医疗是通过运用新的技术对人体进行实验性医治。一般而言，实验性医疗需要经过动物实验等阶段才能运用于人体。前文提到的“基因编辑婴儿事件”就属于典型的运用新的医疗技术进行的人体实验。针对新医疗技术类型的实验性医疗，我国相关行政法规尚没有明确的规定，对于新医疗技术的风险判断也缺乏实践经验。实践中，对于一些明显符合犯罪构成，但是超出医学治疗范围，造成严重后果的实验性医疗行为，我国刑法无法恰当地追究违法犯罪行为的刑事责任。《刑法修正案（十一）》增设了“非法植入基因编辑、克隆胚胎罪”，这显然是针对“基因编辑婴儿事件”暴露出来的法律短板进行的补救和

① 武文芳、吴兵：《人工心脏的历史及研究进展》，载《中国医学装备》2008 年第 3 期。

② 参见马俊玮：《哈医大二院胸外科达芬奇机器人手术破千例》，载央广网 2022 年 8 月 5 日，http://hlj.cnr.cn/jkgy/20220805/t20220805_525949788.shtml。

完善措施，但本罪“非法植入基因编辑、克隆胚胎”的犯罪构成要件要素表明，只有部分新医疗技术类型的实验性医疗才有可能适用本罪，刑法对于非法人体实验的规制范围过窄，不利于促进生物医学技术的良性发展。

第二节　域外规制实验性医疗立法模式考察及经验启示

“在人类社会诸多共有的制度当中，法律制度的和谐化和某种程度上的一体化，更是一个客观的必然和有目共睹的趋势。因为，我们在与其他地区和国家进行经济、文化和其他交往时，不可避免地要涉及交往规则或行为规范问题。”[①] 因此，我们需要了解其他国家或地区对实验性医疗的法律应对措施，并在此基础上逐步完善我国的实验性医疗法律规范。以求获得能够被普遍认可和遵循的一般规则。

一、德国关于实验性医疗的立法

德国没有针对人体实验的专门立法，但是在各个成文法中对人体实验进行了详细的规定，事实上通过立法确立了关于实验性医疗的法律规范。作为具有制定法传统的大陆法系国家，德国对于涉及实验性医疗的法律主要分为刑法规范和非刑法规范两类。刑法规范由德国刑法典、特别刑法、附属刑法、行政刑法中有关医疗犯罪的规定构成，而非刑法规范则以《药事法》《基因技术规制法》《胚胎保护法》中涉及人体实验的相关规定为主。德国关于实验性医疗的刑法规范见于《德国刑法典》，主要集中在过失犯罪：如果行为人“由于其职务、职业或行业而违背特别义务的”即为严重过失（《德国刑法典》第 222 条杀人罪和第 230 条伤害罪）；此外，属于严重过失的还有“医生之医疗事故”。[②]1871 年，《德国刑法典》第 222 条对于“业务过失”作出了规定：“过失致人死亡的，处三年以下禁锢，由于职务、

① 米健：《比较法学导论》，商务印书馆 2018 年版，第 37 页。

② 参见［德］弗兰茨·冯·李斯特：《德国刑法教科书》，徐久生译，北京大学出版社 2021 年版，第 249 页。

职业或者行业而违背注意义务，致人死亡的，则加重其刑为五年以下禁锢。"[①] 现行《德国刑法典》废除了"业务过失"的规定，仅在第222条规定了"过失杀人"，即"行为人过失导致他人死亡的，处5年以下自由刑或罚金刑"[②]。同时，第229条规定了"过失伤害"，即"行为人过失伤害他人身体的，处3年以下的自由刑或罚金刑"[③]。德国刑法没有单独对医疗过失犯罪进行规定，医疗过失被包含在过失犯罪之中，在立法上通过过失犯罪来涵盖医疗过失犯罪。关于医疗干预行为能否满足《德国刑法典》第223条第1款规定的身体伤害罪的构成要件，[④] 德国国内存在两种不同的见解。[⑤] 自1894年以来，德国实务界的判例认可医疗行为能够构成身体伤害。身体伤害罪保护的法益是自然人的身体完整性与身体健康，身体伤害的客观行为构成要件表现为对他人身体的虐待和对他人身体健康的损害。损害身体健康是指引起或加重被害人即便是暂时性的病理性状态，至于行为人之前是否健康，在所不问。[⑥] 如果患者没有对医疗干预行为做出有效承诺，并且欠缺其他违法阻却事由，即使符合医疗行业规范并且达到了预期治疗效果的医疗行为，也可能是对患者身体完整性的侵害。这一实务见解的理由在于对患者知情同意的保护，因为立法者几乎没有通过其他条文对患者的知情同意进行保护。与此相反，部分学者认为医疗干预行为的目的是维护或者改善患者的健康行为，一项能够促进健康或者至少能够保持健康的措施符合身体伤害罪的构成要件是不妥当的。当医生开展的实验性医疗行为符合"过失杀人"或者"过失伤害"的构成要件时，应当承担相应的刑事责任。除此之外，《德国刑法典》第218条b款和c款还规定了不正确的医师证明和医师违背终止妊娠义务的刑事处罚，第218条a款规定了终止妊娠不处罚的情形。德国刑法中的医疗犯罪，主要包括过失杀人罪、过失伤害罪和妊娠终止罪，极少数情形下可以适用身体伤害罪等罪名，规定简明扼要，被认为可能是世界上关于医疗犯罪最简明的立法例。[⑦]

---

① 杨丹:《医疗刑法研究》，中国人民大学出版社2010年版，第23页。

② 徐久生译:《德国刑法典》，北京大学出版社2019年版，第159页。

③ 徐久生译:《德国刑法典》，北京大学出版社2019年版，第162页。

④ 《德国刑法典》第223条第1款规定："不法伤害他人身体或损害其健康的，处5年以下自由刑或罚金刑。犯本罪未遂的，也应处罚。"

⑤ 参见[德]埃里克·希尔根多夫:《医疗刑法导论》，王芳凯译，北京大学出版社2021年版，第16～17页。

⑥ 参见王钢:《德国判例刑法》(分则)，北京大学出版社2016年版，第73页。

⑦ 参见蔡振修:《医事过失犯罪专论》(增订版)，2005年自版发行，第296页。

德国关于实验性医疗的非刑法规范，则见于《药事法》《基因技术规制法》《胚胎保护法》等医事法规。

1978 年 1 月 1 日，德国新《药事法》开始施行，并且在法律适用的过程中不断修订完善。其中第六章“临床试验的场合下对人的保护”第 40 条 a 节和 b 节分别对受试者保护的一般条件和特别条件进行了详细规定，具体说明如下：

第 40 条 a 节规定，在德国开展临床试验，首先应当遵循《欧洲临床试验规例》[Regulation（EU）No. 536/2014]的要求，《欧洲临床试验规例》是欧盟关于临床试验的法规，涵盖内容十分广泛，已经被德国《药事法》转化为国内法适用。此外，a 节规定关于临床试验还应当遵循以下五款具体规定：第 1 款规定了临床试验应当遵循欧盟关于开展临床试验缔约国的有关规定。第 2 款规定参与临床试验的受试者不能够被法院或者当局安置在有关机构内（如监狱）。第 3 款规定了参与临床试验的受试者必须被提供一份保险，当临床试验对受试者的生命健康造成损害时，即使没有人对该损害承担责任，该保险也必须提供赔偿；这一款还规定了保险水平应当与临床试验面临的风险相称，在受试者死亡或者能力持续丧失的情况下保险公司至少应当提供 50 万欧元的保险赔偿金。第 4 款规定涉及转基因生物技术的临床试验不应当对他人健康和环境产生不利影响。第 5 款规定开展临床试验应当符合《欧洲临床试验规例》的规定，在适当的机构内开展。

第 40 条 b 节对于临床试验的特殊条件进行了以下六个方面的规定，集中在对知情同意权的保护：前三款援引《欧洲临床试验规例》第 29 条关于知情同意的规定，主要包括受试者及其代理人应当能够理解临床试验的性质、意义等内容，在此基础上做出承诺；知情同意应当以书面方式做出；具备相关行为能力的未成年人也可以做出承诺参与人体实验等。第 4 款规定了无行为能力受试者参与临床试验的特殊情况。第 5 款规定了紧急情况下进行临床试验的条件。第 6 款规定了处理临床试验数据应尽的告知义务。

日本学者甲斐克则教授对于德国《药事法》中关于实验性医疗的规定进行了总结，认为这些规定在风险和收益均属未知的治疗性人体实验中应当被特别考虑。本节从以下七个方面予以说明：（1）目的是救助患者生命、恢复其健康，或者减轻其痛苦才允许被实施；（2）可以对无生活能力或者生活能力受到限制的人实施；（3）无生活能力或者限制生活能力的人，在理解临床试验的性质意义，并且能够决定自己意思的情况下，除了必要的本人的承诺，还需要法定代理人或监护人的承诺；(4)患者不能理解临床试验的性质意义并做出自我决定，法定代理人或监护人的承诺足以代表；(5)法定代理人的承诺，只在理解接受医师对于临床试验的性质意义等内容进行说明的情形下有效；(6)承诺方式不拘泥于书面，在证人见证下对主治医师口头承诺同样有效；(7)基于第1项"患者所处的风险及治疗的承诺"，且患者没有犯罪意思的特别情况，这一点要求不是必要的。①

从德国《药事法》的规定来看，以下三个方面的特点值得关注：第一，明确了进行人体实验的原则以及具体内容。《药事法》对于开展人体实验应当遵循的原则进行了具体规定，其中的许多内容也随着人体实验新技术、新方法的出现而不断改进。第二，规定了严厉的法律责任。《药事法》第十七章规定了刑罚责任条款，其中规定了刑事处罚、罚金、没收等处罚措施，有利于发挥法律的威慑效应，保障人体实验依法有序开展。第三，积极将国际规则转化为国内法适用。欧洲对于人体实验的规定起步早、发展快，德国《药事法》中的很多内容直接参照《欧洲临床试验规例》的规定，极大地丰富和完善了《药事法》的规定。

德国对于基因编辑技术历来持谨慎小心的态度，1990年，德国制定了世界上第一部《基因技术规制法》。这部法律规定了基因科技研究中应当遵守的一般规范，包括一般规定、基因设备的技术操作、基因交易、公共规定、医务规定、刑法和罚款规定，以及过渡性的规定等七章。② 该法第1条对于立法目的进行了阐释和说明：一是保护人类的生命和健康，并保护动物、植物、其他物质和环境免受基因技术和基因技术产品可能对其造成的危险，统一预防这种危险的发生；二是为基因技术在科学和技术上研究、发展和使用的可能性提供法律空间。尽管该法在1993年、2010年进行了较大修改，2019年11月也进行了微调，但是1990年确立的基本精神得到了保留。在30余年的法律发展过程中，德国最新版的《基因技术规制法》将"考虑到人类的伦理价值、生命和健康"作为全法之最高价值，价值排序按照"生命价值 > 环境价值 > 经济价值 > 科研价值"进行，这反映了德国立法者思维路径的变化。③ 需要注意的是，本法排除了基因治疗，将与基因治疗相关的内容纳入《药物法》的范畴，即所有的基因治疗必须接受《药物法》的规范。④ 德国采取

---

① 参见［日］甲斐克则：《临床研究、人体实验与德国法》，高翔译，载《东南法学》2019年第2期。

② 参见杨丹：《尖端医疗领域刑法理论及立法对策研究》，法律出版社2016年版，第179页。

③ 参见杜如益：《德国立法者如何看待基因编辑》，载《法治周末》2020年10月15日，第12版。

④ 参见李贤华、贺付琴：《域外辅助生殖技术法律制度速览》，载《人民法院报》2018年12月14日，第8版。

许可的方式有条件地允许基因治疗。根据德国《药物法》的规定，实施基因治疗必须事前报备，并取得许可，才能获得基因治疗产品处置权。产品的使用分为临床试验使用和个案利益使用，对于临床试验使用给予了较多的限制。临床试验不仅要取得伦理委员会的投票支持，同时要得到德国联邦卫生部下辖的独立机构保罗·埃利希研究所（Paul Ehrlich Institut，PEI）的许可。德国联邦层面对于基因治疗进行监管的机构除 PEI 外，还包括联邦药物及医疗产品研究室（Bundesinstitut für Arzneimittel und Medizinprodukte，BfArM）。这两个机构的功能和任务各有侧重，PEI 除了进行文件审查、建立评估标准、对已经上市的药物进行副作用追踪，自己也独立进行试验。而 BfArM 负责对上市药物的交易行为进行监督，也负责执行和协助欧盟有关药物的管制事宜。① 对于药品、医疗器械的生产、流通，德国联邦政府和各州政府的药品监管部门实行双重监管。德国 16 个州的药品监督管理部门是具体行使药品监督管理的部门，尽管不接受联邦政府的直接领导，但同样适用联邦政府制定的有关法规，主要工作是监督药品的生产和经营，其中包括临床试验。②

除前述法律外，德国还通过《胚胎保护法》防止相关人员滥用技术手段创制胚胎，并且规定胚胎不得用于科学研究等领域。③ 这部法律共有十三章，其中第二章规定了滥用人类胚胎应当被处以 3 年以下的监禁或者罚款，为滥用胚胎技术进行实验性医疗的行为匹配了较为严厉的法律责任。

德国关于临床试验的法律起步很早，而且经过了长期的发展完善。其中对于受试者保护的规定相当深入，从传统的医疗侵袭、医疗过失不断扩展延伸到新型治疗技术，如器官移植、实验性医疗等新领域。医疗技术的发展对德国刑法产生了重大影响，不断为刑法理论提出新的课题，医疗和刑法的结合越来越紧密。④

二、日本关于实验性医疗的立法

日本没有制定关于人体实验的专门法律，主要是通过有关伦理指导方针进行规范。与德国类似，《日本刑法典》中有部分关于医疗犯罪的规定，主要表现在

① 参见沈秀芹：《人体基因科技立法规制研究》，山东大学 2010 年博士学位论文，第 109 页。
② 参见陈相龙：《德国和英国药品监督管理工作概况及对我国的启示》，载《医药导报》2016 年第 6 期。
③ Embryonenschutzgesetz - ESchG，https://www.buzer.de/s1.htm?g=ESchG&f=1.
④ 参见杨丹：《尖端医疗领域刑法理论及立法对策研究》，法律出版社 2016 年版，第 15 页。

"过失伤害罪""业务过失致死罪"等罪名。与德国不同的是，日本对于人体实验的规范集中表现在伦理层面。1990年，日本出台了《关于医药制品临床试验的实施基准》；1992年又出台了《关于医疗用具的临床试验的实施基准》，对人体实验进行了更为具体的规定。《日本刑法典》第二十八章规定了过失伤害罪。其中第209条是关于过失伤害的规定，第210条是关于过失致死的规定。两罪的法定刑均为单处罚金。第211条是关于业务上过失致死伤和重大过失致死伤罪的规定，该法条表述为"懈怠业务上必要的注意，因而致人死伤的，处五年以下惩役、监禁或者五十万元以下罚金；因重大过失致人死伤的，亦同"①。《日本刑法典》对业务上过失致死伤罪和重大过失致死伤罪的表述说明，在立法者眼中业务上的过失与重大过失造成的危害一般无二，应当同等视之。日本医事刑法领域的代表学者甲斐克则教授指出，刑法在解决医疗问题时，应当采取阶段性的规制方法，大体上按照"行业法规—民事法规—行政法规—刑事法规"的路径进行，并且前三种规制手段应当是对医事领域进行规范的主要手段。②

三、美国关于实验性医疗的立法

20世纪60年代以来，随着人体实验的伦理论争在美国蓬勃展开，美国有关人体实验的法律规范也日趋丰富。1969年美国肯塔基州上诉法院审理的斯特伦克诉斯特伦克案（Strunk *v.* Strunk）对于美国人体实验领域的立法具有重要的助推作用。该案的基本案情如下：28岁的汤米·斯特伦克患有慢性肾炎必须及时换肾，他27岁的兄弟杰里·斯特伦克智商与6岁孩童相似，同时肾脏与哥哥汤米的高度匹配，属于医学上可接受的活体捐献者。为了挽救汤米的生命，汤米和杰里的父母是否有权请求法院授权医院将杰里的肾脏移植给汤米？上诉法院以4票赞成、3票反对的结果裁定该判决成立。美国肯塔基州上诉法院法官塞缪尔·斯坦菲尔德是对本案判决持有异议的少数派法官，他提出了《纽伦堡法典》应适用于美国的司法建议，这一建议加速了美国人体实验领域的立法。斯特伦克诉斯特伦克案的判例表明一个对器官移植不了解的成年人可以进行器官移植手术，对于自愿原

---

① 张明楷译：《日本刑法典》，法律出版社2006年版，第78页。

② 参见［日］甲斐克则：《医事刑法的基础理论》，刘建利译，载《法律科学（西北政法大学学报）》2012年第2期。

则和知情同意原则的适用产生了巨大影响。[①]

1978 年,美国国家生物医学和行为研究人类受试者保护委员会撰写并发布了《贝尔蒙特报告》,《贝尔蒙特报告》是为了解决人体实验中的伦理问题作出的,确立了基本的伦理原则和指导方针,并通过制定指导方针以确保实验人员按照有关内容进行研究。《贝尔蒙特报告》确立了三个基本的伦理道德原则,分别是对人的尊重原则、仁慈原则、正义原则。[②] 对人的尊重原则包括两个方面的伦理要求:一是每个人都拥有是否参与人体实验的自主决定权,二是对于那些自主决定权被削弱的人要进行额外保护。这一原则还包括实验参与者有能力对于实验内容做出正确判断、对于实验的风险知情同意等内容。仁慈原则承袭了《希波克拉底誓言》中的不伤害(do no harm)伦理要求,进一步被区分为两条一般规则,分别是不伤害原则(do no harm)及利益最大化和伤害最小化可能原则(maximize possible benefits and minimize possible harms)。正义原则认为选择人体实验的对象是因为与研究问题直接相关,而不是因为某些群体(特定种族、少数民族等)容易获得、妥协、操纵。[③] 尽管《贝尔蒙特报告》已经成为历史文件,但是其所确立的伦理原则产生了深刻而持久的影响。例如,一些学者试图将这些原则引入互联网,认为在互联网使用和存储用户的信息也应当受到《贝尔蒙特报告》确立的伦理原则的约束。[④]

1991 年,美国教育、医疗和福利部(现为健康与人类服务部)发布了《保护人体受试者的联邦政策》又被称为《共同规则》,最近一次修订是 2018 年 6 月 19 日。该规则是美国联邦在《贝尔蒙特报告》的基础上修订出台的,一共包括四个部分。第一部分是人体实验受试者在进行人体实验时候应当遵循的基本原则以及具体细则(如适用范围、时间、相关举措的规定等),还包括伦理委员会运行的相关流程等;第二部分是针对孕妇、胎儿等特殊群体进行人体实验的特别规定;第三部

---

① See Savage, Joe C., *Organ Transplantation with an Incompetent Donor: Kentucky Resolves the Dilemma of Strunk v. Strunk*, 58 Kentucky Law Journal 129 (1969).

② See National Commission for the Protection of Human Subjects of Biomedical and Behavioral Research, Department of Health, Education and Welfare, *The Belmont Report*, United States Government Printing Office, 30 Sep. 1978.

③ See National Commission for the Protection of Human Subjects of Biomedical and Behavioral Research, Department of Health, Education and Welfare, *The Belmont Report*, United States Government Printing Office, 30 Sep. 1978.

④ See I.F. Anabo, I. Elexpuru-Albizuri & L. Villardón-Gallego, *Revisiting the Belmont Report's Ethical Principles in Internet-mediated Research: Perspectives from Disciplinary Associations in the Social Sciences*, 21 Ethics Inf Technol 137 (2019).

分是针对囚犯作为人体实验对象的特殊规定；第四部分是以儿童作为人体实验对象的特殊规定。截至 2022 年 8 月，19 个机构（包括美国健康与人类服务部）遵循 2018 年修订后的通用规则，1 个部门遵循经自身修订的共同规则。这 20 个美国联邦部门和机构均认可接受第一部分的规范，其他各部分的规范分别适用于不同的部门。

除《共同规则》外，各联邦部门还发布了一系列关于人体实验的规范文件。美国国防部发布的《使用人体作为实验对象的规定限制规则》规定了包括知情同意原则、对实验对象有益原则等军方进行人体实验的有关原则。1978 年，美国教育部通过了《学生权利保护修正案》，其中涉及进行人体实验的规定。该修正案中 C 项指出，在获取学生、家长有关信息时或者对学生进行身体检查时必须得到有同意能力学生的书面认可；有同意能力学生包括成年人（adult）和脱离父母独立生活的未成年人（emancipated minor）。对于没有同意能力的学生，必须获取其监护人的书面同意。此外，美国食品和药品管理局发布的《食品、药品和化妆品法案》第五章规定药品与医疗器械中也包括一些开展药物人体实验应当遵循的规则。

《美国模范刑法典》中规定了诸如疏忽杀人罪、堕胎罪等与医疗行为密切相关的典型犯罪。有学者认为，对于医生的医疗疏忽行为，《美国模范刑法典》没有明文排除其刑事责任，可能构成相应的杀人罪或者伤害罪。① 这一观点是在美国现行法视角下得出的必然结论，但是并不符合美国处理实验性医疗的一般原则。2000 年，时任美国总统克林顿签署了一个涉及人体实验的行政备忘录，旨在对接受常规治疗和参与人体实验而导致并发症的受试者提供医疗保险给付。②“如果一项实验的目的是评估一种医疗保险的利益（如医疗服务、诊断测试或者耐用性医疗设备），具有治疗目的，招募的受试者是患者而不是健康的志愿者时，这种试验的受试者有资格获得这种医疗保险的补偿。”③ 该方案为美国联邦保险计划适用计划人群参与治疗性实验遭到损害的补偿提供了一种方法，除了美国联邦层面的人体实验补偿方案，美国关于人体实验的补偿主体还有实验的主要承担机构——各大医学院。通过行政备忘录的方式对实验性医疗进行风险规制，体现了美国公共卫

① 参见杨丹：《尖端医疗领域刑法理论及立法对策研究》，法律出版社 2016 年版，第 27 页。

② See *President Clinton Signs Executive Memorandum On Medicare Payment For Patient Care Costs During Clinical Trials*, ReedSmith, https://www.reedsmith.com/en/perspectives/2000/06/president-clinton-signs-executive-memorandum-on-me.

③ 满洪杰：《人体试验法律问题研究》，中国法制出版社 2013 年版，第 215 页。

生法领域“规制协商规则”的精神。规制协商规则是在规制起草过程中注重促进利益各方的互动，减少利益各方对抗，在利益权衡中进行协商寻求合意。① 协商规则的益处包括减少时间和资源的消耗、及时履行、更高程度的遵守、较少的诉讼和更具合作性的关系。② 另一种通过实验主体进行补偿的方式则体现了美国医疗实验行业的自我规制。对于实验性医疗的潜在风险，美国医疗行业更倾向于采用自愿性的标准来解决一般的问题。正如有学者所言，尽管自我规制存在明显的缺点，但是在政治上更容易被接受，同时也能够得到更快地执行，更具灵活性且负担较少。而且，考虑到美国联邦最高法院对于强制纰漏和市场限制的审查越来越严格，自我规制可能成为公共卫生的一种选择工具。③

美国关于人体实验多样的补偿机构和补偿规定为防范人体实验产生的风险提供了比较全面的制度支持。这种方式，一方面减轻或免除了科研机构开展实验性医疗的风险，另一方面使得在实验性医疗过程中受到损害的受试者能够及时获得损害补偿。从这个意义上而言具有优势，但是这种协商方式是否给予公共利益足够的重视值得深思。

四、英国关于实验性医疗的立法

英国关于人体实验的法律规定起步较早，并经过了长期的发展完善。2004年，英国通过了《医疗用药品（临床试验）法规》，这是英国监管临床试验的核心法规。《医疗用药品（临床试验）法规》对临床试验作出了全面详细的规定，一共分为九个部分。第一部分属于引言性条款，对人体实验法规的目的、适用范围和定义进行了说明，值得注意的是，与世界各国普遍将成年的年龄规定为18周岁不同，该法规将成人界定为年满16周岁的人。第二部分是关于伦理委员会的规定。英国将伦理委员会管理局作为伦理委员会的主管部门，通过行政力量约束和管理伦理委员会的行为。第三部分是对临床试验的授权和伦理委员会的意见的相关规定，针对临床试验的程序、伦理审查委员会的职责进行了具体规定，同时也规定了

① Philip J. *Harter*, *Negotiating Regulations*: *A Cure for the Malaise*?, 3 Environmental Impact Assessment Review 75（1982）.

② David M. Pritzker & Deborah S, *Dalton*, *Negotiated Rulemaking Sourcebook*, Administrative Conference of the United States, 1990, p.3-5.

③ ［美］劳伦斯·高斯汀、林赛·威利:《公共卫生法：权利·责任·限制》，苏玉菊、刘碧波、穆冠群译，北京大学出版社2020年版，第221页。

对伦理委员会审查结果不服的申诉救济程序。第四部分对临床试验的流程和进行临床试验应当注意的事项进行了详细规定。第五部分对临床试验出现不良后果的处理办法和有关程序进行了规定。第六部分对临床试验药品的生产和进口进行了规定，这一部分的规定有助于跨国人体实验的开展和施行。第七部分对临床试验的药品标签进行了规定。第八部分对临床试验的执行进行了规定。第九部分通过附属条款对法规颁布以后的一些特定情形做了说明。《医疗用药品(临床试验)法规》颁布以后，经历了多次修改以适应不断发展的临床试验环境和保护试验参与者的需求，最近的一次修订是在 2022 年 4 月 15 日。

五、欧盟关于实验性医疗的立法

欧盟制定了一系列法律规定来统一和规范成员国范围内的人体实验，先后通过一些系列指令对临床试验进行了规定。1995 年，欧盟颁布了《数据保护和隐私指令》(Directive 95/46/EC)。该指令规定了个人数据的处理和保护要求，适用于人体实验中收集的个人数据。然而，该指令已于 2018 年被《通用数据保护条例》所取代。2001 年，欧盟颁布了《伦理审查和知情同意指令》(Directive 2001/20/EC)。该指令于 2004 年生效，要求成员国建立伦理审查委员会来审查和监督人体实验。它还规定了试验参与者的知情同意程序和保护要求。2005 年，欧盟颁布了《临床试验数据报告指令》(Directive 2005/28/EC)。该指令规定了临床试验数据的报告和记录要求，包括试验计划、试验结果和试验报告的提交。2014 年，欧盟颁布了《欧洲临床试验规例》。该规例于 2014 年生效，旨在简化和协调欧洲范围内的临床试验规则。该规例规定了临床试验的申请、审查和监管程序，并强调试验参与者的权益保护、数据透明度和试验结果的报告要求。这些欧盟法律规定的目标是确保在欧盟范围内进行的人体实验符合伦理原则、安全性和透明度要求，保护试验参与者的权益，促进科学研究和药物研发的进展。这些规定适用于欧盟成员国，并通过国家立法和监管机构来实施和执行。

六、域外规制实验性医疗立法经验评析

(一)吸收借鉴国际社会关于实验性医疗行为形成的普遍性共识

实验性医疗的开展和应用已超越国界，具有明显的国际特征。同时，尖端医

疗技术涉及“人”的根本命题，可能损害全体人类的尊严，破坏作为文明共同体的国际社会的基本价值观。① 因此，我国规制实验性医疗行为时，应当具有国际化视野，吸收借鉴国际社会的立法和研究成果。如前文所述，国际社会通过《世界医学大会赫尔辛基宣言》《临床试验质量规范指导原则》等文件对于开展实验性医疗应当遵循的原则形成了若干共识。实践中大致通过两种路径将国际规范和有关文件转化为国内法。一是直接转化，即直接承认相关国际规范对我国开展实验性医疗行为的约束力，这种做法的好处是能够便利国际交流，有利于促进跨国人体实验的开展，提高新药品、新技术得到域外互认的效率。二是间接转化，即将相关国际规范有选择地转化为国内法律，这种做法的好处是充分考虑了自身的差异，能够更好地使国际法律规范转化为国内法律规范。笔者认为，我国应当采取直接转化与间接转化相结合的方式完善国内的相关法律规范。具体而言，对于《世界医学大会赫尔辛基宣言》《公民权利及政治权利国际公约》《世界生物伦理与人权宣言》等对开展实验性医疗进行了原则性规定的文件采取直接转化的方式。这些规定较为抽象，需要在实践中进一步细化才能适用，采取直接转化的方式不会产生“水土不服”的情况。对于《人体生物医学研究国际道德指南》《临床试验质量规范指导原则》等文件应当采取间接转化的方式。这些规定对于开展人体实验十分具体，具有操作性，但许多规定与我国国情是否相适应有待进一步考量，因此需要经过二次确认，对于其中合理的部分有选择性地吸收借鉴。

（二）以“人体实验法”为根本，完善前置法和刑法的相关规定

现阶段，我国对实验性医疗尚缺乏统一法律规范，现有的法律体系以部门规章和规范性文件为主，法律位阶偏低，规范效力不够。因此，有必要从基础性立法和专项立法两个层面建构与完善科技伦理治理的法律规范体系。② 笔者认为，应当从以下三个方面完善实验性医疗的国内法律规范体系。第一，制定一部体系完善、内容全面的“人体实验法”。各类非法人体实验现象客观上要求我国立法者加强生命科技立法，以便通过法律制度织起一张“防护网”，以限制和克服新医药技术所引起的非法人体实验。③ 目前，我国尚未出台“人体实验法”，一方面，这不利

---

① 参见杨丹：《尖端医疗领域的刑法理论及立法对策研究》，法律出版社 2016 年版，第 97 页。

② 参见石佳友、刘忠炫：《基因编辑技术的风险应对：伦理治理与法律规制》，载《法治研究》2023 年第 1 期。

③ 参见刘长秋：《人体实验法律对策研究》，载《东方法学》2009 年第 2 期。

于保障受试者权利，另一方面，这也不利于对实验性医疗进行系统治理。未来，全国人大应当尽快将“人体实验法”纳入立法规划。第二，完善前置法中关于实验性医疗的规定。我国《药品管理法》《医师法》等法律中对于实验性医疗的规范规定比较片面，未来在“人体实验法”出台以后应该尽快修改相关表述，与“人体实验法”一道形成治理合力。第三，尽快在《刑法》中增设非法人体实验罪。非法人体实验行为不仅严重伤害受试者的合法权益，而且极有可能给整个社会带来不可逆转的严重损害。[①] 应通过刑法加强对非法人体实验的惩治力度，有效遏制非法实验性医疗行为。但也要妥善划分刑法干预的界限，刑法应当坚守刑法保障性和补充性的法律定位，克制谨慎参与社会治理活动，[②] 从而避免刑法过度干涉阻碍生物科技的发展。

七、国家卫健委出台关于实验性医疗的统一规范

国家卫健委等多个部门出台了一系列规范性文件规制实验性医疗，包括国家药监局、国家卫健委于 2020 年 7 月通过的《药物临床试验质量管理规范》，国家卫健委医学伦理专家委员会办公室和中国医院协会于 2020 年 10 月发布的《涉及人的临床研究伦理审查委员会建设指南》，国家卫健委、教育部、科技部、国家中医药局于 2023 年 2 月 18 日印发的《涉及人的生命科学和医学研究伦理审查办法》等。此外，上海、北京、深圳等地也依据本地实际情况制定了规制实验性医疗行为的相关规范。但这些规定之间存在相互矛盾、适用范围有限、违法后果制裁轻微等问题，不利于实验性医疗统一有序开展。笔者建议，应当由国家卫健委对目前有效的规范性文件进行系统性整合。一是建立监管组织，加大监管力度。建立国家生物伦理委员会，统一指导各地方的伦理委员会开展伦理审查工作，通过健全伦理审查的体制机制建设加强机构伦理委员会的独立性，提高伦理审查的有效性。二是完善责任机制。首先，在规范性文件中完善对于医疗卫生机构（包括伦理委员会）、医疗人员、个人等多方主体的“责任—义务”规定；其次，适度增强公法上的责任刚性，明确私法上的请求权基础，妥善平衡好公法和私法在规制实

---

① 参见刘长秋：《论人体实验的刑法规制》，载《上海交通大学学报（哲学社会科学版）》2009 年第 6 期。

② 参见吴宗宪、燕永辉：《微罪的概念补正与现实批判》，载《河北法学》2023 年第 2 期。

验性医疗行为中的关系；[①] 最后，做好民事责任、行政责任和刑事责任的衔接，以轻重适度为原则完善实验性医疗法律责任机制。

第三节　我国实验性医疗刑法介入的正当性

随着生物医学技术的进一步发展，涉及实验性医疗的法律问题呈现复杂化的趋势。“基因编辑婴儿事件”等社会热点案件的冲击进一步暴露了我国生物医学法律法规的监管缺陷。我国尚没有完善的法律法规对非法实验性医疗进行处罚，一方面，这不利于保护实验性医疗中受试者的合法权益；另一方面，这也不利于促进实验性医疗长远发展。面对非法实验性医疗产生的严重后果，刑法有必要介入实验性医疗的规制活动。

一、非法实验性医疗对刑法保护法益产生了现实或紧迫的威胁

犯罪的本质或者说违法性的实质是法益侵害，刑法的任务与目的是保护法益。[②] 确定刑法能否介入某种行为的判断标准为其是否对刑法保护的法益造成了侵害或者紧迫的威胁。实验性医疗活动的发起、过程和结果都会对刑法保护的法益产生影响，其本身具有的实验特性表明医学活动面临不可预知、不可掌控的巨大风险，如果刑法不能有效介入对非法实验性医疗行为的管控，势必会引发巨大的灾难性后果。

首先，非法实验性医疗对于受试者身体健康造成了影响。实验性医疗行为直接会对受试者的身体健康甚至生命安全造成现实或者紧迫的威胁，这是在收益和风险未知的状态下进行的一场冒险，本身存在巨大风险，而非法实验性医疗活动增加了受试者将要面临的风险与挑战。当实验性医疗行为存在不规范、不科学的现象时，无论其最终医疗行为造成的结果对于受试者是受益还是受损，都应当以非法实验性医疗行为定性。因为规范科学的医疗活动是对受试者身体健康和生

① 参见王康：《“基因编辑婴儿”人体试验中的法律责任——基于中国现行法律框架的解释学分析》，载《重庆大学学报（社会科学版）》2019 年第 5 期。

② 参见张明楷：《法益保护与比例原则》，载《中国社会科学》2017 年第 7 期。

命安全最有效的保障。有时候，尽管一些不规范、不科学的医疗活动没有对受试者造成实际损害，甚至还有获益，但类似行为重复上演不一定总是取得相同后果。对于非法实验性医疗行为最终的责任分配应当结合全案事实进行综合认定，判断有关责任主体是否承担民事、行政或刑事责任。

其次，非法实验性医疗亵渎了人格尊严。人格尊严作为宪法的最高价值，其本身并不是法益，而是法益赖以建立的基础。[①] 人格尊严投射到各个具体的部门法领域，转化成为部门法所保护的法益。诚如有学者所言，刑法介入尖端医疗是对其所带来的利益和引起的风险进行权衡取舍的结果，其权衡取舍的标准即是否贬损了人格尊严。[②] 实验性医疗是尖端医疗行为的一种表现方式，刑法介入实验性医疗活动是为了保障人格尊严这一宪法价值。非法实验性医疗行为罔顾人的主体性地位，进而否定了人格尊严。在非法实验性医疗过程中，医疗机构和医疗人员将实验者作为可以任由自己支配的试验品，损害了个人与个人之间的尊重，从根本上否定了人的主体地位。刑法必须借助严厉的惩罚后果来威慑和预防此类行为的发生，从而切实发挥刑法维护人格尊严的作用。

再次，非法实验性医疗有危害全体国民身体健康的巨大风险。实验性医疗行为本身具有巨大的风险性，这种风险的突出特点之一就是医疗结果的偶然性。倘若由于一次非法的实验性医疗行为导致受试者偶然获得利益，在此基础上推广非法实验性医疗的药品、手段及医疗器材，会对全体国民的身体健康产生巨大风险。随着科技时代的进一步发展，实验性医疗行为带来的风险已经超过个体医疗行为本身，稍有不慎就容易演变成全体国民面临的巨大风险。刑法必须以明确的态度介入实验性医疗行为中，对可能产生的风险进行有效控制，发挥刑法的法益保护作用。

最后，非法实验性医疗阻碍了医学发展与进步。实验性医疗的本质属于科学研究活动，受试者在实验过程中处于关键地位，是探求科学真知的重要一环。但是，临床试验中"科学真知"的价值与"受试者的利益"往往并不一致。临床试验实施者始终存在为了获得"科学真知"而忽略或牺牲受试者利益的冲动。[③] 如果临床试验实施者的这种冲动总是成为现实，就会严重破坏实验性医疗中受试者和实

---

① 参见王晖：《人之尊严的理念与制度化》，载《中国法学》2014 年第 4 期。

② 参见杨丹：《论人格尊严的刑法保护——以尖端医疗为视角》，载《四川师范大学学报（社会科学版）》2016 年第 4 期。

③ 参见刘建利：《药物临床试验容许性的刑法逻辑及限度》，载《政治与法律》2022 年第 3 期。

验实施者的信赖关系，患者基于风险衡量，在现有医疗手段无法治愈的情况下会更愿意接受保守治疗，而不愿意轻易尝试实验性医疗行为。长此以往，医学发展和进步的脚步会因为缺少对于疾病未知领域的探索而受到阻碍。

二、发挥刑法一般预防的作用震慑非法实验性医疗行为

刑法在所有部门法当中居于保障地位，以其严厉的刑罚制裁后果向公众展示法秩序的不可侵犯性，从而塑造国民的规范意识。对于非法实验性医疗行为的规制，我国已经存在一些行业规范、部门规章、民事法律以及行政法律，散见于《药物临床试验质量管理规范》《药品管理法》等文件中，但这些规定存在相互冲突、规定散乱、刚性欠缺等问题，这使得刑法规范在发挥规范引导作用的过程中基本失效。与严重侵犯公民身体健康、人格尊严的非法实验行为相比，刑法规范法律制裁后果较轻，不足以震慑非法实验性医疗行为，必须将非法实验性医疗纳入刑事规制范围，严密法网。对于实验性医疗研究人员而言，实事求是的科学精神、谨慎的研究态度和严格的规章制度都是必要的，也是切实可行的。然而，仅此还不足以约束研究人员和临床医生的实验行为，需要制定更加严格的法律规定，对于那些在商业利益驱使下，隐瞒医学真相，甚至欺骗病人进行实验的研究人员和临床医生给予必要的刑事处罚，否则不足以防止类似事件的发生。[①] 这种观点体现了刑法积极的一般预防的重要作用。刑法理论认为，通过积极的一般预防，刑法可以促进或稳定社会伦理道德上值得期许的行为，从而巩固对规范的遵守和法律的信赖。[②] 通过刑法规制实验性医疗行为，一方面，能够指引医疗人员和研究人员在刑法规范下科学有序开展实验性医疗活动；另一方面，能够有效发挥刑法作为其他相关医疗法规的保障法作用，有效保障医疗伦理和其他法律规范得到正确实施。

三、保护人体实验中处于弱势地位的受试者权利的现实需要

实验性医疗行为中，实验者总是处于主动性、控制性的地位，而受试者处于被动、易受控制和弱势的地位。同时，实验者作为拥有专业医学生物知识的一方，具备更高的认知能力，能对实验性医疗的损害后果拥有大体的认识，而实验性医疗的受试者一般是在罹患绝症的情况下参与试验，更容易受到伤害。在实验性医

① 参见郭自力：《生物医学的法律和伦理问题》，北京大学出版社 2002 年版，第 285 页。

② 参见黄河：《犯罪现实与刑罚的社会控制——基于刑罚目的论的反思》，载《中外法学》2021 年第 3 期。

疗的过程中，实施者和受试者在根本上存在或明或暗的利益冲突，而且实验性医疗实施者处于显著优势地位，对于保障受试者权利极为不利。因此，通过法律手段调整强者和弱者之间的权利义务关系，对处于弱势地位的受试者进行更充分的法律保护是促进双方地位实质平等的内在要求。为了实现对于权利的有效保障，必须依靠法律。权利的法律保障就是通过法律的权利确认、义务承担和责任追究机制来保障权利的实施。① 社会生活的一般领域，大致遵循"伦理——一般法律—刑法"的规制路径，只有经过这种三阶段递进收缩式的过滤，刑事立法才能将某一行为予以犯罪化。② 就实验性医疗而言，如果伦理和一般法律无法对受试者的权利进行有效保护，刑法应当发挥法益保护的保障作用。

我国目前关于实验性医疗的法律规定在权利确认、义务承担和责任追究机制上都显著不足，刑法介入实验性医疗行为是保护处于弱势地位受试者的现实需要。就权利确认而言，我国在医疗法律制度的改革过程中，遗漏了患者能够自主决定的实验研究中的知情同意权的立法保护，只规定了一般临床过程中的患者知情同意权。③ 知情同意原则作为实验性医疗的研究伦理基础，在受试者权利保障中处于核心地位。尊重保障受试者的知情同意权，能够调和科学利益与病人利益、个人利益与社会利益在实验性医疗中的多元价值冲突。在义务承担和责任追究上，由于实验性医疗本身具有科学实验活动的正常风险，一些实验性医疗违规违法的行为容易借助医学研究合理风险的外表逃脱法律制裁。在刑法规范中加强对于受试者的权利保护，发挥权利通过倾斜性保护平衡利益的功能，对社会弱势群体的利益给予特别保护，从而消解强者与弱者的利益冲突与对抗。④

第四节　实验性医疗刑法介入的限度

实验性医疗是促进生物医学进步的关键一环，虽然伴随着侵害法益的风险，

① 参见宋显忠：《通过法律的权利保障》，载《吉林大学社会科学学报》2006 年第 5 期。

② 参见梁根林：《刑事法网：扩张与限缩》，法律出版社 2005 年版，第 34 页。

③ 参见肖柳珍：《患者权利法律保障研究》，法律出版社 2022 年版，第 37 页。

④ 参见吴宁：《社会弱势群体保护的权利视角及其理论基础——以平等理论透视》，载《法制与社会发展》2004 年第 3 期。

但也不能够忽视科学研究可能具有的潜在收益。在面对这一现实问题时，正确的做法是既不能因噎废食地用刑法禁止一切临床试验，亦不可盲目崇拜科研自由，完全不加以限制地开放临床试验，应该审慎地衡量刑法适用的必要性及适用后果。[①] 所以，进一步讨论刑法介入实验性医疗的限度就成为平衡风险和收益的关键。具体而言，一是如何划分非法实验性医疗行为民事、行政违法性和刑事违法性的界限，这决定了能否对某一非法实验性医疗行为进行刑法规制；二是如何区分实验性医疗行为中的合理风险与非法实验性医疗带来的不合理风险，这是阻却刑事违法性的关键。通过对实验性医疗行为在入罪和出罪层面进行探讨，能够划定刑法介入非法实验性医疗行为的范围，准确判断某一行为是否符合犯罪构成。

一、入罪：实验性医疗行为中刑事违法性识别与认定

我国目前对于实验性医疗行为在民事法和行政法上存在一般规定，在讨论刑法介入实验性医疗保护的限度时，就涉及在不同法域之间进行违法性判断的问题。若某一实验性医疗行为能够构成民事法或者行政法上的不法行为，其是否能够构成刑法层面的不法行为？根据法秩序统一性的要求，当某种行为属于民事法或行政法禁止的行为，并不必然具有刑事违法性，是否具有刑事违法性，还需要刑法进一步判断是否具有可罚的违法性。实验性医疗行为是民事法或行政法层面的构成要件该当行为。如前文所述，笔者认为对实验性医疗进行刑事违法性的判定具有正当性。进一步需要考虑的问题是：具体到某一非法实验性医疗行为如何判断是否属于刑法构成要件该当行为，是否具有刑事违法性？

首先，认定实验性医疗行为符合犯罪构成应当以违反非刑事法律规范为前提。实验性医疗的犯罪行为，必须考察其是否违反非刑事法律规范（民事法或行政法），如果该行为不构成违法或者阻却违法，就不可能构成刑事犯罪。我国规制实验性医疗行为的非刑事法律规范主要体现在三个方面：一是以原卫生部发布的《涉及人的生物医学研究伦理审查办法》、国家卫健委医学伦理专家委员会办公室和中国医院协会发布的《涉及人的临床研究伦理审查委员会建设指南》、国家药品监督管理局会同国家卫健委发布的《药物临床试验质量管理规范》等为代表的规范性文件中对法律责任的专章规定；二是以《民法典》《医师法》为代表的民事法

① 参见刘建利：《药物临床试验容许性的刑法逻辑及限度》，载《政治与法律》2022 年第 3 期。

律规范对于医疗侵权损害的有关规定，如《民法典》第 1008 条规定了人体临床试验的有关原则，第七编“侵权责任”中第六章“医疗损害责任”对实验性医疗进行了民事法律规制（第 1218～1228 条）；三是以《药品管理法》为代表的行政法律规范的有关规定，例如，对于鼓励支持发展实验性医疗的原则性规定（《药品管理法》第 16 条），对于开展临床试验的相关具体规定（《药品管理法》第 17～23 条）。对于实验性医疗进行刑事违法性的认定时必须坚持以违反非刑事法律规范为前提。具体而言，可以引申为以下三个规则：一是作为补充规范的非刑事法律规范规定为合法的行为，解释实验性医疗犯罪时应径直解释为非罪行为；二是作为补充规范的其他法律法规没有规定为非法行为的场合，解释实验性医疗行为犯罪时亦应解释为非罪行为；三是非刑事法律规范将某一行为界定为违法行为，必须进一步考察其是否违反刑事法律规范从而符合犯罪构成。

其次，非法实验性医疗犯罪构成应当从属于非刑事法律规范。实验性医疗本身属于高度专业复杂的专业医疗活动，对于实验性医疗行为是否违法，必须依靠调整该领域的法律法规，从专业性和特定性的角度进行判定，而不能仅依靠刑法规范。描述实验性医疗领域的违法犯罪行为、相关概念和特定术语，只能通过特定领域专业的法律法规进行规定。从这个角度来说，实验性医疗行为的犯罪规范从属于非刑事法律规范的规定。这种从属性的特征表现在两个方面：一是概念要件的从属性，二是罪状要件的从属性。就概念要件的从属性而言，刑法与民事法和行政法都属于对于社会行为进行规制的法律手段，在法秩序统一性的原理要求下，刑法与其他法律法规在关键概念、条文用语上的一致性，对于充分发挥刑法功能和正确把握司法实践具有重要作用。例如，《药品管理法》第 17 条规定，从事药品研制活动，应当遵守药物临床试验质量管理规范，该条明确规定《药物临床试验质量管理规范》是从事实验性医疗行为必须遵循的规范性文件，那么刑法对于实验性医疗犯罪行为进行法律解释时，对于《刑法》与《药物临床试验质量管理规范》使用的统一术语原则上应当作相同的解释，另有规定或者根据法解释原理必须作出不同法律解释的除外。就罪状要件的从属性而言，实验性医疗犯罪中的空白罪状的相关内容必须严格依照非刑事法律规范的相关规定进行补充。由于实验性医疗的法律规范不少规定了“构成犯罪的，依法追究刑事责任”，例如，原卫生部发布的《涉及人的生物医学研究伦理审查办法》第 49 条，《药品管理法》第 114 条等，在认定实验性医疗行为构成犯罪时，在阐述犯罪构成时，我们不能忽略部门法中的相关规定。否则，可能会导致刑法与非刑事法律之间出现矛盾和冲突，进而破坏整个法律体系的协调统一。

最后，对实验性医疗行为中刑事违法性的判断应当具有独立性。非法实验性医疗的犯罪行为作为典型的行政犯，固然先应当考虑其对于相关行政规范的违反，但仍需要进一步判断是否违反刑法规范。一个行为是否成立行政犯，要经过行政从属性和刑事不法判断独立性的双重筛选。[①] 实验性医疗犯罪构成需要注意的是犯罪构成对于非刑事法律规范具有一定的依附性。但是，在解释和适用时，我们应坚持对犯罪构成的独立解释和适用。刑法对于个体性权益的保护，是在整体上与民法和行政法保持一致，并非范畴上保持一一对应的关系。[②] 对于某一实验性医疗违法行为是否同时构成犯罪，在进行规范解释时，刑法可以独立进行判断。我们不能简单地将法律和行政法规对某些概念术语的解释视为办理具体刑事案件的法律依据，也不能用其他非刑事法律规范的解释替代对刑法用语的规范解释。

二、出罪：实验性医疗行为中合理风险与危害风险的界限与判断

刑法规制的对象应当是医疗事故中的医疗责任事故，即基于医方的过失而发生的事故。[③] 医方过失可以根据实验性医疗过程中产生的风险是否具有正当性、是否得到了有效的控制进行判定。

对于制造风险的研究人员而言，应当在具有医学正当性的基础上开展临床试验活动。日本学者松仓丰治教授将医疗水准分为“学术上的医学水准”和“实践中的医疗水准”。[④] 学术上的医学水准是经学术界一致认可，被广泛承认的医疗行为；而实践中的医疗水准是指现在作为一般普遍化医疗的实施目标。[⑤] 对于实验性医疗而言，在认定是否构成犯罪时只能依据实践中的医疗水准而不能是学术上的医学水准进行判定。原因在于医学水准具有相当稳定性，并且在临床中被广泛应用，而从学术水准到医学水准还需要进行长时间的转化，其本身不能作为医疗过失的判定标准。实验性医疗中的医疗人员是风险的制造者，在判定其是否符合犯罪构成时，要同时满足客观层面和主观层面的认定标准。客观层面的认定关键在

① 参见马春晓：《法秩序统一性原理与行政犯的不法判断》，载《华东政法大学学报》2022 年第 2 期。
② 参见时延安：《论刑事违法性判断与民事不法判断的关系》，载《法学杂志》2010 年第 1 期。
③ 参见李颖峰：《医事刑法视域中的医疗过失研究》，法律出版社 2020 年版，第 16 页。
④ 参见［日］松仓丰治：《怎样处理医疗纠纷》，郑严译，法律出版社 1982 年版，第 123 页。
⑤ 参见臧冬斌：《医疗犯罪比较研究》，中国人民公安大学出版社 2005 年版，第 131 页。

于实验过程中的风险是否属于法所容许的风险，即具有医学正当性的科研风险。在主观层面上，需要考虑科研人员是否违反了医疗注意义务的标准。对于确定违反医疗注意义务的标准存在“理性平均人标准”和“个别标准说”两种观点。理性平均人标准认为，确立医疗注意义务时应当参照本领域具有相同知识和技术的熟练的医生，该标准以同领域的理性平均人作为参照系，行为人的注意达到理性平均人的水准，不要求必须符合完美专家的标准。① 而个别标准说则十分看重医生的特别认知，该说认为具有比普通人更高能力的人，不使用自己的能力因而造成了损害，应当由于其过失而受到惩罚，尽管同样的行为对于普通能力的人来说就不被认定为过失行为。②

笔者认为，实验性医疗具有更高的风险，进行实验性医疗行为的医生通常是具备丰富知识和高度技术熟练程度的医疗专业人士。在进行医疗注意义务的认定时，不应当采取个别标准说，应当采纳理性平均人标准。实验性医疗中有能力进行生物医学技术革新的科研人员，本身就被赋予了较高标准的注意义务，该标准远远大于一般的临床医生应当遵循的注意标准。尽管有些科研人员相较于实验性医疗的科研人员具有更丰富的知识和能力，也不能将其本身获取的知识和能力作为注意义务的标准。因为这种特定的能力无法被准确评价，而且会抹杀科研人员创新的动力。因此，不能将科研人员具有的特别认知能力作为确定过失的基础，应当以理性平均人标准认定注意义务的违反。如果某一行为没有超过法所容许的风险的范畴，则不具备刑事不法，此时无须考虑行为人主观上是否违反了医疗注意义务标准。客观要件的具体任务就在于具体描述刑法所禁止的定型性不法内容，以确定其是否可罚。③ 客观上并没有侵犯法益的行为，不能够通过刑法定罪处罚。

对于承担风险的受试者而言，实验性医疗过程中的合法风险应当得到受试者的知情同意。知情同意原则作为实验性医疗的研究伦理基础，在受试者权利保障中处于核心地位。虽然实验性医疗行为对患者造成了重大损害且该损害不是由于实验方的故意或过失行为造成的，如果该行为得到了患者的知情同意，那么患者

① 参见杨丹：《医疗刑法研究》，中国人民大学出版社 2010 年版，第 122 页。

② 参见［德］克劳斯·罗克辛：《德国刑法学总论——犯罪原理的基础构造》（第 1 卷），王世洲译，法律出版社 2005 年版，第 724 页。

③ 参见周光权：《刑法客观主义与方法论》（第 2 版），法律出版社 2020 年版，第 24 页。

的知情同意也可以作为责任阻却事由否定犯罪构成；如果该行为没有得到患者的知情同意，则属于专断性医疗行为。专断性医疗的本质属于没有得到患者知情同意而擅自实施的诊疗行为，在医学上可以进一步分为一般性医疗行为和侵入性医疗行为。前者是指不会进入患者体内也不会给患者身体造成损害的医疗行为，后者是指需要进入患者体内且可能会给患者带来实质性损害和损害风险的行为。① 一般性专断医疗行为虽然侵犯了患者的知情同意权，但往往不会导致受试者受到实质性损害，不具有法益侵害性，因此不是刑法保护的对象。从医学实践来看，实验性医疗中一般进行的是侵入性医疗行为，在没有取得受试者知情同意权的基础上进行的医疗行为，不仅侵犯了受试者的自我决定权，甚至有可能造成患者实质性的损害，刑法介入以规制侵入性专断性医疗行为具有必要性。在没有取得受试者知情同意的前提下，如果侵入性专断医疗行为没有造成实际损害后果，就与一般性专断医疗行为的影响无异，应当由民事法或行政法对受试者知情同意权进行保护，刑法没有介入的必要。如果侵袭性专断实验性医疗行为造成了损害后果，需要进行类型化分析是否具有成立犯罪的可能。损害后果可以分为医学意义上的损害和非医学意义上的损害。医学意义上的损害是指该损害的成立符合医学法则、具有医学适应性和正当性，除没有获得受试者的知情同意外，与一般医疗行为不存在差异。非医学意义上的损害也可被称为不必要的损害，是指某一实验性医疗行为并不是在符合医学法则、具有医学适应性和正当性的基础上进行的，该损害的产生是不必要且不被允许的损害。笔者认为，在欠缺受试者知情同意的侵入性实验性医疗行为中，医学意义上的损害结果除了欠缺受试者的知情同意，与一般医疗行为类似，虽具有瑕疵但仍然属于正当业务行为。只有该行为造成的实际损害属于非医学意义上的损害时，刑法才有介入的必要。

对于控制风险的伦理委员会而言，其在实验性过程中应当尽到忠诚勤勉义务。我国《药品管理法》第 20 条第 1 款规定，“开展药物临床试验，应当符合伦理原则，制定临床试验方案，经伦理委员会审查同意”；《涉及人的生物医学研究伦理审查办法》第 7 条第 2 款规定，“医疗卫生机构未设立伦理委员会的，不得开展涉及人的生物医学研究工作”；《药物临床试验质量管理规范》第 5 条规定，“试验方案在获得伦理委员会同意后方可执行”。前述的有关规定将获得伦理委员会的

---

① 参见杨柳：《专断性医疗行为刑法处遇问题研究》，东南大学出版社 2015 年版，第 21 页。

许可和批准作为开展实验性医疗的必要条件，伦理委员会的审查结果直接决定实验性医疗行为能否开展。我国颁布的《涉及人的临床研究伦理审查委员会建设指南》明确了伦理委员会在伦理审查工作中的具体职责。实验性医疗活动作为具有巨大风险的临床试验，有效的伦理审查能够对于风险起到监督和控制作用。当实验性医疗行为造成损害后果时，如果伦理委员会尽到了忠诚勤勉义务，则不能对伦理委员会进行归责。如果在某一实验性医疗行为中伦理委员会没有尽到忠诚勤勉义务，将本不应该审查通过的实验性医疗行为审查通过，最终造成了损害后果，也应当判断伦理委员会的具体行为性质，不能一概认定伦理委员会承担责任。正如有学者指出，由于实验性医疗科学风险的未知性，不能赋予伦理委员会过重的审查责任，避免引发消极防御式的审查行为，不利于生物医学研究的发展和进步。原则上仍应当以重大过失为责任基准，伦理委员会也仅就严重违背职业操守和审查制度的行为承担责任。① 至于责任的具体内涵，民事责任可以依据《民法典》的有关规定进行认定，行政责任一般也可以根据有关机关的规定予以妥善解决。问题在于，在伦理审查委员会存在重大过失，最终造成了实际的损害后果的前提下，能否追究其刑事责任？笔者对此持肯定回答，认为伦理委员会可以就不当审查行为承担刑事责任，同时，在认定构成犯罪时应当从严认定。第一，《涉及人的生物医学研究伦理审查办法》第 49 条明确规定，“构成犯罪的，依法追究刑事责任”，这一规定为伦理委员会承担刑事责任提供了可能。第二，伦理审查行为具有公共利益，是决定实验性医疗能否开展的先决条件。如果因为伦理委员会的不当审查对受试者权益造成了严重损失，其也应当依法承担刑事责任。第三，以必要谨慎的态度对伦理委员会进行刑法规制。实验性医疗具有高度风险性，如果过分苛责伦理委员会的注意义务，将会极大地限缩医学进步的空间。现代社会所应当避免的是那些严重不负责任，或者一意孤行，坚持错误的价值取向，罔顾民众生命和健康以及环境生态的价值的非理性决策。② 因此，只有在伦理委员会决策严重不负责任、造成严重损害后果或者引起巨大风险的情况下，其才能够承担刑事责任。

① 参见石佳友、贾平等：《人类胚胎基因编辑立法研究》，法律出版社 2022 年版，第 192 页。

② 参见陈冉：《科技背景下医事刑法应对的基本立场》，载《刑法论丛》2016 年第 3 期。

第五节　我国实验性医疗刑法规制的现状考察

一、现有刑法规范难以惩治非法实验性医疗行为

在我国目前的刑法条文框架下，能够通过刑法规制的医疗犯罪行为极为有限。随着现代生物科技的迭代更新，许多新型医学犯罪行为给法益带来的危害更加严重，但没有得到刑法的有效规制。我国刑法大致上通过两种方式对医疗犯罪进行规制，一是通过医事刑法的具体罪名对有关犯罪行为进行规制；二是通过医事刑法以外的其他罪名对有关犯罪行为进行规制。

通过医事刑法规制的非法实验性医疗行为欠缺正当性，体现了我国目前医事刑法立法的滞后性。在立法和司法实践中，医务人员只对发生在医疗行为过程中的过失行为承担刑事责任，对此外的过失行为按照其他犯罪处罚。[①] 我国目前关于医事刑法的罪名集中在《刑法》分则第六章“妨害社会管理秩序罪”第五节“危害公共卫生罪”之中，可能涉及非法实验性医疗的罪名主要是医疗事故罪和非法行医罪。医疗事故罪和非法行医罪的前提均要求存在一个医疗行为，而实验性医疗属于人体实验的一种，诊疗在实验目的中居于次要地位，不属于纯粹的医疗行为。那么，能否认为实验性医疗具有诊疗目的而属于医疗行为?

笔者对此持否定回答，认为实验性医疗不属于医疗事故罪和非法行医罪规制的医疗行为。第一，实验性医疗行为本质上属于人体实验，是一种科学研究行为而不是医疗行为。第二，实验性医疗行为本身对于法益具有巨大威胁，与一般医疗行为对法益的威胁完全不同，如果实验性医疗行为等同于一般医疗行为，势必会造成许多科研人员和医务人员担心承担责任而拒绝进行实验性医疗，不利于生物科学的发展。第三，我国通过行政法规、部门规章、行业规范等对实验性医疗进行了细致全面的规定，如果将实验性医疗等同于一般医疗行为，会造成实验性医疗的许多规定沦为空白，不利于保护受试者的权益。基于前述理由，不能因为实验性医疗具有医疗活动的性质就将其认定为一般医疗行为，从而通过医事刑法中

---

① 参见莫洪宪、杨文博:《医事刑法学中医疗行为概念的新界定》，载《国家检察官学院学报》2011 年第 2 期。

医疗事故罪、非法行医罪及其他涉及医疗行为的刑法罪名对非法实验性医疗行为进行刑法规制。

通过医事刑法以外的其他罪名规制非法实验性医疗行为具有局限性，容易造成处罚漏洞。现行刑法中涉及非法实验性医疗的规制罪名主要是过失致人重伤罪和过失致人死亡罪。这两个罪名能否适用于非法实验性医疗行为？笔者在考察两罪在实验性医疗中的主客观构成要件后得出否定回答。第一，过失致人重伤、死亡的客观危害结果无法进行准确归责。实验性医疗中的受试者一般是罹患绝症的病人，自身疾病在现有的医学科技条件下无法得到有效治疗，从某种程度上而言，其死亡只是时间问题。而实验性医疗基于一定科学知识，通过新药品、新技术等实验方式为患者疾病治愈寻求可能，受试者身体健康受到损害甚至出现死亡后果，究竟是由于实验性医疗行为还是自身疾病恶化难以查明。即便能够通过现有技术手段证明实验性医疗加速甚至直接导致了病人损害后果的出现，也不能将责任归咎于实验人员。这样的损害后果在具有高度风险性的实验性医疗中是可以被接受的，即刑法理论上所普遍接受的“法所容许的风险”。需要指出的是，实验性医疗中即使出现了重伤或者死亡的结果，也能够通过被容许的风险（当然也可以通过被害人承诺）予以出罪，因为这是医学的有限在面对人类对健康需求的无限时必须接受的无奈。对于病人而言，这是在实现更优利益中需要分担和承受的风险；对于社会而言，是人类在提高生命质量的过程中必须付出的代价。① 第二，过失致人重伤、死亡的主观责任形式过失在实验性医疗中无法判断。我国《刑法》第 15 条第 1 款将过失分为疏忽大意的过失和过于自信的过失。实验性医疗本身作为具有巨大风险的科学实验活动，对于可能造成的危害结果医疗人员和科研人员不具有预见可能性，不满足疏忽大意的过失要求的“应当预见而没有预见”的前提，更谈不上在预见的基础上通过行为人的手段避免有关危害结果。依据医事刑法体系以外的罪名对于非法实验性医疗进行规制在理论上忽视了实验性医疗的特殊性，具体到司法实践中这些罪名的主客观构成要件适用也存在疑问。

二、前置法规范与刑法规范衔接不畅

我国目前通过民事、行政等前置法规范对实验性医疗行为进行了法律规制，

---

① 参见杨丹：《医疗刑法研究》，中国人民大学出版社 2010 年版，第 188 页。

但是欠缺前置法规范和刑法规范的有效衔接。从行政违法到刑事违法，显示了行为从一般违法行为到犯罪行为这样由量变到质变的过程，其所涉及的行政法与刑法之间不同程度的违法性相互衔接，维持了法秩序整体的秩序性。① 在实验性医疗行为中，从一般违法行为到犯罪行为转变存在两个立法上的问题亟须解决。

第一，符合刑事违法性的非法实验性医疗行为在前置法规范中并无相关责任后果的规定。我国有关实验性医疗行为的前置法规范主要体现在行业规范及部门规章、以《民法典》为代表的民事法规规范和以《药品管理法》为代表的行政法律规范三个方面。其中行业规范和部门规章基本上不存在刑事责任甚至法律责任的规定；《民法典》主要解决的是民事侵权问题，也不涉及对于刑事责任的认定；《药品管理法》第 113 条和第 114 条虽然规定了构成犯罪的，依法追究刑事责任，但是局限在涉及药品管理方面，只能就实验性医疗行为中某些有限犯罪行为予以刑法规制。前置法规范没有涉及或者极少涉及对于非法实验性医疗追究刑事责任的规定，这就导致某一行为即使对于法益造成了严重的侵害，但由于前置法规范中不存在对于法规范违背的制裁后果，刑法适用也就不存在可能。

第二，刑事法规范由于缺失对应罪名而导致前置法规范中虽存在“构成犯罪的”的规定却难以操作。前置法规范通过“构成犯罪的”的表述为非法实验性医疗行为从一般违法行为到刑事违法行为的转变提供了可能，但是刑事法规范由于缺少对应罪名而使得这一规定难以起到实效。例如，《医师法》第 63 条规定，“违反本法规定，构成犯罪的，依法追究刑事责任”，这一条明确规定了《刑法》可以针对违反《医师法》的行为进行制裁。第 26 条规定：“医师开展药物、医疗器械临床试验和其他医学临床研究应当符合国家有关规定，遵守医学伦理规范，依法通过伦理审查，取得书面知情同意。”当医师没有通过伦理审查或取得书面同意即开展治疗性实验时，已经违反了《医师法》的规定且具有刑事违法性时，刑法中并没有对应的罪名。《刑法》与《医师法》之间的脱节和冲突，不利于打击社会中形形色色的非法人体实验行为。②《涉及人的生物医学研究伦理审查办法》第 49 条、《药品管理法》第 114 条的类似规定也存在这个问题。但是作为前置法规范后盾的刑法在面对“构成犯罪的，依法追究刑事责任”的规定时处于一种失语的尴尬境地，《刑法》条文中并没有直接针对非法治疗性人体实验的罪刑规定，立法空白的现状

① 参见刘艳红：《论法定犯的不成文构成要件要素》，载《中外法学》2019 年第 5 期。

② 参见熊永明：《论非法人体实验的刑法规制》，载《山东警察学院学报》2009 年第 6 期。

导致刑法法益保护的目的和机能难以实现。

第六节 我国实验性医疗刑法规制的具体完善路径

一、制定“人体实验法”完善前置法规范

域外各国普遍通过立法对于人体实验行为进行规制。“二战”以后，一系列关于引导和规范人体实验的法律文件在国际层面和各个国家相继得到确立。这些域外法律规范为我国制定“人体实验法”提供了重要参考。面对我国与日俱增的人体实验数量，应当尽快制定“人体实验法”以保障受试者合法权益，促进生物医学技术进步。有学者指出，我国关于人体实验的法律规范存在两个突出问题：一是对于非法人体实验的控制力度偏弱，没有发挥刑法控制非法人体实验的应有作用；二是对于新医药技术的规制不够明确。① 可以预见的是，随着生物医学技术的蓬勃发展，这些问题所带来的危害极有可能在科学技术的催化下进一步放大。因此，制定一部内容全面、科学合理的“人体实验法”十分紧迫。首先，通过“人体实验法”完善我国人体实验法律体系，将人体实验最重要、最基本的法律问题在专门立法中得到确认，可有效解决前置法规范庞杂、内容冲突、存在疏漏等问题。其次，依托“人体实验法”制定一系列配套法律制度，建立健全我国人体实验法律保障体系。在现有的《涉及人的临床研究伦理审查委员会建设指南》《涉及人的生物医学研究伦理审查办法》等规范性文件的基础上，制定人体实验优良操作规程、人体实验保险法规、伦理审查监督规则等促进人体实验规范发展。② 最后，通过完善前置法规范明确非法人体实验的责任分配，协调前置法规范与刑法规范。医事法与刑法作为建立在不同逻辑脉络和规范图式基础上的两类法律，应当在医事法内部实现规范自足，在医事法外部实现规范互助，有效实现规范阐释的融贯协调。③ 通过“人体实验法”对人体实验提供规范供给，为刑法规制非法人体实验活

---

① 参见刘长秋：《人体实验法律对策研究》，载《东方法学》2009年第2期。

② 参见满洪杰：《人体试验法律问题研究》，法律出版社2013年版，第265页。

③ 参见麻昌华、张昱：《医疗损害责任的规制逻辑与适用路径——以〈民法典〉与“医事法”的协调为视角》，载《河北法学》2022年第2期。

动提供依据，扫除前置法欠缺的实然障碍。

二、在《刑法》中增设非法人体实验罪

依据刑法解释原理将非法人体实验解释为犯罪在现行《刑法》中在正当性上存在天然缺陷，不能够得出妥当的解释结论，必须通过《刑法》条文增设新罪的方式进行规制。为了严厉打击非法治疗性实验行为，应当在《刑法》中增设非法人体实验罪，通过明确的刑法规范填补刑法空白。

设立非法人体实验罪符合我国惩治非法人体实验行为的现实需要。首先，通过明确的刑法规范为打击非法人体实验行为提供正当性根据。增设新的罪名能够有效回应刑法对于非法人体实验保障不足的现实问题。通过设立非法人体实验罪，在宏观层面能够满足国家应对生物安全风险的制度需要和现实需求，在中观层面能够规范人体实验有序发展、促进科学进步，在微观层面能够有效打击非法人体实验行为、保障受试者的合法权益。其次，能够保持前置法规范和刑法规范的协调统一。在完善前置法规范的基础上，刑法应当对前置法规范中的"违反本法规定的，构成犯罪的，依法追究刑事责任"这一规定进行有效回应，弥补现行《刑法》对于人体实验保护的缺陷。再次，有利于实现刑法的一般预防。实现积极的一般预防是刑事立法的首要目标，而这一刑事立法目标的达成仰赖于清晰明确的行为规则。[①] 在刑法中设立清晰明确的规则实现积极的一般预防，将唤醒和强化国民对于法的忠诚、对法秩序的存在力与贯彻力的信赖，[②] 从而预防和减少非法人体实验的行为。最后，符合国际社会的立法趋势。非法人体实验罪属于广义生物安全犯罪立法的范畴，在生物技术飞速发展导致各国生物安全备受威胁的背景下，世界各国采用积极防御策略主动应对已成为世界各国立法的总趋势。[③] 我国在《刑法》中增设非法人体实验罪符合国际社会对于风险预防原则的共识。

---

① 参见马寅翔：《刑罚社会功能化视角下刑法立法观的反思与重塑》，载《苏州大学学报（哲学社会科学版）》2022 年第 1 期。

② 参见张明楷：《刑法学》（第 6 版），法律出版社 2021 年版，第 679 页。

③ 参见刘艳红：《化解积极刑法观正当性危机的有效立法——〈刑法修正案（十一）〉生物安全犯罪立法总置评》，载《政治与法律》2021 年第 7 期。

三、坚持刑法谦抑性认定非法实验性医疗犯罪行为

我国医学技术正处于快速发展的阶段，距离发达国家的医学技术水平还存在不小的差距，如果对医疗行为予以过于严厉的法律规制，必然会影响我国医疗事业的发展。[①] 面对医疗安全诉求和医疗发展诉求，医疗刑法应当妥善平衡二者，既要保障医疗安全这一最基本要求的实现，也不能让刑法过度干涉实验性医疗行为，造成医疗水平停滞不前的不良后果。

笔者认为，应当坚持刑法谦抑性准确认定非法实验性医疗犯罪行为。刑法的最后手段性和最低限度干预性是贯彻刑罚谦抑理念的逻辑结果，而作为宽严相济的刑事政策所蕴含的谦抑理念得以彰显刑罚作为社会统制措施中的一种外在制度化力量，同样应当处于谦让节制的立场。[②] 应当在违法性和有责性层面贯彻实施谦抑性原则，从而坚守刑法的最后手段性和最低限度干预性。在违法性层面，通过刑法的谦抑性原则认定刑事违法和民事违法、行政违法的界限，明确非法实验性医疗行为何种情形下符合刑事违法性的特征。应当审慎界分民事不法行为与刑事不法行为，避免将民事不法行为的危害性拔高到刑事不法的程度。事实上，犯罪化不是维持社会秩序的唯一手段，应当在前置法无法维持社会秩序的前提下，再进一步考虑适用刑法法规正当性。[③] 当民法和刑法对某一行为的保护法益侧重不同时，刑法应当独立判断该行为是否具备刑事违法性，不应当完全从属于民法保护法益的范围。例如，某一实验性医疗行为致人死亡，民法侧重保护医疗发展倾向于不构成犯罪，而刑法侧重保护医疗安全认为应当介入。民法对于法益的保护并不总是准确有效，作为保障法的刑法适度介入不会违背谦抑性原则。在有责性层面，引入法所容许的风险理论平衡利益冲突。责任层面法所容许的风险阻却不法的正当性依据就在于风险行为符合法规范的期待从而阻却不法。[④] 在实验性医疗行为评价中，不能通过最终造成的损害后果来认定是否属于法所容许的风险。对受试者而言，其本身处在人类已经探知的生物医学边界之上，在实验性医疗的探索活动中，尽管死亡后果不是法律和医学所期待的，但这一后果可以被法所容

---

① 参见龙敏：《风险社会下医疗安全的刑法保护》，上海人民出版社 2014 年版，第 43 页。

② 参见董邦俊：《刑罚结构改革之观念基础》，载《法学论坛》2011 年第 4 期。

③ 参见吴宗宪、燕永辉：《微罪的概念补正与现实批判》，载《河北法学》2023 年第 2 期。

④ 参见喻浩东：《被容许的风险——法理表达与实践展开》，载《法制与社会发展》2022 年第 6 期。

许和接受，不能以犯罪论处。在危险俯拾皆是而注意能力相对有限的现代社会，法秩序能够期待行为人对于注意力这一稀缺资源进行怎样的分配和安排，应当采取利益权衡而非社会通常性的思考模式。[①]认定实验性医疗是否构成刑事犯罪，应当在遵循谦抑性原则的前提下，对于医学安全和医学发展作出准确的利益权衡。

四、妥善处理医学伦理与刑事法律的关系

短短几十年来，生物医学已经经历了迅猛而深刻的变革，传统的生命伦理观念在当今社会遭遇了重大冲突，给国民尤其是处于困境中的患者造成了重大不安。法律作为最基本的道德准则，就是要将这种不安的反应予以消除，将善与恶、好与坏的模糊的界限予以明确，以禁止和惩戒尖端医疗科技对人类的危害。[②]随着医学伦理一些最基本的原则得到前置法规范甚至刑法的规范确立以后，那些暂时处于法律之外的伦理有时候很难界定。为法律所内化的伦理是一种被普遍认同的伦理，但普遍不等于全部，法律只设定最小的伦理要求。[③]刑法更是如此，只将极少部分被普遍认同的伦理纳入刑法保护范围。在对于实验性医疗进行法律规制时，要明确刑法保护伦理的范围，避免刑法过度干涉伦理规制的领域。

笔者建议，原则上通过完善科技伦理治理体系促进实验性医疗伦理规范的建设。伦理规制存在手段刚性不足、原则模糊不易操作等天然缺陷，需要借助标准化、专业化、程序化的法律制度将伦理的有关规定予以落实。科技伦理治理的法治化应当是对伦理问题的全过程治理，风险预防是主要目标，应当在治理前端构建伦理风险监测机制，在治理中端强化伦理审查与监管机制，在治理后端建构和落实相关的法律责任机制。[④]前端和后端是运用法律以外的手段通过内生性伦理制度建设促进伦理规范的进一步落实。作为具有高度专业性的伦理规范建设，刑法不能过度介入多元主体之间利益协调的过程。而治理后端法律责任机制大多也应当通过前置法规范参与伦理治理。刑法应当在“防范原则”的指导下适度进行伦理刑法化。防范原则并不要求采取行动应对任何程度的潜在伤害，要采取行动

---

① 参见陈璇：《标准人的心素与注意义务的边界——与“杨存贵交通肇事案”二审裁定书展开的学术对话》，载《清华法学》2020年第6期。

② 参见黄丁全：《医疗法律与生命伦理》，法律出版社2004年版，第27页。

③ 参见李长兵：《医疗技术革命对刑法的挑战及其应对》，知识产权出版社2012年版，第7页。

④ 参见石佳友、刘忠炫：《科技伦理治理的法治化路径——以基因编辑技术的规制为例》，载《学海》2022年第5期。

对付的伤害应该是“严重的”“重要的”，而不是纯粹假设性的，或仅是推测性的，这时我们有义务采取行动进行监管。[①] 对于最基本、最重要的伦理原则，实验性医疗行为中一旦违背这些原则就会造成刑法所要保护的法益受到严重损害或者巨大威胁，必须对违背这些伦理原则进行刑事责任的规定。前置法中应当明确伦理原则的具体内容为刑法提供规范指引，从而妥善处理好伦理道德和刑事法律之间的关系。

① 参见雷瑞鹏、邱仁宗：《新兴技术中的伦理和监管问题》，载《山东科技大学学报（社会科学版）》2019年第4期。

第五章 / 非法医疗美容的刑法规制研究

医疗美容作为一项“靓丽”的事业，近些年在我国飞速发展，但医疗美容业中存在的各类违法犯罪行为却给该行业的发展带来了诸多负面影响。2020 年 5 月，艾瑞咨询就我国医疗美容市场状况、消费者分布以及美容乱象等方面的数据进行统计和分析，形成了《2020 年中国医疗美容行业洞察白皮书》，根据这一报告中的统计，2019 年我国医疗美容市场规模、医疗美容用户人数分别达到了 1769 亿元和 1367.2 万人，并预计 2023 年我国医疗美容用户将达 2548.3 万人。对于医疗美容行业当前发展的样态，该报告将之定性为“乱象丛生”，集中表现在“黑医美”“黑机构”“黑医生”“黑场所”等。例如，麻醉医药师的缺口较大，导致进入医疗美容行业的医师数量奇缺，由此给该行业带来了极大挑战。正如报告中所述，“中国医疗美容行业事故高发于黑医疗美容机构，平均每年黑医疗美容致残致死人数近 10 万人”，不仅如此，“多数消费者投诉、报案无门”。[①]2023 年 4 月，最高人民检察院发布 6 件检察机关依法惩治医疗美容领域违法犯罪典型案例，希望借助集中披露的方式，揭示该领域的风险隐患，强化打击力度。医疗美容的行业乱象凸显，单纯依靠传统行民法律法规的成效似乎并不显著。非法医疗美容发生如致死致残等严重社会危害性后果，使得刑事法律介入医疗美容行业成为可能，理论界和实务界主张运用刑法规制非法医疗美容的呼声也越来越高。因此，有必要对之展开深入研究。

---

① 参见艾瑞咨询:《2020 年中国医疗美容行业洞察白皮书》，载艾瑞网 2020 年 5 月 19 日，https://report.iresearch.cn/report/202005/3578.shtml。

第一节　非法医疗美容的界定及其现状

一、医疗美容的内涵解读

医疗美容并非专门的刑事法律用语，既有相关概念界定主要依据原国家卫计委发布的《医疗美容服务管理办法》第 2 条第 1 款之规定[①]和《医疗机构管理条例实施细则》第 88 条中关于“医疗美容”的解释[②]。上述两种规范性文件从性质上来看都属于部门规章。从医疗美容适用法律法规的总体情形来看，适用行民法律法规较为多见，刑事法律则主要是由于其后盾法的属性，相关的适用案例要明显少于前两者，且在相关案例的适用中存在着一些模糊之处。例如，刑事法律中所规定的与医疗美容最直接相关的罪名是非法行医罪，该罪名为我国《刑法》第 336 条所规定，同时在具体适用上还依据最高人民法院《关于审理非法行医刑事案件具体应用法律若干问题的解释》，该解释第 6 条指出，其所称的“医疗活动”“医疗行为”参考《医疗机构管理条例实施细则》中的“诊疗活动”“医疗美容”认定。此种规定为部门规章的规定进入刑事法律领域提供了指引，但同时也带来了适用上的困境。例如，对此处的“参考”做何解释，“未取得医生执业资格”是否属于行政前置，由此可能给此类行政犯在刑法的适用与打击上带来何种难题[③]等。为此，有必要对医疗美容的概念予以探讨。

学者在对医疗美容相关问题进行研究时，并未对医疗美容进行严格的概念界定，而是直接援用部门规章，特别是《医疗美容服务管理办法》对医疗美容的界定[④]。此种援用省却了很多烦琐的论证，也能够较为清晰地传递出医疗美容的直观含义，为大众乃至司法人员所接受。但如果将之直接与刑法对接，则可能产生相

---

① 《医疗美容服务管理办法》第 2 条第 1 款规定：“本办法所称医疗美容，是指运用手术、药物、医疗器械以及其他具有创伤性或者侵入性的医学技术方法对人的容貌和人体各部位形态进行的修复与再塑。”

② 《医疗机构管理条例实施细则》第 3 款规定：“医疗美容，是指使用药物以及手术、物理和其他损伤性或者侵入性手段进行的美容。”

③ 参见何荣功：《我国行政刑法立法的回顾与思考》，载《比较法研究》2022 年第 4 期。

④ 参见哈书菊、刘沫含：《论医疗美容的法律风险及其规范管理》，载《齐齐哈尔大学学报（哲学社会科学版）》2022 年第 8 期。

应的问题。例如，直接援引行政法规中的相关概念定义，在定罪处罚上会导致行为性质认定上的模糊化、刑罚处罚对象的扩大化等，有失刑法之谦抑性和保障法的属性。

有学者指出，医疗美容是为达到改变人体外部形态、色泽及部分改善其生理功能以增强人体外在美感而运用医学手段进行的一系列的治疗，这里所指的医学手段包括药物、仪器及手术等。[①] 有学者首先对美容的概念进行了界定，认为美容的主体包括非医疗机构，美容的基础是人体美学，美容的手段是运用药物以及手术、物理和其他损伤性或者侵入性手段，对人的容貌和人体各部位形态进行的修复与再塑。美容的过程则是对人体各部位在形态、颜色等方面进行化学或物理处理，目的是使之更加符合美学标准，包括按摩纤体、皮肤护理、修眉等，[②] 并可区分为生活美容和医疗美容。但对医疗美容的界定仍然是适用《医疗美容服务管理办法》第 2 条之规定，即医疗美容，是指运用手术、药物、医疗器械以及其他具有创伤性或者侵入性的医学技术方法对人的容貌和人体各部位形态进行的修复与再塑。还有学者指出，医疗美容包括使用药物、手术、物理和其他损伤性或者侵入性等手段。[③] 综合来看，学者们对于医疗美容的界定仍然存在较大差异，笔者以为这主要与研究者研究视角的差异和医疗美容的非严格法律属性等有关。

从笔者搜集的以往的研究文献来看，研究者一是多集中在医疗行业和行业主管部门，如卫生管理部门等的工作人员，他们关于医疗美容的界定多倾向于遵循行业内部的规范，即前述部门规章中关于医疗美容的内涵界定；二是相关民事、经济类法律研究人员，他们对于医疗美容的界定则更多从侵权之债或是消费者服务合同等角度来理解，且往往会结合司法实践案例进行类型化分析；三是从事刑事法律相关的研究人员，可能出于刑法规范性分析的思维习惯，此类研究对概念的界定较为谨慎，往往结合行业规范、部门规章和司法案例等进行综合性界定。上述界定尽管存在文字表述上的差异，但大抵都能传达出医疗美容的核心要义。笔者以为，医疗美容作为日常生活用语，可以从文义解释的角度理解为“医疗 + 美容”，是指从医疗的范畴运用医疗技术，遵循医疗行为准则和行业要求，实施美容活动。

---

① 参见谢龙婷、吴阅莹、梅达成：《医疗美容纠纷的法律问题分析》，载《医学与法学》2020 年第 1 期。

② 参见殷磊：《医疗美容致害行为的犯罪问题》，载《医学与哲学（人文社会医学版）》2009 年第 11 期。

③ 参见邵山：《论非法行医罪》，载《人民司法》2000 年第 2 期。

结合上述分析，笔者以为医疗美容是运用医疗技术和医疗器械对人体各部位进行的具有创伤性或是侵入性的医疗修复和再塑行为。在笔者看来，医疗美容的重要特性之一即是其为一种医疗行为，对医疗行为准确定性是避免司法适用困境的必然要求。所谓的医疗行为，我国台湾地区有学者认为，“凡以治疗、矫正或预防人体疾病、伤害、残缺或保健目的，所为之诊察及治疗，或基于诊察、诊断结果而以治疗为目的的所为之处分，或用药等行为或一部分之总称”①。此外，根据学者的研究认为，有必要区分作为治疗行为的医疗行为和作为非治疗行为的医疗行为。②日本学者大谷实教授即将医疗行为区分为医学上的医疗行为和行政法上的医疗行为等。笔者以为该分类方式在处理此类纠纷时具有现实意义和理论价值。

二、医疗美容和其他相关医疗行为之比较

（一）医疗美容和医疗救助

医疗美容和医疗救助同属医疗行为的下位概念。依据笔者上文对医疗美容的界定，医疗美容是指运用医疗技术和医疗器械对人体各部位进行的具有创伤性或是侵入性的医疗修复和再塑行为。医疗美容的目的在于美容，手段或是途径方法基于医疗，借助医疗技术。具有美容需求者在不实施医疗美容的情况下也可以正常生活，但出于对美的追求与渴望，得在医疗手段的帮助下达到自我精神满足与欣赏之目的，即医疗美容具有非必需性，可谓“锦上添花”之功能。

医疗救助则是必要行为，若不对当事人进行医疗救助可能会造成严重后果或导致不可逆的身体部位损伤、缺失甚至是丧失性命。两者的相同之处在于医疗主体为专业并有相关资质的医师且都需要对当事人的身体进行一定程度的侵入或创伤，区别在于医疗美容是正常的身体按美容者自身意愿重新塑造，医疗救助则是对身体的某一项机能的修复。从医疗的实践来看，当事人经历重大医疗救助后，往往需要进行医疗美容行为，但仅在医疗美容行为出现重大失误后才会进行医疗救助行为。

（二）医疗美容和生活美容

医疗美容和生活美容的区分可以从名称上进行直观的感知。两者虽然落脚点

① 周雅婷：《〈民法典〉中近亲属医疗同意的规范构造》，载《法治研究》2023 年第 5 期。

② 参见曹菲：《医事刑法基本问题研究》，载《环球法律评论》2011 年第 4 期。

都在美容，但美容的方式和情境是有着重大区分的。可以说医疗美容和生活美容同属马斯洛需求理论中“自我实现”部分，是对美的追求。目前对于生活美容尚缺乏严格的法律界定，但根据《美容美发场所卫生规范》第 3 条第 1 项之规定，生活美容一般是指根据顾客的脸型、皮肤特点和要求，运用手法技术、器械设备并借助化妆、美容等产品为客户提供皮肤清洁、护理保养、修饰等服务。且上述服务具有典型的非创伤性和非侵入性特征。① 创伤性和侵入性也是生活美容行为与医疗美容行为最大的区别。与此同时，尽管生活美容师也有一定的资质要求，但比较而言，其获取较医疗美容资质的获取容易得多。从营业机构的资质要求来看，生活美容机构同一般服务业机构相同，仅需在市场监管部门进行登记即可，但医疗美容机构则由于其“医疗”特性，对人员资质、医疗水平和器械条件等都提出了更为严格的要求和准入门槛。根据《医疗美容服务管理办法》及其相关文件的规定，医疗美容必须由具有三甲及三甲以上级别的医院开展，同时对其相关人员和医疗场所条件有明确的要求：一名合格的美容外科医生的执业资格要求必须经过 3 年以上的外科基础训练、3 年的美容专科培训、1 年的省级或国家级专科进修学习，再参加国家组织的美容主诊医师考试后取得。由此可见，虽然生活美容以及医疗美容都是帮助需求者在美的道路上不断前行，但是其中所涉及的美容人员，机构主体资格、要求，以及实施的具体美容行为大相径庭。

三、医疗美容的性质

（一）非治疗性

学者们在论及医疗美容的性质时，往往以《医疗美容服务管理办法》中对医疗概念的界定条款为依据，对之进行分析。可能出现的问题即是医疗属性有余，但法律属性不足，缺乏与行政法以及刑事法律的衔接和过渡。笔者以为，对医疗内容进行性质界定时，首先考虑的即是医疗美容的非治疗性。尽管医疗美容是一种医疗行为，但是医疗行为可以分为治疗行为和非治疗行为。治疗行为的目的是使患者痊愈，达到一定的医疗效果，促进患者身体机能好转，身体健康。非治疗行

---

① 《美容美发场所卫生规范》第 3 条第 1 项规定：“美容场所，是指根据宾客的脸型、皮肤特点和要求，运用手法技术、器械设备并借助化妆、美容护肤等产品，为其提供非创伤性和非侵入性的皮肤清洁、护理、保养、修饰等服务的场所，包括等候、洗净、美容等区域和专间。”据此可以推知生活美容的内容及相关要求。

为中接受医疗美容的一方身体并没有需要治疗的疾患，不存在需要恢复或是增进的客观身体利益，缺乏“医学的适应性”，或是缺乏医术的正当性。[①] 此种区分的意义在于治疗和非治疗的医疗行为在正当化的根据上有着本质的差异。对于非治疗行为的医疗行为而言，如医疗美容行为，其正当化的依据往往适用“被害人的危险承受”理论，即作为选择医疗美容的主体，其对医疗美容的潜在危险是存在一定的认知的，但是基于对美的结果的追求以及对医护人员及其医疗技术的信任，认为此种潜在的危险不会或是大概率不会转化为现实的危险，因此自愿主动地将自己置于此种危险之中，但该危险结果却现实发生了的情形。被害人将自身置于危险之中，且发生了人身损害等危害后果，但基于被害人的人格自律和自我决定，此种选择往往可以阻却危险行为实施者的犯罪成立。当然，阻却犯罪行为成立也应当具有相应的前提条件，如作为诊疗行为的实施者，其实施危险行为应当遵循了既有的规则，此种规则包括医疗资质、医疗程序、实质上达到医疗技术水平等。所以，从这个角度来说，医疗美容的非治疗属性具有相当的实践意义，可能构成区分罪与非罪的潜在标准和适用依据。

（二）高要求性

医疗美容的高要求性主要体现在医疗美容的实施主体和实施结果之上。在各类规范性文件中不乏对医疗美容的机构主体资质和人员主体资质要求的严格规定。对相关人员的主要规定源于《医疗美容服务管理办法》第 11 条的规定，负责实施医疗美容项目的主诊医师必须是有执业医师资格，从事相关工作的工作经历，在医疗美容专业培训、进修等方面全部达标的医疗美容主诊医师。同时在该办法第 13 条中对护理人员的资格也作出了明确的规定。[②] 对医疗美容机构的主要规定源于《医疗机构基本标准（试行）》（部分失效）中“美容医院”部分，对床位和

---

① 参见曹菲：《医事刑法基本问题研究》，载《环球法律评论》2011 年第 4 期。

② 《医疗美容服务管理办法》第 11 条规定：“负责实施医疗美容项目的主诊医师必须同时具备下列条件：（一）具有执业医师资格，经执业医师注册机关注册；（二）具有从事相关临床学科工作经历。其中，负责实施美容外科项目的应具有 6 年以上从事美容外科或整形外科等相关专业临床工作经历；负责实施美容牙科项目的应具有 5 年以上从事美容牙科或口腔科专业临床工作经历；负责实施美容中医科和美容皮肤科项目的应分别具有 3 年以上从事中医专业和皮肤病专业临床工作经历；（三）经过医疗美容专业培训或进修并合格，或已从事医疗美容临床工作 1 年以上；（四）省级人民政府卫生行政部门规定的其他条件。”第 13 条规定：“从事医疗美容护理工作的人员，应同时具备下列条件：（一）具有护士资格，并经护士注册机关注册；（二）具有二年以上护理工作经历；（三）经过医疗美容护理专业培训或进修并合格，或已从事医疗美容临床护理工作 6 个月以上。”

牙椅、科室设置、人员要求、房屋要求、设备配置以及相关规章制度作出了高规格的要求，由其中所要求的“病房每床单元设备：与二级综合医院相同”之规定可见一斑。

不仅医疗美容实施人员及机构方面的要求高，选择医疗美容的当事人对美容结果的追求也很高，导致此类诊疗行为的整体风险也偏高。实践中，多有美容者仅凭主观审美要求对美容后瘢痕、术后恢复不满，一纸诉状将医疗美容机构告上法庭，周某、深圳富华医疗美容医院有限公司医疗损害责任纠纷再审审查与审判监督案[①]就体现了这一点，尽管术前被告方美容医院已经告知原告方周某手术有大概率的并发症风险，但是原告仍坚持进行鼻梁手术，最后并发症确实发生，周某因不满已有之结果，一纸诉状将对其进行医疗美容的美容医院告上法庭，这充分体现了美容需求者对美的极致追求以及对美容结果的高标准、高要求。

（三）侵入性或创伤性

侵入性或创伤性是医疗美容行为本身的事实特性。没有侵入美容者的身体，改变一定生理性人体组织的行为不是医疗美容行为，一般应当认为是生活美容行为。从常见的医疗美容项目，如割双眼皮、鼻部整形、隆胸、抽脂、削骨瘦脸等可以看出，这些行为都需要借助一定的医疗技术和医疗器械对美容者的身体实施一定的侵入或创伤，改变了美容者身体的某些组织功能或形态。与这种侵入性或创伤性相伴随的则是潜在的风险性，此种风险是侵入改变的后续，且与医师资历水平、手术环境、美容者自身体质等多方因素存在着因果关系。所以，此种风险性是由医疗美容的侵入性或创伤性所带来的必然属性。虽然此种风险不一定切实发生，但客观存在。其意义在于，在美容需求者主动选择某一种或某几种医疗美容方案时，意味着其对此一种或几种方案的潜在风险是知晓的，若医疗美容机构以及实施美容者具备相应的资质和条件，严格依据相应的操作规范实施该诊疗行为，则可以避免受到存在犯罪行为的评价。这也是被害人承受理论的题中之义。

（四）非必要性

医疗美容不同于医疗救助，是人满足对美的精神需求的一种方式，故其并非必要。从另一个角度来讲，医疗美容是一种医疗行为，但其是一种非治疗性医疗

① 参见广东省高级人民法院民事裁定书，(2020)粤民申5254号。

行为，不以恢复身体机能为目的，所以是一种非必要性的医疗行为。从接受医疗美容的用户来说，其中多数都是身体机能健康的人，因此，其出发点并不是借助医疗行为恢复受损的身体状况，而是通过改变身体的某个部位达到对美的追求和享受，是购买“美”的消费性服务。医疗美容机构或许能给人们带来精神满足与变美后的愉悦，但如果没有医疗美容机构，人们可能就不会为了追求美而产生如此多的医疗美容纠纷，当然也可能减少涉及此类医疗犯罪事故的发生。

四、医疗美容的类型

医疗美容的分类大致沿着两种基本的思路展开，一种是按照市场提供的服务产品种类所做的区分；另一种是依据原卫生部颁发的《医疗美容项目分级管理目录》所做的分类。

其中市场化的服务产品包括以下四类：一是美容外科服务。该服务是为了改变面部或身体各个部位的外形而进行的侵入性外科治疗。典型的美容外科诊疗服务包含丰胸、头部塑形、面部塑形、身体塑形等。二是微创美容服务。该服务涉及最大限度地减少侵入人体组织，从而在限期内改变面部轮廓且无诊疗切口。主要包括注射神经毒素、肉毒杆菌等。三是皮肤美容服务。该服务使用激光、射频、强脉冲光及超声波等各种新式能源的设备进行，如去除粉刺、色素，嫩肤，皮肤紧致及提升。四是其他医疗美容服务。主要包括牙齿美容服务、化学换肤、针灸等。牙齿美容服务包括牙齿矫正、牙齿植入及牙齿美白等；化学换肤是指采用果酸温和去角质、抑制痤疮杆菌生长，达到润滑以及清洁皮肤的效果；针灸则是一种中国传统医疗美容服务，通过刺激穴位达到放松身心、保持青春的效果。该分类主要是根据服务场所进行的，除所列分类外医疗美容尚有按照身体部位（面部、肢体、其他部位）、是否需要手术、美容项目金额数量阶梯等其他分类。

依据原卫生部颁发的《医疗美容项目分级管理目录》所作的分类如表5-1所示。

表5-1　医疗美容科目分类

科目	美容外科	美容牙科	美容皮肤科	美容中医科
具体项目	共四级66种，见表5-2	牙齿美容、牙周美容、牙牙合畸形美容	无创（内服外用药物、光疗等），有创（微创、手术）	中药内服、中药外治、中医推拿、针灸、其他

如表 5-1 所示,《医疗美容项目分级管理目录》将医疗美容划分为美容外科、美容牙科、美容皮肤科和美容中医科四大类。其中美容外科的项目最多,共四级 66 项,其具体项目涵盖了人体眼部、鼻部、面部、躯干等多个部位。美容外科中的医疗美容项目也最为常见,具体见表 5-2。

表 5-2　美容外科医疗美容项目

级别	部位			
	头面部	乳房、躯干	会阴部	其他
一级	重唇修复,招风耳矫正,眉修整,眉提升,重睑成形,下睑袋矫正,内眦成形,隆鼻,鼻尖成形,隆鼻术后硅胶取出,鼻小柱及鼻孔成形,唇峰、薄唇增厚,唇珠美容,厚唇矫正,酒窝成形,唇系带成形,颞部填充,隆颏、颊脂肪垫去除	乳头内陷矫正、乳头乳晕缩小、脂肪抽吸(吸脂量<1000mL)	处女膜修补、阴蒂肥大缩小、小阴唇成形	体表小肿瘤切除、瘢痕切除缝合、穿耳孔、皮肤磨削(面积不超过面部1/4)、酒渣鼻切割、皮肤肿物切除、腋臭手术、毛发移植、自体脂肪注射移植、皮肤扩张器技术、A 型肉毒毒素美容注射
二级	隐耳矫正、杯状耳矫正、耳畸形矫正、菜花耳矫正、驼峰鼻矫正、鹰钩鼻矫正、鼻畸形矫正、鼻翼缺损修复、颞部除皱、额部除皱、内窥镜下除皱、中面部除皱	隆乳、乳房下垂矫正、乳房液态填充物取出、脂肪抽吸(1000mL ≤吸脂量<2000mL)	阴茎延长、阴茎增大(增粗)、阴道紧缩	—
三级	全颜面皮肤磨削、全颜面及颌颈部除皱、不良文饰修复	脂肪抽吸(2000mL ≤吸脂量<5000mL)	—	—
四级	颧骨降低、下颌角肥大矫正、上下颌骨其他成形	巨乳缩小(乳房肥大 + 重度下垂)腹壁成形	—	—

如表 5-2 所示,《医疗美容项目分级管理目录》对项目最多、适用面最广的美容外科中的项目实施分级管理,共分为四级。分级管理的原则是“依据手术难度和复杂程度以及可能出现的医疗意外和风险大小”。如一项目的操作难度越高,手术风险越大,则其所属的等级就越高,四级的操作最为复杂,风险最大。基于

此，为更好地实现对手术风险的合理防控，该目录就项目的风险等级与开展该项目的医疗机构的准入门槛作出了相应限定，即项目的风险等级越高，则开展该项目的医疗机构的资质要求也越高。常见美容外科的一级医疗美容项目包括文眉修整、毛发种植、穿耳孔等。

五、非法医疗美容的现状

（一）从业主体缺乏行医资质

根据《医疗美容服务管理办法》第 11 条中对医疗美容主体的相关规定，主诊医师除了需要获得执业医师资格并注册外，还需通过医疗美容专业培训并合格（或 1 年美容临床工作经历），且针对不同科室所需工作经验年限不同，具体为：美容外科需要 6 年以上相关工作经验、美容牙科需要 5 年以上相关工作经验、美容中医科以及皮肤科需要 3 年以上相关工作经验。但目前国内医疗美容行业不时曝出美容医师资格缺失、医疗美容机构未注册运营的问题，据《2020 年中国医疗美容行业洞察白皮书》所述，"合法合规开展医美项目的机构仅占行业的 12%"，"在合法的医疗美容机构当中，依然存在 15% 的机构超范围经营的现象"，"行业黑产依然猖獗，经过估算全国依然有超过 80,000 家生活美业的店铺非法开展医疗美容项目"。[①] 其中所谓"行业黑产"，除医疗机构未注册等机构层面的行政问题外，还存在机构中从业主体鱼龙混杂，正规医师与非正规医师交错纷杂，让需求者难以区分的问题。缺乏行医资质的"医师"使手术风险大大增加，甚至会导致"小手术，大问题"的情况发生。2022 年，年轻女演员高溜整容失败一事一度登上微博热搜：高溜称其在广州熙施时光医疗美容门诊进行了鼻子耳软骨、肋软骨和膨体手术，手术不仅没有实现她变美的初衷，反而导致其鼻尖坏死毁容。经查，实施手术的医师并未取得独立实施美容外科手术的医疗美容主诊医师资质，最终依据《执业医师法》[②] 仅给予了涉事医师暂停执业 6 个月，门诊部罚款 4.9 万元的行政处罚。[③]

① 参见艾瑞咨询：《2020 年中国医疗美容行业洞察白皮书》，载艾瑞网 2020 年 5 月 19 日，https://report.iresearch.cn/report/202005/3578.shtml。

② 《执业医师法》于 2022 年 3 月 1 日因《医师法》施行而失效。

③ 参见林钰瑶：《女演员高溜整容失败鼻尖坏死续：已和涉事美容门诊达成和解》，载澎湃新闻 2021 年 3 月 31 日，https://www.thepaper.cn/newsDetail_forward_11984946。

（二）假药、不合格医疗器械泛滥

艾瑞咨询发布的《2020 年中国医疗美容行业洞察白皮书》中显示：市面上流通的针剂的正品率只有 33.3%，即一支针剂背后伴随着至少两支非法针剂的流通。同时，有近四成用户体验过注射类或光电类项目，而医疗器械在光电类项目中是必不可少的。假药、不合格医疗器械泛滥使得需求者在消费后无法达到预期效果，或者造成一定程度上的身体部分损害，甚至对其产生不可逆、不可修复的伤害。2017 年湖北省开展了为期三个月的“刀锋行动”，其口号为“不让美容成‘丑容’”，针对的对象为非法医疗美容机构中的非法医疗器械以及药品，并取得丰硕成果。若不对这种假冒伪劣产品进行法律规制，医疗美容问题的重点将永远落不到非法医疗美容行为及其所造成的结果上，而是仅在源头“不断徘徊”。

（三）虚假宣传屡禁不止

大力宣传美容行业所造成的“容貌焦虑”使人们越来越注重自己的相貌，同时就业市场上存在的性别歧视现象，社会对女性角色的刻板印象等，都在不同程度上通过不同方式强化了女性对美的焦虑和渴求。[①] 医疗美容行业抓住了部分女性的这种心态，不断放大医疗美容“可以变美”的特性，使爱美人士蜂拥而至，但最后的结果是否会是医疗美容机构宣传的那般“神奇”？《重庆日报》《天津日报》等多家媒体曾持续发文，提醒人们理性消费，勿要头脑一时发热，落入医疗美容“圈套”，其中针对虚假广告现象愤慨写道：“欲望没有止境，诱惑没有尽头，‘容貌焦虑’的虚火烧得越旺，消费者就越可能在医美上自掏腰包”[②]。医疗美容行业的暴利和人的逐利性相结合，使得医疗美容广告的虚假性越来越强，偷换概念、名词混用、学术名词泛滥等都是虚假宣传的主要手段，普通人难以正确认识其中的许多概念，最终轻信虚假宣传内容，导致医疗事故的产生。

（四）医疗美容医托垄断客源

医疗美容需求者因其对医疗美容方面的专业知识了解不足，主要依赖医疗美容机构以及医师对美容需求者的单方面“输出”。医托，指医疗骗子，常出没于正

① 参见卫小将、卜娜娜：《快乐、迷茫与痛苦的身体：女大学生毕业整容背后的不平等与抗争》，载《中国青年研究》2018 年第 7 期。

② 杨朝清：《“给医疗美容广告戴上‘紧箍咒’”》，载《重庆日报》2021 年 9 月 1 日，第 7 版。

规医疗机构附近哄骗需求者进行消费。由于消费者对于医疗美容行业在认知方面存在巨大差异，导致通过医疗美容追求美与医疗美容过程所面临的风险二者之间的矛盾非常显著。[①] 医疗美容医托主要以哄骗爱美的消费者进行后续手术，以变得更美为由垄断客源，使得美容需求者在消费中越陷越深。总结来说，医疗美容中医托垄断是由于医需两方信息不对等造成的，需求者在进行医疗美容之前未全面了解医疗美容项目，让医托乘虚而入，严重影响了正规医疗美容机构的评价以及名誉，更是将需求者放在了一个更高的医疗风险处。

（五）医疗美容中其他非法行为

除上述四种主要的非法医疗美容行为外，在医疗美容流程中还主要存在两种非法行为，在治理涉医疗美容行为的过程中同样需要引起重视。

1. 对女性医疗美容主体的侵害

虽然男性在医疗美容主体中的占比年年递增，但据艾瑞数智 2024 年发布的数据显示，女性消费者在医美行业依然占据绝对主导地位，占比高达 95.6%。令人瞩目的是，40 岁以上女性医美消费人群占比已达 10%，且呈现逐年递增的趋势，这一变化正在重塑医美市场的消费格局。[②] 医疗美容手术多包含半麻、全麻等步骤，女性在接受手术期间失去身体控制权，医师的侵害就显得极为容易，且往往难以取证或者进行救济。在“中国知网”检索主题词“医疗美容 + 猥亵”暂未检索到专题研究文章，但以此为全文搜索词则可检索到大量相关文献，相关报道亦不时出现于媒体，都在不断警示着人们要注意医疗美容医师的职业道德和素养，但目前来看学术界对之关注仍不够深入。

2.“医美贷”猖獗

“医美贷”的目标人群就是那些爱美但缺乏一定经济实力去支付医疗美容项目费用的人群。近年来，有贷款机构同非法医疗美容机构“合谋”，打着零抵押、零担保、低利息的幌子，向消费者提供“美容整容贷”。实际上，这些贷款产品暗藏诸多隐性条款，不仅贷款利率高，而且还贷要求苛刻。已有案例显示，部分医疗美容机构与“放贷”公司合作，甚至引诱消费者进行“网络平台借贷”，欺骗消费

---

① 参见张娅：《影响消费者选择医疗美容机构因素的分析》，载《现代营销（下旬刊）》2022 年第 6 期。

② 参见常天怡：《中老年女性成医美行业新增长点，女性消费占比超九成》，载新华网 https://www.xinhuanet.com/fashion/20240523/58d48792bde848e1aca0ebfe12921cd8/c.html。

者，实施医疗美容诈骗行为。[①] 若不对“医美贷”进行法律规制，则从事“医美贷”以及相关医疗美容诈骗的群体在尚有经济基础的情况下将会“野火烧不尽，春风吹又生”，“医美贷”和非法医疗美容行业之间将建立供需关系，自成一套完全非法的体系。

（六）现有民事相关法律难以全面规制非法医疗行为

1. 基于《民法典》层面的讨论

在民法层面主要有两部分适用于非法医疗美容的情况，一为《民法典》合同编，但是在《民法典》制定时并未单独规定医疗合同，未将医疗服务合同予以典型化，相关医疗美容合同仍然属于无名合同，此类纠纷的处理则按照无名合同纠纷进行，即参照相类似的合同规定。从具体规定来看，主要按照第 509 条第 1 款、第 2 款合同履行之规定：“当事人应当按照约定全面履行自己的义务。当事人应当遵循诚信原则，根据合同的性质、目的和交易习惯履行通知、协助、保密等义务。”二为《民法典》侵权责任编，侵犯公民身体权，包括主观侵权以及客观侵权两种，但在医疗美容侵权责任领域，故意的情形发生率较低，多数情况下是由于过失的诊疗导致相应侵权行为的产生。但无论是适用合同编还是侵权责任编的相关规定，不可避免之处在于民事诉讼中秉承“谁主张，谁举证”的原则，鉴于美容者相关专业知识的缺失，仅凭主观上不满意结果提请诉讼，在无法提供切实证据以及缺乏专业医疗知识的情况下，结果往往不尽如人意。且合同编中的规定仅针对合同订立、履行的相关内容，侵权责任编中的规定又要求侵权行为切实发生，故美容者不能两者兼顾，错选诉讼缘由产生的司法成本以及时间成本只能由其自身承担，进而导致美容者无法及时得到全部权益之保护、获得应有之救济。

2. 基于《消费者权益保护法》层面的讨论

《消费者权益保护法》在医疗美容领域主要聚焦于第 55 条第 1 款关于惩罚性赔偿的规定。[②] 但学界对医疗美容受体是否可以被定义为“消费者”尚有争议，在理论层面，医疗纠纷是否适用《消费者权益保护法》也尚存“肯定说”“否定

---

① 参见田中全:《名为“免费整形”，实则“美丽陷阱”》，载《新华每日电讯》2021 年 8 月 10 日，第 12 版。

② 《消费者权益保护法》第 55 条第 1 款规定：“经营者提供商品或者服务有欺诈行为的，应当按照消费者的要求增加赔偿其受到的损失，增加赔偿的金额为消费者购买商品的价款或者接受服务的费用的三倍；增加赔偿的金额不足五百元的，为五百元。法律另有规定的，依照其规定。”

说”“折中说”三种不同观点[①]，而司法实务中往往将具有消费行为、享受消费服务的人认定为消费者，针对欺诈医疗美容行为也往往会涉及前述《消费者权益保护法》中针对惩罚性赔偿所规定的第55条第1款。“目前，就《消费者权益保护法》能否适用于医疗美容纠纷、其与其他法律规范的适用关系如何、非法行医能否被认定为消费欺诈等基本问题，学界与实务界均未形成统一思路”[②]，故将尚未进行医疗美容的人员称为“需求者”，将支付医疗美容项目款项并进行医疗美容的人员称为“医疗美容受体”。除此之外，医疗美容受体是为了获得更高的赔偿金才转投《消费者权益保护法》“怀抱”的，尚需考虑更高额度的金钱赔偿是否可以弥补其受到的身体创伤和精神创伤，且接受医疗美容的人员对自身要求较常人更高，经济实力也更强，接受赔偿金也仅为“下下策”，对医疗美容受体尊严的伤害是无法用金钱弥补的，而《消费者权益保护法》甚至是整个民法体系都无法保障这一点。其原因在于民法是“调整社会平等成员之间的人身关系和财产关系的法律规范的总称”[③]，仅凭民法调整需求者、医疗美容受体与医疗美容机构之间非平等主体的关系，势必会导致弱势方，即个人方面的权益保障缺失。

所以，从上述分析来看，医疗美容涉及的法律关系较为复杂，是一种跨越部门法律关系的社会现象。从现有的民事和经济类法律规范的情形来看，由于其潜在的暴利性，难以得到有效规制。必要的情况下，唯有公权力的介入方能改善如此现状，即具体到实务层面而言，当下针对非法医疗美容现状以及美容者的权益保障和救济途径之不足，对刑事法律之需已然不言而喻。

第二节　非法医疗美容刑法规制的反思

必要性原则是刑法调控的基本原则之一，是指立法者只有在运用民事的、经

① 参见付洁：《保护医疗美容纠纷中的消费者权利》，载《中国社会科学报》2022年6月1日，第4版。其中“肯定说”认为医疗作为基本生活需求是一种有偿服务，本质上是一种消费行为；“否定说”从医疗机构的公益性、福利性以及高风险性出发，医疗纠纷主体不符合经营者以及消费者的身份，不应适用法律关系的统一；“折中说”则将医疗行为区分为营利性行为以及非营利性行为，分别地适用法律。

② 夏晓宇：《论医疗美容纠纷的消费者保护路径》，载《中国政法大学学报》2021年第2期。

③ 江平主编：《民法学》（第4版），中国政法大学出版社2019年版，第2页。

济的以及行政的法律手段与措施无法维护其正常的社会秩序时，才能将某种严重危害社会的行为规定为犯罪，并运用刑罚的方法进行抗制，同时应坚持谦抑性价值，防止刑罚被滥用。前文中已经论述了现有法律难以全面规制非法医疗美容的相关法律纠纷的问题，刑法作为保障法应适度介入。

一、非法医疗美容的刑法规范现状

（一）对非法从业主体的规范

刑法中对非法从业主体的规制分为对机构的规制以及对个体的规制，主要规定在《刑法》第二编“分则”第六章“妨害社会管理秩序罪”的第五节“危害公共卫生罪”之中，主要罪名为第336条第1款“非法行医罪”。该罪名的行为主体必须是“未取得医生执业资格的人”。最高人民法院2008年发布的《关于审理非法行医刑事案件具体应用法律若干问题的解释》规定，未取得或者以非法手段取得医师资格从事医疗活动的以及个人未取得医疗机构执业许可证开办医疗机构的应认定为“未取得医生执业资格的人非法行医”。该解释2016年修正时对原第1条第2项进行了删除。分析原因，主要是该项“个人未取得《医疗机构执业许可证》开办医疗机构的”对主体的界定模棱两可。个人未取得《医疗机构执业许可证》并不等同于其没有取得医生执业资格，而原司法解释笼统地规定了“个人未取得《医疗机构执业许可证》开办医疗机构”的情形属于非法行医行为，未区分开办医疗机构的个人有无行医资质，一概以有无《医疗机构执业许可证》作为判断其合法与否的标准失之偏颇。由此可见，医师资格是行医的基础，该基础条件应用于医疗美容中即为医疗美容医师应获得医师资格。现实中开办合规医疗美容机构以及成为合格医疗美容医师的条件应当要远高于此，问题在于，目前单一非法从业主体存在较少，而“鱼龙混杂”的情况较为常见，即医疗美容机构中既存在合法医师也存在非法医师，合法医师既在合法医疗美容机构工作也在非法医疗美容机构工作，而刑法对此类行为尚未有效规制。

（二）对假药及不合格医疗器械的规范

关于对假药的规制方式，在《刑法》第141条“生产、销售、提供假药罪”中规定，生产、销售假药的，处3年以下有期徒刑或者拘役，并处罚金；对人体健康造成严重危害或者有其他严重情节的，处3年以上10年以下有期徒刑，并处罚金；

致人死亡或者有其他特别严重情节的，处十年以上有期徒刑、无期徒刑或者死刑，并处罚金或者没收财产。对不合格医疗器械的规制则体现在《刑法》第145条“生产、销售不符合标准的医用器材罪”中。[①] 值得注意的是，医疗美容并非涉及生产、销售、提供假药或者生产、销售不合格医疗器械，而是主要涉及使用方面，所以刑法目前对假药和不合格医疗器械的规制并不全面，只有在医疗事故发生之时才能适用销毁假药、查处不合格医疗器械的规定，而真正按目前刑法接受刑罚的仅为假药、不合格医疗器械的生产厂家，医疗美容机构处于生产和发生医疗事故后处理的“中间安全地带”，实操者仅唯结果担责，这明显不合法理且会成为打击此类犯罪的一大阻碍。

（三）对医疗美容医托的规范

医疗美容医托主要涉及两个刑法问题：虚假宣传以及欺诈医疗美容需求者所造成的诈骗。《刑法》中对于虚假宣传的规制主要在第222条“虚假广告罪”中，规定如下：“广告主、广告经营者、广告发布者违反国家规定，利用广告对商品或者服务作虚假宣传，情节严重的，处二年以下有期徒刑或者拘役，并处或者单处罚金。”2020年4月3日，国家卫生健康委办公厅、市场监管总局办公厅等八部门联合下发了《关于进一步加强医疗美容综合监管执法工作的通知》，其中指出：医疗美容广告属于医疗广告，非医疗机构不得发布医疗广告。医疗美容机构不得利用新闻形式、医疗资讯服务类专题节（栏）目发布或变相发布医疗广告，不得进行虚假宣传。实践中，医疗美容广告的套路逻辑沿袭的是“是什么—为什么—怎么办”的路径，即首先，建构审美标准，定位“美是什么”；其次，通过所谓技术整合，专业名词“轰炸”，说明“为什么要变美”；最后，经过一系列认知拓展，设计价格陷阱，价值观引导，营造“美丽唾手可得”的幻象并诱使需求者主动进行医疗美容活动。这一缜密的说服逻辑，就是为了营造出“全民皆美”的拟态环境并让需求者沉溺其中无法自拔，从而使民众陷入美貌幻象与容貌焦虑的矛盾之中，[②] 且医疗美

① 《刑法》第145条规定：“生产不符合保障人体健康的国家标准、行业标准的医疗器械、医用卫生材料，或者销售明知是不符合保障人体健康的国家标准、行业标准的医疗器械、医用卫生材料，足以严重危害人体健康的，处三年以下有期徒刑或者拘役，并处销售金额百分之五十以上二倍以下罚金；对人体健康造成严重危害的，处三年以上十年以下有期徒刑，并处销售金额百分之五十以上二倍以下罚金；后果特别严重的，处十年以上有期徒刑或者无期徒刑，并处销售金额百分之五十以上二倍以下罚金或者没收财产。”

② 参见刘传红、吴思琪：《颜值幻象与美丽透支：医疗美容广告批判及其治理》，载《中南民族大学学报（人文社会科学版）》2022年第5期。

容广告利用需求者对医疗美容行业专业性知识了解甚少、信息不对等的问题，加之医托行业不断夸大医疗美容的效果，最后甚至变为了虚假信息。

欺诈也和医托的虚假广告脱离不了关系，医疗美容行业中欺诈行为的主要形式之一就是图实不符，其他形式中比较常见的有以下三种：一是“由一变多”，即需求者仅需要一种医疗美容行为，但医托忽悠称其需要后续手术继续变美，而需求者往往出于对美的追求以及抹不开面子而“越陷越深”；二是“三非”宣传，即非法的医疗美容机构、非法的医疗美容医生、非法的医疗美容产品宣传；三是将美和其他“高尚品质”，如优秀、成功等并不相关因素加以绑定，甚至编造“美容走向成功”的虚假故事，使得美容者丧失变美本心，变为妄图拥有“莫须有”之品质而“病态思想化”的美容。《刑法》中对医托欺诈行为的主要规制罪名为第266条的“诈骗罪”[①]，但是实务中这种情况往往由民事法调整，适用刑法的案例少之又少。

（四）对其他非法行为的规范

1. 对医疗美容中针对女性群体犯罪的规范

在刑法方面针对女性权益保护目前已经规定得较为全面，强奸罪、强制猥亵罪等罪名的规定已经相对成熟，但仍不可掉以轻心。涉及类似“上下级”关系的医疗美容医师与医疗美容需求者关系时，后者的身体权在实施医疗美容行为之时是难以得到全面保护的，且往往不能及时被救济，在事件发生后才可能被觉察，此时可能已经错过第一取证时间，更有甚者，因在医疗美容行为中涉及麻醉等非自主控制身体、对于隐私部位美容的情况，需求者对于医师的猥亵行为可能并不知情。当然，本研究的重点并非医师自身职业道德素养的提升，而是针对医疗美容行为的刑法规制。“尽管法律的秩序要素对权力统治的专横形式起着阻碍的作用，然而其本身并不足以保障社会秩序的正义”[②]。在这种情况下只能依靠医师自身的职业素养以及其对自身的要求，同时要求医疗美容机构对存在不端行为的医师进行处罚，而不得在一开始就利用刑事手段对其作出惩治。

---

① 《刑法》第266条规定：“诈骗公私财物，数额较大的，处三年以下有期徒刑、拘役或者管制，并处或者单处罚金；数额巨大或者有其他严重情节的，处三年以上十年以下有期徒刑，并处罚金；数额特别巨大或者有其他特别严重情节的，处十年以上有期徒刑或者无期徒刑，并处罚金或者没收财产。本法另有规定的，依照规定。”

② ［美］E.博登海默:《法理学：法律哲学与法律方法》，邓正来译，中国政法大学出版社2004年版，第268页。

2. 针对“医美贷”的规范

“医美贷”类似高利贷，是为满足人们的超前消费欲望而诞生的。“医美贷”目前就法律层面而言并没有被规定为非法行为，处于一个灰色地带。2021 年中国互联网金融协会发起八项倡议，以促进医疗美容相关金融产品和服务的规范发展。[①] 目前“医美贷”行业尚未畸形，且借贷关系主要由民法进行调整，刑法是否需要介入尚需观望，对于《刑法》中已有的“非法吸收公众存款罪”是否可以适用于非法医疗美容领域，仍有待商榷。总而言之，实用主义的法律观要求必须从“坏人”的观点来认识法律，[②] 如果仅在理论范畴设想犯罪，可能会与实际发生的犯罪背道而驰。对于新兴犯罪而言，“先发生，快规制”的理念应当被贯彻。

3. 对刑事责任能力改变的规范

刑事责任能力的改变只有年龄变更以及身体后天残疾两种情况，改变的结果也有两种，一种是从不完全刑事责任能力变为完全刑事责任能力，另一种是从完全刑事责任能力变为非完全（限制）刑事责任能力，而非法医疗美容导致的只能为后者。残疾主要包括三种情况：刑法所保护的限制刑事责任能力的残疾（分为视力残疾、听力残疾、言语残疾）、身体部分残疾、智力残疾。非法医疗美容行为只能导致前两种残疾情况的发生，而刑法没有规定身体部分残疾为限制刑事责任能力人，故非法医疗美容仅在对视力、听力以及言语相关部位造成损伤，并切实发生视力残疾、听力残疾、言语残疾的情况下，才可被视为刑事责任能力发生改变。《刑法》第 19 条规定：“又聋又哑的人或者盲人犯罪，可以从轻、减轻或者免除处罚。”这表明美容者若是从具备完全刑事责任能力经医疗美容行为转变为上述情况，则刑事责任能力也随之发生改变。这种导致残疾或部分身体能力丧失的情况往往是已经对美容者的身体造成了特别严重的伤害，故主要适用“医疗事故罪”以及“过失致人重伤罪”对医疗美容行为者进行刑法层面的规制。

二、非法医疗美容刑法规范之不足

非法医疗美容刑法规范之不足可以通过两方面进行论证，分别为从我国刑法现有的相关罪名出发进行规范性分析以及从目前涉及医疗美容的刑事司法实务问

---

① 参见李梦溪：《记者观察：“美容贷”须规范发展》，载《中国银行保险报》2021 年 6 月 15 日，第 3 版。

② 参见［美］E. 博登海默：《法理学：法律哲学与法律方法》，邓正来译，中国政法大学出版社 2004 年版，第 168 页。

题出发进行论证。

（一）相关罪名之规范性分析

1. 未将单位纳入非法行医罪的主体范围

根据《刑法》第 336 条第 1 款之规定，非法行医罪的主体范围被限定为“未取得医生执业资格的人”，并不包含单位。《关于审理非法行医刑事案件具体应用法律若干问题的解释》第 1 条对“未取得医生执业资格的人非法行医”的内涵进行了列举式解释①，但医疗美容机构作为医疗机构缺乏相应资质与其诊疗医生一同实施非法行医的行为时，医疗美容机构却可以逃脱刑事法律的制裁。从目前医疗事故发生的情形来看，多数医疗事故中，主治医师在诊疗过程中实际上并未发生医疗过失，相反，是医疗机构未遵循相应的规定导致严重结果的发生，所以从这个角度来讲，只有将医疗机构本身纳入刑事责任承担的主体范围内，才能更加有效地促进此类案件中责任分配不均现状的改善。司法实践中，机构违法违规开展医疗美容服务的情形并不少见，往往以三种形式出现：一是非医疗机构从事医疗美容相关服务，即其自身不是医疗机构，不具备相应的资质、环境和技术，但对外提供相应的医疗美容服务。二是医疗机构虽然取得了从事某类医疗行为的合法资质，但在提供医疗服务的过程中打“擦边球”，超出注册范围从事医疗美容服务。如前文所述，医疗美容机构不仅需要具有相应的资质，而且还要根据不同的技术难度等划分为不同的风险等级。但部分医疗机构对相关规定视而不见，违法开展相关医疗美容服务。三是机构虽然具有相应的资质和环境，但是囿于节约成本等因素雇佣无行医资格的主体开展医疗美容服务。如此看来，相较于个体而言，机构主体的危害性更大，所以单纯从“罪刑相适应”的角度来看，应当将单位主体纳入该罪的评价范围。

2. 非法医疗美容难以适用医疗事故罪

实践中，医疗美容事故一般不会纳入刑事处罚。非法医疗美容难以适用医疗事故罪的主要原因有二：一是根据医疗事故罪之规定，其犯罪的主体是特殊主体，主要是医务人员。医务人员即直接从事诊疗护理事务的人员，包括国家、集体

① 即包括如下 4 种情形：未取得或者以非法手段取得医师资格从事医疗活动的；被依法吊销医师执业证书期间从事医疗活动的；未取得乡村医生执业证书，从事乡村医疗活动的；家庭接生员实施家庭接生以外的医疗行为的。

医疗单位的医生、护士、药剂人员，以及经主管部门批准开业的个体行医人员。[①]所以“未取得医生执业资格的人”无法被其规制。二是医疗事故罪的客观方面是“严重不负责任”，即医护人员在履职过程中违反相关诊疗规定和技术规程，不履行相关职责或不正确履行相关职责，疏忽大意，行为类型可以是作为也可以是不作为。而实施医疗美容行为本身就难以“不负责任”，除医师基于极度扭曲的主观认识和操作造成严重后果的情况外，医疗美容从其性质上来看属于诊疗行为，具有“伤害”的本质属性，所以在实施美容手术之前即对其危害后果具有预见的可能性，只有其在已经预见却没有采取相关措施而导致危害结果的产生和扩大化时，美容医生的行为才构成对相关注意义务的违反。而当非医务人员采取非法医疗美容行为尚未构成医疗事故时，刑法就“鞭长莫及”，只能等待严重的医疗后果发生后，再通过故意伤害罪，过失致人重伤、死亡罪等其他伤害公民身体权的罪名进行定罪，但此时对于美容者而言是“结局已定”“为时已晚”了。除此之外，学界尚有认为应在医疗事故罪中增加医疗美容机构（包含非法以及合法）作为单位犯罪的情形，对此笔者认为仍有待观察。医疗美容机构作为单位主体加入医疗事故罪中，主要是为了规制非法医疗美容机构，符合设立条件的医疗美容机构一般较少产生医疗事故，且就算发生医疗事故，主诊医师、主治医师亦必然纳入刑法的调整范围，而且可以对该机构进行行政上的处罚，尚不应该触及刑法之范畴；而非法医疗美容机构已经涉及非法行医罪，在非法行医罪没有规定单位犯罪的情况下可以在医疗事故罪中规定单位犯罪，但是非法行医罪中若先行设定单位犯罪，则无必要在医疗事故罪中设定医疗机构单位犯罪，以防止公权力被滥用，使得医疗美容机构可能背负上“莫须有”之罪名。

3. 非法医疗美容犯罪难以认定为窝藏、包庇罪

随着科技的发展，传统犯罪的犯罪嫌疑人在监控摄像头下“一览无遗”，盗窃等以前特别猖獗的刑事犯罪现在基本销声匿迹，但“道高一尺魔高一丈”，犯罪嫌疑人可能抓住医疗美容这个契机，通过生物医学上的“洗心革面”，修改自身面部容貌，隐藏原先的自己。在此过程中，犯罪嫌疑人并非为了追求美而进行医疗美容，所以其对“美”的要求并不高，这使得非法医疗美容机构的逐利性和犯罪嫌疑人的目标“一拍即合”，沆瀣一气，非法医疗美容机构为犯罪嫌疑人提供医疗“美

---

① 参见张明楷：《刑法学》（第6版），法律出版社2021年版，第653页。

容”服务，帮助犯罪嫌疑人革新面貌，犯罪嫌疑人为非法医疗美容机构提供金钱和需求，形成一条特殊的黑灰色“产业链”。《刑法》中的“窝藏、包庇罪”中并没有对非法美容机构这一行为进行规制，仅是规定“明知是犯罪的人而为其提供隐藏住所、财物，帮助其逃匿或者作假证明包庇”构成该罪。2021 年，最高人民法院、最高人民检察院发布《关于办理窝藏、包庇刑事案件适用法律若干问题的解释》，对窝藏、包庇罪的主客观认定办法做了较为详细的解释，如规定了四种帮助逃匿的认定办法。① 此外对于窝藏、包庇罪的前提是需要“明知”，那么何为“明知”？依据上述司法解释，认定“明知”需要“根据案件的客观事实，结合行为人的认知能力，接触被窝藏、包庇的犯罪人的情况，以及行为人和犯罪人的供述等主、客观因素进行认定”。此种认定方法仍然较为抽象，在医疗美容犯罪分子的行为中难以判定，医师与医疗美容需求者的关系到何种程度可以判定为明知需求者身份？就算知晓医疗美容者身份为犯罪嫌疑人，医疗机构的医师仍可以借助医师身份、医患关系逃脱侦查。为犯罪分子进行医疗美容是否可以认定为上述司法解释中“其他情节严重的情形”尚需学界讨论，目前也尚无裁判文书、指导案例出台。

（二）司法实践之认定困境

1. 对“医生执业资格”的解读存在分歧

在非法行医罪的罪名认定过程中，对于“未取得医生职业资格的人”，刑法学界一直存在着较大争议。有学者认为，非法行医罪主要是针对那些根本没有医学知识，却打着治病救人的幌子骗取钱财，损害人民健康的人；有学者认为，根据我国《执业医师法》② 之规定，非法行医罪的主体应当是未取得医生执业资格（包括医师资格和执业资格）的人，只有医师资格，没有执业资格，也能构成本罪的主体；还有学者认为，即便取得了执业资格，但是违反了《执业医师法》的规定，超执业地点、类别以及范围行医的，也可能构成本罪。③ 医生执业资格是根据《医师法》制定的，是为了加强医师队伍管理，规范医师活动的一种资格认证。医生执业资格是非法行医罪，乃至医疗事故罪中判断主体的重要标准。结合上述分析，目前学

① 分别是为犯罪的人提供房屋或者其他可以用于隐藏的处所的；为犯罪的人提供车辆、船只、航空器等交通工具，或者提供手机等通信工具的；为犯罪的人提供金钱的；其他为犯罪的人提供隐藏处所、财物，帮助其逃匿的情形。

② 《执业医师法》已于 2022 年因《医师法》施行而失效。

③ 参见张明楷：《刑法学》（第 6 版），法律出版社 2021 年版，第 1474 页。

界主要有四种学说，分别是："执业能力和资格证书说""执业证书说""资格证书和职业能力说"，以及最为完整的"三证齐全说"（三证指执业证书、资格证书以及培养合格证）。学术界的争议尚无定论，尽管最高人民法院于 2016 年修正了《关于审理非法行医刑事案件具体应用法律若干问题的解释》，但删除了 2008 年该司法解释中"个人未取得《医疗机构执业许可证》开办医疗机构的"之规定，有学者仍然认为 2008 年的解释更具有合理性。① 如此看来，学术界关于这一看法并未达成一致，实务界则同样混乱。而从事医疗美容机构的相关人员则秉承最为简单的"执业证书说"，只要有医师资格证加上一定程度的培训即可"亲自上手"，这是对美容者严重的不负责任，并且仅以最低标准规范行业，因此导致大量不合规的执业主体进入行业之中，形成混乱局面。

2. 对滥用医疗资质的行为规制不足

滥用医疗资质包括两种情形：一是取得医生执业资格的人滥用自己的"医疗美容医师"资格；二是医疗美容机构滥用机构组织的身份"以次充好"，外包给尚无资质或资质较差的医疗美容团队从中牟利。第一种情况中，目前"飞刀医生""医生走穴"等情形较为普遍。"飞刀医生"本身是一种高水平医疗支援低水平医疗的方式，即医生通过便捷的交通工具去解决当地尚不能解决的医疗问题，如对主刀医生要求较高的手术，特别紧急、难度极高的救助等，但在医疗美容领域却变为敛财手段。"医生走穴"类似"狡兔三窟"，一名医疗美容医师在多家医疗美容机构任职，赚取钱财。"经济人"是目标合理明确，衡量每一种资源配置和权力交易的代价和收益，从中选择获利最大的方案的人，② 而医疗美容医师就是一个穿梭于多个美容机构的"经济人"。第二种情况存在于对暴利的追逐中，医院甚至是知名的三甲医院倾向于铤而走险，将医疗美容部门外包给不具备相应资质和技术的投资者。对于这种严重破坏市场秩序的行为，我国刑法的规制尚不够健全，亦使得这种情况愈演愈烈，被非法医疗美容机构、资质不足的医疗美容机构所害的美容者数量越来越多。

3."销售""购买、使用"之适用混乱

"销售""购买、使用"混淆行为发生在医疗美容机构使用假药、非法医疗器械

---

① 参见张明楷：《刑法学》（第 6 版），法律出版社 2021 年版，第 1475 页。

② 参见吴金艳、刘芷函、羊海燕：《法经济学视角下医疗美容行业的规制》，载《医学与法学》2019 年第 6 期。

的过程之中，主要表现为让需求者购买医疗美容项目并基于医疗美容项目为其使用医疗美容药品以及器械，而并不涉及“销售”。销售的定义为以出售、租赁或其他任何方式向第三方提供产品的行为，包括为促进该行为进行的有关辅助活动，但医疗能不能算销售，这又是医疗美容公益性和消费性之间的矛盾。从购买行为上看，医疗美容服务是符合消费的定义的，但是从医疗美容从属医疗行为这一点而言，医疗美容应当具有医疗行为的公益性，否则就不符合销售之“以出售、租赁或其他任何方式向第三方提供产品”的定义。医疗美容到底是“公益性大于消费性”还是“消费性大于公益性”，仍然需要进一步明确。

此外，最高人民法院、最高人民检察院于 2001 年发布的《关于办理生产、销售伪劣商品刑事案件具体应用法律若干问题的解释》第 6 条第 4 款规定，“医疗机构或者个人，知道或者应当知道是不符合保障人体健康的国家标准、行业标准的医疗器械、医用卫生材料而购买、使用，对人体健康造成严重危害的，以销售不符合标准的医用器材罪定罪处罚”。该条款将医疗机构或个人的购买并有偿使用的行为，视为《刑法》第 145 条规定的“销售”行为。此种解释引发了学者们的广泛质疑。陈兴良教授指出，这一规定有越权之嫌。刑法规定构成犯罪的行为是销售不符合标准的医疗器械、医用卫生材料，并不包括购买、使用不符合标准的医疗器械、医用卫生材料。这种购买、使用行为属于法无明文规定的情形，通过司法解释规定为犯罪，明显有悖于罪刑法定原则。[①] 张明楷教授也提出疑问，认为该解释中的“购买、使用”意味着购买或者使用，两者居其一，而非购买且使用，也就是说，将医疗机构的使用行为也评价为销售行为，显然与一般的商品生产流通环节不相适宜，超出了文义解释的范畴与界限。张明楷教授同时还指出，规定只要有购买或是使用行为就成立销售不符合标准的医疗器材罪，并不合适：一是将医疗机构或者个人的购买行为一概认定为本罪的正犯行为不合适；二是将医疗机构或者个人的使用行为一概认定为本罪的正犯行为也不合适。[②] 可见将医疗美容机构或个人购买不符合标准的医用器材的行为都认定为生产、销售不符合标准的医用器材罪并不合理。

4. 虚假医疗美容广告定罪难

因医疗美容关乎不同审美观，美的定义在每个人心中都不同，医疗美容机构

① 参见陈兴良：《论犯罪的对合关系》，载《法制与社会发展》2001 年第 4 期。

② 参见张明楷：《刑法学》(第 6 版)，法律出版社 2021 年版，第 957 页。

对美容者所承诺的结果可能因为个人体质、医师资历、手术方式等缘由而不同，故医疗美容机构所宣传的内容是否虚假难以判定。医疗美容造成损害是可以由司法鉴定机构出具司法鉴定意见的，但医疗美容的结果是否达到美容者所预期的效果是不能被鉴定的，这也是对虚假医疗美容广告定罪上的一大难点。根据《医疗美容广告执法指南》第 4 条的规定，医疗美容机构依据《消费者权益保护法》《电子商务法》等法律法规以及国务院卫生健康行政部门规章规定的内容、形式和途径主动公开医疗美容服务信息，不具有商业目的，一般不视为商业广告行为。《刑法》第 222 条"虚假广告罪"规定，虚假广告指广告主、广告经营者、广告发布者违反国家规定，利用广告对商品或服务做虚假宣传，情节严重的行为。在医疗美容领域何为虚假，尚未有具体的官方定义。从法哲学思想层面而言，黑格尔将欺诈归于不法，而非犯罪，因为"欺诈在其行为的形式中还承认有法，而犯罪则连这一点都没有"。虽为唯心主义的"欺诈"论述，但其也体现出"犯下欺诈的行为是漠视法律的行为，故在以法律为准绳的国家中必须被打击"的思想。

第三节　域外非法医疗美容刑事立法模式考察

一、韩国关于医疗美容的刑事立法

韩国是医疗美容接受度极高、接受美容人群占比极高的"美容大国"，其对医疗美容的刑法规制极具意义和参考价值。韩国主要通过非法行医罪来规制医疗美容领域内的犯罪行为，从主体资格以及主观目的方面进行刑法规制。① 韩国法律将过失责任作为解决医疗纠纷的基础，但其中对责任的判断也存在一定的武断性和复杂性。韩国刑法并无医疗事故罪的规定，对于因医生的医疗过失导致患者受伤或者死亡的情况，一般以过失致人死亡罪进行论处。②2020 年我国香港已故纺织大亨、堡狮龙创始人——罗定邦的孙女在韩国首尔市的一家整形医院接受抽脂和隆胸手术后死亡。据调查，负责手术的医生并非整容外科的专科医生，而是骨

① 参见[韩]金永哲:《韩国刑法典及单行刑法》，中国人民大学出版社 1996 年版，第 206 页。

② 参见李彦玲:《医疗美容行业医疗事故罪犯罪主体问题研究》，青岛大学 2018 年硕士学位论文，第 9 页。

科专科医生，手术过程中也没有麻醉科医生参与。警方最终以涉案医生及医疗组涉嫌业务上的过失致死以及违反韩国的《医疗法》《麻醉药管理法》等为由立案调查，并将起诉意见移交检察院。① 韩国将医疗美容行业视为国家主要经济支柱行业，司法实践中存在轻判医疗机构一方的情况，对美容者的权益并没有完全进行公正的司法保障，甚至在刑法上也没有特别强力之规制。

与医疗美容密切关联的韩国《医疗法》对医师医疗相关资质以及非法行为惩罚等进行了规定。如韩国《医疗法》第2条第1款指出，"医疗人员"是指获得保健福利部长官许可的医生、牙医、韩国医师、助产士和护士。规定的方式与我国"取得执业资格"有所差异。第4条规定了医务人员和医疗机构负责人的职责，指出"医疗人员不得以其他医疗人员或医疗法人的名义开设或经营医疗机构"。第8条对医生资格进行了消极性规定，如精神疾病患者，吸食毒品、大麻和精神药物成瘾者等应取消其医生资格。第56条对相关医疗广告进行了禁止性规定，包括未依据该法第53条评估的医疗新技术广告；可能导致消费者误解治疗效果的广告，如患者的治疗经历等；显示虚假内容的广告；比较其他医务人员的功能或治疗方法等的广告；诽谤其他医务人员等的广告；暴露直接手术动作的广告，如手术场景；遗漏与医务人员功能等有关的严重副作用及治疗方法等重要信息的广告；夸大客观事实的广告；无法律依据声称资格或名称的广告；利用报纸、广播、杂志等以文章或专家意见形式发表的广告等。此外，该法第九章还对违法犯罪行为规定了相应的处罚措施。在韩国，违法或经营医疗机构的，处10年以下有期徒刑或1亿韩元以下罚金。根据该法第22条的规定，医务人员不得虚填或修改病历，医院以美容为目的出具虚假治疗文书，消费者以此获取保险金，属于"保险欺诈"。如此看来，韩国的相关美容医疗法律具有典型的行政刑法的特征，通过医师法和刑事法律来共同规范相关的医师治疗违法犯罪行为。

二、日本关于医疗美容的刑事立法

日本的医疗机构仅包含牙医诊疗所、诊疗所和医院。在日本，内科和妇产科、整形外科以及外科发生的医疗纠纷占总医疗纠纷的90%。② 所以，医疗美容纠纷在

① 参见《香港富商孙女在韩整形身亡，警方：非整形医生执刀、手术现场无麻醉师》，载观察者网2020年10月11日，https://www.guancha.cn/politics/2020_10_11_567708.shtml。

② 参见［日］植木哲：《医疗法律学》，冷罗生、陶芸、江涛等译，法律出版社2006年版，第26页。

日本被认为是医疗纠纷中的一种，所采用的也是过错责任原则，同时又补充吸收了美国的“事实自证原则”和德国“表见证明原则”的“大概推定原则”，并且发展出“说明同意理论”，这使得日本的医疗美容立法整体和法律保障相对完整。“说明同意理论”指的是对于医疗美容这种非紧急、非必要性医疗行为，医师应当尽到完全清晰明了的告知义务并将可能发生的所有情况向美容需求者解释清楚，即让医师排除自身逐利而全心全意服务于客户。但是这种模式下对法官个人要求极高，因为“大概推定原则”决定了法官需要在该方面凭借自身生活经验作出判决，故对于法官而言也是一种极大的挑战。医疗美容被视为“业务”，故对美容者造成严重身体伤害时，日本刑法中规定了“业务过失致人死伤罪”对其进行刑法上的规制。且自 20 世纪 70 年代开始，日本构建的“日本医师赔偿责任保险制度”在该国医疗事故处理之中发挥着重要的作用，该制度的核心是医师协会为医师购买相应的保险，医疗事故发生之后，即由保险公司进行理赔，从而降低个人承受的风险。

日本关于医务人员资质以及诊疗行为的规定主要体现在日本的《医师法》之中。其第 2 章第 2 条对职业许可进行了规定，指出，“欲成为医师者，必须通过医师国家考试，并取得厚生劳动省的执照”。第 3 条和第 4 条规定了消极条件，如“未成年人不得发给许可证”，“厚生劳动省令规定的因身体或精神残疾而不能正常履行医生职责的人；麻醉剂、大麻或鸦片成瘾者；被判处罚金或更重处罚的人；在医疗事务中犯罪或者行为不端的人”不得发给许可证等。在第 8 章第 31~33 条中对医师的犯罪行为规定了相关的处罚措施，刑种包括有期徒刑、罚金等，具体而言，第 31 条第 2 款规定，“基于虚假或欺诈事实取得医疗执照的，处三年以下有期徒刑或一百万日元以下罚金，或并处”等。

三、德国关于医疗美容的刑事立法

德国同大多数国家一样，并没有对医疗美容进行单独立法规制，其同样将医疗美容行为归为医疗行为，由医疗行为所涉法规进行规制，主要在民法领域进行调整，在刑法领域仅规定在真正危害结果出现时，以“医疗事故”或“过失致人重伤、死亡”等罪名定罪。德国在医疗侵权责任的认定中，曾对医疗行为是否适用危险责任有过激烈讨论，但截至目前尚未在立法中体现医疗行为责任与危险责任之间的因果关系。为了减轻原告方的举证压力，德国适用“大概推定责任”对医疗美容行为进行规制，但与日本的不同之处在于：法官对经验的依赖程度更高，从而在“大概推定原则”下，对原告方的权益保护相对更为完整。德国联邦最高法院在认定因违反执业义务而实施一定行为时，通常采用举证责任倒置的方式来分配当事人的举证责任，即通常由具有相应的前置义务的加害者（通常也是职业人员）就其主观上无故意、无过失或是加害行为与损害事实之间不存在因果关系进行举证。可以说，这在很大程度上减轻了受害方的举证责任，能够较好地权衡当事人之间的权益关系，降低诉讼成本，符合诉讼便宜的原则。

关于医疗人员的职业资质问题，德国《联邦医疗法令》规定，医师不仅要在行为时符合该法案的规定，还应具备相应的医学专业知识背景且具有执业许可，医师的行为也要符合《联邦医师法》和《医师执业规则》的相关要求。医师在被限制执业期间行医的将被监禁或罚款，违法者最高可被处 25,000 欧元的罚款。德国《刑法典》第 132 条规定了禁止滥用头衔和职业标志的行为，即谎称自己具有特定学位或者社会头衔等行为均为刑法所禁止。第 145 条为违反从业禁止行为设定了处罚。在打击非法医疗广告问题方面，德国《医疗广告法》规定，在德国的电视和报纸等大众媒体上做出的广告内容中不得涉及处方药，广告内容中的非处方药要有明确说明。除此之外，德国医疗管理体制之中的“医药分离”制度也能够在很大程度上对医药相关的虚假广告进行源头遏制。①

四、美国关于医疗美容的刑事立法

美国没有将医疗美容进行单独的立法，而是将其归为医疗行为的一种，医疗美容服务，乃至医疗服务被认作为“专业人士的专业服务”，在这种服务造成损伤后，采取的是过失归责原则。美国在医疗美容领域同样主要使用民法领域的合同法以及侵权责任法进行调整，只有真正出现故意以及对美容者造成严重后果的时候才会使用刑法。除过失归责原则外，美国还使用事实自证原则进行补充，但是在“第一，现有证据无法澄清事实；第二，事态处于被告的严密控制下；第三，如果被告不产生过失，就不会发生损害事实”这三种情况下，法官仍可以让被告承担未告知义务及注意义务，从而给予法官更大的自由裁量权，这强调了法官经验对于案件审判的作用。②

① 参见柴野：《德国：用制度严防虚假医药广告》，载《光明日报》2013 年 4 月 26 日，第 12 版。

② See RH Sáenz, T Hoppe, *Disease on Trial: Medical Risk and Molecular Responsibility in HIV Exposure and Disclosure Jury Trials（1994–2015）*, 68 Current Sociology 97（2020）.

五、域外非法医疗美容刑事立法经验评析

结合上述分析可知，目前各国的医疗美容的刑法规制体系并未形成，都处于一种“模糊”的现实之中。绝大多数国家都是先由民法领域中关于合同以及侵权责任的规定处理医疗美容中的纠纷，而仅在医疗美容行为真正造成严重后果，如美容者身体严重损伤乃至死亡之时，才会想动用刑法去规制。应当说，此种先民后刑的路径既符合刑法必要性原则又可保证刑事权力未被滥用；但就目前非法医疗美容机构以及医疗美容行业中鱼龙混杂的现状来看，法律规制尚且不足。大多数国家目前在刑法规制非法医疗美容领域的共同点在于，医师在医疗美容过程中由于过失而造成的医疗事故可以视为刑法领域所规制的由于过失医疗行为所造成的医疗事故。

韩国作为医疗美容大国，由于其自身行业设置以及医疗美容行业是其最重要经济支柱之一的现状，导致其刑法在规制医疗美容的内容时因整体的逐利性和追求经济的发展而扭曲法律应有之公平正义，故其刑法中对医疗美容的规制比较松散。由于医疗事故患者取证困难，韩国相关法律规定，医疗事故发生后患者可以通过寻求刑事途径以调查和获取证据，从而解决医疗纠纷。我国目前仅在特殊情况下刑事案件才可以转化为民事案件，故通过刑事途径解决民事医疗纠纷，在我国实行确实有相当大的难度。

日本将医疗美容归为业务，在刑法中仅规定了在严重医疗事故发生后对于医疗美容医师的“业务过失致人死伤罪”，并无医疗事故罪等其他罪名。在该罪名方面，我国尚未将医疗美容行业归于“业务”一类，且我国没有必要在刑法领域单为医疗事故规定一个“业务”。但是日本医疗美容领域中关于“大概推定原则”与“说明同意理论”相结合的法理框架是值得我们学习并思考的，“大概推定原则”无论是在刑法层面还是民法层面都是保护美容者一方的“有力武器”，“说明同意理论”所含内容更是我国目前在医疗美容领域需要践行的重要方针。但令人担忧的是，一旦使用“大概推定原则”，确实会减轻美容者一方的举证压力，但若是在刑法领域中使用，则会涉及后盾法所代表的公权力是否被滥用这一亘古不变的问题。所以，笔者认为，应当采取“区别对待”的方式，民法领域调整医疗美容双方关系时应当学习参考“大概推定原则”，但是刑法中是否适用“大概推定原则”应当由法官做评判，仅在特殊情况，如上述美国的事实自证原则的三种情况下，原告方因被告方控制有力证据而无法自主收集证据链型证据时，法官应当支持基于

"大概推定原则"所形成的法律事实,并以此作出判决。

德国的举证责任转换模式适合我国在刑事诉讼领域参考,我国目前致力于发展"控审分离、控辩平等、法官居中裁判"的诉讼模式,所以"谁举证"可以由法官自行定夺。在医疗美容领域,原告举证难的问题已经存在良久,专业知识的不足、医疗美容本身性质等问题都让原告在举证层面举步维艰,而德国所使用的改变举证方的创新性举动,可以有效缓解原告方压力,让医疗美容机构一方不再凭借专业知识"高高在上",而要"自我辩解"其所谓的专业知识不会导致美容者受伤害。医疗领域完全不会导致医疗伤害的概率几乎为零,故美容者必然可以获得一定量的补偿,无论是对实质伤害的补偿还是对精神层面的补偿,对美容者权益的保护救济都会达到一个全新的高度,而刑事领域的罚金,相对医疗机构的暴利性而言,也并非相关机构无法承受的。但刑法和刑罚的震慑性会将医疗美容机构"拉下神坛",回归为民服务、不唯利是图的应有模样。

上述国家中,医师主要是附属在医疗机构名下才可行医,这种做法值得肯定。医疗美容作为非紧急性、非必要性的医疗行为,应当只有合法的医疗美容机构才可以进行医疗美容行为,单个医师,就算其符合一切医疗美容医师资格,也不可擅自开展医疗美容服务。对于个人以及机构进行的非法医疗美容行为则更应视作犯罪,受到刑法的规制。将医疗美容医师归入医疗美容单位,不仅方便统一标准管理,而且在刑法中也可以进一步对单位进行刑法上的规制,从而使需要打击的对象界限清晰明了,合法机构中的外包、以次充好等现象也因有了刑法的规制而不敢随意违规经营,可谓一举两得。我国的医疗美容机构应当从现有的利益主导型向客户主导型进行转型,即具体化为"医疗美容机构只有推出合格的医疗美容产品与服务,才能让消费者产生信赖,从而增加机构经营效益,提升产品和服务价值"[①]。

德国、韩国、日本等国家都使用罚金刑来规制医疗美容领域的犯罪,而我国仅在非法行医罪中规定了罚金的处罚方式;在医疗事故罪中仅规定了有期徒刑,没有罚金机制。犯罪者是因为医疗美容行业的暴利性才铤而走险,走上犯罪道路的,所以我国应当采取针对经济犯罪罚金从重的规定,只有完全了解犯罪者动机,然后从动机上进行规制,才有可能完全根除(预防)此类犯罪。许多国家的法律规定中非法行医罪属于犯罪分类中的行政犯,即行为人的非法行医行为既违反了行

---

① 杨宜勇:《依法依规促进医疗美容服务业高质量发展》,载人民论坛网,www.rmlt.com.cn/2024/0801/ 708830.shtml。

政法规，又违反了相关的刑事法律，包括特别刑法和单行刑法等。如韩国在《关于取缔保健犯罪的特别处置法》第5条中对于无医师资格的主体以营利为目的从事医疗行为进行了规制，包括无期徒刑、劳役并处罚金等。这充分体现了域内外立法机制的不同，以及对非法行医的法律规制差异。世界各国普遍对单位主体实行“双罚制”，既处罚单位主体，又处罚主要负责人，削弱犯罪主体经济实力的同时避免其再犯，且罚金刑使用起来更为容易便捷，节约执行刑罚成本的同时又弥补了其所造成的损失。因此，我国应当在罚金刑上加以大力规制，那么我们在对其处以刑罚时也需“因材施教”，针对其所图的利益进行刑法规制，这样才能使刑法的威严得以体现，使其不敢再犯。

日本、德国、美国等众多国家将医疗美容所造成的严重后果归于过失责任，我国也同样如此，但是在刑罚的严厉程度上却完全不同，我国医疗事故罪最高刑期仅为3年，其他国家过失致人重伤罪最高刑期至少为7年，虽然我国刑法中也有过失致人重伤的罪名，但其最高刑期也仅为3年，在犯罪想象竞合中，基于从一重罪处罚原则以及特殊法优于普通法原则，具体罪名和广义罪名无差，这将会严重削弱刑法惩治犯罪的力度。非法医疗主体致人重伤、死亡是合法医疗主体致人重伤、死亡的结果加重犯，笔者认为，在将该主体纳入医疗事故罪处理时，应适当提高最高刑期（至5年或7年），进而有效震慑并打击犯罪。

第四节　我国非法医疗美容的刑法规制完善

基于对我国目前非法医疗美容现状以及域外医疗美容相关刑法规制的研究，下文笔者将从完善刑法法条以及刑事一体化治理两个方面提出对我国目前非法医疗美容刑法规制之建议。

一、刑法立法之完善

（一）增设单位为非法行医罪主体

非法医疗美容业务如此猖狂的主要原因就是在刑法领域对医疗美容机构主

体没有任何规制，而仅能在民法以及行政法相关领域对其进行力度较弱且不伤其根本的处罚。刑法对非法美容机构最有力的相关处罚就是非法行医罪，但目前刑法中非法行医罪的主体仍是无医师资格的人，现有判例中也未出现机构作为该罪的主体。因此，应将非法行医罪的法条内容由“未取得医生执业资格的人非法行医，情节严重的，处三年以下有期徒刑、拘役或者管制，并处或者单处罚金；严重损害就诊人身体健康的，处三年以上十年以下有期徒刑，并处罚金；造成就诊人死亡的，处十年以上有期徒刑，并处罚金”修改为“未取得医生执业资格的人非法行医，情节严重的，处三年以下有期徒刑、拘役或者管制，并处或者单处罚金；严重损害就诊人身体健康的，处三年以上十年以下有期徒刑，并处罚金；造成就诊人死亡的，处十年以上有期徒刑，并处罚金。单位犯前款罪的，对单位判处罚金，并对其直接负责的主管人员和其他直接责任人员，依照前款的规定处罚”。增设单位为非法行医罪主体之一对于当下非法医疗美容机构“肆虐”的情形无疑是“当头一棒”。法条修改并配合相关司法机构对一定量的非法医疗机构进行刑事处罚，在吃到苦头后，非法医疗美容机构必定会“偃旗息鼓”，这能够为爱美者获得正规的医疗美容服务提供保障。

增设单位为非法行医罪主体之一尚有一项前提条件需要完成，即将所有医疗美容医师规制于医疗美容机构之下，实际手段具体为每一个医疗美容医师都要有其所注册的医疗美容机构并只能在其所注册的医疗美容机构之下进行医疗美容相关操作，这样对于医疗美容医师的“走穴”现象也会有一定程度的遏制。医师“凭本事吃饭”，这种做法对于有能力的医疗美容医师几乎毫无影响，却能够打击那些滥竽充数、医疗美容技术不过硬且逐利心强的医疗美容医师。医疗美容医师无论是否合法，都不得以个人名义进行医疗美容行为，对于其中没有合格资质的医师，将以非法行医罪进行处罚；而对于有合格资质的医师，可以使用行政处罚，如惩罚性措施，暂停其一段时间的工作。医疗美容医师机构化将使司法成本降低，简化查找非法机构、人员的过程且能促进该行业不断向好发展，为爱美者享受更好的医疗美容服务作出贡献。

（二）非法医疗美容发生意外可以适用医疗事故罪

关于非法医疗美容是否适用医疗事故罪的主要矛盾点在于非法医疗美容中的行为主体包含非法医疗人员作为主体的情形，而我国法律明文规定医疗事故罪的行为主体是“医务人员”这类特殊主体。所谓“医务人员”，是指从事诊疗、护理事务的人员，包括国家、集体医疗单位的医生、护士、药剂人员，以及经主管部门批准开业的个体行医人员。① 非法医疗主体与现行法条主体互相矛盾，这导致非法医疗美容发生意外无法适用医疗事故罪。医疗事故罪的行为为“严重不负责任”，根据最高人民检察院、公安部《关于公安机关管辖的刑事案件立案追诉标准的规定（一）》第56条第2款第5项中的规定，医疗事故罪中的严重不负责任包括使用未经批准使用的药品、消毒药剂、医疗器械，故医疗事故罪完全可以涵盖大部分非法医疗美容行为，非法医疗美容发生医疗事故本质上是一种加重处罚的情节。并且在非法医疗美容造成美容者身体严重损伤或者导致美容者死亡时，应视为“过失致人重伤罪”或“过失致人死亡罪”与“医疗事故罪”的想象竞合，择一重罪处罚。在非法医疗美容主体故意对美容者身体造成严重损伤或者导致美容者死亡时，适用故意伤害罪以及故意杀人罪。与此同时，需要将医疗事故罪现规定的最高刑期由3年上调至5年或7年较为合理。为防止特殊法优于普通法原则被非法医疗美容方利用而导致法条间的架空，将非法医疗美容行为认定为医疗事故罪，可极大地提升对此类犯罪的打击力度，且根据罪责自负原则以及罪刑相适应原则，给予犯罪者相适应的刑罚，可以在杜绝公权力被滥用的同时凸显公权力的公平正义。

非法医疗美容实施者在进行医疗美容行为时可以被视作“医疗人员”，刑法中对于主体中的“视作”已有先例，在对国家工作人员这一概念的定义中，存在一种“参照公务员管理人员”，当这些“参公”人员犯下以公务员为特殊主体的犯罪时，应当适用以国家工作人员为犯罪主体的罪名。故在医疗事故罪中重点并非主体为谁，而应聚焦于过失导致医疗事故给客体造成严重的身体或精神损害后果的行为之上。鉴于医疗美容是非必要、非紧急性的医疗行为，且往往只有当医疗美容结果切实发生时美容者才能寻求救济，非法医疗美容由于其暴利性而置美容者的生命安全于不顾，所以非法医疗美容行为应当被严厉打击，非法医疗美容发生意外时适用医疗事故罪是正当的。

与此同时，医疗事故罪对于医疗行为地点的卫生、医疗条件以及医疗器械要求颇高，所以实务中可能会出现由此导致的公权力被滥用，造成小型非法医疗行

---

① 参见曲新久主编：《刑法学》（第5版），中国政法大学出版社2016年版，第544页。

为被套上“大罪名”，这是非公平、非正义的；且非法医疗行为并不一定会造成医疗事故的发生，故此时应对医疗主体资格进行定夺，而非仅讨论医疗事故发生的可能性的大小。医疗事故罪仍应该以危害结果的发生为主要认定依据，否则将与非法行医罪所规定的部分内容重叠，造成法条竞合的情形。

（三）利用非法医疗美容包庇罪犯应当适用窝藏包庇罪

随着科技的发展，医疗美容技术兴起，罪犯也可以通过这一技术对自身外貌形象进行改变，具体至实务中，这种容貌上的改变将会使监控摄像头、人脸识别等一系列有力、高效的打击犯罪的工具“失效”。犯罪分子在犯下滔天大罪后无须使用“拙劣”演技，利用医疗美容相关技术就可以对自己的容貌，甚至是身体形态进行改变，使得侦查办案人员防不胜防，不得不去发展新型侦查手段。但是，就目前而言，除DNA检测外尚未有良好便捷的侦查手段去打击这些“变脸”的罪犯。那么，对于利用非法医疗美容手段去帮助罪犯进行面貌改变的非法医疗美容医师，应当也要给予刑事处罚。犯罪分子不会选择合法医疗美容机构进行美容，而主要是选择非法医疗美容机构或由具备一定美容知识的人员为其进行美容，其主观意图为改变面貌，并非对面部美感有一定要求的“美容”，故对于帮助其改变面貌的人要求并不高，这也使得办案人员的侦查难度大幅上升。

鉴于此，对于帮助犯罪分子“美容”的人员，应当适用窝藏、包庇罪进行刑法规制。《刑法》第310条规定了窝藏、包庇罪，现行规定中“明知是犯罪的人而为其提供隐藏处所、财物，帮助其逃匿或者作假证明包庇的”属于窝藏、包庇行为。但对于利用美容手段对犯罪分子的身体部位（包括面部）进行“修改”，目前就司法解释（《关于办理窝藏、包庇刑事案件适用法律若干问题的解释》），或者司法实务中都没有明确规定，也没有相关案例。毋庸置疑，在明知美容对象是犯罪分子的情况下仍通过美容手段帮助其修改身体特征以使其达到隐藏身份的目的，肯定属于一种窝藏、包庇的行为。所以可以将现有罪名中对行为的规定修改为“明知是犯罪的人而为其提供隐藏处所、财物，帮助其修改身体特征、逃匿或者作假证明包庇的”属于窝藏、包庇行为，或者在司法解释中对实施的具体行为的规定中增加一项“为犯罪的人修改身体特征的”。窝藏、包庇罪的要求为“明知”窝藏、包庇对象为犯罪分子，这又是一种抽象性概念，笔者认为，对于明知自身美容知识有限、不能完全把握实施美容行为而仍愿意为需求对象（实为犯罪分子）进行美容的人员，应定义为

"明知";对需求对象的犯罪分子身份全然不知而仅被利益所诱惑之人,不应认定为"明知"。与此相关的定义还有:事先未与被窝藏、包庇的犯罪分子通谋,而事后予以窝藏、包庇的,构成窝藏、包庇罪;事先通谋的,以共同犯罪论处。[①]

(四)调整医疗美容领域医疗事故罪的刑事责任设置

根据《刑法》第335条的规定,医疗事故罪的刑事责任为3年以下有期徒刑或者拘役。这种规定较为简单,没有区分事故发生的具体情况和造成的危害程度,有违罪责刑相适应原则。比较该罪与重大责任事故罪和过失致人死亡罪,虽然都是过失犯罪,但后两罪的最高法定刑均达7年有期徒刑。实践中,医疗事故罪属于一种特殊的业务过失犯罪,同样会造成人员死伤的结果,危害严重。因此,对医疗事故罪应进一步提高法定刑,最高可以达到7年有期徒刑。同时,根据犯罪人的具体罪过情况,设置资格刑的规定,如确定一定时期的从业限制,或者取消其职业资格,终身禁止从业等。

二、司法解释之完善

(一)准确界定"医生执业资格"

上文已经明确阐述了学界目前已有的四种学说,即"执业能力和资格证书说""执业证书说""资格证书和职业能力说""三证齐全说",有学者认为,"医生执业资格指同时持有医师资格证与医师执业证,二者缺一,即为不具备医生执业资格"[②];有学者在非法行医罪主体资格认定中认为,"本罪中的'未取得医生职业资格',特指没有通过'医师资格考试成绩合格,取得执业医师资格或者执业助理医师资格'"[③]。就此,笔者认为,这是对医生职业资格的普遍定义概念,而具体到不同行业,应该有不同的标准。对于医疗美容行业而言,鉴于其特殊性、非必要性、非紧急性以及高利益性,应当在对医疗美容行业管理中适用"三证齐全说",对于该行业目前鱼龙混杂的混乱现状,"宁严勿松"的思想应该被贯彻,等医疗美容行业合规性完整建立之时,再进行适度放宽,允许特殊条件的出现。对于护理人员以及医疗机构也应严格要求。就目前法条而言,非法行医罪中对于医生资格

① 参见曲新久主编:《刑法学》(第5版),中国政法大学出版社2016年版,第519页。
② 赵新河:《非法行医罪若干问题研究》,载《河南司法警官职业学院学报》2020年第2期。
③ 曲新久主编:《刑法学》(第5版),中国政法大学出版社2016年版,第545页。

主要是区分何为医生，即“罪与非罪”的表现，并没有对科室以及医生自身素养的要求，这同样也是刑法必要性原则的一种体现，故在《刑法》中不需要对医生执业资格过分严厉，而应从行政管理层面对不同科室以及医生素养不达标分类别进行严肃处罚。

（二）将滥用医疗资质的行为纳入刑法调整范围

滥用医疗资质的行为主要包括两类：第一类是合格医疗美容医师滥用自身资质进行“飞刀”“走穴”医疗美容行为；第二类是合格医疗美容机构滥用自身资质“外包”“以次充好”。对暴利的追求使得一些有正规医疗资质的人员和机构对美容者的生命安全不负责任，这两类行为严重危害了市场秩序以及医疗美容者的身体健康、生命安全，大大增加了医疗美容者发生医疗事故的风险隐患。

我们应对其中的具体情况进行具体分析：首先，涉及医师层面的两种情况，“飞刀”的具体原因是地区医疗水平有限以及医师能力不足导致无法对患者的某种疑难杂症进行判断，需要水平较高、资历较老的医师前往医疗需求之处并进行诊疗或者手术，目的是医疗资源的均衡化，即让医疗资源较差地区的人也可以享受到高水平医疗资源的救治，往往医疗水平低的区域病人的数量更多、疾病更为复杂。但基于医疗美容的非必要性，“飞刀”做医疗美容仅是一种增加医师收入的行为，不应属于医疗救助领域，但这并非一种需要刑法规制的行为，其与做销售有共同之处，只不过销售的客体是物品，“飞刀”行为的客体则是医师自身的技术能力。对于医疗美容医师的“走穴”行为，笔者认为，其中有一部分情况是需要进行刑法规制的。基于医疗美容医师机构化理论，那些确实任职于多家医疗美容机构的美容医师的确可以在已注册的合法合规的医疗美容机构中随意“走动”，需要规制的是“错走”以及同时为非法美容机构与合法美容机构两者服务的那些医师。所谓“错走”，即该合格医疗美容医师确实任职于某一家医疗美容机构，但是其并没有在这家医疗美容机构中为需求者进行医疗美容，反而是为利所驱使，去往另一家其未挂牌的医美机构从事相关工作。医疗美容从业者应当从属于某一医疗美容机构之下，受该医疗美容机构的监督和管理，此时他已经违法，应当予以一定处罚；多次实施这种行为的，应当视为个人非法行医，但是可以从轻处罚；在其未挂牌的其他医疗美容机构中工作发生医疗事故的，应当从重处罚。

对于医疗美容机构滥用资质进行违法活动的，同样应当适用刑法进行规制。

对于医疗美容机构“外包”给非法医疗美容团体的，应当视为非法行医罪，对单位本身以及主要负责人进行处罚；“外包”给非法医疗美容团体发生医疗事故的，对单位本身以及主要负责人进行从重处罚。无论是医师滥用资质还是医疗机构滥用自身资质，都是对美容者的严重不负责任以及对程序正当的漠视，若不进行一定的刑法规制，必然会导致美容者由于医疗事故造成损伤后的权益无法保障以及非法医疗美容机构依旧“气焰嚣张”的情况。

（三）厘清“销售”与“购买、使用”之界限

需要进行“销售”和“购买、使用”区分的对象有二，一是医疗药品以及医疗器械，二是医疗美容行为。《刑法》中规定了生产、销售、提供假药罪和生产、销售不符合标准的医用器材罪来规制医疗美容过程中所需要使用的医疗药品以及医疗器械，但实务中由于医疗美容医师以及医疗美容机构并不涉及销售生产这一领域，故这两罪对于医疗美容机构以及医疗美容医师来说是毫无作用的。但是需求决定行为，因为医疗美容行业需要医疗药品以及医疗器械，并且其中所存在的高利润导致会有人铤而走险，生产并销售假的、不合格的药品以及医疗器械。若想从这个角度对非法医疗美容进行刑法规制，只能讨论医疗美容行为对于需求者而言是一种“销售行为”还是“购买、使用行为”。从实际需求以及域外立法经验出发，医疗美容服务可以被认定为一种特殊的商品，是一种非医疗救助性的“服务”。从这一观点出发，医疗美容机构就是生产、销售这种服务的主体，故可以被《刑法》中生产、销售伪劣产品罪所调整。无论是从《刑法》还是从最高人民法院、最高人民检察院《关于办理生产、销售伪劣商品刑事案件具体应用法律若干问题的解释》中都不难看出，目前我国刑法领域的产品仍是指具有实体的产品，如食物、药品等，抽象型产品尚未被纳入我国刑法关于产品概念的相关法条所调整的范畴。笔者认为，随着科技以及虚拟现实的不断发展，抽象型产品在不久的将来应该会被纳入刑法所调整的产品概念范畴，届时非法医疗美容行为就可以被认定为《刑法》中生产、销售伪劣产品罪以及其他相关罪名，而并不会由于简单的客观条件上的不满足而不被规制。

（四）优化虚假广告罪的立法与适用

针对医疗美容虚假广告，笔者认为，可以从优化虚假广告罪立法以及实际适用层面出发。虚假广告罪，是指广告主、广告经营者以及广告发布者违反国家规

定，利用广告对商品或者服务做虚假宣传，情节严重的行为。依照《广告法》和《反不正当竞争法》的规定，广告不得含有虚假的内容，不得欺骗和误导消费者。[①] 对于医疗美容领域而言，虚假广告罪可以在刑法领域发展两大方面，一是对非法医疗美容机构及个人宣传广告进行打击；二是对合法医疗美容机构宣传虚假广告进行刑法上的打击。

对于非法医疗美容机构及个人宣传的广告，因其本身主体不合法，即使是其宣传广告上的内容与其实际可行业务相吻合，也应认定为“虚假广告”。违反法律规定的主体进行的专业行为从一开始就是违法的。

对于合法医疗美容机构宣传虚假广告这类情况，需要定义之处在于何为虚假广告，其广告宣传业务与实际可行业务不符、其广告宣传医师并不具备相应资质、其广告宣传美容效果与实际情况不符，类似这些情况，只要其宣传内容中某一项或者全部与实际情况不符，就可以认定为虚假广告。

虚假广告罪在医疗美容行业中应当规制的地方在于其主观方面规定非法医疗美容机构或个体通过广播、电视、报纸、杂志等多种媒介传播的都是虚假广告；客观方面包含各种引人误解，从而欺骗和误导消费者的广告宣传情况。虚假广告罪在医疗美容领域的适用，将会使美容需求者至少不会被大量虚假医疗美容广告所蛊惑，在其寻求医疗美容服务的开端给予其正确的方向，建设正确看待医疗美容行为以及面对医疗美容结果的心理预期，从而减小美容需求者被非法美容机构及医师伤害的风险和概率。

---

① 参见曲新久主编：《刑法学》（第5版），中国政法大学出版社2016年版，第407页。

第六章 / 非法性别重置手术的刑法规制

性别重置手术作为跨性别序列医疗的重要组成部分，是对跨性别者性别转换或性别肯定需求的最有效回应，在缓解跨性别者性别烦躁、改善其生活质量等方面具有不可替代的重要作用。性别重置手术被称为“性别工程”，因技术难度大、风险高且涉及重大伦理风险而被规定在国家限制类医疗技术之列。一方面，手术的序列性决定了医学层面的问题复杂性。完整的手术表现为一系列多类别手术的组合，同时包括术前准备与术后护理过程中的激素治疗等。另一方面，手术目的和内容的特殊性引发了与性别相关之权利基础的法律思考。手术带来了之于生命伦理、性别管理秩序、法律制度体系等的一系列冲击，因涉及跨性别者在公法、私法领域的法律地位确定及权利保障和行为规制，关于手术的法律规范体系构建至关重要且迫在眉睫。对性别重置手术所涉及的刑法问题予以解决，是其法律规范体系当中不可或缺的部分。对手术相关之医事犯罪问题的解决构成医事刑法的重要内容，同时，因性别转换而随之产生的对传统犯罪构成理论及刑事司法与执法的挑战，是要一并解决的衍生性刑法问题。

第一节 医学认知基础：性别重置的内涵与现状考察

一、性别重置的内涵及发展

性别重置与“性别”及其一系列衍生概念密切相关，决定了对相关基础概念及背景知识进行考察的认识前提。由于认识主体的观念与认知区分、社会制度与文化的建构差异、不同语言环境的习惯及翻译差别，性别重置相关的概念使用一直以来处于颇为随意的状态，同意不同词的现象凸显[①]，且随着科技的发展进步，顺应人们的认知深度及研究需要，相关新概念不断涌现。因此，对相关概念的系统梳理并厘清是对性别重置的理解前提，需要以对“性”与“性别”的认识为基础、“跨性别”与“顺性别”的理解为核心、“性别不一致”“性别烦躁”的本质把握为根本，对性别重置之医学核心问题予以厘清，这是规范体系合理建立的医学认知基础。

（一）基础维度：性与性别

性与性别是紧密联系又不完全相同的历史概念，其内涵及理论的发展均起因于广泛的社会变迁及人类的发展与需求，体现了根植于特定社会和文化思想土壤的理论特性，一方面，逐渐体现内涵的多元化与包容性，如生理性别、社会性别、心理性别等；另一方面，探索的开阔视野促成了理论学科和领域的流变性与综合，如由生物学、医学发展至涉及政治、社会、历史等多领域的议题与学科视角。涉性别理论的萌芽及发展与启蒙运动、法国大革命、工业革命等重大变革，尤其与其中的女性主义的发展密切相关。[②] 因此，聚焦西方社会语境的考察是自然的探寻路径。具体而言，性别理论源起于女性主义对女性受压迫根源的思考，随着西方历史上三次女性主义运动浪潮而不断发展。1949 年，在质疑父权社会及男性主导权力体制的第二次女性主义浪潮中，法国作家西蒙娜·德·波伏瓦作为代表人物直击女性相较于男性的“他者”身份，揭示了女性的“第二性”地位是由社会文化所造成的现象，其强调女性气质的后天造就特征的思想，凸显了性别的社会与文化建构本质，对女性主义与性别研究有着重大的推动意义。[③]1970 年，美国作家凯特·米利特受其影响，在《性政治》一书中引用并阐述了罗伯特·斯托勒有关“sex”和“gender”区分的观点[④]，并以此为基础剖析了男权制对女性的统治路径，揭示了“女性气质”这一概念中的歧视性思想。

自此，sex 和 gender 的区分成为女性主义与性别研究的理论依据和出发点，

① 例如，将“sex”一词翻译成“性”、“性别”或“生理性别”，将“gender”翻译成“性别”、“性属”或“社会性别”等的不同情况，代表着译者不同的文化知识背景及观点和意图上的差异。

② 参见赵赟：《西方女性主义的诞生背景与三次浪潮》，载《哈尔滨学院学报》2023 年第 3 期。

③ 参见［法］西蒙娜·德·波伏瓦：《第二性》（Ⅰ），郑克鲁译，上海译文出版社 2011 年版，第 9 页。

④ See Stroller R. J., *Sex and Gender: On the Development of Masculinity and Femininity*, Hogarth Press, 1968, p.xxi.

gender 的概念和理论更是核心部分。与 gender 一词产生之初的极端社会建构论的立场不同，西方女性主义者对 sex 和 gender 二者关系的认识和探讨逐渐深入，从最初的二元对立与割裂逐渐走向二者的相互作用与成就，消解 sex 与 gender、男性与女性的二元对立成为所有性别理论一致的目标追求，体现了西方后现代主义的前沿思想。1976 年，法国哲学家米歇尔·福柯在《性史》一书中关于性是社会和历史建构的观点，使之被认为是颠覆二者关系的第一人；1990 年，美国哲学家朱迪斯·巴特勒在《性别麻烦：女性主义与身份的颠覆》一书中彻底反转了 sex 和 gender 对立的观点，强调了 sex 与 gender 同样的文化建构本质。①

对 sex 和 gender 之间关系的梳理，有助于对概念本身的准确性认识，更对英文之于中文翻译的适切性与合理性起到积极作用。结合中文语境及语言习惯，"sex—性" 和 "gender—性别" 的对应翻译相较于 "sex—生理性别" 和 "gender—社会性别" 更显周全，这既体现了性别是具有复合构成的以自然为基础的社会概念，是相对便捷的语义分析工具选择，同时符合中文语义本身的丰富性和包容性特点。② 具体而言，性（sex），指人的生物学特征或生理上的事实，包括性染色体、性腺、生殖器等的特征表现。性别（gender），是包含个体自然属性和社会属性的综合概念，既包括文化赋予每一性别的 "应然" 的共有特征，即一般意义上的 "性别角色"，又包括每一个体在社会化过程中形成的 "实然" 的具体层面的性别表现。③ 一方面，以自然属性的差异为基础，即 "生理性别"；另一方面，强调社会文化环境影响与建构的表现，即 "社会性别"。

在个体的社会化过程中，受一系列主客观影响，可能出现个体的社会性别表现不符合其 "性别角色" 的情况，即生理性别与社会性别出现了错位。如生理性别是男性，文化据此赋予的性别角色为男性气质，但个体却表现为女性气质并持续，此时个体关于自身性别的主观认识和理解就尤为重要，即心理性别，指个体在社会化过程中逐渐形成的，在心理上对自己的生理性别是否认同的观念，构成 "性别" 概念当中不可或缺的心理学解释部分。心理性别与社会性别密切相关，但生

---

① 参见[美]朱迪斯·巴特勒：《性别麻烦：女性主义与身份的颠覆》，宋素凤译，上海三联书店 2009 年版，第 2、10 页。

② 国内学者对于中文翻译的不同观点，参见梁小燕：《马克思主义阶级与性别理论》，人民出版社 2017 年版，第 1 页。刘思谦、屈雅君等：《性别研究：理论背景与文学文化阐释》，南开大学出版社 2010 年版，第 199 页。

③ 参见周运清主编：《性与社会》，武汉大学出版社 2005 年版，第 11 页。

成逻辑与解释视角不同，[①] 前者作为性别认同的主观认知层面，是能否接受性别重置手术医疗的核心评估内容。

结合生活实际，个体出生后会“获得性别”。此时涉及个体性别确认的方法或依据选择。以个体的生物属性或生理性别为依据是一直以来的常态标准，即以性染色体、性腺、生殖器等为依据的生物学判定方法。通常情况下这三方相一致，即个体的性染色体决定着相一致的性腺、生殖器的发育和外观形态。因此，以外生殖器作为直观依据判断个体性别是生活中的一般做法，也是个体出生获得性别的主要方式。[②] 但存在两种特殊情况，一是心理层面的，即个体的心理性别与生理性别不一致，此时生物学判定方法遭遇困境，以个体的自我性别认同为依据进行性别判定的心理学方法成为重要补充。二是生理层面的，包括染色体异常（真两性人）和性腺、生殖器异常（假两性人）。前者包括染色体为 XXY 的“双性人”、XO 的“无性人”，后者主要指染色体正常但表现出双性特征且倾向于染色体异性的外生殖器发育。此时存在生理特征的模糊与判定不能，同样涉及心理学方法的选择问题。[③]

（二）核心维度：跨性别和顺性别

现象作为实然的客观存在，总是先于人为建构的概念而存在。生理性别与心理性别的不一致现象早已有之，但最早是受到医学领域的关注，源于性科学对同性恋、异装癖等现象的研究，相关行为被认为是心理或精神疾病，称为易性症（transsexualism）。这符合人们对性与性别自生物学、医学起始的认知规律和顺序。为解决这一“病症”，通过医疗手段改变生理特征以与性别认同相一致即成为有效的应对方案，这也是“变性手术”早在 20 世纪 20 年代就有先例的原因，自然地，“变性人”是一个在医学和心理学领域相较于“跨性别”起源更早的表达。

随着人们对性别问题的认识与探索，跨性别、酷儿（queer）等涉性别的概念和理论逐渐形成，体现出融社会学、政治学等的综合性特点。1965 年，德国精神病

---

① 有部分学者并未区分二者差异而当作同一概念使用，参见杨丹：《尖端医疗领域刑法理论及立法对策研究》，法律出版社 2016 年版，第 247 页。后续文中在引用他人观点时，可能出现二者共用的情况。

② 这个过程即被人为赋予了一个特定的性别，是“被指派性别（assigned sex/gender）”这一衍生概念的产生由来。因被指派性别通常以外显的生理性别为依据，所以一般情况下个体的被指派性别同生理性别。

③ 医学实践中因此出现“被指派性别”与染色体性别或心理性别不一致的情况，造成个体的生活窘境及心理创伤。这同样是周全的性别管理秩序的应然探讨范畴。

学家约翰·奥利文首次将生理性别与社会性别不匹配的现象描述为“transgender”(跨性别),因其与“常态”不符而被认定为一种“异常的精神疾病”,具有这种“症状”的人群被称为“跨性别者”。为了这种“异常现象”的研究需要,两种性别相一致的“常态”也有了被命名的必要。1994年,美国生物学家德富赛用“cisgender”(顺性别)一词作为性别认同与生理性别相一致的非跨性别现象的指称,后该词被《牛津词典》《韦氏词典》先后正式收录,这类群体即被称为“顺性别者”。①

跨性别的定义经历了由宽泛到细化的发展过程,且学界的认知不甚一致。广义的跨性别是指除异性恋之外的与性倾向(sexual orientation)、性别表达(gender expression)、性别认同(gender identity)等相关的所有“非常态”的跨越社会或生理性别的现象,跨性别者被认为是“生活在规范的性与性别关系之外的人群”,包括易性者(transsexual)、异装者(transvestite)、男扮女装者(drag queen)、暂时女性(passing woman)、两性人(hermaphrodite)、硬汉式男角女同性恋者(stone butch)、性别犯规者(gender outlaw)等,共同的特质是对于性或性别分类的模糊或无视。②广义的概念实际上并没有区分与性相关的“非常态”的不同现象及动因类型,而是将其都归于“性少数/边缘群体”,这并不利于对每一类现象的清晰认识和群体的权利保障。如同性恋者是以性倾向进行的划分,易性者是以性别认同进行的分类,异装者则是一种性行为手段或方式的异常类型,两性人是从生理特征的角度进行的评价,而易性者、异装者虽然都有着异于自身生理性别的性别表达,但背后的动因却截然不同。

随着概念的细分,跨性别采狭义界定,与顺性别的概念划分以性别认同为标准。依据联合国教科文组织发布的《国际性教育技术指导纲要(修订版)》的规定,跨性别者(transgender),即指内心认同的社会性别(性别认同)不同于出生时被指派的生理性别的个体,具体包括三类情况:跨性别男性(transgender man),即生理性别为女性而性别认同为男性,又称女跨男(female to male);跨性别女性(transgender woman),即生理性别为男性而性别认同为女性,又称男跨女(male to female);性别酷儿(genderqueer),是对社会性别之男女二元观念的最直接和最有

① 参见周培勤:《性别顺应:生理性别和社会性别的匹配研究及启示》,载《江海学刊》2020年第3期。

② 参见[美]葛尔·罗宾等:《酷儿理论》,李银河译,文化艺术出版社2003年版,第147页。

力对抗的产物，在性别认同方面存在几种可能形态，包括认为自己既非男性又非女性，或既是男性又是女性、性别处于男性和女性之间、完全拒绝任何"性别"等。在跨性别者中，希望或已经通过医学干预改变生理特征以与心理性别相一致的个体，称为变性者或易性者，[①] 是性别重置手术的高相关对象。由于并非所有跨性别者都愿意接受性别重置手术，因而跨性别者是更广义的概念，且并非医学领域的专门术语而是融合了社会学的概念性质。

在此基础上，学界在论及性少数群体时，习惯笼统地使用"LGBT"、"LGBTI"或"LGBTIQ"，即 lesbians（女同性恋者）、gays（男同性恋者）、bisexuals（双性恋者）、transgender（跨性别者）、intersexuality（双性人）、queer（酷儿）。虽然此时跨性别者采狭义概念，使得各概念指称都更加具体、准确，但以"性少数群体"统称仍然存在分类标准不同、涵盖范围不全的问题，极其容易忽略其中跨性别者和双性人所具有的特殊问题，尤其是他们在性别变更方面的特殊需要。[②]

（三）本质维度：性别不一致和性别烦躁

跨性别最初被认为是一种病理现象，"易性症"被归于精神障碍范畴，这在人们的认知和医疗实践中持续了相当长时间。世界卫生组织制定的《国际疾病分类》（International Classification of Diseases，ICD）、美国精神医学学会出版的《美国精神疾病诊断和统计手册》（The Diagnostic and Statistical Manual of Mental Disorders，DSM）是国际上较为权威的疾病分类与诊断依据。1979 年，美国内分泌学家和性学家哈里·本杰明成立哈里·本杰明国际性别焦虑协会，后于 2007 年更名为世界跨性别人士健康专业协会，这是一个专门致力于跨性别者健康的非营利、跨学科国际专业教育组织，其制定的《健康护理标准》（Standards of Care，SOC）对跨性别者的诊断、手术、健康护理等有着非常重要的参考价值。上述医学规范对跨性别的相关概念表述、性质认定，代表着人们的认知水平及发展变化走向。

1979 年，ICD-9（数字表示修订版本，下同）将性偏差（paraphilia）更名为性

---

① 参见联合国开发规划署、中华女子学院：《跨性别者性别认同的法律承认：中国相关法律和政策的评估报告》，载平权在线网，https://www.equalityrights.hku.hk/_files/ugd/7569fd_2e55f600ffac44ed977a0b3c9ca04783.pdf。

② 参见朱颖娇：《日本性别变更制度研究——〈性同一性障碍特例法〉的制定与相关课题》，载肖盼晴主编：《日本法研究》（第 6 卷），延边大学出版社 2020 年版，第 106~107 页。

障碍和偏差（sexual disorders and deviations），易性症作为其中一类首次出现在诊断名称当中，明确了跨性别的病理现象性质。1980 年，DSM- Ⅲ（罗马数字表示修订版本，下同）将性别认同障碍（gender identity disorder）纳入疾病诊断分类中并沿用至 DSM- Ⅳ。1992 年，ICD-10 将性障碍和偏差更名并分为性别偏好障碍（disorders of sexual preference）和性别认同障碍（gender identity disorder）。我国于 2001 年编制的《中国精神障碍分类与诊断标准（第三版）》(The Chinese Classification of Mental Disorder，CCMD-3）即是在同时借鉴 ICD 和 DSM 诊断结构的基础上形成，保持了相统一的观念及诊断标准，将易性症归于性身份障碍。[①]2010 年，世界跨性别人士健康专业协会发布《关于对性别多元去精神病化的声明》，指出性别特质的表达、性别认同并非刻板地与出生时指定性别相关联，这是非常常见的人类文化多样性的现象，不应该被判定为与生俱来的病态或负面影响。[②]2012 年，世界跨性别人士健康专业协会制定的 SOC-7（数字表示修订版本，下同）出版，对性别不一致（gender nonconformity）和性别烦躁（gender dysphoria）进行了区分，概念表述更加客观性与包容性。[③]

2013 年，DSM- Ⅴ将性别认同障碍更改为性别烦躁，[④] 向跨性别的去精神病化认知迈出了第一步。从英文单词的含义即可清晰地感知变化，前者将 gender identity 本身认定为 disorder，后者则更关注因 gender 而产生的 dysphoria，即因性别不一致而产生的继发性烦恼或不安，关注重点明显后移体现出“性别认同本身并非疾病”的观点转向。2018 年 6 月 18 日，世界卫生组织公布了最新版 ICD-11，将跨性别相关内容直接从精神和行为障碍（mental and behavioural disorders）列表中删除，并以性别不一致（gender incongruence）的完全客观的事实描述替代了性别认同障碍的医学评价表达而归入性健康状况（conditions related to sexual

① 参见贺莹、彭会清、崔夕龙、陈晓岗：《“性别不一致”去精神病化的思考》，载《医学与哲学》2021 年第 11 期。

② See Transgender Mental Health：*WPATH Releases De-Psychopathologisation Statement on Gender Variance*，Transgender Mental Health（May 26，2010），https：//tgmentalhealth.com/tag/wpath/.

③ See The World Professional Association for Transgender Health：*Standards of Care for the Health of Transsexual*，*Transgender*，*and Gender-Nonconforming People*，WPATH（Jul.20，2012），https：//www.wpath.org/media/cms/Documents/SOC%20v7/SOC%20V7_Chinese.pdf.

④ 参见邓明昱：《性别苦恼的临床研究新进展（DSM-5 新标准）》，载《中国健康心理学杂志》2016 年第 10 期。

health）的新增章节，易性癖的表述不再使用，是正式去病理化的体现。①DSM-Ⅴ和ICD-11仍保留性别不一致和性别烦躁的诊断，为持续提供跨性别者所需的医疗服务及将此纳入医保范围奠定基础。②

2022年3月，关于DSM-Ⅴ的“Test Revision”公布，即DSM-Ⅴ修订版（DSM-Ⅴ-TR），包括修订文本、新参考文献和诊断标准澄清，③其中对性别烦躁的相关概念和内容进行了说明，在进一步厘清sex和gender基本含义的基础上，丰富了性别重置手术的内涵，体现了由生理层面的单一考量向综合的社会概念的转变，如将跨性别医疗程序（cross-sex medical procedure）转变为性别确认医疗程序（gender-affirming medical procedure），将变性手术（sex reassignment surgery）认为是一个历史上的变性者（transsexual）寻求性别转换而进行治疗的过程。④这对我国深化对性别重置（手术）的认识有着积极意义。

从医学及规范的狭义角度，性别重置手术即过去所称的“变性手术”，是我国的一项限制类医疗技术，以切除原有性器官并重建新性别的体表性器官和与之相匹配的第二性征的序列外科手术为内容，目的是使手术对象的生理性别与心理性别相符。⑤此时手术名称中的“性别”仅指生理属性。实际上，因手术既涉及技术、内容等极为复杂的医学过程，又涉及手术对象的社会性别转换、法律地位确认、权利保障及行为规制等一系列与生理性别密切相关的社会与法律事务，这均反映出其“系统工程”的本质属性。因而，对性别重置的理解当随概念发展及现实需求而丰富，生理特征的改变与社会性别的变更均应纳入其中，此时“性别”更体现为“gender”的意涵。同时，因并非所有的变性者都需要性别二元论前提下的彻底性别转换，即从一种性别“重置”为另一种性别，而是仅寻求某一性征的部分改变，形成处于男女两种性别之间的中间/模糊状态的结果。此时性别重置的表述不仅

---

① See World Health Organization: *International Statistical Classification of Diseases and Related Health Problems（ICD-11）*, WHO（Sep.25, 2022）, https://www.who.int/standards/classifications/classification-of-diseases.

② 参见贺莹、彭会清、崔夕龙、陈晓岗：《“性别不一致”去精神病化的思考》，载《医学与哲学》2021年第11期。

③ 参见《DSM-5-TR的一些变化》，载心理学空间网2022年3月14日，https://www.psychspace.com/psych/viewnews-15879。

④ 参见症状网络：《DSM-5-TR对“性别烦躁”的诊断与补充 | 文献导读》，载微信公众号“症状网络Symptoms Network”2022年4月5日，https://mp.weixin.qq.com/s/XPGHQmQLqs2oNPdGXig3lA。

⑤ 参见《国家限制类技术目录和临床应用管理规范》（2022年版）中的《G05性别重置技术临床应用管理规范》。

隐含着性别二元论的默认前提，而且不能准确和全面地描述跨性别现象及跨性别者的需求，因此出现了性别肯定手术（gender affirming surgery）的概念，即给予个体一个肯定自己的方式，是更加包容、温和、准确的表达。

立足跨性别医疗之序列性的广义角度，性别重置手术仅是跨性别医疗活动的一种，完整的医疗应对体系被称为跨性别序列医疗，是包括基础关怀、诊断体系、心理支持、激素应用、手术和术后护理，以及相关疾病的预防与支持在内的循序渐进的过程。但这并不要求每一位跨性别者都必须完整地接受全部流程，而是由跨性别者根据自身需求进行选择。[①] 当前，世界范围内越来越多地使用“gender affirming care”的表述，即“性别肯定护理”，指为跨性别者提供的包括精神健康护理、医疗保健、社会服务等一系列相关医疗护理服务的统称。一方面，在情感色彩上，“care”这一更温和的措辞，更直接地体现了对跨性别现象的去病化观点与人性化关怀；另一方面，在语义内涵上，“gender affirming care”涵盖更广泛的医疗护理项目，更符合跨性别医疗的序列性和系统性的本质，将所需整体的、多学科的方法总和予以包容，是对跨性别者更加全面、科学的关照体现。

综上所述，无论是由“易性症、性别认同障碍”到“性别不一致、性别烦躁”的诊疗标准变化，由“变性”、“性别重置”到“性别肯定”的医学术语调整，抑或是由“单一手术探索”到“涵盖心理支持、激素治疗、术后护理等的序列医疗体系形成”，无不体现了对跨性别现象更加深入与准确的认知发展，以及破除二元性别观念限制，更加包容与科学的医疗应对转向。

二、性别重置手术的实施及困难

（一）历史沿革：手术的实践探索

世界范围内的性别重置手术探索始于20世纪20年代的德国。最早的手术源于1918年一位维也纳医生乌根·斯登拉克的报告，其记录了1912年于柏林进行的一例不完全的“女变男”手术。[②] 德国性学家马格努斯·赫希菲尔德被称为“跨性别治疗之父”，其于1919年和同事在柏林建立了性科学研究所，这是世界上

---

① 参见袁霞：《性别议题的多维度视角——〈加拿大文学中的性别与性：劳特里奇简介〉述评》，载《外国文学》2024年第4期。

② 参见刘国生：《变性人的发展历史及其现状》，载《中国性科学》2006年第9期。

第一个性学研究所。[①]研究所内第一个有记录的手术是在该研究所的一名雇员多拉·里希特身上进行的，里希特先于1922年做了睾丸切除术，后于1931年做了阴茎切除术和阴道成形术。1930年至1931年，荷兰画家莉莉·艾伯进行了"男变女"手术，艾伯可以说是该研究所最著名的"病人"，其间共经历四次手术，1931年进行了最后一次的子宫移植手术，不幸的是，艾伯因手术引发败血症于第二年去世。1933年，研究所遭到纳粹分子摧毁，手术发展陷入停滞。囿于医疗技术水平，最早实施的手术并非完全的，通常只是简单地将生殖器官切除，术后的恢复和护理也不尽如人意，鲜有科学的、完善的医学规范和法律规制。同时，当时的医学认知并未将同性恋、易性癖与易性症完全区分，最早多是因关注同性恋现象开始，并未严格区分性倾向、性别表达和性别认同的不同情况。

20世纪50年代之后，随着更多的公开报道，跨性别现象与性别重置手术较普遍地进入公众视野，出现了更多接受手术的知名跨性别人士。1952年，美国人克里斯汀·乔根森到丹麦接受了"男变女"手术，包括激素治疗和几次外科手术，成为第一个接受手术的美国人。随着《纽约时报》和《纽约每日新闻》对乔根森故事的公开报道，美国社会开始对跨性别运动给予极大关注。[②]前述世界跨性别人士健康专业协会的创立者哈里·本杰明是德裔美国内分泌学家和性学家，1913年，本杰明搬到纽约市，成为美国第一个积极为跨性别者进行激素治疗的医生。[③]本杰明是激素和手术治疗的坚定支持者，其认为心理或精神分析疗法并不能有效缓解性别不一致带来的焦虑，更明智的方法是改变身体以适应个体自我感知的性别。这可以说是非常开放且先进的医学观念和认知。因当时在美国没有医生公开进行此类手术，本杰明仅给跨性别者开具激素治疗处方，并建议他们去国外看外科医生以寻求手术帮助。正因对跨性别者困境的同情，本杰明在易性者中赢得了声誉，并以其医疗干预的开创性作用而闻名。其为跨性别者制订的护理标准SOC已成为世界各国关于变性/跨性别者的正式心理诊断依据和医疗指导方案。

中国首例性别重置手术是1983年由北京医学院附属第三医院原整形外科主任王大玫教授所实施的，但只作为内部医学课题而未被公开报道。1990年，整形

---

① See Jasmine Bhinder, Prashant Upadhyaya: *Brief History of Gender Affirmation Medicine and Surgery*, *Urological Care for the Transgender Patient*, Springer Nature Switzerland AG, 2021, p.251.

② See Christine Jorgensen, *Christine Jorgensen: A Personal Autobiography*, Bantam Books, 1967, p. 105.

③ See Jasmine Bhinder, Prashant Upadhyaya: *Brief History of Gender Affirmation Medicine and Surgery*, *Urological Care for the Transgender Patient*, Springer Nature Switzerland AG, 2021, p.252.

外科专家何清濂教授在上海长征医院为一名27岁的男性实施的"男变女"手术，是我国第一例公开报道的性别重置手术。因这位"特殊患者"的求助，当时年过六十的何清濂教授选择踏入变性手术这一备受争议的领域，发现了易性症者这一特殊群体，为他们施行手术共计1700多例，被誉为"中国变性手术之父"。由于观念影响、认知差异、医疗技术等因素限制，国内对跨性别/变性者的关注不足，相关群体在国内社会的可见度极低。一方面，有关跨性别者和性别重置手术的相关信息和数据的隐性程度高，体现在公开报道较少、相关数据的专业性梳理不足、医学领域的大范围随访调研困难等；另一方面，跨性别者想要得到正规、专业的医疗服务难度较大，存在供需严重失衡乃至"求医无门"的现象。

据联合国统计数据，亚太地区约有0.3%的人口是跨性别者。按照这个比例计算，在中国，跨性别群体就有约400万人。但是在中国，只有5%的性少数人士公开了他们的性身份。《2017年中国跨性别群体生存现状调查报告》显示，跨性别女性和跨性别男性的手术需求分别达77.8%和56.2%，但仅有14.8%进行过性别重置手术。类似的，在激素治疗需求方面，跨性别女性和跨性别男性的需求分别是88%和71%，其中仅有6%的人对目前国内激素治疗情况表示满意。[①] 由于性别重置手术对医疗机构和医师有特殊的资质和审核要求，全国能够开展手术的医疗机构屈指可数，造成手术的实施门槛较高。以河南省人民医院为例，除在2000年前后做了河南省内的第一例男变女、女变男的性别重置手术之后，至今未再有性别重置手术记录。现阶段国内跨性别者能够获得相关医疗保健服务的比例较低，精神卫生服务、性别肯定激素技术和性别重置手术治疗服务不完善，可及性差。[②]

国内能够承担性别重置手术且技术、设备等较为成熟的医疗机构，以中国医学科学院整形外科医院（北京八大处整形美容医院）、北京大学第三医院、上海第九人民医院、北京协和医院、西安国际医学中心医院整形医院等为主。其中，北京八大处整形美容医院是国家公立三级甲等整形外科专科医院；西安国际医学中心医院整形医院的郭树忠教授二十余年致力于性别重置手术的医学研究和实践，并

---

① 参见《至今缺少指南共识，这群中国医生30年摸石头过河》，载搜狐号"丁香园"2022年5月17日，https://www.sohu.com/a/547964638_296660#:~:text=%E6%8D%AE%E8%81%94%E5%90%88%E5%9B%BD%E7%BB%9F%E8%AE%A1。

② See Weiming Tang, Willa Dong & Xi Huang, *Addressing Unmet Health Needs Among Chinese Transgender Individuals*, 18 Sexual Health 195(2021).

积极探索达芬奇机器人等高新科技的手术应用；① 北京大学第三医院整形外科潘柏林教授于 2016 年着手创建了中国第一支跨性别序列医疗团队，整合了心理咨询科、内分泌科、生殖医学、耳鼻喉科、普通外科、整形外科等领域的医疗资源，为跨性别者提供序列医疗支持。

（二）实施条件：手术的医学规范

以 DSM 和 ICD 为医学根据，在将性别不一致确定为精神疾病的情况下，国际上长期以来以“易性症的确诊”作为性别重置手术的前提。在此逻辑下，极易推导出“扭转治疗”（conversion therapy）的正当性，甚至将其作为手术的前置性程序。扭转治疗最早被用于治疗同性恋以改变性倾向，后用于治疗跨性别者以改变性别认同，其理论基础即认为性少数状态是一种后天形成的疾病，可以通过后天的方式进行干预治疗。例如，心理或精神科医生坚持易性症的心理疾病定性，认为心理治疗是对症方案而非手术；② 或者认为即使手术也应当在穷尽心理治疗可能的前提下进行。精神疗法是早期美国对易性症者的最推荐疗法，以改变精神使其与生理特征相适应为目的，因此不乏药物、催眠甚至电击等严重伤害个体身心健康的“治疗”方式被普遍应用。本杰明早在 1948 年就提出了对精神疗法的怀疑。美国心理学会通过长期的记录证明，扭转治疗非但无效，而且会增加患者的焦虑、抑郁甚至自杀风险。目前，世界范围内的一些国家和地区已经明确禁止实施扭转治疗。③

国际上关于性别重置手术的医学规范，主要以 ICD、DSM 的诊断标准和 SOC 的护理标准为参考依据。SOC-7 对性别重置序列手术的不同类型规定了相应的标准和要求，包括乳房 / 胸部手术、生殖器手术及其他非生殖器、非乳房手术。性别重置手术应遵循基本一致的条件和资格要求：其一，属于持续且确定诊断的性别烦躁；其二，具备作出充分知情决定和同意接受治疗的能力；其三，达到某一国家的法定成年年龄（若年龄较小，则依循 SOC 中有关儿童和青少年的规定）；其四，如果存在显著的医疗或心理健康问题，它们必须得到相当良好的控制。术前

---

① 参见西安国际医学中心医院：《性别重置，这跨越的不仅仅是……》，载西安国际医学中心医院 2022 年 6 月 14 日，https://www.imc-xa.cn/detail-5481.aspx。

② 参见任慧、李敏：《变性手术的法律分析》，载《太原师范学院学报（社会科学版）》2009 年第 2 期。

③ 参见吕克：《法媒：法国禁止“同性恋扭转治疗”并将其定为犯罪》，载百家号“环球网”2022 年 1 月 27 日，https://baijiahao.baidu.com/s?id=1723061813671730260&wfr=spider&for=pc。

是否需要进行连续的激素治疗、具备与个人性别认同一致的性别角色生活体验则是根据所实施的具体手术类型予以决定。

我国关于性别不一致与性别重置手术的医学规范，主要涉及对性别不一致的诊疗标准和对性别重置手术的管理规范两方面，从近年的变化来看，呈现认知与观念的包容发展和与国际接轨的态势，但并不彻底。在诊疗标准方面，CCMD-3因出台时间久远，诊断分类标准与新的 ICD-11 和 DSM- Ⅴ相差很大，已逐渐被淘汰且被认为无再出修正版的必要。2020 年，国家卫健委办公厅印发《精神障碍诊疗规范（2020 年版）》，提到了 DSM- Ⅴ对性别认同障碍的表述转变，但仍然坚持了总体病理化的观点立场，并没有区分性别不一致和性别烦躁的差别。

在性别重置手术的管理规范方面，我国出台了关于限制类医疗技术的行业规范。2009 年，原卫生部办公厅印发的《变性手术技术管理规范（试行）》（已失效），是我国第一部较为系统的相关医学规范，对实施变性手术的医疗机构、医疗人员、技术管理等进行了较为严格的规定；2017 年，原国家卫计委办公室印发《性别重置技术管理规范（2017 年版）》（已失效），最明显的变化就是表述和称谓的调整，并删除了关于手术对象性倾向的条件要求；2022 年，国家卫健委办公厅印发《国家限制类技术目录和临床应用管理规范（2022 年版）》，其中的《性别重置技术临床应用管理规范（2022 年版）》进行了部分内容和表述的修改，在一定程度上反映了易性症的去病理化观点导向（见表 6-1）。其中，将“术前接受心理、精神治疗”的前置条件删除，是对性别不一致非精神疾病的认可体现，亦是避免“扭转治疗”医疗实践的考量；将手术对象的年龄由 20 岁调低至 18 岁，降低了手术的启动标准；将医院出具相关诊疗证明的要求由“完成符合转换性别后的外生殖器重建手术后”降低为“完成符合转换性别后的生殖器及性腺（睾丸、卵巢）切除手术后”，为手术对象术后的性别变更提供便利。

表 6-1　关于性别重置技术的管理规范及重要内容变化对比

对比内容	管理规范		
	《变性手术技术管理规范（试行）》（已失效）	《性别重置技术管理规范（2017 年版）》（已失效）	《性别重置技术临床应用管理规范（2022 年版）》
名词表述	变性手术	性别重置手术	性别重置手术
	易性癖患者	手术对象	手术对象

续表

对比内容	管理规范		
	《变性手术技术管理规范（试行）》（已失效）	《性别重置技术管理规范（2017年版）》（已失效）	《性别重置技术临床应用管理规范（2022年版）》
术前提交材料	易性癖病诊断证明，性取向的指向为异性，无其他心理变态	易性症诊断证明	易性症（性别焦虑，或性别不一致）诊断证明
	患者本人要求手术的书面报告，并进行公证	手术对象本人要求手术的书面报告，并进行公证	手术对象本人要求手术并经本人签字的书面报告
	无在案犯罪记录证明		
	患者提供已告知直系亲属拟行变性手术的相关证明	手术对象提供已告知直系亲属拟行性别重置手术的相关证明	手术对象提供已告知直系亲属拟行性别重置手术的相关证明
术前的治疗要求	术前接受心理、精神治疗1年以上且无效	术前接受心理、精神治疗1年以上且无效	无
年龄要求	年龄大于20岁，是完全民事行为能力人	年龄大于20岁，具备完全民事行为能力	年龄满18岁，具备完全民事行为能力，有能力完成性别重置序列治疗
医院出具相关诊疗证明要求	变性手术后	完成符合转换性别后的外生殖器重建手术后	完成符合转换性别后的生殖器及性腺（睾丸、卵巢）切除手术后
婚姻状态要求	未在婚姻状态		

（三）现实困境：手术的实施与保障困难

因国内医疗资源有限且药物监管严格，跨性别医疗呈现脆弱、不稳定且风险交织的困境。正规医疗资源匮乏且把关严格，预约就诊或手术的等待周期漫长，诊断和手术门槛高；非正规医疗反而满足了更广泛的社群需求，但因“灰色渠道”的鱼龙混杂而使得医疗稳定性差且各种风险交织。这在一定程度上加剧了跨性别者的负面情绪和精神危机。根据2020年上海交通大学第九人民医院整形外科张一凡团队一项对1309名中国跨性别者的调查，有自杀念头的终身患病率为56.4%（732/1298），自杀未遂的终身患病率为16.1%（209/1298）。家庭支持和社会接受可以大大帮助跨性别者。①

一方面，国内性别重置手术的启动和实施相对困难，医疗实践中存在手术的高需求率和低满足率的矛盾。2017 年，国内首次开展了全国范围内跨性别群体生存现状的定量调研，数据显示超过样本数量 2/3 的跨性别者曾经历不同形式和程度的性别烦躁，这是对前述伴随心理、精神问题高占比结论的印证。在调研所获得的 2060 份有效问卷中，51% 的受访跨性别者有对手术的需求，但总体仅有 14.8% 的受访者进行过手术，其中高达 89.1% 的手术需求者称因某种原因无法手术。② 一是源于深层次的文化偏好与观念制约，跨性别者极易受到来自家庭的不理解及来自工作、医疗等社会环境的歧视。其中，家庭对性少数群体的接受程度最低，即使是在“90 后”占比 77% 的受访群体中，不能接受自己的孩子是跨性别或间性人的比例也高达 2/3。③ 二是受制于现实经济社会的发展和医疗规范的制约，目前我国对跨性别者的医疗资源供给不足，手术及相关跨性别医疗未纳入医疗保险支付范围，这对个人经济状况是极大的考验。例如，跨性别者在父母等直系亲属坚决反对的情况下，很可能因无法提供直系亲属知情的证明材料、难以负担治疗费用而无法获得手术等医疗帮助，甚至很可能遭遇来自家庭的不理解甚至言语辱骂、身体暴力、强制扭转治疗等，对跨性别者更是难以名状的巨大伤害。

另一方面，变性者的术后护理与权利保障不够充分。一是手术治疗的完整性与规范性难以保障。性别重置手术属于序列医疗，由三类手术和相关治疗共同组成，手术及术前术后的激素服用和护理都至关重要。手术条件、标准和术后护理等行业规定不明确、不完善甚至空白，极易导致医疗纠纷，医疗机构和手术对象均可能处于权利保障的真空。实践中普遍的非正规医疗选择给变性者带来了更大的风险。1992 年，在李某诉杭州整形医院的侵权之诉中，双方对手术成败标准产生争议。李某术后因阴道口出现肉环而无法进行性生活，其认为医院在人工阴道成形护理中未使用模具属手术不规范及疏忽行为，是导致手术失败的直接原因。法

---

① See Runsen Chen, Xuequan Zhu et al., *Suicidal Ideation and Attempted Suicide Amongst Chinese Transgender Persons: National Population Study*, 245 Journal of Affective Disorders 1126 (2019).

② 参见《16 岁跨性别女孩遭遇“性别扭转治疗”：被母亲送去注射、电击、循环羞辱》，载百家号“中国发展改革”2020 年 7 月 22 日，https://baijiahao.baidu.com/s?id=1672884018137964541&wfr=spider&for=pc。

③ 参见《联合国开发署发布中国性少数群体生存报告，家庭歧视最为严重》，载澎湃网 2016 年 5 月 18 日，https://m.thepaper.cn/newsDetail_forward_1470557。

院则以变性手术尚无统一规范标准为由而未予支持并驳回原告请求。①2007 年，韩某在接受男变女的变性手术后，出现胸部、尿道、阴道口疼痛等一系列不适，且同样因术后阴道成形护理未使用假体而导致阴道闭合，无法进行性生活。庭审中院方虽承认存在虚假宣传，从未有变性手术的医疗经历且不具备手术资质，但坚持韩某的术后症状均属于事先告知的手术并发症而非失误。后以院方向韩某支付 14 万元赔偿款而调解结案。②2004 年的高某某诉南京东方医院案则是关于手术条件的合同履行争议。院方以高某某未提供离婚证明为由暂缓手术，高某某则要求院方继续履行协议并将院方诉至法院。一审和二审法院分别持驳回和支持原告的不同观点，这正体现了规范不明情况下的观点争议。最终二审法院以"双方协议并未明确包含离婚相关文件"支持了原告的请求，以医院违约判决赔付高某某损失 5 万元。③

二是变性者的术后性别变更、法律地位确认没有明示指引。变性者在接受性别重置手术后涉及法律上的性别变更问题，法律登记性别与术后生理性别和心理性别相一致，是在现有规范及性别二元观念下其得以回归正常社会生活的重要基础，涉及就业、就学、医疗、婚姻等多领域的权利保障。目前国内规范与制度尚未给予跨性别 / 变性者足够关注，观念包容与规范指引的缺位极易导致其被不平等、不友善对待。2015 年，C 先生诉贵阳某体检中心的侵犯人格权案，是我国第一例跨性别就业歧视案。④ 贵阳某体检中心以跨性别者 C 先生"爱穿男装、形象与公司要求不符"为由，在其工作一周后将其辞退。法院认定被告公司以旷工为由解除劳动关系的行为违反《劳动合同法》的规定，但对原告诉被告基于跨性别身份歧视而行辞退之事未予认定。⑤2019 年，杨某诉杭州某文化公司的平等就业权纠纷案，是关于跨性别者平等就业权的国内第一案。杨某在接受性别重置手术后遭公司辞退，其认为公司基于性别歧视解除劳动合同的行为构成对其平等就业权的侵犯，遂向法院提起诉讼。但因杨某存在严重的违反公司规章制度的行为，无法证

① 参见李燕：《性别变更法律问题研究》，中国法制出版社 2014 年版，第 76~77 页。

② 参见张冯焱等：《五旬男子变性失败向医院索赔一百万》，载《郑州日报》2007 年 2 月 14 日，第 5 版。

③ 参见殷文静：《"南京第一变性案"有结果 当事人获赔 5 万》，载中国法院网 2005 年 5 月 18 日，https://www.chinacourt.org/article/detail/2005/05/id/162888.shtml。

④ 参见何霞：《就业性别歧视中"性别"概念的发展——基于美国立法和司法判例的研究》，载《反歧视评论》2019 年第 6 期。

⑤ 参见陈雷柱：《贵阳跨性别就业歧视案宣判：被告属违法辞退，但不认定是歧视》，载澎湃新闻 2016 年 12 月 31 日，https://www.thepaper.cn/newsDetail_forward_1590861。

实被告存在性别歧视且与解除劳动合同之间有因果关系，故一审、二审均未支持原告请求。[①]2019年，当当网与员工高某某的纠纷被誉为“变性人劳动争议第一案”。高某某因接受性别重置手术被公司以旷工为由解雇，在仲裁委裁决、一审判决结果均为双方继续履行劳动合同的情况下，当当网不服判决而提起上诉。最终二审法院维持一审继续履行合同的内容并以变更数额判决当当网支付高某某手术请假期间的工资报酬。因此案以劳动争议为案由而非就业权纠纷，并未就是否存在就业歧视予以确认。但当当网发给高某某的函件却言语攻击、侮辱与歧视尽显，如将高某某称作与“正常人”相对的“精神病人”，认为其一定会给其他“正常员工”带来恐惧、不安、伦理尴尬甚至“精神病人发作时”的严重权利侵害，并将制度与环境包容不足的矛盾强加于高某某身上，提出其作为变性人和“精神病患者”，不能使用男女厕所，这反映出对跨性别者污名化的情况普遍存在。北京市第二中级人民法院的判决尽显包容与关怀，体现了对新事物和多元化逐渐接受、宽容的观念导向，令人对未来更加包容的环境充满希望。[②]

第二节　法律规范之反思：性别重置的系统性规制不足

对于性别重置的规制，除手术本身之医疗技术的狭义层面，还应当关照与变性者术后社会生活密切相关的多领域，这涉及其术后身份与权利合法化的根本性问题，包括术后行政法领域的性别变更，民事法领域的就业、教育、婚姻等的平等权利，以及刑事法领域的权利保障与行为规制等。目前，国内关于性别重置的相关法律规范尚待完善，迄今为止在规范层面尚未出现“跨性别”一词，最新规定仍限于《2022年管理规范》的医疗领域部门工作文件，未给予跨性别者应有的专门性与系统性的明示保护，是观念上不够开放、包容在规范层面的直接体现与必然结果。具体而言，关于跨性别及性别重置，我国法律规范的现状及问题体现在以下几个方面：

---

① 参见浙江省杭州市中级人民法院民事判决书，(2020)浙01民终2725号。

② 参见北京市第二中级人民法院民事判决书，(2019)京02民终11084号。

一、现有规范专门性与系统性缺乏

我国关于跨性别和性别重置的现有规范数量少，专门性规范严重不足，尚未形成系统性的法律制度。现有法律体系尚无"跨性别"的表述，这正说明了传统观念之下仍未对跨性别者持"正视"态度的现状。在法律实践当中，通过查询"中国裁判文书网"，只在杨某诉杭州某文化创意公司平等就业权纠纷案中出现过"跨性别身份"和"性别认同与一般人不同"的表述。即使在极富包容性的北京第二中级人民法院关于当当网和高某某的二审判决书中，也仅出现关于高某某被诊断为易性症的内容，并未出现任何关于此现象之主体身份的界定表述。

一方面，现有的专门性规范仅体现在医疗领域的行业规范层面，包括《精神障碍诊疗规范（2020 年版）》和《2022 年管理规范》，但属于国家卫健委的部门工作文件，不仅效力层级较低，内容也不够全面和翔实，不能有效解决跨性别者的医疗需求问题。一是现有手术规范规定不完善，未明确手术成败的标准及术后的护理标准，未形成应有的护理制度，与性别重置手术的序列医疗性质不相符合。二是仅对性别重置的手术治疗予以规定，缺乏医疗服务的体系性与全面性，如心理咨询、激素治疗等，不符合性别重置与跨性别医疗的序列性和复杂性特点。

另一方面，除医学领域外，我国尚未出台关于跨性别者权利保障与行为规制的专门性规范或条款，而是以法律解释的路径实现相关问题的解决，同时尚未形成基于性少数群体的反歧视法律制度，多是局部性的如学校或工作单位的内部制度。在跨性别者的人权保障方面，以对"人权"概念的最低限度标准的界定，将性少数群体的权利纳入人权的当然范畴，从而得出我国所有保障人权的法律和政策均适用于性少数群体的结论，这从我国政府接受联合国普遍定期审议时的回应中可以得知。在这一原则之下，可以自然推导出以下结论，即《宪法》中规定的公民的基本权利和义务自然涵盖跨性别 / 变性者，民法等私法部门与刑法、行政法等公法部门关于公民的权利保护和行为规制亦是如此。①

此种方式虽有着"以不变应万变"的便捷，可以解决部分问题，但也因不够重视跨性别 / 变性者的特殊性而存在法律适用的普遍障碍，不予明示的一概而论的保护原则，极易出现规范冲突或规制真空，显然非长久之计和长远考虑。实践中

① 参见莫爱新：《民法中的性权利研究》，中国政法大学出版社 2011 年版，第 42 页。

极易出现的针对跨性别/变性者的劳动争议与就业歧视，这即是法律规范未予特殊指引的结果。在刑事法领域，性别重置手术存在客观上对个体身体健康的重大侵害，本身就涉及刑事正当性的问题。同时，涉及对性犯罪的犯罪构成要件理论的冲击，即变性者能否成为性犯罪的犯罪主体或犯罪对象问题，以及变性者在刑事诉讼程序中的权利保障，如作为犯罪（嫌疑）人的变性者在羁押期间的管理细节、特殊医疗保障等问题。目前在刑事法领域并未针对变性者群体进行特殊的法律条文规定，仍然是遵循法律解释的路径置于现有法律体系内解决。

二、现有规范效力层级较低

我国缺少与跨性别现象及医疗相关的专门性、高位阶法律规范。在医事领域，《基本医疗卫生与健康促进法》《医师法》《医疗机构管理条例》《医疗纠纷预防和处理条例》《医疗事故处理条例》分别属于效力层级较高的法律和行政法规，《医疗机构管理条例实施细则》是依据《医疗机构管理条例》制定的部门规章。但同样地，这些文件中均未体现关于跨性别、性别重置等的专门性条款。在民事与行政法领域，变性者的法律性别变更是其术后首先需要解决的问题，但目前并未出台专门的行政法规或部门规章，而是以公安部对具体的公安行政管理业务进行指导的批复形式进行。在中国首例变性者性别变更的案例中，公安部曾对四川省公安厅做出答复，“自愿做变性手术是公民的个人权利，相应户籍等证件更换由当地公安部门直接办理”[①]。后公安部先后出台了两项规定，分别是公安部治安管理局对福建省公安厅治安巡警总队、山东省公安厅治安警察总队针对请示项目的批复，即《关于公民实施变性手术后变更户口登记性别项目有关问题的批复》（公治〔2002〕131 号，以下简称公安部 131 号文件）和《关于公民手术变性后变更户口登记性别项目有关问题的批复》（公治〔2008〕478 号，以下简称公安部 478 号文件）。这也成为各地方政府、公安机关出台关于性别变更相关规定的重要依据。

河南省公安厅于 2002 年 11 月发布《关于公民实施变性手术后变更户口登记性别项目有关问题的通知》，这是对执行公安部 131 号文件具体问题进行的细化说明；全国各地发布关于“性别变更、更正”的条件和程序，均以公安部 478 号文

① 孙飞：《“变性人”法律问题初探》，兰州大学 2009 年硕士学位论文，第 19 页。

件为依据。[①] 根据文件内容的统一性要求，变性者术后进行性别变更所需提交的材料除包括个人书面报告、居民户口簿和居民身份证之外，最为重要的即为国内三级医院出具的性别鉴定证明和公证部门出具的公证书，或司法鉴定部门出具的证明，经公安机关主管部门核准后可进行办理。各地在提交材料方面存在细节差别，如辽宁省本溪市除上述材料外，仍需提交"学校或单位证明、本人申请、社区民警调查、公证书等"申请材料。[②] 由此，在规范蕴含的观念导向上，我国允许进行法律上的性别变更，但以完成性别重置手术为必要前提，法律登记性别必须与个体生理性别（以外生殖器与性腺为依据）相一致，在心理性别与生理性别不一致的情况下，尚不允许只依据心理性别进行法律性别变更。现有规范不属于法律、行政法规、部门规章等类型，而仅是为解决特定的具体问题而出台的指导性的规范性文件，在规范的位阶、效力和普适性方面不能满足需求。各地以此为依据、结合本地情况出台的规定，虽具有因地制宜的灵活优点，但存在效力等级、内容统一性与可期待性不足的弊端，且部分规定关于性别变更申请材料的要求过于严苛，在个体隐私权保护方面考虑不够充分。

三、现有规范之间内容协调性不足

在医疗规范层面，现有的不同规范之间内容不统一，在整体观念层面的包容度仍然不够，不能与国际社会的发展相一致。如《2022 年管理规范》虽然在性别重置手术的表述、条件、标准等方面作出了相较于之前更加科学的调整，体现出对跨性别群体之"去精神病化"的认知发展。但这种认识和落实并不彻底，现有规范之间在调整步调和程度上不甚一致，整体而言，仍存在对跨性别 / 变性者的认识与包容度普遍较低的问题，不足以实现对其医疗服务、社会生活等一系列需求的满足和权利的保障。

一方面，在现有规范之间存在内容不协调。其一，CCMD-3 是国内较为权威的精神障碍分类与诊断标准，但因编制于 2001 年并以 ICD-10 和 DSM- Ⅳ为基础，仍然保留了性别不一致属于精神疾病的观点，目前尚未进行更新，而至于是否

---

① 例如，本溪市、应城市、临夏市、太湖县等地人民政府，于 2022 年至 2023 年在官方网站分别发布了关于"性别变更、更正"的办理部门、依据、条件、流程、材料等。

② 参见《性别变更》，载本溪市人民政府网 2023 年 2 月 1 日，https://www.benxi.gov.cn/fw/ggfw/zjbl/hk__ggfw/oldbszn1/oldhz/oldhksb/content_354672。

更新或以其他标准为依据目前尚无明确指示。其二,2020 年发布的《精神障碍诊疗规范》虽然提到了 DSM- Ⅴ中的“性别烦躁”的新表述,但仍然保留了“性身份障碍”“易性症”的章节、内容设定和语言表达,仍然使用“患者”“患病”等表述,并且并未区分“性别不一致”和“性别烦躁”的不同概念内涵而是作了同一理解,这体现出对 DSM 修改的真正意图理解不深入的问题。其三,即使是有着重大进步的《2022 年管理规范》,或许是为了给予医疗实践一定的时间、空间接受新理念的缓冲,仍然保留了易性症的表述,是去病化认知和落实不彻底的最直接体现。同时,规范中的《性别重置技术临床应用管理规范(2020 年版)》的对应疾病诊断及编码依据仍然是 ICD-10,对应手术 / 操作名称及编码是 ICD-9-CM-3。

另一方面,在医学规范与医疗实践之间存在相当大的差距。即使国家卫健委已要求全国医疗机构自 2019 年 3 月 1 日起全面使用 ICD-11 中文版进行疾病分类和编码,这意味着我国将全面接受 ICD-11 对性别不一致现象的去精神疾病认知,但目前在医疗实践中仍然有不少医院使用易性症(性别认同障碍)进行诊断,一般诊断证明的内容为“性别认同障碍(易性症),心理治疗无效,建议必要时做变性手术治疗”[①],其中仍然蕴含着以“心理治疗”及“无效”作为手术治疗前提的逻辑,与国际主流观念摒除“扭转治疗”、国内规范“删除心理治疗的前置条件”相悖。反映出国内对于跨性别现象本质的认识存在偏差,未来道阻且长。

第三节　刑法问题:性别重置手术的刑法冲击

刑法规制作为最为严厉的最后手段,在与性别重置相关的法律规范体系中具有不可或缺的地位,与一般法律规范规制相辅相成,兼具介入的谦抑性和必要性。立足刑事法视角,手术自启动、实施到术后性别确认将分别产生相对应的一系列刑法问题,正与性别重置及手术的“系统工程”本质相一致。手术的启动涉及手术是否合法的刑事正当性探讨;手术的实施涉及医事领域犯罪、刑事责任和刑罚的医事刑法问题;手术的完成涉及变性者的刑法地位确认,将产生包括变性者的

① 潘艳宏:《跨性别者的性别选择制度研究》,安徽大学 2021 年硕士学位论文,第 6 页。

刑法性别确认、关联犯罪的包容考查、诉讼过程的权利保障、侦查及公安执法的应对调整等衍生性问题。

一、基础性问题：性别重置手术的刑事正当性

性别重置手术的刑事正当性，解决的是手术本身是否构成犯罪的问题，是刑事法首先应予明确的基础性问题。其中的关键在于手术能否被评价为医疗行为，以及在肯定性结论之下的正当化根据的确定。因手术是以切除手术对象原有的正常性器官并重建新性别的体表性器官为主要内容，存在对个体原本健康的器官和身体的不可逆侵害，会造成身体健康的向坏性改变，客观上因达到了刑法中的“重伤”结果而有涉嫌故意伤害的可能。不同于传统意义上的医疗行为，手术实际上是制造了之于机体的新的、完全的损伤和危险，不具备恢复和增进个体身体健康的功效和目的，超出对医疗行为的惯常认知是手术存在争议的原因。

（一）不同观点：“犯罪肯定说”与“犯罪否定说”

立足比较研究视角，对于性别重置手术是否构成犯罪的问题，世界范围内各国之间、一国之内不同时期均存在不甚相同的观点与实践，既受到经济社会、医疗技术发展的影响，又与一国的传统观念和文化价值取向密切相关，主要存在构成犯罪之“犯罪肯定说”与不构成犯罪之“犯罪否定说”的不同观点，并以“犯罪否定说”为主流观点。

“犯罪肯定说”多出现于性别重置手术的探索初期，对跨性别的本质及原因尚不能理解，对跨性别 / 变性者尚不够包容。其法理依据主要涉及两方面：一方面，从根本上否定性别重置手术的医疗行为属性，医生的性别重置手术行为不能被评价为正当业务行为。早期医学领域认为易性症属于心理或精神问题而非生理或身体疾病，部分医学专家站在传统医疗的角度否定手术的医学适应性，成为其不具有刑事正当性的基础。1969 年，日本东京地方裁判所作出的一份关于认定实施变性手术构成犯罪的刑事判决，反映了当时背景下对于手术正当性的争议。因存在性别重置手术是否属于医疗行为的不同观点，有罪判决避开了是否构成伤害罪的难题而以医师操作不符合医疗规程和特定条件实现了犯罪认定。[①]2008 年，我国司法部指定的原司法考试教材中将变性手术排除在正常的医疗行为之外，间接

① 参见黄丁全:《医疗 法律与生命伦理》，法律出版社 2004 年版，第 501 页。

确认了医生实施变性手术涉嫌故意伤害的观点。① 另一方面，否认被害人承诺在手术中的违法阻却性。一是以“重伤不能承诺”原则予以否认。我国《刑法》规定，被害人承诺只适用于轻伤及以内的程度范围，可以认为性别重置手术不属于医疗行为，且因性别重置手术已达到重伤程度而使得手术对象的承诺无效，故医生实施性别重置手术涉嫌故意伤害罪。二是以“易性症者不具备承诺能力”为依据进行否认。此种观点建立在手术之医疗属性的前提下，认为易性症是一种精神类疾病，将易性症者看作无民事行为能力人，将其手术承诺认定为“非本意的病态表现”，因而得出承诺不具有法律效力的结论。②

“犯罪否定说”是国际社会发展主流。尤其是对性别重置与变更的探索起步较早的欧美国家，对性别重置手术普遍持更为包容和积极的态度。其最根本的法理依据源于对人权的积极理解与保障实践，即认为性别变更权属于人权的当然方面，从人类所享有的自由、尊严、平等、私生活、健康、医疗等权利中，可当然推导出个人的性别自决权、私生活不受干涉权、不因性别而受限制或歧视的平等权、获得医疗服务以拥有身体和心理健康的健康权等。③ 这里的性别变更权，理应既包括医学上的手术变更，又包括法律上的登记变更。由此，欧美国家普遍认可易性症手术治疗方案的医学适应性，将其纳入医疗行为不存在障碍，同时致力于对跨性别现象及群体的去精神疾病化、去污名化，认为跨性别 / 变性者是和顺性别者相同的、平等的完全行为能力人，其手术承诺当然可以阻却违法。德国、比利时、瑞典、荷兰、丹麦、美国等国制定了有关性别重置手术的法律规范，即只要手术对象与医生达成一致意见，医生按照规范要求实施性别重置手术即被认为是合法的，同时被认为是保障人权的重要方面。④

随着对性别不一致现象的深入认识，世界范围内呈现对性别重置手术更具包容性的认识发展。例如，日本精神神经学会于 1997 制定了关于变性手术的指导方针，标志着将变性手术合法化的官方态度表达。⑤ 阿根廷于 2012 年通过《性

① 参见李凌鹏、蔡小莉：《刑法学专家称做变性手术涉嫌故意伤害罪》，载中国新闻网，https://www.chinanews.com.cn/jk/kong/news/2008/09-22/1389441.shtml。

② 参见莫爱新：《变性人私法问题研究（一）》，载《中国性科学》2012 年第 6 期。

③ 参见关于人权的各类国际公约，如《世界人权宣言》《公民权利和政治权利国际公约》《经济、社会及文化权利国际公约》《保护人权与基本自由公约》等。

④ 参见陈焕然、陆利平：《变性手术立法刍议》，载《科技与法律》2002 年第 1 期。

⑤ 参见杨丹：《尖端医疗领域刑法理论及立法对策研究》，法律出版社 2016 年版，第 254 页。

别认同法案》，允许人们在不经过医疗和司法审查的情况下合法更改官方姓名和性别标记，并要求公共和私人健康计划都涵盖激素治疗和变性手术等相关医疗程序。

我国诸多学者亦表达了“犯罪否定说”的观点，陈兴良教授通过将性别重置手术定义为医疗行为且医生不存在伤害故意的路径，对性别重置手术涉嫌故意伤害罪予以否定，以医生“正当业务行为”融合“意图理论”作为违法阻却事由；阮齐林教授提出更应当关注性别重置手术对象本人的意图，认为若为了治疗性别不一致带来的痛苦，性别重置手术即具有了治疗的目的和功能，因此不能认定性别重置手术是犯罪行为，[①] 而是以“治疗目的”的积极意义作为正当化要素。2009年，原卫生部发布的《变性手术技术管理规范（试行）》（已失效）是对性别重置手术合法的首次官方态度明确，之后陆续出台的医学规范又进一步强化了手术合法性的观点。

（二）正当化基础：医疗行为之“是”与“否”

性别重置手术是否属于医疗行为，是其于刑法上正当与否的核心问题，也是国内外学者争论的焦点，其中的关键在于对医疗行为这一概念的界定及相适应的正当化根据的确定。随着生命科技的发展，医疗行为的内涵与功能呈现更具丰富性的变化，静态或狭隘的理解均不利于经济社会和医疗技术的进步，更与现代社会应有的容许性不相符合。对现代医疗本质予以厘清，是性别重置手术之一系列刑法问题得以解决的逻辑起点。

1. 医疗行为的概念界定

关于医疗行为的概念，我国法学界并没有形成统一的理论界定。医事法律规范之间的概念使用也并不统一，如“医疗行为”“诊疗活动”“医疗活动”“诊疗护理”等表述混用，其中以“诊疗活动”使用居多。同时，规范中很少对概念及其之间的关系进行具体说明，仅在《医疗机构管理条例实施细则》中，对“诊疗活动”进行了区分于“医疗美容”的概念解释，即“指通过各种检查，使用药物、器械及手术等方法，对疾病作出判断和消除疾病、缓解病情、减轻痛苦、改善功能、延长生命、帮助患者恢复健康的活动”。显然，这里的诊疗活动属于严格、典型的传统

---

① 参见李凌鹏、蔡小莉：《刑法学专家称做变性手术涉嫌故意伤害罪》，载中国新闻网，https://www.chinanews.com.cn/jk/kong/news/2008/09-22/1389441.shtml。

医疗范畴，是作用于“疾病”这一对象的狭义界定，与“医疗美容”“特殊检查、特殊治疗”并列分述，从形式上表明“医疗美容”等不属于传统医疗行为之“诊疗活动”的立场，似乎可进一步推导出所列举的三类内容均属于医疗行为这一上位概念范畴的结论。

但一方面，该规范未予明示医疗行为的概念及与诊疗活动等的关系；另一方面，通过列举的方式实在难以穷尽医疗行为的类型，更难与现代医疗技术的动态发展相适应。即使如此推导成立，各规范的概念使用及立意初衷仍令人困惑。《医疗纠纷预防和处理条例》第2条将“医疗纠纷”限定于“医患双方因诊疗活动引发的争议”，这无疑是将非疾病诊疗类的医疗行为明确排除在规范调整范围之外，而仍局限于传统医疗范畴；《医师法》全篇以“诊疗活动”作为医疗行为内容，以“患者”指称有获得医疗服务需要的个体，将医师的职责和所行医疗行为的目的，均限定在了对“患者”之“疾病”的诊疗服务提供上；只在《医疗事故处理条例》第31条中出现了一处“医疗行为”的表述，其余均使用“医疗活动”“诊疗护理”的表述，但并未对概念及相互间的关系予以阐明。

世界各地对于医疗行为有着不同的界定方式，存在广义与狭义的区分，涉及对行为主体、内容、对象、目的等的不同理解及侧重。以日本为例，对医疗行为的界定更关注“行为主体的适格性”。日本《医师法》规定“医疗行为是专指职业医师所进行的医疗活动”，可视为最广义的概念。学说和判例随发展而引入“实质危险性”要素，目前“医疗行为是指如果不由医生凭借知识和技术实施，则有可能在保健卫生方面产生危险的行为”，① 是日本行政法领域的通说。后通过不同程度地融入行为目的、内容、对象知情等要素，形成了“专断医疗行为”“具有阻却违法性的医疗行为”的狭义概念，但均未充分体现医疗行为的本质特征。

对医疗行为的概念界定，应当紧扣医疗行为的本质特征进行，尤其要将随时代发展、科技进步而产生的新型尖端医疗技术纳入考虑范围，立足人类发展需求的内涵及变化，对现代的健康概念予以身体、精神层面的广义理解，对现代医疗行为的内涵进行兼具客观性与全面性、前瞻性与稳定性的考量。其中，应当特别关注现代医疗背景下医疗行为目的的扩张性与容许性，即除了以疾病诊疗为内容、以恢复健康为目的的传统医疗，还应当包括诸如医疗美容等的非疾病诊疗类型，

① 方悦：《我国刑法语境下“医疗行为”概念的再解释》，载《医学与法学》2022年第6期。

以身体结构或机能的变更或优化为目的,"健康"亦因涵盖丰富的精神需求而拥有了更辩证的含义。同时,医疗行为的接受者也应当随医疗行为目的的扩张而由"患者"调整为"医疗(服务)需求者"。医疗行为以作用于人身的医疗行为为主,同时包含医学心理咨询的心理治疗行为。由此,以人体形态、构造和生理机能的优化、变更或恢复为目的,① 是更适合的现代医疗的本质属性构成。以医疗行为是否具有传统意义上的治疗功能及是否以治疗为唯一目的,可将其划分为"治疗性的医疗行为"和"非治疗性的医疗行为"。

2. 性别重置手术的非治疗目的认知

在前述概念界定框架之下,性别重置手术以改变手术对象的性器官与第二性征为内容,以改变手术对象的生理性别为目的,当然符合"人体形态、构造和生理机能的优化、变更"之目的,无论是否承认其具有治疗目的或功能,都可归入医疗行为的概念范畴,只不过对其正当性基础的探讨存在逻辑区分。在将"性别不一致"认定为"易性症"精神疾病的观念下,存在两类不同观点:一是因不认同性别重置手术对"易性症"有治疗功效,而不认为性别重置手术本身是具有治疗目的的医疗行为;二是认为性别重置手术是"易性症"的根本性甚至唯一性治疗方式,因此认为性别重置手术属于治疗"易性症"的医疗行为,这是多数学者的观点,也是这部分学者论证性别重置手术具有刑事正当性的核心逻辑。国际上已经正式对性别不一致作"去病化"处理,即使性别烦躁是性别不一致的高概率衍生现象,但并非必然产生。因此,不能将性别重置手术划归为传统医疗之诊疗活动范畴。考虑到手术对于跨性别 / 变性者所具有的变更生理构造、机能以适应于心理性别的功能,是以实现更高级的健康护理需求为目的的,将其理解为"非治疗性的医疗行为"是更为合适的选择。

3. 性别重置手术的正当性基础

关于医疗行为的刑事正当性基础,国内外有不同的理论学说,主要是依据以治疗为目的的传统医疗行为而产生。德国、日本的刑法理论主要有"治疗行为伤害说"和"治疗行为非伤害说"两类观点。前者认为治疗行为因给患者身体造成了客观的物理伤害而符合伤害罪的构成要件,强调客观的行为危害性,但可因违法阻却事由而得以正当化,如业务行为、紧急避险、知情同意、优越利益、治疗目

① 参见莫洪宪、杨文博:《医事刑法学中医疗行为概念的新界定》,载《国家检察官学院学报》2011 年第 2 期。

的等理论；后者则认为治疗行为本就不符合伤害罪的构成要件，强调行为主体主观的无恶意，如医师不具有主观加害意思的“意图理论”。①

我国刑法理论以“治疗行为伤害说”为通说，主要以其中的“正当业务行为”作为违法阻却事由。随着医学的发展，诊疗模式由传统的医生占据绝对权威的“父权式”，逐渐朝着更加尊重患者知情权和决定权的模式转变。于是，以患者自决权为基础的“知情同意理论”逐渐形成，这是刑法中“被害人承诺”在医事领域的具体体现。出于对将患者仅作为医疗客体的历史反省，德国、美国最先开始探索并确立患者在医疗中的主体性地位。② 知情同意理论最初源于1914年美国纽约州地方法院的判例，法院认为“所有具有健全精神的成年人，都有决定对自己身体作如何处置的权利”。后纽伦堡审判针对“二战”中纳粹实施的残忍的人体试验行为亦确立了知情同意权。③ 这也是欧美国家对于性别重置手术非犯罪论最主要的正当化基础。我国目前引入了医事领域的知情同意理论，并在《医师法》《医疗机构管理条例》等医事规范中有所体现。

就目前实践来看，知情同意理论在国内的落实程度和效果有限，更多是完成形式层面的规定动作以避免医疗纠纷，仅体现了程序价值而并未实现真正自决权意义上的实质功能。这与我国的文化与价值观念、医疗模式与习惯有关，更与医疗行为的高度专业性所蕴含的天然的医疗专断性有关。一方面，和合理念与关系理论是我国文化的厚重底色，是一系列社会活动的底层逻辑。相较于个体的自决权，我们更加注重集体的利益与和谐，如家庭这一单元的利益及成员间的互相依靠与和谐关系。这就能够自然理解我国医疗模式的常态了，即在医疗情境中真正行使自决权的往往非患者本人，而是由其家属或双方共同决定。另一方面，患者及家属由于医学专业知识的不足，对医疗主体有着特殊的信赖与依赖。医疗实践中，医疗主体多朝向尊重患者知情自决权与构建双方平等关系努力，但相当数量的患者仍愿意由医生决定甚至全权负责，这体现了我国传统的“父权式”诊疗模式尚未发生本质改变的现实。④ 也恰恰证明在传统治疗性的医疗行为中，患者自决权难以且不允许绝对实现，医疗行为的专业性、高危性、侵袭性特点，决定了“父权式”

① 参见曹菲：《医事刑法基本问题研究》，载《环球法律评论》2011年第4期。

② 参见［日］甲斐克则：《医事刑法的基础理论》，刘建利译，载《法律科学（西北政法大学学报）》2012年第2期。

③ 参见李坤：《医事犯罪刑法规制研究》，武汉大学2010年博士学位论文，第68页。

④ 参见李坤：《医事犯罪刑法规制研究》，武汉大学2010年博士学位论文，第75页。

诊疗模式的价值及患者自决权的应有限制，亦是专断医疗存在的必要性的体现。

非治疗性的医疗行为由于内容、目的、功能的特殊性，一般不具有时间上的紧迫性、实施的必需性，对其正当化根据的选择自然区别于治疗性的医疗行为，如紧急避险、推定同意、家属代为同意等就很难成为此情境的违法阻却。此时医疗需求者自我选择和决定的个人意愿尤为重要，医疗主体的自由裁量空间被大幅限缩，"父权式"诊疗模式随之扭转。以个人自决权为基础的知情同意理论应当发挥更加主要的作用。从《2022 年管理规范》可充分感知知情同意理论在性别重置手术中的应用，如要求手术对象提供"本人要求手术并经本人签字的书面报告""已告知直系亲属拟行性别重置手术的相关证明"，要求向手术对象充分告知手术目的、风险、后续治疗、注意事项、手术后果等，并签署知情同意书。

在强调"个人自决权"的逻辑前提下，有学者提出引入"危险承受理论"作为正当化根据的观点，认为被害人同意理论无法解决非治疗性医疗行为的正当性，而被害人的人格自律和自我决定是自我实现之自由的保障，可以在一定程度上阻却行为人的违法性。[①]"危险承受"，即刑法中的"被害人自陷风险"理论，指被害人意识到风险并自己积极地走进风险，或在被害人和行为人的共同作用下产生了法益侵害结果。[②]就性别重置手术而言，手术对身体的物理损伤与功能侵害是一定会出现的客观现实，如性器官的切除、生育功能的丧失，这正是手术的主体内容和手术对象追求的结果。这既不是"可能出现或可能不出现的风险"，也不符合被害人"认为大概不会真的发生及不希望发生危害结果"的主观心态。此外，"被害人自陷风险"在我国司法实践中适用较少，多用于过失犯罪且倾向于不能排除归责而只影响量刑。[③]因此，对其适用当再斟酌。由此，在性别重置手术这一非治疗性的医疗行为中，笔者认为仍应当以医疗主体的正当业务行为与医疗需求者的知情同意作为刑法上的正当化根据，其中重点关注医疗需求者的个人自决。

二、医事法问题：性别重置手术的医事刑法规制

医事法是指与医疗直接或间接相关的法律规范的总和，其中涉及犯罪和刑罚

---

① 参见侯艳芳、曹菲、刘明祥：《医学进步带来的刑法问题思考》，北京大学出版社 2014 年版，第 109~119 页。

② 参见江溯：《过失犯中被害人自陷风险的体系性位置——以德国刑法判例为线索的考察》，载《北大法律评论》2013 年第 1 期。

③ 参见夏立款：《刑法中的被害人自陷风险研究》，中国人民公安大学 2022 年博士学位论文，第 67 页。

的规范总称即是医事刑法，[①] 其规制的是医疗行为主体在从事医疗行为职业活动中的犯罪问题。因此，其并非一部形式上的专门法，而是由体现医事领域内容的相关条文组成，对医事犯罪的规定散见于刑法、判例法、医事行政法规之中，是世界各地普遍的立法模式选择，也是符合认识规律并体现立法智慧的体例安排。[②] 传统的医事刑法以医疗过失类犯罪为核心，但随着新型医疗技术的发展和医事活动的复杂多样化，医事领域的故意犯罪也不容忽视。我国现阶段的医事刑法研究与立法实践均显薄弱，相关概念未予明确和统一，研究与规制范围未能适应现代医疗发展，且与医事一般法衔接不畅。这在性别重置手术之刑法空白的滞后反应中得到直接体现。

（一）医事刑法的适应性与前瞻性阙如

目前，我国刑法中与医疗活动相关的罪名主要有“医疗事故罪”“非法行医罪”“非法进行节育手术罪”。在医疗技术不断发展进步的背景下，无论是在罪名设定还是在司法解释方面，都尚未充分体现“医疗行为”的内涵变化与新型医疗技术的规制需要。性别重置手术的国内医疗实践探索已达 40 年，除了关于限制类医疗技术的行业内部门规范性文件，尚未有刑事法领域的相关规制体现，既没有专门性的罪名设定，也无涉性别重置手术的相关解释，无论是刑事立法、司法或理论研究都显滞后。司法实践中的适用性解释，虽然可以解决部分问题，但极易造成“同案不同判”的情况，与刑事立法和司法应有的稳定性与可期待性不相符合。同时，以与传统医疗相适应的刑法体系，能否涵盖性别重置手术的现代医疗行为值得思考。若在实施性别重置手术的过程中，医疗主体存在“严重不负责任”的行为并产生“严重损害就诊人身体健康”的结果，能否以“医疗事故罪”进行归责？这里的“严重不负责任”与其他普遍的传统诊疗行为是否作相同程度的理解？手术本身包含对身体的重伤程度损伤，那么“严重损害”结果的认定标准是否应有所区分？再如，行为主体违反行政法规范的资质要求而实施性别重置手术情节严重时，是以“非法行医罪”论处还是以“故意伤害罪”论处？此时的“情节严重”是否需体现手术的特殊性？相关问题亦值得思考。此外，有医生执业资格

---

① 参见储陈城：《医疗过失刑法体系的构建——以日本医事刑法为参照》，载《暨南学报（哲学社会科学版）》2017 年第 8 期。

② 参见莫洪宪、刘维新：《医事刑法研究论纲》，载《现代法学》2011 年第 6 期。

但无实施性别重置手术资质的特殊主体和无医生执业资格的一般主体，是否作同一处理？是否都能够按照“非法行医罪”归责？这些都未予明确。

正规医疗服务的供给不足给予了非正规医疗渠道以空间，实践中非法、违规实施性别重置手术的案例层出不穷。刑事立法的几近空白，一方面，造成实践中多按民事纠纷的降格处理方式。2009年之前，由于性别重置手术医疗规范的空白，手术标准不甚统一和明晰，加之“医疗一般水平”的因素考量，因手术产生的医疗纠纷多是以医院和患者达成调解协议的方式予以解决，法院也多以合同违约、侵权责任之民事诉讼进行解决，很少有刑法介入，即使是医疗主体无资质实施手术而造成手术失败的情况亦然。前述1992年李某诉杭州整形医院案中，对于院方未进行阴道模具定型且未予提醒的行为，到底是医疗过失行为还是受医疗一般水平限制的不可避免之结果存在争议，最终法院因无统一规范驳回了原告的诉讼请求。2007年韩某手术失败案，院方及医务人员并无实施性别重置手术的资质，且院方存在虚假宣传、夸大医术水平的医事欺诈嫌疑，不仅未能实现手术目的，而且造成韩某无法正常生活的巨大身心健康损伤，很难说不是“情节严重”或“严重损害就诊人身体健康”，具有“非法行医”之嫌，但最终因规范缺位而以双方达成和解结案。

另一方面，造成刑事司法“同案不同判”的情况。实践中，对于行为人无资质实施手术的刑事处理，存在“故意伤害罪”和“非法行医罪”的不同观点。2015年的田某某故意伤害案，是无资质行为人实施性别重置手术的典型案例，且因被害人系未成年人而更具特殊性。田某某是成都某医疗美容医院的实习医生，在无手术资质的情况下为未成年人童某某实施了睾丸摘除手术，客观上造成童某某二级重伤的身体伤害。术前虽未经未成年被害人监护人知情同意，但得到了被害人本人同意并出具免责申明、身份证复印件。[①] 由于田某某不具备医生执业资格且医疗机构不具备手术资质，被害人在年龄、术前诊断等方面均不满足当时规范要求的手术条件，属于典型的违规施行性别重置手术的“非法行医”情形。但法院以未成年人不具有对重大事项承诺能力及规范关于手术年龄大于20岁的条件要求为主要依据，最终以故意伤害罪判处田某某有期徒刑3年、缓刑4年。[②] 如果该案是

① 参见刘佩佩:《成都实习医生为15岁少年做变性手术获缓刑》，载中国新闻网，https://www.chinanews.com.cn/sh/2016/02-04/7748442.shtml。

② 参见四川省成都市武侯区人民法院刑事判决书，(2015)武侯刑初936号。

以对未成年人的特殊保护和关照为要，那么在被害人系成年人的类似案例中仍以“故意伤害罪”论处则令人思考。2014 年，王某在不具备医师资格的情况下为被害人李某实施了睾丸切除手术，王某事先已将自己的非医生身份告知李某并获李某同意。最终法院以王某故意伤害他人身体致人重伤的故意伤害罪论，判处王某有期徒刑 3 年、缓期 3 年。①

司法实践中，更多案件因造成被害人丧失生育能力的重伤二级，多以“非法行医罪”之“严重损害就诊人身体健康”的第二档法定刑论处。例如，自 2012 年开始，李某在同性恋 QQ 群中发布自己是医生，可做睾丸摘除手术的信息，并于 2014 年至 2015 年先后为 15 名被害人实施了睾丸摘除手术，收取每人数千元不等的手术费用。法院以“非法行医、严重损害他人身体”为由对其判处有期徒刑 7 年，并处罚金 5 万元。②2016 年，丛某某在某医院担任实习医生期间，为被害人李某实施了睾丸切除手术，收取手术费用 1000 元。法院以“非法行医、严重损害就诊人身体健康”为由论处，因丛某某有自首情节且得到被害人谅解，法院对其减轻处罚，判处有期徒刑 2 年 3 个月，并处罚金 5000 元。③2016 年，贺某在未取得医生执业资格的情况下，在某 QQ 群宣称自己是外科医生且会做变性手术，2017 年，贺某应 QQ 群好友王某之邀为其实施了睾丸切除手术，造成被害人王某重伤二级，法院以非法行医罪判处贺某有期徒刑 5 年，并处罚金 10,000 元。④ 被害人通过互联网 QQ 群寻找性别重置手术等的医疗服务是这些案件的共同特征，这正反映出我国正规跨性别医疗资源与制度的不足，为行为人非法实施手术提供了土壤。

（二）医事刑法与医事行政法的衔接不畅

这是我国医事刑法存在的普遍问题，自然及于性别重置手术之中。由于医事犯罪具有行政与刑事双重违法的特殊性，刑事违法以行政违法为基础，即以违反行政法规定为犯罪构成要件，这就决定了医事刑法普遍采用空白罪状加指引的方式，通过指向特定的行政法规范从而补足刑法条文中的构成要件要素。相应地，医事行政法中应当包含附属刑法的内容，一般以“构成犯罪的，依法追究刑事责

① 参见王智芳、高英明、付勋艳：《男子收钱帮“易性癖”切睾丸 致其二级重伤被判刑》，载中国新闻网，https://www.chinanews.com.cn/df/2014/09-23/6619764.shtml。

② 参见河南省偃师市人民法院刑事判决书，(2016)豫 0381 刑初 147 号。

③ 参见江苏省盐城市大丰区人民法院刑事判决书，(2017)苏 0982 刑初 128 号。

④ 参见辽宁省大连市中级人民法院刑事裁定书，(2019)辽 02 刑终 175 号。

任”等规定作为与刑法的衔接。但目前我国医事刑法存在的普遍问题是行政立法中的附属刑法规定出现了虚置化现象，难以真正补足犯罪构成要件，而刑事立法中的空白罪状呈现真正的空白，未予明确违反的具体行政立法规定，造成犯罪构成要件的不明确。[①]现有规范中的医疗事故罪屡受诟病即由此所致，寄希望于司法解释的方式予以补足，不仅混淆了刑事罪状以行政违法为基础的本末逻辑，而且难以与行政立法协调统一。对其中“严重不负责任”“严重损害就诊人身体健康”的认定标准存在不明晰、不统一的问题，例如，到底是按照刑法学还是医学标准，就成了行刑衔接状况下的困境。

具体到性别重置手术的规制衔接上，无论是行政立法还是刑事立法均属于空白。一方面，行政立法未予包含，更遑论附属刑法的衔接。如前所述，各类医事法律规范均未提及性别重置手术，而多以“诊疗活动”为规制对象，使得通过法律解释将性别重置手术相关的内容纳入其中存在困难。《2022 年管理规范》虽然是关于手术的专门性规范，但其仅是关于医疗技术的行业内部门工作文件，而且其中既没有明确手术的成败标准，也并未包含涉及手术相关法律责任的附属刑法指引。另一方面，刑事立法未予体现，更遑论空白罪状的指引。如前所述，目前刑法尚未涵盖性别重置手术的现代医疗内容，现有医事刑法罪名及解释能否对手术的医疗行为予以包容尚存在争议，手术之行政法规范的明示指引更是无从谈起。

三、衍生性问题：性别重置手术的刑事司法与执法影响

随着性别重置手术的实施及完成，变性者的生理性别与心理性别得相一致，但会出现与其出生被指派性别、染色体性别及法律登记性别相异的窘境。这对传统的刑法理论与涉性别身份的犯罪构成造成了冲击，医疗技术进步所引发的性别观念变化对刑法稳定性的影响，[②]是性别重置手术带来的衍生性的刑法问题。一是对与性别相关的犯罪类型构成要件造成冲击，即在涉及性别身份要件的犯罪当中，变性者能否构成犯罪主体和犯罪对象的问题。二是涉及刑事诉讼活动中的变性犯罪（嫌疑）人的特殊权利保障问题。三是面对变性者的性别身份变化尤其是存在“恶意变性”的情况下，公安执法及侦查、诉讼活动的应对调整问题。

---

① 参见陈卓：《医疗事故罪司法认定的问题、原因与对策》，载《昆明理工大学学报（社会科学版）》2022 年第 3 期。

② 参见陈冉：《科技背景下医事刑法应对的基本立场》，载《刑法论丛》2016 年第 3 期。

(一)刑法地位:性别确认的困难

变性者刑法地位的明确,是解决一系列衍生刑法问题的关键。变性者术后涉及“性别的变更”或称“新性别的确认”,在性别二元观念和制度下,很可能因无法清晰判明男女或实质与形式不符而出现性别认定的混乱与不能。一方面,变性者完成手术与法律性别变更之间有长短不一的时间间隔,如变性者完成手术后因主客观原因一直未申请进行法律上的性别变更,此时就会出现术后新的生理性别与术前旧的行政登记性别不一致的“矛盾期”,造成刑法上的性别确认困难。

另一方面,跨性别医疗具有长期性、序列性特点,生理性别的改变并非某一时间点的一蹴而就,因此会出现生理性别的模糊期。跨性别的对应医疗多以激素和手术治疗为主,存在不同医疗选择的情况。一种是仅接受激素治疗。对于不愿进行社会性别角色转换或接受手术治疗的跨性别者,激素治疗能够将其现有第二性征表现降至最低,并逐渐表现为与其心理性别相符的性征特点,由此为其带来极大的自在感受,减少或消除性别不一致带来的性别烦躁。医疗实践中激素治疗的生理效果出现于 3 个月到 5 年不等,这个过程中会出现不同程度的男性女性化、女性男性化的“两性化”表现。另一种是接受手术治疗。性别重置手术是一系列手术和护理的组合,包括乳房 / 胸部手术、生殖器手术、其他手术及激素治疗和性别角色体验。其中,乳房 / 胸部手术包括乳房切除手术、隆胸手术,生殖器手术包括男变女的睾丸切除、阴茎切除、阴道成形手术,女变男的子宫 / 卵巢切除、阴道切除、阴茎成形手术等,其他手术包括脸部女性化、嗓音、脂肪填充及各种美容手术等。一般情况下手术需分多次进行且涉及长短不一的时间跨度。按照手术的医学要求,在男变女的变性者进行隆胸手术前,必须接受至少 12 个月的女性化激素治疗以获得更好的手术效果;在子宫 / 卵巢切除手术或睾丸切除手术前,须进行连续 12 个月的激素治疗,以让变性者在进行不可逆的手术介入之前能够先尝试一段可逆的治疗期间;在外生殖器手术前,除激素治疗外还必须具备连续 12 个月以上与个人性别认同一致之性别角色生活的体验。这是临床专家的共识,目的是在向变性者提供不可逆的手术之前,使他们有足够的机会去体验和调整他们想要的社会性别角色。

在接受手术治疗的情况下,很可能存在只完成了部分手术的情形,包括变性者在尚未完成序列手术的间隔期,或根据个人需求只选择了接受某一项手术。例如，男变女的变性者只进行了睾丸切除术，但未接受阴茎切除术或其他项目；女变男的变性者只进行了乳房切除术，未再进行阴道封闭术和切除术、阴茎建造术。由于睾丸切除术可以实现雄激素水平断崖式下降的效果，个体的男性性征表达将明显减少，而乳房切除术可以改变个体最直观的女性特征，这均可极大程度地降低性别不一致带来的性别烦躁困扰，因此是实践中完成比例最高的手术项目类型。① 此时，个体同样会呈现"两性化"状态。因此，无论是接受激素还是手术治疗，均会出现个体兼具男女特征的"生理性别的模糊期"，且在 12 个月的性别角色体验过程中，还存在社会性别与生理性别不一致的现象，这均给男女二元观念下的性别确认造成困难。

在这些情况下，对性别确认之标准的选择是关键，标准的不同决定着能否将变性者解释为刑法上的男性或女性的不同结论，是造成实践中不同应对和处理结果的原因。一是以性染色体为标准，即以基因之生物学标准作为刑法上性别确认的依据；二是以法律登记为标准，即以户籍登记、身份证件等行政法上的登记性别为准，以行政登记性别作为刑法上性别确认的依据；三是以外生殖器及第二性征的生理性别为标准，以是否具有某一性别的外观尤其是"性功能"为重要指征；四是以心理性别为标准，即以实现个体绝对自决权的纯主观标准进行性别确认，葡萄牙、瑞典、阿根廷等西方国家在法律性别变更 / 承认时逐渐倾向采用此标准。

(二)犯罪构成：对传统刑法理论的冲击

在以性别作为特殊身份要件的相关罪名当中，如"强奸罪""强制猥亵罪""拐卖妇女罪""卖淫类犯罪"等，涉及变性者能否成为犯罪主体或对象的身份适格问题，理论与实践中存在不同的观点及处理，主要原因就在于对变性者术后的性别确认采取何种标准观点不一，与变性者接受跨性别医疗的项目、程度、阶段有关，同时对犯罪构成是以"形式说"抑或"实质说"为准存在分歧。

依据我国刑法的规定，强奸罪是刑法中涉性别要素之犯罪构成认定较为复杂且较具争议的类型。我国强奸罪的犯罪构成要求犯罪的直接正犯是男性、犯罪对象是女性。② 变性者的性别确认直接决定着强奸罪罪与非罪的区别。具体争议体

① 参见刘烨、辛颖、齐霁、潘柏林：《中国跨性别人群医疗现况的调查及分析》，载《中国性科学》2021 年第 6 期。

② 我国刑法并未明文规定强奸罪的直接正犯是男性，但因强奸罪将行为内容限定在了常态的"阴茎—阴道性交"，采"插入说"作为普通强奸罪的既遂标准，故自然得出此结论。

现在两方面：其一，已经完成性别重置手术的变性者（术后新的生理性别较为清晰）的认定问题，即“男变女”的变性者能否成为强奸罪的犯罪对象——妇女，“女变男”的变性者能否构成强奸罪之直接正犯——男性犯罪主体。其二，完成部分性别重置手术的变性者（术后的生理性别未能进行传统意义的二元划分）的认定问题，包括仅接受激素治疗的跨性别者，即兼具男女两性生理特征者。此种情况类似于生殖器异常的“假两性人”，即“男性假两性人”和“女性假两性人”，前者染色体显示为男性 XY，但兼具男性和女性生殖器官，且女性的性征表现更加明显、占据主导，后者反之，此时跨性别者能否构成强奸罪中的“妇女”存在争议。理论和实践中存在“形式说”和“实质说”的不同观点。前者以性染色体生理性别、行政登记性别为依据，后者以变性者在犯罪行为发生时是否具备犯罪构成所需的相应性别的“性功能”为标准。之所以出现这种分歧，是因为对强奸罪所保护法益的理解存在差异。

例如，2016 年，合肥一男变女的变性者小芳在工作中遭性侵和抢劫。案发后，警方对小芳被抢劫一事予以立案侦查，但对于被性侵的事实是否以强奸罪立案存在争议，尽管案发时小芳的生理结构、身份证和户口簿信息均为女性。有律师认为，目前司法解释未予明确“妇女”的定义依据，是以 DNA 还是以性器官判断不能确定。因此，不能直接将受害人定义为“妇女”，建议若性侵事实存在，可以“强制猥亵罪”予以立案。警方存在不同观点，有的认为变性者身份是否属于“妇女”范畴有待探讨，但有的则认为应当属于强奸行为。[①] 在 2013 年发生的“假两性人”被性侵案中同样存在类似的争议。刘某属于“假两性人”中的“男性假两性畸形”，即染色体为男性但外生殖器和性征表现为女性居多。因从未进行过医学检查，刘某一直以女性身份生活且未进行户籍登记。刘某在遭性侵后报案，但在没有法律性别登记且基因检测为男性的情况下，行为人能否构成强奸罪存在争议。一种观点认为构成强奸罪未遂，依据即在以 DNA 性别认定刘某为男性的前提下，因不存在刑法保护客体而属于对象不能犯。显然，这对刑法所保护法益的理解颇显僵化。另一种观点则认为构成强奸罪既遂，其认为刘某实质上具有女性生理特征，同时应结合其社会性别与自我性别认同共同考虑，而刑法之所以对妇女的性权利进行特殊保护，除了生物学上的适格外，更多是因女性在社会关系中的弱势

① 参见佚名：《变性女称两度遭性侵 上门按摩遭强奸抢劫被称不算“女人”》，载中国网 · 东海资讯网 2016 年 6 月 14 日，http://jiangsu.china.com.cn/html/jsnews/society/5948765_2.html。

地位。[①] 结合多种标准进行更符合实际的性别确认值得肯定，而且对刑法所保护法益进行了积极的解释。但从强奸罪法律制度之源起的传统角度予以法益解读，仍是男权主义观念延续的体现。

拐卖妇女罪的保护法益虽与强奸罪不同，但因其将犯罪对象限定为“妇女”而存在相同的认定困境。法律解释将真两性畸形人和女性假两性畸形人纳入“妇女”的认定范畴，[②] 但未提及男性假两性畸形人的情况。由于女性假两性畸形人仅具有女性的染色体和性腺，真两性畸形人兼具两性染色体或性腺，可知立法逻辑是以染色体（性腺）性别作为“妇女”的认定标准。司法实践中存在男性假两性畸形人被拐卖的情形，基本上认为不影响拐卖妇女罪的成立，但因对象认识错误而影响犯罪形态，多以“拐卖妇女罪未遂”论处。“男变女”的变性者与此有相似之处，按照目前理论通说与实践做法，“男变女”的变性者因性染色体为男性，无法被认定为刑法中的“妇女”，此时很可能因对象认识错误或对象不能犯而以“拐卖妇女罪未遂”予以认定。

此外，在刑法规定的强制猥亵罪、卖淫类犯罪中，犯罪主体均为一般主体，男女均可构成，在涉及变性者的情况下不存在主体认定方面的困难。对犯罪对象的认定随着刑法的修改和解释亦得以覆盖与自洽。2015 年《刑法修正案（九）》将强制猥亵罪的犯罪对象由原来的“妇女”扩展为“他人”，基于体系解释将变性者群体纳入其中不存在障碍，无论是处于“生理性别的模糊期”抑或“生理性别与登记性别不一致的矛盾期”，均不影响对变性者之犯罪对象的认定。刑法对犯罪对象之“他人”的修改，不仅将对男性的保护纳入其中，同时也为对生理性别或心理性别非二元群体的保护留下了空间。在与卖淫行为相关的犯罪中，主要涉及组织卖淫罪与强迫卖淫罪，将组织、强迫卖淫的对象扩展至包含“男性”的“他人”，目前已经得到理论与实践的确认和认可，[③] 即使并未提到变性者，也可以通过对传统刑法的解释予以解决和包容。

（三）诉讼保护：变性者的性别权利保护

变性者的特殊生理与心理状态需要刑事法有针对性地保护，主要体现在刑事

---

① 参见闻志强：《刑法视野下的变性人定位》，载《西南交通大学学报（社会科学版）》2017 年第 1 期。
② 参见张明楷：《拐卖妇女、儿童罪的认定》，载《民主与法制周刊》2022 年第 1 期。
③ 参见童云峰：《变性人在我国刑法中的地位研究》，载《广东开放大学学报》2018 年第 1 期。

诉讼活动中对与性别相关的权利的特殊保障、与身体健康相关的特殊关注。同样的，变性者在刑法中的性别确认是问题的关键。

1. 羁押场所的选择难题

羁押地点的分配或确定，反映司法与执法主体对变性者性别确认的标准选择及一国人权保障的水平。当犯罪（嫌疑）人是变性者且需要将其羁押至监区时，面临着分配至男性或女性监区的选择问题。这是世界各地面临的共同难题。一方面，因跨性别医疗的序列性特点，变性者很可能存在一段时间兼具两性特征的生理性别模糊期，难以进行二元性别制度下的男或女的界定。另一方面，各地因对跨性别的认知和包容存在差异，对变性者刑法性别确认的标准不同。实践中通常考察变性者接受性别重置手术的程度，以是否彻底完成序列手术或生殖器手术作为性别确认的主要依据。在对性少数群体更加包容的国家或地区，法律性别变更的环境往往更加宽松，如仅以个人自决即可实现法律性别变更而不以任何医疗干预为条件。此时法律登记性别与生理性别的不一致就极为普遍。而法官在决定变性犯罪（嫌疑）人的关押监区时，为兼顾对关押人员的全面保护，更偏向以实质的生理性别（外生殖器和性腺）为依据，而不只是考虑变性者的法律文件性别，这反映了刑法性别确认不以行政登记为准的观念，也显示了西方国家极度自由理念与实践之下的重重矛盾。

美国不同的州或法官亦存在不同的立法、政策与决策。2022 年，新泽西州一名男性服刑者德米·麦纳声称自己是跨性别者并要求转到女子监狱。该州因曾出现过跨性别女性服刑者在男子监狱遭到各种形式的性骚扰、歧视和暴力威胁的案例，遂于 2021 年出台了允许服刑者依心理性别选择监区的新政，即使尚未接受变性手术。于是，在德米·麦纳只服用了监狱提供的激素药品的情况下，监狱通过了他的申请并很快将其转入了新泽西州的埃德娜·马汉女子监狱。① 阿根廷的做法与此类似。自 2012 年通过《性别认同法》以来，阿根廷对于性别确认采取了最为宽松和包容态度，年满 18 周岁的任何公民均有权完全以个体心理性别申请性别变更并得到批准。因此，在服刑者不经变性手术的情况下，依其声称的心理性别及申请即可进行监区更改。但不得不承认，这种方式很可能造成一些匪夷所思的后果，女性服刑者的安全和权利难以保障，如未行手术即得以转入女子监区的跨性

① 参见刘皓然：《美国一跨性别囚犯致其他女囚怀孕，前者被紧急转狱！》，载环球网 2022 年 7 月 19 日，https://3w.huanqiu.com/a/de583b/48sh8rPlN78。

别者造成狱内女性犯人怀孕的现象时有发生。①

美国佛罗里达州则更倾向于实质说。2022年,跨性别网红尼基塔·德拉贡在美国佛罗里达州的迈阿密市因袭警、妨碍治安等罪名被拘留。尽管律师表示尼基塔早已完成变性手术,且在法律上已修改为女性,但法官仍表示根据法律规定要将其关在男性监区,而且在警方及法官的证词和文件资料当中,尼基塔的性别均为"Male(男性)"。2023年,尼基塔在社交平台发布动态,公开表示她虽然是跨性别,但只做过激光治疗而并非全套变性手术。这使得法官判决的依据得到了解释和印证,即以是否完成生殖器手术作为性别确认及监区选择的依据。实际上,由于尼基塔的"名人"身份,警方为其安排了单独的房间予以关押,并特意找了性少数群体警员对其进行护送,后来尼基塔因被保释而并未真正进入任一监区。② 但若以实质标准进行性别确认并落实,很可能造成跨性别者的精神痛苦,且跨性别者必然会遭遇来自监区其他服刑者的歧视和霸凌。

英国对跨性别者的态度同样包容,但在执行时进行了灵活处理,是对法律登记与实质功能的综合考量。这在2023年一起强奸案的审理中得到体现。亚当·格雷厄姆分别于2016年和2019年实施了强奸犯罪行为,然而在2020年再次庭审时,他作出要变性成为一名女性的决定,并且将自己的名字改为艾拉·布赖森,在衣着打扮上向女性靠拢。2023年英国法院作出判决,认为亚当·格雷厄姆以男性身份所实施的强奸罪名成立,入狱4年,且以其目前心理性别为依据将其关在女子监狱,但前提是其必须接受变性手术。英国法院做了阶段划分,即在亚当·格雷厄姆没做手术前暂时住单间,待其完成手术后会和其他女性犯人集体关押,③ 算是既符合规范又符合实践的变通做法。

我国在实践中同样倾向于实质标准,但目前并未形成统一的制度性规范。2014年,男变女的变性者小婉因盗窃被刑拘。其虽然已具备女性所有特征和功能性器官,但身份证信息仍为男性。长沙第三看守所专题研究了小婉的羁押管理措施,为其提供了单人间并由2名女警24小时看守,同时应小婉要求为其安排了女

① 参见史明磊:《阿根廷男犯自称女儿身,竟成功换到女子监狱致女囚怀孕》,载网易号"南方都市报"2019年11月25日,https://www.163.com/dy/article/EURIMN5F05129QAF.html。

② 参见《千万粉丝跨性网红袭警被捕,关进男性监狱》,载网易号"华人生活网"2022年11月16日,https://www.163.com/dy/article/HM99R92O0514BT3D.html#。

③ 参见刘洋:《强奸犯审判前变性为女人,英国官方决定……》,载微信公众号"环球时报"2023年12月4日,https://mp.weixin.qq.com/s/Hhe5k-G9cMO2H7aVQL2AlQ。

医师，每天进行心理疏导，并购置了其所需药品让其安心治疗。[①] 可以说，长沙警方的做法充分体现了对性少数群体的权利保障。

2. 羁押场所的特殊暴力

全球对于跨性别者的不友善的最高级别，乃是各种形式的严重暴力。据联合国艾滋病规划署 2014 年的年度报告统计，跨性别者在世界各地都遭受着难以估量的身体暴力、性暴力及仇恨犯罪，是其遭受普遍的社会排斥、边缘化甚至污名化的具体体现方面。2009 年，跨性别欧洲组织（Transgender Europe，TGEU）开始了一项名为"跨性别谋杀监测"（Transgender Murder Monitoring，TMM）的项目，自 2010 年以来每年发布两到三次的结果更新。据 2008 年至 2022 年的汇总数据，截至 2022 年 9 月，全球报道的跨性别者被谋杀数量为 4369 人，其中，拉丁美洲和加勒比地区是最严重的区域（见图 6-1）。当然这与各地的跨性别者信息公开程度有关。在 2021 年 10 月 1 日至 2022 年 9 月 30 日，共有 327 名跨性别者和性别多元化者（trans and gender-diverse）被谋杀，拉美地区报告的相关谋杀案件有 222 件，占比 68%，仍是最多的地区。其中，全球被谋杀的跨性别者中有 95% 是跨性别女性，欧洲相关数据中有 36% 是移民。具体情况如图 6-1 所示。

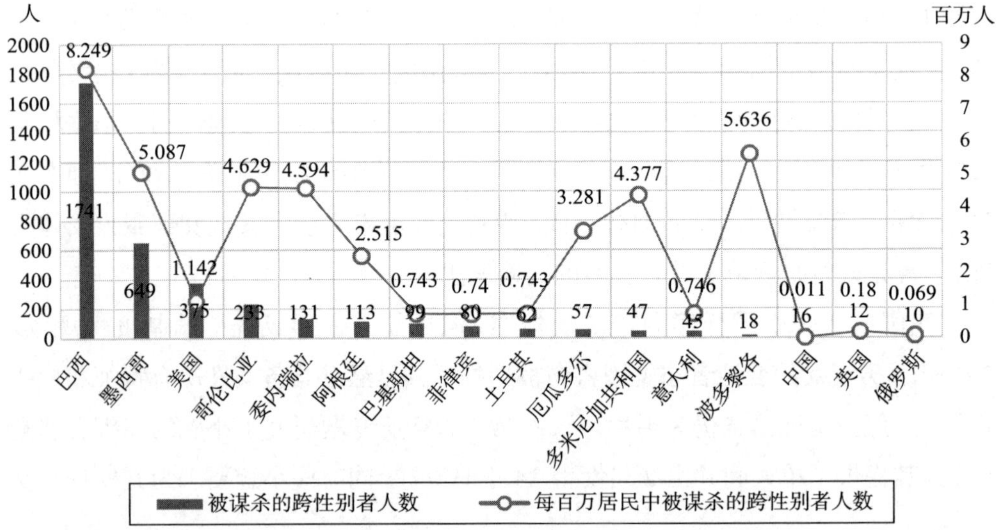

图 6-1　2008 年 1 月至 2020 年 9 月全球范围跨性别者被谋杀情况统计

注：此图根据 TMM 网站发布的数据整理绘制（https://transrespect.org/en/map/trans-murder-monitoring/）。

① 参见陈昂、刘露：《长沙看守所收押首例变性嫌疑人 民警安排住单人间》，载华声新闻网 2014 年 5 月 21 日，https://hunan.voc.com.cn/article/201405/201405210833263509.html。

这种针对跨性别者的严重暴力，当然及于跨性别/变性犯罪（嫌疑）人的羁押情境，甚至以更严重的形式出现。由于监区空间的封闭性与有限性，社会环境下普遍但不确定的暴力侵害就极易演变成更加具体且常态的形式，群体的羁押处境极其恶劣。尤其是在不能给予跨性别者特殊羁押和医疗保障的国家和地区，如坚持将只接受激素治疗或尚未完成生殖器手术的跨性别/变性女性关押在男子监区，或不向其提供持续所需的激素药物，无疑是使其完全地暴露于危险之中，遭遇身心摧残已是客观事实。这在英、美、澳、拉美等国家或地区是非常普遍的现象。美国司法部2015年的一份报告称，曾被羁押的跨性别者之中有将近一半（47%）的人遭受了性侵犯。[①]2020年，9个拉美组织发布《被剥夺自由的跨性别妇女：掩盖在高墙后的事实》的报告，揭露了拉美监狱中跨性别/变性女性饱受折磨和虐待的无助处境。2016年，澳大利亚一名变性女性在服刑的4年间几乎每天都会遭遇性侵，而同监区的另一变性女性因遭遇同样的性暴力而选择自杀。[②]西方国家在法律性别变更层面的宽容态度，与其在刑事领域性别确认的保守做法，形成了一组目前无法调和的矛盾。这种不一致会极大增加跨性别/变性犯罪（嫌疑）人的权利保障真空，使其处于极度尴尬又危险的境地。

3. 羁押过程中的特殊医疗

变性犯罪（嫌疑）人在羁押过程中极有可能需要持续性的医疗服务，如继续进行激素治疗、继续完成后续手术等。这由跨性别医疗的序列特点所决定，持续的激素药物应当是大多数变性者的长期需要，而激素治疗的中断将会对其造成身体和精神的双重影响。全球范围内不同的国家和地区，面对变性服刑者的医疗诉求有着不同的态度和做法。在2015年，加利福尼亚州就通过法案，成为美国第一个为囚犯提供变性服务的州，变性手术以及激素治疗费用由州政府承担。[③]但相当部分的变性服刑人员面临羁押期间医疗需求难以（稳定）保障的问题。例如，据相关报道，美国马里兰州巴尔的摩监狱曾强迫一名长期接受激素治疗的变性女性停止治疗；阿根廷的跨性别女性在监狱受到不连续的激素治疗等。目前我国尚无特殊

---

① See S. E. James, J. L. Herman, S. Ranki, M. Keisling, L. Mottet, M. Anafi, *The Report of the 2015 U.S. Transgender Survey*, National Center for Transgender Equality, 2016, p.198.

② 参见《澳洲变性女子被关男子监狱4年被性侵超2000次》，载新华网，http://www.xinhuanet.com/world/2016-04/20/c_128911923.htm。

③ 参见《开美国先例 加州发布囚犯变性指南》，载央广网，https://finance.cnr.cn/gundong/20151022/t20151022_520240832.shtml。

规定，对刑事诉讼活动及羁押的指引不足。

（四）侦查追诉：对刑事诉讼活动的挑战

性别作为一项重要的个人身份识别标记，在性别二元观念及制度之下，对于人身识别、社会管理有着极为特殊的价值。接受性别重置手术，变性者的身体性征及外部容貌都会发生极大变化，如果同时完成法律性别变更，那么此时的变性者相较于从前则无论是从客观现象还是法律身份而言都是一个新的个体，性别、姓名、身份证号码均不同于过去。这给侦查及公安执法活动带来了困难。若变性者具有通过性别转换而掩盖身份的“恶意变性”意图，如利用变性后的新身份实施犯罪，或犯罪后通过变性逃避追诉，则可能会为刑事诉讼活动带来更多挑战。

1. 对侦查活动的挑战

生理性别及由其决定的外貌特征可以说是人较稳定的特征，是侦查活动中对犯罪嫌疑人进行属性刻画、人身识别等的重要依据。由于现实社会环境下性别二元论非此即彼的本质，性别特征在侦查活动中基本上可以起到直接确定或排除某人犯罪嫌疑的作用。性别重置手术正是以改变个体之生理特征进而塑造新的社会性别角色为内容，模糊和弱化了这一重要的可用于人身识别的生物学标记，会对侦查活动的推进造成客观上的不便甚至障碍。站在犯罪人的角度，这无疑是一种新的逃避侦查的手段。一方面，变性者在接受手术的过程中伴随产生了“恶意”，即隐藏过去的性别身份、实施的违法犯罪活动或犯罪后逃避侦查追诉。1999 年北京的“冉某军案”便是一起典型案件。冉某军侵占他人财产并用来进行性别重置手术，其实施侵占的目的即满足自身长期以来的性别转换需求，同时手术的完成又为其隐藏身份、逃避侦查带来了便利。① 另一方面，在一些特殊类型的案件中也存在“恶意变性”的情况。如在恐怖主义犯罪中，恐怖分子多以“变性”方式逃避反恐侦查。② 我国已在多地的侦查实践中发现有部分犯罪嫌疑人为逃避追捕而选择变性的情况。③

2. 对定罪量刑带来的挑战

一方面，涉及罪与非罪的判断问题。在一些国家，被告人在被起诉、审判甚至

---

① 参见车桢、王胜利：《变性手术该不该立法》，载《检察日报》2001 年 5 月 29 日，第 11 版。

② 参见《关于变性手术的法律争议》，载《科学生活》2009 年第 2 期。

③ 参见朱静：《从公安执法角度论变性人权益保障》，载《公安学刊（浙江警察学院学报）》2018 年第 1 期。

服刑过程中宣称自己是跨性别者，并自行或要求进行激素及手术治疗的现象较为普遍，其中不乏以此逃避罪责的意图。这有可能对定罪量刑造成影响，尤其是在以性别作为犯罪构成要件要素的案件中，犯罪人性别身份的变化涉及刑法性别的重新确认及犯罪能否成立的问题。在2004年保加利亚的“伊什卡夫盗窃案”中，法官的做法可以说是“形式说”的极致体现。伊什卡夫以男性被告人的身份被法庭判处3年有期徒刑、缓期执行，后为逃避坐牢，其在保释期间进行了性别重置手术而成为一名女性，并改名阿尔贝亚娜，后法官仅依据外在形式的变化而裁决“阿尔贝亚娜”不必为“伊什卡夫”所犯下的罪过承担后果，将“伊什卡夫”当庭释放。[①] 相较而言，前述英国2023年的“亚当·格雷厄姆强奸案”的判决结果则合理得多。另一方面，涉及对刑罚判定的影响。由于没有明确的制度供给，在难以解决变性者的羁押问题时，有的法官甚至通过调整量刑以规避难题。2020年，英国的男变女变性者莱拉·勒菲因在某商店偷酒并用羊角锤威胁员工而被判入狱6个月。由于勒菲在变性后并未进行法律性别变更，因生理性别为女性而不能将其关押于男子监狱，但又因其法律登记性别是男性而无法将其关押于女子监狱，陷入两难的法官重新判定了6个月缓刑予以替代。[②]

第四节　刑法完善：性别重置手术的系统性规制

我国自1983年第一例性别重置手术以来，经历了对性别重置技术40年的医学实践探索，实现了医学行业规范的相对合理、逐渐完善。但遗憾的是，国内相应的专门性法律规制体系并未呈现协同发展与建构，造成跨性别/变性者的权利保障困境。一方面，这符合人们对性别重置的循序渐进的认识规律；另一方面，则更多地受到我国传统观念含蓄行事的影响，在尊重、保护但不倡导、推广的导向之下，[③] 不予明示的模糊、个案处理成为自然而然的法律应对方式。但显然，这并不

---

① 参见贾振华：《罪犯变性了怎么办》，载《大科技（百科新说）》2008年第11期。

② 参见杨若辰编译：《变性人被判刑，法官不知其进哪个性别监狱，最后判不入狱》，载网易号“上游新闻”2020年2月28日，https://www.163.com/dy/article/F6GQ4F1E053469M5.html。

③ 参见北京市第二中级人民法院民事判决书，(2019)京02民终11084号。

能适应性别重置的医学发展需要，更无法应对且指导当前复杂的法律实践。在刑事法领域，对于性别重置手术这类具有争议和风险的医事问题，必须采取正视且明示的态度，需要且应当通过专门的医事刑法及相应渊源法的超前制定，实现对其明确、系统的规制，[①] 并对涉及关联犯罪、诉讼权利的衍生性刑法问题一并回应。

一、关于性别变更的域外规范考察

域外与跨性别相关的立法与政策关涉广泛，以欧美地区为例，主要涉及性别变更 / 承认、健康护理、反歧视、仇恨犯罪、刑事司法等多领域的议题，多采用明示方式对跨性别相关问题予以专门性讨论。即使各国文化、价值、法域的区别决定了不同的容许程度和规制路径，甚至当前反对跨性别者权利在世界许多地方越来越被用作政治武器，[②] 造成各国立法与政策或进步或倒退的波动，但给予跨性别以正视态度与明示指引是国际共识和普遍实践。接受性别重置手术及相关医疗的变性者，能否进行性别变更从而获得新的法律性别身份，是问题的缘起亦是根本。核心争议就在于能否从人权概念析出公民性别变更权的内容，且“不因性别受歧视”而涵盖变性者的性别多样化情形。欧美多以判例推动观念革新与立法进步，整体上经历了对变性者及性别变更权由不保护到保护、从不承认到承认的过程。

（一）欧洲的立法及发展

欧洲的探索主要是置于《欧洲人权公约》（European Convention on Human Rights，ECHR）的框架之下，由欧洲人权法院的一系列判例审判来推动。1980 年范·奥斯特维克诉比利时案（Van Oosterwijck *v.* Belgium）是提交到欧洲人权法院的第一起与变性者相关的案件。当中的争议是范·奥斯特维克在经历了女变男的变性手术后，比利时当局拒绝依其申请将其出生证书性别改为男性，理由是出生证书没有错误，法律没有义务考虑一个人解剖学性别的人为改变。欧洲人权委员会作出了以比利时政府违反 ECHR 第 8 条“私生活受尊重权”为主要观点的报告，后欧洲人权法院以未穷尽国内救济程序而不再继续审理此案。但该报告具有的显著革新性对欧洲一些国家的立法产生了影响，如瑞典和丹麦开始通过立法对

① 参见莫洪宪、刘维新：《医事刑法研究论纲》，载《现代法学》2011 年第 6 期。

② See *Trans Activists at the United Nations Raise Their Voices Against the Anti-Rights Pushback*, tgeu (Jun.27, 2023), https://tgeu.org/trans-activists-at-the-united-nations-raise-their-voices-against-the-anti-rights-pushback.

性别变更予以确认。[①]

联邦德国政府受到同时期人权法院另一相似判例的影响，同时德国联邦宪法法院于 1978 年的一起判例中认可了基于德国《基本法》之人格尊严保障及广义性别自主权的公民性别自决，立法就此启动。1980 年德国通过《特别情况下姓名与性别变更法》，又称《变性人法》，对跨性别者的姓名更改、性别确认等进行了系统和全面的规定，并为是否进行变性手术提供了大、小两套解决方案。其中，“小解决方案”允许改变名字以使名字的性别属性与心理性别相一致；“大解决方案”则允许变更名字和民事身份登记（性别），但以进行变性手术为前提，且需要满足无婚姻关系、长期不具生育能力、年满 25 周岁等前提。[②] 德国的《变性人法》在当时堪称极具开创性和代表性的规范。2002 年的古德温诉英国案（Goodwin *v.* United Kingdom）具有历史转折性意义，是首例变性者在欧洲人权法院胜诉的案例。该案判决直接推动了英国关于保护变性者权利的立法进程。2004 年英国出台了《性别承认法案》，全面承认变性者的性别变更权利，对申请性别确认、各项权利、特定性别犯罪等进行了全面规定，不要求必须经过变性手术的前提给予了跨性别者极大的尊重和包容，是较为先进的立法范例。[③]

随着时代发展及对跨性别的认识深化，立法与政策的应对乏力需要与时俱进地更新。德国《变性人法》先后 6 次因条文涉嫌违宪受到德国联邦宪法法院的审查，主要涉及“大解决方案”中性别变更的各项前提条件，如申请者必须年满 25 周岁、持续无生育能力、接受变性手术、无婚姻关系等，被认为与德国《基本法》的人格尊严与人格自由条款、身体不受侵害权利等相违背，且实践中难以有效解决跨性别 / 变性者的性别变更诉求。2011 年，德国联邦宪法法院在一例判决中指明，任何人无须因为要获得户籍法上对其“感觉到的性别”的承认，而去除或改变其性器官，正式将德国《变性人法》中“接受变性手术”的条件去除。为彻底解决可能普遍出现的无法以生理特征定义“男”或“女”的尴尬，2013 年德国完成了对《民事身份登记法》的修改，在法律中正式引入了“第三性别”选项，即出生证明的性别选项除男性和女性之外，还增加了不受时间限制的空白选项。[④]2023 年 3 月，德国联邦政府就《自决法》达成一致，进一步简化了官方性别和姓名变更的程序，

① 参见李燕：《性别变更法律问题研究》，中国法制出版社 2014 年版，第 16~18 页。
② 参见张慰：《第三性别的法律地位——德国民事身份登记立法之变》，载《德国研究》2013 年第 4 期。
③ 参见李燕：《性别变更法律问题研究》，中国法制出版社 2014 年版，第 23~25 页。
④ 参见张慰：《第三性别的法律地位——德国民事身份登记立法之变》，载《德国研究》2013 年第 4 期。

一改此前严格且烦琐的专家与法官评估过程，跨性别者只需在登记处提交一份简单的自我声明即可实现变更。①

根据 2024 年数据，在欧洲 49 个国家中有 46 个国家允许法律上的性别承认，其中有 39 个国家制定了法律或行政措施以使跨性别者获得法律上的性别承认。其中，西欧国家整体上较东欧国家包容。以制定有性别承认法律或行政措施的国家为例，在性别变更的条件和原则方面，不以手术为前提的国家占比为 74.4%；法律要求绝育的国家自 2013 年至 2023 年减少了一半，② 目前不以绝育为要件的国家占比为 71.8%；有 11 个国家建立在完全的个人自决（self-determination）基础上，被认为是更符合人权的理念和实践。其逻辑遵循即对人们享有身体不受侵害之人权的保障，免受具有严重侵袭性的手术伤害是人权的应有内涵，任何法律和政府没有立场和权力以手术作为法律性别承认的条件。在年龄限制方面，18 个国家提供了对未成年人的性别承认程序，其中有 8 个国家允许未成年人在没有年龄限制的情况下获得法律性别承认。欧洲 49 个国家法律性别变更的规则情况具体如图 6-2 所示。

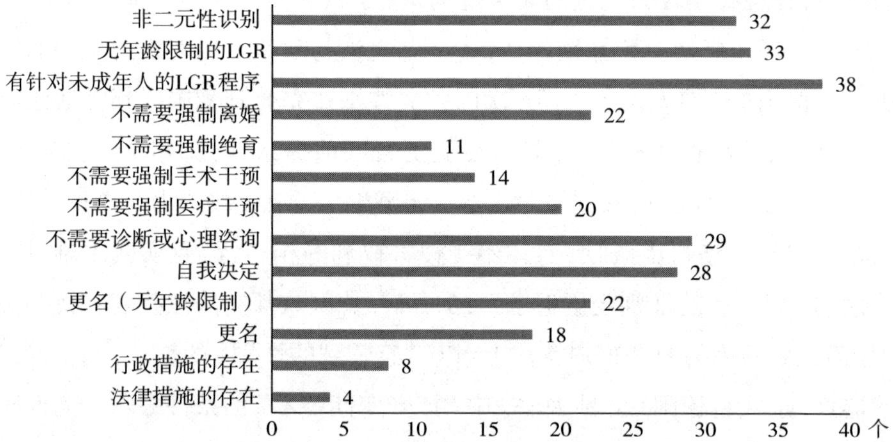

图 6-2　欧洲 49 个国家法律性别变更的规则情况

注：此图根据 TGEU | Trans Rights Index 网站发布的数据整理绘制，数据截至 2024 年 10 月 9 日。

① 参见《德国人将实现“性别自由”：政府通过〈自决法〉，评论区脑洞大开……》，载新浪财经头条号“中国网”2023 年 3 月 25 日，http://k.sina.com.cn/article_3164957712_bca56c10019022oka.html。

② See *10 Years of Trans Rights Mapping in Europe & Central Asia: Decade-long Research Reveals overall Progress, While UK & Hungary Go Backward*, tgeu(May 17, 2023), https://tgeu.org/10-years-of-trans-rights-map-europe-central-asia.

（二）美国的立法及变化

美国关于跨性别 / 变性者性别认同和权利保护的立法较分散，联邦及各州之间、各事务部门之间的标准、政策不统一，很容易因规范冲突造成权利保障不力。在美国，记载或证明公民性别的身份证件主要有出生证明、驾照、护照和社会保障记录。2012 年"美国跨性别歧视调查"（A Report of the National Transgender Discrimination Survey）数据显示，只有 1/5（21%）的跨性别者能够以新性别更新所有身份证件和记录。①2024 年 2 月公布的 2022 年"美国跨性别调查"（U.S. Trans Survey）数据显示，在拥有至少一种身份证件，如出生证明、护照或驾照的受访者中，近一半（48%）的人表示他们的身份证件上都没有他们想要的名字；59% 的人表示他们的身份证件上没有列出他们想要的性别。②

美国各地在出生证明和驾照上的性别变更仍存在立法或政策上的区别，依照包容程度涉及三类形态：一是积极、包容的立法（positive law），性别变更条件更加宽松，不需要手术或法院命令即可改变性别标记；二是消极、苛刻的立法（negative law），性别变更条件较为严苛，必须有完成手术的证明才能进行，或者绝对不允许修改出生证明或驾照上的性别标记；三是介于二者之间的模糊状态，即要么没有明确的、成文的立法或政策，要么现有立法和政策关于手术、临床要求、法律命令等规定并不明确。

截至 2024 年 9 月 5 日，在美国 56 地中（50 个州、1 个特区、5 处领土），涉及变更出生证明和驾照上的性别，采取积极、包容的立法的地区占比分别为 48.2% 和 51.8%，采取消极、苛刻的立法的地区占比分别为 35.7% 和 19.6%。其中，必须以"性别重置手术"作为出生证明和驾照性别变更条件的地区分别有 13 个和 11 个，而"绝对不允许变更性别"的地区分别有 7 个和 4 个。相较于 2023 年，全美整体呈现对跨性别者性别变更登记的限制趋势，如佛罗里达州和堪萨斯州由此前规定的"不需要手术或法院命令即可由州政府签发新的出生证明"变更为"不允许修改出生证明上的性别标记"。目前，全美范围内分别有 30.4% 和 41.2% 的地

① See NCTE: National Transgender Discrimination Survey–Identity Documents，2012，139.

② See Sandy E. James，Jody L. Herman，Laura E. Durso，and Rodrigo Heng–Lehtinen，*Early Insights*: *A Report of the 2022 U.S. Transgender Survey*，A4TE，https://transequality.org/sites/default/files/2024-02/2022%20USTS%20Early%20Insights%20Report_FINAL.pdf.

区允许在出生证明和驾照上进行第三性别“X”的登记(见图6-3)。在姓名变更方面,占比48.2%的地区“不需要公布更名公告”,24个州的法律对有犯罪记录的个人在申请姓名变更时有额外的限制和/或要求(见图6-4)。

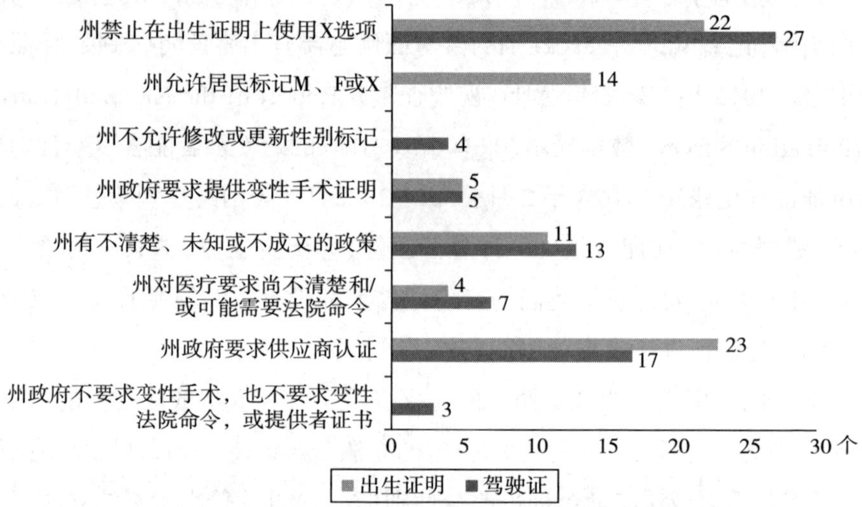

图6-3 美国各地关于驾照和出生证明性别变更的立法/政策统计

注:此图根据MAP | Equality Maps网站发布的数据整理绘制,数据截至2024年9月5日。

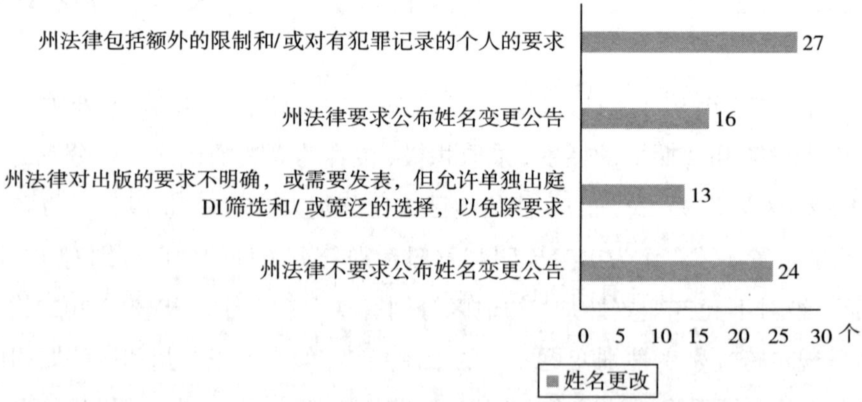

图6-4 美国各地关于姓名更改的立法/政策统计

注:此图根据MAP | Equality Maps网站发布的数据整理绘制,数据截至2024年6月18日。

实际上,每个国家和地区在跨性别议题方面的努力都不是一帆风顺的,更不是一蹴而就的,甚至会出现波动和倒退。这与一国之文化、宗教、价值观念以及政治格局和偏好等息息相关。2020年6月,匈牙利通过法律性别承认禁令,规定一个人的出生性别不能更改。即使在受到欧洲人权法院的问询和抨击时，匈牙利政府仍然不打算改变。这或许和匈牙利"反跨性别恐怖主义"的国家政策有关。保加利亚、斯洛伐克等东欧国家均采这一保守模式，且有更多的东欧国家准备效仿此法。① 俄罗斯政府将性少数群体视为与本国传统价值观相悖的激进主义和极端分子，加之国际政治格局的变化影响，自 2013 年以来俄罗斯不断强化对性少数群体的压制，先后出台了多项法案或政策对同性恋、变性手术等进行限制。2023 年 7 月，俄罗斯通过禁止变性法案，全面禁止为跨性别者提供性别确认医疗服务和法律上的性别承认，包括激素或手术治疗在内的医疗转换、针对非先天畸形双性儿童的变性手术、一方婚后改变登记性别后的婚姻有效性及跨性别者收养儿童，② 甚至禁止来自允许变更性别国家的公民收养俄罗斯儿童。③ 这可以说是俄罗斯系统性反跨性别政策的最极致程度。英国受到保守派、基督教和特定女权主义反对跨性别权利的影响，存在普遍的反跨性别情绪，跨性别权利指数排名由 2013 年的第 1 位下降至 2023 年的第 21 位，在法律性别承认的立法和政策上呈现各地的不一致性。2023 年年初英国政府以维护英国平等立法为由阻止了苏格兰议会通过的《性别认同改革法案》，对新法案更具包容的个人自决方式持拒绝态度。④ 在美国，跨性别者权利问题已经成为共和党和民主党政治博弈的筹码，两党在各州立法机构分别推出了一系列消极的和积极的对立法案，甚至引发了美国的文化战争。拜登政府上台后颁布的一系列保护性少数群体不受歧视的新政，扭转了特朗普政府时期仅将"性别"狭义定义为生理性别的一系列政策。⑤ 近年来美国反对性少数群体的法案越来越多，仅 2023 年反性少数群体和青少年的相关法案就占据州立法机构提交的所有反平等法案的一半以上，超过 75 项反性少数群体法案被签署成法律。⑥

---

① See *Legal Gender Recognition Ban in Hungary Found to be in Violation of EU Law*, European Parliament (Jun. 17, 2021), https://www.europarl.europa.eu/doceo/document/E-9-2021-003195_EN.html.

② See *TGEU Deeply Concerned by Russia Ban of Medical and Legal Transition*, tgeu (Jul. 20, 2023), https://tgeu.org/tgeu-deeply-concerned-by-russian-ban-of-medical-and-legal-transition/.

③ 参见《俄罗斯将禁止变性合法国家的公民收养俄儿童》，载百家号"四川观察"2024 年 9 月 17 日，https://baijiahao.baidu.com/s?id=1810410050792980625&wfr=spider&for=pc。

④ 参见申忻编译：《英国政府拦下苏格兰性别改革法案》，载欧洲时报网 2023 年 1 月 17 日，https://www.oushinet.com/static/content/europe/britain/2023-01-17/1064952528870969344.html。

⑤ 参见《拜登政府颁布新政：保护同性恋和跨性别者在医疗领域不受歧视》，载百家号"天眼新闻"2021 年 5 月 10 日，https://baijiahao.baidu.com/s?id=1699385351228602100&wfr=spider&for=pc。

⑥ See *Human Rights Campaign Report: 2023 State Equality Index*, HRC Foundation, https://reports.hrc.org/2023-state-equality-index.

值得关注的是，欧美尤其是美国对于儿童性别肯定护理正发生着较大的导向变化。美国对于性别肯定护理有着较为科学和成熟的认知及标准，在“手术是性别不一致 / 性别烦躁的有效解决方案”的认知基础上，美国一直以来对激素和手术治疗持积极、开放的态度，甚至支持对未成年人和儿童的性别肯定治疗。与欧洲任何国家相比，美国是对儿童变性手术和性别过渡药物治疗“最宽容的国家”，美国儿童比欧洲儿童更容易获得青春阻滞剂、激素药物，甚至被施以变性手术。但自 2021 年起，这种情况正在发生急剧的变化，越来越多的州颁布法令禁止向未成年人提供性别肯定护理。禁令通常通过对向青少年开处方或实施性别肯定医疗的医生施加处罚来限制青少年获得护理的机会，处罚范围从州执照委员会的纪律处分（包括吊销行医执照）到重罪指控（可能会被判入狱），如亚拉巴马州和爱达荷州，最高可判处 10 年监禁或 5000~15,000 美元的罚款。①禁令大多禁止青少年接受一系列治疗，包括青春期阻滞剂、激素和手术治疗。截至 2024 年 4 月，美国已有 24 个州颁布法律，禁止跨性别青少年获得性别肯定护理。其中 19 项禁令是在 2023 年颁布的，而爱达荷州于 2024 年在现有禁令的基础上又颁布了一项法律，禁止使用国家资金和医疗补助计划进行性别肯定护理。②这在一定程度上与美国的政治格局变化相关，但也将性别肯定护理应用于未成年人的医学风险和法律争议置于眼前。

二、关于性别重置的刑法规制模式

（一）传统医事刑法的规制模式

在传统医疗环境背景下，世界多数国家或地区均未制定专门的医事特别刑法，相关规定散见于判例法、刑法、医事行政法规之中。在涉及医事犯罪的刑法规制内容方面，主要涉及以下类型：一是医事过失犯罪立法，这是医事刑法规制的主要类型。我国对医事领域的业务过失犯罪进行了“医疗事故罪”的专门性规定，其他国家多将医疗过失归入一般过失处理而不做区分，如德国、瑞典、法国等没有针对医事过失行为的特别规定，通常以过失致人死亡、伤害罪对业务上的过失行为予以评价。二是不具有执业资格的非法行医类犯罪立法。由于各国对医事执

---

① See C. Mallory, M.G. Chin, J.C. Lee, *Legal Penalties for Physicians Providing Gender-Affirming Care*, 21 JAMA 1821 (2023).

② See *The Impact of 2024 Anti-Transgender Legislation on Youth*, UCLA School of Law Williams Institute, https://williamsinstitute.law.ucla.edu/publications/2024-anti-trans-legislation/.

业资格均采行政审批的准入模式,"无证行医"在各国均构成犯罪,[①]且属于"行政犯"的类型。有些国家采取统一刑法典规制模式,如《意大利刑法典》规定了非法从事需要获得国家特别批准的职业的,处6个月以下有期徒刑或一定罚金;[②]我国《刑法》规定了"非法行医罪";有些国家则以"行政刑法"进行规制,如日本《医师法》、韩国《取缔保健犯罪的特别处置法》对非法行医行为予以规制。三是其他一些规定,如西方一些国家关于堕胎犯罪的立法、我国关于非法进行节育手术的犯罪立法,等等。

在涉及医疗过失的刑事追诉方面,各国做法虽然有所区分,但基本上呈现了对于医事业务过失犯罪的轻刑化导向,这与医疗行为本身的合目的性、损伤性等相关。一方面,在立法的刑罚规定方面,多数国家同时规定了罚金附加甚至独立适用;另一方面,在司法中,多以民事途径予以解决。例如,美国多以民事损害赔偿方式对医疗事故纠纷予以解决,真正进入刑事诉讼程序的案件极为少见;英国和日本主要通过民事途径解决,但同时会有小部分案件进入刑事诉讼程序;意大利则以刑事诉讼作为医疗事故案件的解决方案。在这类案件中,刑事诉讼多是获得赔偿的手段,大部分案件最后也以和解的方式解决。[③]

(二)生命科技医事刑法的规制模式

随着生命科技的发展和应用,传统医疗逐渐难以涵盖新型医事行为,传统医事刑法面临着保护法益的扩张与丰富以及规制内容的协调发展。传统医事刑法保护法益主要是公民的生命健康、医疗管理秩序、公共卫生安全。当前,无论是新型医疗技术的应用冲击抑或是人权理念的顺势发展,新时代的人格权保护都成为法律体系中越发显性的不可忽视的重要部分。2020年,我国《民法典》单独设置"人格权编",对包括生命权、身体权、健康权、姓名权在内的人格权,以及基于人身自由、人格尊严产生的其他人身权益予以全面保护。其中,正式对器官捐献、器官买卖、医学实验伦理、基因编辑和代孕等行为予以法典化规制,是对当前生物科技时代人类社会需求的积极和正面回应。[④]包含知情同意、自我决定等权利内容的

---

① 参见杨丹、冯军:《医疗刑法研究》,载《法学家》2009年第6期。

② 参见中燕:《各国严厉打击无证非法行医》,载《检察风云》2023年第3期。

③ 参见杨丹、冯军:《医疗刑法研究》,载《法学家》2009年第6期。

④ 参见田宏杰:《人格权刑法保护:挑战与应对》,载《中国人民公安大学学报(社会科学版)》2023年第1期。

人格尊严，成为现代医疗尤其是尖端医疗活动的高相关法益体现，与生命法益共同构成医事刑法介入保护的正当化基础。

1. 刑法规制模式类型

在涉及生命科技或尖端医疗的刑法规制方面，域外各国因对现代医疗技术的支持与包容度存在差异，分别选择了不同的规制路径或模式，主要包括以下几种：一是刑法规制模式，这是以限制为主要价值取向的严格立法，借鉴美国关于立法的分类表述，即属于“消极、苛刻的立法”。这种模式以德国为典型代表，即通过明确的刑法条文对某些非法、滥用尖端医疗技术的行为进行严厉的入刑化规制。如德国的《胚胎保护法》，几乎全面禁止了所有类型的克隆技术的应用。[①] 这种方式严厉有余但自由不足，不利于现代医疗及人类发展。二是限制刑法模式或混合规制模式，即将严厉的刑法与宽缓的行业自主规范相结合进行共同规制，具有“积极、包容的立法”的性质，对尖端医疗持鼓励态度。在日本，依赖行业自主行为规范进行尖端医疗技术的规制是普遍做法，除对人体器官移植和克隆技术进行了严厉的刑法规制外，其余均依赖行业自主规范调整及行业自律。虽然方式相对灵活，但由于行业自主规范的效力层级低、强制性差，难以达到规制的预期效果。三是行政法规制模式，通过设立专门的部门法，以章程或法令的形式对尖端医疗技术进行详细规定，要求严格按照相关标准进行操作，[②] 仅对较为严重的违规行为设置刑事处罚条款，类似于我国的行政立法。如英国在基因技术利用方面的保护主义倾向即是此种模式的反映，是相对折中的方式。

2. 性别重置技术的规制模式选择

国内外对于性别重置手术的探索和实践已长达一个世纪，虽然手术本身在现代医学面前已并非新鲜事和难事，但由于跨性别医疗及手术的特殊性和复杂性，不仅对医疗专业水平的要求较高且特殊，而且手术仅是跨性别序列医疗（性别肯定护理）的一部分，很难将其与激素治疗、心理支持等割裂来看，加上手术伴随的对社会关系、生命伦理、法律体系等的一系列冲击，使得传统医疗活动及传统刑法均难以涵盖且自然匹配适用，对此的特殊关注和专门规制尤为必要。

一方面，对手术涉及的医事刑法部分，结合目前的规范现状及立法观念、现有体例，笔者认为采用“限制刑法模式”较为适宜，即“行业规范—民事法 / 行政

① 参见刘建利：《尖端医疗行为的刑法挑战及应对》，载《法学论坛》2019 年第 6 期。

② 参见朱希：《论我国生命科技犯罪的立法缺陷与完善》，广西民族大学 2011 年硕士学位论文，第 19 页。

法—刑法”三方相结合并衔接的体系性规制模式。具体而言，遵循“医事行业自主规范规制—医事民事法、行政法规范规制—医事刑事法规范规制”的层层推进路径。在法律介入环节优先适用民事规制对当事者之间的医事纠纷予以解决，在难以充分处理的情况下考虑采用行政规制对医疗主体进行处罚；当违法程度较大而民事 / 行政法难以包容评价时由刑法介入处理。① 在立法导向上，这种模式既能够给予跨性别 / 变性者对性别重置手术的医疗需求以足够空间，同时立足手术的高侵袭、不可逆特点，对违规应用此类技术的行为予以规制并寻求严厉的刑法保障，是最为适宜的方式。这种规制模式也符合我国的立法体例和惯例，与现行有关行政犯的刑法规制路径相一致。《2022 年管理规范》无论是从效力位阶还是内容来看，都更属于行业规范的性质范畴。对性别重置相关医事民事法、行政法、刑事法的规制空白予以专门立法或对解释方式予以补足，是此规制模式下的当务之急。另一方面，对于性别重置手术涉及的关联犯罪问题，可遵循并归入现有刑事立法体例之中予以调试解决，但同样应当以明示的方式进行明确的法律规定。可通过刑法修正案的形式进行立法修正，或者通过司法解释的形式予以补充完善。

三、我国关于性别重置的医事刑法规制完善

推进专门性的立法完善，是对跨性别及医疗的应有尊重且最适宜方式。这不仅关乎实际的司法运行与法律效果，更是对跨性别现象及群体的正名，对于人类社会发展和文明进步有着不可或缺的重要意义。正如《民法典》对尖端医疗及性骚扰的明示规制，正是对人类尊严、性自主权等的宣誓保护。同样地，对跨性别及其医疗予以专门性的法律规范体系建设，是给予跨性别 / 变性者等性少数群体和性别多样性的包容和平等保护的宣誓。具体而言，性别重置手术的刑法介入应当从对传统刑法的解释和对未来立法的完善两方面进行。

（一）传统刑法的解释

在现有医事刑法的基础上，通过对现有条文的解释将对性别重置手术的规制纳入其中。涉及医事犯罪的罪名主要有“医疗事故罪”和“非法行医罪”，规定在《刑法》“妨害社会管理秩序罪”一章中的“危害公共卫生罪”一节，所涉法益为国

① 参见［日］甲斐克则：《医事刑法的基础理论》，刘建利译，载《法律科学（西北政法大学学报）》2012 年第 2 期。

家医疗管理秩序和就诊人生命健康权利，本质上是对公共卫生安全法益的保护。[①]性别重置手术本质上属于非诊疗性的医疗行为，将其纳入这两项罪名的规制范畴不存在障碍。但因手术以切除正常健康器官为主体内容而不同于传统诊疗活动，从手术行为及结果的客观方面来看，存在与刑法"侵犯公民人身权利、民主权利罪"一章的较强关联性，涉及"过失致人死亡罪""故意伤害罪致人重伤"。同时，应当关注现有罪名的犯罪构成与罪状描述能否对手术行为予以包容。

1. 现有罪名的辨析

以非法行医罪与故意伤害罪、过失致人死亡罪进行比较。从犯罪构成方面分析：在犯罪客体方面，非法行医罪侵犯的是包含国家医疗管理秩序和就诊人生命健康在内的公共卫生安全，属于行政犯；故意伤害罪、过失致人死亡罪侵犯的是公民人身权利。在犯罪主观方面，非法行医罪与故意伤害罪都存在主观故意，但故意的内容却全然不同，前者以为就诊人进行治疗活动为主观意愿，造成的就诊人重伤甚至死亡的结果并非行为人的故意内容，通常认定为过失或间接故意，后者则以被害人身体健康甚至生命安全为故意内容；过失致人死亡罪主观方面是过失，非法行医罪可能出现与过失致人死亡罪相同的犯罪结果，在非法行医造成致人死亡的情形时，可能同时触及两个罪名，属于法条竞合关系，根据特别法优先原则以非法行医罪论处更为合适。[②]医疗事故罪是过失犯罪在医事活动的特殊体现，与过失致人死亡罪是特别法和普通法的关系，在医事领域通常以医疗事故罪论处。（见表6-2）

表6-2 相关罪名犯罪构成对比

构成	罪名			
	非法行医罪	故意伤害罪	医疗事故罪	过失致人死亡罪
犯罪客体	公共卫生安全（行政犯）	公民人身权利	公共卫生安全（行政犯）	公民人身权利
客观方面	就诊人重伤或死亡	重伤或死亡	就诊人死亡或严重损害就诊人身体健康	死亡

① 参见方悦：《非法行医罪"情节严重"的实质含义》，载《南京中医药大学学报（社会科学版）》2023年第3期。

② 参见焦小勤、杨震宇：《非法行医案件疑难问题研究》，载《中国检察官》2018年第16期。

续表

构成	罪名			
	非法行医罪	故意伤害罪	医疗事故罪	过失致人死亡罪
主观方面	故意	故意	严重不负责任	过失致人死亡
	以诊疗行为为故意内容	以侵害被害人身体健康为故意内容		
犯罪主体	未取得医生执业资格的人（可以是医务人员或一般主体）	一般主体	医务人员	一般主体

在此基础上，对违规实施性别重置手术的行为进行考察。首先，性别重置手术作为国家限制类医疗技术，属于非以诊疗为目的的医疗行为，手术的实施和操作必须遵循严格的规范要求，违反相应行业及行政规范的行为当然是对国家医疗秩序、就诊人生命健康权利的法益侵犯。其次，区分手术造成的重伤结果的不同情况。一方面，手术中对生殖器和性腺的切除会直接导致客观上的重伤结果，多数案例中行为人为被害人实施“睾丸切除手术”，均被认定造成“重伤二级”的损伤结果。但这正是手术的核心环节，生育能力的丧失也正是手术的目的及法律性别变更的条件。此时行为人的明知和故意仅指向手术本身，即出于实施医疗行为的目的而非对就诊人健康和生命的伤害。另一方面，手术出现的附加的重伤结果，如违规手术造成了其他脏器合并感染、器官坏死、失血性休克等，即出现了除手术固有内容和结果（生育能力丧失）之外的其他符合刑法规定的伤残结果，① 此时应当认定为是行为人在以手术为目的前提下的过失结果，亦非对就诊人生命健康的故意伤害。因此，如果对违规实施性别重置手术的行为进行刑法评价，非法行医罪是更适合的罪名选择。而当医疗主体在进行手术医疗过程中出现严重不负责任的过失行为时，同样考虑医疗事故罪更为适宜。

2. 现有罪名的包容考察

在采取传统刑法解释的介入路径时，必须关注现有法条能否自然涵盖和包容性别重置手术等现代医疗行为，这涉及能否入罪评价以及量刑是否适当的考察。

① 参见叶斌宇：《新医疗环境下非法行医罪适用问题研究》，华东政法大学 2020 年硕士学位论文，第 47~48 页。

生育能力丧失的重伤结果本就是手术的内容，能否按照现有解释体系和标准进行“情节严重”及“严重损害就诊人身体健康”的认定，值得商榷。实践中多以“被害人双侧睾丸缺失、丧失生育能力、重伤二级”的伤残结果，认定构成“非法行医且严重损害就诊人身体健康”，属非法行医罪的结果加重情形，对应“三年以上十年以下有期徒刑，并处罚金”的量刑档次。笔者以为，将以传统医疗内容和机理为蓝本设定的非法行医罪的构成要件，直接套用在现代医疗之性别重置手术的行为规制当中，不仅牵强且有违罪责刑相适应之嫌。若行为的结果仅是实现了手术的固有内容和目的，如睾丸被切除、生育能力丧失，此时虽然客观上属于重伤，但考虑到手术的特殊性而不能因此认定“严重损害就诊人身体健康”。若确实没有出现任何其他的伴随损伤结果，如被害人术后伤口血流不止，即手术不仅顺利且实现了手术目的，此时能否评价为“情节严重”都尚待讨论。但应当考虑法益保护的复合性，违规实施手术不仅涉嫌对公共卫生安全造成威胁，更是对人格尊严的法益冲击。因此，应当将手术的固有内容和损伤结果排除在评价体系之外，违规实施手术仅发生了手术本身的结果和风险时，仍应认定属于“情节严重”而进行入罪化评价，是出于对复合法益保护的需要以及对限制类医疗技术的慎用考量，但不应认定为“严重损害就诊人身体健康”的加重情节。

在手术医疗的年龄限制方面，若手术对象是未成年人，则涉及其是否具有对特殊医疗行为的知情同意能力问题。前述田某某故意伤害案就是以未成年被害人不具备承诺能力为依据的判决结论的体现。据前分析，故意伤害罪实难包容此情形之下的侵害法益，且主观方面的故意内容不相符合。对性别重置手术的认识，应当更着重考虑其现代医疗本质，以及背后蕴含的人类社会对性别多元化现象的包容性发展趋势，在违法阻却事由中，将正当业务行为、就诊人知情同意共同作为正当化基础，应当更加凸显在“非治疗目的的医疗行为”当中“手术对象自主决定权”的体现。性别不一致和性别烦躁很可能在个体的儿童和青少年期就已经出现并长时间持续，且随着经济社会发展，未成年人的成熟度远超过年龄本身，这也是域外一些国家不断下调性别/姓名变更年龄至16岁甚至不作限制的原因，且认为当事人可自行决定性别而无须监护人同意。我国《2022年管理规范》将手术年龄下调至18周岁，《刑法修正案（十一）》将故意杀人、故意伤害罪等的刑事责任年龄下调至12周岁，均有上述原因的考量。美国立法以“成年患者知情同意”辅以“成熟未成年人制度”“解放制度”以调和即异曲同工。因此，笔者以为应当将更多关注置于医事领域，无论主体是否具有医生执业资格，只要其主观故意的内容是真实地实施性别重置手术这一医疗目的，就应当在非法行医罪、医疗事故罪的医事范畴内做定罪考量。可通过出台相关司法解释或公布指导案例的方式，对非法行医罪、医疗事故罪的罪状描述进行符合现代医疗本质的更新和补充，将对性别重置手术这一医疗行为的特殊规制涵盖其中，同时注意刑法的谦抑性及医事领域的“轻刑化”。

（二）未来立法的完善

新增罪名和条款对性别重置手术进行更适应的规制，是应有的长远考虑。由于性别重置手术及跨性别医疗的特殊性，其在所涉法益、犯罪构成、罪状描述方面和传统医疗规制之间有着较为明显的区别，现有刑法实际上难以自然涵盖并作出罪责刑相适应的评价。跨性别医疗所涉法益除了国家公共卫生管理秩序、就诊人生命健康外，更凸显人格尊严的丰富内容，而这在现有的医事刑法当中难以充分体现。为保证刑法的稳定性，可将关于性别重置手术的刑法规制仍置于“危害公共卫生罪”这一节进行。可考虑在《刑法》第 336 条“非法行医罪”之下增设一款“非法实施性别重置手术罪”，即未取得医生执业资格的人，违反相关行政法规范，擅自实施性别重置手术，情节严重的，处 3 年以下有期徒刑、拘役或者管制，并处或者单处罚金；情节特别严重的，处 3 年以上 7 年以下有期徒刑，并处罚金。其中，“违反相关行政法规范”应是关于性别重置手术的医事行业规范、医事行政法规范，在现有《2022 年管理规范》的基础上视情况制定“性别肯定护理规制法 / 条例”“跨性别医疗规制法 / 条例”等；“情节严重”不应当包括手术的固有内容和结果，如生殖器或性腺的切除、生育能力的丧失，可以考虑将因不具资质和能力、违反操作规程而造成其他附加损伤的情况认定为“情节严重”，同时考虑非法多次实施并获利的行为等；将造成就诊人死亡或严重超出手术固有损伤的严重后果认定为“情节特别严重”。

现有医疗事故罪的刑罚配置稍显单调，前文已有阐述。可考虑增加罚金刑、资格刑，以提高对此类犯罪的惩治力度和维度。同时注重缓刑在医事过失犯罪中的应用，[①] 以体现“轻刑化”导向。

此外，可对《刑法》第 335 条“医疗事故罪”进行更加细致的解释，对“严重损

① 参见莫洪宪、刘维新:《医事刑法研究论纲》，载《现代法学》2011 年第 6 期。

害就诊人身体健康”应作出符合性别重置手术医疗本质的相应解释。同样的，不宜将手术的固有结果进行入罪评价，可与“非法实施性别重置手术罪”之“情节特别严重”的认定标准保持一致。

四、我国关于性别重置的关联犯罪规制

跨性别医疗带来的普遍存在的“生理性别模糊期”，对以某一特定性别身份为构成要件要素的犯罪类型带来了冲击，且这组矛盾的难以调和必然随社会之于多元的逐渐包容而更加凸显和激化。强奸罪是最典型的例子。在现有犯罪构成难以包容跨性别/变性者的情况下，对强奸罪的传统刑法解释与未来立法完善是当前及长远方案。

（一）刑法解释：刑法中的性别认定

在尚未能修法的情况下，通过对传统刑法的解释尽可能将刑法规制功能最大化是目前的可行选择，在二元性别认知与制度体系之下，对跨性别/变性者的刑法性别身份确认及合理的标准选择尤为关键。在前述认定标准中：其一，性染色体标准蕴含着“绝对不允许人为变更性别登记”的逻辑，这显然是过于机械的不合理选择。其二，自我认同的心理性别标准，是目前多数西方国家行政性的法律性别变更依据，但并非这些国家在刑事司法中所采取的标准。就目前的国内外刑事司法环境而言，以纯粹的主观认知标准作为刑法中的性别认定标准，很可能因“名不符实”而对传统的犯罪构成造成冲击，而且容易出现为逃避刑事追诉和法律制裁的“恶意性别变更”。其三，以行政上的法律性别变更登记为标准，容易出现“形式”与“实质”的割裂。现有规范规定法律性别登记以完成生殖器及性腺切除手术为要件，实践中很可能因行政性别变更的滞后、超前或不能而出现与刑法法益保护的不协调，分别对应“已完成序列手术而尚未进行性别变更”“仅完成生殖器和性腺切除即进行性别变更（尚未进行新性别的外生殖器重建）”“仅接受激素或某一项手术治疗而无法进行性别变更”三种情形。

立足传统强奸罪关于妇女性自主权的保护法益，以个体是否具有某一特定性别之“性功能”，作为刑法中将其认定为这一特定性别身份的依据，是较为合理的标准选择，即“实质的性功能说”，而不论行政登记性别是否一致。遵循这一标准可以直接补足行政性别变更滞后、超前、不能的规制真空，对于性别重置手术乃至

跨性别医疗所带来的长期的生理性别模糊，有着“以不变应万变”的优势。通常认为，完整而成功的性别重置手术，应当至少完成了原有性器官切除与新性别的外体表性器官的重建，甚至已经实现了与新性别相匹配的第二性征的转换，此时的“性功能”与其术后生理性别一致，也因此具备这一性别身份下的性权利。具体而言，“男变女”变性者的术后生理性别为女性，享有刑法上对女性性自主权的保护，属于强奸罪的犯罪对象。“女变男”变性者的术后生理性别为男性，因具备男性的“性功能”而可以构成强奸罪的直接正犯。在没有接受完整的手术或仅接受跨性别医疗的某一部分治疗而出现兼具两性的生理特征时，应当对是否具有犯罪构成要素之特定性别的性功能予以考察，从实质层面予以认定。这里的“性功能”做最低限度的理解，以“女变男”变性者为例，即具有男性外生殖器及相匹配的第二性征，至于是否和出生指派性别为男性的个体在行为感受、功能方面完全一致则不是必须考虑的部分。普通强奸的既遂标准通常采用“插入说”，即两性生殖器结合即构成既遂，并未对个体感受、功能实现有更多要求，即使行为人因勃起功能障碍而未达到既遂标准，也不因此而否定其刑法上的“男性”身份，此时可成立强奸罪未遂。“实质的性功能说”标准实际上可从强奸罪构成要件的生成逻辑析出，当犯罪主体的直接正犯必须是男性、对象必须是女性时，就表明了“实质的性功能说”逻辑遵循，只不过是“各取一半”的“狭义的性功能说”，受制于传统强奸罪的制度初衷。

对于拐卖妇女罪中涉及跨性别 / 变性者的对象认定问题，应当在目前严格的“性染色体标准”的基础上适当予以放宽，以“外生殖器和第二性征的生理性别”作为主要依据，同时结合“个体心理性别”综合判断。首先，对已经完成完整手术的“男变女”变性者，认定为拐卖妇女罪的“妇女”不存在障碍，此时其外生殖器和第二性征的生理特征与心理性别均一致地指向女性。其次，需要考虑选择某项治疗或处于某阶段治疗的变性者。完成男性生殖器和性腺切除手术的变性者，虽然尚未进行女性外生殖器重建，但结合前期激素治疗和女性社会角色体验，基本实现女性的特征统一的，应当予以女性的确认；只进行激素治疗或乳房 / 胸部手术的变性者，应当考察女性性征的外观呈现，在外观女性化、社会性别角色与心理性别均为女性的情况下，认定为拐卖妇女罪的“妇女”不成问题，应当成立犯罪既遂而非未遂。这不同于强奸罪以“具备某一性别之性功能”的客观事实为要件，“男变女”变性者即使尚未完成全部手术，不具备女性的外生殖器及性功能，也并不影响其对自身身体自由和人格尊严权利保护的主张，此时其自我认同为女性的主观感受、外观呈现与社会性别角色无争议地被认为是女性的客观事实相统一，即可认为不影响此罪保护法益的完整存在。对于生理发育异常的男性假两性畸形人的刑法性别确认，可参考这种外观呈现、社会角色和心理性别综合判断的标准。由于这种发育异常有多种类型，会造成在外生殖器和第二性征女性化的程度和表现上不尽相同，在生理性别、社会性别、心理性别不存在争议地统一指向女性时，对拐卖妇女罪的“妇女”认定不应当造成影响。

（二）立法完善：强奸罪的完善未来之期

相较于对传统刑法之新解释的权宜之计，未来对强奸罪予以立法完善才是必要的长远考虑。之所以出现上述困境，是因为传统强奸罪的规定与当前人类社会发展的不相适应，社会结构和人类观念基础与立法之初相比已发生了巨大的变化，法益的变化与溢出已超出传统立法的初衷和解释范畴。相较于男性之平等性权利的主张，跨性别医疗带来的个体性别转换或模糊，恰成了之于传统强奸罪法律制度的更实在的“试金石”。

将强奸罪的犯罪主体和对象分别限定为男性和女性，并以男女生殖器官之“阴茎—阴道性交”作为唯一的行为内容，应当是世界各国关于强奸罪之刑事法规定之初的最普遍形态。这源于男权社会的观念与文化，既是男性占据绝对主导地位的男主女从社会关系的反映，又是对性之生殖功能唯一说的认知体现，二者相互促进，形成了狭义但自洽的强奸罪制度体系。一方面，在传统的男权社会，女性被认为是男性的私有财产而并不具有法律上的独立人格与地位。在将强奸罪认定为对男性财产权的法益侵害时，“男性不可能成为犯罪对象、女性不可能成为犯罪主体”则成了自不待言的道理。结合古代的社会结构与两性的生理特性，性曾被视为男性权利支配能力与社会地位的象征，同时又因其符合男性的生理期待而大概率不会出现性行为中的男性性承诺缺失。无论从社会观念、两性地位及现实需求的角度，男性都不属于强奸罪的保护范畴。而女性则正相反，在由男性主导和建构的社会关系与法律体系当中，女性成为最值得保护的“利益”。[①] 另一方面，传统性观念之下人们对于性的狭隘理解，使得性的目的和功能被唯一性地限定在

---

① 参见赵桂玉：《强奸罪争议问题研究——以英美普通法对强奸罪的改革为借鉴视角》，载《甘肃政法学院学报》2016 年第 4 期。

了生殖繁衍之上。除此之外的任何的性行为都被认为是不必要的甚至是罪恶的。性与生殖功能的密不可分成为彰显和巩固男性地位的另一重要原因。[①] 在男权社会建构的生殖文化与性道德的桎梏之下，以唯一能够实现生殖目的的"阴茎—阴道性交"作为强奸罪中强奸行为的唯一内容，自然就是一脉相承的结果。

随着女性的独立和人类思想的解放，女性不再是男性的财产和附庸而是具备了独立的人格和地位，性与生殖功能的分离使得性本身所产生的快乐具有了独立的价值。于是，在现代社会背景与观念之下，无论是男女平等在性权利方面的当然延伸，还是满足性目的之行为方式的多样化，都对源起于男权社会和男性主义的传统强奸罪制度产生了触动根本的冲击。强奸罪的保护法益发生了由"男性财产权"到"性权利"的重大转变。[②] 对个体性权利（性自主权）及免受性伤害给予不区分性别的同等保护，成为现代刑法之强奸罪的应然法理面向和法益关照。目前，无论是大陆法系还是英美法系国家，对传统强奸罪的修法已是普遍做法，一方面，是犯罪主体和对象范围的扩张，主要通过将被害人由"女性"改为"他人"而对男性予以包容，或者通过将被害人甚至行为人的性别属性中性化予以实现；另一方面，是"性交"含义的扩张，将包括肛交、口交以及使用物品、工具性交等在内的形式纳入强奸罪的行为方式范畴。

当然，各国关于强奸罪的立法改革并非专为性少数群体"量身定制"，但或多或少受到诸如同性性倾向的影响，如美国的中性化立法即与同性婚姻合法化有关。[③] 即便如此，其中蕴含的对不区分男或女的平等性权利的保护，已然使得对性少数群体及非二元性别现象的包容成为此逻辑下不难实现的可能。于是，跨性别医疗带来的性别确认困难，无论是"生理性别的模糊"还是"行政登记与生理性别的矛盾"，甚至"社会性别、心理性别、生理性别间的冲突"，都不影响个体在性自主权受到侵害时的被害人身份认定，同时由于"性交"含义的扩张，使得非常态的其他多种性交行为得以纳入行为范畴，而不再受制于典型的、常态的"阴茎—阴道性交"，那么自然也不因性别能否确认或性功能是否具备且正常而影响个体作为

---

① 参见李拥军：《掀开法律的男权主义面纱——对中国当代性犯罪立法的文化解读与批判》，载《法律科学（西北政法学院学报）》2007 年第 1 期。

② 参见杨璇：《强奸罪法益新论——从以贞操为中心到以性伤害为中心》，载《福建警察学院学报》2019 年第 5 期。

③ 参见赵桂玉：《强奸罪争议问题研究——以英美普通法对强奸罪的改革为借鉴视角》，载《甘肃政法学院学报》2016 年第 4 期。

性伤害犯罪主体的身份认定。在能够被自然包容的法律制度与环境之下，跨性别/变性者的性自主权保护以及行为规则，都将不再因难以周全的性别确认而存在障碍。

这对我国强奸罪的立法完善有着重要的参考价值。我国在《刑法修正案（九）》中对"强制猥亵罪"进行了修改，以"他人"替代"妇女"而自然将男性予以包容，可以说是对"被害人中性化"改革的成功尝试，表明了对性权利给予不区分性别的平等保护的立法转向。2020年《民法典》关于性骚扰的规制将行为对象以"他人"指称，且未限定行为主体性别，同样显示了对个体平等性权利的承认与保护。"涉性违法行为"的情节与程度区分并不影响保护法益的共通性，前期立法是强奸罪未来改革的重要基础和积极指引。性倾向、性别认同等越发多元化呈现的现实，性别重置手术和跨性别医疗带来的性别确认困难，是促使传统刑法更加包容发展的另一重要动因，刑法涉性别身份犯罪的适应调整迫在眉睫。因此，笔者认为，强奸罪中的犯罪对象——"妇女"应修改为"他人"。

五、我国关于性别重置的诉讼保护解决

（一）"可见"与科技：侦查应对

侦查机关之所以会出现对涉嫌犯罪的变性者的担忧，最根源的问题仍然是受制于观念与制度的群体可见度的缺失，应有的涉及社会生活各领域的管理体系尚未有效建立。其一，在社会管理与法律体系中对跨性别者的明示，是解决一系列问题的基础，即得先让跨性别者能够实现"社会与法律可见"。其二，建立法律性别变更的专门性规范，如"性别变更管理条例"，提供更加宽容、安全的环境，可免去"学校或单位证明、本人申请、社区民警调查、公证书等"的材料提供。其三，在个体有意愿进行性别重置手术时，应当向所在辖区公安机关进行报备和登记，并按照医疗活动的要求提交辖区公安机关的知情文件。一改过去严格的"无在案犯罪记录证明"，既能够保障个体的平等医疗诉求，又为公安机关的跨性别/变性者管理提供了基础保障。其四，性别转变实际上难以给现代侦查模式与技术造成影响。随着数字化时代的到来，大数据、云计算、人工智能等高新科技越来越普遍地应用于侦查活动，在电子数据成为证据体系的主体类型、智慧侦查成为主体模式的情况下，个体活动在数字世界难以遁形。而指纹、DNA、虹膜、声纹等更加丰

富、稳定、准确的人身识别方式可以补足性别转换可能带来的影响。以性别作为人身识别、特征刻画主要依据之一的时期，正是传统的以男女二元性别制度为主体的时期，性别稳定正是该时期的特征。但顺势发展是不变的主题。在对性少数和性别多样性更加包容的今天和未来，性别不再是稳定的人身识别依据，也自然是侦查与刑事诉讼活动应当直面的发展趋势。

（二）羁押与医疗：权利保障

由于目前世界各地的监区仍然是以男性和女性二元性别划分进行的建设，此时必然要以被羁押者的性别确认为前提。考虑到变性者与其他人员的权利保障和人身安全，性别确认应以"实质说"为主要标准，结合变性者的心理性别共同进行。首先，对于完成完整手术或者生殖器手术的变性者，即使未能实现行政性别变更，亦不影响其术后新性别确认。其次，对于仅完成原生殖器和性腺切除手术的变性者，即使尚未进行新性别的外生殖器重建，仍应当认为已经完成了主体手术，与原生理性别身份实现了"切割"，应当以新的生理性别和心理性别为准进行性别确认。最后，对于只进行激素治疗或乳房 / 胸部手术的变性者，应当尤为慎重，因此时个体兼具两性生理特征而无法判明性别，也最容易成为监狱暴力的实施者和承受者。可参考域外及我国长沙市公安机关的做法，将变性者予以单独关押，并由符合其心理性别的狱警等工作人员进行看守和照护。

由于跨性别医疗和性别重置手术的序列性特点，持续性的激素治疗以及后续的手术治疗将会是变性者的常态需要。不稳定的、间断的激素药物供给，不仅会导致个体出现生理特征在两性间的逆行性撤退，更会引起变性者的情绪焦虑和精神崩溃，甚至出现伤人伤己的严重暴力。出于医疗特殊性的考虑及惩罚犯罪、保障人权的诉讼原则遵循，应当对处于羁押期间的变性者的医疗需求予以充分保障。可参考长沙警方的做法，在提供激素药物治疗的同时，提供变性者所需的心理支持等医疗服务。

第七章 / 非法人体基因编辑的刑法规制

法律存在的意义是确立秩序,为人们提供行为准则,使得人们对自己的行为有预期评估,从而避免遭受未知的惩罚。随着人类胚胎基因编辑技术的不断发展,人类重写生命密码逐渐成为可能。基因编辑技术经过三代更新发展,技术越来越成熟,现阶段 CRISPR-Cas9 技术是最简单、最高效的基因编辑手段,被广泛应用于农业、生物学和医学。人类胚胎基因编辑技术已经进入了人们的生活,随着技术的不断发展,对人类生活产生的影响也越来越大,与此同时,对基因编辑技术的法律规制问题也成了研究重点。人类胚胎基因编辑技术作为一项不断更新的生物技术,法律应对其合法性与违法性作出明确规定以划清边界,设定违法的惩处后果。本章试图解决的问题是人类胚胎基因编辑技术是否应该合法,划清胚胎基因编辑技术合法与非法的界限,阐明其存在的理论根据,对非法的人体基因编辑技术提出规制措施,使基因技术的发展规范有序,更好地服务于人类的发展。

第一节 人类基因编辑概述

一、人类基因编辑技术的内涵

编辑基因组就是干预一个细胞,改变它的 DNA 序列。这可以通过多种方式实现:切除一个或多个碱基,打开或关闭特定的碱基,甚至是用一个序列替换另一个序列。最后一种可能性代表了基因组医学的最终希望:不仅能够识别危险的基因突变,而且能够修复它们,进入患者的细胞,将危险的 DNA 序列改变为非致病性的 DNA 序列。目前对基因编辑最具权威性的解释是:人类能够对目标基因进行编辑，对特定 DNA 片段实现敲除、加入等。[1] 人类对基因的利用是通过基因技术来进行的，而基因技术的进步是 20 世纪人类最伟大的技术进步之一，其诞生和发展使得人类可以更好地了解生命、认识生命乃至控制和改造生命，为人类增加了更多的希冀和可能。基因编辑是人们对基因进行利用的技术方式之一，[2] 包括针对植物的基因编辑与针对动物的基因编辑。

针对植物的基因编辑就是通常说的转基因技术，是指通过生物技术手段将一种生物的基因转移到其他物种，使相关物种具备了之前所没有的特性。与人们生活密切的是转基因食物。这是目前现代生物技术产业化的重要组成部分，也是目前应用最为广泛的现代生物技术产物。转基因技术在推动农业发展方面受到广泛探讨，具有深远意义。然而，它所触及的生物安全问题广泛而复杂，涵盖了食品与公众健康安全、生态环境生物安全、转基因产品的标识与检测技术、社会经济影响及伦理道德议题、相关法律法规的制定、公众的认知水平，以及相应的评价体系与管理机制等多个层面，这些都需要我们进行深入的探究并持以审慎的态度来应对。[3]

针对动物的基因编辑技术包括对人类的基因进行编辑以及对其他动物的基因进行编辑。针对人类的基因编辑包括体细胞基因编辑、生殖细胞基因编辑以及对胚胎（受精卵产生后分化成人之前）进行的基因编辑。对生殖细胞基因编辑以及对胚胎基因编辑都会改变可遗传的基因，二者实际效果一样，不仅会在当代改变人体性状，还具有遗传效应，会影响后代的性状。对体细胞进行基因编辑仅改变当代特定性状，不会将改变的基因遗传给后代。

基因决定并控制着生物性状，编辑有修改加工的意思，基因编辑可以理解为对基因进行修改加工，一般是对致病或者有缺陷的基因进行修改，使之变为预期想要的基因，从而改变生物的某个性状。人类胚胎基因编辑是指对人类的胚胎进行的基因操作，就是在受精卵产生后到分化成人前的这个阶段进行基因编辑。

---

① 参见张玲：《涉及人类研究科学基金项目的伦理审查——加拿大的经验与借鉴》，载《伦理学研究》2016 年第 6 期。

② 参见刘长秋：《“基因编辑婴儿事件”的生命法学思考》，载《东南法学》2021 年第 1 期。

③ 参见耿挺：《我国将加速转基因作物大面积推广应用》，载上海科技报网 2024 年 9 月 18 日，https://www.shkjb.com/content.html?id=235386。

二、基因编辑技术的分类

（一）基因筛选

医学基因筛查是指为优生学而进行的植入前基因筛查，使患有遗传病的父母能够拥有健康的孩子。植入前基因筛查、体外受精解决不了的医学问题，是该技术得以广泛应用和获得社会认可的基础和原因。

（二）医学基因除缺

医学基因除缺，可以理解为以治疗为目的的基因编辑，它可以通过降低隐性基因突变的频率来改善后代的健康。基因编辑最开始出现是为基因治疗服务的，在 DNA 双螺旋模型获诺贝尔奖之后就有生物学家预测：通过修改人体基因来治疗疾病仅仅是时间问题，这个预言很快成了现实。生物学家将正常的人类基因放入人体细胞内，代替了人体内出现致命错误的基因，从而避免了致命疾病的威胁，基因治疗从幻想变为了现实。现阶段已经有大量的研究证明，人体基因编辑技术可以对一些较罕见的遗传性疾病达到有效的治疗和预防作用。目前世界上多数国家对基因编辑技术应用于治疗罕见遗传病持开放态度，以我国为例，国家药监局在 2021 年即批准了一项基于基因编辑技术产生的疗法。

现阶段，基因治疗有两方面的含义：治疗和预防。当人们发现基因编辑可以治疗某些罕见遗传病时，人们对基因编辑的要求也提高了，基因编辑的用途又转向了预防疾病的产生上，如对于携带某种疾病风险基因的人群，在这种疾病来临之前将其基因修复好，就可以起到预防疾病的作用。基因编辑技术在预防和治疗人类疾病方面具有极大的潜能，与之相关的研究包括对单基因疾病，如囊性纤维化、血友病和镰状细胞贫血的研究。此外，基因编辑技术还有望用于一些复杂疾病的治疗和预防，如癌症、心脏病、登革热和艾滋病病毒感染等。①

1. 基因编辑技术在遗传性疾病中的应用

单基因遗传病，是指受一对等位基因控制的遗传病。例如，肥厚型心肌病是常见的一种单基因遗传病，MYBPC3 基因突变容易导致该疾病的出现。2017 年，科学家利用 CRISPR-Cas9 技术成功对致病突变基因 MYBPC3 进行修复，并经后

① 参见沈欣悦、姚军：《对基因编辑技术所引发事件的法学再省思》，载《医学与法学》2021 年第 4 期。

续的全基因测序显示该结果是安全的。多基因遗传病是由环境因素和遗传因素共同导致的一类疾病。精神分裂症是一个典型的例子，研究人员使用 CRISPR-Cas9 技术成功抑制了小鼠m GluR5 基因的表达，这是人类利用基因编辑技术第一次成功编辑该基因，为后续利用该技术治疗疾病提供了道路。

2. 基因编辑技术在非遗传性疾病中的应用

传染性疾病是由细菌、病毒或寄生虫等微生物引起的疾病，是导致人类死亡的重要原因之一。随着对基因编辑认识的不断加深，人们开始探索基因编辑技术在解决传染性疾病中的应用。例如，Nguyen 等基于一种靶向的 CRISPR-Cas13d 即在抑制新冠病毒研究方面取得了进展。

（三）基因增强

基因增强有医疗目的与非医疗目的之分。出于医疗目的的基因增强与基因预防类似，如人类无法抵抗某种病毒，有患某种病的风险，通过将其他生物可以抵抗这种病毒的基因编辑到人类基因组中来获得抵抗这种病毒的能力，从根本上避免患某种病的可能。非医学用途的基因增强主要包括人类认知能力、体能和情感能力的增强。它是对人体常态下的基因进行性状加强，超出恢复或维持身体健康所需要的范围，实现人体性质或能力的增强，改变原有基因，编辑其成为想要的基因，从一定程度来看可以被理解为基因定制。允许基因增强可能会创造出比那些未增强的人具有不公平遗传优势的超级人类，修改人类基因的能力可能会导致或加剧富人和穷人之间的差异，并进一步导致系统性劣势，加剧社会的不平等。

三、基因编辑技术的发展及其风险

（一）基因编辑技术目前的发展状况

人类文明开始前，人类就观察到了遗传现象的存在，古希腊哲学家提出的“泛生子”概念到达尔文的进化论思想便证明了这一点。后来孟德尔提出的“遗传因子”，让人们逐步认清了遗传现象的存在，并且基因这个概念也出现了。奥地利帝国遗传学家孟德尔在 1865 年提出遗传因子决定遗传性状，1933 年摩尔根提出染色体理论，1953 年沃森和克里克提出了 DNA 双螺旋结构。随着生物医学的发展，人们发现了疾病和染色体的关系，开始探寻生命的奥秘，利用基因治疗疾病，使人类关注于基因的采集和重组。1970 年左右，克隆和操作基因、把基因引入动物细胞内已经成为现实。

1990 年，人体基因治疗技术首次投入应用，当时的基因治疗与我们现在提到的基因治疗的含义并不相同，当时的基因治疗可以被理解为“缺啥补啥”，针对的是单基因遗传病，去掉其中不好用的基因，然后补入好用的基因。但是亨廷顿舞蹈症的出现表明“缺啥补啥”的基因治疗手段无法从根本上解决问题，人们开始转向对遗传物质进行更精细的操作，基因编辑应运而生。这一发现结合前人的发现共同完成了对遗传因子的解密，但是这些与遗传的关系还是没有解开。“种瓜得瓜，种豆得豆”，究竟是为什么呢？中心法则的揭示解密了由 DNA 到核糖核酸（Ribonucleic Acid，RNA）再到蛋白质的遗传信息流动过程。至此，遗传的密码被全部破解，同时也打开了人们主动修改遗传信息的大门。

第一代基因编辑技术出现于 1996 年，依靠锌指核酸酶（Zinc-Finger Nuclease，ZFN）进行基因编辑，具体可以被概括为：通过锌指蛋白特定的组合识别特定的 DNA（可以组装多个不同的锌指蛋白来定位人类基因的任何位置），然后利用 Fokl 蛋白剪切定位的位置，切断 DNA 长链，最后利用 DNA 的修复机制进行断点修复。但是由于其蛋白设计的复杂性以及圣加蒙公司的垄断，很快又出现了第二代基因编辑技术。2011 年第二代基因编辑技术出现，“神话”核酸酶（Transcription Activator-Like Effector Nuclease，TALEN）因为其低毒性、蛋白设计简单等特性取代了锌指核酸酶，并且可以对基因组实施精确编辑。但是在实际操作中，“神话”核酸酶工作量庞大、运输效率低的缺点也暴露出来了。基因编辑技术早期的方法包括锌指核酸酶技术（ZFNs）和转录激活样效应因子核酸酶技术（TALENs），这些传统技术在很多方面都存在缺陷。研究人员一次只能编辑一个基因组序列，且需要花费较长时间来进行编辑。2012 年，第三代基因编辑技术——“成簇的规律间隔的短回文重复序列”即 CRISPR 技术出现[①]，震撼了基因编辑技术领域。其工作机理与细菌的免疫机制类似。2014 年，科学家揭开了 CRISPR-Cas9 的工作原理，CRISPR DNA 转录为 CRISPR RNA，RNA 与病毒 DNA 序列一一配对时，Cas9 会发生变化，准确识别病毒 DNA 并将其砍掉。相比于前两代基因编辑技术，CRISPR 技术高效且成本低。CRISPR-Cas9 可以同时编辑多个基因组序列且只需要几周时间，迄今为止，CRISPR-Cas9 已成为许多“以前难以或

① 参见张荐辕：《谁发明了基因编辑工具 CRISPR-Cas9？》，载中国生物技术信息网 2016 年 1 月 11 日，http://www.biotech.org.cn/information/139227。

不可能进行的”实验的来源。此外，CRISPR-Cas9将与DNA操作相关的成本降低到前所未有的程度。ZFNs和TALENs的价格从500美元到5000美元不等，而CRISPR-Cas9的价格在大多数情况下约为30美元。但是CRISPR技术存在脱靶效应，也可能会错误切割基因序列，而且对于已经停止分裂的细胞中的遗传病，此项技术也无法修复，目前仍存在较大的技术隐患。

（二）人类基因编辑的潜在风险

“法学的使命不是赞赏科技发展带来的辉煌成就，而是需要思考如何通过法治降低科技发展可能带来的风险与非理性。”① 人类胚胎基因编辑技术的发展历史仅有四十多年，即使是目前最成熟的CRISPR技术在临床实践中也存在着很多不确定的风险。

1. 技术风险

第一个风险是基因的脱靶和镶嵌问题。其一，胚胎基因编辑过程中存在的脱靶效应发生概率很大。基因编辑技术中使用的核酸酶的靶向定位并不十分准确，一些核酸酶可能会去切割与设计的核酸序列相似的靶点，这就会产生特异性问题，出现脱靶效应，可能因此产生恶性的基因突变。一旦靶向编辑过程中发生脱靶效应，不但目标基因不会被成功编辑，连其他正常表达的基因也会被影响，对婴儿造成的不良影响未知，难以预计危害后果，且没有补救机会。其二，镶嵌性问题，即一些细胞在靶向编辑过程中没有得到所需的编辑，甚至没有得到任何编辑。现阶段广泛应用的基因编辑技术是CRISPR-Cas9，但是该技术隐含着巨大的风险。此外，即使不发生脱靶效应，目标基因被成功编辑后也可能导致目标基因附近的基因组片段丢失重组。

第二个风险是胚胎基因编辑过程中会存在免疫排斥反应，人类对Cas蛋白有抗体，因此运用CRISPR-Cas9技术时，Cas蛋白进入婴儿体内与病毒DNA结合时很有可能会引发婴儿体内的免疫反应，强烈的免疫反应不仅会影响Cas蛋白的功能发挥，而且会对婴儿身体造成伤害。

第三个风险是胚胎基因编辑过程中会产生副作用。如敲除艾滋病病毒进入免疫细胞的通道——CCR5基因的同时，会降低免疫细胞对流感病毒的抵抗力；研究团队还发现CRISPR-Cas9技术会抑制P53基因功能的表达，而P53基因与癌细

---

① 韩大元：《维护人的尊严是文明社会的基本共识》，载《探索与争鸣》2018年第12期。

胞的控制有关，对 P53 基因功能的抑制会增大癌细胞逃过免疫细胞识别的可能，甚至会将编辑过的细胞转换为癌细胞。

总之，CRISPR-Cas9 技术仍然存在着很大的技术风险，暂且不论发生概率大小，只要有前述任何一种风险发生，对被编辑婴儿造成的影响就是关乎生命的，我们不能忽略。

2. 道德上反自然规则的风险

基因编辑技术在给人类带来福利的同时，也会伴随产生负面影响，还会引起一些伦理道德问题。对于这些问题我们必须要高度重视。

人类胚胎基因编辑技术会引发基因歧视问题。该技术刚开始应用时，如果被编辑的基因信息暴露于大众，很可能会引发社会对编辑基因个体的歧视。基因歧视可能使得进行过基因编辑的个体遭受不平等对待，对其权益造成损害。我们可以大胆推测，如果基因编辑技术被推广应用，人类的智力、体质等都可以通过编辑基因控制，那么由于人类对优良基因的追求，基因歧视会逐渐转变为经过基因编辑的基因增强者对没有条件进行基因增强的对象的歧视。

如果将人类胚胎基因编辑技术投入临床应用，我们就不得不思考其对人类尊严是否有侵害。当该技术被广泛应用时，父母可以根据自己的喜好与期待来编辑婴儿的胚胎基因，从而改变其子女的外表、智力、性格、体质等。但是我们必须要想一个问题，如果社会真的出现这样的局面，我们还是“人”吗？我们和由特定程序编码设计出来的机器又有什么区分呢？更值得注意的是，如果人类胚胎基因编辑技术成为一种社会共识，编辑婴儿基因被当作很普遍的事情，那么我们长久以来形成的道德以及其他规范体系都会受到冲击，底线不断被突破，人类物化就难以避免。[1] 在优生学的观念下，技术与资本、自由合流，人们在获得所谓的自由和选择权的情况下，失去了作为人的尊严的根本。自由主义优生学强调不受限制地选择和改变，在资本市场的运作下，人们可以随意选择需要的“婴儿商品”而不必有过多的伦理道德限制，富有的人拥有更多的选择、更多的高质量“商品”，这不仅是对传统伦理道德和人类尊严的严重践踏，也是爆发社会不平等和矛盾的重要推手。

3. 人伦混乱的风险

基因编辑可以分为体细胞和生殖细胞基因编辑两种类型，体细胞基因编辑只

---

① 参见《为什么我们反对“基因编辑婴儿”？真相比你想象中更可怕》，载上游新闻网，https://www.cqcb.com/yangshen/2018-11-30/1273056_pc.html。

对个体的细胞基因进行修饰编辑,不会向下一代传递,在治疗一些疑难杂症方面具有广泛的应用前景。而生殖细胞经过受精、胚胎发育、出生、长大成人、结婚后将与其他人产生后代,会遗传给他人,编辑的后果将扩散,进而影响人类社会。

如果将人类胚胎基因编辑技术投入临床应用中,人类基因池将不可避免地受到影响。技术风险如果发生,可能会错误编辑基因,出现人类基因池中从未有过的基因。接受基因编辑的个体携带着人类基因池中从未有过的基因繁衍后代,将从未有过的遗传信息一代一代传下去,后续影响是无法估量并且难以逆转的。我们无法确定影响是好是坏,无法确定影响程度是大是小,并且短时间内这种影响体现不出来,可能需要几代、几十代,基因的传递才会体现出来。技术风险还可能造成另外一种结果,即遗传信息可能丢失。达尔文的进化论思想指出,"物竞天择,适者生存",人类经过数代基因的传递,保留下来的遗传信息是适应人类生存环境的,如果这种筛选出来的遗传信息从人类基因库中消失,原本存在的遗传信息无法传递给后代,会造成什么影响难以估量。一旦风险成为现实,对整个人类的危害将是毁灭性的,并且影响不可逆转。

人类胚胎基因编辑技术的应用可能会冲击社会公平理念,加剧两极分化。人类胚胎基因编辑技术所需费用必然很高,高额费用使得大部分人没有资格应用该技术。在推广使用前,该技术也只会是少数有财力与权力的人的独有"福利"。可以想见,这部分人必然会通过该技术选定其后代的性状,增强其后代的个人竞争力,从而继续提升其财力与权力。大胆推想,如果基因编辑技术成为少数人的"福利",经过一段时间的积累,社会可能会分化为两个对立的阶层,对社会的持续稳步发展造成影响。[①] 基因编辑技术使得人类本性尊严出现异化,基因编辑技术的临床应用不是普通人群能够获取的,受科技发展程度、经济条件等影响,也会间接对其他个体的权利和地位造成侵害。因此,弱势群体可能无法享受该项技术的成果,这将加剧社会的不平等。

人类胚胎基因编辑技术的应用还可能会导致国家与国家之间的矛盾冲突。该技术很有可能为少数国家所垄断,人类胚胎基因编辑技术不是所有的国家共同研发的生物医学技术,只有个别国家拥有核心技术,其他国家如果想要引进该技术需要耗费巨大的财力,那么一些实力不强的国家就无法引进,最终的结果是强国

---

① 参见蒋莉:《基因编辑和人类生殖:社会伦理及法律规制》,载《苏州大学学报(法学版)》2018 年第 4 期。

引进了该技术，通过该技术提高其国民实力，提高其国家竞争力，进而会造成国家与国家的两极分化，人类文明将受到冲击。① 通过对基因编辑技术设定专利权，可能造成技术垄断。专利制度为基因编辑等相关技术的发展提供的经济回报是通过赋予发明专利人独家垄断权来实现的，这种垄断往往会让社会本身付出巨大代价。因为基因编辑成果与人体健康息息相关，高技术国家或者组织垄断该权利，则会限制人们对该技术的分享，可能会导致本国或者其他国家发生卫生健康危机，扩大有关疾病的患者的群体。

4. 基因编辑行为的异化风险

由基因编辑技术发展产生的优生学思想可能会促使基因操纵行为的泛滥，人体被当作“商品”随意交换、人体基因被随意编辑，人类社会存在的尊严、价值基础将不复存在，最终沦落成基因改造的目的性工具。此外要警惕“基因黑客”进行破坏性的基因操纵，基因编辑技术若被有心人获取并用于对病毒的基因操纵，例如通过修改基因表达的形状、结合多种基因融合成型的病毒，其后果无法想象，这对国家生物安全、人民生命健康都是巨大的威胁。

由基因编辑滥用造成的各种风险挑战可能频繁发生。如直接将基因编辑当作犯罪的手段，利用某些实验便利，故意使用基因编辑技术对正常人的 DNA 序列进行破坏，这很可能会影响他人的身体健康，从而造成器官或者肢体病变，严重的甚至能导致被实验者重伤或者死亡的后果。滥用该项技术所造成的危害公共安全风险，可能会威胁整个生态安全；并且基因编辑技术可能会出现预料之外的试验结果，造成易扩散增殖、不可预料的基因污染。

第二节　域外人体基因编辑行为规制比较研究

一、国际法律规范的发展

国际上与基因编辑相关的法律规范主要包括以下内容：

1.《纽伦堡法典》。该法典的设立是在德国纳粹对犹太民族进行种族毁灭之

---

① 参见姜涛：《基因编辑之刑法规制及其限度》，载《东方法学》2021 年第 2 期。

后，于 1946 年由纽伦堡国际军事法庭颁布，设立的目的是审判纳粹对犹太民族的反人类罪行，规范了人体实验的国际性准则。该法典提出受试者自愿同意是绝对必要的，并且对实验的危险性做了限定，对实验操作人员的专业性作出了规定，确定了在人体实验中人的首要地位。

2.《世界医学大会赫尔辛基宣言》。由国际医学会制订，于 1964 年在第 18 届世界医学协会联合大会上被通过。该宣言比《纽伦堡法典》更加具体全面。宣言主要以医生为规范对象，但对其他医学研究实验者也同样适用。该宣言提出实验操作者对受试者负有保护责任，并规定了因参与实验而受到伤害的受试者的补偿和治疗问题。相比于《纽伦堡法典》，该宣言的突出特点是对受害者的知情同意作出了详细规定。

3.《人体生物医学研究国际道德指南》。由国际医学科学组织委员会发布于 1982 年，《世界医学大会赫尔辛基宣言》是该指南的声明，该指南是对《世界医学大会赫尔辛基宣言》的细化。该指南主要对《世界医学大会赫尔辛基宣言》中规定的受试者的知情同意方面的内容做了详尽的补充。此外，对无知情同意的受试者的相关事宜作出了具体规定。该指南和《世界医学大会赫尔辛基宣言》一起成为了各个国家医学组织共同遵守的人体实验的伦理准则。

4.《贝尔蒙报告》。由美国全国生物及行为研究人体受试者保护委员会颁布于 1979 年，该报告颁布的背景源于美国的塔斯基吉梅毒试验，受试者受到梅毒折磨长达 40 年之久，即使已经知道青霉素对梅毒有治疗效果，受试者因受到研究方阻挠也无法摆脱梅毒。《贝尔蒙报告》的主要内容为：首先，确定了人体研究的伦理准则；其次，对医学研究和医疗的界限进行划分；最后，提出了尊重、有益、公平的概念，并且分别从知情同意方面和风险与利益评估方面对受试者的选择进行分别诠释。

5.《在生物学和医学应用方面保护人权和人的尊严公约：人权与生物医学公约》。由欧洲委员会于 1997 年通过，1999 年生效，是目前唯一一部国际性保护人权的具有法律约束力的文件。该公约的缔约国有 29 个，随着生物科学技术的发展，该公约有过一些修改，但是没有出现根本性的变化，对待基因编辑技术的态度有了改变，公约缔约国仍旧负有法律义务。

6.《世界人类基因组与人权宣言》。由联合国教科文组织于 1997 年通过，联合国大会于次年批准。该宣言要求禁止克隆人等“损害人类权利和尊严的科研行为”，提倡在促进生物学与遗传学进步的价值观下，通过对风险的审慎评估，并且有受试者的知情同意，即一切合法合规的基础上才能进行实验。与之前的规则报告不同，该宣言强调国际合作与团结互助。

7.《人类基因编辑研究报告》。由人类基因编辑研究委员会发布于2017年，将基因编辑技术分为基础研究、体细胞基因编辑、生殖细胞/胚胎基因编辑三类，并且分别对这三类基因编辑技术的科学、伦理以及监管问题作出规定。

二、大陆法系国家基因编辑相关法律法规

德国对胚胎基因编辑技术的态度一直是谨慎的。1991年，德国颁布的《胚胎保护法》明确规定禁止影响胚胎发育成人的一切人为手段。受纳粹分子在“二战”期间进行的极其不人道的人体实验影响，德国民众对人体实验研究极其不信任。因此，德国对此类人体实验研究是非常谨慎的，《胚胎保护法》也成了当时对胚胎基因编辑技术限制最严苛的行政法。之后颁布的《胚胎干细胞法》《基因诊断法》等法律对胚胎基因编辑技术作出了更为细致的规定，但是没有放宽限制。直到2011年《胚胎植入前诊断法》颁布，德国才允许以基因治疗为目的进行基因编辑，但是审核批准非常严格，对基因编辑技术的态度非常审慎。

法国对基因编辑技术的规定较为全面。法国对与基因编辑技术相关的人体实验都作了规定，在惩处方式上也规定得比较细致，而且对基因编辑技术的刑法规制非常严格。虽然在《法国刑法典》中没有单设章节规制基因编辑犯罪，但是其被划分在了“公共卫生方面的犯罪”的“医学伦理方面的犯罪”中，设定最高刑期为20年。值得借鉴的是，法国相关法律规定涉及人体实验犯罪的实验者禁止继续参与相关研究，这种职业禁止规定是其他国家所没有的。

日本对待基因技术的态度经历了从中立到积极支持的转变，鼓励基因编辑技术的发展。2018年日本批准了对人类胚胎进行基因编辑，但是日本对基因编辑技术的积极支持也仅是针对以治疗为目的进行的基因编辑，并且申明实验对象仅是多余的胚胎，不得为了进行实验制造新胚胎。

西班牙在《西班牙刑法典》第二卷“犯罪与刑罚”第五集“与操作相关的犯罪”中对人类胚胎基因编辑技术作出规定，有“故意/过失编辑基因罪”，并且明确了责任形式以及法律后果。但是几乎没有涉及其他人体实验和生物医学技术研发的法律规定。

芬兰的《芬兰刑法典》针对基因编辑技术设置了专有罪名，其第四十四章“危及健康和安全的犯罪”第 9 条规定了“基因技术罪”。

三、英美法系国家基因编辑相关法律法规

相较于其他英美法系国家来说，英国对基因编辑技术的立场较为开放。1990 年制定的《人类受精和胚胎学法案》，规定了人类胚胎基因编辑技术必须要经过相关机构批准，获得人类授精与胚胎学机构颁发的许可证明，并且实验的行为要在许可证明规定的范围内进行，超出许可范围会被认定为犯罪行为并且要承担刑事责任。为了应对某些严重的遗传疾病，英国下议院于 2005 年通过了对卵子进行线粒体基因替代疗法的法案。这项法案的通过是英国政府对基因编辑技术态度转变的标志。2016 年，对人类胚胎进行基因编辑的请求在英国得到批准。2018 年，英国的纳菲尔德生物伦理委员会发布了一份报告，表现出对人类胚胎基因编辑技术在实验和临床应用的可行性的支持。英国对于基因编辑技术虽未在立法上具体体现，但是近年来发展的趋势体现出英国对于基因编辑技术的态度是积极促进的，而且相关限制正在逐步放宽。

美国没有特定的法律对基因编辑行为追责，但是这并不代表在美国基因编辑行为不受管控，因为在美国要进行基因编辑等相关的人体生物实验是要经过严格的审查监管的。美国对人类基因编辑的法律规制主要体现在美国食品药品监督管理局（Food and Drug Administration，FDA）的相关规定，这意味着任何人在使用人类细胞编辑之前，即使是用于实验研究也必须向 FDA 提交申请。如果申请未通过仍进行研究将被取消研究资格，以及罚款最高 10 万美元和 1 年监禁。[①]

加拿大于 2004 年颁布《辅助性人类生殖法》，与其他国家相比，加拿大对基因编辑技术的惩罚力度较轻，惩罚手段包括监禁（最长 10 年刑期）与不同层级的罚金。

作为全球对基因编辑技术防控最严格的国家之一，澳大利亚的法律明确规定改变人类胚胎细胞的基因是违法行为，刑事责任为 15 年监禁。并且规定经过基因编辑的胚胎在妇女体外发育超过 14 天将被判处 15 年监禁。加拿大颁布的《禁止克隆人法案》与《禁止人类克隆生殖与人类胚胎研究管理修订法案》两部法案

---

① See Josephine Johnston, *Budgets versus Bans*: *How U.S. Law Restricts Germline Gene Editing*, 4 Hastings Center Report 50(2020).

规定的刑事处罚重于其他国家的相关法案。

四、域外基因编辑立法经验总结

关于人类胚胎基因编辑技术的法律规制措施有很多，国际法律规范、各国不同阶层的法律规范都有规定，而且规定的具体内容均有区别，笔者在前文对关于该技术的域外立法做了系统的列举，目的是在众多的域外立法中找出我国可以参考的立法经验。

首先，在法律效力上，域外很多国家都把基因编辑技术纳入了刑法规制的范围，对该技术的规范较为严格，规范该技术的法律位阶较高。具有代表性的国家是芬兰、西班牙、法国等国家。《芬兰刑法典》单独设有“基因技术罪”的罪名[①]；《西班牙刑法典》设有“故意/过失编辑基因罪”，并且规定了相应的责任形式；《法国刑法典》把对该技术的刑法规制划分到了“公共卫生方面的犯罪”的“医学伦理方面的犯罪”下，还规定了最高刑期。我国规制该技术的最高效力的法律是《民法典》，而且对该技术的规定仅是准用性规定，也没有可以参照的法律。2018年“基因编辑婴儿事件”表明，我国的基因编辑技术发展水平已经处于领先地位，达到了需要规制的高度。所以我国可以借鉴相关国家对该技术的规制经验，完善相关法律法规。

其次，在立法模式上，域外国家对基因编辑主要有三种立法模式，我国在立法时可以根据我国法律大环境对域外立法模式部分吸收借鉴。第一种是刑法典模式，即将基因编辑技术的不合法行为犯罪化，编入一国的刑法典中，并且系统地规定其刑事责任。采用该模式对基因编辑行为归罪的代表国家有芬兰、西班牙等，笔者在上文有过说明，这里就不再赘述。第二种是单行刑法模式，即国家以决定、规定、补充规定、条例等名称颁布的，规定某一类犯罪及其法律后果或者刑法的某一事项的法律。采用该模式把基因编辑行为纳入刑法规制范围内的国家有英国、澳大利亚等。英国的《人类受精和胚胎学法案》与澳大利亚的《禁止克隆人法案》都是单行刑法。第三种是刑法典与附属刑法相结合的模式，即刑法典对行为作规制，并在民法、行政法等非刑事法律中规定刑事规范，该模式多适用于规制与非刑事规范有联系的行为。采用该模式规制基因编辑技术的国家有法国、德国等。

---

① 《芬兰刑法典》第四十四章“危及健康和安全的犯罪”第9条规定了“基因技术罪”。

《法国刑法典》在“公共卫生方面的犯罪”下的“医学伦理方面的犯罪”中对基因编辑技术做了规制，而且在《公共卫生法典》中对基因编辑技术设置了刑事规范，并且明确了刑事法律责任。

当前我国的刑事立法模式是刑法典 + 附属刑法模式，即把所有犯罪行为及法律后果都规定在《刑法》中，然后在其他非刑事法律中规定一些准入性规范、指引性刑事规范，应用这种模式的基础是我国《刑法》对行为已有归罪。尽管我国《刑法修正案（十一）》增设了“非法植入基因编辑、克隆胚胎罪”，但还存在诸多缺漏之处，还需要进一步完善相关规制措施。

第三节　我国基因编辑技术之立法及不足

一、我国基因编辑技术相关立法概况

我国在《民法典》颁布之前没有专门的法律条文去规定限制基因编辑技术，对基因编辑技术的约束限制仅存在于一些部门规章和规范性文件中。现阶段我国针对基因编辑技术的法律规范比较分散，表 7-1 是对相关法律规范的总结列举。

（一）行政法规

表 7-1　我国基因编辑技术相关行政法律

文件名称	颁布时间	颁布部门
《基因工程安全管理办法》	1993 年	原国家科学技术委员会
《人类辅助生殖技术管理办法》	2001 年	原卫生部
《人类辅助生殖技术规范》	2003 年	
《人类辅助生殖技术和人类精子库伦理原则》	2003 年	
《人胚胎干细胞研究伦理指导原则》	2003 年	科学技术部 / 原卫生部
《涉及人的生物医学研究伦理审查办法》	2016 年	原卫计委
《生物技术研究开发安全管理办法》	2017 年	科学技术部
《医疗技术临床应用管理办法》	2018 年	国家卫健委
《人类遗传资源管理条例》	2019 年	国务院

笔者在前人研究总结的基础上，对关于基因编辑技术的法律规范作出了补充并且对部分法律规范进行了具体分析。

2003 年科学技术部颁布了《人胚胎干细胞研究伦理指导原则》，该指导原则包含 12 条涉及人类胚胎干细胞研究实验的伦理指导原则，主要内容包括：禁止一切与生殖性克隆人的实验；规定了干细胞等的体外培养期限，即从受精或者核移植开始不得超过 14 天。由于该指导原则的法律效力不高，没有强制性，所以只起到了指导性的作用。

2016 年《涉及人的生物医学研究伦理审查办法》的颁布具有重要意义。该审查办法的主要内容包括以下两方面：一方面，对受试者的隐私权与知情权作出了保障，另一方面，受《世界医学大会赫尔辛基宣言》的影响，决定成立医学伦理委员会，并且对全国伦理委员会、地方伦理委员会的职责与工作程序作出了具体规定。

2019 年，国家卫健委发布了《生物医学新技术临床应用管理条例（征求意见稿）》，该管理条例是在“基因编辑婴儿事件”后发布的，专门针对基因编辑这一技术的安全与伦理问题向社会征求意见，规定我国所有的生物医学新技术（包括基因编辑技术）在进行临床研究和投入应用前必须经过行政审批。该管理条例虽然不具备强制力，且目前尚为征求意见稿，但对之前没有规定到的地方都作了补充规定。

（二）《民法典》

2020 年 5 月《民法典》经十三届全国人大三次会议表决通过，《民法典》中的人格权编对基因编辑、人体胚胎等医学科研活动作出了原则性规定。第 1009 条规定：“从事与人体基因、人体胚胎等有关的医学和科研活动，应当遵守法律、行政法规和国家有关规定，不得危害人体健康，不得违背伦理道德，不得损害公共利益。”《民法典》是我国首部对基因编辑技术作出规定的法律，但是这条规定是一条准入性规则，没有具体规定责任，只是说应当遵守法律、行政法规以及其他法律规定，但是其他法律（刑法、行政法等）均没有类似于《民法典》第 1009 条这样的对基因管理作出原则性的规定。

（三）《刑法》

立法活跃化是进入 21 世纪以来我国《刑法》最鲜明的主题，《刑法修正案（十一）》表明这一活跃态势仍在深入。[①]《刑法修正案（十一）》增设“非法植入基因

① 参见刘艳红：《刑法理论因应时代发展需处理好五种关系》，载《东方法学》2020 年第 2 期。

编辑、克隆胚胎罪”，对胚胎植入行为予以调整。[①] 该条款填补了生物科学领域的立法空白，但是在犯罪主体、犯罪行为类型、法定刑幅度等方面存在立法不足的问题。

总体上看，我国学者对基因编辑技术持反对态度。在我国学者立场基本一致的情况下，研究方向与提出的规制对策各有不同。面对人类胚胎基因编辑广泛而巨大的风险以及法律规范的不足，显然还需要学理上进一步的探讨和立法上的进一步完善。

二、我国现有法律规制存在的不足

作为对基因编辑类犯罪的正式回应，《刑法修正案（十一）》增设了“非法植入基因编辑、克隆胚胎罪”。该罪的增设是刑法对基因编辑类犯罪的起点而非终点，目前我国对该类犯罪的法律规制有很多不足之处。

（一）立法分散，规范缺乏系统性

笔者通过对与基因编辑技术相关的国内法律规范进行系统的梳理，找出了胚胎基因编辑技术可以适用的有关法律。人类胚胎基因编辑技术是生物医疗技术的一种，关于生物医疗技术的管理办法、伦理规范、临床应用条例等同样适用于人类胚胎基因编辑技术。其中效力级别最高的是《生物安全法》。胚胎基因编辑是对生殖细胞进行基因编辑，生殖细胞是干细胞的一种，所以，对干细胞的临床研究和伦理规范同样适用于人类胚胎基因编辑技术，如《人胚胎干细胞研究伦理指导原则》。此外，CRISPR-Cas9 技术在实施过程中会运用到人类辅助生殖技术，所以对人类胚胎基因编辑技术的规范可以参考人类辅助生殖技术的相关规范。如前所述，《民法典》第 1009 条对基因编辑技术作出了规定，但这条规定是一条准入性规则，没有具体规定责任，只是说应当遵守法律、行政法规和国家相关规定。《刑法修正案（十一）》增设“非法植入基因编辑、克隆胚胎罪”，对胚胎植入行为一律禁止，但是规定不具体，比较宽泛。以上这些法律都有自身的突破和侧重点，将这些规定割裂开来看，明显都符合一般法律规定，但是将其作为一个整体来看，这些规定与《刑法》之间的界限比较模糊，无法衔接。这就意味着厘清各个部门法的调整范围尤其重要，对于区分罪与非罪具有重要意义。特别是对行政法和刑法的调

① 参见胡云腾、徐文文：《〈刑法修正案（十一）〉若干问题解读》，载《法治研究》2021 年第 2 期。

整范围，要进行明确的区分。

《刑法修正案（十一）》明确将非法植入行为纳入规制范围，但是针对其他的犯罪行为类型，其构成要件、刑事责任以及法律后果都未得到明确规定。因此，刑法不能对这些行为类型进行规制，还存在其他法律法规规定的民事责任或者行政责任被架空的问题，无法真正起到对所有行为类型进行规制的作用。我国针对人类胚胎基因编辑技术尚未形成系统的法律体系，相关规范文件之间没有有效衔接，而且相关法律规范效力层级低，责任后果不明确，亟须系统化规制。

（二）法律责任弱化，违法成本低

我国关于人类胚胎基因编辑技术的法律规范存在着法律责任弱化、违法成本低的问题，甚至有些规范没有对违法责任作出规定，违法后果小。《刑法修正案（十一）》对“非法植入基因编辑、克隆胚胎罪”规定的法律后果为：情节严重的，处3年以下有期徒刑或者拘役，并处罚金；情节特别严重的，处3年以上7年以下有期徒刑，并处罚金。判断情节是否严重存在一定的“模糊性”，且这一新增罪名尚未出台相关的司法解释。所以，对于本罪情节严重的认定就不是特别清晰。倘若将定罪量刑的起点设定为情节严重这一条件，很有可能导致部分植入行为漏网，这显然不符合所有植入行为都应当被规制的要求。情节认定无法得到清晰的阐释，就会进一步影响编辑、植入等行为的判断以及定性，从而导致量刑缺乏说服力，部分犯罪分子很有可能借助这些漏洞逃脱法律责任，这也会导致刑法的功能无法得到有效发挥。《涉及人的生物医学研究伦理审查办法》对相关生物研究的违法责任规定最重的是处3万元以下的罚金，还有限期整改、追究民事责任、给予处分等处罚形式，其他法律规范规定的责任处罚也同样存在惩罚力度小这种问题。开发研究生物技术会获取巨额利益，这些惩罚对违法者来说无关痛痒，完全不会对违法机构与违法人员形成威慑力。最重要的是基因编辑行为会对生命健康造成威胁，扰乱人类基因池、扰乱人类生殖秩序，对人类伦理造成冲击，这种不可逆的基因编辑行为一旦出现意外就会造成无法预估的甚至是短期内无法观察到的严重危害后果，上升到对人类安全的威胁层面。反观关于该罪法律后果的规定，《刑法修正案（十一）》对于“非法植入基因编辑、克隆胚胎罪”的刑罚规定较轻，与罪责刑相适应原则不相吻合。

（三）刑法规定的行为方式单一

《刑法修正案（十一）》对行为的规制过于单一，刑法适用又比较严格，只有将基因编辑、克隆的动物胚胎植入人类身体的行为和将基因编辑、克隆的人体胚胎植入动物或者人类身体的行为才会受到法律的惩罚。将基因编辑、克隆的人类胚胎利用体外子宫培育以及将基因编辑、克隆的动物胚胎植入动物体内的其他行为都没有被纳入刑法规制的范畴。对于基因编辑这种新型的生物科学技术来说，技术的基础理论还在不断研究中，伴随产生的后果影响也是不可估计的。所以，法律规范不应该过于限缩基因编辑行为的行为类型，而是应该留有一定可供法律解释的空间，避免出现刑法规范出台即落后的现象。

（四）刑法规定遗漏单位犯罪主体

《刑法修正案（十一）》将基因编辑、克隆胚胎的犯罪主体限定于自然人，没有将单位规定为犯罪主体。但是，基因编辑技术的实验与应用通常需要多方合作才能开展，个人出资出力很难开展该技术，一般都是一个甚至多个团队合作进行的，由申办方、研究者与合作研究单位三方构成。我国《刑法》明确规定，只有把单位作为犯罪主体，明确规定单位犯罪为犯罪的，才能追究单位实施的犯罪行为。如果基因编辑行为由医疗组织授意，在现有法律规范下，是无法对医疗单位进行惩罚的。[①]

（五）审查监督存在漏洞

首先，在我国，对生物医学实验的监督管理是被动的，我国成立了专门的伦理审查委员会对生物医学研究进行审查，但是启动审查的方式是被动的，是在相关机构、从业人员主动提交申请后，伦理审查委员会才对被申请的实验进行审查。这种审查启动方式很可能造成某些机构或者实验人员不提交审查申请的情况。伦理审查委员会很可能形同虚设，申请审查的实验研究都是合理合规的，而那些违背相关规定的实验研究却钻了空子不用接受伦理审查。

其次，我国的审查偏向形式，审查监督力度有待提升。伦理审查委员会不注重对实质内容的审查，审查的材料仅限于机构的资质证明材料、申请表、实验项目书、知情同意书等。对涉及人的生物医学研究的审查仅针对纸质材料，不进行实

---

① 参见黄姝颖：《基因编辑行为的刑法规制》，江西财经大学2022年硕士学位论文，第11页。

际调查，这就很难保证相关证明材料不会造假。

最后，我国负责审查监督的部门存在职权交叉问题。负责对人类胚胎基因编辑技术进行监督的部门有国家卫健委、科学技术部、国家市场监管总局，一般是由两个部门共同对一项研究监督，但共同享有监督权的不同部门之间缺乏协调性，而且不同部门对生殖系基因编辑的风险等级评定标准[①]也不同，职权交叉，也存在职权落实不到的地方，需要进一步统筹安排。[②]

第四节　基因编辑技术刑法保护的前置性制度设计

技术本身是无罪的，但失控的技术或许会带来灾难。对于此类技术的风险，应在制定技术政策和技术规范之时建立起严格的法律程序，对技术风险进行评估，尽可能予以避免，并通过法律程序对避险的费用成本进行合理的分担。但是截至目前，我国尚未建立起完善的基因技术规范，由官方发布的相关法规中，更多的只是倡议相关从业者以规范的要求来约束研究。我国基因技术行政法律规范的缺失，不仅无法给本罪所谓之“情节严重”提供必要的认定标准，也使得在应对基因编辑、胚胎克隆方面问题时，刑法不适当地挺立于前，缺乏前置性行政法律规范的必要呼应。而且，在违规基因编辑市场收益可观的情况下，如果不能建立起一套由科学评估、伦理审查、质量监管、法律责任组成的有效制度，可能会导致我国基因编辑技术因缺少必要的官方规制而走上畸形发展之路。[③]

一、明确基因编辑研究和利用的界限

（一）是否可以进行人类基因编辑研究

基础研究通过对各种细胞，包括体细胞、干细胞、生殖细胞等细胞基因组开展

---

① 2017年科学技术部颁布《生物技术研究开发安全管理办法》，划定安全级别，高风险、较高风险、一般风险，划分依据并不是基因编辑的实质内容。2019年国家卫健委颁布的《生物医学新技术临床应用管理条例（征求意见稿）》，明确将基因编辑技术列为高风险等级。

② 参见盛豪杰：《非法植入基因编辑、克隆胚胎罪的解读》，载《医学与哲学》2021年第20期。

③ 参见阴建峰、冷枫：《非法植入基因编辑、克隆胚胎罪之检视与完善》，载《扬州大学学报（人文社会科学版）》2021年第3期。

各项研究探索对各种疾病进行预防与医治的方式。人类基因组编辑已经广泛应用于基础研究，特别是在体细胞基因编辑上处于临床应用和试验开发的早期阶段。《“十四五”生物经济发展规划》指出，要大力发展生物前沿技术，包括基因诊疗等新生物技术，将其应用到疾病早期预防和细胞诊疗的发展中。但同时要注意的是，考虑到该技术应用的安全性和伦理性要求，应当禁止以生殖为目的的胚胎基因编辑临床研究。《人类辅助生殖技术和人类精子库伦理原则》将一切不符合社会伦理的与人的胚胎相关的实验及临床活动列为禁止的行为。因此对人类基因组编辑的基础研究在符合生物技术伦理审查要求、经相关部门审批许可、确保技术安全可靠、明确研究规范流程等标准下，应当鼓励有关单位开展人类基因组编辑的基础研究，为我国抓住新时代生物技术的发展前景，将其应用到民生领域，为增强我国生物技术国际竞争力作出贡献。

（二）是否可以进行人类基因编辑

当今世界生物技术发展迅速，尤其是以基因编辑为代表的基因类技术是全球科学界关注的重点。一些罕见、难以用常规医疗手段治疗的遗传病在以基因编辑技术产生的基因治疗基础上可能会产生效果，例如，美国生物学家“首次成功地利用 CRISPR 基因编辑技术治愈了一只成年活体哺乳动物的遗传疾病”①。因此，以医疗为目的的体细胞基因编辑应当被允许，并且要利用现有的监管体系来管理人类体细胞基因编辑研究和应用，将其临床试验与治疗限制在疾病与残疾的诊疗与预防范围内，从其应用的风险和益处来评价安全性与有效性，在应用前需要广泛征求大众意见。

（三）是否可以进行人类遗传基因编辑

世界上绝大多数国家都对以生殖为目的的遗传基因编辑持否定态度，因为对人类遗传基因干预会产生可遗传的变化，由此引发了关于人类遗传基因可遗传变化的伦理影响的严肃辩论，它将深刻影响子孙后代，甚至影响人类的物种构成。人类基因编辑研究委员会对于遗传基因编辑提出的原则是：有令人信服的治疗或者预防严重疾病或严重残疾的目标，并在严格的监管体系下使其应用局限于特殊

---

① 《世界上第一种基于 CRISPR/Cas9 的方法成功干预哺乳动物的遗传基因》，载资讯中心网 2019 年 1 月 24 日，https://news.pconline.com.cn/1225/12259741.html。

规范内，允许临床研究试验；任何可遗传生殖基因组编辑均应该在充分的持续反复评估和公众参与条件下进行。在目前没有确切证据证明可遗传基因编辑安全性和未获得人们广泛的伦理道德共识的情况下，人类遗传基因编辑应当被禁止。

（四）是否可以进行人类遗传功能强化型基因编辑

强化型基因编辑的应用能够使人们获得超出常人的优势，体现了人们对掌控自然的渴望，人类可以随意选择个人想要的优势特征，如身材更高大、力量更强、感官更敏感。如果基因组编辑技术获得专利，商业化不可避免地会扩大许多潜在的不平等，这项技术无法被弱势群体获得，这将增加现有的人们本不希望有的差距。可能会导致在基因“完美”的人和落后的人之间出现新的歧视。

（五）是否可以向人类遗传基因编辑提供经费支持

人类可遗传基因编辑研究目前在持续推进，已知在重大疾病的预防和治疗上具有特别的优势，且遗传基因编辑技术不仅可以应用在人体，在对其他生物体如濒危动植物的保护方面也将发挥优势。在生物技术足够安全且人们已广泛接受的情况下，我们有足够的理由相信遗传基因编辑能够被应用于人体。对人类遗传基因编辑提供经费支持应当在符合伦理、科学规范和监管规则的情况下进行，近几年欧盟和美国都出台了相应法规禁止政府资助种系基因编辑，这体现了各国家和地区对人类遗传基因编辑的谨慎态度。

二、公益性基因编辑技术利用的提倡

（一）疾病预防型——有必要

消极优生学又被称为预防性优生学，目的是防止或者减少有遗传性和先天性疾病个体的出生，实施优生优育、开展产前诊断等都属于这一内容。以预防重大遗传性疾病为内容的人类基因组编辑可以说与以产前诊断为内容的消极优生学相似，生育权作为女性的一项基本权利应当受到保护，女性在生育过程中可以合理选择适合自己和后代的具体生育权的内容，胚胎植入前诊断就是典型的例子，应当将其作为生育权的内容予以保护。例如，2002 年，哥斯达黎加人权法院裁定禁止体外受精侵犯了个人的隐私权、个人完整权和组建家庭的权利。[①] 女性既然可以

① Sen Lynn M. Morgan, “*Human Life is Inviolable*”: *Costa Rica’s Human Rights Crucible*, 6 Medical Anthropology 493 (2019).

选择其他的生物技术手段实现后代的孕育，那么以疾病预防为内容的基因编辑技术的应用也具有充足的理由。

（二）增强型——可选择

增强型基因编辑与积极优生学相似，都是为了追求智力优秀和体格健壮的个体的繁衍，实现优质的扩展。基因编辑技术的应用使得人类扮演了上帝的角色，可以“选择”一个让自身满意的完美后代，但不同的群体有不同的利益诉求和经济实力，一旦被有实力的个人掌握增强型基因编辑技术，可能会造成全社会、全人类间个体的竞争和基因歧视。国家间的增强型基因编辑技术是否应当被应用有待我们进一步思考，是否可以将该技术与疫苗所实现的功能相比较亦值得我们深思，人类技术的进步不能以丢弃全人类的共同美德、牺牲一小部分利益为代价，共同的进步才是人类的目标，也是人类命运共同体的体现。

三、细化基因编辑技术的研究和利用规范

为保证基因技术的研究和应用的规范性，应明确研究和应用的各项原则。首先，尊重人权原则。《世界人类基因组与人权宣言》提到了尊严、多样性和平等的原则。人权建立在人类尊严、自主、平等和非歧视的法律和伦理概念之上，人类尊严是涉及基因组编辑的科学研究及其临床应用的重要限制，维护人权的作用本质上是划定和捍卫可容忍行为的限度。其次，比例原则。鉴于所有基因编辑都不可避免地涉及某种伤害，因此需要保持利益、伤害的平衡，科学家必须避免伤害并努力合理降低风险，在考虑风险收益比的情况下促进患者福利。最后，知情同意原则。《涉及人的生物医学研究伦理审查办法》指出，不管是进行临床试验还是医学治疗，医疗机构应当向个人阐述治疗或者试验的具体内容、预期效果、风险等，对每一项涉及个人重大人身权益的事项都必须事先征得当事人同意，并对相关过程全程监管，符合有关法律的要求。

（一）许可

人类基因编辑涉及多个主体，不仅包括高校、科研机构等内部行政管理，也有行政部门的外部监管。强化内部行政管理，各机构应当建立相互知情和制约的学术伦理审查机制，层层报批，实时动态评估风险。加强对基础研究的监管，并采取有力的管理举措，避免研究项目陷入失控的状态。加强外部行政监管，首先，要建

立行政许可制度，由于人类基因编辑的特殊性，建议许可权限设在国家卫健委；其次，要确定审查的范围，包括开展此类活动的目的、资质、受试者的知情同意等问题；最后，要注意全流程监管，从被审批开始到试验的每一步都需要向国家卫健委报请批准，特别注意审查知情同意，建立起与受试者的常态化联系，试验结束后一段时间的随访。

（二）责任承担

在责任设定方面，一是要构建行政处罚制度。一方面，对科研人员的行政处罚，包括罚款、行政拘留、行业内从业禁止等；另一方面，对单位的行政处罚，包括限期整改、吊销许可证书、全行业通报等。考虑到基因编辑的特殊性，相比于普通医疗活动，行政处罚应更加严格。二是要确定民事责任。首先，明确民事救济的主体，可能涉及胎儿的父母、经基因编辑的后代、公众等。其次，可以建立由相关机构参与的责任保险制度，分担各方的风险。此外，基因编辑涉及全社会的共同利益，可以设置公益诉讼的选项来作为弥补方式。

（三）举证责任倒置

首先，要有涉及研究人员和机构的责任披露制度。具体而言，包括以下几个方面：重视人体基因编辑的“告发”制度的建立及完善；建立有关实验人员的义务披露制度；建立有关人体基因编辑实验专门机构的报告制度。其次，要有关于该技术损害的救济制度。我国虽然规定了“谁主张，谁举证”的责任分配制度，但考虑到技术的专业性及收集证据的难度，应当由相关机构和人员承担举证责任，这符合公平原则。

四、构建对基因编辑的体系化监督

（一）分层次监督

基因编辑分层监督可以根据不同的标准进行划分，具体如下：根据被编辑基因的不同，将监督分为对体细胞基因编辑的监督与对生殖细胞基因编辑的监督；根据技术应用程度的不同，将监督分为对基因编辑技术实验阶段进行的监督与对基因编辑技术临床应用阶段进行的监督；根据基因编辑目的的不同，可以分为对基因治疗的监督与对基因增强的监督。对体细胞进行的基因编辑不具有遗传性，监管力度相对较小,对生殖细胞进行基因编辑(包括人类胚胎基因编辑技术)影响较大,所以监管要十分严格。基因编辑在实验阶段相较于投入临床应用阶段的潜在危害性小,所以,前者监管较后者宽松。基因增强是被严格限制的,所以对其监管要十分严格,避免出现未经批准就施行的基因增强行为。

笔者建议细化对基因编辑技术的分类,根据不同的情况施加不同的监管力度,使得监督有侧重地进行,提高监督的效率。

(二)完善伦理审查委员会制度

作为生物医学技术投入临床研究与应用的必经程序,伦理审查对于风险的防范发挥着非常重要的作用。人类胚胎基因编辑作为一项存在着巨大风险的技术,应当受到伦理审查的约束。基于相关实践中暴露出的漏洞,笔者提出以下完善建议。

首先,优化伦理委员会的设置,提升审查的科学性。《涉及人的生物医学研究伦理审查办法》第7条[①]规定设立伦理委员会是相关医疗卫生机构的义务。但是这个强制性规定在实践中存在两个问题:第一,设立伦理委员会的机构是相关的医疗卫生机构,即原则上各种医院都可以设置,但是不同的医疗机构发展水平不一,而且没有统一的准入规定,所以伦理委员会的审查标准不一、委员会的成员水平不一,使得该制度难以落到实处。第二,《涉及人的生物医学研究伦理审查办法》的法律效力低,且法律责任轻,实践中一般的民营医院往往没有设立伦理审查委员会。所以,笔者认为,需要划定伦理审查委员会的准入门槛,优化委员会的设置,统一审查标准,提升审查的效率与科学性。

其次,落实伦理审查的后续跟踪制度。人类胚胎基因编辑技术带来的影响不是短期就可以发现的,有可能要经过很长时间才会反映出来。因此,对该技术进行伦理审查短期是无法观察到全部风险的。通过建立伦理审查的后续跟踪制度,有利于实现对该技术的全程审查,避免漏过审查一些后续影响,导致伦理审查流于形式。笔者建议,可以设置伦理审查中期、后期审查汇报机制。被审查项目的负责人需要将项目从开始到中期的进行情况以及最后的成果等全部按照项目进度

---

① 《涉及人的生物医学研究伦理审查办法》第7条规定:"从事涉及人的生物医学研究的医疗卫生机构是涉及人的生物医学研究伦理审查工作的管理责任主体,应当设立伦理委员会,并采取有效措施保障伦理委员会独立开展伦理审查工作。医疗卫生机构未设立伦理委员会的,不得开展涉及人的生物医学研究工作。"

不定期向审查委员会汇报。

第五节　基因编辑技术的刑事立法完善

一、刑法介入基因编辑技术之必要性

生物安全需要多重保障，其中既包括伦理手段也包括法律手段，刑法作为最后一道防线，在生物安全的保护中至关重要。没有安全就没有发展，生物安全风险因其可能动摇根本的破坏性使得国家不可掉以轻心，在防范重大风险的过程中，法治方式是提升国家治理体系和治理能力最有效的途径，而刑法是其中强有力的保障。

技术本身是无罪的，我们不对这种技术本身做评价，但是由于这项技术本身存在的风险以及后续可能引发的道德与社会风险，出于保护法益的目的，需要对这项技术应用的具体行为做评价。[①]2018 年“基因编辑婴儿事件”发生后，2019 年贺某奎被司法机关以“非法行医罪”判处有期徒刑 3 年并处 300 万元罚金，可以看出，我国司法机关在面对该种侵害多种法益行为时的积极态度。人类胚胎基因编辑技术作为一种新兴的生物医学技术，其发展应用前景越广，隐藏的危险就越大。笔者认为，上述事件不是个例，结合国内外实践情况，需要通过刑法来规制人类胚胎基因编辑技术。

（一）刑法制裁手段严厉，可以通过惩罚犯罪来保护法益

刑法通过惩罚犯罪来保护法益，胚胎基因编辑技术的应用对多种法益造成了侵害，刑法应当合理介入并对行为作出规制。人类胚胎基因编辑技术存在的多种风险对应的是对多种法益的侵害。技术本身存在的脱靶效应、可能引发的免疫反应，以及其他副作用给孕育中的生命造成生命危险，当风险成为现实，就会对被孕育生命的生命权造成侵害。而刑法存在的目的之一就是保护人的生命安全与身体健康，该技术本身存在的风险有侵犯刑法所保护法益的可能，需要刑法将其纳入

---

① 参见马路瑶：《风险社会视阈下人类胚胎基因编辑的刑事立法立场》，载《湖北社会科学》2019 年第 11 期。

规制范围。而且人类胚胎基因编辑技术的应用会引发基因歧视问题，还会侵害人类尊严，这些潜在的道德风险问题对个人的尊严、社会的公平竞争秩序等都造成了侵害。我国《宪法》规定公民人格尊严神圣不可侵犯，《宪法》是母法，总领包括《刑法》在内的其他法律，出于保护人格尊严法益的目的，将胚胎基因编辑技术纳入《刑法》规范范畴是合理且必要的。① 此外，将该技术纳入应用将会影响人类基因池，对生命安全领域的科学研究秩序造成破坏；还可能引发国家与国家之间的矛盾冲突，引发战争，威胁人类安全，破坏人类文明。该技术对安全、秩序法益的侵害需要刑法规制。根据笔者在前文对人类胚胎基因编辑技术可能引发的风险的详细阐述，可以发现这些风险不同程度上侵害了多种刑法保护的法益。因此，为了惩罚犯罪、保护法益，需要对人类胚胎基因编辑技术归罪，将其纳入刑法规制的范畴。

（二）刑法具有补充性，是其他法律的最后保障

在其他法律无法对人类胚胎基因编辑技术进行有效控制时，刑法应当及时发挥作用。笔者在前文对我国关于人类胚胎基因编辑技术的相关法律作了系统性的总结，对这些法律的层级、法律效力、违法界限规定、违法后果深入考量后发现，人类胚胎基因编辑技术在我国有违法成本低的问题，甚至有些规范没有对违法责任作出规定。法律后果一般是处罚金、行业禁止等，后果较轻，而该技术研发应用后会获取巨额利润，违法获取的收益较大，违法成本远远小于违法收益，不足以震慑违法分子。在这样的法律背景下，为了对人类胚胎基因编辑技术的越线行为进行有效规制，防止其对相关法益的侵害，刑法作为最后一道屏障，在其他规制手段应对不足时，需要发挥补充与保障作用，因此应该适当考虑刑法规制的路径。

（三）刑法提前介入，可以有效预防犯罪

制定刑法不仅有惩罚犯罪的目的，还有预防犯罪的目的。2015 年黄军就教授因编辑人类胚胎中地中海贫血症的致病基因获得各界称赞；而 2018 年“基因编辑婴儿事件”发生后，贺某奎受到刑法惩罚。同样是对人类胚胎基因进行编辑，对二者的处理结果却截然相反。而且“基因编辑婴儿事件”发生后，对贺某奎追责时并没有合适的罪名入刑，最终其被判处非法行医罪，但是该罪名没有对贺某奎侵

---

① 参见张明楷：《法益初论》，中国政法大学出版社 2000 年版，第 167 页。

犯的法益作出全面评价。将人类胚胎基因编辑技术纳入刑法规制的范围，是为人们提供行为底线与技术应用边界，有助于解决法律规定不明确、事后入罪追责难度大的问题。

刑法作为人类社会规范的最后一道防线，具有不可或缺的地位，用刑法对人类基因编辑技术加以严格规范并且防控其带来的各种风险，是打好“基因战”的必由之路。生物技术日新月异，只会朝着更先进的方向发展，人类基因编辑技术有着不可估量的发展前景，因为有更多的可能性，也就意味着有更大的风险和不可预估性。所以刑法介入对于人类基因编辑技术不可避免。① 综合来看，人类胚胎基因编辑技术存在的技术风险、伦理风险、社会风险会造成对法益的侵害，却无法仅通过技术进步、伦理道德来解决，而且其他法律规范对基因编辑技术也无法实现有效管控的作用，需要将其纳入刑法规制的范围。②

二、刑法规制的基本立场

人类胚胎基因编辑技术是生物医学领域的一项重大技术突破，该技术的应用具有刑法规制的必要性，但是我国现行法律并没有对该技术作出具体规制。所以如何对该技术作出刑法规制，并且做到不阻碍生物医学的研究进步，是亟待解决的重要问题。笔者认为，首先需要明确规制人类胚胎基因编辑技术的基本刑法观，刑法观的确立为刑法规制该技术明确了基本立场。

人类胚胎基因编辑技术是新兴的生物医学技术，该技术在应用过程中存在着很大的技术、伦理、道德风险，而且因为是新兴技术，所以有部分风险未知。在这样的技术高速发展的状况下，考虑到伴随该技术存在的各种高风险，更需要通过最具约束力的法律——刑法来规制该技术的应用。尤其是在 2018 年“基因编辑婴儿事件”发生后，将该技术严格限制、纳入刑法的呼声越来越高。在这样的背景下，立法者很有可能为了回应舆论的压力，采取积极刑法观的立场，扩大刑法规制的范围，这同时限制了生物医学研究的进步，压缩了科技进步的空间。但是一味地鼓励技术的发展，强调刑法的谦抑性，忽视人类胚胎基因编辑技术对法益的侵害，采用消极刑法观，限制刑法的适用，使得风险对法益的侵害无法有效规制，同样存在法律上的缺憾。因此，无论是采用积极刑法观还是采用消极刑法观，都无

① 参见陈兴良:《刑法的启蒙》，北京大学出版社 2018 年版，第 24 页。

② 参见刘长秋:《“基因编辑婴儿事件”的生命法学思考》，载《东南法学》2021 年第 1 期。

法有效解决现存问题。据此,笔者提出采用折中刑法观。

折中刑法观不排斥刑法对行为的规制,但是其认为,在将行为纳入刑法规制时要审慎考虑技术的发展与法益保护之间的平衡。在刑法谦抑性原则的指导下,刑法应该对人类胚胎基因编辑技术的应用划清合法界限,对该技术侵害法益的情况及时作出规制,发挥刑法的积极规制作用。在明确了刑法对该行为的基本立场后,笔者将汲取域外关于该技术的刑事规制经验,以期为我国的刑事规制提供借鉴思路。

三、《刑法》第336条之一规定的完善

基于笔者在前文的论述分析,笔者提出以下两点建议,对《刑法》第336条之一进行补充。

(一)补充非法植入基因编辑、克隆胚胎罪的行为类型

非法植入基因编辑、克隆胚胎罪的保护法益为公共卫生秩序与人类基因库安全,侵害这两种法益的基因编辑行为不止《刑法修正案(十一)》规定的禁止将基因编辑、克隆的人类胚胎植入人体或者动物体内和禁止将基因编辑、克隆的动物胚胎植入人体两类,还有其他行为类型没有被包括在内。该规定仅处置植入体内的行为,忽略了体外人工子宫存在的可实现性,应该将基因编辑、克隆的人类胚胎在体外人工子宫培育的行为加入刑法规制的范畴。此外,该规定还忽略了动物胚胎植入动物体内的生物学后果。生物界千变万化,不能想当然地轻视动物胚胎可能引起的变异、遗传后果,不能忽视新物种的产生对整个自然界包括人类的影响。所以,同时也应该将基因编辑、克隆的动物胚胎植入动物体内的行为纳入刑法规制的范畴。

(二)增加单位为非法植入基因编辑、克隆胚胎罪的犯罪主体

基因编辑技术作为一种新兴的生物科学技术,很难由个人单独进行实验与临床应用。在我国,与基因编辑行为相关的行政规章和规范性文件都有把医疗机构、科研机构等单位作为规范对象的情况。反观刑法中非法植入基因编辑、克隆胚胎罪的犯罪主体仅是自然人,不包括单位,有遗漏犯罪主体之嫌。而且基因编辑行为虽然是由技术人员操作,但不是一个技术人员就可以完成的,需要有医疗机构、科研机构提供工具、场所、资金与技术援助,可以说要应用基因编辑技术,

需要医疗机构、科研机构共同作出决定。综上，应该增加单位主体与自然人主体一起作为刑法对基因编辑行为进行规制的对象。①

四、妨害基因管理秩序罪的增设

针对人类胚胎基因编辑技术，前文明确了我国刑法规制的基本立场，并且对域外立法经验进行了深入的探讨，明确了我国基因编辑技术领域的刑事立法模式。《刑法修正案（十一）》第 39 条新增“非法植入基因编辑、克隆胚胎罪”，该条款主要突出量刑和行为特征问题，并没有明确给出基于非医疗行为下实施的基因编辑行为的具体定罪标准。在此基础上，笔者建议在我国刑法中增设“妨害基因管理秩序罪”。②

笔者建议，参考域外立法经验以及国内一些学者的观点，在不偏离我国法律大背景的前提下，增设妨害基因管理秩序罪，将该罪纳入我国《刑法》分则第六章“妨害社会管理秩序罪”下的“危害公共卫生罪”中。该罪的设立需要有完备的基因编辑的管理秩序规定为基础。生物医学领域需要公布基因编辑各种技术突破的实际作用以及潜在风险，然后相关部门要作出风险评估，划清该技术应用的合法与非法界限，将零散的规制基因编辑技术的相关法律系统化，形成条理的、系统的基因编辑技术规定。在这个基础上，才可能适用妨害基因管理秩序罪。该罪的客体是国家基因技术管理秩序，客观方面表现为行为人违反相关规定，滥用基因编辑技术的行为。“相关规定”即经过系统化整合、完善、修改、补充的关于基因编辑的规定，包括但不限于《涉及人的生物医学研究伦理审查办法》《医疗机构管理条例》等。主要行为类型包括：泄露、扩散含编辑人类基因的细胞、胚胎，非法人类体细胞基因编辑行为，人类种系细胞、胚胎基因编辑行为，制造、出售、非法提供人类基因编辑产物等行为。如果立法条件允许，也可以考虑将各种行为分别入罪化。该罪的主体是年满 16 周岁的具有刑事责任的自然人或单位。能够进行非法编辑人类基因罪的行为主体一般都具有相应的特殊能力，如具备医疗人员、医学研究人员或者从事医疗领域行业的身份或学历资历。因此，他们并不是一般的

---

① 参见沈振甫：《论现代生物技术风险的刑法规制——兼评〈刑法修正案（十一）〉第 38、39 条》，载《科技与法律（中英文）》2021 年第 3 期。

② 参见王志祥、安冉：《涉基因技术行为的刑法规制问题研究——以基因编辑婴儿事件的定性为切入点》，载《山东警察学院学报》2020 年第 2 期。

主体，在定罪量刑时，应加大该罪的处罚力度。主观方面故意与过失皆可以构成该罪。如果犯罪人的犯罪情节不严重，可以考虑从轻或减轻刑罚。我国刑法以处罚故意犯罪为原则，处罚过失犯罪为例外。因此，本罪在主观方面要求行为有预见可能性，而且要求行为人在客观方面对可能出现的危害结果具有回避可能性。对于法定刑，笔者结合前文论述认为，应该比《刑法修正案（十一）》第 39 条的法定刑高，具体建议为：情节严重的，处 3 年以上 10 年以下有期徒刑，并处罚金；情节特别严重的，处 10 年以上有期徒刑，并处罚金。①

妨害基因管理秩序罪的设立将填补《刑法修正案（十一）》涉基因编辑技术的立法漏洞，既是对目前存在的滥用基因编辑行为的归罪，也是对潜在的可能发生的滥用基因编辑技术的防控。该罪的设立没有在细节上针对某一行为进行归罪，而是在整体上从宏观层面评价行为，这就避免了随着基因编辑技术的发展刑法规制落后需要不断修改的问题。此外，我国民法、行政法均有对该技术的规制，刑法设立妨害基因管理秩序罪可以与我国民法、行政法有效衔接，使得涉基因技术的不同行为根据情节严重程度有不同的轻重责任规定，避免了情节较轻的行为被认定为犯罪，也不会存在情节严重的行为没有被刑法规制惩处的情况，这是比例原则的体现以及刑法谦抑性的体现，同时也实现了刑法保护法益的目的。

① 参见姚万勤：《基因编辑技术应用的刑事风险与刑法应对——兼及〈刑法修正案（十一）〉第 39 条的规定》，载《大连理工大学学报（社会科学版）》2021 年第 2 期。

第八章 / 生殖性克隆的刑法规制研究

克隆技术由来已久，随着科研能力的不断提升，动物克隆的研究取得了较大的进展。生殖性克隆是我国法律明文禁止的，因之涉及人类整体的克隆，可以说是人类基因的“复制”，面临较大的伦理风险、可预知的技术风险以及无法明确的人类社会的秩序风险。对于理论上是否允许生殖性克隆的问题存在肯定说与否定说。肯定说认为，生殖性克隆的排斥大多源于恐惧文化背景以及媒体不当报道的推波助澜，实际上的生殖性克隆并没有想象中恐怖，克隆基因不等于人类的“复制”，不会在同一时空条件下产生一模一样的人类个体；并且克隆技术可以使无法生育的夫妇得到和夫妻一方相同基因的孩子，满足人类的生育自由权；同时克隆技术正在逐渐走向成熟，应当对生殖性克隆技术保持开放的态度，而不能以未知的风险来禁止一项可能有用的技术。否定说则认为，克隆技术尚不成熟，一旦出现意外可能损害的是克隆人以及被克隆人的生命权、健康权等，甚至可能造出大量的残疾克隆人；另外，克隆人的出现所造成的人类社会亲缘秩序的混乱是可以想象的；当然生殖性克隆对于人类尊严的侵犯也是我们必须正视的问题，其可能侵犯人类的独特性、自决性；对于生育自由权的保障是否必须通过允许生殖性克隆来进行，否定说对此持以反对意见。目前，人工辅助生殖技术正在我国快速发展，而且我国也有完善的领养体系，可以使无法生育的夫妇通过领养的方式得到自己的孩子，而生殖性克隆只是对夫妻一方的基因进行“复制”，产生的新生儿并不能被认为具有夫妻双方的血缘关系。因此，生殖性克隆并不能保障生育自由；同时生殖性克隆可能被部分人滥用，克隆技术势必带来巨大的商业利益，其产业化的背后会加剧颠覆性、风险性和利益驱动性。生殖性克隆的技术风险、伦理风险都是我们现阶段无法逾越的障碍，对于生殖性克隆我们必须持谨慎态度，谨防部分人为了非法利益或者疯狂地开展克隆人研究而逾越国家的法律底线，实施克隆人的行为。

第一节 克隆技术概述

一、克隆概念的演进

克隆技术在不同发展阶段的定义不同。克隆一词由韦伯在 1903 年首次提出，韦伯对克隆的定义为从同一祖先无性繁殖而来的物的总和。①1929 年詹宁斯在发表的一篇有关原虫基因与变种的论文中，将克隆界定为一个单一个体经由单亲生殖所形成的子代。② 由此，克隆的含义由组织层面延伸到了细胞层面。随着微生物学科的迅速发展、细胞培养技术的进步，克隆的概念也被推广到了多细胞生物的培养中。1948 年桑福德及其同事把无性繁殖的概念推广到了哺乳动物的培养基上。③1958 年康奈尔大学的斯图尔德教授利用单细胞培育出了一株完全的胡萝卜植株，他给克隆下了一个定义，即利用一个单一的植物细胞来培育出一株完整的植物。④《韦伯大辞典》(1961 年版)将克隆定义为：在生物学中，一个个体的子代经过无性繁殖而形成的一种群体。⑤ 细胞核移植的出现，极大地拓展了克隆的概念。在 20 世纪 50 年代，人们开始使用克隆一词来指以体细胞为核心，取代以卵子为核心的子代。格登于 1968 年在《科学美国人》上发表文章，将克隆定义为含有同一核基因的所有个体组成的集合。⑥1978 年麦克基内尔在其出版《克隆在两栖类的核移植》的一书中认为，克隆是用细胞核移植的方法得到一个或多个具有同一基因的单细胞。⑦《韦伯大辞典》(1980 年版)对克隆的定义是，由单个人的子代，经过无性生殖而形成单个人。用一个生物体的体细胞核来取代一个非受精卵子的核

---

① See H. J. Webber, *New Horticultural and Agricultural Term*, 18 Science 501 (1903).

② See H. S. Jennings, *Genetics of the Protozoa*, Martinus Nijhoff, 1929, p.5、232.

③ See K. K. Sanford, W. R. Earle , G. D. Likely, *The Growth in Vitro of Single Isolated Tissue Cells*, 9 J.nat1.cancer Inst 229 (1948).

④ See U.Mittwoch, *"Clone": The History of a Euphonious Scientific Term*, 46 Medical History 383 (2002).

⑤ See N. Webster, *Webster's Third New International Dictionary*, The G. & C. Merriam Company, 1961, p.426.

⑥ See J. B. Gurdon, *Transplanted Nuclei and Cell Differentiation*, 219 Scientific American 27 (1968).

⑦ See R. G. McKinnell, *Cloning: Nuclear Transplantation in Amphibia*, University of Minnesota Press, 1978, p.vii–viii.

继而制造一个与有机体基因相同的复制品。① 麦克基内尔 1985 年撰文指出，在无性行为干涉的情况下，从一个单独的胚胎中分离出一个以上的胚胎，就是一种克隆。因此，他对克隆这个概念的界定包含对胚胎进行分裂。② 随后，在分子遗传学和重组技术的发展下，“克隆”一词被延伸为“基因序列的放大”。从那时起，“克隆”这一概念被拓展到了“分子”层面。1983 年沃森将克隆定义为一种细菌内某个基因或片段的扩大。③ 大卫·巴尔的摩 2001 年发文认为，克隆是指为某一特定片段提供充足的复制，以便对其进行分类或者进行其他研究。④1999 年埃里克·波斯纳撰文指出，克隆的定义严格来说是在基因上与其亲本之一完全相同的生命体。⑤ 美国国家生物伦理咨询委员会的报告将克隆更宽泛地定义为不同物种的精确的基因拷贝。⑥

二、工具书中的“克隆”

《科学发展百科辞典》将“克隆”定义为，运用生物学技术进行无性繁殖而产生同基因型的生物群。以克隆对象和操作层次为依据，可将其划分为分子克隆（基因克隆）、细胞克隆及个体水平上的克隆（如微生物克隆、植物克隆、动物克隆）等。现代生物克隆技术发展的极致是基因克隆，亦称基因的无性繁殖。无性克隆，指的是将来自异种生物的基因与具备自主复制能力的载体 DNA 在体外进行人工结合，形成新的重组 DNA，之后将其送到受体生物中进行表达，因此会产生遗传物质和性状的转移和重新组合。《新时期新名词大辞典》认为，“克隆”亦称无性繁殖，指不通过受精过程获取与亲代遗传性完全相同的个体的过程。所形成的一群个体称作克隆。这一概念后来又扩大到从一个 DNA 分子的片段增殖的结构和功能完全相同的 DNA 分子。在基因重组中指利用质粒或载体分离并扩增

---

① See D. B. Guralnik, *Webster's New World Dictionary of American Language*, Second College Edition, Simon & Schuster, 1980, p.268.

② See U. Mittwoch, *"Clone": The History of a Euphonious Scientific Term*, 46 Medical History 399 (2002).

③ See J. D. Watson , J. Tooze, D. T. Kurtz, *Recombinant DNA: A Short Course*, Scientific American Books, 1983, p.206.

④ See David Baltimore, *Our Genome Unveiled*, 409 Nature 814 (2001).

⑤ See Eric A. Posner, *The Demand for Human Cloning*, 27 Hofstra Law Review 579 (1999).

⑥ See Human Cloning, *Cloning Human Beings; Report and Recommendations of the National Bioethics Advisory Commission; June 1997*, DPLA, https://dp.la/item/dbf35c4a35a8001af9b19a0a49c4a05d.

某个特定基因的操作。《当地汉语词典》中将“克隆”解释为用人工方法进行无性繁殖。《微生物学词典》认为“克隆”有四种含义:(1)作名词(分子水平):指DNA克隆(或分子克隆),即将某一特定DNA片段通过重组DNA技术插入到一个由质粒、噬菌体或病毒构建的载体中,然后让其在宿主细胞中进行自主复制,最后产生大量完全相同的DNA片段群。(2)作名词(细胞水平):指由一个共同祖先通过无性繁殖的方式所形成的一群具有相同遗传型(基因型)的细胞。(3)作名词(个体水平):指通过无性繁殖方式由基因型完全相同的两个或更多的个体组成的一个群体。(4)作动词用:意为“进行克隆”或“作克隆”,即指获得上述DNA分子群体、单细胞群体或个体群的方法或过程。《伦理学大辞典》和《应用伦理学辞典》认为,“克隆人体胚胎”指先从人体卵细胞内取出携带有遗传信息的DNA,这样就可以得到一个空壳的卵,然后在里面植入一种体细胞的基因物质,这样就可以促进卵细胞的生长,进而发育到胚胎状态。

三、现代生殖性克隆

我国学者认为,克隆指以无性生殖的方式产生后代,也可以称为“复制”。克隆的特点有两个:一是亲子代际间的遗传材料在理论上是完全一致的,也就是同一基因型;二是通过克隆可以制造出许多一模一样的基因个体。① 克隆这个词可以用作名词,也可以用作动词。作为名词,克隆表示一种无性繁殖;在作动词使用时,克隆就是用不同的方式进行无性生殖的过程。简单地说,克隆作为动词时,就是指“研究”和“操作”的过程;作为名词时,就是“创造”的结果。

按所要研究或操作的对象,克隆可以分为三种类型:基因克隆、细胞克隆和个人克隆。基因克隆,就是通过对一系列具有相似功能的基因进行研究,从而得到一批具有相似功能的基因或其表达的产物。细胞克隆,是指从细胞层面进行研究,从而得到一大批完全一样的细胞。个人克隆,是指通过一系列的操作,以一种特定的方式,将一个或者多个与其亲本一模一样的个体进行克隆。很明显,基因、细胞、个人三种类型的研究是从三个层面进行的,以原始的基因、细胞或生物个体为模板,复制出与原始模板一模一样的多个基因、细胞或生物个体。科学上将无性繁殖划分为两类,一类是治疗性的,另一类是繁殖性的。然而,对于人类的复

① 参见徐述湘:《基因干预 雾里看花说生殖》,载《中国医药报》2002年1月29日,第12版。

制，也就是所谓的人类克隆，因为其违背了生命伦理学的基本原理，受到了科学界的普遍反对。无论是世界教科文组织，还是世界卫生组织，又或者是国际人类基因伦理学理事会，以及世界各国政府，都已经明确表明了他们的反对立场。① 美国加利福尼亚州的一项法案将生殖性克隆定义为，将人类细胞中的体细胞中的细胞核转移到卵细胞中去，卵细胞中的细胞核被移除，以达到妊娠的目的。② 美国加利福尼亚州参议院 704 号法案，即《禁止人类克隆法案》将克隆人定义为：(1) 使用体细胞核移植或任何其他克隆技术以启动或试图启动人类妊娠；(2) 将通过体细胞核移植产生的囊胚或胚胎植入哺乳动物子宫；(3) 为了启动或试图启动人类妊娠，通过分裂一个囊胚或胚胎来产生基因相同的兄弟姐妹。生殖性克隆，就是通过细胞核移植的方式得到一枚人体胚胎，再将其植入人体的子宫中，形成一个完整的克隆体。③ "生殖性克隆人是指以'造人'本身为目的的人体克隆。"④ 有观点将克隆技术分为三个递进层级，即分子复制—细胞复制—个体复制。生殖性克隆则属于第三层级，即个体复制。第三层级的克隆技术，就是利用体外培养的细胞，通过刺激等手段，使它们再次获得胚胎期的能力，重新长出一个完整的个体，人类的克隆就是其中之一。克隆技术是一种不需要通过精子和卵子来繁殖的无性繁殖，这种无性繁殖的方式，将男性和女性之间的性生活及人工授精孕育后代的方式都排除在外。⑤ "生殖性克隆技术是运用细胞核置换技术产生新的人类个体所运用的生物技术的总称。"⑥

四、治疗性克隆

(一) 治疗性克隆的定义

治疗性克隆，就是利用体细胞细胞核移植的方法，得到一个胚胎，然后从中抽

① 参见陈智元：《克隆人刑事立法问题初探》，载《北华大学学报（社会科学版）》2003 年第 2 期。

② 2001 年的美国《健康与安全法典》第 24185(c) 条将人类生殖性克隆定义为"通过将人类细胞的细胞核从任何来源转移到人类卵细胞中来创造或试图创造人类的做法，从卵细胞中取出细胞核，目的是植入由此产生的产品，以引发可能导致人类出生的怀孕。"

③ 参见金东英、李志平：《关于克隆概念演变的历史分析》，中华医学会医史学分会第 11 届 3 次学术年会论文，2007 年 12 月于北京。

④ 刘长秋：《刑法学视域下的克隆人及其立法》，载《现代法学》2010 年第 4 期。

⑤ 参见张宇飞：《人性尊严的宪法解释方法及其问题——以克隆人宪法争议为例》，载《法学论坛》2009 年第 4 期。

⑥ 孟凡壮：《全球视野下克隆人技术的法律规制》，载《福建师范大学学报（哲学社会科学版）》2019 年第 4 期。

取一些干细胞，用于临床。从治疗性克隆中获得的胚胎，只能用于提取干细胞，而不能移植到人类或动物的子宫中，因此也就无法进行无性生殖。治疗性克隆是将体细胞克隆技术与干细胞体外培养及诱导分化相结合的一条新的治疗途径。人类胚胎干细胞的来源有三个：一是人工授精时捐赠的多余胚胎；二是从死去的婴儿身上提取的原始的繁殖组织；三是通过体细胞核转化产生的胚胎，并将其分离出来。从第三个途径获得的人体胚胎干细胞即治疗性的克隆。① 治疗性克隆是一种用于医疗的人体克隆，所谓治疗性克隆，就是从患者体内取出一定数量的细胞，并将这些细胞的基因材料移植到一个剔除了细胞核的卵子中，再用物理化学方式的刺激，使这些卵子自我分裂、自我繁殖，最终形成一个胚胎。② 治疗性克隆，是利用胚胎干细胞作为细胞的母体，培育出不同的细胞，目的是解决器官移植供体短缺的问题，成功复制人类器官，并进行相关医学研究。但是，进行治疗性克隆，只能使用怀孕 14 天以内的胚胎。通常认为，在此期间之外的胚胎已经具备了基本的生命特性。③ 治疗性克隆是一种生物技术，它利用细胞核替换技术制造出胚胎，然后将其提取出来，再将其培养成人体所需的器官和组织。④ 胚胎干细胞在心血管疾病、脊髓损伤、帕金森病、1 型糖尿病等疾病治疗中具有重要的临床应用价值。对于某些可以借由植入与组织相容性之细胞而免于免疫排异的病例，利用克隆之胚胎干细胞是相当有效的，如用于治疗心血管疾病。相比之下，当用来治疗中枢神经系统疾病的时候，因为胚胎干细胞在中枢神经系统中是不会被排异的，克隆的胚胎干细胞就会丧失其独特的优点。现在的克隆技术已经可以实现复制并在很多实验室里都有广泛的应用。然而，其工作效率却不尽如人意。一般来说，无论对受精卵的种类、移植方式、供体细胞等如何进行筛选，最终能够成活和发育的都只有 0% 至 5%。⑤ 治疗性克隆被认为是一种供应自身干细胞的技术，为临床治疗开辟了一个新的途径。⑥1999 年，人类基因组国际组织伦理委员会在《关于克隆的声

---

① 参见金东英、李志平：《关于克隆概念演变的历史分析》，中华医学会医史学分会第 11 届 3 次学术年会论文，2007 年 12 月于北京。

② 参见刘长秋：《刑法学视域下的克隆人及其立法》，载《现代法学》2010 年第 4 期。

③ 参见陈智元：《克隆人刑事立法问题初探》，载《北华大学学报（社会科学版）》2003 年第 2 期。

④ 参见孟凡壮：《全球视野下克隆人技术的法律规制》，载《福建师范大学学报（哲学社会科学版）》2019 年第 4 期。

⑤ 参见［英］Ian Wilmut、［中］赵绯丽：《克隆人体胚胎细胞在研究和治疗中的应用》，载《中国处方药》2004 年第 7 期。

⑥ 参见成国祥、朱焕章：《治疗性克隆的研究进展》，中国实验动物学会第五届学术年会论文，2000 年 12 月于重庆。

明》中提出,为开发临床无排异的治疗性移植而制备、研究体细胞核移植而来的克隆胚胎称为治疗性克隆。

(二)治疗性克隆的伦理争议

在法律上我国支持治疗性克隆,但是治疗性克隆本身也存在潜在的伦理风险。否定治疗性克隆的观点认为,胚胎干细胞克隆技术是研究治疗性克隆技术的基础,干细胞既可以分化为细胞和器官,也可以分化为完整的个体。有学者担心会有人为了谋取利益而在克隆出人之后摘取克隆人的器官。2001 年 11 月 25 日,美国 Stemagen 公司使用进行了体外受精的年轻妇女捐赠的卵子,以及两名男性的皮肤细胞,成功培育出了五个胚胎,这意味着首次成功地克隆出人体胚胎。[①] 该公司虽然强调,他们做该研究的目的并不在于通过无性繁殖创造人类,而在于通过无性繁殖的方式创造出可以治愈疾病的胚胎干细胞,是一种纯医学目的的研究,但这一消息还是震惊了全世界。美国政府反对这项研究,称该公司的做法“从道德上讲是错误的”,同时,也要求美国国会尽快制定一项禁止人类克隆的法案,这样才能在法律上杜绝这类事件的重演。可见,治疗性克隆的放开可能带来未知的、不可控的灰色产业链的滋生,不能排除有人利用法律之便行牟利之实。

肯定治疗性克隆的学者也提出了自己的理论依据。中国社会科学院哲学所李隼认为,人权不是反对克隆人的理由。他提出,胚胎有没有人权如何界定呢? 目前国际上认可的是治疗性克隆的胚胎不能超过受精后 14 天,这时的胚胎只是细胞团还没有发育成多细胞个体,因此不应被看作道德主体。但是 14 天的伦理时限依据显然是经不起推敲的——在不同的国家和地区,对“多大的胚胎才有人权”这个问题的回答争议极大。中国科学院动物研究所段恩奎表示,治疗性克隆符合保护人的生命原则。干细胞研究应用中最吸引人的无疑是治疗性克隆可以克隆单一的器官,而最好的克隆方法是利用患者自体细胞来克隆细胞、组织和器官。另一种观点认为,可以采用体细胞核转移技术,将患者的体细胞核与供体提供的无核卵细胞相结合,并重新启动这一过程以创建胚胎多能干细胞系。随后,在体外对这些细胞进行培养,并诱导它们分化成各种特定类型的细胞,如血液细胞、胰腺细胞、神经细胞以及心肌细胞等。这种细胞,可以用于白血病、糖尿病、心脏病、

---

① 参见张树庸:《美公司宣布成功克隆人体胚胎——使制造患者匹配型干细胞成为可能》,载《实验动物科学》2008 年第 2 期。

帕金森综合征、阿尔茨海默病、脑卒中、脊椎损伤、烧伤等疾病的治疗。若能将人类干细胞用于再生，制造出更为复杂的人类组织与器官，则可为器官移植开辟一条新的道路。而治疗性克隆最大的优势在于，它可以从患者体内获得与患者一模一样的 DNA 编码以及基因表型，从而避免了患者对所移植器官的排斥，为更多的患者带来福音。①

治疗性克隆的肯定者大多是医学生物学前沿的专家，站在纯技术的视角看待治疗性克隆在应对某些难以治愈的疾病时的有效性，但通常会忽视治疗性克隆可能带来的其他社会风险。任何一项新的技术，从它的出现开始，都不只是技术上的问题，其对社会结构、道德伦理、政治理论、法律体系、生活方式、社会心理所造成的巨大影响，往往是最初进行相关研究的科学家始料未及的。② 治疗性克隆代表着解决疾病组织替代问题的一个新方法。如果这一设想能够变为现实，将是人类医学的一项跨时代的成就，它将使器官培养工业化，解决供体器官不足的问题；器官供应专一化，为病人提供特异性器官。人体中的任何器官和组织一旦出现故障，将像更换损坏的汽车零件一样可随意更换和修理。但是，克隆的器官所具备的功能是否可以完全代偿原有器官的功能，以及这种“速成”的器官和组织的寿命如何，都让我们重新考量器官克隆的价值与意义，对于病人来说，到底是提升了生活质量，还是再一次经受病痛的折磨？我国法律上支持治疗性克隆，但是医学科技也应当有边界，需要对治疗性克隆严格监管，以防黑色产业链侵蚀科技伦理，破坏人类生存秩序。

第二节　生殖性克隆的规范现状

一、我国生殖性克隆相关规范

（一）内地

内地尚未对尖端基因技术进行专门性立法，但是已有的行政规章以及《刑法》

① 参见张斌：《干细胞研究中的伦理问题》，中华医学会医学伦理学分会第十九届学术年会暨医学伦理学国际论坛论文，2017 年 7 月于大连。

② 参见吴学安：《国际法律框架中的基因技术应用》，载《检察风云》2008 年第 2 期。

条文中已经对生殖性克隆等进行了专门限制。原卫生部于 2001 年颁布的《人类辅助生殖技术管理办法》第 6 条要求申请开展人类辅助生殖技术的医疗机构应当符合原卫生部制定的《人类辅助生殖技术规范》的要求。在 2002 年 2 月联合国举行的关于拟定《反对生殖性克隆人国际公约》会议上，我国明确表示了对研究克隆人的态度，即不赞成、不支持、不允许、不接受任何克隆人实验。2003 年，原卫生部修订的《人类辅助生殖技术规范》第三部分实施技术人员的行为准则中明确禁止人卵胞浆移植及核移植技术、人类与异种杂交及移植、禁止基因编辑；禁止克隆人。同样于 2003 年修订的《人类辅助生殖技术和人类精子库伦理原则》确立了社会公益原则。据此，医疗工作者不应进行生殖性克隆；医疗工作者不应使用异基因配子及胚胎进行人工辅助生殖。2003 年 12 月颁布的《人胚胎干细胞研究伦理指导原则》第 4 条明确指出："禁止进行生殖性克隆人的任何研究。" 2020 年《刑法修正案（十一）》第 336 条之一规定，"将基因编辑、克隆的人类胚胎植入人体或者动物体内，或者将基因编辑、克隆的动物胚胎植入人体内，情节严重的，处三年以下有期徒刑或者拘役，并处罚金；情节特别严重的，处三年以上七年以下有期徒刑，并处罚金"。其他规范性文件中也有涉及克隆人的规定，例如，《专利审查指南（2023）》第二部分第一章规定，"发明创造与社会公德相违背的，不能被授予专利权。例如，……克隆的人或克隆人的方法……，上述发明创造违反社会公德，不能被授予专利权，但是，如果发明创造是利用未经过体内发育的受精 14 天以内的人类胚胎分离或者获取干细胞的，则不能以'违反社会公德'为理由拒绝授予专利权。" 第二部分第十章规定，"处于各个形成和发育阶段的人体，包括人的生殖细胞、受精卵、胚胎及个体，均属于专利法第五条第一款规定的不能被授予专利权的发明。人类胚胎干细胞不属于处于各个形成和发育阶段的人体。" 2021 年实施的《生物安全法》第 34 条要求生物技术研究应当符合伦理原则。[①]2021 年 7 月公布的《国家卫生健康委员会对十三届全国人大四次会议第 7090 号建议的答复》中称，2003 年印发的《人胚胎干细胞研究伦理指导原则》将禁止进行生殖性克隆人的任何研究作为首要的伦理原则，明确了在进行人胚胎干细胞研究的时候，不能将通过体外受精、体细胞核移植、单性复制技术或基因改造而得到的囊胚植入

① 《生物安全法》第 34 条规定："国家加强对生物技术研究、开发与应用活动的安全管理，禁止从事危及公众健康、损害生物资源、破坏生态系统和生物多样性等危害生物安全的生物技术研究、开发与应用活动。从事生物技术研究、开发与应用活动，应当符合伦理原则。"

人类或任何其他动物的生殖系统中；禁止将人类和其他生物的生殖细胞融合在一起。对违反伦理原则开展研究的医疗机构或个人，依据《民法典》第1009条的规定，依法承担民事法律责任；根据《涉及人的生物医学研究伦理审查办法》第六章的规定，依法承担行政法律责任。就此来看，内地关于克隆人的规定散见于各部门规章与刑法中，通过原卫生部与科学技术部的部门规章详细规定了干细胞克隆的具体实施规范，明确禁止克隆人，并通过刑法专门明确克隆人行为的入罪化。

（二）港、澳地区

1. 香港

我国香港于2000年通过《人类生殖科技条例》第三部分第15条，其中明文规定，任何人都不能为了进行胚胎研究而促成胚胎的制造；禁止将人类与非人类的胚胎结合，禁止无性繁殖。

2. 澳门

我国澳门立法机构1996年颁布了第2/96/M号法律《规范人体器官及组织之捐赠、摘取及移植》，标志着尖端医疗科技的法治化。1999年澳门立法机构颁布了第111/99/M号法律《设立在生物学及医学应用方面保障人权及人类尊严之法律制度》，其中第17条规定禁止培育用于研究的人类胚胎，第18条规定禁止利用无性生殖技术复制人类。另外，该规章对涉及尖端医疗的受试人以及相关研究对象给予了知情权等方面的特别重视以及高额赔偿。澳门卫生署经常对医疗服务机构进行突击检查，并强调会严厉打击非法提供医疗辅助生殖技术的人员和场所。

二、域外"克隆人"相关规范

世界各国出于政治、经济、宗教、法制、伦理道德传统等的不同，对生命科学技术的立法情况也不尽相同。从世界范围来看，虽然关于克隆人的法律后果仍有很多争论。但是在实践中，国际组织和各个国家对于克隆人的立场很清楚，总体上对克隆人的态度是消极的，并通过立法予以禁止。

（一）国际组织关于"克隆人"的法律规范

国际上关于先进医学的法律文书多为国际人权法规。1998年1月12日，欧洲理事会通过了《禁止克隆人的议定书》，以防止人类克隆。《联合国关于人的克隆的宣言》于2005年3月通过，呼吁各国政府禁止所有形式的人体克隆，包括人体胚胎的克隆，但是中国、英国、比利时、瑞典、日本、新加坡等赞成治疗性克隆的国家投了反对票，认为治疗性克隆能够为目前无法攻破的疾病提供一种治疗的新思路。联合国教科文组织于 1997 年 11 月 12 日通过的《世界人类基因组与人权宣言》也呼吁禁止有损人类权益与尊严的科学研究。世界卫生组织于 1997 年 5 月 5~14 日在日内瓦举行了第 50 次年会，会议听取了世界卫生组织总干事关于克隆人、生物医学技术及该组织准则确立的报告，并在研究了各成员国的声明后作出决议。决议明确指出利用克隆技术复制人类个体在理论上是不可接受的，这一行为同人类的诚实和道德背道而驰。2002 年 5 月 13~18 日，世界卫生组织在日内瓦召开的第 55 届世界健康会议上也有一项决议，认为采用无性繁殖技术进行人类克隆，违背了人类的基本道德，应当受到严格禁止。世界卫生组织认为，利用克隆技术来制造人类，在伦理上是不能接受的，它违反了从基因角度保障人体健康的基本原则。欧洲包括法国、丹麦、芬兰在内的 19 个国家，于 1998 年 1 月 12 日在巴黎签订了《禁止克隆人协议》。2000 年制定，2009 年生效的《欧盟基本权利宪章》明确规定，禁止优生的操作和人类的生殖性克隆。

（二）德国关于克隆人的法律规范

在德国，受到深厚的基督教传统、道德自治精神的影响，以及对"二战"期间纳粹滥用生物科技残害人性尊严的历史反思，伦理的障碍尤其深重，因此，胚胎在德国受到严格的法律保护。

1990 年颁布的《胚胎保护法》已经禁止对人体的克隆，该法第六节规定了"克隆"，其第 1 条规定："人为干预下致人类胚胎发展其他胚胎、胎儿、人类个体或与已经去世之人具有相同 DNA，最高可判处 5 年有期徒刑或罚金。"第 2 条规定："将人为干预下的胚胎植入妇女体内，受同等处罚。"第 7 条作出了禁止性规定："（1）将胚胎与其他不同的基因物质进行结合以产生细胞团，其中至少运用了一个人类胚胎；（2）运用该胚胎细胞之外的细胞的基因信息以产生一个胚胎细胞；违反者可判处最高 5 年有期徒刑或罚金。"

可见德国刑法禁止人类胚胎的克隆，并明确规定了诸如生育等技术性研究被禁止的范围，并对人类克隆项目的设计、制造、移植、实验和试验未遂等行为作出了相应的惩罚规定。禁止使用人工改变的生殖细胞来制作胚胎，禁止制作克隆人、嵌合体和复制人，禁止向人和动物的胚胎内进行移植试验。《胚胎保护法》规定，克隆人（用于治疗的或用于繁殖的）是违法的。同时，也禁止将人体胚胎用于科研。[①] 德国于1990年颁布了《基因技术规制法》，2009年颁布了《人体基因研究法》，上述法规的颁布旨在对尖端医疗导致的违反人类世界生育伦理观念的克隆人类的行为予以规范性禁止。德国对于体外胚胎的保护有自己的裁判原则。在德国法中，在民事法和单行法规同时对人工辅助生殖技术所生成的体外胚胎进行立法保护的模式下，德国法院将人体体外胚胎作为一种特殊的财产，作为一种具有人格权益的财产，德国法在给予体外胚胎限制性权利的同时，提倡在司法上类比地运用有关的法律条文，将其模拟成胎儿，从而弥补法律上的缺陷。[②]

（三）日本关于克隆人的法律规范

1999年年末，日本生命伦理学委员会发表《以克隆技术产生人类个体之基本见解报告书》，再次确认日本政府的基本立场，即不赞成用克隆技术来生产人类个体；在这份报告的基础上，日本生命伦理学委员会在同年12月发表了《关于克隆人个体之申明》，其中明确指出，为了避免人类陷入物种化和工具化的境地，尊重宪法、保障人权、维护家族社会之意旨，并考虑卫生安全等方面的因素，应该通过立法来禁止使用成人体细胞核移植技术来创造人类个体的克隆研究。另外，以人与兽之精、卵进行交配，以产生异种杂种胚胎，则有严重侵犯人性尊严、混淆人种之嫌疑，这种行为也应该受到法律的制裁。非用于制造个人的其他研究，如胚胎干细胞研究，应另作处理。

日本于2000年通过了《关于规制与人有关的克隆技术等的法律》，其中明文规定，禁止进行人体克隆，并禁止制造与动物混合的胚胎，如在人体或动物中植入人体胚胎，将被处以10年以下监禁或1000万日元罚金。日本《克隆技术限制法》于2001年4月生效，其明确禁止生产有损人格的克隆人，违反该法律的，最高可被判处10年劳役或最高可达1000万日元的罚款。

（四）英国关于克隆人的法律规范

英国国会于2001年通过《人类生殖性克隆法案》，将生殖性克隆人作为一种新的犯罪，并可判处高达10年的监禁刑。英国在《2002年禁止人类克隆法案》和

---

① 参见周燕：《我国干细胞研究中的伦理危机与法律困惑及其国家管理的研究》，第三军医大学2009年博士学位论文，第113页。

② 参见吴桂德：《德国法上人类体外胚胎的法律保护及其借鉴》，载《交大法学》2020年第3期。

《2002 年涉及人类胚胎研究法案》的第一次立法审查之后禁止生殖性克隆。《2006 年人类胚胎研究修正案法案》于 2006 年 12 月 12 日获得批准，由此形成的《2002 年涉及人类胚胎研究法案》和《2002 年禁止人类克隆法案》的修正案通过改变定义和拓宽法案允许的活动范围的方式，改变了以前关于可接受的人类胚胎研究的边界。尽管《人类胚胎法》自诞生以来经历了若干次修订与法律挑战，但英国采取的政策一直是宽松和便利的，允许研究人员在许可的条件下使用人类胚胎。英国下议院 2000 年以超过 2/3 的多数票通过了一项允许科学家进行“治疗性克隆”研究的法案，即允许克隆人类早期胚胎，并利用它进行医疗研究，但是禁止克隆完整的人类个体，也就是说，在胚胎克隆方面有限度地放开治疗性克隆，但对于生殖性克隆依旧持禁止态度。时任英国卫生部负责公共卫生事务的部长伊维特·库柏说，对于胚胎干细胞的研究，将会给那些患有脑病、癌症和心脏病的人，带来新的希望。但这项议案的通过，并不意味着政策在向允许克隆人的方面倾斜。①

英国是较为典型的对治疗性克隆持容许态度，并在行政法上予以规范的国家。英国于 1990 年颁布的《人类受精和胚胎学法案》准许治疗性克隆。但是，克隆胚胎的制造及研究，也像其他胚胎的制造及研究一样，必须受到严格的管制。具体表现为：首先，胚胎的制造及使用必须获得批准。按照《人类受精和胚胎学法案》第 3 条的规定，没有得到许可的人，不能制造、保存和利用胚胎。在胚胎的原始条款之后，没有任何权力被允许保存或使用。不允许在动物身上种植胚胎。其次，对胚胎进行的研究必须与法律规定相一致。按照《人类受精和胚胎学法案》的附录 2 中“研究许可证”一节的第三部分的规定，委员会只在被认定基于以下必要和适当的目的时，才准予许可：第一，促进不育的治疗；第二，提高对先天性疾病成因的认识；第三，提高对堕胎发生原因的认识；第四，提高节育效果；第五，开发一种能够检测植入前胚胎是否存在基因或染色体异常的技术；第六，该法规所要求的其他此种用途。

（五）美国关于克隆人的法律规范

2001 年，美国国会通过了《禁止一切克隆法案》，不但禁止人类克隆，而且禁止从人类克隆而来的诸如胚胎干细胞之类的制品的进口，并对违法者处以 10 年

---

① 参见《英议会批准克隆人类早期胚胎》，载中华网，https://tech.china.com/zh_cn/news/tech/154/20001220/63778.html。

以上的有期徒刑以及100万美元的罚款。根据联邦制度，各州可以自由选择是否采用这种法律。所以，一种新的医学技术能否被采用，因州而不同，各州可以通过立法来规范这种先进医学技术，也可以通过案例来进行指引。

1997年，加利福尼亚州成为美国第一个禁止克隆人的州。1997年3月4日，时任美国总统克林顿发布行政命令，禁止联邦政府资助克隆研究。在此命令之前，克林顿曾要求美国国家生物伦理咨询委员会（NBAC）提交一份关于克隆技术的建议报告。1997年6月9日，美国国家生物伦理咨询委员会发表了一份报告，明确建议禁止克隆人类的行为。该报告还深入阐述了对于克隆儿童可能面临的身体健康风险、自主权受损、复杂的亲属关系问题以及个体被物化的潜在风险等多重伦理关切。[①]1997年，美国加利福尼亚州成为第一个颁布全面立法禁止克隆人的州，该立法规定5年内禁止克隆整个人类，以评估这种技术带来的深远的医学、伦理和社会影响的利弊。[②]1999年5月8日，美国加利福尼亚州卫生委员会举行了一次会议、一次公开听证以及五次非公开会议，最终关于克隆人形成了5项建议，其中建议一是加利福尼亚州应当禁止生殖性克隆，但这一禁令的有效期到2003年1月1日。建议二是加利福尼亚州不应禁止而是应合理地规范非生殖性克隆，旨在预防和减轻人类疾病以及使用克隆技术作为人类干细胞的来源。[③]2001年，美国众议院第2172号法案规定，在明知体细胞核移植的产品是用来妊娠的情况下，运输该产品是非法的，[④]2001年加利福尼亚州众议院通过了2505号法案，禁止生殖性克隆与治疗性克隆。该法案禁止从事或影响州间商业的任何个人或实体在知情的情况下：（1）进行或试图进行人类克隆；（2）参与尝试人类克隆；（3）为任何目的的运输或接收由人类克隆产生的胚胎或从这种胚胎衍生的任何产品；（4）进口此类胚胎。[⑤] 该禁令于2003年1月1日正式生效。

自从加利福尼亚州在1997年成为美国第一个禁止克隆人的州后，路易斯安那州、密歇根州、罗得岛州、密苏里州和弗吉尼亚州5个州陆续表明态度，具体来

---

① See Call, J., Cloning Human Beings, in David Schultz, John R. Vile, The Encyclopedia of Civil Liberties in America, RoutledgeIn, 2005, p. 195-197.

② See Maria S. Quintero, *Cloning Californians - Report of the California Advisory Committee on Human Cloning and Recent Cloning-Related Legislation*, 18 Santa Clara High Tech. L. J. 417 (2001).

③ See CAL. Bus. & PROF. CODE § § 16004, 16105, 2260.5 (2001)(operative until Jan. 1, 2003); CAL. HEALTH & SAFETY CODE § § 24185, 24187, 24189(2001)(operative until Jan. 1, 2003).

④ See Cloning Prohibition Act of 2001, H.R. 2172, 107th Cong. (2001).

⑤ See Human Cloning Prohibition Act of 2001, H.R. 2505, 107th Cong. (2001).

说，路易斯安那州、密歇根州、罗得岛州和弗吉尼亚州都禁止克隆人，而密苏里州则限制使用州资金进行克隆人研究。除了密苏里州之外，这些州还为以科学研究和细胞治疗为目的的研究提供了具体的例外情况，并对违反规定的行为进行了民事处罚，如果违规者是路易斯安那州的公司、诊所、实验室或研究院，则每起事件罚款 5 万美元到 1000 万美元不等。[①] 密歇根州是美国唯一一个对克隆实施刑事处罚的州，其将违反禁止规定克隆人类的行为定位为重罪，可处 10 年以下有期徒刑，并处或单处 1000 万美元以下的罚款。也有专家表示："美国虽然不允许联邦政府的资金资助这类研究，但是法令却并不禁止私人资助的人类胚胎干细胞研究。"[②]

（六）加拿大关于"克隆人"的法律规范

2004 年，加拿大参议院通过了专门针对规定人类遗传和生殖技术的界限的法律——《辅助性人类生殖法》，该法将胚胎定义为自受精和创造以来发展的第一个 56 天内的一个人的有机体，包括基于创造人的目的有机体而派生出来的各种细胞。该法允许在特定条件下对胚胎干细胞进行研究，禁止不被伦理所允许的辅助生殖。在该法的影响下，加拿大设置了辅助人类生殖署，就该法管辖的事项向卫生部长提供咨询意见。该机构还负责执照的发放和审查，健康报告信息的收集和分析、检查以及法令的执行。该法案设立了违反禁止性规定以及根据该法案制定的规章、条款的犯罪行为。

2006 年加拿大对《干细胞研究指南》进行了修订，规定：（1）为了获得干细胞而制造人体胚胎的研究是不允许的；（2）有关将体细胞核转移到人体子宫（克隆）的研究，或将未受精卵激发成人体胚胎，以用于开发人体胚胎干细胞株；（3）包括直接捐献的干细胞的研究；（4）与胚胎干细胞，胚胎生殖细胞，原始生殖细胞等有关的嵌合体在人体和非人体中的应用。

（七）澳大利亚关于"克隆人"的法律规范

2002 年，澳大利亚政府颁布了《涉及人类胚胎研究法案》（2002–145 号）和《人类克隆禁止法案》（2002–144 号）两项联邦法律，用以规范克隆与人类胚胎干细胞的研究。这两个法律都对人体胚胎的研究有一定的限制。《涉及人类胚胎研

---

① See LA. REV. STAT. ANN. 40 § 1299.36.3（2002）; VA. CODE. ANN. § 32.1–162.32.2（2002）.

② 钟扬、骆蔓文：《重医大治疗性人体克隆探秘》，载《重庆商报》2005 年 2 月 22 日，A06 版。

究法案》明确,不能为了采集干细胞,单独制造一个胚胎。在该法案中,“一个人类胚胎”从两条代细胞核出现或以其他方式发展起算,8 周之内,具有人的基因或改变的人的基因。《人类克隆禁止法案》中规定了对一切与人工辅助生殖相关的克隆(医疗、生育)和其他试验的禁止或制裁。此项议案不包括由人类的卵细胞与精子结合产生的胚胎,也不包括用于科研的人类胚胎。所以,在澳大利亚,制造人体胚胎用于受孕以外的其他活动都是违法的。

澳大利亚于 2006 年修订的《禁止克隆人法案》第 22 条规定:“凡有以下行为者,均属违法:(a)蓄意制造或利用与精子和卵子相结合而形成受精卵以外的其他方法制造人类胚胎;(b)在未获批准的情况下,进行人体胚胎的制造和开发。违反法律的,最高可判处十年以上的监禁。”

第三节　生殖性克隆的伦理争议

一、肯定说

关于生殖性克隆,学界与社会上存在两种截然不同的观点。一方面,有人认为生殖性克隆技术具有巨大的科学价值与应用潜力。通过深入研究生殖性克隆,人类可以更全面地理解生命的奥秘,推动医学、生物学等领域的突破性进展。此外,生殖性克隆技术可能为医学治疗提供新的途径,如通过克隆获取与患者基因完全匹配的细胞、组织或器官,从而解决移植排斥等问题。另一方面,也有人坚决反对生殖性克隆。他们认为,生殖性克隆违背了自然规律与生命伦理,可能对人类社会的道德观念、家庭结构、法律体系等造成深远影响。同时,克隆过程中可能存在的技术风险与伦理争议也不容忽视。总之,生殖性克隆技术是一把双刃剑,需要在充分权衡利弊的基础上,谨慎对待其发展与应用。

肯定说认为,生殖性克隆作为无性生殖的手段之一,可以为众多不孕不育夫妇提供一种延续后代的途径。现代社会保障每个家庭的生育自由权,对于想要自己的后代但是碍于身体原因限制而无法通过自然生育方式获得的夫妻来说,生殖性克隆无疑成了他们“延续”后代的一种方式。该后代具有与夫妻一方相同的 DNA,但是由于年龄之间存在代际间隔,克隆出来的孩子只是与夫妻一方婴孩时的长相一致，出现在同一时空下双方外形一致的情况几乎不可能。生殖性克隆肯定说坚持生殖性克隆为人类带来了巨大的优势，对于当下老龄化严重的全球性问题，既能从全域视角保证新生儿的诞生，又能从单独的家庭视角保障其生育自由权，且人的成长与成长的外在环境具有直接关系，克隆人与被克隆人之间性格、爱好甚至同一时间下的长相不存在一致性，不会影响人的独特性，并不存在无法解决的伦理困境。面对这一尖端医学技术，不应抱以对未知事物恐惧的态度来抗拒它，而应当充分认识到生殖性克隆的优势与可控性，肯定生殖性克隆带给人类的益处。有学者认为，为繁殖而进行的克隆几乎与正常繁殖一样安全，或至少与其他辅助手段一样安全。①

（一）生殖性克隆保障生育自由权

在当下人类社会的基本共识中，生育权乃是一项不证自明的基本权利。② 权利自由本身需要在法律保障下得以实现，而生育权的本质就是生育的自由。③ 生殖性克隆的支持者认为，自主权是最基本的人权，生育权是这一权利的一部分，推而广之，生育采取的形式是无关紧要的，无论是采用“自然生殖”或者是克隆生殖。生育权意味着人们有“以他们想要的任何方式繁殖的权利”④。生育权是一种权利，即在生育权主体行使其生育权利时，没有任何权利主体有权干预。生育权的主体在没有他人主动干涉的情况下自行作出决策，并自我决定是否生育。⑤ 夫妻之间有“生”的权利，同时一方也有使对方不得不当干涉自己“不生”的权利。⑥ 美国将生育自由列入了个人隐私权的范围，其目的在于让个体不受政府不当干涉地自主选择和自主决策。德国《基本法》也把生育权列入“自决”的范畴，即在生育问题上，个人拥有较高的自决自主权，但这项权利的目的并不限于防御政府的不当干预，而是被赋予了保障“人格自由发展”之内涵。⑦ 美国哲学家、生命伦理学家丹尼

① See Ronald Chester, *Cloning Embryos from Adult Human Beings: The Relative Merits of Reproductive, Research and Therapeutic Uses*, 39 NEW ENG. L. REV. 583 (2004).

② 参见余军:《生育自由的保障与规制——美国与德国宪法对中国的启示》，载《武汉大学学报（哲学社会科学版）》2016 年第 5 期。

③ 参见叶竹梅:《浅议生育权》，载《甘肃行政学院学报》2002 年第 4 期。

④ Robert Gilmore McKinnell, *Cloning: A Biologist Reports*, University of Minnesota Press, 1979, p.14-15.

⑤ 参见阳平、杜强强:《生育权之概念分析》，载《法律适用》2003 年第 10 期。

⑥ 参见湛中乐、谢珂珺:《论生育自由及其限制》，载《人口研究》2009 年第 5 期。

⑦ 参见余军:《生育自由的保障与规制——美国与德国宪法对中国的启示》，载《武汉大学学报（哲学社会科学版）》2016 年第 5 期。

尔·布洛克教授认为，生育自由权包括适用各种辅助生殖技术的权利，所以生殖性克隆原则上是可以被接受的。美国法学家罗纳德·德沃金等认为，在没有其他相关的道德障碍时，个人应当被允许通过克隆来孕育后代。英国曼彻斯特大学的约翰·哈里斯教授认为，克隆自己的基因可以通过生育自由权来进行辩护。理论上，基于美国联邦和州对于隐私权的承认，特别是在涉及生殖问题方面，人们有理由认为，生育权是人们的绝对权利，一个人通过克隆进行生育的权利是不能被剥夺的。如果克隆人的问题被定义为生育自由的问题，则政府禁止克隆人将侵犯公民"拥有和抚养健康的生物学子女的基本自由"。

公民的生育自由权为生殖性克隆提供了正当性依据。生育自由的范畴内理应包含生育方式的自由，换言之，夫妻可以选择有性生殖的方式，而无性生殖的方式也具有存在的正当性。生殖性克隆可以为利用当下人工辅助生殖技术依然无法生育孩子的夫妇，甚至是个人提供一种新的生育方式，满足其生育子女的正当需求。社会上存在着这样一部分夫妻，其中一方或双方无法产生可以存活的精子或卵子，即使是采用体外受精或者其他人工辅助生育措施也无法实现其生育需求，但是克隆胚胎能保证他们拥有其中一方基因的孩子。虽然在生物学上该克隆儿童并不具有夫妻双方共同的基因特征，但是在社会学意义上生殖性克隆赋予了这对夫妻属于自己的孩子，满足了其生育的需求。

（二）生殖性克隆技术趋向安全

在技术发展的过程中，由不成熟走向成熟是一种常态。克隆作为一种尖端医疗科技，随着时间、人力、精力、资金的投入，技术会趋于成熟，并非永远停留在克隆羊多利诞生的1996年。"任何一项技术都有其产生、发展、成熟的过程，在成熟之前必然会有一些缺陷，即便是成熟的技术也会遇到一些意想不到的问题。"①

1. 生殖性克隆在多个物种上已有成功案例

1996年，克隆羊多利的诞生预示着克隆时代的序幕被拉开；1998年，英国PPL医药公司宣称成功培育出一只小牛；日本科学家宣布，两只由成年动物体细胞克隆而成的小牛出生；美国夏威夷大学的研究人员利用老鼠的体细胞成功培养出了3代共50多只老鼠，是首次利用克隆动物进行克隆。1999年，美国夏威夷大学首次用成年体细胞培育出了一只公鼠；由美国康涅狄格大学的华裔科学家杨向

① 陈红兵：《国外技术恐惧研究述评》，载《自然辩证法通讯》2001年第4期。

中领导的团队，通过从一只13岁的奶牛的耳中提取的细胞，成功地克隆了一头小牛。2000年，杨向中研究小组在体外长期培育的公牛耳上皮细胞中成功克隆出了6头牛犊；美国俄勒冈州地区灵长类公园研究中心的科学家宣布，一只克隆恒河猴诞生，它的名字叫作泰特拉；英国PPL医药公司也宣布其成功培育出了5只克隆猪。2002年美国科学家成功克隆了一只猫。2003年，名为“爱达荷宝石”的克隆骡子在美国爱达荷大学与公众见面；同年法国农业研究所的一个研究小组宣布其成功克隆出大鼠。也是在2003年，世界上第一匹克隆马诞生于意大利克雷莫纳市的繁殖技术与家畜饲养实验室。

中国自1999年起就一直在进行体细胞克隆，1999年10月15日，扬州大学与中科院发育所经过合作研究，成功地获得一批转基因山羊体细胞克隆羊。2000年，在西北农林大学成功地实现了山羊的克隆；中国的克隆奶牛在2002年也取得了巨大的成功；2003~2004年，中国的科研人员相继克隆出了奶牛、绵羊；2012年3月18日清晨，中国农科院北京动物研究所的胚胎工程系与育种技术实验室在昌平实验牛场成功实施了一次剖宫产手术，顺利诞生了一只体细胞克隆牛。随后，该克隆牛的DNA经由北京华大方瑞鉴定中心进行了专业鉴定，确认了其身份。

2.“克隆”不等于“短命”

克隆技术是一种通过无性繁殖方式，复制出与原始个体基因完全相同的生物体的过程。然而，这并不意味着克隆出来的生物体在寿命上会比原始个体短。首先，克隆生物的寿命受到多种因素的影响，包括遗传背景、环境条件、营养状况、疾病等。虽然克隆生物与原始个体在基因上相同，但它们所处的环境和所经历的生活历程可能会有所不同，这些因素都会影响克隆生物的寿命。其次，克隆技术的发展历程中，科学家已经成功地克隆出了多种动物，包括羊、牛、猪、猴等。这些克隆动物在寿命上并没有表现出明显的缩短。例如，克隆羊多利虽然因为年龄和疾病的原因在6岁多时就死亡了，但这并不能证明所有克隆动物的寿命都会比原始个体短。因为多利的寿命受到多种因素的影响，包括其年龄、疾病状况以及克隆过程中的技术因素等。最后，科学家也在不断努力改进克隆技术，以提高克隆动物的存活率和健康水平。通过优化克隆过程中的条件和技术参数，科学家可以降低克隆动物出现健康问题的风险，从而延长它们的寿命。杨向中在美国利用13岁高龄的奶牛进行了克隆，从而延长了它们的生命，证实了无性繁殖的动物并非短命。美国ACT公司的24只奶牛都是牛母亲，这表明克隆动物的繁殖力并没有下降。美国洛克菲勒大学的科学家于2000年宣称，他们已经连续培养了6代老鼠。结果表明，这些克隆老鼠的染色体端粒并不一定比普通的小，因此也不一定会出现早衰。这与早期一些科学家所推测的早衰是由于端粒的缩短而引起的是不相符的。科学上也有一个一致意见，即复制不会引起老化；早期死亡是有可能的，但如果顺利地出生，长大后就不会死了。

（三）生殖性克隆不会影响人的独特性

基因决定论是片面的，不可取的。基因决定论认为，人类的身体和心理特点主要受遗传影响，如人的身高、外貌、体能、健康等身体特征，智商、情商、性格等精神特征，通常情况下大部分在出生时已经固定了，后天的可改变空间不大，但是基因决定论只针对表面遗传特征。发育系统论认为，基因和非基因要素在发育中的因果角色根本上是等同的，为基因的重要性进行辩护的任何论证，同样适用于环境。因此，没有理由认为基因比环境更具优先性。发育并非一个既定的程序运作的过程，而是一个多方面的发展资源相互作用和共同构建的过程。在发展系统中，基因和环境的二元关系完全被破坏了。要发展成一个“后生”，就必须抛弃一切先天理论和遗传决定理论。[①] 可见，基因并不能全然地决定一个人的全部发育过程，基因只是构成物质的一部分。因此，生殖性克隆虽然克隆的是夫妇一方的DNA，但是克隆儿童并不是被克隆人的“复制品”。

基因并不会决定人的性格，不能将生物体的基因状态与其作为人类的全部生理和心理性质混为一谈。人的成长环境不同，生活习惯和思维方式也会不同，换句话说，基因可能为一个人的智力、情感和目的提供原材料，但每个人所处的不同的环境给了该物质独特的内容。由于生长环境、教育环境等诸多因素的影响，克隆人在体质、智力、行为等诸多方面均有显著差异。克隆人和被克隆人在年龄上存在一定的差别，因为基因和环境的双重作用，克隆人的基因虽然和被克隆人的基因一样，但其身体不可能和被克隆人的一模一样。[②] 克隆体一般会比他的母体年轻一到两代，与同卵双胞胎不同，他几乎不会被看出来是拥有相同DNA的个体。克隆人并不是拥有特殊能力的超人，很难想象，一个普通人做不到的事情一个克

① 参见陆俏颖：《发育、基因与信息——从进化型基因看基因决定论》，载《自然辩证法研究》2021年第5期。

② 参见金东英、李志平：《关于克隆概念演变的历史分析》，《中华医学会医史学分会第十一届三次学术年会论文，2007年12月于北京。

隆人就能做到。复制体只有一个特点，那就是和克隆体一模一样，但年龄上的差距，让他无法冒充克隆体。同卵双胞胎具有相同的基因身份，却是不同的两个人，克隆人也将有独立的身份，成为独立的人，拥有对未知的自决权。生殖性克隆并非简单地对被克隆人进行复制粘贴。生殖性克隆是致力于为不具备生育能力的夫妇提供孕育后代的机会的一种生殖方式，其目的在于使他们拥有自己的生物学上的后代，对于不具备生育能力的夫妇来说，领养孩子带来的亲切感远没有具备自己基因的生物学上的孩子的亲切感强烈。

（四）克隆人与被克隆人的自决权并未真正被侵害

1. 克隆儿童的自决权保护

有学者认为，生殖性克隆确实可能导致克隆出来的儿童的自决权被侵犯，但是从功利主义的视角来分析，这种对于自决权的侵犯也许会使克隆儿童受到心理伤害，但自决权和生命权相比，生命权更重要。丹尼尔·布洛克认为，“即使有心理伤害，但克隆的儿童也不会因为被赋予生命而受伤害，因为永远不存在的选择可能会更糟糕”。[①] 还有支持生殖性克隆的观点表明，生殖性克隆是父母生育自由的一种方式，也是儿童自决权被侵犯的可能根源，面对这种冲突，只要预知到潜在的自决权被侵犯，对克隆儿童的心理问题进行重视，尽可能避免克隆儿童自决权被侵犯带来的道德问题，保持实践中的平衡即可。[②] 该观点认为，克隆儿童的降生会面临未知的风险，该种风险的来源可能是身体的残疾、心理的伤害，或者是社会的排斥，但是这种风险与生命相比，生命的分量更重，为了保障克隆儿童的最大权益——生命权而牺牲部分附加权利并非不具有正当性。克隆人的行为也许是出于“旁观者”和“克隆供体”的目的，但这并不意味着克隆人具有独立性。[③]

2. 被克隆人的自决权保护

自我决定权，即“个体对自己的利益按自己意愿进行自由支配的权利”[④]。生殖性克隆会面临生理以及心理上的风险，但这种风险选择是生殖性克隆的个体有

---

① See Dan W. Brock, Cloning Human Beings: An Assessment of the Ethical Issues Pro and Con, in Paul Lauritzen, Cloning and the Future of Human Embryo Research,2001, p.93－113.

② See J.C. Havstad, Human Reproductive Cloning: A Conflict of Liberties, 24 Bioethics 2(2010).

③ 参见吕群蓉：《在人与非人之间徘徊——以民法“自然人”概念为基础分析克隆人》，载《法学杂志》2011 年第 12 期。

④ 车浩：《自我决定权与刑法家长主义》，载《中国法学》2012 年第 1 期。

权利自我决定的，自我决定权让个人拥有了支配自己行为的权利，而这种权利又是个人行使自由选择权、支配自己行为的前提，也就是在这个逻辑进路上，被害人的危险接受的主要内容就是被害人的自主认识、接受和支配危险的实现，它从自我决定权中脱胎出来。[①] 自我决定权为生殖性克隆提供了理论支持，“被害人承诺”在医疗领域体现为患者的同意。我国在刑法体系中赋予“被害人承诺”作为制度层面的自主权与自决权的正当化事由。被害人在放弃自身利益时，就是对个人自由权利的行使，这是由于相对于放弃的利益而言，个人的自由权具有更高的价值。[②] 选择生殖性克隆来延续后代的夫妇会考虑更多可能面临的风险，但是在不影响生命法益的情况下，被克隆人可以自愿接受这种风险，对自己的生殖方式进行自我担责。

（五）对于未知的不当恐惧不应成为阻滞克隆技术的实际障碍

1. 由于恐惧而限制生育自由是不正当的

支持生殖性克隆的学者认为，反对通过克隆人类来生育子女的想法大多来自恐惧，但这并不能为禁止人类进行克隆或以此为依据来限制其生育自由。无论是人类的克隆、传统的繁殖方法，还是现在普遍使用的人工繁殖技术，都会导致一个生理上的婴儿出生，这个婴儿本身就是生育权的核心，而这种差异并不会造成根本的差别。美国哲学家罗纳德·德沃金为基因工程做了充分的辩护。他认为，让下一代人活得更久，更有天赋，从而获得更多的成功，这样的雄心壮志本身没有任何问题。而且如果没有确凿的危险证据，就不能阻止那些愿意带头进行这项工作的科学家。[③] 一些学者认为，对人类进行非法复制的立法很难在法律上得到合理的解释，与科学研究的自由原则相抵触。就算是正常的生育行为，也会有一些家长对孩子的期望，特别是在现代的优生技术的帮助下，孩子的出生、出生后的筛检都是经过精心设计的，本质上和克隆人没有什么区别。关于克隆技术导致儿童被技术控制、被限制的观点，其缺陷更加突出。目前，人工授精（如试管授精）在医疗

① 参见高丽丽：《生命法益起点下自我决定权与被害人危险接受阻却归责探讨》，载《法学论坛》2020年第5期。

② 参见杨丹：《论人格尊严的刑法保护——以尖端医疗为视角》，载《四川师范大学学报（社会科学版）》2016年第4期。

③ See Ronald Dworkin, *Playing, God: Genes, Clones, and Luck' in Ronald Dworkin, Sovereign Virtue: The Theory and Practice of Equality*, Harvard University Press, 2000, p. 452.

实践中得到广泛的应用，自从1978年首个试管婴儿在英国出生以来，全世界每天都有成百个试管婴儿出生。还有人提出，在生殖性克隆中，没有精子和卵子的结合，是完全从体细胞中发展出来的，这和人工辅助生殖技术是不同的。克隆人技术的发展只是揭开了人类生命的神秘面纱，它改变了在传统科学主导下，人类只能通过精卵结合才能诞生的观念。在快速变化的科技环境下，这种观念的更新并不罕见。就像试管婴儿刚刚诞生的时候，也受到过道德的谴责。①

2. 人类的恐惧文化背景导致对克隆技术非公正地排斥

人类一方面害怕技术给自己带来的危害，另一方面也害怕技术对自己的生活造成的影响，害怕技术的发展方向不明确而在社会上失去控制。正如卢克莱修在《物性论》中所说，“正如孩子们在盲目的黑暗中颤抖和害怕一样，我们在光明中有时也会害怕那些不再可怕的东西，就像孩子们在黑暗中所恐惧和想象的事情会成为现实一样。”其中既有对未知事物的畏惧，又有对未知事物的天然警觉，更有对生物科技畏惧的文化背景。这样的恐惧必然会对克隆技术的发展产生不利的影响。②一种技术的发展究竟能不能造福于人，取决于人们怎样处理和运用它，而非因噎废食。克隆技术也许会像原子能那样，给人类带来好处，也可能带来无尽的灾难。但是，“技术恐惧”的本质是害怕使用技术，而非害怕技术。

3. 不懂科学的传媒群体为伪科学推波助澜，宣扬不切合实际的克隆

西方国家信教者众，媒体反科学不足为奇，加之科学的东西实实在在，不够耸人听闻，难获传媒青睐。因此，传媒群体为伪科学和反科学思潮推波助澜就成了定势。当反科学思潮汹涌而来时，传媒群体经常拒绝发表反映科学精神的意见，形成“一边倒”的局面，构筑起反科学或伪科学的“话语霸权”。其实，科技题材的娱乐活动，归根结底还是一种娱乐，并没有真正意义上的科技知识普及。因为这类作品具有很强的冲击力，使很多人产生了视觉上的强烈刺激，造成了人们对技术的恐慌，进而使人们对它的价值产生了错误的理解。

4. 生育观念随着社会的发展而变化是一种必然

古今中外，经历过太多观念的深刻变革。从中国古代的封建制度到现在开放的民主法治社会，从古代的一夫多妻制到现在的一夫一妻制，从各国刑法对堕胎

① 参见张宇飞：《人性尊严的宪法解释方法及其问题——以克隆人宪法争议为例》，载《法学论坛》2009年第4期。

② 参见刘科：《技术恐惧文化背景下的“克隆人”概念及其现代启示》，载《理论界》2006年第10期。

罪态度的演变等可以看出，曾经以为坚若磐石的思想信念，都可以随着客观世界的变化而改变。人类不适当地对未知的恐惧会阻滞科学的进步，在未来，无性生殖与有性生殖都将成为常见的生殖方式。在美国，生物医学研究专家及关注此领域的病患群体始终积极游说，坚决反对反克隆立法。他们及其选民担忧，全面禁止克隆会扼杀现有的商业和科学企业。正因如此，在美国大部分地区，私人进行的人类克隆研究是被法律所允许的。

二、否定说

否定说认为，生殖性克隆可能危害克隆人的健康与幸福，危害妇女的人权，危害下一代的基因安全，危害现有的社会秩序，危害人的尊严。一旦被允许进行人类的复制，那将是一场灾难。生殖性克隆打破了现有的社会秩序，给人类创造了一种新的血缘关系，对现代社会产生了极大的影响。人与人之间的家庭关系具有相当的保守性，迄今尚未建立起一种全新的家庭关系。加之并非所有的科学探索都是道德的、正确的或者需要被社会接受的，因此生殖性克隆应当被予以否定。

（一）生育自由限制的正当性依据

从法理的角度来说，没有不受限制的无限自由。生育权有其内在的和天然的约束，每个人都享有生育自由，人人生来都是平等的，所以每个人的自由本质上都是对别人的自由的约束。个人的生育权利是个人最基本的权利。但是，个人一旦进入国家的体制中，必然会与国家的公共权力产生关联。最早对生育权利进行系统研究的专家卡塔琳娜·托马瑟夫斯基在其《人口政策中的人权问题》一书中就提到，政府干预对人类生育行为的影响并非完全违反了人权标准。在规制父母和将来的父母的生育行为时，政府可以为了保护更广泛公众的利益而限制相关个人的自由，特别是为了使孩子的权益与整个国家的福祉保持一致时：如果生育率过高会对整个社会造成不利的后果，或是由于父母的生育行为对他们的孩子造成了不利的后果，则政府有权干预。美国东西方研究中心人口研究所的研究员凯伦·梅森在其《人口方案侵犯妇女人权吗》一书中提出，从社会道德的观点来看，生育行为与公序良俗有关。在生育不是权利也不是责任的情况下，生育和性概念是分开的，人们对性行为的作用有了新的理解，并将性行为与生殖相结合，这一时期的行为仅是为了使与生殖无关的性行为被视为罪恶；在生育权阶段，虽然性行为可以从生育中分离出来，但是两者的关系依然非常紧密。而且，性行为总是牵扯到一些社会道德问题，在某种程度上也是一个敏感的话题。与之相关的生殖行为也总是和道德问题分不开，如非婚生育、人工辅助生殖等行为虽然获得了肯定，但终究与主流的社会价值观、道德标准相违背，产生了一定的消极作用。因此，作为社会利益的维护者和社会伦理的价值引导者，政府必须介入影响这两方面的因素。

生育自由权同样是受限制的自由，在历史的长河中，人类逐渐构建了一套独特的生育观念，它以家庭、社会及性爱伦理为基石，通过两性结合的方式繁衍后代，这一行为模式已深深植根于人类的习惯与思维之中。这种生育方式不仅旨在延续血脉，更是情感与法律表达的重要方式，凸显了人类区别于其他生物的独特之处。

（二）生殖性克隆安全性存疑

1. 克隆动物成功率极低

实际上，克隆动物的成功率仍然很低。维尔穆特小组在培养多利的过程中，共植入 277 颗被移植的卵子，最终发育成胚胎的只有 29 个，而多利是唯一一只正常出生的小羊羔，成功率为 0.36%，即便采用了“檀香山”技术，利用卵丘细胞作为核供体，成功率也不过是 1% 而已。以无性系猴子为例，2017 年，上海神经科学研究所孙强教授的研究团队成功地从胚胎成纤维细胞中克隆出了一批猴子，这些猴子的细胞源自 2017 年（或更早，但具体在此研究中为 2017 年相关实验所用）胚胎发育过程中的成纤维细胞。该成果在 2018 年正式发布，标志着克隆技术在灵长类动物研究上的重要进展。对此，同济大学生命科学与技术学院院长高绍荣教授指出：“这一成果虽然具有重要意义，但同时也揭示出克隆技术目前仍存在诸多不完善之处。因此，2017 年及以后，我们需要持续深入地开展相关研究，以期不断完善克隆技术，并探索其在科学研究与医学应用中的更多可能性。”以猪为研究对象，赖良学团队历经数年的无性繁殖技术探索后发现，猪克隆胚胎在代孕母猪体内普遍遭遇显著的胚胎退化问题，而这一现象的具体作用机制至今尚未被完全解析。阮德功教授指出：“在早期的克隆实践中，成功率极低，往往只有大约百分之一。”然而，值得注意的是，2017 年发表的一项研究成果显示，克隆技术在其他灵长类动物身上同样展现出了可行性，这标志着尽管仍面临诸多挑战，克隆技术在跨物种应用上已取得重要进展。借助体细胞核移植技术，上海中国科学院神经科学研究所的蒲慕明和同事得到了两只克隆猕猴,并将之命名为“中中”和“华华”。中中和华华是6次妊娠中硕果仅存的活产小猴,研究人员将79个克隆胚胎植入21只代孕母猴体内才得到了它们。事实上,还有另外两只小猴也出生了,克隆它们使用的是成体细胞的细胞核,但那两只小猴都不幸夭折了,一只死于身体发育障碍,另一只死于呼吸衰竭。

克隆动物出现畸形、衰老、流产等情况也常见诸媒体,这种成功率很低,风险也很大的技术若应用于人体,既有损人的尊严,也有损人的遗传安全,如此高的失败率将产生大量畸形和死产婴儿。时任欧盟委员会科研委员的克勒松女士曾表示,虽然克隆技术的发展可能有利于人体健康,但也不能忽略此类研究对人体的危害。克隆的人类儿童出生时会出现异常,并容易过早死亡。① 中国军事医学科学院生物工程研究所张正光教授认为,“克隆实验对实验条件、技术的要求是非常严格的,目前的成功率很低。一些未知的化学污染、生物污染、机械操作,如在实验过程中培养基被沾染上某些化学物质、采集的细胞被病毒、支原体感染以及提取细胞核过程中的一些机械损伤等因素都可能造成克隆动物出现异常情况。在克隆的过程中最关键的问题是当前技术尚无法监测到胚胎发育过程中出现的异常情况。因此,无法保证最后选择植入子宫内的胚胎是否能发育正常。”②

2. 克隆人容易早衰

有研究表明,克隆人并不代表广泛意义上的“基因相同”,因为在细胞核外,比如细胞质的线粒体中,存在着卵子特有的基因。③ 因此,一个由来自供体的遗传细胞核组成的克隆也具有来自受体卵子的基因。在我们的一生中,我们体内的细胞会受到环境和内部因素的影响而产生突变,即遗传物质的改变。④ 成人体内的每个细胞很可能会有一些突变。因此,移植的细胞核很可能与供体中的其他细胞在基因上有所不同,进而使得克隆体在基因上与遗传的供体亲本不相同。在细胞老化的过程中,染色体的长度会缩短,这就导致了细胞衰老的开始,这可能意味着克隆体在出生时基因就老了,把容易患许多老年人疾病的孩子带到这个世界上并不

---

① See Daniel Cohen, *Cloning and the Constitution*, 26 Nova Law Review 511(2002).

② 马艳红:《是是非非克隆人》,载《中国医药报》2002年4月23日,第12版。

③ See Lori B. Andrews, *The Current, Future and Legal Status of Cloning*, in 2 Cloning Human Beings, National Bioethics Advisory Commission Commissioned Paper, 1997, p.14.

④ See Cloning Human Beings: *Report and Recommendations of the National Bioethics Advisory Commission*, Stanford Libraries, https://searchworks.stanford.edu/view/3814844.

公平。

利用人类的基因复制出来的基因产物，是不能随便处理的，复制出来的基因产物如果没有成功，可能涉及对生命的践踏。不可否认的是，目前的生殖性克隆技术尚不成熟，其科学性、安全性和有效性还没有得到充分的证实。而且，我们仍未彻底揭开生命的神秘面纱，甚至连目前看来广受追捧的克隆技术，最后也可能会被证实是错误的和有害的。一旦一个基因被错误地复制出来，就将难以弥补，而且会造成严重的后果。虽然克隆技术的应用范围很广，但是离产业化还有很长的一段路要走。克隆技术是一个新兴的学科，无论是从技术还是理论上来说，都还处于初级阶段。从理论上来说，分化体细胞克隆的机制尚不明确，特别是基因重组方面。无性系动物是否能记忆供体细胞的年龄、持续克隆的动物是否会发生变异，以及在克隆过程中胞质线粒体的基因功能如何……这些问题目前仍没有明确的答案。至于生命的起源，当前科学尚无法给出确切的解释。在对生命的起源尚未可知的情况下，贸然复制或克隆生命，这是非常危险的。

（三）生殖性克隆侵犯了人的独特性

遗传学和生物化学方面类似的革命性进步，似乎使社会离实现以前虚构的优生学概念更近了一步，这是一门极具争议的科学，旨在通过控制遗传特征来改善人类。在优生学领域的初次尝试中，国家社会主义德国进行了无比残忍且可怕的实验，对被其视为种族不受欢迎或劣等的人实施了绝育措施。这一行为严重违背了人与生俱来的平等权利，并试图通过基因增强的手段制造人类天生的不平等。在地区管制克隆人技术方面，欧洲议会 1997 年的《克隆决议》指出，以治疗不孕症、胚胎植入前诊断、组织移植或其他目的为基础的克隆技术，都不能被社会所接受，这是一项严重的侵犯人权行为，它容许优生和种族歧视的选择，违背了人类的基本平等原则，将人作为试验的目标，侵犯了人的尊严。①

克隆器官延长人的生命，最大的伦理问题就是违背了生老病死的自然规律，使富人成了可以无限延长生命的“神”，而没有经济能力做器官克隆的人则依然是要面临生老病死的“人”。其次，关于克隆器官的应用，我们必须考虑其可能引发的排异反应问题，以及这种医学进展是否会导致人的异化，甚至引发对超能

① See Silja Vöneky and Rüdiger Wolfrum, eds., *Human Dignity and Human Cloning*, Martinus Nijhoff Publishers, 2004, p.285–287, 291–296.

力等未知领域的探讨。在反对克隆人技术的意见中，还有一项重要的理由是，克隆人技术将会带来人种单一化的后果。克隆人技术以及其他生物科技使得人种优化成为可能，有人担心通过控制基因的技术筛选优质基因，从而制造优良的后代，可能制造同一外貌特征的人，淡化人的独特性、唯一性。每个人都想要健康聪明的子女，那么基因筛检、胚胎选择将不可避免，进而人种优化、单一化也将不可避免。

虽然各国法律明文规定禁止克隆人，但无法避免一些实力雄厚的企业、政客或是恐怖分子怀着各自的目的对计划实施克隆人的研究者给予支持。早在20世纪初期，意大利医生塞韦里诺·安蒂诺里在阿拉伯联合酋长国首都阿布扎比声称，在其主要负责的有5000对夫妇参与的克隆人研究计划中，一名女性已经怀孕8周。安蒂诺里公布的这一消息立即在各界引起激烈争论。[①] 无论安蒂诺里的消息是真是假，从长远的发展来看，克隆人仅依靠否定性立法来规避是具有难度的。目前应该做的是尽快对克隆人的研究全面立法，规范事前监管与事后惩处措施，使克隆研究沿着正确的道路走下去。

有观点认为，克隆人是对人类独特性特征的一种冒犯。人类的复制是一项颠覆性的技术，它从根本上改变了人类的创造方式，从而失去了人类所固有的偶然和独一无二。人类复制技术在创造“人”的同时，侵犯了人类与生俱来的独特性、唯一性和偶然性；由于对遗传技术和遗传信息的滥用，将使人类的物种完整性、生物多样性以及遗传多态性受到严重的损害，物化女性的子宫。“克隆人”的培育是按照克隆动物的方法进行的，它需要一个女性的卵细胞，这样才能得到一个没有核心的空卵，还需要一个女性的子宫来培育一个克隆胚胎。在试验的过程中，女性被看作“工具”。“个性”与“偶然”构成了“人格尊严”的根源，“生命”是其前提与基础，“自由与自治”是其核心，“身体”是其载体与依托。生殖性克隆人的基因源于被克隆人，这也导致了两者的基因完全一致，有观点称克隆人为“父母的延迟双胞胎”。在生物学上，克隆人与被克隆人拥有相同的生物学基因，具有生物学上的一致性，在生物学上出现了完全一样的人，那么自然会面临生物学检验上的尴尬境遇。世界上没有完全相同的两片叶子，在自然世界中也理应不存在相同的两个人，每个人都具有自己的独特性，自己的基因是属于自己的无法更改的标记，

① 参见林小春：《克隆人“三疯子”招来唾骂声》，载《科学与文化》2002年第4期。

保持基因的独特性是这个世界运行秩序的维持方式之一，若存在两个甚至两个以上相同的基因，那么对于同一个痕迹我们无法用现有检验技术辨别其来自谁，这也给司法鉴定带来了新问题。在社会学上，由于人与人的成长环境是不同的，经历不同势必导致性格的养成产生差异。但我们忽视的一个问题就是，克隆人与被克隆人一定存在某种极为亲密的关系，所以被克隆人才允许自己的基因被克隆，克隆人与被克隆人在同一环境生活具有高度可能性。固有印象中的生殖性克隆是为了繁衍后代，此时克隆儿童与被克隆的父母一定是生活在同一时空下的相同环境中，父母是孩子的第一任老师，儿童受父母行为干预影响较重，学习父母的生活习惯、行为态势十分常见，再加上基因的一致性，在某种程度上来说克隆就是一种复制。人类的克隆技术和其他的生物技术，让人类的种族得到了更好的发展，但也有一些人在担心，会不会有人利用基因的控制技术来培育出更好的后代。可以造出相同的外形特点，冲淡了人的独一无二性。每个人都希望有一个健康、智慧的孩子，所以基因筛选和胚胎筛选是无法避免的。种族的优化和简化，是必然的。克隆将导致个人丧失其独特性，并趋向于人种单一化，这是我们所不希望的。[①] 克隆儿童和 DNA 捐赠者可能会失去独特性，而克隆儿童的父母可能会在孩子的成长过程中对其强加不公平的期待。

（四）生殖性克隆侵犯了人的自决性

对人性尊严的证成不外乎人的主体性与人的独特性这两方面。生殖性克隆侵犯了人的自决性的理由之一是人自身就是目的，不能被作为工具，如果人被物化、商品化，那么他就没有了尊严，而人类的复制技术则把人类置于一个客体的位置上，克隆人是为了某种目的而被创造的。美国著名法哲学家乔尔·范伯格在一篇名为《儿童享有开放未来的权利》的文章中描述了自决权，“待孩子成为成年人，则会像所有的自由公民一样使用自决权，如果在他行使自己的自决权之前，其他人已经行使了某些对他人生具有决定性作用且无法挽回的决定，那么这个权利就被提前侵犯了”。例如，一个人不幸夭折，我们要去克隆他，那么克隆的这个他便是被工具化的，他在出生之前就被寄予了一种期待——替代之前的那个人，去满足父母的情感，甚至公众的情感。若一个人的出生是为了填补之前某个人，来

① 参见张宇飞：《人性尊严的宪法解释方法及其问题——以克隆人宪法争议为例》，载《法学论坛》2009 年第 4 期。

满足另一些人的情感，那么他的某些自由天生就是受到约束的。又如，一个人有很强的能力，我们要去克隆更多的他来造福人类，此时工具性就更明显了。克隆人与被克隆人的基因相同，所以他们可能被赋予和被克隆人相似的期待，甚至克隆人的父母可能会朝着某种特定的方向去引导克隆儿童，这就构成了对克隆儿童自决权的侵犯。克隆人的行为可能符合人们“旁观者”“克隆供体”的目的性，但未必合乎克隆人本身的自主性。克隆人在道德和法律上的地位都不能确定，这必然导致他们的社会异类，从而使他们处于被歧视、不能被社会所承认的尴尬境地，使他们缺乏自我定位，而陷入自我怀疑、自我否定的境地。而且，克隆人完全违反了人类繁衍和亲缘的根本原则。站在人类的角度，作为一种“社会工具”，这种悲观、宿命感，亦可能会激起他们对科学和未来的社会的报复和反抗。关于克隆人类的问题，一个关键的担忧在于，通过克隆技术可能复活死者的复制品，而这些复制品的“死亡”将引发关于何为真正“普通”或“合法”死亡的伦理争议。汉斯·乔纳斯指出，克隆过程中的主导权问题实质上侵犯了克隆人自身的权利。具体而言，若克隆人渴望获取更多关于自身起源及身份的信息，这一探求过程可能会给他们带来深刻的精神创伤。生命都是“生”出来的，而不是被“造”出来的。接受了克隆这种生产方式，就等于否认了人格的独立性，剥夺了人的自由，本质上把人限制在了一种被称为“身份证”的工具制造的计划之中。①

（五）混淆亲子关系，亲属关系无法定位

每个克隆人都有可能涉及三个对象：一是体细胞核的供体，二是去核的供体，三是受精卵的供体。但是，很明显，它们都不能满足传统的父性和母性，也不能确定它们之间的生理联系。克隆人和细胞核的捐献者（原型人）之间并不是父母子女，也不是兄弟姊妹，而是“一卵多胞胎”，但两者之间的年龄差距却是巨大的，这就不可避免地导致了道德上的不确定。如果在已经有孩子的家庭里增加一个克隆人，那就更加复杂了，不管是利用丈夫还是妻子的细胞核，克隆人和原型人以及他们的配偶的关系都不能被证实，而他们与家族中的孩子的关系也不能被证实。在这样的家庭中父母子女（长辈与晚辈的关系）与兄弟姊妹（同辈的关系）交织在一起，呈现为“剪不断理还乱”的无序局面。通过体外受精（IVF）技术在人类抗反

---

① 参见张乃根、[法]米雷埃·德尔玛斯—玛尔蒂主编：《克隆人：法律与社会》，复旦大学出版社2002年版，第92页。

转录病毒治疗领域的进展，以及掌握对成年生物体完全分化的细胞核进行操控的能力，引发了一场变革。克隆羊多利是第一个遗传母亲同时也遗传父亲的单亲哺乳动物。事实上，从纯基因的角度来看，这两个基因父母是多利的祖父母，它们每个都贡献了进入细胞核的 50% 的遗传物质，然后将细胞核移植到成为多利的卵子中。当这项技术应用到人类身上时，更有可能的是，生父母中的一个也会成为遗传父母。然而，这个亲本将贡献所有的遗传物质，而不仅仅是一半。因此，真正的遗传父母要么是母系祖父母，要么是父系祖父母。孩子将有一个基因上的父母，父亲或母亲贡献了 100% 的基因，以及一组祖父母，他们各自贡献了 50% 的基因。由此产生的法律影响之一就是这样一个问题：谁才是真正的亲生父母，是提供 100% 基因的人，还是各自出 50% 基因的人。随着体外受精技术和抗反转录病毒治疗技术的广泛应用，人们对于“为人父母”这一概念的理解将会持续深化并发生演变。①

由于人伦次序的错乱，克隆人便不能在人伦关系中对自己的身份进行确认。因为是单亲无性繁殖的克隆人，缺少来自血缘的完整的家族人伦，这对于他们的道德感情的形成极为不利。在这些伦理关系中，最重要的并不是代与代之间的关系的混乱，而是因为这种混乱的关系所引发的一系列的问题，它使得人们的权利、义务变得混乱不堪，会对社会关系和秩序产生很大的影响，在法律方面也存在很多的问题，如遗产纠纷。人类的克隆打破了人类生殖与婚姻紧密相连的传统格局，会使人类的伦理关系陷入一片混乱之中。克隆孩子的 DNA 的来源应该被恰当地描述为孩子的父母，还是孩子的双胞胎，值得研究。

（六）生殖性克隆的需求程度并不高

有观点认为，现代人类社会是一个非常庞大的群体，世界上所有的国家（尤其是发展中国家）都在努力地控制着人口的增长。虽然有些人认为克隆技术能减轻不孕和无子女家庭的痛苦，并为他们提供一个新的选择。但这样的家庭还是少数，投入巨大的社会资金、资源和智力来满足一小部分人的特殊非正当性需求是不理智的。再者，将希望寄托在一个尚未成熟，甚至是不可能的技术上也是一种

---

① See Michael W. Berns, *The Biology of Human Cloning*, 21 Whittier Law Review 443（1999）.

极高的风险。[①] 人类并没有到如果不去克隆人，就会发生人口灭绝的地步。克隆人作为一个非必要的产物，很难避免携带目的性地去克隆。在这种环境下，是需要对伦理做出让步的。如果只是为了繁衍，则完全没必要去克隆，通过正常的有性繁殖就可以了。考虑到世界当前对这种技术的需求程度，从人类的数量来说，并不需要克隆人去增加人数；从生命的长度来说，人类社会并不需要“永生”的人才能更好地运转；在提高生命品质的语境下，克隆基因技术采用的是一种剧烈的、直接干预的方式，即通过强力的扭转与改变手段，而非依赖于如选择最佳生育年龄、孕期营养素的补充等自然且不可完全预知的优化途径来间接改善基因质量。中国军事医学科学院生物工程所的张正光教授指出，克隆人类是退回到了低等、原始的无性生殖，这是一种对生物进化与优胜劣汰的退步；复制一个和他的捐赠者有着一模一样的基因的个体，这就意味着个人生活的独特性将会受到损害，甚至会威胁到人类基因库的多样性。

（七）生殖性克隆无法控制其动机

克隆技术势必带来巨大的商业利益，其产业化的背后会加剧颠覆性、风险性和利益驱动性。有人担心随着克隆技术的发展，会有恶意的人复制出成千上万的“希特勒”，或者复制出其他名人，这就是一种错误的理解。克隆人的基因只是其一部分，而思维、性格等都受到后天的影响，无法做到与被克隆人一模一样。也就是说，克隆技术再怎么发展，也只能克隆出人类的身体，而不是人类的灵魂。但是，生殖性克隆的行为可能会被别有用心的人利用，通过对某些拥有特定基因的人群进行生殖性克隆来保持其可以源源不断地获取其所需要的人类，典型的如运动员、模特、天生高智商的人等，而这种行为势必带来竞争的不公平，同一基因的无限延续最终会导致基因决定论，否定人类后天学习的定局。

当前世界面临诸多风险，国家安全越来越成为一个重要话题，随着科技的发展，生物技术安全也成了国家安全的重点保护对象，在生物技术安全中基因数据的安全对于国家而言具有不可言喻的重要地位，每个人的基因都有其特性。但同一种族的基因又存在某些共性，通过对基因的收集统计检测分析，一旦基因密码被破译，基因安全会受到巨大的威胁，我们的生命以及后代的延续都将存在若干

---

① 参见刘科：《“克隆人”技术与其社会现象背后的华而不实性——对“克隆人”技术与社会的另类解读》，载《自然辩证法研究》2002年第10期。

不可控的风险。因此，生殖性克隆一旦成为开放的政策，弊大于利。

第四节　生殖性克隆入刑的必要性

对于生殖性克隆当前存在的伦理争议，笔者赞成“否定说”的观点。本节将对生殖性克隆入刑的必要性展开详细论述。“科技是开放的，法律是保守的。”[①] 任何知识和技术的运用，都必须以提高人类和所有生物的福利为宗旨，对知识的追求不应该与道德的本性相冲突，在一些研究可能具有重大的功利性的时候，更要注意观察，不要被其现实的效用所蒙蔽，而罔顾其伦理上的合理性。传统的科学研究往往是以超越人类所遭受的伤害为目标追求。至于克隆人，那是一种对未知事物的创造，风险极高，远远超出了人类的掌控范围。同时，这项技术将会给世界带来巨大的科技收益和经济价值，极具国际竞争力，也是世界上最具吸引力的技术之一。在这种情况下，任何其他规范的禁令都不足以防止有关人员铤而走险，只有采取严格的刑事强制措施，才能有效遏制和防止此类危险行为。刑事法律可以最清楚地界定医学前沿技术的界限，促进大众对其价值判断的统一。同时，我国刑法也对尖端医疗犯罪进行了最严格的处罚，以此来保证规范的有效性，进而指导医疗参与各方的正确的行为方式。[②]

一、破坏医事刑法法益

有学者提出了“医事刑法法益”的概念，指出医事法益的核心在于人格尊严与医疗秩序。人格尊严是法益确立的根本，而法律的法益必须由个人尊严转换为特定的权利，方能得到刑事法律的保障。尖端医疗的本来目的是延长寿命和改善生活质量，然而其通过与传统医学截然不同的方式侵入人体，甚至改变了人类的生育模式，给人类造成了极大的危害。人格尊严是证明新型法益的价值来源，是解决利益冲突的根本原因，是使有关行为入罪的最高标准。刑事法律把个人尊

① 李恒：《试论生物技术对传统法律体系的挑战》，载《法律与医学杂志》2005 年第 1 期。

② 参见杨丹：《论人格尊严的刑法保护——以尖端医疗为视角》，载《四川师范大学学报（社会科学版）》2016 年第 4 期。

严作为介入尖端医学的本质依据，而对尖端医学刑事法律的保护则以人格尊严为最高价值。即使生殖性克隆在某些方面对部分人具有有利的一面，但是就综合而言，生殖性克隆人对人类秩序的冲击已经远远超过其带来的有益的一面。而人类克隆技术的发展，一直以来都有一种道德上的偏离，克隆技术给人类的传统伦理和道德带来了极大的冲击。因此，必须尽快采取政策、法规对其进行管制，并予以取缔。人类的克隆技术所带来的好处是非常有限的。克隆技术的发展所蕴藏的潜在危险都是可以预料到的。可以说，人类复制技术的危险就像一场有形的风暴。①

二、风险社会下犯罪预防的必然要求

"风险"是一种认识上的理性自觉，各学科从各自的角度对"风险"一词进行了不同的界定。就社会学角度而言，对"风险"一词也是界定不一。德国社会学家尼克拉斯·卢曼认为，风险是在具有崭新特征的20世纪晚期出现的新型的对危险的认知或理解形式，因为新时代面临的全新的问题而产生；② 德国另一社会学家乌尔里希·贝克认为，风险能够被定义为一种系统性地应对由现代化带来的危险和不安全感的方法。与早先的危机相比，人类现在所面临的危机是由现代化所带来的威胁和由现代化所引起的猜疑而引发的全球化所带来的后果。③ 随着人类认识自然和利用自然能力的提升，现代风险随之涌现。相较于传统风险，现代风险有一些新的特点，有观点认为"很多现代风险源于自然科学技术"④，也有人提出现代风险是科技发展的产物，都是人为的风险，还有观点认为，现代风险具有如下特质：风险的不可避免性、风险产生的人为性、风险的难以认知性、风险的灾难性、风险后果的持续性、风险的延展性⑤。风险社会理论中，不少学者认为风险不仅是通过技术的运用产生的，也是通过对潜在危险和威胁技术的敏感而产生的。风险社会具有特殊的危险，就目前而言，主要是核泄漏、有毒物质、基因技术、生态污染、金融危机、恐怖主义。核、基因、生物化学等风险是传统的工业社会所不能有效控制的。这就要求我们必须考虑到"机遇—财富"与"风险—损失"之间的关

---

① 参见刘宪权、林雨佳：《人工智能时代技术风险的刑法应对》，载《华东政法大学学报》2018年第5期。

② 参见杨雪冬等：《风险社会与秩序重建》，社会科学文献出版社2006年版，第14页。

③ 参见［德］乌尔里希·贝克：《风险社会》，何博闻译，译林出版社2004年版，第19页。

④ 黄小茹：《生命科学领域前沿伦理问题及治理》，北京大学出版社2020年版，第54页。

⑤ 参见龙敏：《风险社会下医疗安全的刑法保护》，上海人民出版社2014年版，第13页。

系，只有在“风险—损失”获胜的情况下，风险才能被法律所禁止。但是，这一测量并不仅由刑事法律来完成，而是由伦理、科学、政治、法律等共同完成，而且，在这一过程中，并不以刑事法为主导。通过刑事立法中的禁忌条款来消除“副作用”的现代化，此行为自身也会产生“副作用”，这是一种必然对现代化的伤害。[①] 基因安全可以保护我们免受现代人类生育和繁殖的威胁。违法的基因编辑活动必须受到刑事法律的规制，最基本的理由就是该活动可能对人自身造成无法挽回的损害。因为现在的损害还只是一个潜在的危险，所以，刑事立法的终极目标就是预防危险。[②] 随着现代自然科技的发展，尖端医疗技术的风险种类更加多样，包括技术风险、伦理风险、制度风险，以及因应对风险而生发的新的风险，可以说，克隆技术更是多重风险交叉。

三、对人格权、生命权等基本权利的极端侵犯

从对生殖性克隆持否定说的观点来看，生殖性克隆侵犯了人的独特性、自决性，有将人“物化”的嫌疑，是对被克隆人的“复制”，甚至会成为灰色商业交易的助推剂。生殖性克隆安全率极低，将这样一种技术应用于人类身上，每一个参与者都是这项高危技术的试验者，其对于母体的伤害尚不明确，克隆出来的儿童可能面临身体残疾、早衰、夭折等各种生命危害。康德是人格尊严理论的集大成者，其认为将人本身当作目的而非手段去看待，将他人作为手段来利用的行为，是否定了他人的自由的行为。生殖性克隆是对人类生育观念与生育方式的极大挑战。古今中外，我们坚持的有性生殖是传统意义上阴阳相合下的自然产物，生殖性克隆技术本身并非孕育后代的一种方式，只是对现有人类基因的无差别延续，这种方式孕育出的克隆儿童与其说是被克隆人繁衍的后代，不如说是被克隆人的替代。生殖性克隆行为本身对法律所保护的人类的基本法益的侵犯是彻底的，它挑战了作为可以在社会上存在的人的身份的同一性与唯一性。对于这种侵犯仅用行政法、民法或者行业行规等进行规范所起到的约束有限，刑法作为所有部门法中最严厉的法律，有必要对这一行为进行约束，以期对造成恶劣后果的生殖性克隆行为进行兜底制裁。

---

① 参见南连伟：《风险刑法理论的批判与反思》，载《法学研究》2012 年第 4 期。

② 参见盛豪杰：《非法植入基因编辑、克隆胚胎罪的解读》，载《医学与哲学》2021 年第 20 期。

四、行政法、民法等相关法律手段无能为力

生殖性克隆行为可能侵犯的法益有隐私权、人格权、生命权等，对这些基本权利的侵犯已经超越了行政法、民法可以调整的范围，这些被侵犯的法益作为人的基本权利，无不是刑法所保护的法益。行政法与民法的惩治措施的惩罚力度是十分有限的，对于为了商业利益不顾他人安危或者为了实现试验目的而罔顾生命，漠视法律的人而言，行政法与民法的轻度治理可能难以打消其蠢蠢欲动的阴暗想法，屡次在法律底线徘徊，试图实现自己的不正当追求，因此对生殖性克隆不入刑难以落实罪刑相适应原则。刑法是众法之盾，是第二位阶的法律，当一个行为超越行政法与民法处置范围时，刑法理应承担起最后一道防线的作用，生殖性克隆入刑是维持人类秩序的必不可少的一道防线。

另外，有学者明确表明生殖性克隆行为是一种反社会的犯罪行为，应当将其予以刑法规制。生殖性克隆与治疗性克隆的行为是完全不同的，它既不能脱离道德的限制，又无法被社会所接受，是一种对社会有害的犯罪。对此，我国刑法应该将其纳入犯罪范围，并赋予相应的刑事责任。① 也有学者认为，刑法禁止克隆人的理由并非立法者们没有看到这个终极的发展趋势，而是因为他们希望在一个特定的时间里通过禁止克隆从而使人们的生活伦理得到一段缓冲期，以最大可能降低对社会的影响，保持社会的安定和健康发展。② 还有学者认为，基因检测、基因治疗、胚胎干细胞、克隆等基因科技的快速发展，在给人类的生命与健康带来好处的同时，也对生命权、健康权、身体权等各项宪法基本权利造成了极大的影响，其核心和实质都是对人类尊严的挑战。③ 在维持宪法所构建的社会共同体的最低限度价值共识，也就是人的尊严的同时，还要考虑到科技进步造福人类的需要，除了在有限的科研领域中对基因编辑等精准医学研究保持适度开放外，应该禁止开展生殖性基因研究以及克隆人实验。相对于冒进的立法而言，谨慎的立法是更好的选择，因为它给将来的发展留下了空间。④

---

① 参见刘长秋：《刑法学视域下的克隆人及其立法》，载《现代法学》2010 年第 4 期。

② 参见刘长秋：《刑法学视域下的克隆人及其立法》，载《现代法学》2010 年第 4 期。

③ 参见沈秀芹：《基因科技对人性尊严的挑战及宪法应对》，载《山东大学学报（哲学社会科学版）》2012 年第 6 期。

④ 参见田野、刘霞：《基因编辑的良法善治：在谦抑与开放之间》，载《深圳大学学报（人文社会科学版）》2018 年第 4 期。

第五节 克隆人的法律困境

对高科技的不恰当使用，会给法益带来实质性的、巨大的损害，刑法应当予以干预。否则，将导致刑事司法保护的缺位，有悖于法治社会的根本原则。因此，在立法理论上，必须对特定的尖端医学技术所牵涉的法益加以全面考察。生殖性克隆可能危害克隆人的健康与幸福，危害妇女的人权，危害下一代的基因安全，危害现有的社会秩序，危害人的尊严。所以，有必要充分了解生殖性克隆的法律困境，以更好地解决生殖性克隆的刑法规制问题。

一、技术专业化过高存在监管障碍

医学技术的发展已经超越医学伦理的发展，甚至医学技术的发展速度已经超越医学监管的步伐，监管方式、监管技术、监管力度、监管能力已远远落后于医学发展的速度。我国于 2018 年 11 月发生的“基因编辑婴儿事件”就是典型例证，尽管该事件已经在现有的法律框架中得到了初步的解决，但是它所引发的对权利保护、伦理冲突、科技风险、法律和监管的缺失等问题的讨论还远远没有结束。[①]虽然，2016 年原国家卫计委发布的《涉及人的生物医学研究伦理审查办法》明确规定，所有相关生物医学研究项目必须经过伦理委员会的严格审核，以确保研究的伦理合规性。但这条规则在基因编辑事件中似乎并没有起到太大的作用。我国对新技术的伦理审查工作起步较晚，而且没有专门的法律规范保障力度明显不够。随着科学技术的迅速发展，生殖性克隆在成本和操作上的“门槛”已大幅降低，加强克隆人研究的立法监管刻不容缓。当前在监管上存在的问题主要表现在以下两个方面：

（一）伦理审查主体不够权威

原国家卫计委于 2015 年发布了《关于取消第三类医疗技术临床应用准入审

① 参见石佳友、刘忠炫：《人体基因编辑的多维度治理——以〈民法典〉第 1009 条的解释为出发点》，载《中国应用法学》2021 年第 1 期。

批有关工作的通知》，精减了繁琐的医疗技术申报手续，明确了临床应用管理主体职责。《涉及人的生物医学研究伦理审查办法》第5条规定，县级以上地方卫生计生行政部门负责监督管理本地区涉及人的生物医学研究伦理审查工作。在《人胚胎干细胞研究伦理指导原则》中，将对人胚胎干细胞进行伦理审查和管理的任务，交给了从事相关研究的研究单位。此种设置可能存在的问题是，一旦发生意外，常规的行政处罚基本上相当于形同虚设、无法可依。实践中，伦理审查工作存在机构委员会组织架构不健全，工作章程和工作制度不全面、委员结构不完善、准入资格条件不明确、人才队伍不稳定等诸多问题。一些机构中并没有设立专业的医疗技术伦理委员会，对医疗技术的准入和监管都是由医务部门来完成的，还有一些机构则是将医疗技术伦理审查的任务交给了机构伦理委员会，这就制约了伦理委员会作用的发挥。我国原国家卫计委发布的《涉及人的生物医学研究伦理审查办法》第7条对相关医疗机构建立伦理委员会和保证其独立进行伦理审查提出了明确的要求。在实际操作过程中，存在的最大的问题就是伦理委员会还依附于有关的行政机关，很难摆脱传统的行政监管模式的枷锁。而且，这种在医疗机构中设置伦理审查委员会的方式，似乎有将裁判和运动员融合在一起的嫌疑，这就不可避免地引起了公众对其审查结果的合理性的怀疑。因此，变革伦理审查制的方式是完善伦理审查制的关键，其核心在于保证伦理审查制的相对独立和问责机制。今后，对有较小伦理风险或技术风险的项目，可由本单位伦理评审委员会进行，但应严格遵循评审程序；对于具有较高风险性或存在较大伦理争议的工程，可考虑实行横向或外部审核模式；对于一些与人体直接相关、具有高度伦理冲突、具有高度风险性的医疗实验，更是要设立双审核制的伦理审核模式。除此之外，伦理审查制度还应该突出权责一致，将事前、事中、事后一体化的监管理念贯彻到伦理审查的工作中，并对其进行界定，对其进行相应的问责。

（二）监管主体的职责不明确

在生殖性克隆问题上，我国现行的立法并未对相关机构，如卫生行政部门、伦理委员会等的职责进行明确规定。按照《人类辅助生殖技术管理办法》的规定，卫生行政部门有监督和管理职能，对涉及的医疗机构拥有行政审批权，但在通过审批后，监管主体如何对医疗机构及其工作人员进行日常监管没有具体规定。有关法规的内容太过笼统，多为原则上的规定，对监督责任、法律责任的界定不清晰，很难达到监管的目的。《医疗技术临床应用管理办法》规定，医疗机构必须根据自己的实际情况和技术水平，对技术的安全性、有效性、经济性、社会伦理等进行综合评价，才能使其在临床上得到合理的使用。然而，当前我国各医疗卫生机构以及各级医疗卫生监管部门尚未制定出与之相匹配的管理制度，管理人才和监管的长效性也难以保持。①

生殖性克隆的行业自律应当得到显著提升，以确保研究活动的合法性、伦理性以及安全性。通过加强从业人员的道德自律、提高伦理责任意识，并建立和完善行业规范与监督机制，可以有效防范和禁止科技成果的非道德使用，切实保障人类生命安全和尊严。

二、行业自律有待提升——知情同意未得到保障

《涉及人的生物医学研究伦理审查办法》第18条规定，涉及人的生物医学研究应当符合以下伦理原则：（1）知情同意原则；（2）控制风险原则；（3）免费和补偿原则；（4）保护隐私原则；（5）依法赔偿原则；（6）特殊保护原则。该原则从保护受试者利益出发，但该原则的不足在于保护权益的不全面。受试者总人数和研究中心的数量相对较小，若这类研究未完全按照药物临床试验质量管理规范开展，受试者的安全风险较大，其数据用于药品注册审评时的可信性也会存在疑问。2018年广东省审理了廖某亮与中国科学院深圳先进技术研究院合同纠纷案②，该案中，原告廖某亮参与被告中国科学院深圳先进技术研究院主持的靶向肌肉神经功能重建术临床试验，被告宣称该技术在美国已成功几十例，未明确告知原告该实验存在重大风险。在实验过程中，被告多次组织科研人员对原告进行人体科学实验。手术完成后没过多长时间，原告左上肢便出现剧烈疼痛，导致无法正常生活，开始了漫长而痛苦的治疗和康复之路。原告参与的“靶向肌肉神经功能重建术”临床试验研究是符合法律规定的科研项目，被告也是完全依据《涉及人的生物医学研究伦理审查办法》进行的。根据《涉及人的生物医学研究伦理审查办法》的规定，2015年6月经被告研究院伦理委员会批准对原告实施“靶向肌肉神经功能重建术”，2015年9月深圳市南山区人民医院为原告实施“靶向肌肉神经功能重

① 参见甄鑫、丁维光：《医疗新技术的伦理审查与监管问题研究》，载《医学与哲学》2019年第22期。

② 参见广东省深圳市南山区人民法院民事判决书，（2018）粤0305民初13565号。

建术”前办理了相应伦理审批手续，并且也与原告签订了《知情同意书》等相关合同与手续。虽然法院最后并未支持原告的诉讼请求，但是从该案件中透露出来的信息可知，我国在受试人知情权方面的保障还很不到位。正如该案件中的受试人一样，在科学实验中涉及人体的受试人一般为经济较为窘迫、学历普遍不高的群体，这样的人即使签署《知情同意书》也不代表其完全理解实验所可能产生的风险，对风险出现的比例高低并未有完全的认知，很可能因为受试费用而对试验心动。

三、非法植入基因编辑、克隆胚胎罪尚有不足

（一）保护的法益有限

在非法植入基因编辑、克隆胚胎罪设立以前，对于非法基因编辑行为的法益侵害性，学术界一直存在分歧，主要有人身伤害说、人性尊严说、医疗管理秩序说、基因安全说等。《刑法修正案（十一）》将非法植入基因编辑、克隆胚胎罪置于第五节“危害公共卫生罪”之下。从制度上来看，人身损害说和人类尊严说都不能成立，但关于该罪的法律保护的争论却没有停止。对于“基因编辑”和“克隆胚胎”犯罪所保护的法益，目前还存在着“传统利益”和“新利益”之争。也有观点认为，《刑法修正案（十一）》初审稿在基因编辑和克隆胚胎的犯罪罪名中增加了“违反国家规定”的前置条件，但在终审稿中将其删除，说明我国对基因编辑违法犯罪的态度将会更加严苛，即便没有前置条件，也会受到刑事处罚。从这一点可以看出，将国家卫生管理秩序作为非法植入基因编辑、克隆胚胎罪的保护法益，并不利于刑法周全地打击非法基因编辑行为，从而形成法网漏洞。[①]

（二）行为方式模糊，前瞻性不足

非法植入基因编辑、克隆胚胎罪的成立，需要将基因编辑、克隆的人类胚胎植入人类或动物的身体中，或者将基因编辑、克隆的动物胚胎植入人类或动物的身体中，且情节严重的情况下，才能构成犯罪，这既体现了科学研究的自由，也体现了刑法的谦抑性，但对于“情节严重”的具体表现形式，目前还没有一个清晰的定义。对“情节严重”的界定，对于界定基因编辑罪的犯罪范围，实现刑法干预和

① 参见盛豪杰：《非法植入基因编辑、克隆胚胎罪的解读》，载《医学与哲学》2021 年第 20 期。

刑法谦抑性之间的平衡，是十分必要的。通过《刑法》第336条之一的条文表述，可以将行为类型分为3种：(1)将基因编辑、克隆的动物胚胎植入人体内；(2)将基因编辑、克隆的人类胚胎植入人体内；(3)将基因编辑、克隆的人类胚胎植入动物体内。通过这3种行为类型可知，非法植入基因编辑、克隆胚胎罪禁止的是对人类胚胎的非法移植，以及人与动物的混合。条文中的表述虽然是禁止移植，但是该条文并未考虑前瞻性。郑州大学第一附属医院于2020年12月12日完成了我国第一例人造子宫胎羊离体培养，标志着体外生命支持技术在人造子宫胎羊离体培养上的突破。[1] 按照现有医疗技术的发展，人造子宫培育成功并非难事，如果将克隆出来的人类胚胎植入人造子宫，就可以规避非法植入基因编辑、克隆胚胎罪的有罪行为方式。医疗技术的发展速度是不可小觑的，医疗制度逐渐存在“真空”地带。在我们谈论人类胚胎的移植伦理时，人类胚胎移植技术已经趋向成熟，在一部分人还未接受试管婴儿的伦理性时，试管婴儿已经存在于我们身边。法律是严谨的，法律制定的周期是漫长的，要考虑的情况是多样的，科技的发展是开放的，对探索未知充满憧憬，但探索的必要性、伦理性等论证却耗时较长，这种耗时不成比例的矛盾导致了法律在应对尖端医疗的过程中陷入了滞后窘境，甚至法条颁布的当天可能就有法条无法涵盖的科技问题出现。面对尖端医疗的法律滞后难题，需要立法者综合各界意见，充分发挥前瞻性视角，把握科技自由与法律监管的尺度，深入尖端医疗，从全域视角制定相关法律，而非仅针对某个具体行为或者由具体事件制定量身定做之法。

第六节　我国生殖性克隆的法律规制路径

生殖性克隆的法律规制路径主要包括制定严格的法律法规，明确禁止生殖性克隆人的行为，并设立相应的法律责任。具体而言，就是要通过刑法和行政法的混合规制模式，设置科学的多元监管方式，对严重违法行为进行严厉处罚，以保障人类尊严、健康和安全。当然，还需要加强国际合作，共同应对生殖性克隆带来的全球性挑战。

---

① 参见《国内首次！郑大人成功实施人造子宫胎羊体外培育实验！》，载微信公众号“河南高教”2021年1月11日，https://mp.weixin.qq.com/s/5Xtwlialp474r077hFjN7w。

一、多元化监管方式

（一）实质性的伦理审查

2020年，全国各三甲医院明确执行新技术新项目准入制度，其目的在于建立医院护理技术应用目录，并及时更新。新技术、新项目的审批过程，以及新技术、新方案的审核过程，都需要通过医院相关伦理委员会以及临床应用委员会的审批。但是，对于还处于临床试验阶段，或者还没有经过标准化的临床试验证实的医疗技术，将会严格遵守临床研究的管理条例，禁止其在临床中进行推广和使用。① 这就要求任何新的技术都要经过医学技术应用管理委员会和伦理委员会的审查，得到批准后方可进行。也就是说，由医疗技术应用管理委员会来对其展开宏观的管理，并对准入制度的构建和运作负责；与此同时，还需要通过伦理委员会的审查和同意。医学技术应用管理委员会与伦理委员会一起对新技术进行管理，包括对全部的医疗技术临床应用目录进行定期的更新。② 我国目前对于细胞治疗临床研究实行"双轨制"监管，先伦理审查后地市以及国家备案。2022年3月20日，中共中央办公厅、国务院办公厅印发《关于加强科技伦理治理的意见》，这是我国首次对科技伦理工作作出的系统部署，这一意见的出台旨在完善科技伦理体系，提升科技伦理治理能力，有效防控科技伦理风险，并推动科技向善、造福人类。科学道德作为科学研究、技术开发等科技活动必须遵守的价值观念和行为准则，在这一意见中得到了高度重视。对科技伦理工作的管理需要"伦理先行"的伦理审核，而细胞疗法是一种高风险的研究，不仅要经过初步审核，还要严格监督。新技术准入是医院技术管理中的一个重要环节，在国家卫健委2018年发布的《关于印发医疗质量安全核心制度要点的通知》中，新技术准入是医院18个重要的指标之一，该通知着重强调，在进行临床前，必须对新技术、新项目进行科学评估。目前还处于临床试验阶段，或者还没有经过正规的临床试验验证的医学技术，必须严格按照临床研究的有关规定进行，不得在临床上进行推广。

---

① 参见杨阳、陆麒、刘宇峰、耿劲松、佟春光：《医疗新技术伦理审查的灰色地带：创新性治疗与试验性治疗》，载《医学与哲学（B）》2016年第8期。

② 参见张爽：《医疗新技术临床准入与应用的伦理监管探究》，载《医学与哲学》2021年第5期。

(二)建立良性的全过程监管

1. 设置专门化的监管单位,化自我监管为多方监管

国家级别的伦理委员会是一个国家伦理审查制度的重要组成部分,服务于国家科技伦理监管和决策。国家伦理委员会已经成为一种普遍建制。据不完全统计,世界上已有40多个国家成立了国家伦理委员会。1982年英国成立了人类受精和胚胎学调查委员会,由海伦·玛丽·沃诺克担任主席,该委员会于1984年发布《沃诺克报告书》,建议建立一个政府授权机构,监督临床试管授精和涉及人类胚胎的研究。更严格的监督管理制度的目的不在于阻止人类胚胎的研究,而是允许它在特定的参数内运转。《沃诺克报告书》发表6年后,几乎所有的建议被转化为《人类受精和胚胎学法案》。该法案于1990年11月1日获得批准,人类受精和胚胎学管理局也得以成立,详细审查研究中使用的胚胎数量,并绘制年度报告。2004年,英国卫生和社会福利部为提高监管效率,减少官僚作风,对监管部门进行了审查,英国政府支持放宽监管的举措,并遵循最佳监管实践的原则,具体表现为通过降低行政成本,制定法律法规,简化与废除不合时宜的法律法规,此举可以大大减轻监管负担。澳大利亚选择国家制定框架的方法来管理涉及人类胚胎和克隆的研究,对于该类研究实施了广泛审查制度。而英国设立了一个特别的议会委员会来定期审查立法,英国倾向于设立独立的审查机构,进行持续性的政策审查与公众咨询,简化获得医学研究的许可的过程。设置专门化的审查监管机构不仅有利于提升监管的专业性,提高监管效率,节省监管成本,同时有利于提升监管质量,提高监管水平。

2. 重点项目的预警,从响应式监管到主动型监管

先进的医学技术是促进医学科技进步的新推动力,但也为医学科技的发展提供了新的途径。在生物技术发展的初期,各类新业务的迅猛发展,以及由此而来的大量的风险事件、群体事件,都让生物技术监管的缺失显得尤为突出。但是,就像一切法律都不可避免地存在着滞后性一样,政府的管理中不可避免地会出现一些新的社会现象。在监管缺失的情况下,早期的生物医学技术发展过程中,风险事件的处理基本上都是通过司法途径进行的,而对尖端医疗的监管则是一种被动的反应式监管,并没有建立起一套以受试者权利和可持续发展为基础的、具有主动性的、包容性的监管框架。

尖端医疗领域的监督和管理，似乎是个难题。在以往的许多情况下，法规都会引发关于抑制创新的争论。要防止监管机构间存在的交叉风险，从根本上制定医疗监管机构、信息管理部门、公安部门和地方医疗监管部门等方面的监管协调机制。先进的医疗技术促进了医疗试验、医疗产品、医疗市场的变革，日益呈现技术化、数据化、智能化的特点，与之相对应的监管理念也要随之改变。原本的被动、响应式的静态监管已经不能与尖端医疗科技的发展相匹配。所以，对尖端医疗科技领域的监管要有前瞻性，从被动式、响应式监管转变为主动性、包容性监管。当前，尖端医疗科技领域的监管面临的最大问题是如何在医疗技术创新和医疗风险之间实现均衡，实现创新和风险可控。在保障受试者权益，严防风险外溢的情况下，监管者应主动、理性地放松管制，降低制度壁垒，促使更多的创新方案从设想到实现。尖端医疗监管改革不能采取“头痛医头、脚痛医脚”的方法，而应该通过构建长效机制，稳妥有序地应对尖端医疗科技发展过程中出现的试验混乱和监管难题。

3. 构建简约高效的监管体系，降低行政成本

我们呼吁实施简约而高效的监管方案，旨在有效控制行政成本，避免不良监管和过度监管带来的成本增加及官僚主义问题。理想的监管制度应尊重被监管者的合法权益，同时设立明确的立法界限，确保监管活动的合理性和合法性。为了实现这一目标，我们需要优化监管流程，加强多方联动，提升监管合作能力和执行力，从而降低成本，减少官僚气息。通过构建精简、高效、透明的监管体系，可以更好地平衡监管需求与被监管者的权益，推动形成更加健康、可持续的监管环境。过度监管会带来行政成本的增加，限制科学研究的发展推进。按照现在的主流观点，涉及人类胚胎的克隆属于敏感领域，我国禁止生殖性克隆，但不禁止治疗性克隆，治疗性克隆依然是治疗某些难以攻克的疾病的良方，需要医学界的奋力研究，致力于解决现在医疗技术难以治愈的重大疾病。而涉及人的克隆其内容包括治疗性克隆与生殖性克隆两种。人类克隆往往因为涉及伦理问题而需要特别谨慎，治疗性克隆与生殖性克隆的技术运行机理十分相似，手段雷同但目的不同。所以，对于克隆的监管应当是良性的监管，对于治疗性克隆应当进行适当的监管而非过度监管。

需要定期对监管人员进行培训，包括伦理相关法律法规及各种医学专业知识的培训，使之有能力预判科技创新可能带来的伦理风险，系统地预见、权衡和处置

科技前沿的伦理冲突。收集特殊“伦理案例”，进行剖析、整理、交流、学习，不断提高伦理审查能力。深入了解当前尖端医疗技术与发展现状，使监管工作、监管内容更明确，充分调动监管主体每个部门、每个员工的工作积极性，将监管工作主动化、细致化，尤其是针对具有重大风险的医疗研究项目，结合医疗研究各阶段的不同性质和特点进行有效的控制，制定医学科技领域高风险清单，完善基于“风险”的分层分级审查制度，组建专题监管团队，确定成本责任层次和责任单位，以及他们的权责关系。

（三）注重道德的协调和过渡作用，强化行业自律

法律与技术之间存在着一个过渡时期，而这一过渡时期恰恰是道德起到了重要的作用。在生物科技的冲击下，必须在伦理上起到协调转换的作用。法律并非无所不能，一方面，法律并非包罗万象，也不可能包罗万象，总有其力所不及的范围。另一方面，法律的发展过程并非一步一个脚印，而是一种跃迁，而道德的发展过程是循序渐进的，不会产生一种道德真空。在实际生活中，从法律问题的产生到对法律的调节，再到法律体系的建立，都要经过一段时间的磨合期，在这个过程中，道德起到了协调转换的作用。自我约束保证规范的执行，规范的执行反作用于自我约束力的提高。所谓“三位一体”，即政府监管、行业自律、行业创新，这是目前业内的共识，自律和监管缺一不可。加强行业的自我约束，是政府监督的一个有力的补充。

首先，这对医学科研行业来说也是一件好事，因为只有这样，医学科研行业的整体发展才会更加顺利，不会出现恶性竞争。

其次，以行业自律为前提，通过政府的及时、有效介入，适时完善规制条款，并组织互相监督，以保障规制的有效性和可持续性。

再次，在提出自律条款的时候，必须要有政府监管的参与，任何一项条款的提出，都需要经过一个验证和考验的过程。只有监管部门与行业从业人员的共同参与，才能确保对其约束是有力度的，避免出现片面化的情况，对其进行刚性的要求，实行底线管理，可以将行业的自发的、自觉的自律性充分调动起来，进而促进整个行业的健康、规范发展。

最后，要严格落实医师知情同意原则。医师要对病人病情以及实施治疗手段进行全面的介绍，使病人了解到可能发生的危险、意外或未预料到的风险与益处、

相较传统的治疗方式的利弊、可供选择的方案以及对不良结果的预防。在病人完全理解的前提下，保证病人能独立作出自己的决定。在病人的认知中，“新”意味着“更进步”“更有效”，病人往往会对新技术保持积极的态度，因此，医生应该与病人反复交流，以确定病人的真实想法，并确保病人能够全面、准确、公平地认识到新技术的利弊。①

总而言之，尖端医疗研究行业的发展，仅依靠政府部门或者司法部门的单边管理是远远不够的。自律是维持并保障尖端医疗行业拥有一个健康有序的环境的最主要的武器。以自律作为前提和保障下的自由，才是实现长期发展的最终保障。尽管先进的医疗技术已经达到了相当高的专业程度，但是，只有在严格遵循行业自律的基础上，政府监管部门、医疗行业自身以及公民都参与其中，才能创造出一个自由、安全的医疗环境，这才是一个能够让行业稳定发展、让民众获益的真实环境。

二、完善生殖性克隆的刑法规范

先进的医学科技要想健康发展，必须要有良好的政治、经济、文化、法律等外部环境，特别是法治环境，先进的医学技术必须得到法律的承认，也必须得到法律的支持。②“技术本身是无罪的，但失控的技术或许会带来灾难。”③面对日新月异的尖端医疗科技领域，若没有适当的法律监管，其可能脱离预设的发展路径，而失控的尖端医疗技术可能使全人类陷入未知的风险。生殖性克隆无疑属于尖端医疗的一种，但它存在若干伦理风险以及技术安全问题，若准予这种技术在人体上随意进行实验，势必造成受试者以及克隆人的健康风险。我国对生殖性克隆研究在法律规制上构建了两种路线，一是从行政法的视角监管该技术，以防该技术肆意在人体上进行实验；二是将生殖性克隆这一行为入罪化。行政法重在事前预防，试图通过审慎的监管措施来达到国家禁忌试验的目的，但由于我国关于克隆人的行政法规制裁性措施缺位，导致行政法视角下难以真正控制生殖性克隆这一行为。刑法重在事后惩罚，生殖性克隆可能会带给全人类无法想象的风险，因此必

---

① 参见张爽：《医疗新技术临床准入与应用的伦理监管探究》，载《医学与哲学》2021年第5期。

② 参见李恒：《试论生物技术对传统法律体系的挑战》，载《法律与医学杂志》2005年第1期。

③ 阴建峰、冷枫：《非法植入基因编辑、克隆胚胎罪之检视与完善》，载《扬州大学学报（人文社会科学版）》2021年第3期。

须通过国家强制力进行惩罚，同时通过对个案的制裁来达到一般预防与特殊预防的目的。有学者认为，行政法与刑法的制裁分别属于长期路线与短期路线，两者缺一不可，若行政法缺位将无法保证预防以及减少该类行为的发生；若刑法缺位将使得犯罪行为人无法得到应有的惩罚，且无法有力震慑潜在犯罪人。[①] 虽然《刑法修正案（十一）》增加了非法植入基因编辑、克隆胚胎罪，该罪名可以有效应对生殖性克隆这一行为，但是在应用于实践的过程中仍然存在诸多未厘清的问题，导致其可能成为生物安全领域的无效条文，因此有必要对该条文中的问题进行再研究。

（一）补充非法植入基因编辑、克隆胚胎罪的行为方式

非法植入基因编辑、克隆胚胎罪并不禁止基因编辑与克隆胚胎本身，其禁止的是人类胚胎、动物胚胎植入人体或者人类胚胎植入动物体内的行为。技术本身是中立的，但是一旦植入人体，就有可能对植入者以及被植入者产生直接的伤害，对社会产生间接的风险。

根据现有技术发展，生殖性克隆很可能会突破植入人体这一过程。例如，一旦“人造子宫”技术成熟起来，将人类胚胎植入“人造子宫”的行为则会突破非法植入基因编辑、克隆胚胎罪的行为方式，届时刑法的滞后性将无正当根据规制该类行为。另外，相关研究表明，现在的生殖技术已经比克隆更快一步，已经出现“孤雌生殖”，即“处女生育”。“孤雌生殖”的优势在于创造的后代是一个独特的个体，生育的孩子具有自己独一无二的 DNA，而非卵子的克隆体，但是只能生产雌性后代。相较于克隆而言，在伦理上的争议减少了很多。[②]2004 年 2 月 12 日，韩国宣布创造了世界上第一个成熟的人类胚胎。甚至说，在男方不具备可存活的精子时，可以将男方的克隆 DNA 插入女方的去核卵细胞，并将胚胎植入母亲体内，以此可以生育具有父母双方生物学联系的孩子。冻卵和冻精技术是指胚胎、配子和性腺组织的冻融技术。尽管对此问题的刑法规制争论不大，但其也有可能与其他生殖犯罪相结合。如今，女性冻卵已经不再是鲜为人知之事，也存在男性去医院捐精的情况，对这些医院保留的精子与卵子如果不加以严格监管的话，可

---

① 参见盛豪杰:《非法植入基因编辑、克隆胚胎罪的解读》，载《医学与哲学》2021 年第 20 期。

② See Ronald Chester, *Cloning Embryos from Adult Human Beings*: *The Relative Merits of Reproductive*, *Research and Therapeutic Uses*, 39 New England Law Review 583（2004）.

能会成为一些医院受精卵培育的重要来源。受精卵是形成人的第一步，如果采用陌生男女的精子与卵子形成的受精卵，植入受试女性子宫体内，从行为方式上来说并未触犯基因编辑或者克隆胚胎的规制，但是该行为确实会带来伦理的混乱。线粒体替代疗法技术，也称“三方体外受精技术”，最初是在 2010 年由英国纽卡斯尔大学的研究者发现的。这项新的基因治疗技术被认为可以有效地阻止从母体向胎儿传递有害的线粒体基因变异。这种技术的实现方式是，将带有缺陷的线粒体卵细胞中的基因材料移植到具有正常线粒体的供体人的卵子中，形成的新胚胎中含有三个人的遗传基因，换言之，该婴儿将有三位生物学上的父母。该技术和固有印象中的基因编辑以及克隆不同，它属于不改变基因原有状态，只是将之放入一个新的“容器”中的技术，在操作手段上亦已超越基因编辑以及生殖性克隆所包括的范围，属于人工生殖的一种，对正常的人体胚胎基因进行了改变，并产生了生物学意义上的多亲父母，这将对传统的家庭观念、家庭关系造成很大的影响，且该技术还处于实验阶段，若采用了临床应用的方式，不能保证依靠该技术所生婴儿的生命、健康、法益，同时也存在着很大的潜在犯罪的风险。

通过上述医学研究的发展情况可知，除了基因编辑以及克隆，可能还存在其他涉嫌伦理争议安全风险的尖端医疗技术，仅规制基因编辑与克隆难以做到法益保护的全面性与完整性。因此，在罪刑设置时应当增加可解释的空间，应当具有兜底性的效果，要给非法植入基因编辑、克隆胚胎罪足够的扩大解释的空间，但凡尖端医疗技术侵犯的是该罪名保护的法益，我们都可以将之概括进该罪名。生物技术具有良好的发展前景和快速更新的特点，新技术不断涌现。因此，在未来，除了生殖细胞基因编辑、生殖性克隆，出现其他可能波及人类基因库的技术也不是什么罕见的事情，到时候，能否将这一借助新技术实施的行为纳入非法植入基因编辑、克隆胚胎罪的规制范围，就成了一个新的难题。

（二）扩充非法植入基因编辑、克隆胚胎罪的犯罪主体

1. 增加单位犯罪主体

按照我国刑法的规范原则，如果刑法没有明确规定为单位犯罪，则该罪名的犯罪主体不包含单位犯罪主体。在人类克隆技术的研究开发和推广应用方面，单位起到了很大的作用。不能否认，有些人体克隆犯罪是以单位犯罪的形式存在的。与自然人犯罪相比，该领域的单位犯罪因为拥有严密的组织性、强大的资金

支持等便利条件，对社会所造成的危害会更大。人体克隆领域的单位犯罪有多种表现形式，如不具备相应资质的单位非法进行人体克隆技术的研发及推广应用活动，单位从事生殖性人体克隆的研究活动，单位非法买卖、走私、进出口人类胚胎或精子、卵子的行为等。一般情况下，生殖性克隆是个复杂的试验性技术，需要多个部门的配合，多名专业的专家联合研究，联合试验，才能成功地进行生殖性克隆试验，可以说绝大多数的尖端医疗研究都是团队合作式的，按照我国《刑法》对非法植入基因编辑、克隆胚胎罪的行为规定，该罪仅为自然人犯罪。刑法作为我国法益保护的最后防线，面对实践中大多数的团队型生殖性克隆行为则束手无策。因此，从立法论的视角来看，既然刑法上对生殖性克隆予以入罪化，那么在犯罪主体中理应增加单位犯罪来保障非法植入基因编辑、克隆胚胎罪的全面性。

2. 完善单位犯罪的刑罚体系

如前所述，在生殖性克隆的试验中，可以说绝大多数都是单位犯罪。然而，与之形成鲜明对比的是，我国《刑法》中对单位犯罪的处罚方法较为单一，仅将单位犯罪的处罚方法设定为“罚金”，而没有设置其他具有同等资格的处罚手段。英国功利主义法学学者边沁指出，没有哪一种刑罚能独立地具有全部刑罚所必需的性质，刑罚的多样化是刑法发展的一个重要特征。单一的刑罚方式并不利于对生殖性克隆中单位犯罪的惩罚。实践中，从事尖端医疗研究的单位在资金方面总有国家或者其他企业的特别支持，单纯采用有限的罚金难以使那些企图研发国家禁忌技术的单位收手。因此，有必要设置新的刑罚种类来完善我国现行单位犯罪刑罚体系单一的问题。例如，对于生殖性克隆可以设置资格刑，削弱其资质，以此加大单位进行生殖性克隆等国家禁忌尖端医疗技术的准入门槛。具体资格刑的表现形式可以为限制营业、吊销执照等。增设这些针对单位人体克隆犯罪的具体刑罚种类，能够有效地预防和制止人体克隆犯罪给社会可能造成的危害。

（三）解析非法植入基因编辑、克隆胚胎罪的“情节严重”

“情节严重”是该罪罪与非罪的重要界限，只有达到“情节严重”的程度才能以非法植入基因编辑、克隆胚胎罪论处。而“情节严重”是一个抽象的词语，何种情节才是犯罪情节，达到何种程度才是入罪的程度，这些重要的问题在非法植入基因编辑、克隆胚胎罪的法条中都未表述清楚。该罪名是由“基因编辑婴儿案”引发的，但目前司法实践中除该案外并无相关案例以供借鉴，个案的空白使得如何界定本罪“情节严重”的具体内涵成为一个亟待明确的问题。没有关于“情节严重”的具体表现形式的规定，那该条文就是一个无法适用的空洞条文，也可以说该条文实际上违反了刑法的“明确性”原则，也无法同罪刑法定原则相契合。

“情节严重”不等同于“后果严重”。我国《刑法》明确禁止非法编辑人类基因以及生殖性克隆，因此并非相关试验只有造成某种客观实害性结果才算是达到入刑标准。有些观点认为，“情节严重”的具体表现形式为造成受试者伤亡、成功分娩被克隆或者被基因编辑的婴孩、导致流行病的传播等。这些是实害结果，应当属于“结果加重”，不等于“情节严重”，并非入刑起点。“情节严重”是该罪的入刑起点，非法植入基因编辑、克隆胚胎罪是抽象危险犯，也就是说，只要实施了将被克隆或者被基因编辑的胚胎植入人体的行为就已经构成犯罪，不论结果是胚胎的自然死亡或者降生，也不论是否对受试者造成损害。通过该罪名的条文内容来看，该罪名旨在处罚“植入”这一行为，“植入”是罪与非罪的界限。将克隆或者被基因编辑的人类胚胎植入人体或者动物体内则构成犯罪，没有“植入”之前均为非罪状态。我国允许治疗性克隆，而治疗性克隆与生殖性克隆在克隆胚胎这一步是相同的，只是最终克隆出来的胚胎的使用目的不同，因此植入前的状态均为非罪化。

（四）加快制定克隆技术管理行政法

从域外立法经验来看，首先应该有完备的行政法规，然后才能够更好地完善刑事法律，行政立法为刑法规制提供了重要的前置规范和参照依据，对生殖性克隆作出禁止性规定，对医疗性克隆采取伦理审查和许可监督等措施。此外，还应明确对医疗性克隆的审查、监督程序。通过全国人大的立法工作，可以将克隆技术管理法制化，明确克隆的相关概念、不同类型及相应的调控措施，确立不同级别和类型的责任。

综上所述，生殖性克隆具有伦理上的风险，是我国法律明确禁止的行为，也是与我国国民意志相背离的行为，同时也是国际上大多数国家禁止研究的项目。因此，非法植入基因编辑、克隆胚胎罪作为一种抽象危险犯，是在风险社会下的预警式防控，不同于其他危险犯需要考量实际个案中是否有从危险犯转化为实害犯的可能，其侵犯的法益是否与实害犯相接近等。例如，危险驾驶罪、高空抛物罪都是危险犯。高空抛物罪的“情节严重”的认定标准有四个方面：一是犯罪人的主观恶性，包括投掷行为的发泄、投掷行为、多次实施、劝阻后仍继续实施、受过刑事处罚或行政处罚后再实施等；二是实施抛物行为的场所，包括在人多的场所实施、实施行为时人流量较大、在建筑物进出口实施等；三是行为人的危险性，包括行为人所处楼层的高度，投掷重物、尖锐物、有毒有害物质、高温液体等；四是造成严重后果的严重程度，包括对公众造成轻伤、财产损失严重、严重扰乱公共场所秩序等。但是，非法植入基因编辑、克隆胚胎罪是一种伦理犯罪，它导致的结果是一种看不见的危害，即便真的偶然出现一两例被基因编辑过的人类或是被克隆的人类，就全球人口总数以及社会的安定来说，直接导致动荡的可能性较小，但这种行为一旦放开，经过几个代际的繁衍，就会产生人类基因的强弱差异，会存在家族的永续、个人生命的永续等人类无法控制与管理的局面。因此，人类社会应当拒绝这种行为，即使这种行为的实害结果可能在若干年之后才会显现出来。所以说，该罪名不存在明确的“情节严重”的表现形式，而是只要存在这种行为并且这种行为是基于故意而非过失实施，就应当予以刑法禁止。

第九章 / 尖端医疗科技领域犯罪侦查取证研究

随着生命科学研究的不断推进，辅助生殖技术、人体器官移植、基因科技等形式的新型尖端医疗科技逐渐繁荣滋长。尖端医疗科技以不同于医学传统认知的方式，以尖端科技为手段来达到治疗各种疑难病症的目的，这无疑丰富了现代医学诊疗措施、提高了生命的质量。然而，尖端医疗技术在造福人类的同时也可能产生不利的后果，倘若被不当地使用则会导致严重的法益侵害乃至构成犯罪。在面对以尖端医疗技术为主的技术滥用、技术犯罪时，如用传统眼光来看待，则会力有不逮、无从下手。面对尖端医疗科技所衍生的犯罪，包括《刑法》确定的组织出卖人体器官罪，《刑法修正案（十一）》增设的非法植入基因编辑、克隆胚胎罪等罪名，以及在我国目前关注甚少的其他尖端医疗科技引发的犯罪，如走私，强取人体器官，商业代孕及个人基因信息非法利用、泄露等时，也应当与日俱进，认真审视并予以应对。

同样，在对尖端医疗科技犯罪的侦查与取证中，无疑应当在继承传统侦查方法论的基础之上，结合当今社会涌现的新兴科学技术及其科学合理的操作程式来对案件的相关事实情况进行证明。究其根本，侦查工作无外乎依照刑事诉讼法所规定的程式来寻找、发现、收集和固定与案件有密切关联的、能够证明案件事实和犯罪事实的各种证据材料，以此查实、证明有犯罪事实存在，并经过一系列法定手段、措施来确定和查获犯罪嫌疑人。但在此类案件侦办过程中，往往会因为侦查人员医学、高端科技方面知识储备的匮乏，导致取证活动遭遇某些特殊的困境。因此，本章旨在通过对尖端医疗科技犯罪可能涉及的证据进行梳理，分析该类犯罪的现状及取证难点，并提出完善相关取证措施的建议，为尖端医疗科技领域的犯罪案件侦查及后续的诉讼工作奠定良好的基础，以更好地维护个人生命健康权益、社会伦理和正常医疗管理秩序。

第一节 尖端医疗科技领域犯罪的证据类型

侦查取证是侦查主体以发现案件事实为目标，在行使侦查权的过程中进行证据收集和管理，为刑事诉讼程序的合理合法运行提供有力支持的重要手段。[①] 对已立案的案件采取严谨的取证措施既是办理案件的前提和基础，也是推动侦查行为的重中之重。以怎样的实体标准指导取证，决定了呈现在司法人员面前之案件事实图景的视角宽度与深度。拓展案件事实图景的视角宽度，需要从取证的全面性要求入手；而增加案件事实图景的深度，需要以“排除合理怀疑”的取证标准指导侦查证据体系构建。[②] 因此，明晰尖端医疗科技领域犯罪案件中的证据体系、证据类型是非常有必要的。尖端医疗科技领域犯罪的证据既有一般犯罪证据的特点，也具有其特殊的性质。在梳理该犯罪的证据类型及具体可能涉及的证据时应当以其“医疗”与“尖端科技”两方面特征予以考量。

论及证据法学中的证据类型，不可忽视证据的分类。依据证据的起源、效用以及其他属性，可以依照多元化的标准对其在学术理论上进行分类。研究证据分类是为了深入理解运用证据的客观规律，从而提高司法人员在案件处理中应用证据的能力。在刑事诉讼的过程中，研讨各证据的类别以及其使用规则显得尤其关键，这样便可以对各种证据的应用法则迅速有效地把握，避免使用虚假或非法证据，进而实现查明与案件相关的事实以及实际发生的犯罪活动、兼顾实体正义与程序正义，以及保障诉讼参与人的各种权益。[③] 证据分类是依据不同的准则对证据进行划分的结果，根据标准的不同，对证据的分类可以从多个维度进行。

一是根据证据的生成方式、表现形式、存在状态、提供途径等，分为言词证据和实物证据。言词证据，即主要以个体的陈述作为依据，是人的意识对案件情况的反映；而以实物为主的证据则被称为物证，物证是通过物品的特性、状态、变动

---

① 参见申蕾：《侦查取证推理的本质特征与运行逻辑》，载《中国人民公安大学学报（社会科学版）》2023 年第 2 期。

② 参见李尧：《论侦查取证质量的提高途径——基于取证之实体层面的分析》，载《山东警察学院学报》2020 年第 2 期。

③ 参见陈光中主编：《证据法学》，法律出版社 2019 年版，第 207~208 页。

及物品间的关联性形成的，以物理状态、自然现象、痕迹等实体物的形态呈现。

二是以证据产生的根源为划分依据，证据可以被划分为原始证据和传来证据。原始证据指的是那些直接源自案件事实，且没有经过复制或转述的证据，通常被视为“首要的、第一手资料”；传来证据则是那些间接源自案件事实的证据，它并非直接从案件的源头获得，而是从其他渠道获取的，即并非来自源头的证据。根据案件情况的不同，这两种证据的类型也可以互相转化，即所有种类的证据都可能是原始证据，也可能是传来证据，具体需根据案件情况进行判断。

三是根据与案件核心事实联系的密切程度，证据可被分为直接证据与间接证据。直接证据，也就是直接关联案件核心事实的证据，有能力直接确认案件核心事实的证据。相对地，间接证据是与案件核心事实有间接关系的证据，必须和其他证据一同使用才能确认案件核心事实的证据，也被称为旁证。

四是从证据对待证事实的证明能力角度，证据可以被划分为本证和反证。本证源自承担证明责任的一方，其功能在于证实预设事实的存在性。反证则出自无须承担证明责任的一方，其作用在于否定预设事实的存在或真实性。①

鉴于在理论与实务界一般沿用实物证据与言词证据这种分类方式，并可以将此八类证据完美包含在内且没有太大争议。因此，本书亦采用这种分类方式对尖端医疗科技领域犯罪案件的证据类型进行探讨。此外，此举亦有利于引导司法人员，依据各类证据的独特性质，运用多种方式进行证据的采集、保存、审查及适用。

一、实物证据

实物证据，主要指以实体形式出现的各类证据，此类证据在我国的诉讼制度中主要包含物证、书证、视听资料等类型。物证在现实中以实物的形态存在，是触觉可感知的实体物品，其形态种类丰富多样。它可以是固态物质，也可以是液态或气态的物质；既可以是物体本身，也可以是物体留下的痕迹或者其模型；除此之外，它还包括文书资料、音频和视频材料，以及通过电脑等电子设备生成的电子数据资料等。

在以审判为中心的刑事诉讼制度改革背景下，对实物证据的收集变得至关重要，以实物证据为核心组成的证据链在证明案件事实方面更具证明力。

---

① 参见陈光中主编:《证据法学》，法律出版社 2019 年版，第 219~220 页。

(一)物证

物证可以被定义为证明案件真相的所有物体或迹象，这些证据主要依靠其外观特征、物质特性和存在状态，通常呈现为特定的物品或痕迹，并且必须与案件事实有关联。在尖端医疗科技领域犯罪案件的证明体系中，物证占据着绝对关键地位：其一，物证的“双联性”使其一方面连接着已然发现的案件事实，另一方面连接着未知的侦查客体，如在一起非法移植器官的案件侦查过程中在非法医疗场所发现的一副染血的医用手套，经过鉴定确认其上附着有器官供体体液、内有使用者指纹、皮屑等，则在该案的证明环节中，这副手套一方面与非法获取器官相关联，另一方面连接了与之相关的施术者与器官供体的身份。其二，物证中承载着涉及案件真相的多元信息，这些信息以物质形态存在，为揭示和确认案件事实提供了关键的依据。其独特的证明价值在刑事诉讼中扮演着至关重要的角色，同时也是确定案件事实的主要途径。其三，物证具备无可替代的特性。其证明效力通常固定于特定的物品和痕迹，且通常需要通过一定的科学手段来增强其证明力。①例如，基因犯罪中的基因序列，医疗器械的样本记录、使用痕迹等都可以为案件某些方面的证明提供材料。

尖端医疗领域取得的物证中可分为物体证据和痕迹物证。在复杂的医疗技术领域，犯罪行为必然会在特殊的物理环境中进行，相关人员的行动无疑会对所处环境造成各种形式的影响，从而留下与案件细节相关的线索或物证以及痕迹。在此类犯罪中，物体主要指用于非法医疗行为的治疗工具，开具的药品以及所用医学、化学制剂等。在涉及尖端医疗领域的案件中，这些实物证据被广泛采用，其特点是具有较高的客观性和稳定性。

常见的医疗用具包括注射针头、针管、输液管、输血袋、手术相关用具以及其他医疗器械，②同时也包含存留在患者或者健康受益者体内的用以缝合伤口的线头，③但由于尖端医疗的特殊性，还应当包括一些科技含量较高的尖端器械，如前述“基因编辑婴儿案”中用于基因修改、编辑的实验设备；高端医疗仪器如器官克

① 参加何家弘、刘品新：《证据法学》，法律出版社 2019 年版，第 156 页。

② 参加陈本兰：《医疗纠纷的举证责任》，载中国法院网 2007 年 6 月 1 日，https://www.chinacourt.org/ article/detail/ 2007/06/id/250544.shtml。

③ 此处的健康受益者主要指在尖端医疗科技领域犯罪案件中获得了健康利益的人，如器官移植案件中的受体，非法代孕案件中的精、卵提供者等。

隆治疗、变性医美医疗设备等。这些仪器较为尖端，一般为大型医疗、科研器械，特点较为明显，在不能对该类证据随意搬离的情况下可以优先将其使用情况、电子数据等优先收集，再将之妥善封存。同时，收集的犯罪物证还应当包括具备活性的人体器官、组织及其存储设备。

常见的医疗药品根据其物理性状可分为固体类药品、液体类药品、气态药品以及粉尘粉末类药品；根据其使用方法可分为服用类药品、注射型药品以及外敷涂抹药品等。在尖端医疗科技领域犯罪案件的侦查中，由于其非法性，极有可能出现成分不明的化学物质、不明药品以及各种未经许可流入市场或是其药性不合格的假冒伪劣药品，对此也应当作为物证予以收集、取证和查封扣押以及稳妥地保存，防止其化学性质变化、变质。

由于医疗领域的特殊性，有时需要经过非常规的提取方式，并通过鉴定才能发现微量物证。因此，发现、收集提取工作是不可避免且需要重点关注的行为，此类物证一般存在于治疗环境中以及受术者体内，体内的微量痕迹常见于器官移植手术中血液内含有的麻醉成分、抗排异药物成分，基因编辑案中人体基因序列，非法医疗美容案中植入人体的假体、脂肪，以及其他非法尖端医疗中受术者体内的药品成分等。治疗环境中的微量物证则包括辅助生殖技术中存留的精子、卵子、合子；基因编辑的培养皿、各种酶成分工具；附着在足迹上的微量粉末以及黏附在衣服上的医疗残留物，散落在病房、施术场所的纤维等，这些都能够证明案件的某一特定事实。

物证的一种特殊表现形式即为痕迹物证。从定义上看，痕迹指的是在特定力量影响下，某一物体在另一物体表面留下的自我映射。痕迹物证的证明价值并非来自其自身所呈现的特性，而是源于它所揭示的被映射物体的某些显著特点，从而用于证实涉案行为或事实。司法实践中常见的痕迹物证包括手印、足迹、工具痕迹、枪弹痕迹、车辆痕迹等，具体到尖端医疗科技领域犯罪案件痕迹物证提取的过程中，则主要以前三者为主。手印痕迹一般为存在于医疗用品、器械中的指纹、掌纹，如附着于一次性手术刀、手套、手术服的掌纹、血印等，工具痕迹一般见于各种手术的创伤、缝合口等。在刑事诉讼的进程中，这些物证在确认某些特定事实方面起着关键作用，为案件及事件的性质鉴定提供了科学支持，协助分析犯罪嫌疑人或物资与案件的关联，为案件的侦查提供了方向或线索，有助于缩减侦查的范围，为现场分析和重塑提供了必要的信息和依据。

实物证据是构成证据链的重要一环，在特定情况下，它们甚至能起到直接证明案件事实的作用。[①] 因而在尖端医疗科技领域犯罪案件物证的收集方面，应当严格遵守法律的相关规定，及时、细致地使用先进且科学的技术手段和方法来提取和保存医疗物证材料，以收集原物为原则，拍摄、制作原物照片、复制品为例外，防止物证伪造、丢失、腐烂变质等情况的发生，以免物证失去效用。

（二）书证

书证是通过文字、符号、插图等方式传达的思维内容，以此来验证相关案情的真实性，这些证据可以是书面文本或其他形式的物品。在医疗领域，文书类证据是较为常见的证据类型，[②] 具有较强的稳定性与表现形式的多样性。根据我国的诉讼规则，在医疗服务过程中形成的、与患者有关联的所有文字资料均可作为书证使用，[③] 其特点是无论是当事人还是侦查人员都相当易于获取，能够直接表明案件主要或部分事实的真实情况，在诉讼当中能够起到举足轻重的证明作用。

在尖端医疗案件书证的取证过程中，根据文书证据的性质，它们可被分类为公文书证和非公文书证。在大多数情况下，公文书证的可信度相较于非公文书证要高。对于非公文书证，应当采取更为谨慎的证据收集和审查方法。无可争议的是，医学文献可以作为法律诉讼的证据，其证据特性是由我国相关证据法律规定所决定的。[④]

医疗领域的文书证据首先体现在整个医疗环节中，由医疗机构和医务人员出具的病史病历、检查检验单据、医学证明表格和文书等在医疗中形成的公文性质的书证。[⑤] 这种医学领域的记录方式是医学法律证据获取和研究的重点，是在刑事诉讼中起到重要作用的文书类证据。此类文书是由相关医疗机构和医务人员出具并有其共性的：第一，证据一般在从事诊疗、护理、预防、检疫等医疗执业活动中形成；第二，是反映人体病理生理状况的证明文件或具有科学规范性的医学文件，如患者的病程记录、疑难病例讨论记录、化验单、医学影像检查资料、特殊检查同

---

① 参见杨瑞琴：《微量物证检验》，中国人民公安大学出版社2013年版，第4~6页。

② 参见陈光中：《刑事诉讼法》，北京大学出版社2016年版，第207页。

③ 参见刘志勤：《医疗机构如何应对司法鉴定》，载《中国医院》2008年第6期。

④ 参见常林：《医疗行为与证据及相关法律问题探讨》，载《法律与医学杂志》1996年第2期。

⑤ 参见范稷、卢中南、张帆：《医政执法中医疗文书调查取证初探》，载《中国卫生监督杂志》2012年第5期。

意书、手术同意书、手术及麻醉记录单等。

除传统的、专业的、具有规范性质的医学文件作为证据存在外，还有一些非正式的文档资料，记录了非法和不规范的医疗实践和行为。例如，非法医疗工作者编写的相关患者的就诊记录、病症记录、诊疗单据，相关医疗卫生机构的病人登记册，用代码或者密语记录的患者诊疗记录，以及零散的、分散的、被遗弃的相关病程、病史记录等文件资料。虽然这些文档资料并不属于传统意义上的医学文件，但对于犯罪事实的确定和证据的收集具有关键的意义。

此外，医疗领域的文书证据不仅包括在医疗场所出具的有关医疗的证明文书，还包括受害人手中的存根、病例、挂号单、缴费记录、化验单，以及各类检查结果的单据和医疗机构开具的处方等。这些文件都可以作为书证，以证明在特定医疗场所进行了某些法律禁止的尖端医疗科技领域的犯罪行为。

最后，需要注意的是，在尖端医疗科技领域的犯罪案件中，直接证明犯罪事实的书证往往较为隐蔽。因此，存在于受害者（患者）手中的尖端医疗风险告知书、协议书，或是知情书、同意签字书等，都可以进一步证明相关犯罪事实的存在。

（三）勘验、检查、侦查实验笔录

侦查人员在对与罪行相关的地点、物品、人体或尸体进行侦查和检查时，所做的观察和测量记录被称为勘查或检查笔录。虽然这些记录往往反映了犯罪行为的结果，但它们本身并不能直接证实曾经发生的主要犯罪事实。这些记录必须与物证、鉴定结果等其他证据相结合，共同证明犯罪事实。因此，它们被归类为间接证据。尽管如此，这种证据类型对于在刑事诉讼中查明犯罪事实，确保侦查活动遵循法定程序，保护犯罪嫌疑人和被告人的合法权益仍然具有极其重要的作用。苏联侦查学专家别尔金曾经强调，犯罪者有着千种可能的途径逃离犯罪现场。然而，执行追踪的侦查人员仅有一条路径可选。为了找出这唯一的路径，对犯罪现场进行勘查是至关重要的一步。[①] 在收集罪行证据，明确犯罪事实这一过程中，现场勘查的关键性毋庸置疑，而这种证据形式的任务就是准确无误地记录观察到的客观事实和结论。

美籍华人神探李昌钰在其所著侦查著作中指出，犯罪现场的勘查是科学调查

---

① 参见贾治辉、薛楠：《犯罪轨迹重建理论研究》，载《中国人民公安大学学报（社会科学版）》2018 年第 5 期。

的首要步骤，也是最关键的一步。[①]而对于尖端医疗科技领域的犯罪案件而言，勘验笔录是对犯罪现场的相关记录，其不仅包括各类医疗文书记录、医疗犯罪场所的现场照片、尖端医疗器械、涉医物证以及录音录像、医疗电子数据等各类数据，还包括对犯罪现场的客观位置、相对位置、性状、物证书证的性质特征以及空间关系、周围环境等与案件事实相关的一系列客观的记录，尤其是尖端医疗领域相关的药品、液体、器官、精卵等物证从属性上讲非常难以保存，可能会造成物证腐烂、变质、改变性状从而无法形成有效鉴定意见，必须通过勘验笔录来真实地记录其性质、性状等来保全其初始的样貌。而检查记录对应的则是对涉尖端医疗中人身、尸体的检查，需要对涉案人员（包括犯罪嫌疑人与受害者乃至受益人）的相关检查进行翔实的记录，如对犯罪嫌疑人身上所携带的医疗物件，受害人身体的损伤、伤害痕迹、身体反应等进行记录。勘验、检查笔录的目的是直接了解案件的有关场所、物品等的情况，从实质上讲这种证据形式也是一种保全证据的方法和手段，其证明作用则在于其内容与案件事实的关联性，也因此对其客观性、规范性以及全面性有严格的要求。

侦查实验的主要目的在于评估特定环境下特定事件能否出现，它是一种依照法规对所述事件的公告过程进行重复或者再现的行为及策略。在尖端医疗科技领域犯罪的侦查实验中，一般的用法是对可能造成的身体损伤进行实验、对某药物能达成的效果或是医疗器械是否能形成相关的犯罪痕迹进行实验。尽管侦查实验能够重塑或模拟犯罪现场或相关事件，但实际犯罪行为的真实再现终究是不可能的。要特别强调的一点是，侦查实验应结合实验对象、环境、技术等因素进行，并且所得出的结论性文档需借助实践和生活经验来正确解读。[②]若侦查实验的环境与实际事件时的环境存在明显的差异，或存在可能影响实验结论科学性的其他因素，那么侦查实验的记录就不应作为案件定罪的依据。

（四）视听资料与电子数据

在现代的刑事诉讼当中，视听资料与电子数据作为科技含量较高的证据类型，在侦查、起诉与审判中都有着重要的应用，与传统类型的证据相比，它们大多

---

① 参见刘静坤：《现阶段侦查取证工作存在的问题及改革重点——结合“两个证据规定”的分析》，载《山东警察学院学报》2012 年第 1 期。

② 参见刘静坤：《证据审查规则与分析方法》，法律出版社 2018 年版，第 197 页。

存在于电脑、硬盘、网络等存储介质中并能够广泛传播，因此这两类证据都属于新型证据。

声像材料，作为以视觉和听觉方式展示案件实际情况的证明，涵盖了关于案件事实、涉嫌犯罪的个体以及同该个体执行反侦查行动相关的音频、视频、图片、音频卡、视频盘等。视听资料被认为是介于实物证据和目击证人证言之间的证据类型，具备“望之有形、听之有声、查之有据”的独特特点，是更加贴近案件实际情况的证据类型之一。因此，能够起到重要的证明作用。这种证据在尖端医疗科技领域犯罪案件中也广泛存在，在收集此类证据时应当充分考虑视听资料可能存在的来源。

第一，充分调取公共场所的监控记录。取证时及时调取医疗场所周边及内部的监控摄像，能够记录犯罪嫌疑人、受害者、医生、护士、患者进出医疗场所的记录、活动轨迹以及可能的违法行为；同时，对于医疗场所内采取医疗措施时如手术记录和手术视频，药房的取药记录以及化验、器官、血液存储库等医疗重点场所的视频记录也应当一并调取，这些录像可能会揭示尖端医疗科技领域犯罪的事实。

第二，及时收集现场目击者所拍摄的视听资料。在此类案件当中，现场目击者可能用手机拍摄下犯罪经过情况，例如，护理患者的护士或同病房的病友可能会随手拍摄与案件相关的视频录像，或者受害人与犯罪嫌疑人之间的通话录音。这些录像和录音作为视听资料，既可以作为独立的证据来证明特定的案件事实，又可以作为目击证人证言的佐证。

第三，全面检查犯罪现场便携式录像设备的视听记录。此类案件当中，可能使用手机、电子设备等进行视频通话、记录等，如“基因编辑婴儿案”中，对于婴儿在胚胎内的成长、出生、后续等都有详细的视听资料记录，非法医疗美容时也会制作视频记录医疗美容前后的变化和不同之处等。这些视听资料无疑会成为案件中的重要证据。为了获取这些资料，需要采取搜查和扣押涉案手机、电脑等措施来进行提取。此外，许多尖端医疗设备也具备视频录制功能，可以作为补充的视听资料来源。如 CT 扫描、MRI、X 光机以及 PET 影像等医疗器械都会自动生成关于人体的影像，证明患者受害前后的身体状况等。

第四，正确使用公安机关专用监控视频网络。公安机关可依托“天网监控系统”，通过布设在街头的大量监控摄像头来构建监控网络。利用这一网络，可以对人脸、车牌等数据进行分析和比对，以达到犯罪侦查和预防的目的，记录犯罪行为和犯罪嫌疑人信息；在某些器官、血液、精子、卵子交易中也能够通过掌握交付行动中采取的视频监控以及技术侦查措施中监听到的语音信息来获取视听资料。

随着网络信息技术和人类生产生活的深度融合，电子数据作为一种以电子形式存在的证据，已经广泛存在于各种类型的犯罪当中，表现为电子邮件、短信、微信等电子数据，这种证据材料正在逐渐成为网络信息时代的“证据之王”。[①]不仅包括以电子数据记录为主要内容的证据材料，也包括能够表现出其信息生成、存储、修改、删除等过程的记录，以此来证明某些特定事实。

具体来说，在尖端医疗科技领域犯罪中，可以以其犯罪阶段为分界点来分析这一类证据的取证要点。首先，应当收集在犯罪预备时犯罪嫌疑人或其组织在网络中用作宣传所产生的数据文本、视频、网站以及与潜在受害者的聊天记录等，以此证明其主观的犯罪欲望。其次，在尖端医疗科技领域犯罪案件实施即受害者接受非法医学手段时，存在大量的电子数据：其一，对于受害者的医疗记录，包括病历、身体检查、出具药方、检查报告、诊断报告等大多通过尖端仪器进行记录并上传至医疗场所数据库中进行备份；其二，尖端医疗设备一般都会自动生成医疗设备的使用记录、维护记录、校准记录等，若出现使用记录的修改与删除，也会存留电子痕迹；其三，犯罪嫌疑人与受害者以及利益相关人的各种电子聊天记录、电子邮件、短信、电话记录（包括达成合意、约定地点、钱财商议等）以及犯罪利益集团内部的犯罪商议记录等；其四，交易物，如器官、血液、精子、卵子的储存库的流转数据，即其从何而来，属于何人以及去向何处等的记录。最后，在犯罪后阶段应考虑调取犯罪嫌疑人、利益相关人以及相关医疗场所的财务记录、银行流水数据、付款记录以及相关企业、组织的收入、支出等能够证明特定案件实施的电子数据。除此之外，还有一些其他电子设备的数据，如门禁系统、出行数据、交通工具的电子记录等也是电子数据取证的对象。

二、言词证据

言词证据是指通过人的陈述、以语言形式表达的证据。主要包括证人的证言、被害人的陈述、犯罪嫌疑人或被告人的供述和辩解，以及鉴定人的结论。言词证据是当事者、证人、鉴定者等涉案人员对案件事实的主观描绘，与人类的生理特

① 参见刘品新：《电子证据的基础理论》，载《国家检察官学院学报》2017年第1期。

征如体质、知觉能力、心理状况等紧密相连。该类证据一般通过口述或文字方式给出，并被记录在笔录之中。言词证据与待证事实之间具有明显的相关性，但也容易出现失实的情况。

（一）证人证言

在我国司法程序体系内，证人这一概念较为狭隘，仅限于对案件具备了解的第三方，不含诉讼参与者、专业鉴定人员及现场勘查人员。在涉及尖端医疗科技领域的刑事案件中，证人的证词特指对相关事实及违法行为有所知晓的证人向法律执行部门提出的表述，可以采用口述或书面的方式。证人证言的目标是为公检法部门展示关于尖端医疗犯罪事实的真实状况。毋庸置疑，尖端医疗科技领域犯罪案件具有其特殊的性质，体现在获取证人证言上则表现在以下几个方面。

第一，尖端医疗的科技含量使其不同于普通的室外刑事案件可能存在许多目击者、了解情况的人，其犯罪地点通常较为隐蔽或他人难以入内。其证人一般仅存在于相关从业者以及另案的受害人、犯罪嫌疑人，如基因编辑案件中证人包括其他实验室、从事同类研究的工作者；器官移植案件、非法高端美容案件的证人可能存在于不知情的医护人员、同病房的病友中以及其他受害者、利益相关者等，另外还包括受害者的亲朋好友等关系人。

第二，医疗领域存在严重的信息不对称性与极大的信息差。掌握信息、情报的犯罪者手握极为有效的信息，处于极为有利的地位；而其他各领域的人则基本毫不知情，处于明显的弱势地位。这在普通医疗中也极为常见，一个简单的常见症状患者尚不知其病症、病理及其药理，更遑论在尖端医疗犯罪案件中患者对相关信息的掌握。

第三，该领域的证人多为证据学中划分出的传闻证人、关系证人与“污点”证人，[①] 证人证言的主观性较强也较为易变，这三者因其与犯罪嫌疑人明显的联系，基于趋利避害、环境、认知以及记忆和感知误差等因素，都有可能作出偏离事实的陈述，甚至是自身认为合理实为虚假的证词。

一般来说，证人证言的内容包括能够证明案件真相的一切事实，与物证书证

---

① 传闻证人是根据了解案件事实的信息来源或途径而区分的；关系证人，即与案件有某种利害关系或者与当事人有某种亲友关系的证人；根据证人本身有无过错或犯罪嫌疑，可以把证人分为清白证人和“污点”证人。

比较来说也更加丰富、生动、具体，能够直接或间接地证明案件的相关事实或提供可供侦查的线索。因此，对于证人证言，应尽可能详尽地收集、记录，针对某案件具体事实结合“七何”要素[①]进行仔细询问，当然也要依照法定程序进行询问，为证人客观真实地叙述相关案件事实创造条件，同时，非法证据排除也是取证的应有之义。

但是，尖端医疗科技领域犯罪案件中对于证人证言的获取、收集较普通案件又有些许不同。首先，由于证人的局限性，在收集其证言时应当首先审查证言是否具备证明力、能够作为呈堂证供，换言之，就是要确认陈述内容是否源于见证者的直接感知，以及其是否具备判断是非之能。其次，该类案件知情者与案件当事人存在关联，具有强烈的主观色彩，收集的证言应注意其客观性和证明力的问题。再次，由于此类案件的“尖端”性质，科技含量较高，不同于普通案件中的生活经验，证人的证词由于缺乏专业的知识而更加可能出现不符合案件事实的推论而致使证言证明力下降。最后，在收集证人证言时，应当注意收集利益相关者的证言。利益相关人员是尖端医疗科技领域犯罪案件的间接参与者，如组织买卖器官犯罪中的买家，基因犯罪案件中设备、资金的提供者等。这些人通常会目睹整个犯罪过程或部分犯罪行为，对犯罪嫌疑人的犯罪情况有较为深入的了解。因此，他们提供的证词对于案件事实的认定具有直接的证明力。在询问证人时，应仔细了解每一次犯罪行为发生的具体时间、地点、行为、参与人、联系方式以及组织者等重要的犯罪特征。综上所述，无论犯罪嫌疑人是否承认，侦查人员都应全面收集有关言词证据，从而形成一个由多个证据构成的证据体系，而不是仅依靠单一的证词证据。

（二）被害人陈述

在尖端医疗科技领域犯罪案件中，被害人的陈述与证人证言具有相似的功能和作用，但被害人作为当事人具有两个显著的特征：一是被害人与诉讼结果直接相关，因为诉讼结果可能直接影响被害人的利益；二是被害人的作用可以直接影响诉讼进程和结果。被害人明显符合当事人的这两个主要特征，例如，诉讼结果

---

① 侦查学上的“七何”是指刑事案件的七个关键构成要素，也称为“七何要素”或“侦查七项公式”，具体包括何事、何时、何地、何物、何情、何故、何人。“七何”要素在侦查工作中具有重要的指导意义，它们相互关联、相互依存，共同构成了案件调查和分析的完整框架。侦查人员需要全面、细致地调查和分析这些要素，以便准确、高效地破获案件。

可能会帮助被害人获得物质赔偿，实现对犯罪嫌疑人的追诉和惩罚犯罪的愿望。[①]被害人陈述的特点具体表现在以下几个方面：首先，被害人的陈述具有不可替代性。这种犯罪涉及明确的受害群体和被侵害的公共以及个人法益。其次，被害人的陈述可以直接证明案件的事实。被害人是直接受到犯罪行为侵害的人，他们所提供的陈述更加翔实、直观，并具备细节。某些案件的具体情况只有受害者和犯罪嫌疑人（被告）清楚，即便在某些特定情况下，受害者并未与犯罪嫌疑人直接接触，但他们对犯罪侵害事实的认知依然对案件具有关键作用。因此，收集和记录受害者的陈述对于这种类型犯罪案件的侦查、起诉和审理都具有关键的确认价值。最后，被害人的陈述常常带有主观倾向性。在刑事案件中，被害人是最直接的受害者，对于整个案件的调查、取证，以及证据审查与质证具有全过程的参与权，他们的陈述不仅有法律所赋予其的追求正义的权利，更兼具对客观上的利益诉求以及对于涉案后愤怒、仇恨、恐惧以及其他非理性情绪的宣泄，从而能够对犯罪的经过进行充分的叙述。但是，这也意味着为了追求自身程序利益和坚持自身立场，被害人陈述存在夸大或虚构事实的风险，或者缩小犯罪事实与自身责任和犯罪嫌疑人责任之间的可能性的情况，且相关情况的概率远远超过普通证人。[②]

尖端医疗科技领域犯罪案件中的被害人陈述取证中与他案的不同点在于如何基于案件的特殊性来识别并剔除其陈述中主观、偏激或隐瞒的部分，还原案件事实。该类案件因其自身的特点，被害人可能作出与事实有偏差的陈述甚至是虚假陈述的原因可总结为以下几点：（1）在被害人主动或被动接受非法提供的尖端医疗服务时，由于专业知识、主观认知能力的不足以及接受药物治疗后形成的认知差异（包括但不限于麻醉物品和精神药物影响），其精神状况不稳定、观察力不够精细以及存在遗漏和记忆模糊，这可能导致其所提供的证词出现失真甚至是严重的偏差。（2）被害人在受到强制的不法医疗侵害后，出于怨恨、仇视犯罪嫌疑人的心理而夸大嫌疑人的犯罪行为。例如，以尖端技术进行的非法医疗美容中，被害人因自己身体、样貌等造成了无法逆转的伤害而心生怨恨，从而夸大犯罪行为的尺度、严重程度等。（3）被害人在非法医疗中存在主动配合行为，因自身有相当的过错而对某些案件事实加以掩饰、淡化，如组织出卖人体器官案件中的被害人主

---

① 参见赵珊珊：《被害人陈述法庭质证程序反思——以完善对质制度为视角的分析》，载《中国政法大学学报》2017 年第 4 期。

② 参见欧卫安：《论被害人陈述的攻击性质证》，载《江西社会科学》2016 年第 7 期。

动联系犯罪人并以此获取一定的钱财作为补偿等。(4)在受到侵害后顾虑自身名誉、他人声誉,被害人不愿如实陈述犯罪状况,如非法利用辅助生殖技术类案件中顾及幼儿名誉、自身清白、他人声誉等因素,被害人不客观陈述事实,妄图蒙混过关。(5)出于亲情或是人情,抑或是受到他人威胁、恐吓等干扰而作出虚假陈述。[①]

在取证的过程当中,对于被害人陈述务必从多角度进行问询,引导被害人叙述犯罪的时间、地点、情节、目的、手段及其他特征,以及非法尖端医疗对身体产生的影响及变化等案件相关情况,同时对被害人进行取证时要讲究一定的方式方法,在保证合法(如分别询问、非强制进行等)进行的同时避免对受害人造成二次伤害。

(三)犯罪嫌疑人的供述和辩解

犯罪嫌疑人的供述和辩解在司法实践中又被称为口供,从整个司法实践来看,犯罪嫌疑人的口供无疑是对了解案件详情最重要的言词证据,更不用说其在尖端医疗科技领域犯罪案件中可能掌握大量他人无法知悉的犯罪细节,对于查清全部或部分关键性非法尖端医疗行为的内容,印证其他证据、他案情报等产生的效用是其他类型证据无法相比的。

在实际案件中,犯罪嫌疑人的口供不仅包括能够证明犯罪和印证犯罪行为的证据,还包括能够证明其未曾犯罪或者罪轻的证据以及能够证明同案犯或他案犯罪的"攀供"。

尖端医疗科技犯罪中,由于其高科技性、医疗性,犯罪具有组织性。形成了有组织、分工明确、职责分明的犯罪团伙,如组织出卖人体器官罪、收集利用基因信息犯罪、非法医疗美容等案件中都存在相当明确的分工协作的组织形式。在获取口供时应仔细记录下此类犯罪相关犯罪团伙成员的详细情况,首领及核心成员相对来说知晓更多的犯罪细节以及负有更大犯罪责任,因此,将摸清组织架构以及确定首领和主要成员作为首要程序是十分必要的;[②] 在获取各成员口供时应仔细记录其供述的吸引、联系被害人的方式,确定被害人的来源信息;与被害人的接触细节,包括如何进行目标匹配(血型、基因、器官等)、检查地点、商议的报酬以及

---

① 参见杨连波:《组织出卖人体器官犯罪的认定与侦查》,载《犯罪研究》2012 年第 5 期。

② 参见张博:《证据战视角下有组织犯罪组织性认定侦查取证研究》,载《北京人民警察学院学报》2012 年第 4 期。

如何取得等；讯问犯罪事实的细节，如犯罪实施的地点，非组织成员合作的对象、犯罪的流程、所用尖端技术及仪器等；在有交易发生时（如贩卖基因信息，精子、卵子交易以及器官交易等）应当全面记录犯罪组织团伙进行违法犯罪的详细流程，如取得、运输违禁物品的时间、地点、参与人以及交易的上下线关系等；尤其要特别注意讯问违禁品的交易次数、种类、特征、数量、来源以及去向等情况以及当时在场的见证人、知情人、涉案人等重要犯罪信息，为核实查证工作打好坚实的基础。

在获取犯罪嫌疑人的陈述时，不仅要进行讯问并记录有关其犯罪行为的证据，也应当充分听取其对自我状况的申辩。这包括涉案者或被告否定其违法行为，又或者其尽管承认实施了违法行为，但是提出依据法律不应追究其刑事责任，可从轻、减轻或豁免处罚等申辩和解释。经过验证，这些申辩和解释有可能会证明其无罪或罪责较轻。具体表现手法可能包含否定、陈述和提供反驳等多种方式。如嫌疑人在犯罪时其所在时间、地点的异常，犯罪动机不确定，以及其提供的符合实际情况、能够自圆其说并且与其他证据相印证的辩解等。

同时，犯罪嫌疑人的供述中还存在“攀供”的可能性，即在同案中犯罪嫌疑人揭发、检举同案犯对本次尖端医疗科技领域犯罪行为的陈述。在微观层面包括同案犯在犯罪中扮演的角色、犯罪的行为、对被害人造成的伤害等。宏观层面则是指组织的结构、从事的系列犯罪、“保护伞”等能够被验证的情报信息。

在尖端医疗科技领域的犯罪案件中，犯罪嫌疑人的有效陈述和辩解能够帮助侦查人员有效地侦破案件，并作为认定案件事实的直接证据。然而，考虑到口供的易变性和反复性，在收集证据时我们不应过于依赖“唯口供主义”。根据我国《刑事诉讼法》的规定，对于所有案件的判决都应该重视证据，不轻信口供。当只有供述而没有其他实证时，不能仅凭口供认定为犯罪，以避免刑讯逼供、错案的发生。

（四）鉴定意见

鉴定意见，实际上是指国家权力机构对案件中的特定问题，委托或雇佣具备专业知识的人员进行审查后提出的评估和看法，同时也是言词证据的一类，与证人证言较为相似，但区别在于产生的时间以及涉及的专业领域。① 在我国的司法实

① 证人证言所证明的是案件中的基本事实，陈述的是其所观测到的客观发生的事实，是在取证中获得的证据材料；而鉴定意见是将获取的物证送检后形成的意见，是为解决案件中某专门问题而形成的带有主观性的言词证据。

践中，鉴定意见应用得较为广泛，如痕迹鉴定、文书鉴定、化学生物鉴定、音像物证鉴定以及电子数据鉴定等在普通的刑事案件中被大量使用。在尖端医疗科技领域犯罪案件中，除了医疗中常用的医疗事故技术鉴定、医疗过错司法鉴定、医疗文书鉴定、药品鉴定和尸检报告等常规的鉴定措施，还可能用到诸如伤痕检验、微量物证检验、DNA 鉴定、电子数据鉴定等非医疗类鉴定手段以确保所收集证据的效力。

在此，我们必须强调一个关键点，即“鉴定观点”被视作“科学性证据”。鉴定观点是鉴定者借助特定科学理论，运用特定科学策略，对案件中的专有问题进行深入探究和验证后得出的结论，其具备了显著的科学价值。① 尖端医疗科技犯罪与证据鉴定及证据学所提倡的科学证据有着相同的属性，即高度的科技含量。科学证据在该类案件的取证当中有着非常重要的应用。例如，DNA 测试可以通过分析精液、卵子确定非法代孕案件中的雇主，提供定量证据、破解案件；又如，在法医学中可以使用电子显微镜、红外光谱、生物分析等技术鉴定尸体死因。在司法鉴定中，物质的分析和鉴定对证据分析具有很大的价值。例如，针对与尖端医疗相关的药品，可以通过气相色谱、液相色谱等方法进行分析、检测其功效与作用来确定尖端医疗的目的、治疗何种原因造成的损伤等，并检测是否存在违禁成分，从而追查利益相关产业的上下游以寻求间接了解案件详情。总的来说，科学证据在尖端医疗科技领域犯罪方面有着重要的应用，可以提供高质量的证据，为司法程序提供支持，提升案件侦破的效率，促进司法公正。

第二节　尖端医疗科技领域犯罪侦查取证的困境

以人类辅助生殖、人体基因工程、人体器官移植为主要表现形式的尖端医疗技术的出现和兴起无疑推动了现代医学的进步，改善了某些疾病的治疗方式，其采用与传统医疗技术不同的方式作用于人的身体，介入甚至改变了人类生命的产生方式。② 然而，这些先进的技术却被一些不法之徒用作牟取暴利、危害社会的犯

① 参见何家弘、刘品新：《证据法学》，法律出版社 2019 年版，第 190 页。

② 参见杨丹：《尖端医疗的伦理基础及其对医疗刑法发展的影响》，载《社会科学家》2016 年第 2 期。

罪手段。尽管对于尖端医疗科技领域的犯罪已经有少数学者进行讨论和研究，但在对此类犯罪的侦查取证方面还未有系统的论述和理论的支撑。因此，需要结合实践进行分析，以寻求解决尖端医疗科技领域犯罪取证存在的疑难问题的路径，规范尖端医疗科技的发展和应用。

一、法律规制不完善，证物标准缺失

尖端医疗毫无疑问是科学技术与医学发展的产物，带有浓厚的前沿科技属性，在不断探索和研究尖端医疗科学的基础之上，我国司法机关开始面临以此为手段进行新型犯罪的新挑战。但我国在此领域的法律体系尚未成型，出现了法律未规范，无法及时立案至现场取证，以及缺少可供借鉴的证物标准等问题，难以对侦查及取证的实践进行有效的指引与规制。

最早使用"尖端医疗"这一概念的人是20世纪80年代德国的艾扎博士，其在名为《尖端医疗和刑法》的论文集中论述了相关的内容，① 即尖端医疗包括人类辅助生殖、人体器官移植、人体基因工程三种具有标志性的技术，包含了买卖胚胎，强制采集精子、卵子的行为，代孕行为，人体基因检测信息买卖，生殖性克隆行为，人体基因医疗滥用行为以及强制摘取、交易、走私人体器官等行为。

在这个领域，许多国家已经着手对上述行为进行法律规制。例如，《法国刑法典》中专门设立了一个章节，对尖端医疗科技领域的犯罪行为进行规定，并详述了关于生物医学伦理问题的相关犯罪行为。《西班牙刑法典》在不同的章节中分别对与基因操作相关的犯罪以及涉及人体基因技术的应用等进行了规定。② 但我国还暂未制定相关法律或是专门法，在我国，涉及尖端医疗科技领域犯罪的条文仅存在于《刑法修正案（八）》新增的"组织出卖人体器官罪"以及《刑法修正案（十一）》新增的"非法植入基因编辑、克隆胚胎罪"和"非法采集人类遗传资源、走私人类遗传资源材料罪"之中。③

当然，我国在相关行政法规中也规定了一些涉及尖端医疗技术的内容，例如，《人体器官捐献和移植条例》《人体器官移植技术临床应用管理规定》《人类辅助生

---

① 参见[日]甲斐克则：《医事刑法的基础理论》，刘建利译，载《法律科学（西北政法大学学报）》2012年第2期。

② 参见杨丹：《尖端医疗犯罪立法模式的比较和选择》，载《社会科学》2016年第3期。

③ 参见马永强：《基因科技犯罪的法益侵害与归责进路》，载《法制与社会发展》2021年第4期。

殖技术管理办法》等，在其内容当中出现了买卖胚胎、合子、实施代孕“构成犯罪的，依法追究刑事责任”以及非法摘取器官构成犯罪将追究刑事责任或移交司法机关查处的表述。但从刑法立法看，罪名确定有限，导致前述行政规定中的刑事责任条款不能发挥其应有的作用。由此可见，我国法律对尖端医疗科技领域的立法存在“供给不足”问题，对于此类案件的打击存在困难，对于该领域的相关行为进行立案侦查存在一定的困境。

第一，刑事法律缺位、行为定义模糊，导致在审查立案期间公安机关无法有效以合适的罪名进行立案或直接导致发现的相关行为无法达到公安机关认定的立案条件而放弃立案，无法进入刑事诉讼程序，对此类案件防控失灵。例如，非法代孕行为危害严重，但尚未在刑法条文中规定，直接造成对此类行为无法进行有效控制。

第二，罪名的模糊可能导致相关证明材料的证明难度变化或失效。以“基因编辑婴儿案”为例，最终法院以贺某奎犯非法行医罪为理由，判处其有期徒刑3年。这将贺某奎是否犯罪的判断重点放在了他是否具备相关的医疗行为资格上，[①]而并非出于对其将利用基因编辑所产生的胚胎植入人体的行为是否对社会伦理、胚胎的生存权益以及人类基因造成风险的考量，此两罪在证明的广度、难度以及形成证据链的闭环上不可一概而论，同时非法行医罪也无须对某些尖端的设备、技术进行取证鉴定。

第三，罪名模糊导致对犯罪的主客观内容也存在差异，如未经个人同意摘取器官犯罪也可以以故意伤害案件进行取证，但要对其损伤内容、犯罪嫌疑人的主观想法与客观行为等取证；而组织出卖人体器官则需要对整个组织，包括组织者、实施者、头目等人进行整体的评价，对于联系、交易、实施、运输等行为分别评判，涉及众多复杂的工作。

二、跨区域犯罪需侦查协作，有效取证缺位

在当前数字化的社会环境下，随着时代的进步，包括尖端医疗科技、信息技术等一系列新兴技术迅速发展，同时也催生了许多以创新发展为名的违法犯罪行为，显示出新的犯罪特征。一方面，由于新型环境的整体性，每个人都与网络环境紧密相连，不再受地域限制，潜在的犯罪嫌疑人可以利用网络环境的跨域性来实

---

① 参见余秋莉：《论人体生殖系基因编辑行为的刑法应对——兼评贺建奎“基因编辑婴儿”案》，载《法律适用》2020年第4期。

施不受地域限制的犯罪行为。尖端医疗科技领域犯罪的潜在受害者范围由当地居民扩大为全国乃至域外的互联网用户，导致受害者范围与受害人数不断扩大。另一方面，犯罪行为趋向组织化、团体化和专业化。犯罪嫌疑人通过网络信息进行犯罪策略和手段的交流，实现分工合作，紧密协调，从而构建了一支组织严密、细致的犯罪团队。同时，此类犯罪组织各犯罪阶段广泛分布于全国各地乃至域外，如东南亚地区，为了实现复杂的犯罪活动，每个犯罪团队都有严谨的内部分工，而且不同的犯罪团队通常在地理和领域上有所区分，但在犯罪过程中又紧密协作，通过提供全方位的服务来确保犯罪行为的效率和安全性。全国各地的非法中介在一定程度上通过各种途径形成了一个整体，① 出现了非法中介在网络上联系供体后，在一个地方供养、在另一个地方进行体检配型、在第三个地方实施犯罪行为，然后迅速到第四个地方的医院进行治疗的多重犯罪方式，涉及多个人、多地和多个医疗机构。

另外一个明显的特点是受害者中也存在许多来自不同省份、身份不明、来历不明的人群，如流浪汉、外来务工人员等，直接提升了对此类案件侦查以及取证的难度。首先，在先进的医疗科技行业中，罪行通常表现为秘密和非法的交易活动，嫌疑人常使用各类手段来隐藏其罪行，如使用虚假身份信息、采取加密通信、在偏远地区进行犯罪等。这些手段增加了跨省取证的难度，需要侦查人员耗费更多的时间和精力来获取证据。其次，不同省份虽然法律规制相同，但在实际操作中，具体办案人员取证的模式不同、取证的意识存在差异，取证的标准可能也有一定的变化，这都会影响跨省取证的效率，且在证据的收集、保存、运输等环节需要严格把控，避免因程序上的瑕疵而导致证据无法使用的情况，这间接地增加了取证的时间和成本。再次，跨省追查尖端医疗科技领域犯罪案件会涉及大量的敏感信息和操作计划，跨省取证的过程也可能会持续数周乃至更长时间，这就需要警方具备耐心和积极性，针对跨省追捕案件专门制定行动计划，保守机密、有效地避免泄露情报，对侦查人员的综合素质提出了更高要求。最后，该类犯罪存在跨国犯罪的行为，犯罪嫌疑人可能通过多个国家之间的转移来逃避追捕，这也需要执法部门进行国际合作，才能在全球范围内打击这种犯罪行为。除此之外，交易参与者会通过第三方服务进行资金转移，整个操作过程两端皆无实体接触，一些违法之

① 参见赵秉志：《略论我国〈刑法〉新增设的人体器官犯罪》，载《法学杂志》2011 年第 9 期。

徒甚至接入“暗网”进行交易活动。站点缺乏统一的格式规定，加上在加密信息传输过程中存储媒介的不稳定性，若在侦查取证阶段被“暗网”的后端检测到并删除原始记录，很可能导致关键电子证据的破坏和丢失，从而使得相关电子信息的采集变得困难重重，[①]也使得侦查人员搜寻证据的难度进一步变大，犯罪分子更加肆无忌惮。

从尖端医疗科技领域的犯罪特点可以看出，传统的基于地域管辖的打击、控制犯罪治理体系的方式已经面临严峻挑战，受到了新型犯罪的巨大冲击。在取证时可能出现一些衔接上的不适，如司法管辖权问题、信息共享问题、行政协调问题，以及超长的时间跨度和超高的信息保密要求等诸多困难，这一系列的重点难点问题使得跨省、跨域的取证难以为继，有效取证缺位。

三、取证专业性较强，取证效果不佳

尖端医疗是医学与高端科学技术融合的新兴技术，无疑需要对医学与新技术有深刻的了解。在司法领域，相关医疗以及其他非法证据是证明涉案人员身体状况、行为过程、后果等的有力证据之一。但由于医学专业性较高，取证不当常常导致无法获取有效证据，达到证明的条件。

医学专业知识对于普通人来说比较陌生，很多医学术语和医学常识对于非医学专业出身的侦查人员无法明确地理解和掌握，例如，囿于基因领域立法技术和医学理论的双重薄弱，界定行为犯罪化的界限是很困难的。[②]因此，在侦查取证过程中，一方面，侦查人员对于可能存在的涉医学的证据无法理解、评估，甚至会遗漏一些重要的且能够证明相关事实或某些特定事实的证据，使案件的侦查陷入僵局；另一方面，对于医学证据的不恰当理解或解释，也会导致在使用相关证据时对证据的理解和使用存在误差。

同时，医学证据一般需要特殊的技术和设备来收集和分析，如医疗影像、生物样本、医学检测等，这些设备和技术的使用需要专业的操作和维护，否则可能导致证据失真或数据错误。涉医学类的证据一般在取证后都需要再进行鉴定才能使用，往往需要依靠专业的鉴定机构进行分析和鉴定，但涉及医学专业领域、医学实

---

① 参见郑荣哲、滕兴华、匡敬洪：《暗网犯罪案件取证警务实战应用研究》，载《警察技术》2022年第1期。

② 参见郭自力：《生物医学法的几个重大理论问题》，载《浙江大学学报（人文社会科学版）》2014年第4期。

践经验和不同的医疗标准等问题，对于鉴定意见可能存在争议，这都可能导致在证据的分析和鉴定过程中出现不一致或矛盾的情况。

尖端医疗科技领域犯罪中的交易行为则具有高度的隐蔽性和机密性。此类交易通常都是非法的、秘密的，往往发生在地下场所或非正式的场所中，如基因信息泄露、交易等往往由负有基因检测职责的机构通过非正式渠道泄露、贩卖至灰色地带。秘密和隐秘的地下交易活动导致相关的证据收集和保护过程极具挑战性。与其他犯罪相比，这种类型的证据的对照性及其背后的信息往往呈现更大的模糊性和不确定性。针对器官来源与交易的背景详情、器官移植操作的合法性与合规性审查，以及精卵、合子等生殖细胞，还有血浆、血蛋白、骨髓等含有人体组织成分的贩卖活动，均需开展详尽且深入的调查与分析工作。

四、受害者及证人配合度低，口供获取难

使用尖端医疗手段进行犯罪是一种涉及人类生命和尊严的犯罪行为，但在大部分实例中，受害者在事件发生前已经默许将其部分健康权利转让，并与犯罪者达成协议。此外，大量犯罪活动是通过信息网络进行的，这种方式具有极高的隐秘性，并且办理案件本身对有效的信息和情报的需求非常大，受害人又不愿配合侦查，透露信息，给侦查取证带来了相当大的难度。通过对相关案件的分析与总结，受害者难以配合的原因可能有以下三点。

（一）受到威胁和恐吓，担心被报复

由前文可知，尖端医疗科技领域犯罪案件的犯罪主体往往是由犯罪团伙组织，对未与“黑中介”、犯罪组织达成交易而受到强迫或强制摘取身体组织、器官、精子、卵子等的受害者实施了犯罪或造成了相当伤害后以“恢复身体”“保养”为名，通过长时间强制限制人身自由的方式给受害者造成强烈的恐惧，并使用其他手段来以受害者自身及亲属的安全为要挟要求受害者及家属保持沉默，不与警方合作，从而使受害者不敢报警或者不敢与侦查人员配合甚至是对侦查人员抗拒、存在抵触情绪，拒不交代其掌握的犯罪情报，使侦查人员无法从受害者处收到第一手的犯罪情报，无法获取有效的、可以直接证明案件事实的口供或相关的线索。此外，某些受害者因承受精神与肉体的双重打击，产生阴影，不愿尝试回忆犯罪场景，害怕受到二次伤害也是受害者无法配合公安机关录取口供的重要原因之一。

（二）经济利益和收益

尖端医疗科技领域犯罪案件通常涉及高额的经济利益和收益，一些受害者往往因生活拮据而萌生与犯罪集团达成交易的想法，同时犯罪集团也向其承诺给予高额的回报。尽管这种行为会对受害者的身体健康带来了一定程度的损害，但是在手术结束后，他们可以根据先前的协议得到一份相对丰厚的经济补偿。因此，受害者常常将此视为一种常规的交易活动，在侦查人员对其进行询问时，许多受害者因惧怕被没收“来历不明的财产”或将其“报酬”定性为“涉案财产”予以扣押、冻结，甚至没收而拒绝向侦查人员提供有效的口供，甚至会为犯罪分子开脱，将双方行为定性为正常的“商业交易”，更有甚者会为其作伪证、假证。同时，这些与犯罪集团、非法中介“交易”的受害者在威胁到犯罪集团的利益时也会面临犯罪集团的威胁和恐吓。而通过此类犯罪受益者则更是认为通过非法中介、犯罪团伙才能够获得的稀缺器官、组织或是如非法代孕、基因矫治等非法行为挽救了自己的性命，普遍对之心存感激，不愿作证。

（三）担心社会影响

我国的文化传统认为，身体发肤，受之父母，无论是捐赠还是买卖器官，都被视作对于自己的不负责任，愧对父母的生育之恩，具有很大的禁忌性，并伴有不道德、违法等负面评价。而捐赠、买卖精子、卵子等在我国也是羞于启齿的“两性”话题，更可能引起舆论声讨，非法代孕带来的伦理问题更难以想象。一旦牵扯到此类事件，长辈和家人可能会因此蒙羞，造成社会声誉的损失，因此在传统文化较为浓厚的地区的受害者会顾及家人的声誉和感受而不愿出面谈及自身经历之事。

五、犯罪上下游以及犯罪组织认定困难

尖端医疗科技领域犯罪的取证范围不仅包括尖端医疗科技领域犯罪案件本身的证据，还包括相关环节中的组织行为。尖端医疗科技领域犯罪通常是以一种有组织的犯罪集团的方式存在的，其中器官移植相关犯罪的罪名中就存在“组织出卖人体器官罪”。在面对有组织犯罪的相关案件时，不应孤立地对某一犯罪行为进行侦查、取证，而应对这一犯罪的上游、下游犯罪进行立体打击，顺藤摸瓜，铲除其背后的利益链条以及组织架构。因此，除案件本身涉及的相关可以证明案件事实的线索外，还必须对涉案人员、组织行为进行证据收集，以证明犯罪组织利用

尖端医疗技术进行犯罪的事实。

在当今社会，信息网络发达，各种犯罪都迅速与网络结合，传统有组织犯罪中的空间、地域特点逐渐隐没，尖端医疗科技领域犯罪“恰逢其时”，与网络犯罪不断融合，纵向链条、组织结构与组织形式、暴力性与非法控制性以及罪量要素等有组织犯罪的认定条件被网络“分割”，使犯罪集团的组织架构特点隐匿于网络当中，其属性被网络弱化，尖端医疗科技领域犯罪案件中的犯罪组织也因此出现了“去中心化”“产业链条化”“节点化”等特点。如前文所述，此类犯罪形成了一地供养、一地配型、一地实施犯罪、一地完成手术的犯罪方式，组织架构难以辨认。加之中间还存在非法中介、非法医疗场所或是在正规医院实施的违法行为，这不但使之摆脱了有组织犯罪在空间上的桎梏，也使其罪行难以认定，毕竟其中任意一个行为都不能被单独评价为犯罪行为。

考虑到有组织犯罪与网络技术的日益交融，网络犯罪的有组织性表现出了链式、分散化等特性。因此，网络技术对有组织犯罪实施“分解”效果后，犯罪链条的各个环节常常由不同的犯罪团体负责，这些团体各自承担着不同的犯罪行动，尽管他们的犯罪行为在总体上构建了有组织犯罪的形象，但各团体间的独立性却相当显著，甚至可能其成员之间并不认识。同时，一个环节的犯罪团体可能会与其他几个环节的犯罪团体展开合作，这使得在整个有组织犯罪链条中，各犯罪团体的角色变得难以识别。①

以利用基因信息实施的相关犯罪为例（如非法采集人类遗传资源、走私人类遗传资源材料罪及不当基因技术科研犯罪行为）②，该类犯罪一般由四部分组成：一为负责收集基因的部分，犯罪分子通过某种手段，如诈骗、偷窃等，获取个人基因信息，包括 DNA 样本、基因检测报告等。在一些情况下，也可能通过社交网络、假冒机构等手段，诱导个人主动提供基因信息。二为负责在正规或非法医疗机构检测基因序列信息的实施部分，一部分的实施者只负责对吸引的人群进行基因测序、鉴定等，可能是合法医院中并不知情的医生，也可能是知情者利用尖端医疗设备进行非法检测行为并经处理和分析后出售给其他犯罪分子。三为非法中介部分，其一方面负责与基因检测部门联系、购买基因信息，另一方面联系买家进行销售贩卖，出售给有需求的人群，如保险公司、医疗机构、科研机构等。四为利用基

① 参见于冲：《有组织犯罪的网络“分割化”及其刑法评价思路转换》，载《政治与法律》2020 年第 12 期。

② 参见杨帆：《基因犯罪初探：以风险社会为视角》，载《犯罪研究》2009 年第 6 期。

因信息实施犯罪部分。犯罪分子也可能将收集到的基因信息用于其他犯罪行为，如利用身份信息诈骗，在此情景中，犯罪分子可能利用基因信息获取他人的信任，从而达到非法获取财产或者其他利益的目的，有些机构也可能会使用这些信息进行基因检测或者其他研究，从中获取利益。然而网络进行宣传的合法或非法基因检测部门不止一所，实际的检测机构也遍布全国，需求人群更是各异，各个部分之间的合作不是一对一的服务，而是多对多的蛛网式进行。因此，对于这种尖端医疗科技领域的犯罪行为，更加困难的是清晰地区分其对应的犯罪组织。在这种情况下，确定各节点上的犯罪组织在整个有组织犯罪链条中的具体作用，将面临更大的挑战。

六、取证对象独特，器官、胚胎等消耗性证据难以保存

在尖端医疗科技领域犯罪案件物证的取证过程中，可能会涉及一类特殊的生物证据，即犯罪案件过程中的“交易物”，如器官、骨髓、眼角膜、非法代孕中的人工受精卵等，这一类物证具有易损性、不易保存性、消耗性等特点，且一旦移植或者使用，关键证据的缺乏往往会产生决定性的影响。然而，这些证据对于案件结果又起着不可或缺的作用。

对这类生物证据的收集对于取证的侦查人员而言往往是巨大的考验，一旦取证手段不当，就容易引起物证污染，导致其失去活性，更不用说这类物证本身价值高昂，在经过拍照、摄影后依然可以将其当作拯救生命的器官，合法地进行移植。因此，在查获相关物证时必须小心处置。基于其易损且不易保存的特性，对这类物品在收集时就必须小心翼翼，并妥善保存，一旦其失去赖以存活的适宜环境，就有可能破损、污染，导致证明价值降低。

这些生物证据材料的保存依然是难题之一。一是保存方式，对于器官、受精卵、血液等证据的保存，需要采取专业的保存方式。例如，使用特制的容器、冷藏保存等方式，以确保证据的完好和有效性，而侦查机关通用的物证保全措施并不能完全适用，容易引起物证保存环境改变而导致其局部或完全质变。二是保存期限的限制。对于器官、受精卵等证据的保存期限应该根据具体情况而定，一般情况下需要长期保存，以便在案件侦查、起诉、审判中使用，但这类物证如受精卵、骨髓等必须保持其活性，它们具有明显的时效性，长时间的保存可能使之失去活性而失去价值。例如，在现在技术的支持下，最多只能将人工体外培植的受精卵

在人工环境中培育 4 天，然后就必须移植回子宫中，否则受精卵就会死亡；而眼角膜的保存时间根据其使用方法的不同，最长也只有 1 个月左右，采用深低温长时间保存角膜会导致活性率大幅降低；在人体的主要器官中，肾脏的保存时间限制大约是 1 天，肝脏则是大约 12 小时，肺部可保存 8 小时至 12 小时，而心脏的时间限制在 4 小时到 6 小时。三是保存场所。对于器官、受精卵等证据的保存场所也非常重要，需要确保保存场所安全、密闭、防潮、防火等，更重要的是各类证据需要不同的保存场景，正常情况下血小板必须在 22℃左右不断震荡保存，而肾脏则必须要用高渗枸橼酸腺嘌呤液 4℃低温灌注冷保存，肝脏则要用专门的器官保存液加以保存。① 这些物证的取证过程要求过于严苛，一般的侦查机关不仅没有相关的专业知识进行保存，也没有可供匹配的保存环境予以支持。

此外，在犯罪后的侦查中，这些器官、组织通常已被移植于受体的身体当中。例如，在非法代孕案件中，受孕的胚胎可能已被移植到别的孕妇身上，而这些证据一旦转移进入受体的体内，那么这些得利者也不会配合侦查机关进行相关的检查和取证，使得这类证据的获取和分析变得非常困难。同时，取证依旧面临保存问题，从供体及受体的身体中采集的血液可以作为证据保存，用于检测是否被非法采集器官以及是否移植过器官，但血液需要采用规范的采样方法，并保存在专门的冷藏设施中以 2~6℃的温度进行保存；受害者的病理切片也可以作为证据保存，用于检测器官的来源和真实性，但病理切片需要采用规范的切片方法，存放于规范的容器中，并保存在专门的样本放置设施中。

第三节 尖端医疗科技领域犯罪取证措施完善

一、完善法律法规，为法治化取证提供依据

（一）完善尖端医疗科技领域犯罪的立法

对于尖端医疗科技领域犯罪的刑事法律，目前我国乃至世界范围内的研究甚

---

① 参见方振宇、付迎欣、郑虹：《器官低温机械灌注液的研究进展》，载《实用器官移植电子杂志》2017 年第 3 期。

少，甚至有些学者认为，有关尖端医疗科技领域犯罪的各类案件实际上只是《刑法》各章节中已经规制过的一些行为的统称，如前文所说的有关植入基因编辑、克隆胚胎等罪名以及走私人类遗传资源材料罪和组织出卖人体器官罪等已经有了具体的刑法规制，不必再“另起炉灶”研究“尖端医疗科技领域犯罪”的相关规制。有学者认为，尖端医疗科技领域的犯罪行为，其本质不仅局限于刑法各章节所规定的“危害公共安全”或“破坏社会主义市场经济秩序”等范畴，更深层次地，它触及了刑法介入该领域可能对医疗参与者自由产生的实质性限制。因此，在论证限制某些自由的合理性以及其与医学研究人员的研究自由、器官出售者的自主决定权的关系时，对合理性的证明必须基于将人的尊严作为医疗刑法的最高价值的原则。人的尊严是新时代法律的价值基础，是解决法律利益冲突的最终依据，也是将有关行为刑事化的基本准则。刑法以维护个人尊严为依据对前沿医疗进行干预。同时，通过刑法立法来确认和保护这些法律利益，能够提高公众对特定法律利益的普遍尊重意识，规定的确认也是刑法的重要功能，不容忽视。[①] 因此，笔者认为，尖端医疗科技领域犯罪的立法，需要提上日程。这不仅能够为侦查机关立案提供依据，也能为法治化的取证环境提供依据。

考虑到我国刑法体系，在尖端医疗科技领域犯罪的立法完善中，对现存的刑法法规进行符合社会发展以及社会主义核心价值观的司法解释，以及通过最新的刑法修正案对此类违法行径进行严格的约束和控制，是十分有必要的。[②]

首先，尖端医疗科技的发展与进步，推动了我们对于人类、胚胎、生物组织、生命、死亡以及人的尊严等概念的全新理解。当涉及与此类尖端医疗技术相关的违法犯罪行为时，不能仅局限于法律条款的表面含义，而应以法律利益的保护为导向，确保行为的非法性和责任性达到必须刑事处罚的级别；在坚持犯罪与刑罚法定原则的基础上，有必要适度进行扩大解释，实现合法入罪与合理出罪，以应对尖端医疗技术对刑法犯罪构成理论的挑战。

其次，尽管刑法解释能够对一部分尖端医疗相关的违法行为进行规范，但增设新的罪名仍然是必要的。依据法理和刑法原则对现有《刑法》的相关罪名和条款进行扩大解释，虽然可以解决一部分问题，但刑法解释很难覆盖所有的新型尖端医疗违法行为。例如，在现行的《刑法》中，商业代孕、制造克隆人等行为无法

---

① 参见杨丹：《刑法如何应对尖端医疗技术》，载《中国社会科学报》2023年2月15日，第4版。

② 参见刘建利：《尖端医疗行为的刑法挑战及应对》，载《法学论坛》2019年第6期。

被定罪。对于那些严重侵犯刑法保护的法律利益的行为，应根据需要及时增设或修改具体的罪名和罪状。

（二）健全尖端医疗取证体制机制

在现代社会，医疗已经成为和人民、国家不可分割、无法忽视的问题，现有的对于医疗相关取证的研究还主要集中在医疗纠纷、医疗事故以及非法药品的取证难题等方面，鲜见对尖端医疗的取证难题的探讨。对于尖端医疗科技领域犯罪案件涉及的取证问题，如取证的方法、取证的程序、取证的专业素养等并未明晰。因此，应当通过健全医疗取证的专业程序或者规定，明确尖端医疗科技领域犯罪的定义和组成要素、法律责任以及取证标准和程序，这不仅能够为尖端医疗科技领域犯罪的取证提供程序、模式上的借鉴和指引，也能够为所有有关医疗取证的相关问题提供解决方案。

在完善医疗取证的体制机制方面，可以从以下几点着手：（1）建立专门的调查机构。针对尖端医疗技术犯罪，可以设立专门的侦查团队，负责侦查和取证相关的案件，包括但不限于侦查部门、医疗专业机构和科技机构以及行政尖端部门等。这种团队的好处是可以配备专业的技术人员和设备，以应对尖端医疗科技领域犯罪的技术性特点，提高取证的效率和准确性。（2）制定专门的取证规范和标准。针对尖端医疗科技领域犯罪的特殊性质，需要制定专门的取证规范和标准，明确取证的程序、方法和标准，并对取证人员进行培训和考核，以提高取证工作的规范性和科学性。（3）建立信息共享机制。尖端医疗技术的发展和应用涉及多个领域和部门，因此，需要建立信息共享机制，让不同的机构可以共享调查和取证过程中的信息和资源，协同工作，提高取证的全面性和及时性。

二、确立尖端医疗科技领域犯罪的侦查取证原则

侦查取证的基本原则性规则是指在收集、固定证据材料的过程中，应当恪守的一系列行为指南，这是侦查取证需要遵守的根本性的理念和标准。明确侦查取证的基本原则对于侦查取证规则的拟制、执行和遵守都具有至关重要的意义。由于侦查取证行为与其他诉讼行为相比存在许多不同的规定和需求，除了遵守刑事诉讼的基本规则之外，还必须有专门适用于侦查取证的基本性原则。这些证据收集原则的确立，将使侦查取证的规则更加趋于明晰与合理。笔者认为，侦查取证

的一般性原则至少应当包含以下四个方面：

（一）依法侦查取证原则

全面依法治国是我国治国理政的基本方略，诉讼过程中所有的行动都必须秉持法治的精神，特别是侦查取证的过程。侦查取证活动必须严格依照法律规定，在进行侦查与取证活动的过程中，执行者必须严格遵循《宪法》和法律所制定的相关条款和规则，以合法的方式和形式收集与应用证据，查明案件的真相，并依法进行案件处理。侦查执行者应当严格按照法治精神收集和应用证据，遵循在证据的搜集和利用过程中任何人都不应享有特殊待遇的原则。

同时，也绝不允许非法侵犯公民的个人权利及民主权益。任何违反法定程序，通过非法手段取得的证据，都不能作为审判的参考。例如，按照最高人民法院的司法解释，出现严重违反法定程序的情况、通过侵犯他人合法利益的手段，如偷窥、偷录、窃听等获取的证据，以贿赂、欺诈、恐吓、暴力等不正当方式获取的证据，都不能作为判案的依据。构建现代文明社会的基本准则在于严格遵循法治原则。若是侦查者以违法手段获取证据，这样的行为无疑将对国家法治的建设造成破坏，同时也背离了侦查行为的初心。

（二）迅速全面及时原则

由于自然环境和人为干预等多重因素的作用，一些易损性的证据，如物质痕迹，随着时间的流逝可能会被损坏甚至消失。因此，迅速而及时地取证显得尤为重要，应在案件发生后立即对涉事人员、证人进行询问，迅速收集其他证据，并对证据进行固定以保全其完整性。一方面，社会的不断发展和变迁使得证据可能会自然消失或被损坏；另一方面，人性中的趋利避害倾向可能导致当事人串通伪证或隐匿、销毁、伪造证据，甚至指使他人作伪证。因此，迅速取证是必不可少的。

同时，依据我国《刑事诉讼法》及相关司法解释的规定，所有能够证明案件真实情况的证据材料，侦查人员都应尽可能全面地收集，即不仅要收集对犯罪嫌疑人不利的证据，同时也应收集对其有利的证据。

首先，除法律规定无须证明的事实外，所有侦查机关确定的规定，包括有罪或无罪之实，都必须有充足和必要的证据来支持。在涉及尖端医疗领域犯罪的刑事诉讼中，案件的证明责任通常由司法机构承担。因此，侦查机关必须执行全面取证的原则。其次，执法机关在调查取证过程中，既要收集证明当事人有罪行、有加重处罚情节的证据，也要收集证明其无违法行为、无须承担法律责任以及符合法定减免处罚情节的证据，以确保刑事诉讼的公平和公正。最后，证据的种类应尽可能全面，任何能反映案件主要事实的客观证据都应尽力收集。在办理案件时，切勿仅依赖嫌疑人、证人或者当事人的一面之词，而要广泛收集包括现场勘查记录、物证、书面证据、鉴定意见以及证人陈述等各类证据，以实现各种证据间的相互印证。

（三）科学取证原则

尖端医疗科技领域犯罪通常涉及复杂的医学与高科技手段的运用。在取证的过程中，必须要重视科学技术对侦查取证的影响，利用科学、合理的手段获取证据。在取证的过程中侦查人员不仅要合理地利用科技手段提升取证效果，确保取得的证据具有证明力与证据能力，也要保障证据保管链的完整性，保障脆弱的证据材料在保存、管理时不受污染、不易变质，确保证据材料的效力。

其一，在取证的过程中应当完善取证的科学方法。一方面，要树立科学取证的先进理念，科学的证据意识能够在实践中指导侦查人员在办案过程中更加有效地获取证据，引导取证行为、取证方法、取证手段转向科学、合理、有效。这就要求办理尖端医疗科技领域犯罪的侦查队伍要转变思想观念，在针对性取证行为中，用先进的证据意识、科学理论以及合理的取证手段来武装侦查人员的头脑，树立发散式、立体化的取证思维，并把握大数据和“互联网 +”给尖端医疗科技领域犯罪侦查带来的便利，结合当前尖端医疗科技领域犯罪案件的犯罪形势，应用科学的取证理念开展案件侦查取证，提升取证的成效，加强证据的证明力和证据能力。另一方面，要更加注重对于自然科学技术的应用，自然科学技术的发展是尖端医疗科技领域犯罪成立的基石，探寻适合获取相关物证的科学技术、增强侦查取证主体使用相关取证技术的专业素养以及保存相关物证的能力等，能够为顺利取证保驾护航。

其二，应当高度重视专家在证据收集过程中所发挥的导向性作用。依照我国《刑事诉讼法》第 128 条的规定，当情况所需时，有权指定或聘请拥有特定知识技能的专家，在侦查人员的主持下执行现场勘查或检查工作。在法律和规范性文件中，这些专家往往被定义为“具备专业知识的人士”。他们的参与并非依赖于法律知识，而是凭借他们超越常识、直觉和日常经验的科学技术或其他专业知识，来参与刑事司法过程，为公、检、法机关办案提供辅助，或者为当事人提供咨询和帮助。随着知识和社会分工的不断复杂化和精细化，专家参与刑事司法的范围、程度和频率在我国呈现逐渐增长的趋势，法律文本不断为专家制度赋予新的职能，而司法实践也在不断尝试并探索专家的新角色。[①]首先，在实施侦查与收集证据的阶段，常常面临一些与技术相关的难题，同时还存在知识储备匮乏的问题，而技术专家具备相应的技术知识和经验，能够为侦查取证提供专业的技术支持和建议，适当邀请相关的技术专家进行协助和参与，能够弥补侦查人员在知识、技术上的不足，查漏补缺，帮助取证主体全方位获取证据材料。尤其是在对医疗机构、医院的病例与电子记录进行取证的过程中以及涉及复杂病理、尖端医疗中的证据问题时，需要具备医学专业知识和分析能力方能对证据的提取和分析作出判断从而采取恰当的取证行为。然而在大多数情况下，侦查和取证的专业人士主要精通法律学、犯罪学以及侦查学等领域的专业知识，但对其他学科领域的专业知识积累相对不足。在遇到特殊或复杂的技术问题时，邀请相关的技术专家参与和协助是必需且必要的。其次，有专门知识的人也可以参与对证据的鉴定、检验，对收集的证据作出自己的判断和分析，《刑事诉讼法》第146条明确规定，为了查明案情，需要解决案件中某些专门性问题的时候，应当指派、聘请有专门知识的人进行鉴定。因此，必须关注“有专门知识”的专家辅助人在尖端医疗科技领域犯罪案件取证中的重要作用。

（四）依靠群众原则

群众是社会的创造者，也是社会的组成者，更是社会的一部分。依靠群众不仅是我党的立党之本，也是刑事诉讼的一项基本原则。我国《刑事诉讼法》第6条明确规定，人民法院、人民检察院和公安机关进行刑事诉讼，必须依靠群众。同时，《刑事诉讼法》第52条规定，必须保证一切与案件有关或者了解案情的公民，有客观地充分地提供证据的条件，除特殊情况外，可以吸收他们协助调查。上述规定都明确说明了这一原则的重要作用。在尖端医疗科技领域犯罪案件的取证中，无疑必须依靠群众，究其原因，社会中的种种犯罪行为总是发生在群众当中，并以特定或不特定的群众为目标实施，群众总能够感知社会中的异常情况并及时向公安机关进行举报。因此，犯罪行为无论如何隐蔽，也难逃群众的法眼，总会有

---

① 参见陈如超：《专家参与刑事司法的多元功能及其体系化》，载《法学研究》2020年第2期。

知晓案件全貌或是部分细节的群众，如前文所言，医院的护士、同科室的病友都可能会从患者或其他渠道知晓部分案件情况。

坚持依靠群众原则的重要原因还包括：(1)对于尖端医疗科技领域犯罪案件，信息的收集和取证时间非常紧迫，如果公安机关仅依靠自己的力量取证，往往会因为调查周期过长而错失抓捕犯罪嫌疑人的黄金时间。而借助群众的力量，公安机关可以快速、准确地收集证据，提高案件的侦破效率。(2)尖端医疗科技领域犯罪案件均具有一定的专业性和技术性，单凭公安机关的技术手段很难获取足够的证据。而群众是案件发现和证据收集的重要来源，可以通过举报，提供线索、证言等方式，为案件的侦破提供更多的证据，使案件得以更全面地还原。(3)有助于提高社会舆论的关注度。尖端医疗科技领域犯罪案件往往具有一定的社会影响力，群众的参与可以提高社会舆论的关注度，进一步推动案件的侦破和处理。公安机关可以通过宣传教育、媒体报道等方式将群众参与案件取证的过程和结果向社会公开，使更多的人了解案件，支持司法工作，增强打击犯罪的合力。

三、加强全国性侦查取证协作与区域性警务合作

21 世纪的犯罪早已演化出新的行为特征，形成了跨省市、跨区域、分散型、去中心化的犯罪团伙，这给尖端医疗科技领域犯罪行为的取证带来了许多不便，面对此种犯罪形势，有必要加强全国性的侦查协作与跨国、跨区域的警务合作，这样可以提高公安机关的整体反犯罪能力，缩小犯罪空间和时间，加强取证协作，提高打击效率。

(一)加强全国性的侦查协作

侦查协作实则是指在对待棘手的大型案件、重大暴力犯罪案件以及利用高科技进行犯罪的案件等时，公安部门的刑事侦查单位与其他相关单位为了找出和控制犯罪行为、逮捕犯罪嫌疑人而展开的各种形式的协调、援助以及配合的关键侦查措施。[①]

面对当前复杂的犯罪形势，侦查协作被视为一项行之有效的侦查措施，它是社会对打击犯罪需求和侦查权限制度存在冲突的结果。我国相关法律规定，各级公安部门必须坚持互助、互补的原则，克服地方保护主义的思想，统一理念，严格

---

① 参见苑军辉、窦琳琳：《论侦查协作》，载《辽宁警专学报》2009 年第 5 期。

执行法律，增强协作的力度。实践表明，强化侦查合作对于提升公安部门的整体形象与战斗能力具有深远的影响，同时也为顺畅地取证协作奠定了坚实的基础。全国性侦查协作主要包括以下几个方面：其一，信息共享。各地的公安部门能够通过构建一个信息共享的平台进行交流，分享在侦查工作中获取的犯罪情报信息。这有助于各地公安机关快速地了解犯罪情况和犯罪嫌疑人的行踪动态，提高侦查效率和破案能力。其二，联合行动。各地公安机关可以通过组织联合行动的方式，共同打击跨区域的尖端医疗科技领域犯罪活动和犯罪团伙，共同应对跨地区的取证问题。联合行动可以使各地公安机关的力量得到充分的集中和发挥，提高取证效率和效果。其三，专项工作协作。针对特定的犯罪活动，如贩卖器官、合子、DNA 基因数据等，各地公安机关可以组织专项工作组，共同开展侦查取证工作。其四，情报研判。各地公安机关可以通过开展情报研判工作，了解犯罪活动的背后动机、组织形式、作案手段等情况，为侦查取证工作提供指导和支持，提高取证能力。其五，技术手段共享。各地公安机关可以通过共享侦查工具、数据分析软件等技术手段，共享取证技术与设备，提高办案效率。

总之，全国性侦查取证的协作是一个多方面的工作，需要各地公安机关加强协作，充分发挥各自的优势，共同打击尖端医疗科技领域犯罪，维护社会治安。

（二）促进跨国、跨地区的警务合作

跨国警务协作涵盖了各国或地区的执法机构，旨在增强预防和对抗跨境违法犯罪行为的效率，减少安保风险，提升执法效能。这种协作基于已签署的国际协定或依据各自国家（区域）的法律条文进行。[①] 国际警务合作对于一国的司法系统的运行是极其重要的，在犯罪全球化的形势下，只有通过高层领导之间达成警务合作共识，认识到尖端医疗科技领域犯罪对双方的危害以及对尖端医疗技术发展的抑制作用和打击此类犯罪的重要性，才能为以后商讨具体打击犯罪铺路搭桥，建立共赢的警务合作协作机制，为拓展和深化打击国际性的尖端医疗科技犯罪团伙、集团犯罪的合作领域创造先决的基础。

对于跨国与跨区域的警务合作，公安部制定更加全面的警务合作细节和规范是警务合作的应有之义。只有通过加强友好合作，才能有效消除彼此间的隔阂，才能以立法、颁布法规等方式以及参与国际协议等形式，确立适合国际合成作战

① 参见吴鹏：《疫情防控常态化背景下的中缅警务合作》，载《中国人民警察大学学报》2023 年第 3 期。

打击尖端医疗科技领域犯罪的合作制度，以此创设合理合法且可供实施的国际处理尖端医疗科技领域犯罪行为及其证据获取的警务合作机制。另外，要加强两国之间、两国的警务系统之间以及两国的外交系统之间的协调与沟通，尤其是要加强一线人员之间的具体行动沟通，构筑各层级间的协同架构，确保合作策略的每一环都能顺畅运行，达成国际警务协同体的无缝衔接，共同搭建出实用且高效的警务协作网络，以此加强国际尖端医疗科技领域犯罪的证据互通。

四、提升取证主体的取证能力

在"以审判为中心"的诉讼制度背景下，公安机关刑事案件办案质量成为影响刑事诉讼公平正义的重要基础。① 尖端医疗科技领域犯罪案件的取证效率和质量很大程度上决定了案件办理的效果。提升侦查取证主体的专业素养和取证能力，是全面提高公安机关刑事案件质量的根本途径，具体包括以下三个方面：一是要提升其专业知识的广度与深度；二是要强化取证流程管理；三是要培养严谨的证据收集意识。

（一）提升取证主体专业知识的广度与深度

要加强尖端医疗科技领域犯罪案件的侦查取证主体对于医疗、科技相关专业知识的了解与掌握。尖端医疗科技领域犯罪案件不同于杀人、强奸等传统犯罪案件，侦查人员不仅要有扎实的经济犯罪案件侦查基础知识，还要有医疗方面的专业知识。尖端医疗科技领域犯罪案件中的证据种类繁多，涉及生物信息数据、医学记录、医疗设备等多个方面，取证人员需要具备一定的医学、法律等方面的知识背景，如对医疗设备、医药产品、医疗机构和医务人员的管理规定，对尖端医疗技术的审查和批准制度，对尖端医疗科技领域犯罪行为的认定标准和量刑规定等以及对基因测序技术、数字化取证技术、医学影像处理技术的应用等，提高取证人员的技术能力。

（二）强化取证流程管理

强化取证流程管理是提升取证人员对于尖端医疗科技领域犯罪案件取证能力的必要手段。取证流程需要全面规范和标准化，不仅要在《刑事诉讼法》《公安机

---

① 参见蒋永良、李艳、陈晨：《以审判为中心背景下刑事证据收集指引问题研究》，载《江苏大学学报（社会科学版）》2020 年第 6 期。

关办理刑事案件程序规定》《公安机关刑事案件现场勘验检查规则》等规定的基础之上进行取证，还要包括以下内容：制定取证计划，明确取证目标和内容；做好取证准备工作，包括准备取证工具和材料等；严格执行取证操作，确保操作规范、准确、完整、无疑点；做好取证记录，记录取证过程和结果；做好取证保全工作，保障证据的安全和保存等。

（三）培养严谨的证据收集意识

要培养严谨的证据收集意识，侦查人员在侦查取证的过程中要规范取证，注意在法律的范围内合理地取证，严禁出现非法取证的行为，以避免非法证据排除，必须充分重视全方位收集相关的证明材料，保证证明材料收集的全面性，规避证明材料的隐患及再次取证的可能，要具备深远的视野和整体意识。可以肯定的是，严格收集证明材料有益于提高证明材料的品质，加强侦查部门对后期诉讼环节的证明材料供应。

五、重视尖端医疗科技领域犯罪各具体侦查取证环节

侦查取证最终服务于对尖端医疗科技领域犯罪案件事实的查明，以查获和确定犯罪嫌疑人。因此，还应当重视实际办案过程中的具体侦查环节，如现场勘查、对证人以及受害人的询问、对网络相关犯罪信息的获取过程以及提供医疗器械、医药相关产品的源头等。

（一）重视现场勘查中的实物证据获取

作为侦查工作的重要入口，犯罪现场成为获取大部分案件物证的初始位置及主要战场。它不单是刑事侦查的前置条件和基石，更是侦查行动的焦点乃至核心。因此，现场勘查对于侦查取证的重要性不言而喻，现场勘查的优劣程度直接影响到侦查取证的步骤、品质和效益。专业人士曾经估算过，“在 3 分钟内抵达现场，破案比例可达 2/3，10 分钟内抵达则达 1/2，若是半小时后抵达则降至 1/3”[①]。毋庸置疑，在尖端医疗科技领域犯罪案件的取证环节若不能及时到达现场并加以保护，现场蕴含的证据材料很可能遭受人为或自然因素破坏，从而失去全面取证的良机。

① 参见马进宝、刘祁宪：《智能诉讼》，群众出版社 1998 年版，第 92 页。

如前文所言，现场勘查的地位在整个刑事诉讼过程中都非常重要。因此，在对现场勘查和取证的过程中，必须重视对现场证物的获取。不仅需要对涉及尖端医疗的传统宏观物证，如前文所述的医疗用具、尖端医疗器械、存储设备进行取证，也要重视对微量物证以及痕迹物证的收集。除此之外，在现场勘查收集“状况证据”也是证据收集形式之一。①

经过多年来的理论发展与实践的总结，对传统宏观物证的收集手段与措施已经较为完善，但还应注意以下几点。

第一，在进行物证采集时，必须明确其收集边界。实体证据的主要来源是与犯罪行为有关的地理位置与环境，包括犯罪行为发生的地点以及留有犯罪相关痕迹、物品等物证的地方，即犯罪现场。在证据收集过程中，侦查人员应在已知犯罪现场的基础之上，运用因果关系和逻辑关系进行分析，以寻找尚未被发现的犯罪现场，尤其是那些可能存在犯罪准备活动或其他遗留下物证的现场。根据人、事、物等“七何”要素判断犯罪现场与衍生犯罪现场以及其他与犯罪相关的或出现犯罪行为的地点。在尖端医疗科技领域犯罪案件中，需要确定涉案的医院、诊所、药店以及非法医疗场所等地点，确保收集的物证与案件相关，能够提供证据和线索。同时，收集的物证也需要与案件性质和侦查方向相符合。

第二，采纳科学化的取证技术。尽管物证稳定性较高，但其特性、特质等要素在证据获取以及保管过程中极易发生变动，尤其是血液、组织、器官等特殊实物证据。作为鉴定检验的物证，如果相关特征发生变化，鉴定意见的精准性将会受到影响。因此，调查人员应依据具体证据类型，严格遵守相关技术流程提取物证，在搜集实证时需采用科学化的方式，按照《公安机关办理刑事案件程序规定》《公安机关刑事案件现场勘查检查规则》《刑事诉讼法》的规定，综合应用搜索、扣留、调阅等手段，全方位细心寻找、收集物证，保证物证的精确性和可靠性。

第三，保护物证完整性。在收集现场物证时需要保护其完整性和安全性，避免污染、破坏和误用，确保物证的客观性和可信度，对收集到的实物证据需要注意保证其完好性，以便后续的检验和鉴定。同时也绝不能孤立地看待实物证据，其相关性如所处地点、明确源头、初始状态以及特性等配套信息对于侦查人员的取证工作至关重要。若是这些相关材料缺乏，则实物证据的说服力将会因其来源模

---

① 参见李尧：《论侦查取证质量的提高途径——基于取证之实体层面的分析》，载《山东警察学院学报》2020 年第 2 期。

糊和特性不明显等而遭受削弱。[①]

第四，记录和保存物证。在收集物证时需要对其进行记录和保存，包括记录物证的详细信息、采集时间和方法、保存方式等，以确保物证的可追溯和可复查性。同时，也需要注意保存物证的环境和条件，避免物证的变质和破坏。

第五，确保合法性和规范性。在收集物证时需要遵守相关法律法规和程序，确保收集的物证合法、规范，并不侵犯人身、财产和其他权益。在尖端医疗科技领域犯罪案件中，需要注意法律法规的适用，如《刑法》《医疗器械监督管理条例》等。

另外，对微量物证、痕迹物证以及“状况证据”情况的收集也是现场勘查中证据的组成之一。“状况证据”指包含了物证的存在状况、变动情况和相互关系，以及温度、光线、烟火、气味、时间、湿度等非静态实体的理化现象的证据，[②]此类证据同样具有证明案件中某些特定事实的作用。在提取时要注意以下问题。

首先，必须由经过专门培训的技术人员提取。微量证据与尖端医疗技术的融合需要更高的专业技能，其中涉及的技术颇为复杂。现场调查人员不仅需要掌握微量证据的检测和应用等基础知识，还必须经历专业的样品采集训练。对于复杂棘手的案件，应邀请检测专家到现场进行采样或指导。其次，微量证据与“状况证据”有时是隐形的证据，若不借助于工具或仪器，肉眼往往难以发现。因此，现场调查人员应具备微观证据意识，不能仅提取可见的证据，而忽视那些不可见的证据。这些隐形的证据在案件侦破中的重要性有时更大，应被充分重视，努力全方位地提取证据，并建立相应的采集程序和工作规范。最后，痕迹证据和微量证据是现场证据表现的两个方面，微量证据主要研究证据的物质特性，而痕迹证据主要研究证据的外在形态特性，二者是相互补充的。一般而言，痕迹是由物体间的接触并在力的作用下形变而生成的。两物体的接触和力的作用，必然伴随着物质的交换或转移。因此，在提取痕迹证据时，应注意对微量证据的保护，以防微观附着物的丢失或污染。

（二）注重受害者与证人的心理疏导与保护

获得案件相关人对案件的详细陈述是证明犯罪的重要证据种类，也是侦查取

---

① 参见高源、仝瑛杰：《论基于证据体系构建的侦查取证模式》，载《湖北警官学院学报》2016 年第 2 期。

② 参见李尧：《论犯罪现场勘查中的状况证据》，载《铁道警察学院学报》2015 年第 4 期。

证工作的重要手段。[①] 在尖端医疗科技领域犯罪案件，如器官移植案件中，获取供体与受体的陈述时，在面对受害者不愿回忆案件事实或抗拒说明案件详细的情况时，心理疏导是非常重要的，可以帮助其有效缓解情绪、减轻心理负担，促进当事人的合作意愿并提供真实、准确的证言，提高询问效率，让其更好地参与案件调查和审判，为案件的侦查和审判提供有力的支持。

1. 建立信任关系

在开展心理辅导工作之初，首要的任务是与受助者构建起一种信赖的联系。受害者可能会有很多疑虑和不信任，因此需要通过细致的关心，给予正向的关注，以及掌握专业的沟通技巧，尽可能地帮助受害者建立起信任感。让受害者与证人感觉到被尊重和被理解。通过倾听、理解和支持，建立互信和共鸣，让当事人愿意与侦查人员合作，提供其对案件相关信息真实的、详细的个人描述和感受。

2. 了解其心理状态

在进行心理疏导的过程中，需要尽可能了解受害者的心理状态以及对案件的态度，这包括他们可能经历的情绪、思想和行为问题。如前文所述，在不同的尖端医疗案件中，受害者与案件相关人通常都会存在不同的心理状况，同时他们的心理状态也因人而异。例如，根据社会学家为人类划分的四种气质类型[②]，受害人及案件相关人可能呈现多种情况，气质类型为多血质与胆汁质的人拥有外向的性格，在案件中通常会勇敢地陈述对自己的伤害、案件的详情等。因此，只需要在听取他们的陈述时多加鼓励并正确引导；而气质类型为粘液质和抑郁质的人则相较内向、优柔寡断，需要在获取口供时充分了解他们的心理状态、真实想法，增强共情能力以取得突破。通过了解受害者的心理状态，可以更好地了解他们的需求和感受，并针对性地提供帮助和支持。

3. 提供情感支持

尖端医疗科技领域犯罪案件中的受害者往往会经历严重的情感创伤，如失去信任感、被欺骗感、愤怒、焦虑、恐惧、沮丧、自责等。因此，在进行心理疏导时，需要提供情感支持来减轻他们的负担和痛苦，让他们感受到被理解和支持。情感支

---

① 参见刘启刚、李学成：《刑事案件被害人询问对策的实证研究——以我国中部某地区为分析样本》，载《中国人民公安大学学报（社会科学版）》2018 年第 1 期。

② 公元前 5 世纪古希腊医生希波克拉特认为人体内有四种液体，即血液、粘液、黄胆汁、黑胆汁。这四种液体在人体内的比例不同，形成了气质的四种类型，即多血质、胆汁质、粘液质、抑郁质，分别拥有不同的性格表现。

持的方式可以包括：听取受害者的故事，表达对他们的同情和理解；提供鼓励和支持，增强他们的自信心和勇气；帮助他们减轻负面情绪，如提供放松技巧、呼吸训练等。

4. 提供信息支持

受害者在尖端医疗科技领域犯罪案件中往往会感到被迫隐瞒或者不知所措。他们需要足够的信息支持来了解自己的权利和利益，以及案件的发展情况。在进行心理疏导时，需要提供相关的信息支持。信息支持的方式可以包括：提供案件法律知识和医疗专业知识，帮助受害者理解自己的权利和利益；解释案件的发展情况，帮助受害者了解案件的进展；提供相关资源和支持，如律师、医疗机构等。

5. 引导受害者陈述

在进行心理疏导时，适度引导受害者陈述案件相关情况，可以让受害者更好地表达自己的感受和需求。引导受害者陈述可以通过开放性问题、倾听、回应、反馈等方式进行。

引导受害者陈述需要注意以下几点：首先，需要尊重受害者的陈述和表达方式，不要在过程中过多地干预和影响。其次，需要关注受害者的情感体验，表达同情和支持。最后，需要保证陈述过程的安全和保密，避免对受害者造成二次伤害。在引导受害者陈述的过程中，需要掌握好引导尺度，并尊重受害者的权利，让受害者感到被理解和支持，从而更好地帮助他们走出心理创伤。总之，在进行心理疏导和取得受害者陈述时，需要关注受害者的情感和信息需求，注重建立信任关系，适度引导受害者陈述，并在过程中提供必要的支持和帮助。

除此之外，在询问之前要注意对受害人以及案件相关人的态度，他们并非案件的犯罪嫌疑人，调查人员应该给予他们合法、正规以及人文主义关怀，具体可以考虑从以下几方面考量：

第一，保持专业的态度。在获取口供时需要保持专业的态度，不要过于亲近或过于严厉，要尊重当事人的感受和意见，做一个良好的倾听者，尽可能地在法律和道德的范围内进行调查和询问。

第二，创造安全的环境。在获取口供时需要创造一个安全、舒适的环境，让当事人感到安心。可以提供热水、茶水等，让当事人有所放松。

第三，给予情绪支持。在获取口供时需要给予当事人情绪支持，尤其是在当事人情绪激动、紧张、害怕时，可以提供积极的情绪支持和安慰，让其获得安全感。

第四，鼓励自我表达。在获取口供时需要鼓励当事人其发表意见和看法，尽可能地让其表达真实的想法和情感，通过正面的回应和反馈，增强他们的自信和合作意愿。

综上所述，在获取口供时需要尊重当事人的感受和权利，建立互信和共鸣，为其创造安全、舒适的环境，给予其情绪支持和安慰，鼓励其自我表达。这些措施可以有效地促进当事人的合作，提供真实、准确的证言，为案件的侦查和审判提供有力的支持。

此外，面对利用尖端医疗犯罪的组织、团伙的威胁，对受害人及证人的人身保护是非常有必要的，这也有助于减轻受害人和证人来自威胁的压力和精神上的不适。首先，应对取证的个体提供安全保护措施。这些措施包括但不限于提供居住安全保护、提供搬迁安置和身份保护等服务。保护的措施不仅涉及传统的人身安全，还包括财产安全，通过提供有效的安全保护措施，可以有效地减轻受害人的安全压力。其次，建立受害人保护网络，这是对受到犯罪组织威胁的受害人的另一种重要保护措施。保护网络中的成员应该包括公安机关、律师、社会组织和志愿者等，形成多方参与的保护机制。这些组织可以为受害人提供各种资源和服务，如法律援助、人道支援、专业咨询和医疗救助等。保护网络还可以为受害人提供心理支持，让他们感受到社会的关怀和支持，从而更好地应对威胁。再次，采取技术手段保护是对受到犯罪组织威胁的受害人、证人的另一种重要保护措施。这些技术手段包括但不限于安全监控系统、防护措施等。例如，安装安全监控系统可以监控受害人及其居住区域或工作场所，及时发现潜在的安全威胁，防止犯罪团伙的伤害。又次，还可以采用加密通信、匿名上网、备份数据等技术手段，保障受害人的信息安全，防止犯罪团伙利用技术手段获取受害人、证人的个人信息。最后，还需要增强受害人以及证人自身的法律意识和知识，通过加强法律教育和知识普及，可以提高受害人的法律意识和自我保护能力，让他们更好地了解自身权利和法律保护措施，从而避免成为犯罪团伙的攻击目标，同时可以加强警民互动，让警方向受害人提供更加全面和深入的法律咨询和帮助，增强全社会的法治意识和安全感。

（三）深挖网络广告、交易信息，综合挖掘多渠道证据来源

互联的网络环境实际上是网络犯罪的现场，证明犯罪的电子证据就散布在这

个大环境中。网络环境导致的电子证据的分散特性也给予侦查部门一定的优势。网络环境的分散性特点使得违法者难以完全隐藏其身份信息，也难以完全破坏所有的电子证据。在其他各个地点保留下来的电子证据，可能会相互印证，从而构建出一个完整的证明链条。假如违法者只是删除或修改了部分电子证据，那么侦查员可以利用计算机分析技术，对被删除或修改的其他隐蔽处进行分析，以此来为接下来的侦查活动提供指引。① 因此，尖端医疗科技领域犯罪案件的电子数据取证层面仍然拥有属于电子数据的第一犯罪现场，依然可以适用现场勘查的理论与实践。

从理论上来看，电子证据的虚拟现场可以被划分为两个部分。一是由单个计算机的硬件设施和软件配置组成的环境；二是由众多计算机联接而成的网络内部场所。实践中通常将前者称为单机现场，将后者称为网络现场。②

在对尖端医疗科技领域犯罪的犯罪行为进行电子数据的取证时，首先，要针对多计算机构成的网络内部的现场即互联网进行取证，可以针对涉案的医疗机构或个人进行网络监控，通过对网络各个层级 ③ 进行勘查，获取相关的广告、交易信息。通过网络“爬虫”、数据抓取、数据挖掘等技术手段，对组织器官贩卖、基因收集、非法代孕等关键词进行搜索，在搜索结果中找到相关信息。其次，针对取得的广告、交易信息进行数据分析，发现关键信息。可以采用数据挖掘、机器学习等技术，对大量数据进行分析和挖掘，找到相关的模式和规律；可以采用人工分析的方式对数据进行分类、整理和分析，以发现潜在线索。最后，通过各种公开或非公开的数据库进行搜索和检索，以获取相关证据。查询相关医学、法律、商业数据库，以获取尖端医疗案件相关的信息；通过其他数据库，如信用卡、银行等的数据库，获取涉案个人的交易信息。此外，交易信息也是尖端医疗科技领域犯罪的重要证据来源之一。犯罪嫌疑人在网络上通过交易平台进行非法交易和交换，因此在侦查取证过程中，需要加强对网络交易信息的监控和调查，关注现金流的动向，以便获取有用的证据材料，找到犯罪嫌疑人和涉案人员之间的联系和证据。

---

① 参见何家弘：《电子证据法研究》，法律出版社 2002 年版，第 58 页。

② 参见何家弘：《电子证据法研究》，法律出版社 2002 年版，第 59 页。

③ 根据开放式互联系统（Open System Interconnection，OSI）的参考模型，可以将网络形象地分为 7 层：最上层为应用层，往下依次为表示层、会议层、传输层、网络层、数据链接层、物理层。每一层都有自己独特的功能，并且掩盖了下一层的复杂的技术细节。

在物理现场中电子设备内的数据取证非常重要。各种合法或非法的医疗机构和公立或私立医院中的电子病历与电子记录是尖端医疗科技领域犯罪侦查取证过程中重要的书证和电子数据来源。这些记录可以反映受害者的身体状况、施术方案、药物使用情况等重要信息，有利于判断是否存在利用尖端医疗进行犯罪的行为。在侦查取证过程中，需要加强对医疗机构和医院的病例及电子记录的检查和调查，包括查阅病历资料、调取电子数据、协查医院收费系统等操作，以便查明医疗资源的使用情况和医疗费用的流向。

（四）强化对尖端医疗科技领域犯罪组织及上下游犯罪的调查取证

1. 对尖端医疗科技领域犯罪组织的取证

组织性是尖端医疗科技领域犯罪案件取证中要考虑的重要因素之一，因此要注意收集有关利用尖端医疗实施犯罪的团伙的证据。一是有组织犯罪关于犯罪宗旨的书证，如贩卖人身组织、器官，或者诸如“为患病者带来健康，为健康者带来收益、以钱财换取健康”等标语。因为这类证据往往是有组织犯罪的“灵魂”，对整个有组织犯罪的发展方向和犯罪目标具有指导作用。二是记载纪律性和帮规教条的书证，这类证据可证明有组织犯罪内部结构的层级性、奖惩性以及对犯罪成员的管控机制。三是组织者、领导者所设置的公司、企业的财产账目，发放的工资单据以及该公司与该组织犯罪人员之间的薪酬、奖金、罚金等关联性书证。四是组织者、领导者雇佣、开除、惩罚、殴打犯罪人员，“合同书（聘书）”，开除条，惩罚工具，被惩罚人的伤情、病历及治疗、用药记录等书证、物证。另外，“保护伞”是有组织犯罪发展壮大、为非作歹、称霸一方的充分性条件，也是有组织犯罪重要的构成要件之一，充分收集“保护伞”证据以及庇护涉黑组织犯罪行为的证据，对证明该类犯罪事实具有重要价值。如国家公职机构领导干部堕化为“保护伞”的行贿、受贿账目和财产，许诺与利诱的诱饵，书信函件，不明财物以及庇护、纵容犯罪组织的违法犯罪行为，通风报信，阻止调查等一系列将“保护伞”与犯罪组织相互关联的证据。

从目前审判有组织犯罪的结果来看，证明有组织犯罪的四大要件证据中，“组织性”证据最缺乏客观物证，证明“组织性”的证据基本种类主要是言词证据。因为犯罪组织内部具有严密性和隐秘性的犯罪目的、科层式结构、帮规戒律等静态组织性事实很少采取书面形式，有组织犯罪的组织者、领导者多以口头方式管束组织成员，策划、指挥其他组织成员实施犯罪，实现组织的犯罪意图。更为重要的是，有组织犯罪的领导、策划、指挥、授意、受命等实施具体犯罪的动态性组织特征，基本都采取隐蔽性较强的"一对一"的口头、电话等方式进行，只有授意者和被授意者知情，因而授意者和被授意者的口供对此类案件事实具有较强的证明作用。"组织性"特征在缺乏其他相应的客观物证予以证明的情况下，口供具有证明有组织犯罪的"组织性"的特殊功能。因此，在收集组织证据时应当更加注重口供的作用，但也不能陷入"唯口供论"的陷阱当中，以免滋生刑讯逼供的土壤，口供应当与其他证据相印证以增强各种证据的证明力。

2. 对尖端医疗科技领域犯罪上下游犯罪的取证

对尖端医疗科技领域犯罪案件的取证工作，不仅要关注案件本身所包含的证据材料和可能的案件线索，也要关注其产业链的形成，对尖端医疗科技领域犯罪案件的上下游犯罪进行取证，如医疗器械的来源、药品的供货渠道等，可以证明犯罪事实的真实性和证据的充分性。此类犯罪通常涉及医疗机构、医生、药品、器材等多个相关方，涉及生产、销售、分发、使用等多个环节。通过收集、分析和整理证据，可以形成连贯的证据链，证明犯罪的发生和犯罪的过程，确定每个环节和参与者的责任和违法行为，并追究其相应的法律责任，同时也能够发现犯罪的规律和特征，掌握犯罪手段和技巧，为预防类似犯罪的发生提供参考和借鉴。

寻找医疗产品如尖端医疗器械、设备以及非法药品的来源，可能需要进行以下方面的调查：首先，调查医疗产品的生产厂商或供应商，了解他们的生产和销售情况，以及生产批次和流向。可以通过查阅相关的行政文件、商业登记信息、贸易数据等，了解生产厂商或供应商的基本情况和历史记录。其次，调查医疗用品的销售渠道，了解医疗产品的流通情况，以及医疗产品的销售人员和销售机构等。可以通过查阅相关的营业执照、销售记录、货运单据等，了解销售渠道的基本情况和历史记录。再次，调查医疗产品的购买者和使用者，了解医疗产品的实际使用情况，以及医疗产品的使用记录和使用人员等。通过查阅相关的购买记录、使用记录、医疗机构档案等，了解购买者和使用者的基本情况和历史记录。最后，调查医疗产品的报关记录，了解医疗器械的进出口情况，以及医疗器械的进口商和出口商等。可以通过查阅相关的进出口单据、海关报关记录等，了解医疗产品的进出口情况和历史记录。

六、完善证据保管链制度

对于法律框架内侦查取证环节所收集的证明文件，自侦查阶段开始，经过公诉程序，至法庭审理的每一个环节，都必须有一个完备且详尽的保存和记录系统，该制度对于确认证据的真实性具有至关重要的价值。虽然现有的一些规定已经涵盖了证据保存以及医疗证据的处理，但在医疗领域，证据真实性的问题仍然十分突出。[①]同时，对于具有相同医疗属性的尖端医疗科技领域犯罪证据保管链制度却仍然有待考量。基于尖端医疗科技领域犯罪证据的尖端性、易灭失性、科学性和医疗性的特点，控辩双方都很难对证据的真实性提出疑问，如医疗文档中含有大量的专门术语，使得恶意篡改或隐瞒事实很难被察觉。同样，司法人员由于专业知识的缺乏，很难判断关键证据是否存在伪造、篡改等问题。因此，从长期角度审视，我国有必要从证据链的角度系统地思考如何在尖端医疗科技领域收集、保存和管理犯罪相关证据，以不断完善证据链的完整性和科学性，这是在现行制度框架下非常必要的一步。

保证证据链条完整性的系统应包括两个方面的规定：首先，对证据记录体系的规定，这需要执法部门构建一个完整且连续的记录体系，从取得证据的那一刻直至将证据呈交法庭的整个过程，包括实体证据的流通及其安放的基本状况，以及保管证物的人员的历史情况。其次，所有参与证据收集、运输、保管等环节的人员，除非满足法定的特例情况，都必须出现在法庭上并接受控辩双方的交叉质证，以验证保管的合规性以及证据的真实性与相关性。[②]基于这两个层面的要求，以下对于完善证据保管链提出几方面的建议。

（一）建立统一的审查和保管制度

针对不同类型的证据，应制定不同的审查和保管制度。尖端医疗科技领域犯罪案件中的证据种类繁多，需要针对性地制定不同的审查和保管制度。这些制度应包括证据收集、确权、鉴定、保存、存储等方面的规定，旨在确保证据的完整性、可靠性和准确性。例如，对于生物信息数据的收集、鉴定、保管等环节，应制定相应的规定和操作规程。

---

① 参见高鹏志：《医疗纠纷证据保管链制度研究》，载《证据科学》2018 年第 4 期。

② 参见陈永生：《证据保管链制度研究》，载《法学研究》2014 年第 5 期。

（二）明确保管责任和流程

为了确保证据从收集到保管再到审查、送达法庭的全过程无遗漏和失误，应明确证据保管的责任和流程。这涉及证据收集、鉴定、保管、交接等各个环节，需要有明确的责任人和流程规定。各个环节的责任人应对证据的安全、可靠、准确等方面进行全面的责任把控，确保证据的完整性和可靠性。同时，在保管过程中，需要留下详细的记录，包括证据的来源、保管人员、保管时间、保管地点及其他关键信息，以便于后续审判活动的核查和查证。

（三）加强技术保障

尖端医疗科技领域犯罪案件中的证据形式越来越多样化和复杂化，需要利用先进的技术手段加强证据保管的技术保障。例如，利用数字化技术对证据进行加密、存储和传输，如近几年被热烈讨论的“去中心化的区块链证据保存技术”①，以保障数据的安全和可靠性。此外，还可以使用一些先进的技术手段进行证据的鉴定和分析，例如，利用 DNA 基因测序技术对涉案人员的生物信息数据进行鉴定和比对，提高证据的可靠性和准确性。

（四）实行交叉验证机制

尖端医疗科技领域犯罪案件中涉及的证据来源多、种类全，为了提高证据的准确性和可靠性，应实行交叉验证机制。例如，对于生物信息数据，可以通过与其他证据进行交叉验证，如与医学记录、现场勘验报告等其他证据进行综合鉴定，确保证据的准确性。这样做可以降低单一证据的误差率，提高证据的可靠性和准确性。同时，在交叉验证的过程中，还可以进一步完善证据的保管链条，保证证据的真实性和完整性。

综上所述，完善尖端医疗科技领域犯罪案件中的证据保管链制度需要建立统一的审查和保管制度、明确保管责任和流程并加强技术保障以及实行交叉验证机制。这些措施将有助于提高证据的准确性和可靠性，确保案件审判的公正性和准确性。

---

① 杨震、孙梦龙：《纸域司法改革的方向标：数智时代的区块链司法——以〈最高人民法院关于加强区块链司法应用的意见〉为中心展开》，载《政法论丛》2022 年第 6 期。

结　语

本书围绕“尖端医疗科技领域的刑事立法”展开，尖端医疗科技作为服务人类生命、健康的重要科技领域，其法律规制问题已经引起了理论界与实务界的广泛关注，并形成了一定的研究成果。但是，面对相对丰富多样的研究成果，笔者发现，在相关研究中还存在很大的不足。对尖端医疗科技领域的刑事立法问题缺乏体系化、系统化地研究；对尖端医疗科技的具体类型及其在实践中存在的问题的关注不够；对已有罪名虽然提出了修订意见，但是没有考虑到其在罪名体系中的归属及其与已有法条之间的衔接与平衡。正是基于上述问题，本书对尖端医疗科技领域的刑事立法问题进行了全面梳理，以期为刑法条文的完善和相关行为的有效规制提供理论基础和可行的操作方案。

从逻辑思路上看，本书的研究分为三个大的部分。第一部分对尖端医疗科技领域的刑事立法基础理论进行了探讨。通观医疗法规相关著述，存在“尖端医疗科技”“生命科技”“生物技术”“生物科学”等表述，医疗科技的发展由初始走向尖端。从我国最早发明的距今已有两千多年历史的针灸技术到器官移植、变性和美容、辅助生殖技术、基因编辑等先进医疗科技的应用，医疗科技不断取得新的突破，为人类治疗疑难杂症提供了坚实的技术支持。医学与法学都是服务于人类社会的古老学科，二者之间的交融古已有之。中国古代医事法规也经历了从萌芽到诞生的漫长阶段，从而使中华医学的发展不断走向规范化。古巴比伦《汉穆拉比法典》较早地对医患关系进行了规定；《优士丁尼国法大全》关于医疗行为规制部分也涉及对医生的主观方面的评价，以确定医生应当承担的责任。

与现代尖端医疗科技发展相伴而行的是对生命伦理维护和患者权益保护问题的思考。刑法介入尖端医疗科技有助于维护患者权益、医学伦理，防范医疗风险，促进社会和谐，完善医疗法律治理体系，维护人格尊严。尖端医疗科技领域刑事立法具有可行性，罪刑法定原则为尖端医疗科技之刑法介入提供了指引，经济社会发展为尖端医疗科技之刑法介入奠定了基础，域外刑事立法为尖端医疗科技之刑法介入提供了借鉴，司法实践经验为尖端医疗科技之刑法介入开辟了路径。尖端医疗科技领域的立法需要针对性的立法原则，结合理论与实践的情况，这些原则应包括：知情同意原则、有益性原则、安全性原则、平衡性原则、程序性原则。纵览世界尖端医疗科技领域的刑事立法，具有代表性的模式主要有三种：一是刑法典模式，二是行政法模式，三是混合模式。刑法修正案属于刑法典的一部分，将尖端医疗的刑事立法统一纳入《刑法典》，对于解读相关刑法条文、查找刑事立法依据无疑是最方便的。当然，尖端医疗科技领域的立法应具有前瞻性。

第二部分针对尖端医疗科技的具体类型及其刑法规制问题展开研究。在研究中紧密结合尖端医疗科技发展应用情况以及相关刑事立法和司法实践，进行了系统性、科学性、实践性的探讨，深入探讨不同类型的尖端医疗科技在实践中存在的刑事法治困境及完善刑法规制的具体路径。聚焦于以下几个问题：代孕的刑法规制问题、非法器官移植的刑法规制问题、非法实验性医疗的刑法规制问题、非法医疗美容的刑法规制问题、非法性别重置的刑法规制问题、非法人体基因编辑的刑法规制问题、人体克隆的刑法规制问题。在这一部分的研究中，坚持以尖端医疗科技的立法原则为指导，密切关注实践中存在司法困境和立法不足，并坚持“以人民为中心”和“健康中国”的理念，提出了尖端医疗科技领域强化刑法规制的具体对策建议。此外，在这一部分还提出了与完善刑事立法相关的配套措施与司法建议。当然，第二部分是本书研究的核心内容，对尖端医疗科技领域的刑事立法进行了全面思考。

第三部分对关于尖端医疗科技领域犯罪调查取证问题进行了深度分析。做好尖端医疗科技领域的调查取证工作对于整个立法的实践操作具有重要意义。在以审判为中心的诉讼改革深入贯彻的当下，尖端医疗科技领域的证据类型和取证方式无疑是项目研究的重要内容之一。尖端医疗科技领域犯罪的证据具有自己的独特性，需要对尖端医疗科技领域的取证主体、取证环节以及方法等问题进行思考。面对尖端医疗科技的快速发展，要注意数字取证、生物信息取证、医疗设备取证等新型取证方法的运用，以更好地服务于尖端医疗科技领域的犯罪治理工作。

尖端医疗科技领域的刑事立法问题是刑事法学研究的一个新的领域，也是一个学科交叉、融通创新的复杂领域，它既有无限的挑战，也蕴含着无尽的可能。项目的研究不是终点，未来笔者将进一步通过实践调研、理论梳理以及交流研讨等方式深化对前述基础理论、类型化立法以及调查取证的研究。党的二十大为我们擘画了"美丽中国""健康中国"的壮美画卷，我们期待有更多研究和实践，为尖端医疗科技领域的刑事立法和司法实践操作贡献法治智识和力量。

后 记

科技是驱动社会发展的重要支撑，是“第一生产力”。回望人类发展的历史长河，自最早的人类出现以来，人类充分发挥科技的力量，在征服自然、改造自然的过程中，不断改善自身所处的环境。石器时代、青铜时代、铁器时代、蒸汽时代、电气时代、信息时代、人工智能时代……科技的持续发展推动人类不断进步，奏响了各具时代特色的恢宏乐章。

医疗科技的发展关系人类的健康、生命权益和人格尊严。在现代社会，器官移植、代孕与辅助生殖、医疗美容、性别重置、基因编辑等尖端医疗科技的快速发展，为提升人类健康福祉而大放异彩。然而，科技是柄“双刃剑”。为了巨额商业利润和无边际的科研自由，其可能被非法利用而贻害人类。在尖端医疗科技发展和应用的过程中发生的“器官买卖”“代孕弃养”“美容毁容”“编辑婴儿”等一系列医疗事件让人触目惊心。如何以法律之“长缨”捆缚尖端医疗科技领域违法犯罪之“毒蛇”，以襄助“健康中国”“幸福中国”建设的伟大使命，是近年来法学理论界和实务界孜孜以求的目标。

本人主持的国家社科基金项目“尖端医疗科技领域的刑事立法”于 2023 年年底顺利通过结项。能够顺利获得立项和结项，要衷心感谢国家社科规划办和各位评审专家的信任。在党的二十大所确定的建设中国式现代化的时代背景下，该问题研究的重要性不言而喻。

项目的研究主要聚焦尖端医疗科技领域的刑事立法问题。笔者通过文献研究、比较研究、案例研究和实证分析等研究方法，试图为这一新兴领域提供更加清晰、完善的刑事法律框架，为尖端医疗科技的刑事法治化增添新的篇章。这一过程漫长而充满挑战，需要克服各种困难，如数据收集的困难、尖端医疗科技知识的限制等。经过不懈努力，笔者终于揭开了层层迷雾，取得了显著的突破，关于器官移植法律规制的阶段性成果也被有关部门采纳。通过深入分析尖端医疗科技领域的现状和问题,为解决现实问题提供有益的思路和方法;通过系统地研究尖端医疗科技领域已有立法和相关规定,为相关刑事立法的完善和政策的制定、实施提供科学依据;通过科学完善尖端医疗科技领域的刑事立法,为尖端医疗科技的规范发展提供保障。

法律的生命在于实践,并反作用于实践。在制定、完善相关法律时,应充分考虑尖端医疗科技的迅速发展情况、伦理问题、法律文化传统以及公众的接受程度。同时,还要在刑事一体化的视野之下,关注尖端医疗科技的程序运行保障。尽管该项目的研究取得了一定的成果和社会影响,但仍存在一些不足。学术研究未有穷期,需要在不断深入探索中前行。

展望未来,期望尖端医疗科技刑事立法能够与时俱进。立法者需要保持开放的心态,预见并应对可能出现的新挑战。立法应该为尖端医疗科技的发展提供有力的保障,并确保公众的利益不受侵害。此外,更要思考如何平衡法律规制与科技创新的关系。

尖端医疗科技领域的立法修订与完善需要社会各界共同关注,合力奋进,推动尖端医疗科技领域刑事立法的进步,为构建一个更加幸福、健康的中国而不懈努力。

从项目的立项到著作的出版,离不开众人的"拾柴拱火"。感谢湖北省人民政府、湖北省卫生与健康委员会法规处、湖北省依法治省办、湖北省司法厅执法监督处等部门领导和武汉大学中南医院、华中科技大学协和医院等诸多医疗机构给予的大力支持,使得项目的研究具有了一个更加扎实、可靠的基础。感谢所有为尖端医疗科技刑事立法领域作出贡献的研究者、法律工作者和政策制定者,为本书的写作提供了丰富的研究材料。感谢各位领导、同仁的关心与支持;感谢家人的理解与鼓励;感谢王小鹏、刘杰、张扬、郭少杰、张颖果等博士学生的积极参与。

感谢法律出版社参与本书审阅和出版的所有人员,特别是负责本书编辑工作的朱轶佳老师,感谢她热心而细致的工作,正是他们的辛勤付出使本书得以顺利面世。书稿校对完毕之时正值乙巳新春佳节,顺道把我新年的祝贺献给以上诸君和未来的读者,恭祝新年吉祥!

乙巳贺岁

金龙腾跃辞旧岁，银蛇献瑞贺新年。
傲雪寒梅添喜气，晴空旭日焕碧天。
桃符灿灿迎丰稔，烟花袅袅庆团圆。
山河锦绣歌盛世，屠苏润暖乐翩迁。

董邦俊

2025 年 2 月于南湖畔